Springer-Lehrbuch

Prof. Dr. Oliver Pott und Dr. Andre Pott

mit einem Beitrag über die volkswirtschaftlichen Aspekte des Entrepreneurships von

Prof. Dr. Frank Wallau, Institut für Mittelstandsforschung, Bonn

unter Mitarbeit von:
Frank Backhaus
Stephanie Grunewald
Maximilian Hämmerl
Lina Loos (Grafiken)
Thorsten Roose
Sonja Retzlaff
Falk Saabel
Björn Tweesmann
Patricia Wilms

Weitere Bände in dieser Reihe
http://www.springer.com/series/1183

Oliver Pott • Andre Pott

Entrepreneurship

Unternehmensgründung, unternehmerisches Handeln und rechtliche Aspekte

Springer Gabler

Oliver Pott
Pott Holding GmbH
Fachhochschule der Wirtschaft
Paderborn
Deutschland

Andre Pott
Rechtsanwaltssozietät RPP
Detmold
Deutschland

Grafiken: Lina Loos

ISSN 0937-7433
ISBN 978-3-642-29684-0
ISBN 978-3-642-29685-7 (eBook)
DOI 10.1007/978-3-642-29685-7

Die Deutsche Nationalbibliothek verzeichnet diese Publikation in der Deutschen Nationalbibliografie; detaillierte bibliografische Daten sind im Internet über http://dnb.d-nb.de abrufbar.

Springer Gabler

Gedruckt auf säurefreiem und chlorfrei gebleichtem Papier

Springer Gabler ist eine Marke von Springer DE. Springer DE ist Teil der Fachverlagsgruppe Springer Science+Business Media
www.springer-gabler.de

Geleitwort

Liebe Leserinnen und Leser,

Amerikanern (somit auch mir) wird eine besonders stark ausgeprägte unternehmerische Neigung nachgesagt. Vielleicht liegt das auch daran, dass einige der weltweit führenden Elitehochschulen wie das MIT, Harvard, Stanford oder meine Alma Mater, die Wharton Business School an der University of Pennsylvania, sich besonders intensiv mit dem Thema Entrepreneurship beschäftigen und dazu beitragen, dass viele gut ausgebildete Gründer in den USA aktiv sind.

Dass Hochschulen im deutschsprachigen Raum nun nachziehen, freut mich sehr. Viele wirtschaftswissenschaftliche Fakultäten haben längst erkannt, dass Unternehmer eine zentrale Funktion wahrnehmen, sowohl als Gründer neuer Unternehmen wie auch als „Intrapreneurs" in etablierten Unternehmen. Ohne unternehmerisch agierende Menschen geht es nicht. Inzwischen sind viele Ausbildungsangebote entstanden, die es Gründungswilligen in Deutschland erleichtern, ihre Pläne umzusetzen.

Das LMU Entrepreneurship Center wurde durch Dietmar Harhoff, Inhaber des Lehrstuhls für Innovationsforschung, Technologiemanagement und Entrepreneurship an der LMU, Rolf Dienst, Ehrensenator der LMU und Gründer von Wellington Partners Venture Capital und mich im Jahr 2007 ins Leben gerufen. Über 55 Unternehmensgründungen haben wir seitdem begleitet, unterstützt durch ein hochmotiviertes, interdisziplinäres Team von Mitarbeitern. Unsere Erfahrungen belegen sehr klar, dass durch eine professionelle Unterstützung die Chance steigt, aus einer Idee ein erfolgreiches Unternehmen zu machen.

An praxisorientierten und gleichzeitig fundierten Büchern zu Entrepreneurship mangelt es allerdings immer noch. Ein solches Buch liegt nun vor. Dass mit Springer, bei dem rund 170 Nobelpreisträger ihre Werke veröffentlicht haben, einer der renommiertesten internationalen Wissenschaftsverlage sich dazu entschlossen hat, das Buch zu publizieren, zeigt auch die grundlegende Bedeutung dieses Fachs in der deutschsprachigen Hochschullandschaft.

Mit Oliver Pott, dem Hauptautor dieses Werks, verbindet mich nunmehr eine rund 10-jährige Geschäftsfreundschaft. Wir haben uns kennengelernt, als Oliver Pott dem Unternehmen, dessen europäischen Aktivitäten ich vorstand, ein von ihm gegründetes Softwareunternehmen verkaufte. Nahezu ohne Kapital und nur mit einer guten Geschäftsidee ist es Oliver Pott gelungen, ein sehr profitables, erfolgreiches Unternehmen aufzubauen. Auch als Gastdozenten im von mir unterrichteten Fach Entrepreneurship an der LMU konnte ich ihn gewinnen.

Oliver Pott hat seither zahlreiche weitere Unternehmen gegründet. In diesem Buch verbindet er fundierte wissenschaftliche Grundlagen mit zahlreichen praxisnahen Diskursen, die vor dem Hintergrund seiner reichhaltigen Erfahrung besonders authentisch sind.

Ich wünsche Ihnen beim Studium dieses Buchs und bei Ihrer vielleicht daraus erwachsenden eigenen Unternehmensgründung viel Erfolg.

Andy Goldstein
Geschäftsführer des Entrepreneurship Centers der Ludwig-Maximilians-Universität München
Mitglied des Aufsichtsrats der Avanquest SA, Frankreich

Vorwort

Sehr geehrte Leserin,
sehr geehrter Leser,

das unternehmerische Denken und Handeln bestimmt die Wirtschaft wie kaum ein anderer Aspekt. Schließlich sind es Unternehmer, die mit ihren Unternehmen Innovationen vorantreiben und Produkte hervorbringen, Arbeitsplätze schaffen und auch einen großen Teil der Steuern zahlen – die ergo der eigentliche Wirtschaftsmotor sind.

In vielen wirtschaftswissenschaftlichen Disziplinen findet das Teilgebiet des Entrepreneurships, das sich mit dem Unternehmensumfeld auseinandersetzt, allenfalls aus makroökonomischer Sicht Beachtung. Die wissenschaftliche thematische Annäherung ist jedoch sehr viel weiter zu fassen: Sie muss neben klassischen wirtschaftswissenschaftlichen Gebieten wie dem Wachstumsmanagement, der Kapitalbeschaffung oder der Unternehmensorganisation auch beispielsweise rechtliche Aspekte berücksichtigen wie beispielsweise Unternehmensformen und, daraus abgeleitet, beispielsweise Haftungsrisiken. Ebenso müssen psychologische Aspekte eingeflochten werden, wenn es um die Rolle der Unternehmensgründer geht.

Die ersten Lehrstühle für Entrepreneurship sind in Deutschland erst zum Ende des 20. Jahrhunderts entstanden; insofern ist dieses Fach, zumindest als eigenständige Disziplin an Hochschulen, vergleichsweise jung. Mittlerweile unterhält nahezu jede Hochschule einen eigenen Fachbereich, manchmal auch in Form von Leistungs- oder Schwerpunktzentren wie dem Entrepreneurship Center an der Ludwig-Maximilians-Universität München.

Die Fachhochschule der Wirtschaft (FHDW) hat es sich schon früh an ihren sechs Hochschulstandorten zur Aufgabe gemacht, das unternehmerische Denken und Handeln zu fördern – auch und insbesondere im Unternehmen, denn gerade dort soll der Führungsnachwuchs früh an das unternehmerische Denken herangeführt werden.

Entsprechend wurde dieses Buchprojekt im Rahmen einer Forschungsförderlinie der FHDW unterstützt. Ohne diese Förderung wäre die Arbeit an diesem Buch nicht in so kurzer Zeit zu bewältigen gewesen. Wir danken daher zunächst der Hochschulleitung der FHDW, Prof. Dr. Franz Wagner und Prof. Dr. Stefan Nieland.

Dank gilt für die Unterstützung dem Dekan der Informatikabteilung, Prof. Dr. Eckhard Koch sowie für die zahlreiche Beantwortung spezieller Fragen und kollegiale Unterstützung den Herren Prof. Dr. Martin Brinkmann, Prof. Dr. Frank Körsgen, Prof. Dr. Friedrich Meyer, Prof. Dr. Willi Nüßer, Prof. Dr. Ulrich Reuß und Prof. Dr. Frank Wallau. Letzterer hat ein sehr detailliertes Bild der volkswirtschaftlichen Aspekte des Unternehmertums in einem Beitrag für dieses Buch skizziert, wofür wir besonders dankbar sind.

Für die freundschaftliche und zugleich kollegiale Unterstützung danken wir ganz besonders Prof. Dr. Carsten Padberg, Dr. Thomas Padberg, Ulrich Paust, Dr. Thomas Platena sowie Prof. Dr. Thomas Werner.

Unsere Eltern, Margot und Werner Pott, haben uns in unserem Werdegang stets unterstützt; ihnen widmen wir daher dieses Buch.

Daniela und Ivonne danken wir für: Alles.

Paderborn und Detmold
im Januar 2012

Prof. Dr. Oliver Pott und Dr. Andre Pott

Inhaltsverzeichnis

Grundlagen und Einführung 1

1.1 Entrepreneurship und Abgrenzung

1.1.1 Einführung

In den letzten Jahren ist immer häufiger ein Trend in den verschiedensten gesellschaftlichen Ebenen zu beobachten. Es wird immer häufiger von den innovativen Unternehmern gesprochen, die auf der Basis von neuen, kreativen Ideen erfolgreiche Unternehmen gegründet haben.

Sie gelten immer mehr als Vorbilder für die aktuell heranwachsende Generation. Es wird häufiger denn je davon gesprochen, gerade in jungen Jahren ein Risiko eingehen zu können – denn was hat man gerade am Anfang seiner beruflichen Karriere schon zu verlieren?

Noch sind keine großen Kapitalreserven angespart und eine Familie gilt es in den meisten Fällen auch noch nicht zu versorgen. Dazu kommt der Zeitfaktor. Neben dem Studium und einem möglichen Studentenjob gibt es genug Zeit um sich mit einer innovativen Geschäftsidee zu beschäftigen. Wenn das Studium erst einmal abgeschlossen und der erste Vollzeitjob angetreten ist, dann lässt dieser gerade in den ersten Jahren meist wenig Zeit, um nebenbei noch an einer Selbstständigkeit zu arbeiten. Neben dem geringeren Risiko am Anfang des Berufs- und Familienlebens spielen auch andere Faktoren eine wichtige Rolle für die Überlegung zur Verwirklichung einer Selbstständigkeit.

Aber nicht nur in Studentenkreisen wird immer häufiger über den Unternehmensgründer gesprochen. Auch die Politik hat das Thema seit einiger Zeit für sich entdeckt. Neu gegründete sogenannte Start-Ups werden als Träger für eine funktionierende Volkswirtschaft in den Mittelpunkt des Interesses gerückt.

Durch Neugründungen werden in einem Land neue Arbeitsplätze geschaffen. Gerade in den ersten Jahren wird eine erfolgreiche Neugründung schnell wachsen und neue Mitarbeiter werden benötigt. In Deutschland entstehen durch jede Neugründung vier bis sieben neue Arbeitsplätze. Ein weiterer wichtiger Punkt ist ein erhöhter Wettbewerbsdruck auf existierende Unternehmen und eine daraus folgende erhöhte Wettbewerbsfähigkeit

O. Pott, Andre Pott, *Entrepreneurship*, Springer-Lehrbuch,
DOI 10.1007/978-3-642-29685-7_1, © Springer-Verlag Berlin Heidelberg 2012

eines wirtschaftlichen Standortes in dem es vielen innovative Existenzgründungen gibt. Junge Unternehmen werden oft auf Basis von neuen innovativen Produkten gegründet. Durch diese neuen Produkte wird ein ständiger Innovationsprozess in einer Volkswirtschaft gefördert.

Neben den einzelnen Volkswirtschaften hat auch die Europäische Union das Thema Gründung und Unternehmergeist als ein wichtiges Thema in ihre Strategie aufgenommen. Im Jahr 2005 veröffentlichte die EU Ihre sogenannte „Think Small First" Leitlinie, welche sich konkret mit der Förderung von Entrepreneurship befasst. Im Juni 2008 wurde zur Unterstützung von kleinen und mittleren Unternehmen der „Small Business Act" implementiert. Teil dieses Programmes ist die Förderung von Unternehmen und potenziellen Unternehmern auf EU Ebene. Darüber hinaus unterstützt die EU auch ihre Mitgliedstaaten und deren Regionen bei der Entwicklung von lokalen Strategien zur Förderung der Unternehmertätigkeit sowie zur Verbesserung der Situation von KMU im Laufe ihres gesamten Bestehens.[1]

Insgesamt zeigt die Entwicklung der letzten Jahre deutlich auf, dass das Thema Entrepreneurship heute einen deutlich größeren Stellenwert einnimmt als noch vor 10 Jahren. Aufgrund verschiedenster Situationen möchten Menschen Unternehmen gründen. Arbeitslosigkeit, Wunsch nach beruflicher Selbstständigkeit, Selbstbestimmtheit und somit keine Abhängigkeit von einem möglichen Chef, das Ziel die Welt zu verbessern oder einfach der Wunsch sich etwas Eigenes aufzubauen sind Motivationen für zukünftige Unternehmer. Um ein Unternehmen zu gründen müssen potenzielle Gründer jedoch viele Herausforderungen meistern, sich immer wieder erfolgreich präsentieren und wichtige unternehmerische Entscheidungen treffen. Ein breites Hintergrundwissen zum Thema kann in vielen Situationen den kleinen Unterschied machen, welcher das Gegenüber von der Kompetenz eines Gründers überzeugt.

Aus diesem Grund soll dieses erste Kapitel als eine generelle Einleitung in das Thema Entrepreneurship dienen und dem Leser ein breites Hintergrundwissen und eine fundierte Basis für den weiteren Verlauf des Buches und die potenzielle Selbstständigkeit ermöglichen.

1.1.2 Wichtige Begrifflichkeiten zum Thema Entrepreneurship

1.1.2.1 Unternehmer

Ein Unternehmer im Bezug auf Entrepreneurship ist eine natürliche Person, die mit der Planung eines Unternehmens beschäftigt ist, dieses schon erfolgreich gegründet hat und/oder dieses selbstständig und mit eigener Initiative leitet. Eine natürliche Person ist dabei der Mensch als Träger von Rechten und Pflichten. In Deutschland wird allgemein zwischen einer rechtlichen und einer nicht rechtlichen Definition eines Unternehmers unterschieden. Dabei ist zu beachten, dass es keine eindeutig festgelegte Definition gibt.

Im deutschen Recht kommt der Begriff Unternehmer im allgemeinen Teil des BGB (§ 14 Abs. 1), im schuldrechtlichen Teil des BGB (§ 631), im Umsatzsteuergesetz (§ 2 Abs. 1 Satz

[1] http://ec.europa.eu/enterprise/policies/sme/index_de.htm

1 und 3UstG), sowie im Einkommenssteuerrecht (§ 15 Abs. 2 EStG) vor. Eine Deckungsgleichheit des Unternehmerbegriffes in den genannten rechtlichen Texten liegt nicht vor. Die Definitionen beziehen sich jeweils auf einen anderen rechtlichen Hintergrund. Zusammenfassend kann jedoch gesagt werden, dass ein Unternehmer in Deutschland sich durch sein Handeln bei der Verfolgung eines unternehmerischen Ziels kennzeichnet.

1.1.2.2 Unternehmertum/Entrepreneurship

Der Begriff Unternehmertum ist die deutsche Übersetzung des aus dem englischen stammenden Begriffes Entrepreneurship. Von der Unternehmensgründung bis zum unternehmerischen Handeln des Unternehmers wird durch den Begriff alles beschrieben. In der Wissenschaft existiert Entrepreneurship seit einigen Jahren als eigenständige betriebswirtschaftliche Disziplin, die sich mit der Gründung von Unternehmen beschäftigt. Sehr zutreffend beschreibt Ripsas das Unternehmertum schon 1997 als das Erkennen, Schaffen und Nutzen von Marktchancen durch die Gründung von Unternehmen. Weiterhin sagt er, dass ein wesentlicher Bestandteil des innovativen Entrepreneurships das Querdenken, das Hinterfragen von Bestehendem und das Entwickeln von neuen Produkten und Dienstleistungen zur Befriedigung von Kundenbedürfnissen ist.[2] Das Unternehmertum nimmt eine besondere Funktion in einer Volkswirtschaft ein. Es fördert den gesellschaftlichen Wandel und trägt einen großen Teil zum Wirtschaftswachstum eines Landes durch mehr Investitionen und Innovationen bei.

1.1.2.3 Existenzgründung/Start-Up

Eine Existenzgründung wird oft auch als Start-Up Unternehmen bezeichnet und beschreibt ein neugegründetes, junges Unternehmen. Ein solches Unternehmen ist noch nicht am Markt etabliert und muss seine Existenz erst noch rechtfertigen. Dies ist eng verbunden mit der Unternehmerpersönlichkeit, die zu diesem frühen Zeitpunkt oft viel Überzeugungsarbeit leisten muss. Als eine Existenzgründung werden Unternehmensgründungen von einzelnen Unternehmern oder Unternehmergruppen, die sich eine Selbstständigkeit aufbauen wollen, bezeichnet Erfolgreiche Existenzgründungen werden im Bereich der KMU angesiedelt.

1.1.2.4 KMU

KMU wird oft als Akronym anstelle des Begriffs Mittelstand verwendet. Es bezeichnet die Gesamtheit an kleinen und mittelgroßen Unternehmen.

In Deutschland nähert sich die Wirtschaft so wie die Wissenschaft anhand von zwei Merkmalen dem Begriff – das qualitative und das quantitative Kriterium.

Unter Nutzung des quantitativen Kriteriums wird der Mittelstand durch eine Festlegung auf bestimmte statistische Größenmerkmale, wie Mitarbeiterzahlen oder Umsatzzahlen zum Rest der wirtschaftlichen Unternehmen abgegrenzt. In der Regel gelten dabei Obergrenzen von 500 Mitarbeitern und ein maximaler Umsatz von 50 Mio. €.

---

[2] Vgl. Ripsas (1997)

Im Zentrum der KMU Definition durch das qualitative Kriterium steht die Person, die leitend, d. h. planend und kontrollierend im Unternehmen tätig ist. In dieser sollen Leitungs- und Eigentumsrechte vereint sein, so dass diese persönlich so eng mit dem Unternehmen verbunden ist, das von einer Identität zwischen Unternehmer und Unternehmen gesprochen werden kann – den sogenannten Familienunternehmern und -unternehmen.

Die beiden bekanntesten Definitionen in Deutschland kommen vom Institut für Mittelstandsforschung Bonn und der Europäischen Kommission.

In den meisten Fällen kann bei KMU im Sinne vom Entrepreneurship von den Klein- bzw. Kleinstunternehmen nach den genannten Definitionen ausgegangen werden. Die Grenzen für diese Art von Unternehmen liegen bei maximal 9 Beschäftigten und einem maximalen Umsatz von 1–2 Mio. €.

1.1.3 Aktuelle Situation in Deutschland und Europa

Für die Betrachtung der aktuellen Gründungssituation in Deutschland und in Europa eignen sich im Besonderen Statistiken. Genau darin liegt aktuell das größte Problem der deutschen und europäischen Entrepreneurshipforschung. Da es in Deutschland keine einheitliche Definition von Gründungen und Liquidationen gibt, gibt es wenig statistisches Material, dass sich auswerten lässt. Eine amtliche Statistik existiert nicht. Um dennoch eine grobe Einschätzung der aktuellen Situation in Deutschland vornehmen zu können werden im Folgenden Daten des Institutes für Mittelstandsforschung Bonn (IfM) genutzt. Anhand dieser soll ein kurzer grundsätzlicher Einblick in die aktuelle Gründungssituation in Deutschland skizziert werden.

Eine Statistik des IfM[3] ist die sogenannte Gründungs- und Liquidationsstatistik. Diese basiert auf Daten der Gewerbeanzeigenstatistik des Statistischen Bundesamtens und wird seit 2006 erstellt. Bis auf einen Einschnitt (vom 2. Halbjahr 2007 bis zum 2. Halbjahr 2008) war der Saldo von Gründungen und Liquidationen immer positiv. Seit diesem Knick steigt der Saldo konstant an. Die aktuellsten Zahlen des 1. Halbjahres 2010 zeigen, dass die Tendenz in Deutschland weiter positiv ist. Die Gründungen stiegen im Vergleich zum Vorjahr um 4 % auf 216.200 und zur gleichen Zeit sanken die Liquidationen um 4,9 % auf 192.100 Unternehmen. Aufbauend auf diesen Zahlen könnte man in Deutschland von einer positiven Einstellung zum Thema Entrepreneurship und Unternehmensgründung ausgehen.

Eine genauere Betrachtung der Gründungsstärksten Regionen in Deutschland ermöglicht der NUI-Indikator des IfM. Dieser gibt an, wie viele Gewerbebetriebe pro 10.000 Einwohner im erwerbsfähigen Alter[4] in einer Region in einem Jahr neu angemeldet wurden.[5]

Auffallend ist, dass bei der Einordnung nach Bundesländern die östlichen Bundesländer die schwächste Gruppe bilden. Sachsen-Anhalt, Thüringen, Mecklenburg-Vorpom-

[3] Abk. für Institut für Mittelstandsforschung, Bonn

[4] Ein Einwohner im erwerbsfähigen Alter ist zwischen 18 und 65 Jahren alt.

[5] http://www.ifm-bonn.org/index.php?id=609

mern, Brandenburg und Sachsen sind die 5 schwächsten Länder. Einzig Berlin sticht mit einem sehr hohen Wert heraus und ist sogar Spitzenreiter im NUI-Ranking. Neben Berlin führen Hessen, Hamburg, Schleswig Holstein und Bayern das Ranking der gründungsstärksten Regionen in Deutschland an.

Eine Einordnung Deutschlands in den Europäischen Raum kann anhand des Global Entrepreneurship Monitor (GEM) 2010 vorgenommen werden. Dieser relativiert die Gründungssituation in Deutschland. Insgesamt gründen nach dem Bericht in Deutschland nur 4,2 % aller Erwerbstätigen ein Unternehmen. Im Vergleich mit den anderen 19 von 27 europäischen Ländern, die bei der Studie teilgenommen haben liegt Deutschland damit nur auf dem viertletzten Platz. Nur Italien (2,3 %), Belgien (3,7 %) und Dänemark (3,8 %) schnitten noch schwächer ab.

Bei der Suche nach Gründen für dieses schlechte Abschneiden im europäischen Vergleich wird häufig angebracht, dass Deutschland ein Land der Arbeiter und Angestellten ist. Vor dem Hintergrund des Ergebnisses scheint sich dies auch zu bestätigen. Bei der Befragung von Gründungsexperten im Rahmen des deutschen GEM-Monitors ist ausgewertet worden, dass in Deutschland eine Kultur weit verbreitet ist, die einen Unternehmer nicht als Macher sonder als Ausbeuter sieht. Sich als Selfmade-Man ein Unternehmen aufzubauen gilt in Deutschland nicht als so erstrebenswert wie in anderen Ländern. In den USA zum Beispiel wird eine ganz andere Kultur vermittelt. Jeder kennt den Leitspruch „vom Tellerwäscher zum Millionär", der als amerikanischer Traum jedem Kind schon in der Schule vermittelt wird. In Deutschland dagegen ist der Gedanke der sozialen Gleichberechtigung das vorherrschende Thema. In einem Land, in dem sich die Menschen wünschen, dass alle einen ähnlichen Lebensstandard haben, ist es schwerer den Gedanken des Wettbewerbs und des Unternehmertums zu vermitteln. Zudem ist in Deutschland der Risikogedanke nicht so ausgeprägt wie in anderen Ländern. 43 % der Befragten gaben an das die Angst zu scheitern der Grund für die negative Grundhaltung gegenüber einer Unternehmensgründung ist. Dabei könnten die persönliche Haftung und die möglichen Schulden im Falle eines Scheiterns entscheidende Faktoren sein. Neben der Angst zu scheitern glauben die Befragten nicht, dass die Gründungschancen in Ihrer Region innerhalb der nächsten Zeit gut sein werden (ca. 76 %) und dass sie selber nicht die Fähigkeiten haben ein Unternehmen zu gründen und zu führen (ca. 54 %).

Insgesamt lässt sich für die Situation in Deutschland folgendes sagen:

- Tendenz der Gründungen ist leicht ansteigend
- Gründungsstärkste Regionen sind der Norden (Hamburg und Schleswig-Holstein) und der Süden (Hessen und Bayern)
- Der Osten Deutschlands liegt im deutschlandweiten Vergleich auf den letzten Plätzen (Ausnahme Berlin)
- Im europäischen Vergleich liegt Deutschland auf einem der letzten Plätze (16. von 19 europäischen Teilnehmern)
- In Deutschland herrscht eine schwierige Gründungskultur.

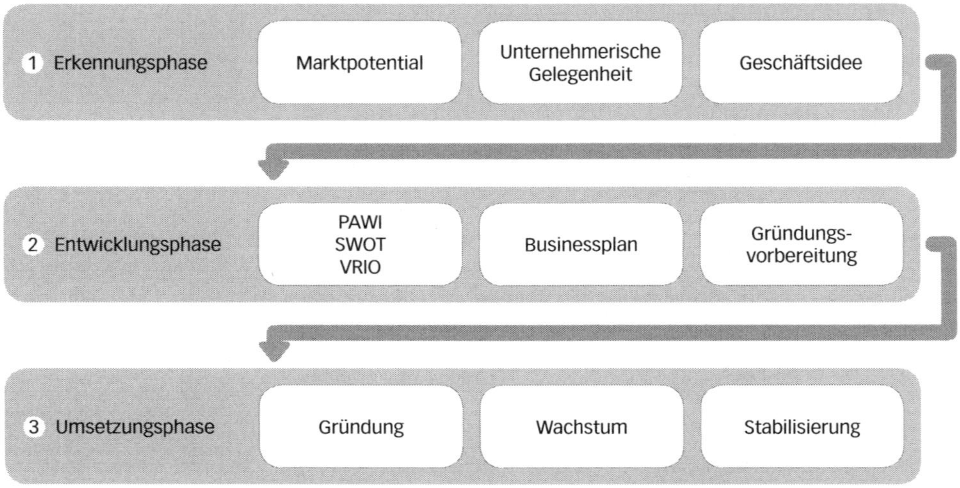

Abb. 1.1 Annäherung an Entrepreneurship durch die Darstellung des Entrepreneurship-Prozesses

1.1.4 Annäherung an Entrepreneurship durch die Darstellung des Entrepreneurship-Prozesses

Das Thema Entrepreneurship kann auf verschiedenste Weisen dargestellt werden. Zu dem Zweck einer anschaulichen Darstellung wird in diesem Buch der Prozess des Entrepreneurship anhand der verschiedenen aufeinanderfolgenden Prozessschritte veranschaulicht. In der folgenden Grafik soll ein Entrepreneur-ship-Prozess exemplarisch skizziert werden (Abb. 1.1).

Nach einem Blick auf das Beispiel kann man erkennen, dass der Entrepreneurship-Prozess in 3 Hauptphasen unterteilt werden kann, die wiederum aus verschiedenen einzelnen Schritten bestehen.

Die drei Hauptphasen könnten mit Erkennungsphase, Entwicklungsphase und Umsetzungsphase beschrieben werden.

Während der Erkennungsphase geht es erst einmal darum, dass ein potenzieller Gründer ein mögliches Marktpotenzial erkennt. Es muss also ein Ungleichgewicht zwischen einer zu erwartenden Marktnachfrage und der aktuellen Marktnachfrage bestehen. Als Marktnachfrage wird dabei die Nachfrage eines potenziellen Kunden in einem bestimmten Markt bezeichnet.

Dieses Ungleichgewicht ist die Basis für jeden weiteren Schritt des Entrepreneurship-Prozesses. Damit es zu einer Befriedigung der nichtgenutzten potenziellen Nachfrage kommt, muss eine Person, der sogenannte Entrepreneur, oder auch einfach Unternehmer genannt, dieses Potenzial erkennen. In der Wissenschaft wird dieses nichtausgeschöpfte Potenzial als unternehmerische Gelegenheit bezeichnet.

Erkennt ein Entrepreneur eine unternehmerische Gelegenheit wird er diese nicht einfach ignorieren. Es ist für ihn eine Möglichkeit durch die Entwicklung und Umsetzung einer geeigneten Geschäftsidee, das vorhandene Potenzial zu nutzen und erfolgreich zu sein.

In den meisten Fällen passieren die ersten drei Schritte des Entrepreneurship-Prozesses in einem sehr kurzen Zeitraum und fallen nur durch die Nennung einer Geschäftsidee durch einen Entrepreneur auf. Oft wird nicht direkt nach Marktpotenzialen gesucht, sondern diese werden indirekt durch das Erleben einer nicht befriedigenden Situation entdeckt („Zufallsfund"). Die Lösung der unbefriedigenden Situation mit Hilfe einer Idee stellt dabei das Potenzial dar. Die Idee wird dann zu einer Geschäftsidee mit der nicht nur das eigene Problem gelöst wird, sondern anderen Personen mit demselben Problem geholfen wird.

Nach der Erkennungsphase folgt die Entwicklungsphase. Das Erkennen einer unternehmerischen Gelegenheit mit der anschließenden Erschließung einer Geschäftsidee stellt nur den ersten Schritt des Gesamtprozesses dar. Nachdem die Idee feststeht wird in der Entwicklungsphase geprüft, ob die Geschäftsidee umsetzbar ist. Damit ist gemeint, dass die Idee durch den Unternehmer durch Schätzung eines realistischen Maßes an Kosten, Aufwand, Absatz und Gewinn auf Profitabilität geprüft wird.

Zu diesem Zweck stehen verschiedene Instrumente zur Verfügung. Eine schnellere Überprüfung kann anhand einer Wirtschaftlichkeitsanalyse (PAWI-, SWOT- oder VRIO-Modell) durchgeführt werden. Soll jedoch eine konkrete Idee im Detail geprüft werden, wird ein Businessplan erstellt. Oft wird dieser auch Geschäftsplan genannt. Anhand eines solchen Planes kann ein Unternehmer aus den verschiedensten Perspektiven (Fähigkeiten, Marktumfeld und Wettbewerb usw.) prüfen ob die Geschäftsidee umsetzbar ist. Zusätzlich wird der Businessplan von Institutionen wie Banken oder Gründungsberatern gefordert, damit diese sich ein eindeutiges Bild von den Vorstellungen des potenziellen Gründers machen können.

Ist das Ergebnis des Geschäftsplanes positiv kann der Unternehmer mit der Gründungsvorbereitung beginnen. Auch dieser Schritt kann noch mit zu der Entwicklungsphase gezählt werden. Die Gründungsvorbereitung ist der letzte Schritt vor der eigentlichen und formalen Gründung des Unternehmens.

Während der Gründungsvorbereitung sollte sich jeder Unternehmer das Wissen aneignen und die die Voraussetzungen dafür schaffen, dass das Unternehmen ab der Gründung reibungslos arbeiten kann. Dazu gehören Themen wie die Wahl einer geeigneten Rechtsform, die Organisation des Unternehmens, das abschließen eines möglichen Gesellschaftervertrages sowie das notwendige Wissen zum Arbeitsrecht, Marketing, Vertrieb, Buchführung, Preiskalkulation für Produkte usw. Wie man sieht ist die ordentliche und gründliche Gründungsvorbereitung entscheidend für den Start des zu gründenden Unternehmens. In dieser Phase werden die Grundlagen für den Erfolg der Neugründung gelegt. Natürlich müssen nicht all diese Bereiche in alleingier Recherche und Umsetzung abgearbeitet werden. Es gibt viele Möglichkeiten sich von beratenden Stellen helfen und coachen zu lassen.

Sind erst einmal alle gründungsentscheidenden Vorbereitungen erfolgreich vollzogen worden, kann die eigentliche Gründung beginnen. Dabei geht es um die formale Institutionalisierung des gewünschten Unternehmens. Je nach Rechtsform sind unterschiedliche

Anforderungen zu erfüllen. Für Einzelunternehmen reicht eine Gewerbeanmeldung, bei Kapitalgesellschaften kommt zusätzlich noch ein notariell beglaubigter Gesellschaftsvertrag und mögliche weitere Formerfordernisse hinzu.

Da in Deutschland die Gewerbefreiheit herrscht ist für die Ausübung der meisten Gewerbe keine besondere Erlaubnis notwendig. Ausnahmen sind zum Beispiel Apotheken oder das Handwerk, für deren Anmeldung besondere Vorleistungen in Form von Ausbildungen erbracht werden müssen. Die Bedingungen zu bestimmten Vorleistungen dienen in Deutschland dem Verbraucherschutz.

Allgemein kann jedoch gesagt werden, dass in Deutschland für die meisten Unternehmungen eine Gewerbeanmeldung reicht. Mit der Gewerbeanmeldung, die in beim Gewerbeamt angenommen wird, werden auch einige andere Behörden benachrichtigt. Diese sind das Finanzamt, die Berufsgenossenschaft, das statische Landesamt die jeweilige Kammer (Handwerkskammer oder Industrie- und Handelskammer, die Agentur für Arbeit und schließlich das Handelsregister.

Mit der Anmeldung des Gewerbes ist das Unternehmen gegründet.

Nach der Unternehmensgründung folgen im Entrepreneurship-Prozess noch zwei weitere Phasen, die jedoch je nach Unternehmen individuell sind – die Wachstums- und die Stabilisationsphase. Jeder Unternehmer hat unterschiedliche Ziele mit seinem Unternehmen. Manche möchten ein kleines mittelständisches Unternehmen etablieren, anderen genügt das nicht und wollen zu einem überregionalen bis nationalen und internationalen Unternehmen wachsen. Wichtig sollte allerdings immer sein, dass während dieser folgenden Phasen darauf geachtet wird, dass klare Strukturen und eine gute Organisation implementiert und beibehalten wird.

1.1.5 Fallstudie: Die Teekampagne

1.1.5.1 Entstehung der Geschäftsidee

Günther Faltin, selbst Professor für Entrepreneurship, hat das Unternehmen Teekampagne gegründet.

Ihm war aufgefallen, dass Produkte wie Bananen, Zucker, Kaffee, und Tee im Ausland viel billiger als in Deutschland waren. Oft musste er nicht mal ein Zehntel von dem bezahlen, was er in Deutschland dafür gewohnt war auszugeben. Was wäre wenn er die Produkte direkt aus den Erzeugerländern beziehen würde? Er könnte viel Geld sparen und würde zudem noch ein viel exotischeres Geschmackserlebnis verspüren. Mit diesen Erkenntnissen hatte er den ersten Schritt des Entrepreneurship-Prozesses vollzogen. Er hat eine unternehmerische Gelegenheit erkannt und eine Geschäftsidee entwickelt, mit der er diese entdeckte unternehmerische Gelegenheit nutzen konnte.

1.1.5.2 Das konkretisieren des Planes

Als Dozent dachte er jedoch nicht nur daran, dass es für ihn persönlich Vorteile hatte die Produkte direkt aus dem Ausland zu beziehen, sondern er begann darüber nachzudenken warum die Produkte in Deutschland so viel teuer waren. Im besonderen Maße bemerkte er den hohen Preisunterschied bei den verschiedensten Teesorten. Der Preisunterschied von Tee zwischen Erzeugerländern und dem verkauften Tee in Deutschland war größer als die Preisdifferenzen anderer exotischer Produkte. Er bemerkte sogar, dass Tee in anderen europäischen Ländern billiger verkauft wurde als in seiner Heimat Deutschland.

Mit Zettel und Stift begann er herunter zuschreiben, was er sich für Kosten bei der Preisbildung von einer Packung Tee vorstellen konnte. Er fragte sich aber welcher dieser Faktoren gerade auf dem Weg nach Deutschland den Tee hier teurer als in anderen europäischen Ländern machte.

Er begann ausführlicher zu recherchieren. Das Ergebnis seiner Recherche war, das der Grund für den teuren Tee nicht in den vom ihm festgestellten preisbildenden Faktoren wie Fracht, Gewinnmarge oder Versicherung lag, sondern der Tee in Deutschland so teuer ist, weil zahlreiche Zwischenhändler und die besonders kleinen Endverbraucherverpackungen im Einzelhandel pro Packung Tee unverhältnismäßig viele Kosten erzeugen. Er wollte versuchen die vielen Zwischenhändler zu umgehen und den Tee in größeren Packungen direkt aus den Erzeugerländern einzukaufen. Sein Ziel war es durch dieses Vorgehen viele der Kosten zu sparen und den Preis von einer Packung Tee deutlich zu senken.

Um eine solche Idee umzusetzen, müssen viele Dinge bedacht werden, über die sich Günter Faltin bisher noch keine Gedanken gemacht hatte. Wie würde er an die Produzenten herankommen? Ab welcher Einkaufsmenge lohnt sich der Import? Wie genau läuft der Transport?

1.1.5.3 Die Erstellung des Businessplanes

Mit der Erstellung des Businessplanes wurde eine Frage nach der anderen abgearbeitet. Welche Sorten sind die beliebtesten und wie viele Sorten wollte man einkaufen? Nach längerem hin und her stand fest, dass es aufgrund der hohen Abnahmemengen als Direkteinkäufer nicht mehr als eine Sorte sein konnte. Ca. 2 Tonnen Tee sind die Mindestabnahmemenge und muss immer auf einmal abgenommen werden. Also musste diese eine Marke eine besonders gute Marke sein, da es sonst schwer werden würde diese abzusetzen. Somit wurde sich kurzer Hand für den Darjeeling Tee aus Indien entschieden.

Die nächsten Fragen die geklärt wurden waren Qualitätskontrolle, Transport und Vertrieb. Die Qualitätskontrolle musste natürlich vor Ort vorgenommen werden. Bei einer unzureichenden Qualität müsste die Lieferung dann wieder zurückgeschickt werden. Zusätzlich sollte nur die beste Qualität abgenommen werden, da Faltin bei der Kalkulation der anfallenden Kosten festgestellt hatte, dass die Kostentreiber nicht der Preis des Tees, sondern die anfallenden Kosten für Zwischenhändler und Verpackung waren. Somit konnte die beste Qualität eingekauft und das Endprodukt dennoch günstiger werden.

Für den Transport mussten 4 Wochen von dem Frachthafen Kalkutta nach Hamburg kalkuliert werden.

Der Vertrieb sollte auf drei Faktoren aufgebaut werden. Zum einen sollte die hohe Qualität in den Vordergrund gestellt werden. Weiterhin wurden vergleichsweise große Endverbraucherverpackungen angeboten, die für ein Jahr reichten. Der dritte Punkt und zugleich einer der entscheidendsten Punkte.der Vermarktung sollte jedoch der günstige Preis sein, der sich aus den großen Verpackungen ergab.

Ein Thema, das den Verfasser der Geschäftsidee vor eine Herausforderung stellte war die Finanzierung. 2 Tonnen Tee stellten einen großen Vorfinanzierungsbetrag dar. Gelöst wurde jedoch auch dieses Problem. Durch die Lieferdauer von einem Monat und einem Zahlungsziel von zwei Monaten bei den Händlern in Indien, blieb genug Zeit um die Ware in Deutschland zu verkaufen und aus den Erlösen die Rechnung zu bezahlen.

Weitere Themen des Businessplanes wurden auch erarbeitet, werden aber im Rahmen dieser Fallstudie nicht angesprochen.

Nachdem der Plan nun erstellt und die Vorbereitungen für die Geschäftsidee getroffen wurden, konnte die dritte Phase des Entrepreneurship-Prozesses beginnen.

1.1.5.4 Gründung und Wachstum

Das Unternehmen „Projektwerkstatt GmbH" wurde 1985 erfolgreich gegründet und beschäftigte sich mit der Umsetzung des Konzeptes der Teekampagne. Wodurch das Unternehmen glänzen konnte, war die erstklassige Vorbereitung durch den Businessplan und vor allem die Ausnutzung einer unternehmerischen Gelegenheit mit einem großen Potenzial.

Heute, knapp 26 Jahre nach der Gründung des Unternehmens werden 160.00 Kunden weltweit mit Tee beliefert. Die Teekampagne importiert und verkauft jährlich mehr als 400 Tonnen Darjeeling Tee. 90 % der verkauften Packungen sind Großpackungen, die über ein Kilo pro Stück wiegen. Mit diesen Zahlen kann sich die Teekampagne der Projektwerkstatt GmbH als größtes Teeversandhaus Deutschlands und als weltweit größter Importeur von Darjeeling-Blatt-Tee bezeichnen.

1.1.5.5 Zusammenfassung

Aus dem Beispiel der Projektwerkstatt GmbH kann erkannt werden, dass es nicht entscheidend ist ein großes Startkapital zur Verfügung zu haben. Was entscheidend ist, ist vor allem die sorgfältig durchdachte und geplante Geschäftsidee. Mit der Basis dieser Idee und der Planung kann ein Unternehmen im Einzelfall auch ohne große investierte Beträge erfolgreich umgesetzt werden.

Die Angaben dieses Teils stammen von Quellen, die der Gründer der Projektwerkstatt GmbH selbst offengelegt hat.[6]

1.1.6 Fallstudie: Online – Portal reBuy.de

Ahr (2011) stellt in einem Artikel reBuy.de vor. Das Konzept von Mitgründer Lawrence Leuschner sieht vor, dass Nutzer der Plattform gebrauchte Elektronikgeräte, Bücher und

[6] http://www.entrepreneurship.de/artikel/fallstudie-teekampagne-die-entstehungsgeschichte-der-idee/ http://www.teekampagne.de/

Pc und Video-Software an und verkaufen können. Angefangen haben Leuschner sowie ein Freund (heutiger Mitgründer von reBuy) mit dem Handel von gebrauchten Computerspielen. Auch ihr Spieletauschshop trade-a-game.de war bereits online basiert.

Für das Portal reBuy kamen dann drei weitere Gründer ins Team. Diese waren vorwiegend für die IT verantwortlich. Mit Investorengeldern ging es zunächst nach Berlin, bevor das Team aufgrund von Platzgründen zum Standort nach Mahlsdorf gezogen ist, wo heute die Logistik in 3 Hallen stationiert ist.

Zum Verkauf wird auf der Homepage von rebuy.de der Name oder die ISBN Nummer des Artikels angegeben. Anschließend wird für die Artikel ein Festpreis von reBuy.de abgegeben. Anders als bei E-Bay handelt es sich damit folgerichtig nicht um eine Auktion. Der Arbeitsaufwand ist für den Verkäufer demnach auch deutlich geringer. Der angebotene Warenwert wird anschließend ausgezahlt oder als Guthaben für den Kauf anderer Artikel auf dem Portal gutgeschrieben.

Mittlerweile haben auch die großen Online-Portale Amazon.de und ebay.de das Potenzial des reCommerce-Handels erkannt und bieten ein ähnliches System auf ihren Seiten an. Laut Leuschner ist das jedoch eher ein Vorteil als ein Nachteil für das eigene Portal, da dem direkten An- und Verkauf dadurch mehr Aufmerksamkeit in der Öffentlichkeit zukommt und folglich auch die Bekanntheit von reBuy weiter zunimmt.

1.2 Situatives Umfeld des Unternehmers, Kreativität und Innovation

1.2.1 Einführung

Wer sich mit dem Gedanken auseinandersetzt ein Unternehmen zu gründen beginnt seinen Weg zu einer erfolgreichen Gründung mit der Ideenfindung. Oft stehen viele Fragen am Anfang dieses ersten Schrittes. Die wichtigsten Fragen beschäftigen sich mit dem möglichen Produkt oder dem potenziellen Service (Dienstleistung), um das bzw. den das Unternehmen aufgebaut werden soll. Nur in wenigen Fällen, fängt der Gründungsprozess erst nach der Ideenfindung an.

Ein solcher Fall ist die sogenannte Spin-Off Unternehmung. Dabei handelt es sich um eine Ausgründung aus einem bereits etablierten Unternehmen. Der Spin-Off basiert dementsprechend auf einer möglichen neuen Idee, die sich während des laufenden Geschäftsbetriebes des Unternehmens ergeben hat.

In den meisten Fällen, bei jeder „normalen" Neugründung, beginnt der Gründungsprozess allerdings direkt mit der Ideenfindung.

Wie genau eine solche Gründungsidee entwickelt wird hängt stark von der Situation und den Fähigkeiten des potenziellen Gründers ab. Ein entscheidender Faktor dabei ist die Kreativität der Unternehmensgründer. Ohne Kreativität ist es schwer eine Gründungsidee zu entwickeln, um die sich das weitere Unternehmen aufbaut.

Innovationen bauen auf Gründungsideen auf und können deshalb nur durch die Kreativität des Unternehmers entstehen.

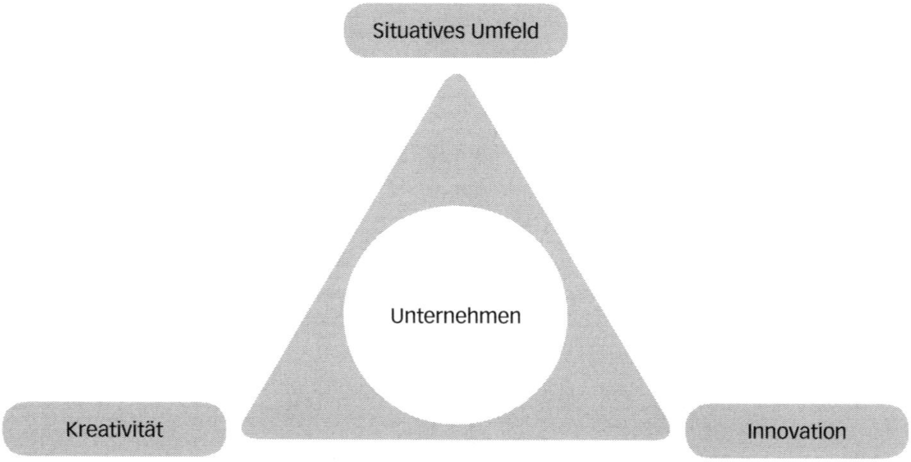

Abb. 1.2 Diese Innovationssysteme stehen oft miteinander in einer Interdependenz

Entscheidend für die Kreativität ist jedoch auch das situative Umfeld des möglichen Gründers. Wenn der Familien-, Bekannten-, oder Freundeskreis keinen Raum für kreative Gedanken lässt, ist es für einen möglichen Gründer kaum möglich sich zu entfalten und somit kreativ zu sein. Insgesamt ist es das Zusammenspiel von den drei Faktoren, dem Unternehmer, der kreativen Fähigkeit des Unternehmers und dem Umfeld des Unternehmers, das eine Grundlage für einen erfolgreichen Gründungsweg ausmacht.

Die drei Faktoren Unternehmer, Kreativitä und Innovation stehen daher in einem gegenseitigen Abhängigkeitsfeld (Abb. 1.2).

1.2.2 Unternehmer, Kreativität und Innovation

Im diesem Unterkapitel werden zwei der drei entscheidenden Faktoren erläutert – der Unternehmer und dessen Kreativität. Zusätzlich zu den beiden Begriffen wird auch die Innovation als die erfolgreiche Umsetzung und Markteinführung einer Idee detailliert beschrieben.

1.2.2.1 Kreativität

Kreativität ist ein Faktor, den ein potenzieller Gründer für sich beanspruchen sollte. Kreativität ist aber nicht nur das reine Kreativsein. Im Rahmen der Disziplin Entrepreneurship geht der Inhalt des Faktors Kreativität über das einfache Tun hinaus. Vielmehr gehört zur Kreativität auch das Umsetzen einer Idee dazu. Damit die Kreativität als Faktor des Entrepreneurship genauer definiert werden kann, werden in diesem Abschnitt zuerst mehrere allgemeingültige Definitionen von Kreativität präsentiert und kommentiert. Darauf aufbauend wird der Kreativitätsbegriff für die Unternehmensgründung abgegrenzt.

Im Brockhaus Lexikon findet man unter dem Begriff Kreativität folgendes:

> Kreativität ist das schöpferische Vermögen, das sich im menschlichen Handeln oder Denken realisiert und einerseits durch Neuartigkeit oder Originalität gekennzeichnet ist, andererseits aber auch einen sinnvollen und erkennbaren Bezug zur Lösung technischer, menschlicher oder sozialpolitischer Probleme aufweist (Brockhaus 2010)

Nach dieser Definition kann von einer kreativen Person dann ausgegangen werden, wenn diese in der Lage ist Neues zu schaffen, dieses neuartige jedoch in irgendeiner Form ein bekanntes Problem löst.

In einer weiteren Definition heißt es folgendermaßen:

> Kreativität ist die Fähigkeit Wissen und Erfahrungen aus verschiedenen Lebens- und Denkbereichen unter Überwindung verfestigter Struktur- und Denkmuster zu neuen Ideen zu verschmelzen[7]

Mit der Definition der Gesellschaft für Kreativität e. V. kann einer allgemeingültigen Definition der Kreativität im Rahmen der Entrepreneurship Wissenschaft ein weiteres wichtiges Merkmal hinzugefügt werden. Es wird das Überwinden von verfestigten Strukturen und Denkmustern angesprochen. Demnach kann festgestellt werden, dass kreative Menschen daran erkannt werden können, dass sie nicht alles vorgegebene akzeptieren, sondern versuchen aus vorherrschenden Denkmustern auszubrechen.

In allen Definitionen findet sich der schöpferische Gedanke wieder, der bei einer Gründung im Zentrum des gesamten Prozesses steht. In der bereits beschriebenen Fallstudie „Die Teekampagne" war es Günther Faltin, der eine neue Idee entwickelte hat und somit seine schöpferischen Fähigkeiten bewies. Durch die Idee des Direktimportes von nur einer Teesorte in großen Mengen und der daraus resultierenden Ausschaltung der Zwischenhändler, erfand Faltin eine neue Einkaufs- und Vertriebsstrategie im Bereich Teehandel. Voraussetzung für seine Erfindung und somit sein kreatives Handeln war es jedoch, dass er einen Grundstock an Vorwissen besaß. Er kombinierte seine gemachten Erfahrungen auf Auslandsreisen mit seinem Wissen aus dem betriebswirtschaftlichen Studium und kam so zu einer neuen Idee.

An dem Vorgehen von Günther Faltin kann jedoch auch erkannt werden, dass zwischen der Fähigkeit Kreativität, die eine Voraussetzung für die Entdeckung einer solchen Idee ist auch die anschließende Umsetzung zum kreativen Prozess im Rahmen der Entrepreneurship Wissenschaft liegt.

In vielen Fällen bleibt die Kreativität des Gründers und damit eine mögliche Gründungsidee zuerst unentdeckt. Oft haben potenzielle Unternehmensgründer herausragende Ideen, zu einer erfolgreichen Umsetzung am Markt kommt es jedoch gar nicht oder erst viel später. Gründe für eine solche Situation gibt es viele. Zum Beispiel kann es sein, dass mit Freunden über ein bestimmtes aufgetretenes Problem diskutiert wird, für das es eine

[7] (http://www.kreativ-sein.de/k/kreativitaet.html 2011)

Lösung geben müsste. Dabei äußert einer der Beteiligten eine gute Idee, wie dieser Bedarf gelöst werden könnte. Alle Freunde finden die Idee gut, zu einer möglichen Umsetzung kommt es jedoch nie. Die Freunde wechseln schnell das Thema und nachdem alle auseinandergehen ist die Idee vergessen. Es fehlt an dem konzentrierten und auch geplant-strategisch weiterem Vorgehen und dem Mut zur Umsetzung. Damit aus einer kreativen Idee eine wirkliche Innovation am Markt wird bedarf es schlussendlich nicht nur der Idee sondern auch der Umsetzung am Markt. Grundvoraussetzungen einer Innovation sind also die Idee und die Umsetzung am Markt. Was genau eine Innovation ist und welche Ausprägungen eine Innovation haben kann wird im nächsten Abschnitt geklärt.

1.2.2.2 Innovation

Der Begriff Innovation kommt aus dem lateinischen (innovatio) und kann mit „etwas neu Geschaffenes" übersetzt werden. Dabei ist es für das wirtschaftliche Verständnis von besonderer Wichtigkeit, dass eine Innovation erst dann zustande kommt, wenn eine Idee bis zu einer Umsetzung am Markt vorangetrieben wird.

Vor dem Hintergrund der Wirtschaftswissenschaften kann Schumpeter als einer der Initiatoren der Idee der Innovation bezeichnet werden. In seinen Werken *„Kapitalismus, Sozialismus und Demokratie"* und *„Theorie der wirtschaftlichen Entwicklung"* beschreibt er die Idee der schöpferischen Zerstörung. Die Kernaussage dieser Theorie ist es, dass ein Unternehmer ein Entrepreneur ist, der fortlaufend innovative Ideen entwickelt. Diese führt der Unternehmer erfolgreich in den Markt ein und schafft somit eine eigene Monopolstellung mit seiner Innovation. Durch den Erfolg am Markt werden Nachahmer aufmerksam und fangen an die Innovation des Entrepreneurs zu imitieren und zu kopieren. Das Ergebnis ist der Verlust der Monopolstellung am Markt durch das Erscheinen von Imitationen und anderen Konkurrenzprodukten.

Imitationen können dabei reinen Kopiestatus haben oder auch eine zusätzliche Entwicklung oder Weiterentwicklung des Produktes für sich beanspruchen.

Zu dem Zeitpunkt des Erscheinens von Imitationen am Markt hat der wirkliche Entrepreneur seinen Fokus nach Schumpeter schon wieder auf neue Produkte gelegt. Somit entsteht am Markt ein Kreislauf zwischen Innovationen und Imitationen.

Innovationen können verschiedener Art sein. Unterschieden werden unter anderem die klassischen Arten von Innovationen wie Produktinnovationen und Prozessinnovationen und die eher neueren Innovationsarten wie Marketing- oder Beschaffungsinnovationen. Ausschlaggebendes Kriterium für die Art der Innovation ist dabei das Objekt der Veränderung.

Sobald ein neues Produkt entwickelt und zur Markteinführung gebracht wird spricht man von einer Produktinnovation. Echte Produktinnovationen in Form einer Produktneuentwicklung werden dabei durch den Begriff Marktinnovationen beschrieben. Daneben gibt es im Feld der Produktinnovationen auch die Unternehmensinnovationen, die sich durch eine Weiterentwicklung eines schon bestehenden Produktes kennzeichnen.

Von einer Prozessinnovation wird dann gesprochen, wenn durch ein verbessertes Verfahren bzw. einen Prozess, die Position eines Unternehmens am Markt gestärkt wird. Ein

Abb. 1.3 Diese Innovationssysteme stehen oft miteinander in einer Interdependenz

Beispiel ist Dell. Das Unternehmen hat den Vertriebsprozess der Computerindustrie revolutioniert, indem es die Konfiguration und den Bestellvorgang des Produktes auf Basis des Internets komplett dem Kunden überlassen hat. Somit konnten wesentliche Fixkosten gespart und das Produkt wesentlich individualisierter für den jeweiligen Kunden angeboten werden.

Eine Marketinginnovation ist zum Beispiel die Entwicklung einer neuen Marketingmethode wie es die Methode des „viralen Marketings" ist. Diese Methode wurde entwickelt, um das Internet als Marketingplattform noch aktiver nutzen zu können. Bei dem angesprochenen „viralen Marketing" handelt es sich um die Verbreitung einer Marketingbotschaft bzw. eines Spots, der über Webseiten wie z. B. Youtube.de, Facebook.de oder Studivz.de durch die User wie von selbst verbreitet wird (Abb. 1.3).

In der schon beschriebenen Fallstudie der Teekampagne hat es Günther Faltin geschafft mittels einer Beschaffungsinnovation ein Unternehmen erfolgreich zu gründen. Durch den Direkteinkauf bei den Produzenten in Indien werden die Zwischenhändler umgangen, somit der Einkaufsprozess beschleunigt und die Kosten reduziert.

Weiterhin kann neben den Innovationsarten auch zwischen zwei verschiedenen Innovationsmechanismen unterschieden werden – dem Market-Pull und dem Market-Push Mechanismus. Diese unterscheiden sich darin, wer der jeweilige Initiator der Idee ist.

Market-Pull heißt, dass der treibende Faktor für die Innovation auf Faktoren außerhalb des Unternehmens zurückzuführen ist. Meist sind äußere Veränderungen wie zum Beispiel eine veränderte Nachfragesituation Auslöser für eine Market-Pull getriebene Innovation. Diese Veränderungen werden mittels Methoden der Marktforschung ermittelt und danach versucht zu befriedigen.

Die Market-Push Strategie wird oft als Technology-Push Strategie bezeichnet. Diese beschreibt eine Innovation, die, im Gegensatz zur Market-Pull Strategie, von innen heraus getrieben ist. Dabei könnte es sich zum Beispiel um die Entwicklung einer neun Produktionstechnologie handeln, die das Unternehmen exklusiv für sich entwickelt hat und jetzt zu seinem eigenen Wettbewerbsvorteil implementiert und nutzt.

Innovationen entstehen demnach, sobald eine Idee zur Markteinführung gebracht wird und können in verschiedene Kategorien wie Innovationsarten oder Innovationsmechanismen unterschieden werden. In Unternehmen werden Innovationen oft durch ein sogenanntes Innovationsmanagement beobachtet und geleitet. Im Rahmen des Entrepreneurship ist das grundsätzliche Verständnis von Innovation eine hilfreiche Voraussetzung zur Recherche von neuen Ideen.

1.2.2.3 Der Unternehmer/Das Unternehmerteam

Im Rahmen des Ideenfindungsprozesses ist der Unternehmer das entscheidende Kriterium. Er ist Träger der Kreativität und somit Entwickler der Innovation. Ohne ihn würden keine Ideen entstehen. Der Unternehmer ist derjenige, der eine gefundene Idee durch die Umsetzung auf dem jeweiligen Markt zu einer Innovation macht. Mit der Ideenfindung und der anschließenden Umsetzung schafft der Unternehmer den Sprung zu einem Unternehmensgründer/Entrepreneur.

Viele Unternehmensgründungen sind ideengetrieben. Erst durch die Entwicklung der Idee denkt der Entwickler über die Markteinführung der Idee und somit eine erfolgreiche Unternehmensgründung nach. Konkrete Gründungspläne waren vor der Ideenfindung oft nicht vorhanden. Dabei ist es wichtig zu bedenken, dass die Qualität der Idee entscheidend für den langfristigen Unternehmenserfolg ist.

Genauso kann die Gründung eines Unternehmens und somit der Start für die Kreativphase und eine mögliche Innovation auch der Wunsch zur Selbstständigkeit sein. In diesem Fall denkt der potenzielle Unternehmensgründer erst darüber nach, dass er sich selbständig machen möchte und versucht dann eine Idee zu entwickeln.

Der Unternehmer kann auch als Unternehmerteam auftreten. Ein Unternehmerteam bündelt die Kreativität mehrerer potenzieller Gründer und kann somit die Chance einer besseren, vielfältigeren und reflektierteren Gründungsidee haben.

1.2.2.4 Das Zusammenspiel der 3 Faktoren

Unternehmer, Kreativität und Innovation sind die drei grundsätzlichen Faktoren einer Unternehmensgründung. Der Unternehmer bedingt mit seiner Kreativität die erfolgreiche Entwicklung einer Idee. Nur mit der Entwicklung einer erfolgreichen Idee kann diese auch zu einer Innovation transformiert werden. Eine Innovation setzt die erfolgreiche Umsetzung auf dem jeweiligen Zielmarkt voraus. Eine solche Umsetzung kann wiederum nur durch den Unternehmer forciert werden (Abb. 1.4).

In dem abgebildeten Beziehungsdreieck wird verdeutlicht, dass die drei Faktoren entscheidend für die Existenzgründung sind. Sicherlich sind neben diesen drei genannten noch viele andere Faktoren wie zum Beispiel Ehrgeiz, unabdingbares Durchhaltevermögen, Überzeugung, Mut und noch viele mehr, wichtig. Ohne die drei genannten Faktoren ist der erste Schritt der möglichen Existenzgründung jedoch nicht möglich und aus diesem Grund wurden diese in diesem Kapitel explizit herausgestellt.

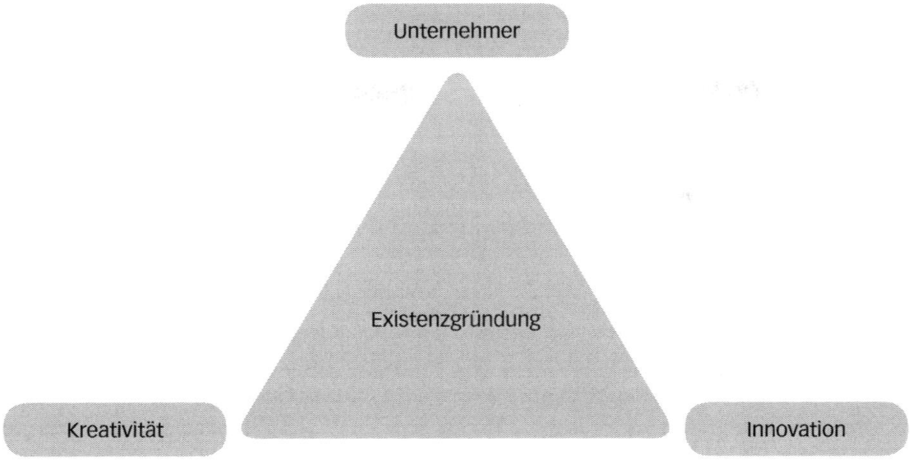

Abb. 1.4 Beziehungsdreieck Existenzgründung

1.2.3 Situatives Umfeld

Das situative Umfeld des Unternehmers ist ein weiterer der am Anfang dieses Kapitels beschriebenen entscheidenden Faktoren einer Gründung und wird daher in diesem Abschnitt genauer analysiert. Dazu werden zuerst ausgewählte Akteure im Umfeld eines Gründers vorgestellt und beschrieben. Im zweiten Schritt werden darauf aufbauend mögliche Nutzen- und Risikopotenziale aufgedeckt, bevor abschließend die Unterschiede im Unternehmerumfeld bei verschiedenen Gründungsszenarien herausgestellt werden.

1.2.3.1 Akteure des Unternehmensumfeldes

Akteure im Unternehmensumfeld sind die sogenannten Anspruchsgruppen eines Gründers. Jede Anspruchsgruppe steht in Verbindung mit dem Gründer, manche in allen Phasen, andere nur in einigen Phasen des Gründungsprozesses. In diesem Abschnitt werden die wichtigsten Akteure im Rahmen der Unternehmensgründung vorgestellt.

Die Familie

Die Familie des potenziellen Unternehmensgründers besteht aus den engsten Verwandten. Ehefrau/-mann, Lebenspartnerin/-partner, Eltern, Geschwistern und z. B. Großeltern sind die entscheidenden Akteure in der Familie. Es ist wichtig, dass der Unternehmer im Kreis dieser Angehörigen einen Ruhepol findet, der bedingungslos zu ihm steht. Jedoch ist es mindestens genauso wichtig, dass ihm diese engsten Vertrauten auch die eigene Meinung über seine Idee und sein Gründungsvorhaben mitteilen. Es ist wahrscheinlich, dass ein potenzieller Gründer die Meinung seiner Familie sehr hoch bewertet, wohingegen er außenstehende Meinungen schnell mit Neid oder anderen Faktoren für sich abwerten kann. Sagt die Familie jedoch etwas negatives, sollte der potenzielle Gründer offen sein und dieser Meinung Gehör schenken. Es ist meist die ehrlichste Antwort, die er bekommen kann und ein guter Gradmesser für sein mögliches zukünftiges Handeln.

Der Freundes-/Bekanntenkreis

Das Freundes- und Bekanntenumfeld kann in zwei Teilbereiche unterteilt werden. Zum einen die engsten Freunde. Dies sind die Freunde, mit denen man in den meisten Fällen schon eine lange gemeinsame Zeit verbracht hat und denen man bedingungslos vertrauen kann. Die besten Freunde sollten ähnlich betrachtet werden wie der Familien- und Verwandtenkreis. Gute Freunde werden einem potenziellen Gründer ebenfalls immer die ehrliche, wenn auch in manchen Fällen harte, Wahrheit sagen. Auch ist es eine Eigenschaft von guten Freunden, dass Sie bereit stehen wenn Hilfe gebraucht wird. Der enge Freundeskreis besteht meistens nur aus 2 oder 3, seltener auch aus mehr oder weniger Freunden.

Darüber hinaus gibt es auch enge Freunde, die man jedoch nicht zu seinen besten Freunden zählen würde. Auch diese gehören zum Freundeskreis, verbindet mit dem Gründer jedoch nicht so ein inniges Vertrauensverhältnis wie mit den besten Freunden.

Neben den Freunden existieren die Bekannten. Das Verhältnis zwischen potenziellem Gründer und Bekanntem ist gekennzeichnet durch einen losen und unregelmäßigen Kontakt. Bekannte sind potenzielle Kunden, Lieferanten oder Dienstleister und gehören zu dem Netzwerk eines Gründers. Der Bekanntenkreis ist wesentlich größer als der Freundeskreis und kann gut und gerne mehr als hundert Personen umfassen. Diese Kontakte können einem potenziellen Gründer in vielen Fällen helfen mögliche Barrieren schneller zu überwinden. Beispielweise kann ein Bekannter, der bei einem Unternehmen arbeitet, das ein potenzieller Kunde oder Lieferant sein könnte, schnell die richtigen Kontakte vermitteln und ein erstes Treffen initiieren. Andere Bekannte stellen vielleicht einen schnellen Kontakt zu einem Berater oder Anwalt her. Bekannte können verschlossene Türen öffnen.

Der Investor/Die Banken

Der Investor oder die Banken spielen eine zentrale Rolle im Umfeld eines Gründers. Sowohl der Investor, als auch die Banken stellen eine mögliche Geldquelle für das zu gründende Unternehmen dar. Mit einem oder auch beiden möglichen Geldquellen fällt bzw. steht in den meisten Fällen die Finanzierung des Gründungsvorhabens. In der Regel haben nur die wenigsten Gründer das Kapital (das Eigenkapital) um Ihre Unternehmensidee aus Ihrem Privatvermögen zu finanzieren. Somit ist es bei dieser Anspruchsgruppe für den Unternehmer und möglichen Gründer von besonderer Wichtigkeit einen guten Eindruck zu hinterlassen bzw. diesen schon hinterlassen zu haben (solche „weiche Faktoren" spielen auch im Zeitalter der Bonitätsbewertungen durchaus eine Rolle).

Bei der bisherigen privaten Hausbank, bei der auch das persönliche Girokonto liegt, hat jeder Gründer bzw. jede Gründerin schon einen Eindruck hinterlassen. Bei anderen Banken ist der mögliche Gründer noch eine unbekannte Person und kann somit neu starten. Ganz. Eine Auskunft, die Banken, bei denen man als Person noch nicht bekannt ist, über einen Gründer als möglichen Neukunden bekommen, ist die Schufa-Auskunft. Was genau in der Schufa-Auskunft steht kann unter www.meineschufa.de nachgelesen werden. Grundsätzlich werden dort jedoch Daten über die Bonität einer Person gesammelt. Ein Gründer sollte über seine Schufa Bescheid wissen und mögliche unangenehme Fragen schon im Vorfeld von selbst beantworten.

Mit Investoren verhält es sich ähnlich. Diese können entweder aus dem privaten Umfeld kommen, oder fremde Personen sein, die von einer möglichen Rendite angezogen werden. Personen aus dem privaten Umfeld haben sich durch den bisherigen Kontakt schon einen Eindruck über einen Gründer gebildet, fremde Personen gilt es zu überzeugen. Investoren werden auch Business Angel oder Venture Capitalists genannt. Der Unterschied von Investoren und Banken ist, dass Investoren neben dem möglichen Kapital auch Know-how und Kontakte bereitstellen. Des Weiteren beteiligen sich Investoren an einer möglichen Gründungsidee und teilen somit das Risiko der Gründung in einem stärkeren Maße als die Banken.

Mitarbeiter

Als Mitarbeiter werden diejenigen Personen bezeichnet, die in einem Anstellungsverhältnis zum Gründer stehen. In den ersten Monaten einer Gründung wird erfahrungsgemäß wenig bis gar nicht auf Mitarbeiter zurückgegriffen. In dieser Zeit genügt die Arbeitskraft des Gründers bzw. des Gründerteams. Auch ist in den meisten Fällen das Geld für einen Mitarbeiter noch nicht vorhanden. Im Verlauf einer positiven Gründung wird sich schnell der Bedarf nach Mitarbeitern ergeben. Wenn das Unternehmen wächst, wird die bestehende Arbeitslast immer größer und es werden neue Aufgaben hinzukommen, die dann nicht mehr alleine von dem Gründer/Gründerteam getragen werden können. In diesem Moment wird das Thema Mitarbeiter interessant. Gerade wenn ein Gründer seinen ersten Mitarbeiter einstellt, ist der Anspruch an das Verhalten, die Fähigkeiten und die Einstellung eines neuen Mitarbeiters besonders groß. Immerhin macht der neue Mitarbeiter am Anfang des Unternehmens 50 % des Unternehmens aus. Es ist wichtig, dass neue Mitarbeiter in jungen Unternehmen dem Unternehmer Arbeit abnehmen und nicht, im schlimmsten Fall, noch neue Arbeit durch entstehende Probleme produzieren.

Lieferanten/Partner

Lieferanten sind andere Unternehmen, die dem Gründer ihre jeweilige Ware liefern. Partner sind andere Unternehmer, die z. B. mit dem Gründer zusammenarbeiten. Lieferanten und Partner sind Geschäftspartner eines Gründers. Diese stehen somit in einer Geschäftsbeziehung zu einem Gründer und haben daraus resultierend den Anspruch an einem vertrauensvollen und vor Allem qualitativ hochwertigen Verhältnis. Für die Geschäftsbeziehung zu möglichen Lieferanten gilt, dass bei pünktlicher Lieferung durch den Lieferanten auch die pünktliche Bezahlung durch den Gründer eine Voraussetzung für ein gutes Verhältnis darstellt.

Dementsprechend müssen bei einer Partnerschaft Vereinbarungen mit Geschäftspartnern, wie zum Beispiel der Abschluss eines Kooperationsvertrages, von beiden Seiten eingehalten werden, sonst kann ein Vertrauensverhältnis schnell zerstört sein. Zu beachten ist, dass der erste Eindruck in den meisten Fällen mehr als alles andere zählt. Sollte dieser Eindruck positiv sein, so wird ein möglicher Geschäftspartner bei geringen Störungen in der Zukunft eher nachsichtig sein, als wenn der erste Eindruck schon mangelbehaftet war.

Kunden

Als Kunde bezeichnet man einen möglichen Nachfrager auf einem Markt. Dabei können Kunden nicht nur in Form von einzelnen Personen, die Produkte nachfragen, vorkommen. Andere Unternehmen können auch Kunden sein und treten am Markt häufig als sogenannte Großkunden auf. Das heißt, diese nehmen eine wesentlich größere Menge an Produkten bzw. eine umfangreichere Dienstleistung ab, als ein Endkunde. Die Kunden stellen für einen möglichen Gründer die Basis seines unternehmerischen Erfolges dar. Einige Kunden können dabei besonders wichtig für den Bestand des Unternehmens sein, zum Beispiel durch die besonders große nachgefragte Menge. Diese Kunden nennt man „Key Accounts". Anhand einer sogenannten ABC-Analyse können diese so wichtigen A-Kunden für ein Unternehmen ermittelt werden. Der Begriff Key Account und die Methode der ABC-Analyse werden im weiteren Verlauf dieses Werkes noch näher vorgestellt.

Öffentlichkeit/Medien

Die Öffentlichkeit ist der „Raum", in dem das Unternehmen von Individuen wahrgenommen wird. Eine große Rolle bei der öffentlichen Wahrnehmung spielen die Medien. Medien gibt es in verschiedenen Formen. Die traditionellen Medien sind Zeitung, Fernsehen und Radio. In den letzten Jahren hat sich immer mehr das Internet zum Träger neuester Nachrichten herausgestellt. Gerade das Internet stellt in der heutigen Zeit eine besonders günstige Möglichkeit dar, sich als neues Unternehmen zu positionieren und vorzustellen. Soziale Netzwerke wie Facebook bieten eine ideale Plattform um in kurzer Zeit viele potenzielle Kunden zu erreichen. Viele Unternehmen leisten sich mittlerweile Profile in Netzwerken, Blogs, Homepages und versuchen so einen möglichst kurzen Kommunikationsweg zu den Kunden sicherzustellen.

Konkurrenz/Wettbewerb

Als Wettbewerb eines Unternehmens bezeichnet man die Unternehmen, die in direkter Konkurrenz zu dem betrachteten Unternehmen stehen. Das heißt, dass als Konkurrent alle die Unternehmen bezeichnet werden, die innerhalb eines Marktes mit ähnlichen Produkten oder Dienstleistungen miteinander um die Kunden kämpfen. Gegenüber seiner Konkurrenz kann sich ein Wettbewerber absetzten in dem er sich Wettbewerbsvorteile erarbeitet. Wettbewerbsvorteile können in vielen verschiedenen Formen erreicht werden. Ein Unternehmen kann ein Produkt mit einer höheren Qualität oder ein Produkt mit der gleichen Qualität zu einem günstigen Preis anbieten. Des Weiteren gibt es noch viele weitere mögliche Wettbewerbsvorteile wie zum Beispiel eine bessere Verkaufslage oder ein besseres Firmenimage. In der nahen Vergangenheit ist der Faktor Umweltbewusstsein immer mehr zu einem Vorteil geworden. Autos mit weniger Abgasausstoß, Biolebensmittel und andere Produkte mit einer guten Umweltbilanz werden auch zu höheren Preisen noch abgesetzt als gleiche Produkte mit schlechterer Umweltbilanz. Für einen möglichen Gründer gilt es zu beachten, dass er sich eine bestimmte Position im Marktumfeld erarbeitet und dem möglichen Kunden einen Mehrwert zum möglichen Ersatzprodukt bietet.

Der Staat

Auch der Staat spielt eine Rolle im situativen Umfeld des Unternehmers. Im besonderen Maße muss dabei das wirtschaftspolitische Umfeld betrachtet werden. Bestehende Gesetze sowie mögliche neue Gesetze, die in der nahen Zukunft verabschiedet werden, können eine Gründung beeinträchtigen oder fördern. Beispielhaft sei hier das Gesetz zur Modernisierung des GmbH-Rechts (MoMig) genannt, dass 2008 vom deutschen Bundestag zur Bekämpfung des Wettbewerbsnachteils gegenüber der englischen Limited beschlossen wurde. Durch dieses Gesetz ist eine neue haftungsbeschränkte Gründungsform in Deutschland eingeführt worden, die die Rahmenbedingungen für neue Gründer verbessert hat.

Weiterhin kann eine Gründung durch eine Bereitstellung und Genehmigung von möglichen Subventionen in Form von monetären Zuwendungen, der Bereitstellung von Sicherheiten oder der Möglichkeit finanzierte Gründungsberatungen und -schulungen in Anspruch nehmen zu können, profitieren. Besonders in schwierigen Wirtschaftslagen wird der Staat in Form von Subventionen den Markt intervenieren und Gründer können profitieren.

Neben diesen direkten Einflusskriterien auf das Unternehmen sorgt der Staat auch indirekt für das gesellschaftliche Umfeld, in dem eine Gründung stattfindet. Der Staat beeinflusst die Grundeinstellung zum Thema Unternehmensgründung in dem jeweiligen Land. Eine solche Grundeinstellung fördert, wenn eine Gründung positiv gesehen wird, die Initiative von jungen Menschen zu einer Gründung. Genauso können junge Menschen jedoch auch von einer Gründung abgehalten werden, wenn in der öffentlichen Meinung das Thema Risiko bei einer Gründung weitaus öfter diskutiert wird als die Chance, die ein Unternehmensgründer durch eine Gründung hat. Der Staat kann dabei die Sicht auf das Thema durch verschiedenste Aktionen, wie z. B. durch eine stärkere Förderung des Entrepreneurshipgedankens schon in Schulen oder eine Förderung von verschiedensten Gründungsprojekten positiv beeinflussen.

Der Beziehungsstern

Die genannten Akteure stehen aus Sicht des Unternehmers oft einerseits miteinander in Wechselwirkung, wirken andererseits in jedem Fall aber eng auf den Gründer ein (Abb. 1.5).

1.2.3.2 Der Nutzen des unternehmerischen Umfeldes

Im Verlauf dieses Kapitels wurden nun einige Akteure des Gründerumfeldes vorgestellt. Es ist jedoch wichtig zu wissen, dass das Umfeld noch weitere Akteure beinhalten kann.

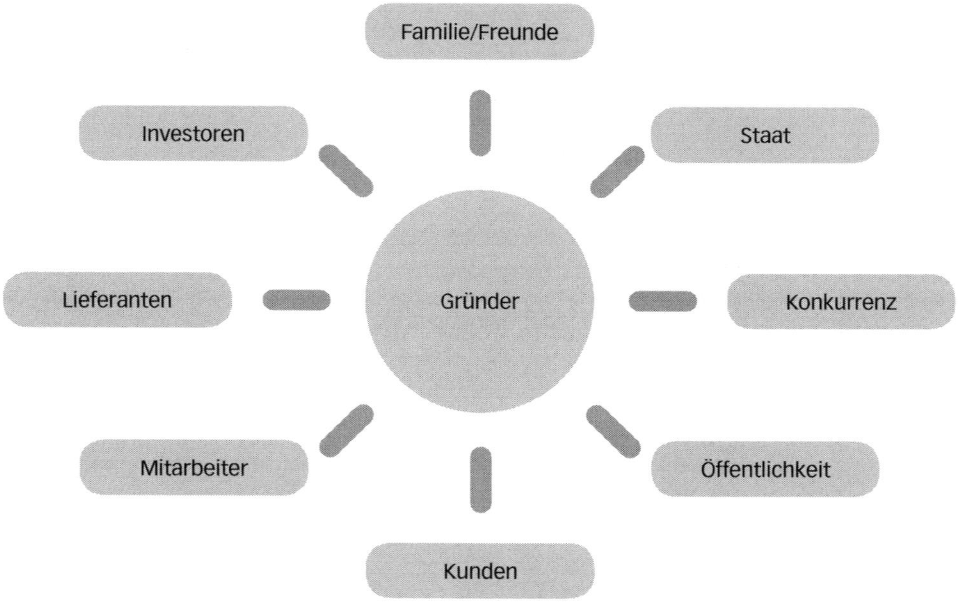

Abb. 1.5 Diese Innovationssysteme stehen oft miteinander in einer Interdependenz

Weitere Akteure sind zum Beispiel Handelskammern, Gründungsberatungen und Steuerberater. Zwischen diesen Akteuren des unternehmerischen Umfeldes gibt es viele Verschiedenheiten. Eines haben jedoch alle gemeinsam. Der Gründer ist auf sein unternehmerisches Umfeld angewiesen und hat täglich mit Teilen seines sozialen Umfeldes zu tun. Das Umfeld des Unternehmers spielt eine wesentliche Rolle, ob eine Gründung erfolgreich gestaltet werden kann. Dabei kommt es darauf an die sozialen Kontakte im persönlichen Umfeld des Unternehmers zu pflegen und zu nutzen. Wenn von den sozialen Kontakten eines Unternehmers gesprochen wird, spricht man auch von dessen „Social Capital".

Grundsätzlich kann festgestellt werden, dass durch eine effektive Nutzung des jeweiligen Gründerumfeldes eine Reduzierung möglicher Kosten und möglicher Zeitaufwände bei der Unternehmensgründung erreicht werden kann. Mit der Hilfe von Kontakten aus dem persönlichen Umfeld, kann Spezialwissen in vielen verschieden Bereichen genutzt werden. So ist es wahrscheinlich, dass ein Gründer mit vielen Kontakten Vorteile gegenüber einem Gründer mit weniger Kontakten generieren kann. Beispielhaft sei hier der Business Angel genannt. Besitzt ein Gründer einen persönlichen Kontakt zu einem solchen Akteur ist es sehr wahrscheinlich, dass es diesem vergleichsweise einfacher fallen wird Kapital zur Finanzierung seiner Gründungsidee durch den Business Angel zu beschaffen.

Ein weiteres Beispiel ist der schnelle Aufbau von Reputation und Legitimation des Gründers und seiner Gründungsidee durch das soziale Netzwerk. Kann ein Gründer schnell einflussreiche Leute aus seinem persönlichen Umfeld für sich und seine Idee gewinnen, kann es wiederum einfacher werden eine Finanzierung durch einen Dritten noch unbekannten Investor zu erlangen oder anderweitige Unterstützung wie erste Kunden oder Lieferanten für das Unternehmen zu interessieren. In einem solchen Fall würde die jeweilige vermittelnde Person im Unternehmensumfeld mit seinem/ihrem Namen und dem aufgebauten Ruf für das unternehmerische Risiko einer möglichen Gründung im ideellen Sinn bürgen. Bereitstellung einer Infrastruktur in Form eines eingerichteten Büros und andere Vergünstigungen können ein weiterer Nutzen eines guten Netzwerkes sein.

Einige Eigenschaften einer Familie oder des Freundeskreises wurden schon im Verlauf des Kapitels vorgestellt. Ein wesentlicher und nicht zu vergessener Punkt ist jedoch, dass sowohl die Familie, als auch die Freunde dem möglichen Gründer kostenlos Ihre Hilfe zur Verfügung stellen. Dies kann schon der Fall sein, wenn sich Bekannte oder die Familie um die Kinder oder das Haustier des Gründers kümmern. Auch stehen diese engen Kontakte in schwierigen Situationen, in denen der Gründer eine emotionale Bestätigung und Aufmunterung braucht, zur Seite und motivieren Ihn weiterzumachen.

Insgesamt kann gesagt werden, dass das Umfeld des möglichen Entrepreneurs durch die technologische Entwicklung von Software zur Pflege sozialer Netzwerke (Facebook, StudiVZ, Twitter, usw.) wesentlich schneller, effektiver und kostengünstiger geworden ist.

1.2.3.3 Soziale Netzwerke als Kommunikationshilfsmittel

Jedes deutsche Mitglied sozialer Netzwerke ist in durchschnittlich 2,3 Netzwerken angemeldet und unterhält 133 Kontakte.[8] Dies ist ein deutliches Zeichen, dass die Organisation und somit auch die Kommunikation mit den sozialen Kontakten in Zukunft immer mehr online passieren wird. Für den Gründer kann dies sowohl ein Vorteil, als auch ein Nachteil sein. Durch die Vernetzung in sozialen Netzwerken kann jeder Gründer sich schnell einen Überblick über sein Netzwerk verschaffen. Besonders „Xing" bietet dem Gründer eine detaillierte Übersicht über Erfahrungen und Wissensstand des persönlichen Umfeldes. Weiterhin kann schnell und unkompliziert Kontakt aufgenommen werden.

Darin liegt jedoch auch das größte Risiko. Durch diese einfache und unpersönliche Kontaktaufnahme kann es gerade bei Kontakten, mit denen man nicht in einem engen Kontakt steht schwierig werden auf Interesse und Kenntnisnahme zu stoßen. Nutzer der Netzwerke kriegen oft viele Nachrichten am Tag und das Risiko besteht, dass die einzelne Nachricht nicht mehr ernst genommen wird. Im Falle eines wichtigen Anliegens sollte also immer noch auf den bewährten und altertümlichen Weg der persönlichen Kontaktaufnahme per Telefon oder direkt von Angesicht zu Angesicht zurückgegriffen werden. So kann der Ansprechpartner in ein persönliches Gespräch verwickelt werden und es kann ein wesentlich bleibender Eindruck hinterlassen werden.

1.2.3.4 Die Unterschiede im Umfeld unterschiedlicher Gründerszenarien

In diesem Abschnitt werden zwei Gründungsszenarien im Hinblick auf das situative Umfeld vorgestellt. Dabei wird besonders auf die Unterschiede eingegangen. Bei den beiden

[8] http://www.cp-monitor.de/techniklogistik/detail.php?rubric=Technik%2FLogistik&nr=14171&PHPSESSID=ens8rqlg611puo1jmg8unuv7pfsql9v0

Szenarien handelt es sich zum einen um die Neugründung ohne Vorkenntnisse und zum anderen um die Ausgründung aus einem bereits bestehenden Unternehmen.

Neugründung

Um eine Neugründung handelt es sich bei einer Unternehmensgründung, bei der eine neue Idee umgesetzt wird ohne dass es vorher ein bestehendes Team oder Mitarbeiter gab. Erfahrungen konnten noch nicht gesammelt werden und der Gründer bzw. das Gründungsteam braucht erst noch Zeit sich zu entwickeln. Weiterhin gibt es noch kein Wissen darüber, was alles zu erledigen ist. Auch dieses Wissen muss erst langsam aufgebaut werden. Ein Beispiel für eine typische Neugründung ist das Unternehmen, das sich aus einer Idee unter Freunden entwickelt. Da diese meist ohne Vorahnung den Entschluss fassen sich selbständig zu machen und welche Schritte im Rahmen einer Gründung am besten in welcher Reihenfolge abgearbeitet werden.

Betrachtet man das situative Umfeld bei einer solchen Neugründung ist davon auszugehen, dass aufgrund der nicht vorhandenen Erfahrung das Umfeld skeptisch sein wird und das Unternehmen noch keine Reputation hat. Dies muss sich erst mit der Zeit entwickeln. Somit ist es für den Gründer bzw. das Gründerteam schwieriger und mit viel Arbeit verbunden, das Umfeld von dem Potenzial der Idee zu überzeugen.

Ausgründung

Von einer Ausgründung wird gesprochen, wenn zum Beispiel die Gründungsidee für das zu gründende Unternehmen im Verlauf des Geschäftsprozesses eines schon bestehenden Unternehmens entwickelt wurde. Sollte ein eingespieltes Team in einem solchen Fall den Schritt gehen und die Idee aus dem Geschäftsprozess des schon existierenden Unternehmen extrahieren und mit der Idee ein eigenes Unternehmen gründen, nenn man dies eine Ausgründung. Ausgründungen haben den Vorteil gegenüber Neugründungen das es meist ein Gründungsteam gibt, das sich schon von vorneherein untereinander sehr gut kennt. Ebenfalls baut das Unternehmen auf einer schon erprobten Idee auf und hat in den meisten Fällen mit dem Unternehmen aus dem der Prozess stammt schon den ersten Kunden. Typische Beispiele für Ausgründungen sind Abteilungen und Aufgaben, die in einem eigenständigen Unternehmen outgesourct werden können. Ein Beispiel wäre es, wenn eine Marketingabteilung eines Unternehmens zu einer Marketingagentur ausgegründet wird und das Unternehmen aus dem ausgegründet wurde der erste Kunde des neuen Unternehmens wird. Ein weiteres Beispiel für eine Ausgründung ist der Fall eines Unternehmens, dass in der Forschungs- und Entwicklungsabteilung ein Produkt entwickelt hat, dass für die Kernkompetenz des Unternehmens nicht relevant ist, jedoch auf dem Gesamtmarkt eine Nachfrage entwickeln könnte. Dieses Produkt könnte in der Folge von einigen engagierten Mitarbeitern, meist im Gegenzug für Anteile an dem neuen Unternehmen, ausgegründet werden.

Im Bezug auf das situative Umfeld fällt bei dieser Form der Unternehmensgründung auf, dass das Unternehmen nicht aus dem Nichts neu gegründet werden muss. Der Name des Mutterunternehmens steht für die Reputation der Neugründung. Das Produkt wurde schon getestet und der erste Investor steht mit dem Mutterunternehmen schon bereit. Ehemalige Kollegen können bei Fragen Feedback geben und Banken bzw. andere Investoren werden die Erfahrung der Mitarbeiter und das Vorhandensein eines erfahrenen Mutterunternehmens als positives Kriterium anerkennen.

Aus der Erklärung der beiden unterschiedlichen Gründungssituationen wird deutlich, dass es bei einer Ausgründung einige interessante Vorteile gibt. Eine Neugründung kann jedoch auch von Vorteil sein, wenn ein Gründer oder ein Gründerteam von Anfang an das Unternehmen gründen und entwickeln muss. Nur so können die Unternehmer langsam mit der Aufgabe der Unternehmensführung wachsen und wichtige Erfahrungen im Umgang mit guten und schlechten Situation sammeln.

1.2.4 Fallstudie: Situatives Umfeld

Die folgende Fallstudie ist ein fiktives Beispiel einer Gründungssituation, das ist dieser prototypischen Form häufig in der Praxis anzutreffen ist. Anhand der Fallstudie soll dargestellt werden wie ein potenzieller Gründer bzw. ein potenzielles Gründerteam durch das jeweilige situative Umfeld profitieren kann. Im Anschluss an die Beschreibung der Fallstudie werden im Rahmen eines kurzen Fazits die Kernpunkte herausgearbeitet.

1.2.4.1 Die Ausgangssituation

Herr Schmidt hat schon seit langem für sich den Entschluss gefasst das Risiko einer Unternehmensgründung eingehen zu wollen, wenn er eine potenzialbehaftete Idee entdeckt. Am letzten Wochenende war er auf einer Geburtstagsparty in seinem Freundeskreis eingeladen. Dabei entstand eine interessante Diskussion über den weggelaufenen Hund eines Bekannten. Dieser konnte erst nach 2 Tagen wiedergefunden werden. Im Zeitalter der Handys und Navigationsgeräte fragten sich die Freunde, warum es nicht eine Möglichkeit gibt, die Haustiere mit einem Peilsender zu versehen, so dass diese mit Hilfe eines entsprechenden Programmes wiedergefunden werden können. Einer der Freunde arbeitet in einem produzierenden Unternehmen und kam auf die Idee von RFID Chips. Diese seien sehr klein und können mittels eines Lesegerätes ausgelesen werden. Nach einer kurzen Recherche musste Herr Schmidt jedoch feststellen, dass RFID Chips eine zu geringe Reichweite haben und nur innerhalb weniger Meter ausgelesen werden können. Auch die Idee eines Peilsenders wurde schnell verworfen.

Einige Tage später kam Herrn Schmidt die Idee: Warum ist es nicht möglich ein handyähnliches Gerät zu entwickeln, das mit Hilfe einer handelsüblichen Telefonkarte durch den Hundebesitzer angerufen werden kann und wie bei Internetfähigen Handys dadurch die genaue Position bestimmt werden kann? Er recherchierte im Internet nach dieser Idee und es wurde ihm schnell klar, dass es ein solches Produkt auf dem Markt noch nicht gab. Ähnliche Produkte waren nur wenige Stunden mit einer sehr begrenzten Sendereichweite haltbar und kosteten mehrere hundert Euro. Herr Schmidt fasste den Entschluss die Idee weiter zu verfolgen.

1.2.4.2 Die ersten Schritte

Herr Schmidt selbst besaß kein fundiertes Wissen weder im Bereich Handytechnologie noch im Bereich von Elektronik. Aus diesem Grund überlegte er wer ihm weiterhelfen könnte. In seinem Verwandtenkreis wurde er fündig. Einer seiner Cousins arbeitete in einem Reparaturshop für Mobilfunkgeräte. Nach einem Telefonat wurde die Idee konkreter. Der Cousin bestätigte Herrn Schmidt, dass die Idee grundsätzlich realisierbar ist. Die beiden Männer beschlossen gemeinsam die Entwicklung der Idee weiterzuverfolgen und schafften es nach wenigen Monaten mehrere Prototypen eines Gerätes herzustellen. Nachdem sie dieses Gerät mehrmals getestet haben und es ab dem dritten Prototyp nur noch etwas doppelt so groß war wie eine Streichholzschachtel aber dennoch eine Akkulaufzeit von ca. einer Woche hatte, entschlossen sich die Männer es mit der Idee zu versuchen und ein Unternehmen zu gründen. Schnell wurde Ihnen bewusst, dass sie in keinem Fall das notwendige Kapital dazu aufbringen konnten. Die Kosten für die bisherige Entwicklung hatten die gesamten Ersparnisse der beiden Männer aufgebraucht.

Auch war Ihnen bewusst, dass Sie keine Kenntnis darüber hatten, wie man ein Unternehmen gründet. Diesmal konnte der Cousin von Herrn Schmidt sein Netzwerk nutzen. Sein Chef hatte sich erst vor wenigen Jahren mit seinem Geschäft selbstständig gemacht. Sie beschlossen diesen zu fragen. In dem folgenden Gespräch wurden viele neue Fragen aufgeworfen. Für die Gründung werden verschiedene Dokumente gebraucht, die Gründer müssen sich für eine Gesellschaftsform entscheiden und einige teure Geräte für die Produktion beschaffen. Es müssen Versicherungen abgeschlossen und mögliche Kunden gefunden werden. Viele Fragen, die wiederum für die beiden unerfahrenen Männer eine große Herausforderung darstellten. Als erstes mussten sie eine Geldquelle finden. Herr Schmidt nutzte dafür seine Beziehung zu einem seiner Freunde. Dieser war Bankkaufmann und konnte ihm bei der Kreditfindung helfen. Als Voraussetzung für die Hilfe mussten die beiden Männer einen Businessplan erstellen. Im Rahmen der Erstellung des Businessplans definierten sie auch den möglichen Absatzmarkt. Der Vater von Herrn Schmidt, von Beruf Tierarzt, empfahl den beiden potenziellen Gründern den Industrieverband für Heimtierbedarfe als mögliche Recherchequelle für den potenziellen Absatzmarkt. Nach einer dort veröffentlichten Studie gab es schon 2009 mehr als 5 Mio. Hunde in den deutschen Haushalten und eine weitere Zielgruppe viel Ihnen auf. Neben Hunden gibt es mehr als 8 Mio. Katzen in deutschen Haushalten. Somit konnten die beiden einen Absatzmarkt von ca. 13 Mio. Tieren in ca. 20 % der deutschen Haushalte für ihre Idee ermitteln. Nach der erfolgreichen Erstellung des Businessplanes und dessen Präsentation konnten Herr Schmidt und sein Cousin die Bank von ihren Plänen überzeugen und ein Kredit wurde bewilligt. Sie gründeten eine GmbH und installierten eine erste kleine Produktionsstätte. Bei der Suche nach Kunden konnte abermals auf die Familie des Herrn Schmidt und seines Cousins zurückgegriffen werden. Nicht nur Herr Schmidts Vater war Tierarzt, auch ein weiterer Bekannter konnte auf eine erfolgreiche Arbeitszeit als praktizierender Tierarzt zurückblicken. Sie konnten den jungen Männern ein großes Netzwerk an anderen Tierärzten empfehlen. Weiterhin entdeckten sie große Heimtierbedarfhandel und Versandkataloge als mögliche Absatzkanäle und potenzielle Großkunden. Nach einigen Produktvorstellungen bei verschiedenen Handelshäusern konnten sie ihren ersten Auftrag über 1000 Geräte entgegen nehmen.

1.2.4.3 Das Fazit

In der beschriebenen fiktiven Fallstudie wurde ein Unternehmen beschrieben, dass als Kerngeschäft ein Gerät für den Heimtierbedarf entwickelt, produziert und anschließend vertrieben hat. Bei dem Unternehmen handelt es sich um eine Neugründung, da sich das Gründerteam nicht aus einem laufenden Betrieb eines Unternehmens geformt hat, sondern es sich in diesem Fall um eine neue Idee handelt, die von einem unerfahrenen Gründerteam ohne Vorkenntnisse eigenständig erarbeitet und umgesetzt wurde. Der beschriebene Gründer Herr Schmidt vertritt dabei den in diesem Kapitel beschriebenen kreativen Unternehmensgründer. Herr Schmidt hat durch seinen vorhandenen Gründungswillen einen Bedarf entdeckt und eine mögliche Lösung zur Deckung des Bedarfs aufgrund seiner vorhandenen Kreativität entwickelt. Diese unternehmerische Kreativität, die Herr Schmidt verinnerlicht, wird deutlich, da er die konkrete Idee bis zur Umsetzung immer weiter vorantreibt. Wie in diesem Kapitel beschrieben, scheitern die meisten Ideen schon vor dem Beginn der Umsetzung an dem nicht vorhandenen Umsetzungswillen der Ideenentwickler. Wesentlich für die erfolgreiche Umsetzung der beschriebenen Idee war außer der Kreativität und dem Willen der Gründer ein weiterer entscheidender Faktor. Das situative Umfeld wurde im Rahmen dieser Gründung vorbildlich genutzt. Bei jedem möglichen Problem, dass während des Produktentwicklungs- und Gründungsprozesses aufgetreten ist, konnten die beiden Gründer Menschen aus Ihrem sozialen Umfeld zur Problemlösung finden. Den Bedarf für das Produkt hat Herr Schmidt zusammen mit Freunden entdeckt. Für die Entwicklung des passenden Produktes konnte Herr Schmidt seinen Cousin gewinnen. Im weiteren Verlauf der Unternehmensgründung wurde die Hilfe weiterer Personen aus dem direkten Umfeld der Gründer in Anspruch genommen. Der Chef des Cousins, ein Freund des Herrn Schmidt mit einer Bankausbildung und der Großvater der beiden Gründer, sowie der Vater des Herrn Schmidt konnten mit ihrem Wissen die erfolgreiche Umsetzung der Unternehmensgründung beeinflussen. Durch das effektive Nutzen des situativen Unternehmerumfeldes im Rahmen dieser Gründung konnten wesentliche Kosten gespart werden. Wenn davon ausgegangen werden kann, dass der Freund mit der Bankausbildung und der Chef des Cousins kein Geld für Ihre Hilfe genommen haben, konnten die Hilfen sogar komplett kostenfrei in Anspruch genommen werden. Es wird also deutlich, dass das soziale Umfeld, neben den Gründerpersonen an sich, einen entscheidenden Faktor bei der erfolgreichen Gründung spielen kann.

1.2.5 Situatives Umfeld in der Selbstreflexion

Als Hilfestellung für eine erfolgreiche Gründung dienen folgende Leitfragen

- Haben der Unternehmer für die Unternehmensgründung entscheidende Kompetenzträger in seinem sozialen Umfeld oder verfügt er bestenfalls sogar selbst über Kompetenzen?
- Kennen Personen aus dem Umfeld des Gründers vielleicht Personen, zu denen diese Kontakte vermitteln können („Sekundärkontakte" also)?

Interessante Kontakte für eine Unternehmensgründung können aus folgenden Berufsgruppen kommen: Unternehmensberater, Steuerberater, jegliche Gründer, Bankkaufleute, Drucker, Informatiker, Politiker, Kontakte mit vielen weiteren Kontakten, Kontakte, die als sehr vertrauenswürdig gelten, usw.

1.3 Die Vorgründungsphase: Persönlichkeit des Unternehmers und unternehmerisches Denken und Handeln

1.3.1 Einführung

Zur Verwirklichung einer Unternehmensgründung werden viele Faktoren gebraucht. Externe und interne Faktoren spielen eine entscheidende Rolle. Im vorangegangenen Teil lag der Fokus eher auf den externen Faktoren, genauer dem situativen Unternehmensumfeld. In diesem Abschnitt geht es nun vorrangig um den internen Faktor des Unternehmensgründers. Der Gründer ist Voraussetzung für jegliches Handeln und Ursprung der unternehmerischen Aktivität. Er entwickelt die Idee für die Gründung, setzt diese um, sorgt für die ersten Vertriebserfolge und muss viele anspruchsvolle Situationen im Gründungs- und Wachstumsprozess des Unternehmens meistern. Wichtig ist dabei, dass er absolut überzeugt ist von seiner Idee. Nur so kann er auch andere Personen überzeugen. Oft wird davon ausgegangen, dass ein Gründer sehr risikofreudig sein muss. Welche genauen Risiken ein Gründer eingeht und welche Charakteristika ein Unternehmensgründer in seiner Person vereint wird in diesem Kapitel analysiert. Dabei gibt es Unterschiede von Gründer zu Gründer. Weiterhin werden in diesem Kapitel Gründerteams vorgestellt und mögliche Strategien aufgezeigt, wie sich mehrere Gründer in einem Team am besten ergänzen. Das Gründen im Team erfordert noch eine entscheidende weitere Fähigkeit gegenüber dem Gründen als einzelner Gründer. Die verschiedenen Teammitglieder müssen sich gegenseitig vertrauen, da sie sich die Aufgabenbereiche eines Unternehmens untereinander aufteilen. Welche weiteren Herausforderungen auf Gründerteams im Verlauf des Gründungsprozesses warten, wird ebenfalls vorgestellt. Abschließen wird dieses Kapitel mit der Präsentation einiger erfolgreicher Gründerpersönlichkeiten.

1.3.2 Der Gründer

1.3.2.1 Die Rolle eines Gründers

Der Gründer bzw. der Unternehmensgründer ist die entscheidende Person bei einer Gründung. Er ist die Person, um die sich im gesamten Gründungsprozess alles abspielt. Er initiiert den Gründungsprozess mit der Entwicklung der Gründungsidee und sorgt in der Folge durch sein Handeln für eine erfolgreiche Umsetzung der Idee auf dem Markt. Dabei helfen ihm bestimmte Persönlichkeitseigenschaften, andere wiederum wirken eher störend. Aber wie sieht der ideale Gründer mit der bestmöglichen Unternehmerperspektive aus? Eine Beantwortung dieser Frage ist im Rahmen dieses Werkes nicht abschließend möglich. Was jedoch möglich ist, ist das herausstellen bestimmter Fähigkeiten, die einen Unternehmensgründer bei seinem Vorhaben – der Unternehmensgründung – unterstützen. Genauso könnten Eigenschaften herausgestellt werden, die eher hinderlich für Personen mit Gründungsabsicht sind. Da im Rahmen dieses Werkes der Gründer im Fokus steht, konzentriert sich die Ausarbeitung auf diejenigen Unternehmereigenschaften, die eine Unternehmensgründung fördern.

Innovation/Innovator

Innovation ist die Eigenschaft, die ein Innovator für sich beansprucht. Gerade in der heutigen schnelllebigen Zeit wird diese Eigenschaft immer wichtiger, um unternehmerisch erfolgreich zu sein. Täglich verändert sich das unternehmerische Umfeld. Durch das Internet bekommt die weltweite Konkurrenz einen Zugang zum Heimatmarkt. Unternehmen und Unternehmer müssen sich immer wieder an neue Gegebenheiten in Ihrem Markt und an komplett neue Märkte anpassen. Wer innovativ denkt akzeptiert diese Situation als gegeben und reagiert mit der Bereitschaft sich selbst zu verändern. Der Innovator ist es nicht gewohnt sich an andere anzupassen. Er entwickelt neue, eigene Wege und realisiert diese. Der Komponist ist ein sehr gutes Beispiel für den Innovator. Dieser schreibt neue Stücke und kombiniert dabei unterschiedliche Instrumente und Klänge miteinander. Alte und neue Instrumente werden genauso wie klassische und elektronische Klänge miteinander vermischt. Und weiterhin entwickelt der Komponist zwar die Idee, lässt das Ergebnis dann aber von anderen Menschen umsetzten. Der innovative Mensch handelt nach demselben Muster. Auch er entwickelt eine Idee und versucht diese dann mit der Hilfe seines Umfeldes oder durch seine Kontakte umsetzbar zu machen. Insgesamt zeichnet sich ein innovativer Querdenker durch die Freude daran aus, neue Wege zu gehen und neue Türen zu öffnen. Weiterhin können Innovatoren auch als Visionäre bezeichnet werden. Es gelingt ihnen sich die Welt so vorzustellen wie sie in Zukunft aussehen könnte. Das gibt ihnen den entscheidenden Vorteil schon heute maßgeschneiderte Ideen für eventuell in Zukunft aufkommende Bedarfe zu entwickeln.

Leistungsmotivation

Als Leistungsmotivation wird die Fähigkeit bezeichnet sich mit voller Absicht, also bewusst, an Aufgaben zu messen, die eine Herausforderung für die eigenen Fähigkeiten darstellen. Leistungsmotivierte Menschen haben Spaß daran sich immer wieder selber zu hinterfragen. Sie wollen sich entwickeln und mögen es einen immer höheren Anspruch für sich und ihre Leistungsfähigkeit zu erreichen. Sie sind sehr ehrgeizig und arbeiten fokussiert und zielorientiert an der erfolgreichen Bewältigung des gesetzten Ziels. Eine Befriedigung erlangen die leistungsmotivierten Menschen jedoch nicht nur durch die erfolgreiche Bewältigung der Aufgabe, sondern auch wenn sie für sich wissen, dass sie ihr bestmögliches zur Bewältigung der Aufgabe gegeben haben. Schaffen sie es nicht ihr gesetztes Ziel zu erreichen, versuchen sie es erneut, so lange bis sie ihr gesetztes Ziel erreichen. Der Unternehmer arbeitet in den ersten Jahren und besonders in den ersten Monaten nach der Gründung seines Unternehmens meist über 60 Stunden in der Woche und verdient vergleichsweise wenig Geld für die eingesetzte Zeit. Dennoch ist er hochmotiviert. Grund dafür ist sein Ziel – die erfolgreiche Gründung und Etablierung seines Unternehmens. Rückschläge auf dem Weg dahin sind für den leistungsbereiten Gründer eher motivierend als demotivierend. Erreichen sie ein Ziel streben leistungsorientierte Menschen im nächsten Schritt nach weiterer Leistungsverbesserung. Sie fordern Rückmeldung für abgeschlossene Projekte durch Kollegen oder Kunden ein und nehmen sich das gesagte zu Herzen. Selbstzufriedenheit gibt es nur in kurzen Phasen. Vielmehr wissen sie, dass es keine Leistung gibt, die so gut ist, dass sie nicht mehr verbessert werden kann.

Risikobereitschaft

Risikobereitschaft ist eine weitere wichtige Charaktereigenschaft für einen potenziellen Gründer. In Deutschland wird alleine der Schritt zur Selbständigkeit schon als Risiko bezeichnet. Wer diesen Schritt dann wirklich geht, der ist in Deutschland ein sehr risikobereiter Mensch, da er alles riskiert, um sein eigenes Unternehmen zu gründen. Doch ohne ein Risiko einzugehen, kann kein Mensch unternehmerisch handeln. Selbst als Angestellter geht man tagtäglich Risiken ein. Jede übernommene Aufgabe birgt das Risiko den Auftraggeber zu enttäuschen. Im Unternehmen besteht das Risiko in der Unsicherheit über zukünftige Gewinne. Der Unternehmer muss abwägen ob sich eine Investition lohnt und geht in Vorleistung um sich die Chance zu ermöglichen mit seinem eigenen Unternehmen erfolgreich zu werden. Risikobereite Menschen entscheiden sich in Situationen, in denen sie zwischen zwei Alternativen wählen können, eher für die Möglichkeit mit einer geringeren Wahrscheinlichkeit einen höheren Gewinn erzielen zu können als für die Möglichkeit einen geringeren Gewinn relativ sicher erzielen zu können. Der risikobereite Unternehmer möchte nicht immer nur streng kalkulierbare Risiken eingehen, um einen sicheren aber geringen Gewinn bei einem geringen Verlustrisiko zu erwirtschaften. Er möchte die Chance haben sein Unternehmen weiterzuentwickeln und geht deshalb auch größere Risiken ein. Für den Unternehmensgründer ist eine zu hohe Risikobereitschaft jedoch gefährlich. Optimal ist eine mittlere Ausprägung der Risikobereitschaft. Denn eines darf nicht vergessen werden: Wer zu hoch pokert, der geht das Risiko ein alles zu verlieren. Für Unternehmer gibt es verschiedene Risikopotenziale. In der Folge werden das finanzielle-, das soziale- und das gesundheitliche Risikopotenzial analysiert:

Finanzielles Risiko

Ein finanzielles Risiko geht jeder Unternehmensgründer mit seiner Selbständigkeit ein. Am Anfang eines Unternehmens steht immer ein finanzielles Investment. Nur in den wenigsten Fällen kann ein potenzieller Gründer das benötigte Startkapital für seine Existenzgründung aus dem Privatvermögen aufbringen und hat danach noch so viel Kapital übrig, dass das Investment für ihn kein Risiko darstellt. Vielmehr muss der Gründer in den meisten Fällen einen Kredit für die Gründung aufnehmen. Durch das so geliehene Geld, auch wenn es nur bei einem Freund geliehen sein sollte, entsteht eine finanzielle Verpflichtung gegenüber dem Gläubiger oder sogenannten Kreditor. Potenzielle Gründer sollten vor jeder Gründung bzw. Aufnahme einer finanziellen Verpflichtung, das einzugehende Risiko im Rahmen der Gründung analysieren und für sich abwägen. Besonders wichtig ist dies, wenn von dem Vermögen und den Einkünften des Unternehmensgründers noch weitere Personen abhängig sind. Sollte der Gründer eine Familie haben, die er unterhalten muss, dann wird dieser ein wesentlich geringeres finanzielles Risiko eingehen als ein alleinstehender Gründer, der nur sich selber unterhalten muss. Das finanzielle Risiko kann durch Business Angels oder Venture Capitalists gemindert werden. Diese werden im weiteren Verlauf dieses Werkes noch detaillierter vorgestellt. Allgemein geht es bei diesen jedoch darum, dass sowohl Business Angels, als auch Venture Capitalists potenzielle Geldgeber sind, die im Gegenzug für ihr Investment einen Teil des zu gründenden Unternehmens für sich beanspruchen.

Soziales Risiko

Entscheidet sich eine Person ein Unternehmen zu gründen, entscheidet sich diese Person viel zu arbeiten und viel Zeit und Kraft in den Aufbau des Unternehmens zu investieren. Leidtragende einer solchen Entscheidung sind meist die Personen im engsten Umfeld. Familie und Kinder mit einer Unternehmensgründung zu verbinden ist oft schwer. Zehn oder Zwölf Stunden Arbeit am Tag sind keine Seltenheit. Auch das Wochenende ist während der Gründungsphase meist voll belegt mit Nacharbeit der letzten Woche oder Vorarbeit für die nächste Woche. Neben der Beziehung zu der eigenen Familie können auch Freundschaften leiden. Dabei sind für Gründer gerade die genannten Personen im Umfeld wie Familie und Freunde besonders wichtig. Sie stützen ihn in schweren Zeiten und helfen ihm kostenfrei oder zum Freundschaftspreis mit ihrem Wissen. Daher sollte eine Gründung immer im Einklag mit der Familie beschlossen werden. Wenn ein Gründer keinen Rückhalt bei seinen engsten Vertrauten genießen kann, kriegt er selbst von den Personen, die ihm im Prozess der Gründung eigentlich den Rücken stärken sollen, keine Unterstützung. Weiterhin ist es ein soziales Risiko wenn ein Gründer mit seiner Gründung keinen Erfolg hat. Eine gescheiterte Gründung kann das Ansehen und die Reputation eines Gründers deutlich verschlechtern.

Gesundheitliches Risiko

Eine Gründung erfordert überdurchschnittlich viel Einsatz und Engagement von einem Gründer. Gerade in den ersten Monaten wird dieser nur sehr begrenzt Freizeit haben. Es wird zu jeder Zeit im oder für das Unternehmen etwas zu tun geben, was unbedingt erledigt werden muss. Die große individuelle Belastung ist dabei nicht nur physisch erkennbar. Auch die psychische Belastung ist während dieser Zeit enorm. Ein potenzieller Gründer sollte sich deswegen bei der Planung einer Unternehmensgründung fragen, ob er dem Druck gewachsen ist. Existenzgründer tendieren zu Selbstüberforderung und riskieren aus diesem Grund gesundheitliche Risiken. Der Einsatz von Smartphones mit Internetanschluss ist nicht zuletzt ein weiterer Grund, warum der Existenzgründer noch weniger freie Erholungszeiten hat. Durch die ständige Verbindung zum Internet ist eine permanente Kontaktaufnahme durch Kunden, Lieferanten, und Mitarbeiter möglich.

Es erfordert ein hohes Maß an Disziplin sich notwendige Auszeiten zu nehmen. Diese Auszeiten sollte sich ein Unternehmensgründer aber nehmen, denn was bringt es dem Unternehmen, wenn der Gründer aufgrund permanenter Überarbeitung nie sein volles Potenzial abruft. Besonders anstrengend wird es, wenn der Unternehmer neben dem Aufbau seiner Existenz noch eine Familie hat, um die er sich kümmern muss und sollte. Dann ist eine klare Organisation mit bestimmten Zeiten für Unternehmen oder Familie unumgänglich. Insgesamt kann gesagt werden, dass während einer Unternehmensgründung sowohl die psychische, als auch die physische körperliche Belastbarkeit stark beansprucht wird.

Kontrolle und Organisation

Die Fähigkeiten zur Kontrolle und zur Organisation sind im Rahmen einer Unternehmensgründung unabdingbare Persönlichkeitsmerkmale. Aufgrund der schon häufig erwähnten hohen Belastung während der Gründung muss sich ein Unternehmer klar strukturieren und organisieren können. Er muss die Fähigkeit besitzen seinen Tages- bzw. Wochen- und Monatsablauf zu planen. Geschäftspartner, Kunden, und jegliche weitere Interessengruppe im Unternehmerumfeld will Respekt entgegen gebracht bekommen. Pünktlichkeit, sowie Zuverlässigkeit drücken eine Wertschätzung gegenüber dem Geschäftspartner aus. Sowohl Pünktlichkeit, wie auch Zuverlässigkeit lassen sich jedoch nur erreichen, indem Planungen eingehalten werden und indem der Unternehmer seine Arbeitszeit und seinen Terminkalender termingerecht pflegt und diesen einhält. Zählt der Unternehmer diese Fähigkeit zu seinen Stärken, trägt er eine der wichtigsten Grundeigenschaften für einen erfolgreichen Unternehmer in sich. Er sorgt damit nicht nur für zufriedene Kunden, sondern auch für zufriedene Lieferanten, Mitarbeiter, Banken, Investoren und zu guter Letzt auch für eine zufriedene Familie. Neben dieser Organisationsfähigkeit spielt auch die Fähigkeit der Kontrolle eine wichtige Rolle im Unternehmerumfeld. Sollen Aufgaben und Arbeitspakete pünktlich fertiggestellt werden bedarf es der regelmäßigen Kontrolle. Insbesondere wenn andere Mitarbeiter im Unternehmen tätig sind, sollte von Zeit zu Zeit deren Arbeitsfortschritt kontrolliert werden, damit nicht am Ende die böse Überraschung wartet. Die Fähigkeit zur Kontrolle spielt ebenfalls eine wichtige Rolle bei der Erreichung von gesetzten Zielen und Meilensteinen. Deren Erreichen sollte regelmäßig kontrolliert werden.

Überzeugungskraft

Die Überzeugungskraft ist ein weiterer „weicher" Faktor im Zuge einer Existenzgründung. Für einen Unternehmer ist diese Persönlichkeitseigenschaft besonders wichtig. Wenn der Unternehmer einem Kunden oder Partner gegenüber in einer der beschriebenen Situationen Überzeugungskraft vermissen lässt, dann ist ein erfolgreicher Start in die Selbständigkeit problematisch. Ein Gründer mit Überzeugungskraft wird es dagegen schaffen seine Gegenüber zu begeistern und mitzureißen. Er wird den Kredit bei der Bank bekommen und die ersten eigenen Produkte in den ersten Gesprächen verkaufen. Wichtig für einen Gründer ist es, dass er die Menschen im seinem persönlichen sozialen Umfeld begeistern kann, wenn er über seine Idee spricht. Grundvoraussetzung um überzeugen zu können ist der unabdingbare Glaube an die Idee bzw. das eigene Produkt. Wer nicht überzeugt ist, wird es auch nur schwer schaffen dieses Produkt in der gewünschten mitreißenden Art und Weise vorzustellen. Der Enthusiasmus des Unternehmers muss im Gespräch zu spüren sein und am besten auf den Gegenüber übergehen.

Soziale Kompetenz

Neben der Überzeugungskraft ist auch die soziale Kompetenz von entscheidender Bedeutung. Ein Gründer kann noch so überzeugend sein, aber wenn die zwischenmenschliche Verbindung zwischen ihm und seinem Gegenüber nicht stimmt, dann ist in den meisten Fällen der Abschluss fast unmöglich. Wichtig für die soziale Kompetenz ist es, dass sich der Unternehmer in sein Gegenüber hineinversetzen kann. Wenn der Unternehmer in der Lage ist seinen Gegenüber so zu verstehen, dass er weiß ob dieser eher Zahlen zum Verständnis hören möchte oder doch lieber auf der emotionalen Ebene gewonnen werden will, dann kann der Unternehmer es schaffen, einen großen Teil seiner Kunden zu überzeugen. Das Wissen verschafft ihm einen einzigartigen Vorteil, den er bei der Verwirklichung seiner persönlichen Ziele (Kundengewinn, Verkäufe, anwenden kann).

Eigeninitiative

Wer als Unternehmer in der heutigen Zeit erfolgreich sein will, der muss beweglich sein. Das heißt, er muss ständig bereit sein auch etwas an seinem Auftritt zu ändern. Entscheidend im Rahmen der Eigeninitiative ist dabei, dass die Idee bzw. der Veränderungsgedanke auf eigenen Ideen basiert und diese dann auch umgesetzt werden. Menschen mit Eigeninitiative sind selbstbewusster. Allgemein wird gesagt, dass diese Menschen auch erfolgreicher in ihren Berufen sind. Gründer mit der Persönlichkeitseigenschaft Eigeninitiative werden mit Sicherheit auch konkrete Ziele verfolgen, die sie als Basis für ihre disziplinierte Eigeninitiative nehmen. Ein Chef mit Eigeninitiative kann alleine durch sein Auftreten auch bei jungen Mitarbeitern eine Vorbildfunktion wecken. Das hilft besonders bei der Neugründung eines Unternehmens. Sollte der erste Mitarbeiter gebraucht werden ist es wichtig, dass dieser Aufgaben sieht, wenn sie anfallen. Das geht den Menschen so, die ein hohes Maß an Eigeninitiative zeigen.

Stabilität

Im Rahmen der Stabilität muss zuerst genannt werden, dass es sich um die emotionale Stabilität handelt. Diese wird bei einer Unternehmensgründung stark beansprucht. Bei dieser Persönlichkeitseigenschaft soll die Stressresistenz und das Durchhaltevermögen beurteilt werden. Da Existenzgründer in den ersten Monaten konstant mehr Zeit am Tag bräuchten, als sie haben, und viel Arbeit auf sich nehmen, leiden sie schnell unter Stress und Erfolgsdruck. Solche Situationen sind beispielhaft für Fehler. Emotional Stabile Menschen lassen sich aber auch von Fehlern nicht unterkriegen. Vielmehr analysieren sie die Fehler für sich und gucken was sie in Zukunft besser machen können, also aus den Fehlern lernen können.

Teamfähigkeit

Die Teamfähigkeit ist nicht nur bei Gründern im Team von Wichtigkeit. Für jeden Gründer ist es wichtig, diese Fähigkeit zu besitzen, denn ein Gründer kann selten alle Kompe-

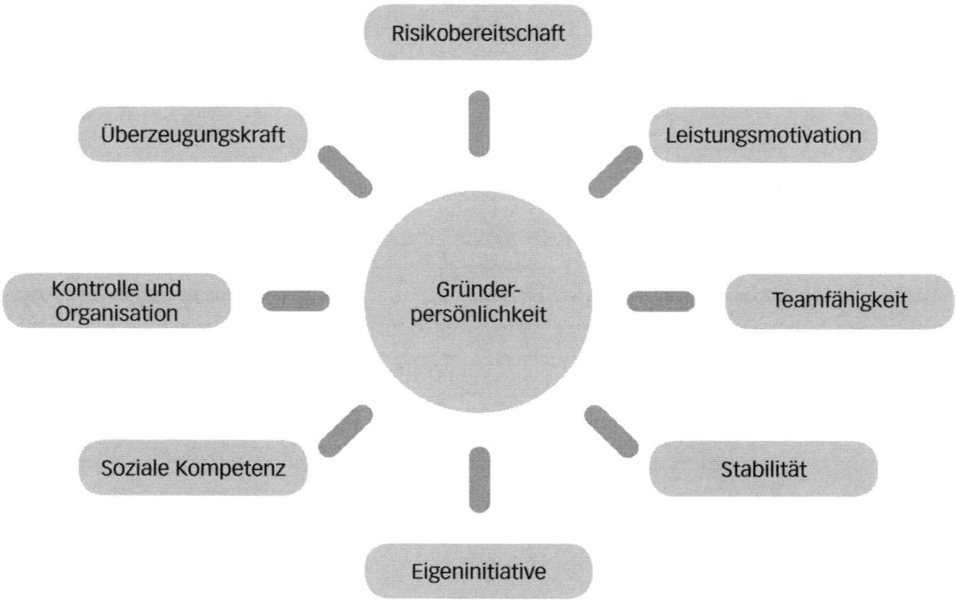

Abb. 1.6 Die Gründerpersönlichkeit und Einflussfaktoren

tenzen in einer Person vereinen. Zumindest kann er kein Spezialist in jeder genannten Fähigkeit sein. Sobald ein Unternehmer aber Mitarbeiter einstellt oder sich einen Partner hinzuzieht muss im Team weitergearbeitet werden. Das reine Delegieren von Aufgaben ist dann nicht mehr sinnvoll. Viel interessanter wird die Arbeit dann durch ein gut gebildetes Team. Ein gut gebildetes Team kann zu lösende Aufgaben aus verschiedenen Blickwinkel betrachten und lösen. Die Eigeninitiative zum Beispiel spielt auch im Team eine Rolle. Wenn der Unternehmer es schafft seinen oder seine Mitarbeiter/in in einem Team zu organisieren, dann kann er auch gewährleisten, dass die Arbeit besser wird, da sich die Mitarbeiter auch untereinander kontrollieren. Teamfähigkeit bedeutet auch sich Kritik an der eigenen Person offen gegenüber zu zeigen (Abb. 1.6).

1.3.2.2 Die Entwicklung eines Gründers

Viele Persönlichkeitseigenschaften, die den Erfolg eines Unternehmensgründers beeinflussen können, wurden im Verlauf dieses Kapitels schon genannt und erläutern. Aus der Nennung dieser hilfreichen Eigenschaften ergibt sich jedoch ein neues Forschungsfeld. Wann entscheidet sich ob ein Gründer die richtigen bzw. die bevorzugten Eigenschaften in seiner Persönlichkeit vereint und kann die Entwicklung solcher Eigenschaften beeinflusst werden? Um sich einer Lösung dieser aufgeworfenen Fragestellung zu nähern werden in der Folge die Bereiche Ausbildung, Erfahrung und das Elternhaus näher betrachtet.

Das Elternhaus

Das Elternhaus spielt bei der Bildung des Charakters eines Menschen eine entscheidende Rolle. Die Eltern sind die Personen von denen sich ein junger Mensch viele Charakterzüge aneignet. Sie sind die engsten Bezugspersonen und in vielen Fällen auch die Vorbilder der Kinder. Was die Eltern machen gilt in jungen Jahren als das Richtige. In vielen Fällen wird also schon in der Phase des Heranwachsens eine gewisse Neigung ausgeprägt. Ist eine Person als Kind einer Arbeiterfamilie geboren, wird es den Tagesablauf und das familiäre Leben dieser Familie als normal und als erstrebsam empfinden. Es hat in seiner Jugend nichts anderes kennengelernt und die Wahrscheinlichkeit ist groß, dass es aus diesem Grund den risikoloseren Lebensweg des Arbeitnehmers als Idealvorstellung für die persönliche Zukunft sieht. Eine Selbständigkeit wird in vielen Fällen von Personen aus einem Familienhaus mit angestellten Eltern als zu risikoreich und zudem als nicht erreichbar gesehen. Auf der anderen Seite gibt es die Kinder aus Elternhäusern mit selbständigen Eltern. Diese haben während ihrer Jungend das Leben einer selbständigen Person kennengelernt. Für sie es vollkommen normal, dass der Selbständige auch einmal länger als sieben oder acht Stunden am Tag arbeiten muss, weil die Kunden es wünschen. In vielen Fällen geht mit der Selbständigkeit auch ein erhöhter Lebensstandard einher. Wer viel und hart arbeitet kann sich auch mehr leisten. Wirkliche Freizeit gibt es für den Selbständigen meistens nur im Urlaub und so fährt die selbständige Familie zum Urlaub auch meist in ein anderes Land. All dies sind Unterschiede, die die jeweiligen Kinder für sich und Ihre Vision von Ihrem Leben als normal empfinden. Der Kern lautet: Wenn ein Kind aus einem Elternhaus mit Selbständigen kommt, dann ist die Wahrscheinlichkeit wesentlich größer, dass es diesen Lebensweg für sich auch als Idealvorstellung wünscht. Somit ist dann auch das Gedankengut dieses Kindes stärker in Richtung Selbständigkeit angelegt. Kommt ein Kind aus einem Elternhaus mit angestellten Eltern, ist es unwahrscheinlicher, dass das Kind die Selbständigkeit von Anfang an als Idealvorstellung sieht. Da es nicht regelmäßig mit diesem Lebensweg in Kontakt kommt, werden andere Zielvorstellungen im Leben geprägt. Andere Zielvorstellungen sind z. B. ein sicherer Job mit vergleichsweise geregelteren Arbeitszeiten und vergleichsweise weniger individueller Verantwortung. Diese Zielvorstellungen und Familienvorbilder haben auch Auswirkungen auf die Ausbildung der Persönlichkeitsmerkmale. Selbständige Personen beanspruchen meist viele der schon genannten Eigenschaften wie Leistungsmotivation, Risikobereitschaft, Überzeugungskraft, Organisation, Kontrolle und Eigeninitiative für sich. Diese Werte und Eigenschaften geben sie in ihrer Erziehung auch an ihre Kinder weiter. Umgekehrt ist es natürlich auch in Familien, die eher aus einem Arbeiterumfeld kommen. In diesen Familien werden teils die gleichen Eigenschaften gelebt und weitergegeben, teils jedoch auch andere Eigenschaften. Eine sehr entscheidende Eigenschaft ist die Risikofreudigkeit. Diese ist meist in den arbeitnehmenden Elternhäusern nicht so stark ausgeprägt und wird eher als Gegenkriterium für eine Selbständigkeit gesehen. Von Selbständigen wird das Risiko zwar wahrgenommen, es jedoch nicht als starkes Gegenkriterium für eine Selbständigkeit gesehen.

Die Ausbildung

Neben der Erziehung ist auch die Ausbildung wichtig für die Entwicklung von bestimmten Eigenschaften und Voraussetzungen für einen Unternehmensgründer. So wird schon in der Kindergarten- und Grundschulzeit durch die unterschiedlichen Formen mit den jeweiligen pädagogischen Prinzipien ein unterschiedlicher Fokus auf die Bildung bestimmter Persönlichkeitsmerkmale gelegt. Anhand der Schulform soll dies kurz dargestellt werden. In Deutschland können schon im Rahmen der Grundschulausbildung verschiedenste Lernwege gewählt werden. Es gibt staatliche Grundschulen, religiös geprägte Grundschulen oder zum Beispiel Waldorfschulen. Jeder Schulform liegt ein anderes Konzept der schulischen Erziehung zu Grunde. Auf einer Waldorfschule zum Beispiel wird ein großer Fokus auf die freie Ausbildung von handwerklichen- und künstlerischen Fähigkeiten ohne einen stark strukturierten Stundenplan gelegt. An anderen Schulformen verfolgen die Schüler einen wesentlich strukturierteren Bildungsweg mit wesentlich mehr vorgaben. Durch diese Unterschiede im Alltag der heranwachsenden Menschen werden unterschiedliche Charaktere erzeugt. Wo der Waldorfschüler eher ein Freigeist sein könnte, könnte ein Schüler einer staatlichen Schule ein eher strukturliebender Schüler sein. Dies Beispiel soll zeigen, dass die Ausbildung schon im frühen Stadium des Kindergartens und besonders auch der Grundschule Einfluss auf die Persönlichkeitsmerkmale der heranwachsenden Unternehmer nehmen kann. Auch nach der weiterführenden Schule mit den unterschiedlichen Wegen der Ausbildung oder des Studiums werden weitere persönlichkeitsformende Entwicklungen vollzogen. Viele Unternehmer haben eine Managementausbildung in Form eines Studiums durchlaufen. Andere haben die Qualifikationen zum Führen eines Unternehmens in Entrepreneurship Kursen erlernt. Somit wird deutlich, dass zwar schon früh bestimmte Richtungen und Voraussetzungen für verschiedene Persönlichkeitstypen gelegt werden können, im Endeffekt jedoch viele Wege zum Ziel führen können. Mit Sicherheit kann gesagt werden, dass es nicht den optimalen Weg gibt, sondern dass jeder potenzielle Unternehmer einen anderen Ausbildungsweg durchlaufen hat. Manche Wege können dabei allerdings hilfreicher sein, wie zum Beispiel ein betriebswirtschaftliches Studium als Grundlage für die Führung eines Unternehmens oder eine naturwissenschaftliche Ausbildung zum Entwickeln von neuen Produkten auf deren Basis eine Selbständigkeit angestrebt werden kann.

Die Erfahrungen

Neben der Ausbildung und der Erziehung gibt es einen weiteren wichtigen Faktor in der Entwicklung eines Gründers – die persönlich gemachten Erfahrungen. Viele Unternehmer können bei einem Rückblick in ihre Vergangenheit den einen oder anderen Punkt nennen, der sie geprägt hat und der ihrer Meinung nach der erste Anstoß für ihre Überlegungen zur Selbständigkeit war. Sei es ein gelesenes Buch in der Kindheit oder der erste Verkaufsstand an der Straße an dem man selbstgepflückte Kirschen und Pflaumen verkauft hat. Schon diese früh gemachten Erfahrungen können im Nachhinein betrachtet der Auslöser für die Entwicklung zu einem potenziellen Gründer gewesen sein. Genauso kann es ein Vortrag gewesen sein, dem man mit Begeisterung zugehört hat. Wenn erfolgreiche Gründer über ihre Erfahrungen und Entwicklungsschritte referieren, finden sich viele Menschen in den dargestellten Lebensläufen wieder und beginnen selbst über eine Gründung nachzudenken. Auch eine solche Erfahrung kann den Ausschlag geben für die spätere Gründung. Wiederum andere machen ihre ersten Erfahrungen in ihren ersten Praktika oder in anderen praktischen Erfahrungen wie zum Beispiel einer Ausbildung. Diese berichten, dass ihnen schnell deutlich geworden ist, dass sie lieber selber Chef sein wollen, als einem anderen Chef zuzuarbeiten. Wie man sieht gibt es zahlreiche, unterschiedlichste Erfahrungen, die Menschen auf dem Weg zu einem Unternehmensgründer machen können. Eines haben jedoch alle Erfahrungen gemeinsam. In irgendeiner Art und Weise wurde durch die gemachten Erfahrungen eine Idee bzw. ein Ziel bei den späteren Gründern geweckt, dass sie weiter verfolgt haben und sich so immer mehr in Richtung eines Gründers entwickelt haben. Auch ist es selten nur eine entscheidende Erfahrung, die Gründer im Verlauf ihrer Entwicklung gemacht haben, sondern viele Dinge, die ihnen im Nachhinein auffallen, die sie immer mehr bestätigt haben, später ein eigenes Unternehmen zu gründen. Der Staat und die Lehre beginnen immer mehr die Wichtigkeit von gemachten Erfahrungen auf dem Weg zur Selbständigkeit zu erkennen. Aus diesem Grund wird in das Curriculum von betriebswirtschaftlichen Studiengängen das Erstellen eines Businessplanes eingebunden. Genauso werden fiktive sogenannte „Student Enterprises" gegründet oder die Teilnahme an Entrepreneurship Seminaren und Gründertrainings gefördert. „Learning by Doing" ist das entscheidende Schlagwort. Das sammeln von Erfahrungen und Wissen über eine Unternehmensgründung in dem geschützten Umfeld der universitären Ausbildung macht es jungen Menschen leichter die Hürde zu überspringen und ein Unternehmen zu gründen.

1.3.3 Das Gründerteam

1.3.3.1 Die Rolle eines Gründerteams

Im Gegensatz zur Einzelperson als Unternehmensgründer, der viele verschiedene Eigenschaften in einer Person vereinen muss, gibt es auch die Möglichkeit die Fähigkeiten von verschiedenen Typen in Gründerteams zu kombinieren. Diese Gründerteams zeichnen sich dadurch aus, dass nicht jede einzelne Person ein Multitalent mit vielen verschiedenen Fähigkeiten sein muss, sondern sich jeder Person auf ein Spezialgebiet konzentrieren kann. So muss zum Beispiel nicht eine Person das Produkt entwickeln, den Markt für das Produkt durch Werbung und Öffentlichkeitsarbeit für das Produkt öffnen, die rechtlichen Rahmenbedingungen abklären, auf die Finanzen achten und nebenbei auch noch passendes Personal suchen. In einem Gründerteam werden diese einzelnen Aufgaben möglichst nach Vorkenntnissen verteilt. Ein Gründerteam besteht dabei aus mindestens zwei verschiedenen Personen, die sich das gemeinsame Ziel gesetzt haben ein Unternehmen erfolgreich zu gründen. Im folgenden Abschnitt werden verschiedene Erfolgsfaktoren für eine Gründung erklärt und Möglichkeiten zur Teamfindung vorgestellt.

1.3.3.2 Erfolgsfaktoren eines Gründerteams

Bei der Zusammensetzung eines Gründerteams gibt es verschiedene Erfolgsfaktoren, die es nach Möglichkeit zu beachten gilt. Von Erfolg im Rahmen einer Unternehmensgründung spricht man, wenn zum einen die Teamarbeit innerhalb des Gründungsteams reibungslos funktioniert und zum anderen die Gründung an sich erfolgreich umgesetzt wird. Ein Erfolgsfaktor ist demnach, dass die Einzelpersonen in einem Gründerteam zusammenpassen müssen. Das heißt, dass sich diese untereinander abgesehen von ihren verschiedenen Fähigkeiten und Kompetenzen persönlich verstehen und vertrauen müssen. In den meisten Fällen kann nur herausgefunden werden ob die Charaktere im Team zusammenpassen, wenn diese schon gemeinsam gemachte Erfahrungen miteinander verbinden. Nur durch solche Erfahrungen können sich mögliche Teammitglied näher kennenlernen und als Resultat feststellen, ob man täglich zusammen in einem Unternehmen arbeiten und sich vertrauen kann. Weiterhin ist es wichtig, dass die verschiedenen Teammitglieder sich nicht in Ihren Fähigkeiten doppeln. Es bringt für ein Gründungsvorhaben keinen Mehrwert, wenn sich in einem Gründerteam mehrere Personen mit dem Schwerpunktgebiet Personalwesen befinden. Vielmehr ist es wichtig, dass sich die Mitglieder des Teams in ihren Fähigkeiten ergänzen. Interessant wäre es zum Beispiel eine Person im Team zu haben, die sich im Bereich Design und Programmierung auskennt. Ergänzend dazu könnte eine Person mit dem Schwerpunkt. im Bereich Finanzen im Team sinnvoll sein. Als dritte Person würde dann noch jemand fehlen, der sich im Bereich Recht und Personal auskennt. Durch die Verbindung der drei Personen und deren speziellen Fähigkeiten, könnte ein erfolgreiches Gründerteam entstehen, das sich in diesem Fall im Bereich Web2.0 erfolgreich bewegen könnte. Mit der Ansprache des Gründungsumfeldes ist auch schon ein weiterer Erfolgsfaktor angesprochen worden. Die Zusammensetzung des Gründerteams sollte immer situativ abgewogen werden. Handelt es sich bei dem Gründungsvorhaben um eine Gründung im Bereich neue Medien wie dem Internet, ist eine Person mit Kenntnissen im Bereich Programmierung sehr wichtig. Dagegen muss bei einer Gründung im Bereich regenerative Energien auf einen Ingenieur mit einer entsprechenden Qualifizierung geachtet werden.

1.3.3.3 Möglichkeiten zur Teamfindung

Grundsätzlich steht vor jeder Gründungsentscheidung die Frage ob eine Gründung im Team oder die Gründung als Einzelperson durchgeführt werden soll. Die Beantwortung dieser Frage hängt stark von der Situation ab. Ist schon ein Team vorhanden, oder muss dies erst noch gefunden werden? Gibt es interessante Personen im Umfeld des Gründers, mit denen sich dieser eine Gründung vorstellen könnte, oder ist die Einzelperson überhaupt auf andere Personen angewiesen? All dies sind Fragen, die entscheidend sind für die Wahl ob Team oder Einzelgründung. Oft werden Ideen aber auch von Gruppen von Menschen entwickelt und somit stellt sich die Frage nach einer Gründung gar nicht. In diesem Fall steht das Gründungsteam schon zusammen mit der Ideenentwicklung fest. In diesem Fall würde sich die Frage der Teamfindung jedoch auch nicht mehr stellen. Teamfindung wird demnach also dann spannend, wenn eine Einzelperson eine Idee entwickelt hat, diese jedoch nicht alleine umsetzten will oder kann. In diesem Fall muss ein Team gefunden werden. Dazu ist es wichtig zu wissen, wo potenzielle Gründer zu finden sind. Eine Schwierigkeit ist, dass es mehr gründungsaverse Menschen gibt als gründungsaffine Menschen. Wo kann ein potenzieller Unternehmensgründer also weitere gründungsaffine Menschen finden? Zu diesem Zweck gibt es verschieden Möglichkeiten:

Die erste Möglichkeit ist die Suche im situativen Umfeld des Gründunginteressierten. Der potenzielle Gründer hat meistens schon eine konkrete Vorstellung wer im situativen Umfeld für eine Gründung in Frage kommt und ob dieser Kandidat bzw. diese Kandidatin dann zusätzlich noch charakterlich zum Gründer passt. Oft hat sich dies schon durch Gespräche in der Vergangenheit ergeben, die zu dem Thema Gründung geführt wurden.

Kommt der potenzielle Gründer zu dem Entschluss, dass in seinem Umfeld keine geeigneten Kandidaten für sein Team vorhanden sind stellt eine nahgelegene Universität eine weitere Möglichkeit dar, andere gründungsinteressierte Mitmenschen zu finden. Eine Universität ist eine Ansammlung von vielen jungen, gut gebildeten Nachwuchsakademikern. Durch einen Aushang oder ein Anfrage bei Professoren können viele Kontakte geknüpft werden und interessante Kandidaten für das Gründungsteam gefunden werden.

Eine dritte Möglichkeit interessante Kandidaten für eine Gründung zu finden bieten Netzwerke im Internet. Dort können Gründer Suchanfragen für Kandidaten mit bestimmten Fähigkeiten einstellen und Ihre Idee grob skizzieren. Dann können sich interessierte ebenfalls gründungsaffine Einzelpersonen auf die Suchanfrage bewerben.

In den meisten Fällen ist es nicht das Problem Kandidaten zu finden, die Interesse an einer Gründung haben. Vielmehr ist es die Schwierigkeit Menschen zu finden, die zu der Gründungsperson passen und mit denen diese sich eine langjährige Zusammenarbeit vorstellen kann.

1.3.4 Fallstudie: True Fruits GmbH

Mit einem Auslandssemester im Jahr 2005 begann die Erfolgsgeschichte eines noch jungen Start-Up Unternehmens, das im Jahr 2009 mit dem deutschen Gründerpreis ausgezeichnet wurde. Die Studenten Inga Koster und Marco Knauf sind die Initiatoren der erfolgreichen Unternehmensgründung. Sie entdeckten während ihres Auslandssemesters im Jahr 2005 eine Idee auf einem ausländischen Markt, die es in der Form noch nicht auf dem deutschen Markt gab und erkannten das Potenzial, dass diese Idee auch in Deutschland hatte. Noch während des Auslandssemesters begannen die beiden Freunde die Produzenten in Schottland anzuschreiben und erste Informationen zu sammeln. Im Folgenden soll die Erfolgsgeschichte Stück für Stück aufgearbeitet werden.

1.3.4.1 Das Gründerteam

Im Falle der True Fruits GmbH bestand das Kernteam aus 2 bzw. 3 Studenten aus Bonn. Inga Koster, Marco Knauf und kurze Zeit später Nicolas Leclaux ergriffen die Chance sich noch während ihres betriebswirtschaftlichen Studiums mit einer Idee selbständig zu machen. Alle Gründer hatten bis auf die Erfahrungen aus ihrem betriebswirtschaftlichen Studium keine detaillierten Kenntnisse über das Vorgehen bei einer Unternehmensgründung. Wie bei vielen Gründungen zeichnen sich die drei Freunde jedoch durch die absolute Überzeugung von ihrer Gründungsidee und der Motivation diese Chance zu ergreifen aus. Keiner der drei hatte Kenntnisse über die Branche, in der sie sich selbständig machen wollten – der Lebensmittelbranche. Auch der Handel war für alle drei zu diesem frühen Zeitpunkt ihres Gründungsprozesses noch ein Fremdwort. Ihrer Eltern hatten Zweifel an der Gründungsidee und fürchteten, dass die viele Arbeit und das Risiko einer Gründung einen schlechten Einfluss auf den Ausgang des Studiums Ihrer Kinder haben würde.

1.3.4.2 Die Idee

Die Idee, die Inga Koster und Marco Knauf aus dem Auslandssemester in Schottland mit nach Deutschland brachten, war die eines sogenannten Smoothies. In Schottland war dieser, nach der Aussage der beiden Studenten, der gesunde Ausgleich zu der allgemein ungesunden Ernährung und war in den Supermärkten weit verbreitet. Ein Smoothie ist ein Fruchtsaftgetränk; das Besondere an einem Smoothie ist jedoch, dass dieser im Vergleich zu den bis dato erhältlichen Fruchtsäften in Deutschland zu 100 % aus Frucht besteht und keine künstlichen Zusätze enthält. Nach Ihrer Rückkehr aus dem Auslandssemester in Schottland konnten die beiden Studenten nicht glauben, dass es dieses Produkt auf dem deutschen Markt noch nicht gab und erkannten das Potenzial, dass dieses Produkt auch in Deutschland haben könnte.

1.3.4.3 Die Umsetzung

Nachdem die Studenten die Marktlücke für sich entdeckt hatten und mit Nicolas Leclaux ein drittes Teammitglied gefunden haben, konnte die aktive Planung beginnen. Doch wie beginnt man die Planung einer Unternehmensgründung, wenn man bisher noch keinerlei Erfahrungen in diesem Bereich hat? Zuerst entschlossen sich die drei unerfahrenen Studenten einen Businessplan zu erstellen und nahmen dafür an dem vom NUK Neues Unternehmertum Rheinland e. V. jährlich ausgerichteten Businessplanwettbewerb teil. In diesem Wettbewerb konnten die drei Gründer schon früh auf das Wissen von Spezialisten zurückgreifen. Neben diesem Wettbewerb, den die drei Gründer im Jahr 2006 gewinnen konnten, nutzen sie die Unterstützung Ihrer Hochschule und initiierten eine Forschungswettbewerb für Lebensmittelbiologen und Chemiker, in dem ein neues Verfahren entwickelt werden sollte, dass den Smoothie ohne die Hinzufügung von künstlichen Zutaten und ohne den Verlust der enthaltenen Nährstoffen haltbar machen sollte. Auch ein weiterer Faktor war von Beginn an für die drei Gründer klar. Sie wollten den qualitativ sehr hochwertigen Smoothie in einer der Qualität entsprechenden Glasflasche abfüllen. Dafür griffen die Gründer wieder auf die Unterstützung ihrer Hochschule zurück und ließen von einer Design-Studentin eine innovative Glasflasche entwickeln. Schon hier zeichneten sich die Gründer dadurch aus, dass sie sich nicht von ihren Plänen abbringen ließen und Spezialisten eingebunden haben. Es wurde ihnen geraten den Smoothie aus Kostengründen lieber in eine Plastikflasche zu verfüllen. Sie hielten dennoch an ihrer Idee, der Glasflasche, fest. Doch durch diese Entscheidung entstand ein neues Problem. Obwohl die drei Gründer mit Hilfe des Forschungswettbewerbes ein erfolgreiches Verfahren entwickelt hatte um den Smoothie haltbar zu machen ohne die wichtigen Nährstoffe zu verlieren und die Glasflasche konzipiert war, konnten die jungen Unternehmensgründer keinen Abfüller finden. Viele der kontaktierten Abfüller hatten sich auf das Verfüllen von Plastikflaschen spezialisiert und andere hatten wiederum zu hohe Mindestmengen für eine erste Produktion. Weiterhin war es sehr schwer potenzielle Käufer von der Idee zu überzeugen. Durch das fehlende Wissen im Handel wusste das Gründerteam nicht, dass in Supermärkten eine sogenannte Listungsgebühr bezahlt werden muss nur damit sie die Erlaubnis bekommen, ihre Smoothies in den Regalen der Märkte anzubieten. Für eine solche Listungsgebühr hatten die drei Gründer kein Kapital zur Verfügung. Mit all diesen immer wieder auftauchenden Problemen war es schwer, die Motivation immer aufrecht zu halten. Doch hier half das Gründerteam. Die Gründer motivierten sich gegenseitig immer wieder weiter zu machen. Nachdem nach längerer Suche ein Produzent in Süddeutschland gefunden wurde, konnten auch erste Erfolge auf der Vertriebsseite verzeichnet werden. Ein Supermarktbesitzer gewährte den Gründern eine kleine Verkaufsfläche und der Erfolg gab dem Gründungsteam der True Fruits GmbH Recht. Schon im ersten Monat konnten in nur einem Markt 1.000 Flaschen verkauft werden und es fanden sich weitere Märkte, die das Produkt in ihr Sortiment aufnehmen wollten. Im November 2006 hatten es die drei Gründer geschafft mit Ihrem Produkt der erste Anbieter von Smoothies auf dem deutschen Markt zu sein.

1.3.4.4 Die weitere Entwicklung

Nach dem ersten Vertriebserfolg war es möglich die Smoothies auch in anderen Märkten anzubieten und auch dort waren die Produkte ein voller Erfolg. Der Smoothie konnte kontinuierliche als qualitativ hochwertiges, gesundes Lifestyle Produkt in Deutschland etabliert werden. Mit der Glasflasche, von der den Gründern abgeraten worden war, konnten mehrere Designpreise gewonnen werden und so konnte diese als Botschafter für die hohe Qualität und das absolut trendige Produkt genutzt werden. Weiterhin konnten prominente Fürsprecher wie Till Schweiger oder Barbara Schöneberger gewonnen werden, die halfen das Produkt ohne einen größeren Werbeetat bekannt zu machen. Auch die Markteinführung anderer, ähnlicher Produkte der großen Fruchtsafthersteller, die mit einem großen Werbeetat billiger auf dem Markt angeboten wurden, konnte das Wachstum der true fruits GmbH nicht aufhalten. Heute werden monatlich 500.000 Flaschen abgefüllt. 18 Mitarbeiter kümmern sich mittlerweile darum die Produkte in Deutschland, Österreich und der Schweiz zu verkaufen und die Position als Nummer 2 im Markt zu festigen und weiter auszubauen.

1.3.4.5 Das Fazit

Insgesamt zeigt das Beispiel der drei Gründer der true fruits GmbH, dass bestimmte Persönlichkeitseigenschaften von Unternehmensgründern für eine erfolgreiche Gründung besonders wichtig sind. Anhand der beschrieben Entwicklung des Unternehmens kann festgestellt werden, dass es viele Schwierigkeiten und Hindernisse zu überwinden galt, bevor der Erfolg des Unternehmens eingesetzt hat. Die Hartnäckigkeit und die grenzenlose

Überzeugung von ihrem Produkt halfen den drei Gründern immer wieder weiter zu machen. Genauso war es ihrer Risikobereitschaft zu verdanken, dass sie sich gewagt haben als unerfahrene Studenten eine solche Idee umzusetzen. Ihre Fähigkeit im Team effektiv miteinander zu arbeiten und ihre Überzeugungskraft bei der Suche nach einem Produzenten und nach möglichen Abnehmern waren weitere wichtige Eigenschaften für den Erfolg. Die Ausbildung als Betriebswirtschaftler half Ihnen wirtschaftliche Zusammenhänge zu verstehen und die Gründung von der wirtschaftlichen Seite zu betreuen. Ihr fehlende Erfahrung war sicherlich ein Nachteil, den sie aufgrund ihrer anderen Eigenschaften jedoch ausgleichen konnten. Am Beispiel der true fruits GmbH kann gezeigt werden, dass sich Gründer zwar immer die Meinungen und die Kritik von Dritten anhören müssen, sich jedoch nach sorgfältiger Abwägung nicht von ihrer Kernidee abbringen lassen sollten.

1.4 Die unternehmerische Gelegenheit und deren Bewertung

1.4.1 Die unternehmerische Gelegenheit als Gründungsidee

Für eine erfolgreiche Gründung wird eine gute Idee gebraucht. Damit ein Gründer eine solche Idee für sich entdecken kann ist eine unternehmerische Gelegenheit notwendig. In einer marktwirtschaftlich organisierten Volkswirtschaft wie in Deutschland gibt es zahlreiche unternehmerische Gelegenheiten. Tagtäglich entstehen neue, doch es werden längst nicht alle genutzt. Ob ein potenzieller Gründer eine unternehmerische Gelegenheit erkennt und umsetzt hängt nicht zuletzt von dessen Fähigkeiten und Ressourcen ab. So kann es sein, dass ein und dieselbe Idee von mehreren Menschen entdeckt wird, diese für einen der Beiden aber nicht realisierbar ist. Der Andere dagegen kann mit seinen Fähigkeiten diese unternehmerische Gelegenheit für sich zu einer Gründungsidee entwickeln und erfolgreich umsetzten. Es ist also wichtig, dass jeder potenzielle Gründer, sobald er eine unternehmerische Gelegenheit erkennt, diese für sich analysiert und prüft ob die Gelegenheit mit seinen zur Verfügung stehenden Ressourcen und Fähigkeiten umsetzbar und potenziell gewinnbringend ist.

Bei einer solchen Prüfung kann es zu unterschiedlichen Ausgängen kommen – Umsetzbarkeit und Verwurf der Idee. Neben dem Ergebnis, dass die Idee aufgrund von den persönlichen Ressourcen nicht umsetzbar ist, gibt es auch noch die Möglichkeit, dass eine Idee generell nicht umsetzbar ist. Dafür können verschiedene Gründe sprechen. So kann die Idee generell nicht profitabel genug sein indem der potenziell erreichbare Verkaufspreis des Produktes unter den Herstellungskosten liegt. Des Weiteren kann es sein, dass die Idee mit den aktuell verfügbaren Technologien nicht umsetzbar ist. Tritt eine so geartete Situation auf, spricht man in der Entrepreneurship Forschung von einem „Fatal Flaw“, also einer Idee, die unter den gegebenen Umständen auch mit dem Einsatz der bestmöglichen Ressourcen und Fähigkeiten nicht umsetzbar ist.

In diesem Abschnitt des Buches werden verschiedene Methoden und Hilfsmittel zum Erkennen und Bewerten von unternehmerischen Gelegenheiten vorgestellt. Dafür wird chronologisch nach der zeitlichen Abfolge im Gründungsprozess vorgegangen. Zuerst werden Hilfsmittel zur Entdeckung von Gründungsideen vorgestellt, um dann im zweiten Teil dieses Buchabschnittes Methoden zur Bewertung der Umsetzbarkeit von Ideen zu erläutern.

1.4.2 Hilfsmittel zur Erkennung

Unternehmerische Gelegenheiten sind die Grundlage für eine erfolgreiche Gründung. Doch wie können diese erkannt werden? In vielen Fällen werden unternehmerische Gelegenheiten nicht direkt gesucht, sondern werden durch persönlich gemachte Erfahrungen entdeckt. In der Fallstudie zur Teekampagne zum Beispiel hat der Gründer Faltin seine unternehmerische Gelegenheit durch mehrere seiner Vorlieben entdeckt – zum einen das Reisen und zum anderen der Genuss eines guten Tees. Ähnlich war es in der Fallstudie zum Unternehmen True Fruits. Drei Studenten stießen während eines Auslandsaufenthalts in Großbritannien auf die Idee des Smoothies und entdeckten für sich, dass für dieses Produkt auch ein Markt in Deutschland existiert. Doch es geht auch anders. Ein Gründer muss nicht immer nur durch eine gemachte Erfahrung auf eine unternehmerische Gelegenheit stoßen. Es gibt auch Methoden mit deren Hilfe eine gründungsaffine Person das Finden einer unternehmerischen Gelegenheit forcieren kann. Zwei dieser Methoden – das Brainstorming und das Ideentagebuch – werden in der Folge vorgestellt. Daneben gibt es auch noch verschiedene andere Hilfsmittel wie zum Beispiel Datenbanken oder Foren im Internet, die zur Recherche genutzt werden können. In diesen Netzwerken können sich gründungsaffine Personen austauschen und sich zu Gründungsteams zusammenfinden. Einige solcher Hilfsmittel werden ebenfalls in dem folgenden Buchabschnitt vorgestellt.

1.4.2.1 Brainstorming

Das Brainstorming ist eine Technik, mit deren Hilfe alleine, besser jedoch in einer kleinen Gruppe, schnell neue Idee zu einem bestimmten zentralen Begriff generiert werden können. Hierzu werden Stift, Zettel und ein ruhiger Raum benötigt. Während der Brainstormingphase werden alle Ideen aufgeschrieben. Dabei sind einige Regeln zu beachten. Die zwei grundlegenden und wichtigsten Regeln sind, dass keine Idee kommentiert werden darf und dass jede Idee aufgeschrieben werden muss. Mit Hilfe dieses Vorgehens können sehr schnell sehr viele Ideen zu einem Kernthema gefunden werden. Aufbauend auf dieser Ansammlung von Ideen sollte im zweiten Schritt analysiert werden, welche Ideen nützlich sind und welche sich nicht als Gründungsidee eignen. Als Kernthemen für ein solches Brainstorming können zum Beispiel Probleme oder Herausforderungen des alltäglichen Lebens dienen, die einem in den letzten Wochen oder Monaten begegnet sind. Mit Hilfe der vorgestellten Brainstormingtechnik können zu solchen Herausforderungen/Problemen Lösungsansätze gefunden werden, und so unternehmerische Gelegenheiten entstehen. Unter einer so generierten Ansammlung von vielen verschiedenen Ideen kann dann im besten Fall schon die unternehmerische Gelegenheit, die der Gründer sucht, gefunden werden. Sollte dies nicht der Fall sein, so kann aufbauend auf den gesammelten Ideen weiter nach einer unternehmerischen Gelegenheit gesucht werden.

1.4.2.2 Ideentagebuch

Tagtäglich trifft man auf verschiedenste kleine und große Herausforderungen. Sei es in der Küche beim Kochen oder im Internet bei Suche nach einer bestimmten Information, die man nicht finden kann, aber auch in vielen anderen Situationen. Oft fällt einem eine Möglichkeit ein, wie es besser gehen würde, jedoch verwirft beziehungsweise vergisst man diese Ideen schnell wieder, wenn man sich diese nicht systematisch notiert. Dabei hilft es nicht sich die Ideen auf Notizzetteln zu vermerken. Diese werden schnell verlegt oder landen beim nächsten Aufräumen des Schreibtisches im Papierkorb. Genau zu diesem Zweck dient ein Ideentagebuch. Dies sollte ein gebundenes Buch mit leeren Papierseiten sein, mit dessen Hilfe die kleinen Ideen eines jeden Tages gesammelt festgehalten werden können. Aufbauend auf der so entstehenden Ideensammlung, können einzelne Ideen kombiniert werden und so neue unternehmerische Idee entdeckt und umgesetzt werden. Dieses Ideentagebuch kann auch als Quelle für verschiedene Brainstormingaktivitäten dienen.

1.4.2.3 Weitere Hilfsmittel

Neben dem eigenen Finden von unternehmerischen Gelegenheiten gibt es zahlreiche Möglichkeiten sich von schon gefundenen Ideen inspirieren zu lassen. Zu diesem Zweck dienen Webseiten wie die des Deutschen Patent- und Markenamtes[9]. Auf dieser Seite gibt es Recherchemöglichkeiten in Patentdatenbanken. Ein Blick in eine solche Datenbank kann potenziellen Gründern neue Perspektiven eröffnen. Weiterhin kann auch der Besuch von verschiedenen Messen oder das Lesen von Trendstudien helfen, neue unternehmerische Gelegenheiten aufdecken zu können. Es gibt es zahlreiche Internetplattformen auf denen Gründer mit Ideen weitere Teammitglieder suchen oder auf denen sich Erfinder austauschen. Auch der Besuch solcher Webseiten kann für potenzielle Gründer und gründungsaffine Personen interessant und hilfreich sein.

1.4.3 Methoden zur Bewertung

Hat ein Gründer eine Idee gefunden, gilt es diese auf die Umsetzbarkeit und die zukünftige Profitabilität zu prüfen. Dazu gibt es verschiedene Methoden. Bei dem Einsatz solcher Methoden wird eine Idee aufbauend auf objektiven Kriterien beurteilt. Ein Fehler wäre es sich als Gründer auf rein subjektive Kriterien zu verlassen. Subjektive Perspektiven kommen zum Beispiel von Freunden, Bekannten oder von der Gründerperson selbst. Die Gefahr, dass subjektive Einschätzungen von der persönlichen Zuneigung oder auch Abneigung

[9] http://www.dpma.de/

beeinflusst werden und nicht ausschließlich auf Fakten zu der Gründungsidee beruhen ist zu groß.

Methoden die auf objektiven Kriterien aufbauen und im Rahmen dieses Buchabschnittes vorgestellt werden sind die Umfeldanalyse des potenziellen Unternehmens durch Porter´s Five Forces Modell, die Wirtschaftlichkeitsanalyse der unternehmerischen Gelegenheit und die strategische Analyse mit Hilfe des PAWI- und SWOT-Modells. Die Bewertung der Idee sollte immer vor der konkreten Umsetzung durchgeführt werden. Zu diesem Zeitpunkt im Gründungsprozess dient die Beurteilung der vorläufigen Überprüfung der Idee. Als Ergebnis sollte der Gründer sich sicher sein, dass die Idee realistisch umsetzbar ist und welche Schritte in welcher Reihenfolge umgesetzt werden müssen, so dass die Idee zu einem Erfolg werden kann. Auch wird die Idee noch einmal gründlich durchdacht, bevor eine mögliche Investition durch Zeit und Vermögen vorgenommen wird.

1.4.3.1 Umfeldanalyse

Ein wichtiger Schritt bei der Bewertung einer Gründungsidee ist die Analyse des Marktumfeldes, in dem sich das zu gründende Unternehmen bewegen wird. Ein hilfreiches Modell zu der Durchführung dieser Analyse ist das „Fünf-Kräfte-Modell", dass unter dem Namen „Five Forces" nach Porter[10] im wirtschaftswissenschaftlichen Umfeld bekannt ist. Dieses Modell teilt das Unternehmensumfeld in verschiedene Bereiche auf, die es zu ermitteln gilt. Die fünf verschiedenen Bereiche, für die Informationen ermittelt werden müssen, sind potenzielle Kunden, Mit- bzw. Wettbewerber, Zulieferer, mögliche Ersatzprodukte und mögliche in Zukunft auf den Markt drängende Mitbewerber. Durch die Ermittlung dieser fünf Bereiche, bekommt der Gründer ein genaues Bild von der Situation, die ihn mit seinem Unternehmen erwartet. Des Weiteren lässt sich auf der so durchgeführten Analyse schon eine Strategie ermitteln, die mögliche Risiken im Unternehmensumfeld mit einbezieht. Um die notwendigen Daten zu ermitteln eignet sich am besten eine Recherche im Internet. Zahlreiche verschiedene Webseiten können genutzt werden. Besonders empfehlenswert ist die Seite des statistischen Bundesamtes. Diese bietet eine Datenbank (Genesis Datenbank) aus der viele interessante Informationen gewonnen werden können. Auch eignen sich, wenn möglich, Gespräche mit Branchenexperten. Diese haben meist durch ihre jeweilige Erfahrung schon einen genauen Überblick über die verschiedenen Faktoren des Marktumfeldes.

1.4.3.2 Die Wirtschaftlichkeitsanalyse

Neben der Umfeldanalyse ist die Bewertung der Idee nach wirtschaftlichen Faktoren von besonderer Wichtigkeit, denn in den meisten Fällen ist der finale Grund einer Gründung, dass diese profitabel ist und der Gründer von seiner Arbeit leben kann. Ein mögliches Verfahren zur Bewertung und Prüfung von Gründungsideen ist die Wirtschaftlichkeitsanalyse. Im Folgenden soll diese Methode beispielhaft dargestellt werden.

---

[10] Michael E. Porter (1980) Competitive Strategy: Techniques for analyzing industries and competitors: with a new introduction/Michael E. Porter; New York: Free Press, c1980

Bei der Wirtschaftlichkeitsanalyse wird ein potenzieller Zielgewinn, der durch das Gründungsvorhaben erreicht werden soll, mit möglichen Kosten, die zum Aufbau und zur Finanzierung des Unternehmens gebraucht werden, verglichen. Dabei kann es durchaus sein, dass die Verwirklichung einer Gründungsidee zunächst einen lukrativen Umsatz verspricht, die Kosten und Investitionen zum Aufbau und Betrieb des Unternehmens diesen Umsatz jedoch überschreiten. Somit wäre die Idee aus wirtschaftlichen Gründen nicht für eine mögliche Gründung bzw. Selbstständigkeit zu empfehlen. Die Aussage über die Wirtschaftlichkeit einer Idee wird also aufgrund einer Gegenüberstellung des zu erwartenden Ertrages und des zu erbringenden Aufwandes getroffen.

Demnach spielen zwei Faktoren bei der Prüfung eine essentielle Rolle: Zum einen die grobe Ermittlung des Umsatzpotenzials und zum anderen die geschätzten Start-up-Kosten und die Betriebskosten.

Ein mögliches Umsatzpotenzial einer Idee kann ermittelt werden, indem zuerst ein potenzieller Absatzmarkt definiert wird. Zu dessen Definition ist es wichtig, die Größe des Marktes grob abzuschätzen und ein darauf aufbauendes realistisches Absatzziel festzulegen. Anhand von diesem Absatzziel kann ein möglicher Umsatz grob ermittelt werden.

Der zweite wichtige Faktor ist die Ermittlung der Kosten. Dabei müssen die Start-up-Kosten, also die Kosten, die unmittelbar bei der Gründung des Unternehmens anfallen, und die in der Folge aufzuwendenden Betriebskosten ermittelt werden. Praxisbeispiele und Erfahrungswerte sollten in einer so frühen Gründungsphase zur Orientierung und Hilfe genommen werden: Start-up-Kosten sind zum Beispiel Kosten für Büroausstattung, Unternehmenshomepage oder die rechtliche Firmierung des Unternehmens. Die Grundausstattung des Büros könnte ca. 10.000 Eur kosten, der Aufbau einer Unternehmenshomepage kann mit ca. 5.000 Eur veranschlagt werden und für die Anmeldung der Unternehmung und andere administrative Prozesse könnten nochmal ca. 5.000 Eur angesetzt werden.[11] Viele Planzahlen für Anlaufkosten können detailliert durch eine Recherche im Internet oder auf Nachfrage bei Gründungsberatern ermittelt werden.

Neben diesen Gründungskosten müssen auch die potenziellen Betriebskosten, die nach der Gründung auf den/die Unternehmer zu kommen, geschätzt werden. Einige Beispiele zur Ermittlung dieser können die Kosten für Löhne/Gehälter (ca. 30.000 Eur pro Mitarbeiter), Miete für Büroräume (je nach m^2 und Lage), Kosten für Werbung und Beratung sowie etwas speziellere Kosten wie z. B. für das Hosting der Webseite sein.

Nachdem nun ein potenzieller Umsatz und mögliche Kosten ermittelt wurden gilt es diese einander gegenüberzustellen. Dabei empfiehlt es sich bei den Geschäftskosten und dem möglichen Umsatz sowohl ein „Best Case" Szenario als auch ein „Worst Case" Szenario in Betracht zu ziehen. Um die Ermittlung zu vereinfachen, kann für das „Worst Case" Szenario die sogenannte 30/30 Regel angewendet werden. Zur Umsetzung der Regel werden von der geschätzten Umsatzzahl 30 % abgezogen und bei den kalkulierten Geschäftskosten 30 % an Kosten mehr berechnet.

[11] Alle Zahlen sind grobe Schätzungen und variieren von Gründung zu Gründung.

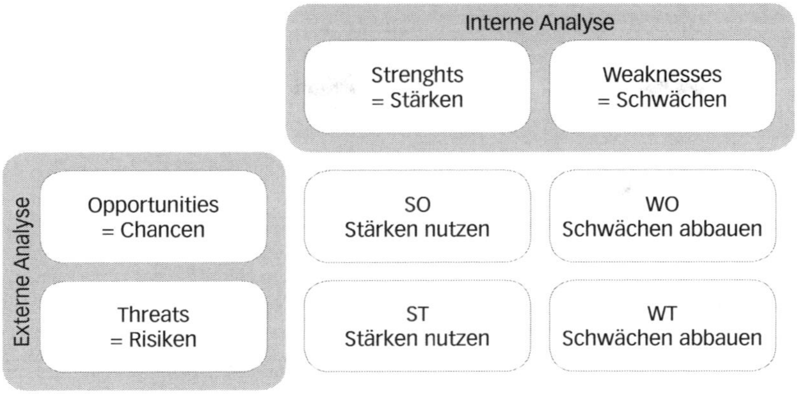

Abb. 1.7 SWOT-Analyse

Bei der Gegenüberstellung sollte deutlich werden, wie groß der potenzielle Gewinn bzw. der Verlust sowohl im besten Fall („Best Case"), als auch im schlechtesten Fall („Worst Case") aussieht. Optimal wäre es, wenn im besten Fall die Annahmen zu einem deutlichen Gewinn führen und im schlechtesten Fall der mögliche Verlust von bestehenden Kapitalreserven gedeckt werden kann. Dabei ist mit Kapitalreserven der Unterschied gemeint, der sich aus den berechneten Start-up-Kosten und dem eingebrachten Startkapital ergibt.

Sollte der so kalkulierte Verlust im Fall einer ungünstigen Geschäftsermittlung größer sein als die Kapitalreserven wird deutlich, dass die Umsetzung der Geschäftsidee ein großes Risiko mit sich bringt. Es sollte gut ab gewägt werden, ob sich die zu Grunde liegende Idee für den Schritt der Unternehmensgründung eignet.

Die Wirtschaftlichkeitsanalyse stellt eine der wichtigsten Methoden da, die vor einer Gründung angewendet werden sollte. Anhand der Ergebnisse wird schnell deutlich, ob die gewagten Investitionen zu einem Geschäftserfolg führen können. Die ermittelten Zahlen stellen dabei nicht nur ein Modell zur Selektion von möglichen Geschäftsideen dar, sondern können im weiteren Verlauf auch als Grundlage bei der Erstellung des Businessplanes genutzt werden (Abb. 1.7).

1.4.3.3 Die SWOT Analyse

Die SWOT-Analyse ist eine weitere Methode zur Situationsanalyse im betriebswirtschaftlichen Umfeld. SWOT steht dabei für Strength = Stärken, Weaknesses = Schwächen, Opportunities (Chancen) und Threats (Risiken). Dabei bilden die Analyse der Stärken und Schwächen die innerbetriebliche Perspektive und die Analyse der Chancen und Risiken die außerbetriebliche Perspektive ab. Mit Hilfe der SWOT-Analyse werden diese beiden Perspektiven zusammengeführt um daraus Strategien und Maßnahmen ableiten zu können. Bei der Bewertung von unternehmerischen Gelegenheiten kann die SWOT-Analyse genutzt werden um die Ergebnisse der Analyse des Unternehmensumfeldes (Porters Five Forces Modell) mit den internen Stärken und Schwächen in einer SWOT-Matrix zu verbinden. Zu diesem frühen Zeitpunkt des Gründungsgeschehens bestehen die Stärken und Schwächen meist ausschließlich aus dem Wissen, Erfahrungen und den Netzwerken des Gründers, bzw. des Gründerteams. Durch die Kombination der externen und der internen Faktoren können Felder erkannt werden bei denen Stärken und Schwächen mit Chancen und Risiken zusammenfallen. Dabei fallen Problemfelder, die bei einer Umsetzung der Idee auftreten können, genauso auf wie Stärken-Chancen Kombinationen. Überwiegen die Schwächen und Risiken einer potenziellen Gründung, so sollte eine mögliche Umsetzung der Idee noch einmal genau überdacht werden. Überwiegen jedoch die Stärken – Chancen Kombinationen, so kann eine mögliche Umsetzung der Gründungsidee empfohlen werden.

1.4.3.4 Das PAWI-Modell

Die Autoren dieses Buchs haben zur überblickenden Erstüberprüfung einer Geschäftsidee das PAWI-Modell entwickelt, das eine Alternative zum SWOT-Modell sein kann. Die 4 folgenden Parameter werden dabei in bezug auf eine Geschäftsidee überprüft:

- Problemlösung: Wird ein klares, bestehendes Problem gelöst, das zuvor noch nicht gelöst wurde, oder wird ein Problem einfacher, besser oder günstiger gelöst, als dies durch auf dem Markt befindliche Produkte oder Dienstleistungen der Fall ist?
- Ausbaufähigkeit: Lässt sich das Produkt oder die Dienstleistung skalieren und in andere Geschäftsfelder der direkten und indirekten Umgebung des Geschäftsmodells ausbauen?
- Wettbewerb: Ist der Wettbewerb unterentwickelt oder besteht zum Zeitpunkt des Markteintritts ein erheblicher Wettbewerb, der durch die Mechanismen des Verdrängungswettbewerbs gekennzeichnet ist?
- Imitierbarkeit: Wird ein nach objektiven Kriterien messbarer Wert durch das Produkt oder die Dienstleistung geschaffen, das im Idealfall durch ein gewerbliches Schutzrecht abgesichert und bilanziert werden und das durch den Mitbewerb nur mit hohem Aufwand imitiert werden kann?

1.4.4 Zusammenfassung

Gründungsaffine Personen sollten sowohl bei der Ideenfindung, als auch bei der Bewertung der gefundenen Ideen das Internet nutzen. Wichtig ist es, sich bei der Beurteilung auf objektive Daten zu verlassen und subjektive Meinungen maximal zur Ergänzung zu nutzen. Es ist von besonderer Wichtigkeit für den unternehmerischen Erfolg einer Gründung, dass die Investitionen von Zeit und Vermögen erst durch eine fundierte Bewertung gerechtfertigt werden. Die vorgestellten Methoden sollen als Hilfsmittel zur Umsetzung einer Ideenbewertung dienen. Ein weiterer wichtiger Aspekt ist, dass die Bewertung immer individuell ist. Sie ist von den jeweiligen Stärken und Erfahrungen des potenziellen Gründers oder Gründerteams genauso abhängig wie von deren Schwächen. Sowohl Gründungskosten, als auch der Zeitraum, der für eine Gründung benötigt wird, hängt stark von den handelnden Personen ab. Mit Hilfe der Methoden kann jeder Gründer für sich analysieren, wie gut eine unternehmerische Gelegenheit umgesetzt werden kann.

1.5 Das Gründungsgeschehen in Deutschland aus volkswirtschaftlicher Sicht

Dem Markteintritt neuer Unternehmen kommt eine wichtige Funktion im Erneuerungs- und Wachstumsprozess einer Ökonomie zu. Unabhängig davon, ob Gründungen Imitationen oder Innovationen hervorbringen, beleben sie den Wettbewerb, sorgen auch für den Marktaustritt schwächerer Unternehmen bzw. für Anpassungsleistungen der Konkurrenten und fördern damit den Strukturwandel und wirtschaftliches Wachstum.[12] Unternehmensgründungen führen bei Erfolg sehr häufig zur Schaffung von neuen, zukunftsfähigen Arbeitsplätzen. Auch die Übernahme bestehender Unternehmen stellt eine Form der Gründung dar. Diese leisten einen Beitrag zur Sicherung von Arbeitsplätzen und zum Erhalt von Betriebsvermögen. Insgesamt leisten neu gegründete Unternehmen somit einen maßgeblichen Beitrag zum wirtschaftlichen Wachstum einer Volkswirtschaft und tragen zur dynamischen Wirtschaftsentwicklung bei.

Im Folgenden wird das Gründungsgeschehen in Deutschland aus verschiedenen statistischen Quellen dargestellt (vgl. Kap. 1.1). Hierbei wird auch auf die unterschiedlichen Datenquellen eingegangen. Im Weiteren wird die Entwicklung des Gründungsgeschehens von 2000–2010 dargelegt (vgl. Kap. 1.2). Darauf aufbauend wird das Gründungsgeschehen im Jahr 2010 genau analysiert (vgl. Kap. 1.3). Auf die relevanten Aspekte der Liquidationen von Unternehmen und dem Insolvenzgeschehen in Deutschland wird in Kap. 1.4 eingegangen. In einem letzten Abschnitt werden wichtige Faktoren der Unternehmensnachfolge dargelegt.

1.5.1 Das Gründungsgeschehen in Deutschland aus dem Blickwinkel verschiedener Datenquellen

Eine Datenbasis, die das Existenzgründungsgeschehen umfassend abbilden könnte, gibt es in Deutschland bislang nicht. Vielmehr liegen unterschiedliche Datenquellen vor, die sich in ihrer Erhebungsgrundlage bzw. ihrem -design, aber auch ihrem Gründungsverständnis, deutlich voneinander unterscheiden. Daraus resultieren Unterschiede in Art und Umfang des erfassten Gründungsgeschehens. Datenquellen, die die Anforderungen der wirtschaftspolitischen Akteure mit unterschiedlichen Stärken und Schwächen am ehesten

[12] Ein konkreter Nachweis durch eine volkswirtschaftliche Kennzahl ist schwerlich möglich, aber eine Vielzahl von Beispielen erfolgreicher Existenzgründungen in den letzten Jahren stützen diese aus der Theorie abgeleiteten Aussagen.

erfüllen, sind das Mannheimer Unternehmerpanel (früher ZEW-Gründungspanel), der KfW-Gründungsmonitor und die IfM Bonn-Gründungsstatistik.[13] Auch diese drei Informationsquellen unterscheiden sich nach Art und Umfang der erfassten Unternehmensfluktuation, ermöglichen aber in der Zusammenschau eine umfassende Einschätzung der gründungstypabhängigen Gemeinsamkeiten und Unterschiede in der Entwicklung des Gründungs- und Liquidationsgeschehens.[14]

Das Mannheimer Unternehmenspanel weist im Vergleich zu den anderen den niedrigsten Wert an Existenzgründungen aus, weil sie sich vornehmlich auf wirtschaftsaktive und im Handelsregister eingetragene Unternehmen bezieht und nur Neugründungen, nicht aber Übernahmen und Beteiligungen erfasst.[15] Das zugrundeliegende Rechercheverfahren impliziert aber, dass es zu erheblichen Untererfassungen, vornehmlich von Kleingewerbetreibenden, landwirtschaftlichen Betrieben und Freiberuflern, kommt.

Nach Angaben aus dem Mannheimer Unternehmenspanel gab es in Deutschland im Jahr 2009 rund 205.000 Unternehmensgründungen, gegenüber dem Vorjahr eine Steigerung um 8 %.[16]

Die besondere Stärke des Mannheimer Unternehmenspanels liegt in der differenzierten Branchenschlüsselung gegründeter Unternehmen. Nur auf dieser Datengrundlage sind derzeit verlässliche Aussagen zur Entwicklung der volkswirtschaftlich besonders wertvollen technologieorientierten Gründungen möglich.[17] Laut Angaben des Mannheimer Unternehmenspanels ist die Anzahl von Unternehmensgründungen in den High-Tech-Sektoren im Jahr 2009 im Vergleich zum Vorjahr gestiegen. Mit einer Zunahme um knapp 20 %[18] auf 14.000 lag die Anzahl der High-Tech-Gründungen deutlich über dem Tiefpunkt des Jahres 2008.[19]

Der KfW-Gründungsmonitor, in dessen Rahmen jährlich bis zu 50.000 Personen mit Festnetzanschluss in Deutschland befragt werden, weist gegenüber vielen anderen Datenquellen den Vorteil auf, dass er sich durch einen breiten Gründungsbegriff auszeichnet

[13] Vgl. Bundesministerium für Wirtschaft und Technologie (2009), S. 39.

[14] Vgl. Günterberg et al. (2010), S. 39 ff.

[15] Vgl. Almus et. al. (2002), S. 79 ff.

[16] Vgl. Höwer (2010), S. 1.

[17] Vgl. Bundesministerium für Wirtschaft und Technologie (2009), S. 39.

[18] Der starke Anstieg der Anzahl der Unternehmensgründungen ist allerdings auch auf eine Änderung der institutionellen Rahmenbedingungen (Einführung der haftungsbeschränkten Unternehmergesellschaft) zurückzuführen. Ohne die Einführung der Unternehmergesellschaft wäre die Entwicklung der Gründungstätigkeit zwar schwächer ausgefallen, aber mit einem geschätzten Anstieg der Anzahl der Unternehmensgründungen im High-Tech-Sektor von mindestens 3 % trotzdem erfreulich positiv ausgefallen.

[19] Differenziert nach Bereicht zeigt sich folgendes Bild: Die Anzahl der Unternehmensgründungen im Bereich der technologieorientierten Dienstleistungen stieg um knapp mehr als 20 % auf rund 10.000 Gründungen an. In der forschungsintensiven Industrie war die Zunahme mit knapp 11 % deutlich geringer. Dort gab es im Jahr 2009 rund 2.000 Unternehmensgründungen, vgl. Metzger et al. (2010), S. 1.

und Informationen sowohl zur gründenden Person als auch zum Unternehmen erfasst.[20] So bezieht der KfW-Gründungsmonitor auch nicht anmeldepflichtige Gewerbe im Voll- oder Nebenerwerb mit ein.

Im Jahr 2010 haben nach dem KfW-Gründungsmonitor rund 936.000 Personen eine selbstständige Tätigkeit begonnen[21], 66.000 mehr als im Jahr zuvor[22]. Der Anstieg ist allein auf eine höhere Zahl von Nebenerwerbsgründern zurückzuführen (+14 % auf 540.000 Personen), während die Zahl der Vollerwerbsgründer mit 396.000 Personen konstant blieb.

Allerdings sind die Gründungszahlen des KfW-Gründungsmonitors aus der Stichprobe hochgerechnete Werte, die dadurch mit üblicherweise zu verzeichnenden Zufallsfehlern bzw. Schwankungsbreiten behaftet sind.[23]

Das IfM Bonn ermittelt auf Basis des Datenmaterials der Gewerbeanzeigenstatistik[24] die Zahl der Existenzgründungen. Da die Existenzgründung nach der Definition des IfM Bonn einen Wechsel einer Person in die unternehmerische Selbstständigkeit darstellt, sind nicht nur originäre Gründungen, sondern auch derivative Gründungen zu Existenzgründungen zu zählen. In die Erfassung der Existenzgründungen fließen somit Neuerrichtungen durch Neugründung von Hauptniederlassungen bzw. Neugründungen von Kleingewerbetreibenden[25] sowie Übernahmen durch Erbfolge, Kauf oder Pacht.[26] Die Zahl der Neuerrichtungen von Kleingewerbetreibenden wird dabei in einem Korrekturverfahren um sog. „unechte" Gründungen (Scheingründungen) bereinigt.[27] Die Existenzgründungsstatistik des IfM Bonn weist 2010 (2009) 418.000 (399.000 Gründungen) aus.[28]

[20] Vgl. Kohn und Spengler (2009), S. 15.

[21] Vgl. Hagen et al. (2011), S. 1.

[22] Laut KfW-Gründungsmonitor 2010 (Kohn et al. (2010), S. 1 ff.) haben im Jahr 2009 872.000 Personen im Alter von 18–64 Jahren eine selbstständige Tätigkeit im Voll- oder Nebenerwerb begonnen. 397.000 Personen (46 %) haben sich im Vollerwerb und 475.000 Personen (54 %) im Nebenerwerb selbstständig gemacht.

[23] Vgl. Günterberg et al. (2010), S. 63.

[24] Vgl. IfM Bonn (2011a), S. 1.

[25] Als Kleingewerbetreibende werden Gründungen erfasst, die weder einen Eintrag in das Handelsregister oder die Handwerksrolle noch Mitarbeiter aufweisen, vgl. IfM Bonn (2011a), S. 1.

[26] Bei Übernahmen wird nicht zwischen Anmeldungen von Hauptniederlassungen und Zweigniederlassungen/Zweigstellen unterschieden, wodurch sich geringfügige Übererfassungen ergeben können, vgl. Günterberg (2011), S. 2 ff.

[27] Dies sind Gründungen, die aus unterschiedlichen Gründen nicht marktaktiv werden. Ihr Anteil wird vom IfM auf 10 % geschätzt, vgl. Günterberg (2011), S. 2 ff.

[28] Vgl. IfM Bonn (2011b), S. 1. Die Diskrepanz zwischen dem Mannheimer Unternehmenspanel und der IfM-Bonn Existenzgründungsstatistik ist vornehmlich dadurch begründet, dass das Mannheimer Unternehmenspanel fast nur originäre, wirtschaftlich aktive und im Handelsregister eingetragene Unternehmensgründungen erfasst, während die IfM-Statistik auch Kleingewerbetreibende berücksichtigt und Übernahmen von Unternehmen als Gründungen ausweist. Das Verhältnis der vom ZEW Mannheim und vom IfM Bonn ausgewiesenen Gründungszahlen von etwa eins zu zwei lässt sich über den Beobachtungszeitraum 2000–2010 feststellen.

Die in der amtlichen Gewerbeanzeigenstatistik ausgewiesenen Nebenerwerbsanmeldungen – im Jahr 2010: 265.000 – zählen nach Definition des IfM Bonn nicht zu den Existenzgründungen und werden deshalb bei der Zahl der Existenzgründungen nicht berücksichtigt. Darüber hinaus sind die Gründungen im Bereich der Freien Berufe nicht erfasst, da diese keine Gewerbeanmeldungen benötigen.

Unter Abwägung der Vor- und Nachteile der einzelnen Datenquelle erfolgen die nachfolgenden Ausführungen auf Basis der IfM Bonn-Gründungsstatistik, die detaillierte Analysen nach Bundesländern, Wirtschaftszweigen, Rechtsform usw. ermöglicht.

1.5.2 Entwicklung des Gründungsgeschehens von 2000–2010

Die Gründungszahlen des IfM Bonn – ermittelt auf Basis des Datenmaterials der Gewerbeanzeigenstatistik – weisen von 2000–2002 zunächst einen Rückgang auf. Ab 2003 ist eine deutliche Zunahme festzustellen (vergleiche Abb. 1.1). Nach dem Gründungsboom in den Jahren 2003 und 2004 folgte dann wieder ein mehrjähriger Abwärtstrend im Gründungsgeschehen[29], der erst 2009 gestoppt wurde. Der Aufwärtstrend setzte sich auch 2010 fort.[30]

In den Gründungsboomjahren machte sich eine Facette des Gründungsgeschehens verstärkt bemerkbar – Gründungen aus der Arbeitslosigkeit. Die Zahl der mit Überbrückungsgeld gegründeten Unternehmen in Deutschland stieg von knapp 93.000 Fällen im Jahr 2000 auf annähernd 159.000 Fälle im Jahr 2003 und 183.200 Fälle im Jahr 2004. Zudem gewann das Gründungsgeschehen aus der Arbeitslosigkeit durch die Einführung des Existenzgründungszuschusses (Ich-AG) im Jahr 2003 zusätzlich an Dynamik. Gleich im ersten Jahr waren deutschlandweit gut 95.000 derart geförderte Existenzgründungen zu verzeichnen. Im Jahr 2004 nahmen über 168.000 Gründer den Existenzgründungszuschuss in Anspruch. Insgesamt nutzten im Jahr 2003 ca. 254.000 und im Jahr 2004 rund 351.000 Existenzgründer eines der beiden Programme der Bundesagentur für Arbeit (vgl. Abb. 1.8).

Nach Beschränkung des Förderzugangs auf die Empfänger von Arbeitslosengeld I im Jahr 2005 brachen die Gründungszahlen jedoch wieder ein. Die Zusammenführung des Überbrückungsgeldes und des Existenzgründungszuschusses zum neuen Förderinstrument Gründungszuschuss ab August 2006 ging mit einer gewissen Verschärfung der Förderbedingungen einher. Dies trug zu einem weiteren Rückgang der Inanspruchnahme der Fördermaßnahmen bis 2007 bei. So gingen die Förderzahlen insgesamt auf rund 158.000 im Jahr 2007 und auf rund 144.000 im Jahr 2008 zurück. Der Rückgang der Gründungen bis ins Jahr 2008 ist jedoch nicht durch die Änderungen der Förderungsbedingungen gekennzeichnet, sondern spiegelt insbesondere auch die Entspannung auf dem Arbeitsmarkt im Zuge der konjunkturellen Aufhellung wider. Die Arbeitslosenquote sank von

[29] Vgl. Günterberg (2009), S. 5 ff. Diese grundsätzliche Trendentwicklung der letzten zehn Jahre lässt sich aus allen drei oben angeführten Datenquellen ablesen, vgl. Günterberg et al. (2010), S. 39 ff.

[30] Vgl. IfM Bonn (2011b), S. 1 ff.

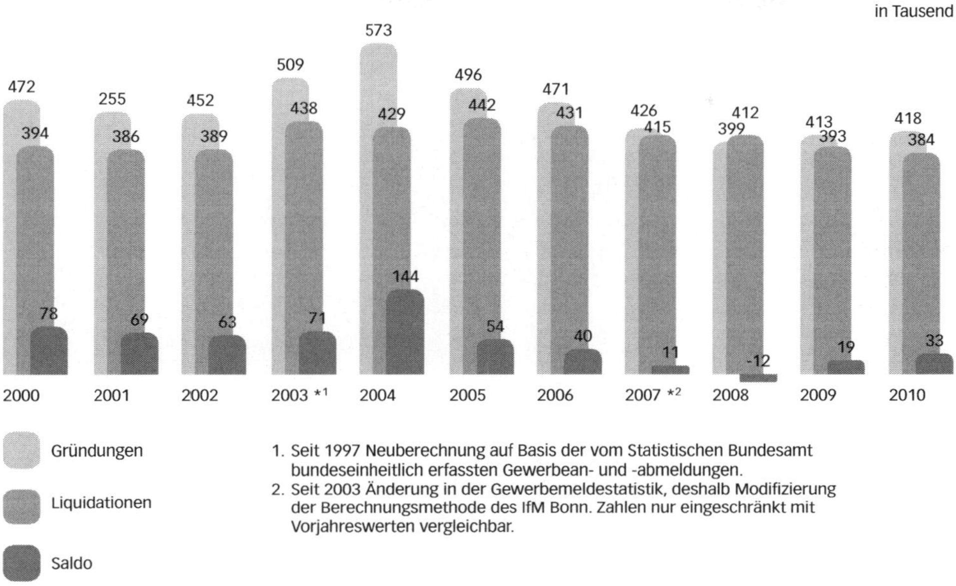

Abb. 1.8 Existenzgründungen und Liquidationen 2000–2010 in Deutschland. (Quelle: IfM Bonn (Basis: Gewebeanzeigenstatistik des Statistischen Bundesamtes))

11,7 % im Jahr 2005 auf 7,8 % im Jahr 2008.[31] Damit erreichte die Arbeitslosigkeit auf das gesamte Jahr 2008 gerechnet einen Tiefpunkt, auch wenn sie Ende 2008 in Folge der Wirtschaftskrise wieder zu steigen begann. Daher sahen sich 2008 insgesamt noch relativ wenige Menschen genötigt, mangels einer abhängigen Beschäftigung oder aus Angst vor dem Verlust des Arbeitsplatzes den Schritt in die Selbstständigkeit zu gehen(Abb. 1.9).

Durch den Ausbruch der Wirtschafts- und Finanzkrise änderte sich die konjunkturelle Situation seit Beginn der zweiten Jahreshälfte 2008 radikal. Im Winterhalbjahr 2008/2009 ging die deutsche Wirtschaftsleistung dramatisch zurück. Inzwischen hat sich die konjunkturelle Lage wieder stabilisiert. Nach dem Rückgang des Bruttoinlandsprodukts um 4,7 % im Jahr 2009 stieg es 2010 wieder um rund 3,6 % an.[32] Die Auswirkungen der Krise auf den Arbeitsmarkt waren allerdings moderat, was erheblich auf den Einsatz des Instruments der Kurzarbeit zurückzuführen war. Die Entwicklungen am Arbeitsmarkt sind für das Gründungsgeschehen nicht ohne Folgen geblieben. So nahmen die Zugänge in den Gründungszuschuss bereits im ersten Quartal 2009 gegenüber dem Vorjahresquartal leicht zu. Auf Basis der Angaben der Bundesagentur für Arbeit sind die Eintritte in die BA-Förderprogramme für Gründungen aus Arbeitslosigkeit 2009 um knapp 9 % auf rund 157.000 gestiegen. Die verschlechterte Arbeitsmarktlage und die unsicheren Beschäftigungsperspektiven

[31] Die hier und im Folgenden angegebenen Arbeitslosenquoten beziehen sich auf alle zivilen Erwerbspersonen und entstammen der Statistik der Bundesagentur für Arbeit (2010).

[32] Vgl. Statistisches Bundesamt (2011), S. 1.

Zugänge	Überbrückungs-geld	Existenzgründ-ungszuschuss	Einstiegsgeld	Gründungs-zuschuss	Insgesamt
2003	158.696	95.198			253.894
2004	183.179	168.176			351.355
2005	156.888	91.020	17.226		265.134
2006*1	108.266	42.812	33.638	33.565	218.281
2007			32.177	125.923	158.100
2008			24.794	119.325	144.119
2009			19.844	137.108	156.952
2010			16.732	146.512	163.246

1) Überbrückungsgeld: Zugänge von Januar bis November (Programmauslauf zum 31.07.2006 mit einer dreimonatigen Übergangsregelung);
Existenzgründungszuschuss: Zugänge von Januar bis Juli (Programmauslauf zum 30.06.2006);
Gründungszuschuss: Zugänge von August bis Dezember (Programmeinführung zum 01.08.2006).

Abb. 1.9 Zugänge in die Förderung mit Überbrückungsgeld, Existenzgründungszuschuss (Ich-AG) Einstiegsgeld und Gründungszuschuss in Deutschland – kumulierte Jahreswerte. (Quelle: Bundesagentur für Arbeit (Stand: März 2011))

für abhängig Beschäftigte in Folge des Wirtschaftseinbruchs 2008 haben auch noch 2010 zu einer Zunahme der Förderfälle geführt.

1.5.3 Detaillierte Analyse des Gründungsgeschehens 2010[33]

Von den rund 418.000 Existenzgründungen im Jahr 2010 entfielen knapp 21 % auf Nordrhein-Westfalen[34] (rd. 87.500). In Bayern wagen rund 74.000 und in Baden-Württemberg rund 48.300 Personen den Sprung in die Selbständigkeit. (s. Abb. 1.3). Bremen und das Saarland wiesen die niedrigsten Existenzgründungszahlen auf (Abb. 1.10).[35]

Eine sektorale Analyse der Zahl der Gründungen zeigt große Unterschiede auf. Die meisten Existenzgründungen finden bei den unternehmensnahen Dienstleistungen (rund 86.000) statt, gefolgt vom Handel mit knapp 83.000. 70.000 Personen haben sich 2010 in der Baubranche selbständig gemacht. (vgl. Abb. 1.4). Dagegen gibt es in den Wirtschaftszweigen Bergbau und Gewinnung von Steinen und Erden sowie Wasserversorgung, Abwasser- und Abfallentsorgung und Beseitigung von Umweltverschmutzungen jeweils weniger als 1.000 Existenzgründungen. Ein Grund für die doch relativ hohe Anzahl von Existenzgründungen im Energiebereich ist, dass Besitzer von Solaranlagen, auch wenn sie Privatpersonen sind, beim Betrieb einer Solaranlage von 3 kW und mehr ein Gewerbe anmelden müssen (Abb. 1.11).

[33] Nachfolgenden Analysen beruhen auf einem aktualisierten Vortrag von Wallau und Günterberg (2010), S. 1 ff.

[34] Vgl. zu detaillierten Analyse des Gründungsgeschehen in Nordrhein-Westfalen Wallau (2011), S. 14 ff.

[35] Bei den Liquidationen (vgl. Kap. 1.4) ist die Verteilung ähnlich.

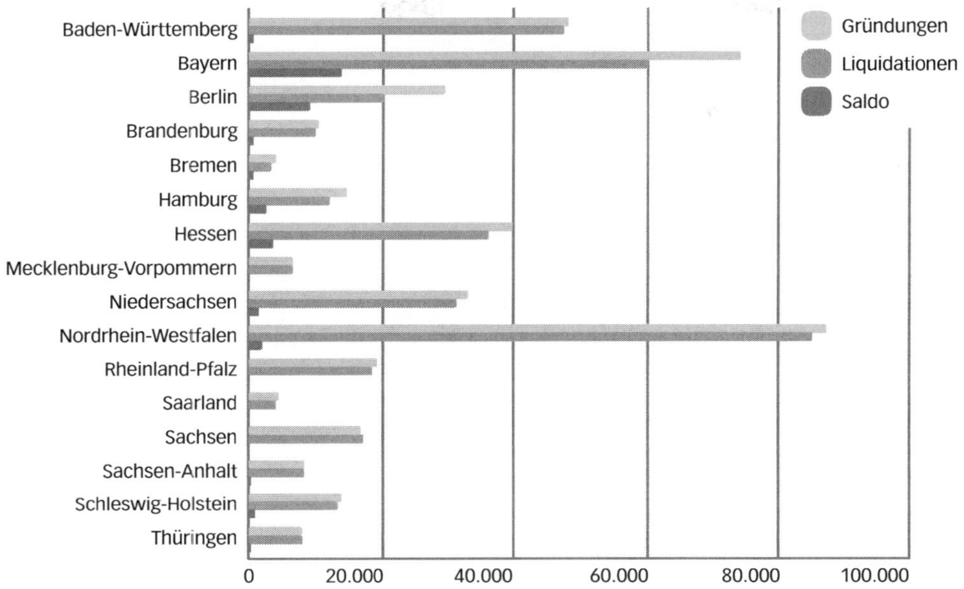

Abb. 1.10 Existenzgründungen, Liquidationen und Saldo 2010 in Deutschland nach Bundesländern. (Quelle: IfM Bonn (Basis: Gewerbeanzeigenstatistik des Statistischen Bundesamtes))

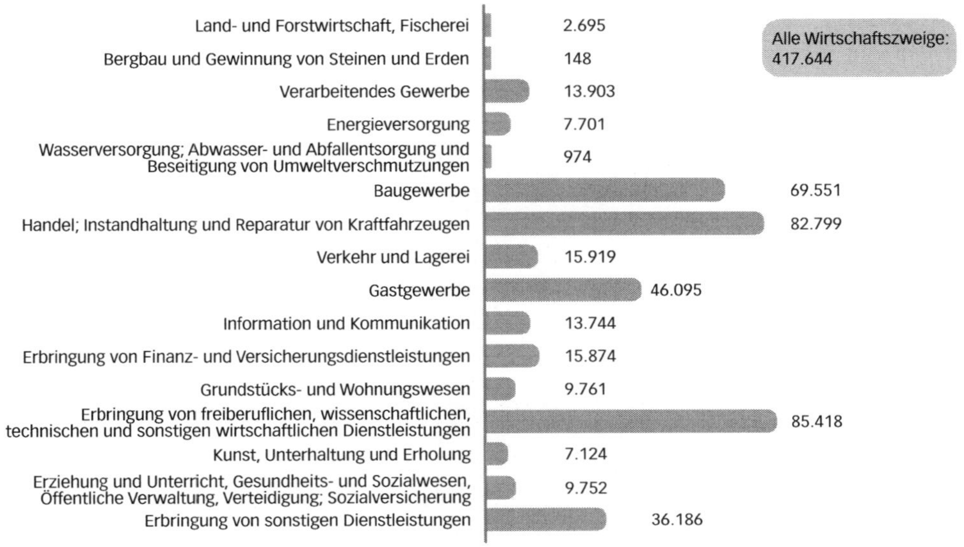

1. Ohne Automatenaufsteller und Reisegewerbe. Ohne Freie Berufe.

Abb. 1.11 Existenzgründungen[1] 2010 in Deutschland nach Wirtschaftszweigen. (Quelle: IfM Bonn (Basis: Gewerbeanzeigenstatistik des Statistischen Bundesamtes))

Rechtsform	Existenzgründungen				
	2006	2007	2008	2009	2010
Einzelunternehmen	397.584	353.075	326.922	330.185	335.741
Offene Handelsgesellschaft	1.136	1.093	1.074	1.022	922
Kommantitgesellschaft	1.019	947	947	761	779
GmbH & Co. KG	9.861	9.177	9.173	8.378	8.589
Gesellschaft des bürderlichen rechts	21.389	19.594	18.809	20.211	20.790
Aktiengesellschaft	850	786	730	1.205	570
Gesellschaft mit beschränkter Haftung	36.584	38.106	39.216	48.712	48.591
Private Company Limited by Shares*[1]	1.289	1.044	816	436	264
Genossenschaft	141	145	166	191	208
Eingetragener Verein	637	591	577	656	597
Sonstige Rechtsformen (einschl. geheimzuhaltender Fälle)	759	1.234	1.004	843	593
Insgesamt	471.249	425.792	399.434	412.600	417.644

1. Erst seit 2005 separat ausgewiesen.

Abb. 1.12 Existenzgründungen 2006 bis 2010 in Deutschland nach Rechtsform. (Quelle: IfM Bonn (Basis: Gewerbeanzeigenstatistik des Statistischen Bundesamtes), Rundungsdifferenzen möglich)

Von den Existenzgründungen im Jahr 2010 waren über 80 % Einzelunternehmen. Die Rechtsform der Gesellschaft mit beschränkter Haftung (GmbH) wurde in knapp 12 % der Fälle gewählt. Von den rund 48.500 GmbH-Gründungen machten 2010 über 11.000 Unternehmensgründer von der Möglichkeit Gebrauch eine Unternehmergesellschaft (Mini-GmbH) zu gründen. Wie Abb. 1.5 zeigt, ist die Bedeutung der einzelnen Rechtsformen in den Jahren 2006–2010 für Existenzgründer und Existenzgründerinnen nahezu konstant geblieben (Abb. 1.12).

Die Ergebnisse der Gründungsstatistik des IfM Bonn zeigen, dass sich der Anteil der Frauen, die die Existenzgründung eines Einzelunternehmens anmeldeten, im Jahr 2010 leicht zurückgegangen ist. Wurden in den Jahren 2006–2009 zwischen 32,1 % und 33,2 % der Einzelunternehmen von Frauen gegründet, sank der Anteil 2010 auf 30,9 %. Es lässt sich allerdings vermuten, dass sich gerade in diesem Segment noch weiteres Gründungspotenzial verbirgt.

Unterscheidet man die Existenzgründungen von Einzelunternehmen nach der Nationalität der Gründerperson, so zeigt sich, dass der Anteil der Gründer, die keine deutsche Staatsangehörigkeit besitzen, von Jahr zu Jahr zunimmt (s. Abb. 1.6). Lag der Ausländeranteil im Jahr 2004 noch bei 15,3 %, so stieg er im Jahr 2010 auf 34,4 %. Existenzgründungen von Ausländern bilden somit einen bedeutenden Faktor für das Wirtschaftsgeschehen (Abb. 1.13).

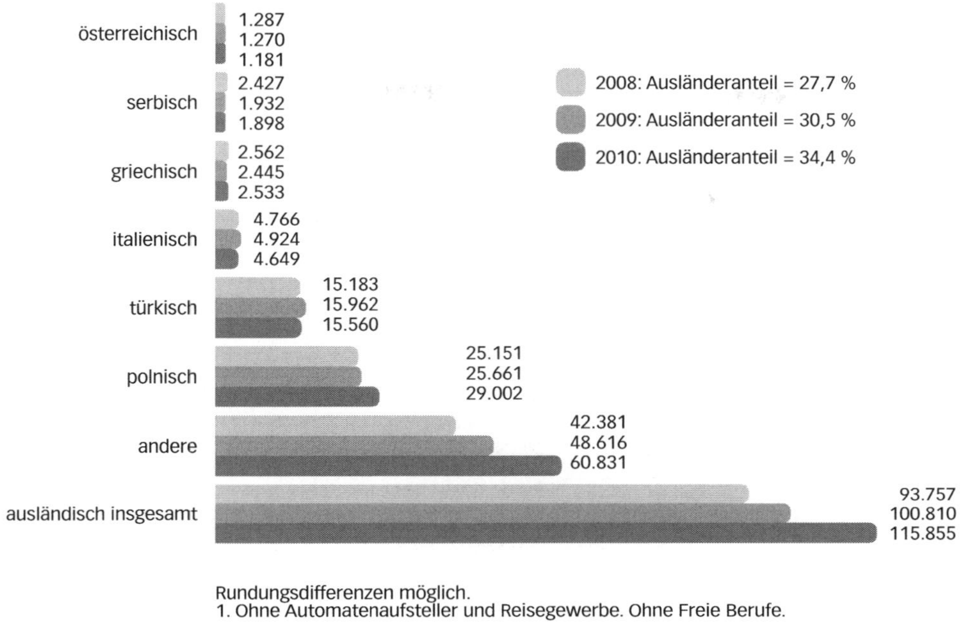

Abb. 1.13 Existenzgründungen[1] von Einzelunternehmen durch Ausländer 2008–2010 in Deutschland. (Quelle: IfM Bonn (Basis: Gewerbeanzeigenstatistik des Statistischen Bundesamtes))

Das einzige Kriterium für die Einschätzung der Größe der gegründeten Betriebe ist die Zahl der zum Zeitpunkt der Gewerbeanmeldung beschäftigten Personen. Diese Angabe beruht allerdings auf Angaben in der Gewerbeanmeldung und spiegelt nur eine subjektive Momentaufnahme wider. Sie reflektieren den Zustand eines neu gegründeten Unternehmens bei der Anzeigenerstellung, d. h. es handelt sich nur um eine Absichtserklärung. Es ist dabei nicht absehbar, inwieweit das angemeldete Unternehmen überhaupt wirtschaftlich aktiv wird und welche wirtschaftliche Bedeutung der Gründung zukommt. 2008 starten 89,2 % der Unternehmensgründungen ohne Beschäftigte, und noch nicht einmal 1,0 % haben 10 Beschäftigte und mehr.[36]

1.5.4 Liquidation und Insolvenz

Marktaustritte (Liquidationen) sind in der Marktwirtschaft die zweite Seite der „Medaille". Fluktuation ist im Prinzip nicht ungewöhnlich, sondern vielmehr notwendig für den Erhalt bzw. die Herausbildung wettbewerbsfähiger Marktstrukturen. Auf Basis der Gewerbeabmeldungen in der Gewerbeanzeigenstatistik ermittelt das IfM Bonn die Anzahl

[36] Vgl. Günterberg (2009), S. 22.

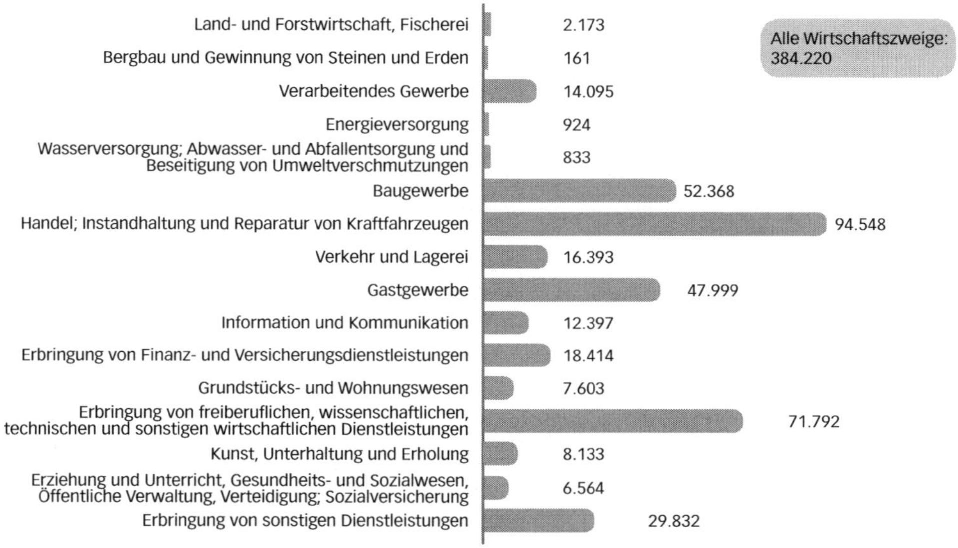

1. Ohne Automatenaufsteller und Reisegewerbe. Ohne Freie Berufe.

Abb. 1.14 Liquidationen[1] 2010 in Deutschland nach Wirtschaftszweigen. (Quelle: IfM Bonn (Basis: Gewerbeanzeigenstatistik des Statistischen Bundesamtes))

der Liquidationen. Im Jahr 2010 (2009) gab es in Deutschland rund 384.000 (397.000) Liquidationen (s. Abb. 1.1). Somit setzt sich der seit 2005 währende Abwärtstrend der Liquidationenzahl fort.

Ein Grund für die rückläufige Anzahl der Liquidationen nach 2005 dürfte zunächst die gute konjunkturelle Lage bis in die erste Hälfte des Jahres 2008 sein. Mit der Finanz- und Wirtschaftskrise war in der Erwartung einer sich fortsetzenden Abwärtsdynamik mit zunehmenden Liquidationszahlen gerechnet worden.[37] Diese Befürchtung bewahrheitete sich jedoch nicht. Ähnlich wie bei den Gründungen dürfte hier eine Rolle gespielt haben, dass die Selbstständigkeit gerade in Krisenzeiten für viele die einzige Erwerbsalternative ist. Aufgrund der verschlechterten Lage am Arbeitsmarkt waren attraktive Alternativen zur Selbstständigkeit in Form einer abhängigen Beschäftigung 2009 und 2010 relativ rar, so dass es in geringerem Umfang zu freiwilligen Marktaustritten in Form einer Unternehmensliquidation gekommen ist (Abb. 1.14).[38]

Von den insgesamt 384.000 Liquidationen des Jahres 2010 entfielen die meisten (25 %) auf den Handel (vgl. Abb. 1.7), darunter allein knapp 18 % auf den Einzelhandel. Es folgen die sonstigen wirtschaftlichen Dienstleistungen (19 %). das Baugewerbe (14 %) und das Gastgewerbe (12 %).

[37] Vgl. KfW et al. (2009), S. 39.

[38] Vgl. IfM Bonn (2011b), S. 1.

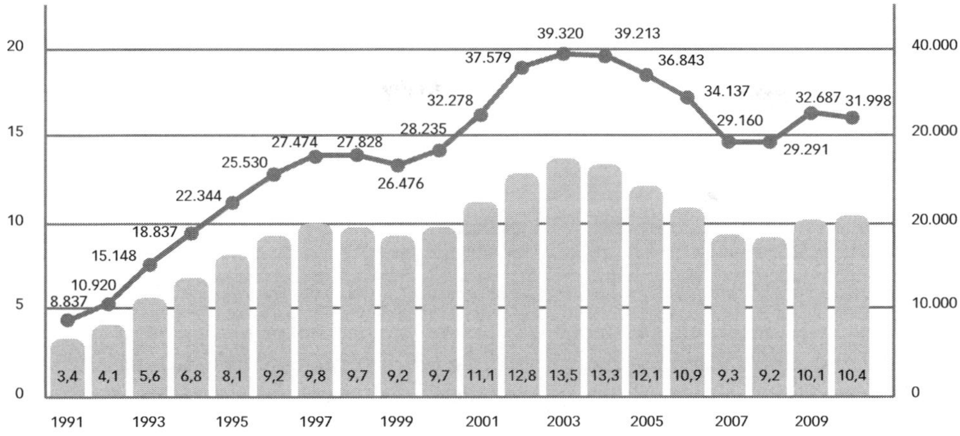

1. Insolvenzquote = Insolvenzen je 1.000 Unternehmen (nach Umsatzsteuerstatistik)
2. Insolvenzquote 2010 vorläufig, da berechnet mit geschätzten Unternehmenszahlen

Abb. 1.15 Insolvenzen und Insolvenzquote[1] 1991–2010[2] in Deutschland. (Quelle: Statistiches Bundesamt: Insolvenzverfahren, Umsatzsteuerstatistik; Berechnungen des Ifm Bonn)

Die leicht gesunkenen Liquidationszahlen in Verbindung mit den stärker zurückgegangenen Gründungszahlen führten im Jahr 2008 dazu, dass der Gründungsüberschuss, d. h. der Saldo aus Gründungen und Liquidationen in der Gründungs- und Liquidationsstatistik des IfM Bonn, erstmals seit Mitte der 70er Jahre mit – 12.500 negativ war. Angesichts weiterhin rückläufiger Liquidationszahlen und wieder zunehmender Gründungszahlen ergab sich in den Jahren 2009/2010 wieder ein positiver Saldo von rund 19.000 bzw. 33.000 (Abb. 1.15).

Ähnlich wie die Liquidationen waren auch die Unternehmensinsolvenzen[39] zwischen 2004 und 2008 zurückgegangen. Der Rückgang reflektiert mutmaßlich wiederum vor allem das zurückliegende Konjunkturhoch. Im Jahr 2008 blieb die Zahl der Unternehmensinsolvenzen im Vergleich zum Vorjahr nahezu konstant und stieg leicht um 0,4 % auf insgesamt 29.291.8 Die konjunkturelle Abwärtsdynamik schlug sich 2009 sichtbar im Insolvenzgeschehen nieder. So wurden 32.687 Unternehmensinsolvenzen im Jahr 2009 bei den Amtsgerichten gemeldet. Damit lagen die Unternehmensinsolvenzen im Jahr 2009 erstmals seit 2003 wieder höher als im Vorjahr (+11,6 %). Die Wirtschafts- und Finanzkrise machte sich somit in einem Anstieg der unfreiwilligen Marktaustritte in Folge von Überschuldung oder Zahlungsunfähigkeit bemerkbar (vgl. Abb. 1.8). Bereits 2010 sank die Zahl der Insolvenz um 2,1 % auf 31.998.

Festzuhalten ist: Neben dem Eintreten neuer Unternehmen in den Markt ist auch das Ausscheiden nicht überlebensfähiger Unternehmen aus dem Markt eine elementare Vor-

[39] Die Insolvenzzahlen decken im Gegensatz zu den oben ausgewiesenen Liquidationszahlen die Freien Berufe mit ab.

aussetzung für das Entstehen wettbewerbsfähiger Marktstrukturen und damit für Wachstum und Wohlstand in einer Volkswirtschaft.

1.5.5 Unternehmensnachfolge

Die Nachfolgefrage stellt sich in Familienunternehmen dann, wenn der Eigentümer aus der Führung seines Unternehmens alters- oder krankheitsbedingt ausscheidet oder verstirbt. Wie viele Familienunternehmen in den nächsten fünf Jahren vor der Herausforderung stehen, einen Nachfolger finden zu müssen, kann mittels Sonderauswertungen verschiedener amtlicher Datensätze geschätzt werden. Mittels Mikrozensus ist davon auszugehen, dass rund 450.000 Familienunternehmer in den nächsten fünf Jahren aus Altersgründen einen Nachfolger suchen. Zusätzlich stellt sich in rund 70.000 Unternehmen im Zeitraum von 2010–2014 wegen Krankheit und Tod des Unternehmers/der Unternehmerin die Nachfolgefrage. Demnach steht in 520.000 Familienunternehmen mit rund 2,5 Mio. sozialversicherungspflichtigen Beschäftigten in dem Zeitraum von 2010–2014 die Übergabe an. Über 85 % dieser sog. übergabereifen Unternehmen erwirtschaften dabei einen Jahresumsatz von unter 500.000 Eur.[40]

Allerdings sind nach Schätzungen des IfM Bonn nur rund 110.000 von den 520.000 Unternehmen übernahmewürdig, d. h. sie erwirtschaften eine ausreichende Rendite, die die Unternehmen für einen familieninternen bzw. – externen Nachfolger attraktiv machen. Allein die Tatsache, dass ein Unternehmen übergabereif ist, bedeutet nicht, dass es auch einen Nachfolger findet. Neue zugängliche Datenquellen erlauben eine sachgerechtere Abgrenzung zwischen übergabereifen und übernahmewürdigen Unternehmen. Übernahmewürdig sind aus Sicht des IfM Bonn Unternehmen, die über eine hinreichende Substanz verfügen und so für Übernehmer wirtschaftlich attraktiv werden. In der Vergangenheit wurde hierfür mangels besserer Daten ein Mindestjahresumsatz von 50.000 Eur angesetzt. Mittlerweile liegen Informationen zu den Gewinnen der Unternehmen vor, die wesentlich besser geeignet sind, die Übernahmewürdigkeit zu bestimmen. Nach dem neuen Verfahren gilt ein Unternehmen als übernahmewürdig, wenn es mindestens einen Jahresgewinn in der Höhe eines durchschnittlichen Arbeitnehmereinkommens zuzüglich des Arbeitgeberanteils zur Sozialversicherung (derzeit rund 49.500 Eur) erzielt.[41]

Diese realistischere Bedingung erfüllen deutlich weniger Unternehmen, nämlich in den nächsten fünf Jahren voraussichtlich nur rund 110.000 Unternehmen. Dies entspricht 22.000 realisierten Übergaben pro Jahr (vgl. Abb. 9). Von den Übergaben werden 1,4 Mio. Beschäftigte im Fünf-Jahres-Zeitraum oder 287.000 Beschäftigte pro Jahr betroffen sein. Den häufigsten Übergabegrund stellt dabei das Erreichen des Ruhestandsalters (86 %)dar, gefolgt durch Übergaben aufgrund von Tod (10 %) und Krankheit des Eigentümers (4 %) (Abb. 1.16).[42]

---

[40] Vgl. Wallau und Boerger (2011), S. 22 f.

[41] Vgl. Hauser et al. (2010), S. 13 ff.

[42] Vgl. Hauser et al. (2010), S. 32 f.

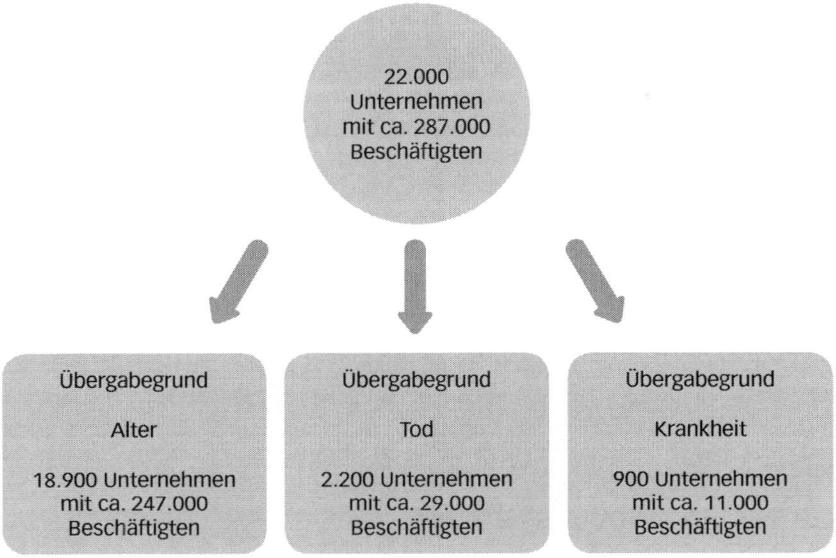

Abb. 1.16 Jährliche Unternehmensübertragungen und betroffene Beschäftigte nach Übertragungsursache im Zeitraum 2010–2014. (Quelle: Hauser et al. (2010) S. 32)

Literatur

Ahr N (2011) Aus alt mach Geld. In: Karriere Welt, Ausgabe 39. Weltgruppe, Berlin

Almus M, Engel D, Prantl S (2002) Die Mannheimer Gründungspanels des Zentrums für Europäische Wirtschaftsforschung GmbH (ZEW). In: Fritsch M, Grotz R (Hrsg) Das Gründungsgeschehen in Deutschland – Darstellung und Vergleich der Datenquellen. Physica-Verlag, Heidelberg

Brockhaus (2010) Enzyklopädie. Brockhaus F.a., Mannheim

Bundesministerium für Wirtschaft und Technologie (Hrsg) (2009) Aktuelle Gründungstrends und wirtschaftspolitische Schlußfolgerungen. In: Schlaglichter der Wirtschaftspolitik

Günterberg B (2009) Gründungen und Liquidationen 2008 in Deutschland. IfM-Bonn Working Paper, Bonn

Günterberg B (2011) Berechnungsmethode der Gründungs- und Liquidationsstatistik des IfM Bonn. http://www.ifm-bonn.org/assets/documents/Berechnungsmethode-der-Gruendungsstatistik-IfM-Bonn.pdf, Bonn. Zugegriffen: 1. März 2012

Günterberg B, Kohn K, Niefert M (2010) Unternehmensfluktuation: Aktuelle Trends im Gründungs- und Liquidationsgeschehen. In: KfW, Creditreform, IfM, RWI, ZEW (Hrsg) Konjunkturelle Stabilisierung im Mittelstand – aber viele Belastungsfaktoren bleiben. MittelstandsMonitor 2010 – Jährlicher Bericht zu Konjunktur- und Strukturfragen kleiner und mittlerer Unternehmen, Frankfurt a M

Hagen T, Kohn K, Ullrich K (2011) KfW-Gründungsmonitor 2011. Dynamisches Gründungsgeschen im Konjunkturaufschwung – Jährliche Analyse von Struktur und Dynamik des Gründungsgeschehens in Deutschland. KfW Bankengruppe, Frankfurt a M

Hauser H-E, Kay R, Boerger S (2010) Unternehmensnachfolgen in Deutschland 2010 bis 2014 – Schätzung mit weiterentwickeltem Verfahren. In: IfM Bonn (Hrsg) IfM-Materialien Nr. 198, Bonn

Höwer D (2010) Gründungen: Abwärtstrend gestoppt. In: ZEW Gründungsreport Nr. 2/2010, Mannheim

IfM Bonn (2011a) Erläuterungen zur Gewerbeanzeigenstatistik. http://www.ifm-bonn.org/index.php?id=571. Zugegriffen: 14. Sept. 2011, Bonn

IfM Bonn (2011b) Gründungs- und Liquidationsstatistik. http://www.ifm-bonn.org/index.php?id = 612. Zugegriffen: 14. Sept. 2011, Bonn

KfW, Creditreform, IfM, RWI, ZEW (Hrsg) (2009) Deutsche Wirtschaft in der Rezession – Talfahrt auch im Mittelstand. MittelstandsMonitor 2009 – Jährlicher Bericht zu Konjunktur- und Strukturfragen kleiner und mittlerer Unternehmen. Frankfurt a M

Kohn K, Spengler H (2009) KfW-Gründungsmonitor 2009. Abwärtsdynamik im Gründungsgeschehen gebremst – weiterhin wenige innovative Projekte – Jährliche Analyse von Struktur und Dynamik des Gründungsgeschehens in Deutschland. KfW Bankengruppe, Frankfurt a M

Kohn K, Ullrich K, Spengler H (2010) KfW-Gründungsmonitor 2010. Lebhafte Gründungsaktivitäten in der Krise – Jährliche Analyse von Struktur und Dynamik des Gründungsgeschehens in Deutschland. KfW Bankengruppe, Frankfurt a M

Metzger G, Heger D, Höwer D, Licht G (2010) High-Tech-Gründungen in Deutschland – Hemmnisse für junge Unternehmen. Mannheim

Statistisches Bundesamt (2011) Bruttoinlandsprodukt 2010 für Deutschland, Begleitmaterial zur Pressekonferenz am 12. Januar 2011, Wiesbaden

Sven R (1997) Entrepreneurship als ökonomischer Prozeß: Perspektiven zur Förderung unternehmerischen Handelns. Deutscher Universitäts-Verlag

Wallau F (2011) Das Gründungs- und Liquidationsgeschehen in NRW 2000–2009. In: Landes-Gewerbeförderungsstelle des nordrhein-westfälischen Handwerks e. V. (LGH) (Hrsg) Eine runde Sache 15 Jahre Meistergründungsprämie, 10 Jahre Gründungsforschung der LGH, Düsseldorf

Wallau F, Günterberg B (2010) Gründungen und Liquidationen 2009 in Deutschland und in den Bundesländern, Vortrag am 07.05.2010 auf dem Bund-Länder-Ausschuss „Mittelstand". http://www.ifm-bonn.org/assets/documents/Wallau-Guenterberg-06-07-05-2010.pdf. Zugegriffen: 13. Sept. 2011, Bonn

Wallau F, Boerger S (2011) Neue Nachfolge-Zahlen – Rund 110.000 Familienunternehmen müssen sich in den nächsten Jahren dem Generationswechsel stellen. In: Unternehmeredition „Nachfolge 2011", München

2 Geschäftsmodell, Geschäftsplanung und unternehmerische Handlungsstrategien

2.1 Überblick

Das Kernelement der Vorbereitungsphase jeder Unternehmensgründung ist die Entwicklung einer Geschäftsidee und deren Abstraktion in einem Geschäftsmodell. Idealerweise sollte ein Geschäftsmodell drei zentrale Kriterien erfüllen: es sollte neu sein, einen konkreten Kundennutzen erzeugen und ein hohes Ertragspotenzial aufweisen. Existiert eine Geschäftsidee schon in ähnlicher oder gleicher Form, begibt sich das neu gegründete Unternehmen in wettbewerbsintensive oder bereits gesättigte Märkte und ist dementsprechend gezwungen um Marktanteile zu kämpfen. Die Eintrittsbarrieren in derartigen Märkten sind in den meisten Fällen sehr hoch. Demnach ist ein erheblicher finanzieller Aufwand notwendig, um sich in diesen Märkten zu etablieren, den Startups in der Regel zu Beginn nicht stemmen können. Des Weiteren fehlen dem neu gegründeten Unternehmen Markterfahrungen, über die bereits existierende Wettbewerber schon verfügen. Ein solcher Vorsprung lässt sich nur schwer einholen. Außerdem besteht die Gefahr, dass sich das neu gegründete Unternehmen ausschließlich auf das Ausschöpfen der im Markt bereits vorhandenen Nachfrage fokussiert und seine Strategie darauf ausrichtet, bestmöglich auf die Aktivitäten von Wettbewerbern zu reagieren. Dadurch fehlen letztendlich die nötigen Ressourcen, um eigene Innovationen zu entwickeln und Wachstum hervorzurufen. Wird jedoch von Beginn an eine neuartige Geschäftsidee verfolgt, begibt sich das Unternehmen in unberührte, konkurrenzfreie Märkte oder schafft sogar neue Märkte und ruft dadurch eine neue Nachfrage hervor. Diese Vorgehensweise zielt darauf ab, einen nachhaltigen Geschäftserfolg ad hoc zu erzielen.

Entscheidet sich ein Unternehmer dafür, als erster in einen unberührten Markt einzutreten, nimmt er solange eine Monopolposition ein, bis ihm ein Konkurrent folgt. Daraus ergeben sich zahlreiche Vorteile für das Startup-Unternehmen: Aufgrund der dominierenden Marktposition können die Verkaufspreise relativ hoch angesetzt werden, da zunächst kein Preiskampf mit Wettbewerbern zu befürchten ist. Die zumindest vorübergehende Abwesenheit von Wettbewerbern hat außerdem zur Folge, dass das Nachfragepotenzial im Markt ungehindert abgeschöpft werden kann und das Unternehmen dadurch eine Chance

O. Pott, Andre Pott, *Entrepreneurship*, Springer-Lehrbuch,
DOI 10.1007/978-3-642-29685-7_2, © Springer-Verlag Berlin Heidelberg 2012

auf schnelles Wachstum hat. Aufgrund des im Zuge des Unternehmenswachstums gesteigerten Produktions- und Absatzvolumens entstehen Skalen- und Verbundeffekte, die zu erheblichen Kostenvorteilen führen können und neuen Wettbewerbern zu Beginn verwehrt bleiben. Ein weiterer Vorteil ist, dass der Unternehmer mit seinem Produkt oder seiner Dienstleistung sehr schnell wertvolle Erfahrungen im jeweiligen Markt sammelt und sich dadurch Fachkenntnisse aneignet, über die später in den Markt eintretende Wettbewerber nicht verfügen. Ähnliches gilt für die Beschaffung von Produktionsfaktoren und knappen Rohmaterialien. Das Startup kann von Beginn an Beziehungen zu wichtigen Lieferanten aufbauen und sich anhand von Exklusivrechten den Zugang zu derartigen Ressourcen sichern oder diese bereits vorkaufen, sodass potenziellen Konkurrenten der Zugriff auf diese Schlüsselfaktoren erschwert wird. Neben den erheblichen Kostenvorteilen, die ein alleiniger Markteintritt mit sich bringen kann, lassen sich häufig außerdem signifikante Vorteile im Hinblick auf Marketingaktivitäten verzeichnen. Als Resultat der alleinigen, konkurrenzfreien Positionierung im Markt hat das Unternehmen die Möglichkeit, sich ein gutes Image aufzubauen und sein Markenprofil zu schärfen. Dadurch kann es sich am Markt etablieren und sich fest in den Köpfen der Verbraucher verankern. Je gefestigter die Beziehungen zwischen Unternehmen und Kunden sind, desto höher werden die Wechselbarrieren. Neuen, bisher unbekannten Wettbewerbern wird es entsprechend schwer fallen, von potenziellen Kunden wahrgenommen und als denkbare Alternative in Betracht gezogen zu werden. Die genannten Vorteile stellen Markteintrittsbarrieren für künftige Konkurrenten dar und verschaffen dem Startup-Unternehmen somit einen Vorsprung, der zur Sicherung der eigenen Marktposition genutzt werden kann. Trotz aller Vorteile sollten bei einem Eintritt in einen unberührten Markt mögliche Nachteile nicht außer Acht gelassen werden. Beispielsweise sind oft signifikante Anfangsinvestitionen notwendig, um ein Produkt oder eine Dienstleistung bekannt zu machen und die anfängliche Skepsis der Verbraucher zu überwinden. Darüber hinaus könnten weitere Kosten anfallen, wenn die notwendige Infrastruktur fehlt, um ein Produkt oder eine Dienstleistung zu erstellen und zu vermarkten. Deshalb ist es dringend erforderlich im Vorhinein eine detaillierte Aufstellung aller anfallenden Investitionen anzufertigen und möglichen Fehlern vorzubeugen.

Um sicherzugehen, dass ein interessantes Geschäftsmodell tatsächlich das Kriterium der Neuartigkeit erfüllt, ist eine eingehende Analyse des anvisierten Marktes erforderlich. Zu diesem Zweck kann der Gründer gezielt Branchenverzeichnisse durchsuchen, in denen ein ähnliches oder gar dasselbe Geschäftsmodell auftauchen könnte. Darüber hinaus bietet auch das Internet die Möglichkeit herauszufinden, ob ein Geschäftsmodell bereits existiert, indem zum Beispiel zentrale Bestandteile der Geschäftsidee als Suchwort in einer Suchmaschine eingegeben werden und anschließend eine Sichtung der Suchergebnisse vorgenommen wird. Stellt sich im Zuge der Recherche heraus, dass es sich wirklich um eine neuartige Geschäftsidee handelt, wird im nächsten Schritt das Geschäftsmodell ausgearbeitet.

Das Geschäftsmodell erklärt, welcher Kundennutzen bereitgestellt wird, auf welche Art und Weise dieser erzeugt wird und wie das Unternehmen Erträge erwirtschaftet. In einer modellhaften Darstellung werden demzufolge die drei Hauptkomponenten des Geschäftsmodells erläutert: Kundennutzen, Wertschöpfungsmodell und Ertragsmodell.

Der Unternehmer klärt also zunächst die Frage, welchen Nutzen oder Mehrwert seine Geschäftsidee liefert, für den potenzielle Kunden bereit seien könnten zu zahlen. Dieser Kundennutzen wird als Value Proposition bezeichnet und verfolgt die Zielsetzung, ein Kundenbedürfnis zu befriedigen. Anschließend stellt der Unternehmer jene innerbetrieblichen Prozesse vereinfacht dar, die zur Generierung des Kundennutzens angewendet werden. Der Verbrauch und die Kombination von Ressourcen im Zuge dieses Wertschöpfungsprozesses verursacht Kosten. Aus diesem Grund muss sich der Unternehmer überlegen, welche Optionen ihm seine Geschäftsidee zur Erwirtschaftung von Erträgen bietet, mit denen er die entstandenen Kosten decken und Gewinne erzielen kann. Grundsätzlich richtet sich das Ertragsmodell danach, ob es sich um ein produktions- oder dienstleistungsbasiertes Geschäftsmodell handelt. Geht man von einem produktionsbasierten Geschäftsmodell aus, stammen die Erlöse aus dem Verkauf von Gütern. Hingegen zahlt der Kunde bei einem dienstleistungsbasierten Geschäftsmodell für die Inanspruchnahme einer immateriellen Leistung. Dazu zählen beispielsweise die Gebühren für die Durchführung von Transaktionen oder die Nutzung von Informationen und Wissen. Obwohl die Zahl der möglichen Geschäftsideen schier unerschöpflich ist, gestaltet es sich für jeden Unternehmer als große Herausforderung, ein gute Gewinnausschichten versprechendes Geschäftsmodell zu finden. Im folgenden Abschnitt werden deshalb Herangehensweisen für die Ermittlung von erfolgsversprechenden Geschäftsideen vorgestellt. Ein weiterer zentraler Aspekt sind die unterschiedlichen Ausgangssituationen einer Existenzgründung. Neben der Gründung eines neuen Unternehmens hat der Existenzgründer beispielsweise die Möglichkeit, mit einem Franchise-Konzept in die Selbstständigkeit zu starten oder sich mit einem Partnerunternehmen zusammenzuschließen.

Ein Geschäftsmodell zielt darauf ab, eine Geschäftsidee mit der höchstmöglichen Wertschöpfung umzusetzen. Ein Geschäftsmodell gibt wieder, wie eine Geschäftsidee inhaltlich umgesetzt wird, wie ein Unternehmen zu diesem Zweck strukturiert und organisiert wird und wie die Planung, Umsetzung und Kontrolle des Geschäftsmodells gestaltet ist. Das Geschäftsmodell gibt somit Antwort auf die Fragestellungen wer, wie, wo, wann und womit an der Bereitstellung eines Produkts, einer Dienstleistung beteiligt ist und ist auf die effiziente sowie effektive Gestaltung von Prozessen als Kernelemente der Wertschöpfungskette ausgerichtet. Dies umfasst beispielsweise auch die Entwicklung von langfristigen Beziehungen zu Kunden und Geschäftspartnern.

2.2 Geschäftsmodellentwicklungen

Die besten Erfindungen entstehen oft aus Ideen, die der eigenen Phantasie und Denkleistung entspringen und sich ohne die direkte Einbeziehung äußerer Umstände durch spontane Einfälle oder ausgelöst durch unvorhersehbare Ereignisse ergeben, nach denen aber nicht aktiv gesucht wurde. Möchte ein Existenzgründer darauf verzichten, auf einen solchen Geistesblitz zu warten, muss er sich gezielt auf die Suche nach einer Geschäftsidee machen. Eine Möglichkeit besteht darin, nach Antworten auf offene Fragen zu suchen und so Bedürfnisse aufzudecken, die mit einer realisierbaren Lösung befriedigt werden können. Ebenfalls möglich ist es, bereits existierende Produkte, Dienstleistungen oder Prozesse in einem Kontext einzusetzen, in dem sie bisher noch nicht bekannt sind. Der Vorteil dabei ist, dass sich die Erfolgschancen auf Basis von Erfahrungswerten konkreter einschätzen lassen als bei einer vollkommen neuen Idee. Neue Geschäftsideen ergeben sich außerdem insbesondere dann, wenn sich auf lokaler, nationaler oder globaler Ebene Trends entwickeln. Diese sind häufig die Folge eines kulturellen, sozialen, demographischen, wissenschaftlichen, wirtschaftlichen, politischen oder rechtlichen Wandels. Zum Beispiel könnte eine Veränderung der Kundenpräferenzen oder die Erfindung neuer Technologien zur Entwicklung neuer Produktideen führen. In einem späteren Abschnitt wird näher erläutert, wie Trends gezielt ermittelt werden können.

Bei der Suche nach neuen Ideen werden vor allem traditionelle Methoden der Marktanalyse eingesetzt. Dabei werden zum einen Ergebnisse aus dem Bereich der Primärforschung herangezogen, die entweder kontinuierlich durchgeführten Marktstudien entspringen oder anhand von einmalig erstellten Marktanalysen erhoben werden. Zum Anderen können sekundäre Informationsquellen wie bereits vorhandene Statistiken oder Literatur genutzt werden. Ein großer Nachteil der Primärforschung ist, dass statistische Erhebungen und intensive Recherchearbeit viel Zeit in Anspruch nehmen und signifikante Kosten verursachen. Das Internet bietet daher eine zeit- und kostensparende Ergänzung zur traditionellen Marktforschung. Marktinformationen sind oft kostenlos und leicht zugänglich verfügbar. Außerdem sind Daten in digitaler Form vorhanden und können somit schnell verarbeitet und ausgewertet werden. Da die Identifizierung eines neuartigen Geschäftsmodells eine große Herausforderung darstellt, werden in den folgenden Abschnitten Informationsquellen und Methoden vorgestellt, die bei der Recherche verwendet werden können.

2.2.1 Trendanalyse

Ein Querdenker zu sein, der das Potenzial eines Trends frühzeitig erkennt und sich zunutze macht, erfordert Mut und Überzeugungskraft, da es gilt Skeptiker von den Vorzügen einer Neuerung zu überzeugen. Dabei kommt es vor allem darauf an, eine Trendentwicklung zum richtigen Zeitpunkt zu nutzen, insbesondere wenn es sich um technologische Erfindungen oder Weiterentwicklungen handelt oder sich das Konsumverhalten in einer Gesellschaft grundlegend ändert. Um Trends ausfindig zu machen, ist es erforderlich, vergangenheitsbezogene Daten und frühere Ereignisse sowie Entwicklungsverläufe zu analysieren, da sich daraus ableiten lässt, welche Entwicklungstendenzen künftig voraussichtlich zu erwarten sind. In der Regel wird für die Zukunftsvorausschau im unternehmerischen Kontext die Methode der Zeitreihenanalyse angewandt. Dabei werden über einen Zeitraum hinweg zu ausgewählten Zeitpunkten kontinuierlich Daten mit denselben Charakteristika erfasst. Ergibt die quantitative Analyse dieser Daten hinterher ein deutlich erkennbares Muster, ist davon auszugehen, dass sich die Strömung in eine bestimmte Richtung in der Zukunft fortsetzen wird und es sich nicht nur um eine kurzfristige Schwankung handelt.

2.2.2 Konferenzen und Messen

Konferenzen bieten eine ideale Plattform für die Erkundung einer Branche und die Beobachtung von Trends, da sich zu derartigen Anlässen Experten zusammenfinden, die über die aktuellsten Branchenneuerungen informiert sind und in ihren Vorträgen Einschätzungen darüber abgeben, wie sich eine Branche in Zukunft weiterentwickeln wird. Ferner gewähren die Branchenexperten oft Einblicke in Unternehmensabläufe, die Rückschlüsse darauf zulassen, welche Produkte oder Dienstleistungen in einer Branche fehlen. Allerdings sind die Teilnehmerzahlen bei Konferenzen in der Regel begrenzt und es fallen oft entsprechend hohe Teilnahmegebühren an. Der Besuch einer Messe ist die kostengünstigere Alternative, die ebenfalls die Möglichkeit bietet, sich über unbekannte Branchen oder internationale Märkte zu informieren, um Geschäftsideen zu identifizieren, die anderswo erfolgreich umgesetzt werden aber im Ausgangsmarkt des Gründers noch nicht etabliert oder gänzlich ungenutzt sind. Diese Geschäftsmodelle bieten den Vorteil, dass sie bereits erfolgserprobt sind und vergleichsweise geringfügige Adaptionen notwendig sind, um diese in einem anderen Umfeld zu implementieren. Der Nachteil ist jedoch, dass dauerhaft Lizenzgebühren fällig werden, wenn Ideen und Inhalte durch gewerbliche Schutzrechte oder Urheberrechte geschützt sind. Ebenfalls zu bedenken ist, dass Unternehmensgründer Konferenzen und Messen nutzen können, um wichtige Geschäftskontakte zu knüpfen. Beispielsweise könnte sich auf einer Fachmesse die Gelegenheit ergeben, sich mit potenziellen Lieferanten oder Abnehmern bekannt zu machen. Darüber hinaus bieten Fachmessen die Möglichkeit, Anregungen für die Vermarktung eines eigenen Produktes oder einer Dienstleistung zu sammeln.

2.3 Gründungsarten

2.3.1 Neugründungen

Die Neugründung einer Existenz geht mit der Motivation des Gründers einher, sich mit einer eigenen Idee selbstständig zu machen und ein Unternehmen von Beginn an selbst aufzubauen. Dementsprechend durchläuft der Existenzgründer alle Phasen der Unternehmensgründung von der Entwicklung des Geschäftsmodells über die Geschäftsplanung, die Beschaffung von Ressourcen, die Umsetzung und die Weiterentwicklung selbst. Gerade in der Anfangsphase kann eine Neugründung aufgrund mangelnder Erfahrung und fehlenden Geschäftsbeziehungen ein schwieriges Unterfangen darstellen, da die Existenzgründer häufig Rückschläge einstecken müssen und sich das Unternehmen nur in langsamen Schritten weiterentwickelt. Dementsprechend ist diese Form der Gründung mit einem besonders hohen Risiko behaftet. Der Entwicklungsprozess birgt aber nicht nur das Risiko des Scheiterns, sondern auch die Chance, als Gesamtunternehmen an den Herausforderungen zu wachsen und daraus sukzessive zu lernen. Erfahrungswerte werden in einem dauerhaften Prozess schrittweise gesammelt und genutzt, um Optimierungspotenziale aufzudecken. Darüber hinaus haben die Gründer die Möglichkeit, das Unternehmen von

Beginn an gemäß ihrer persönlichen Vision zu gestalten und selbstbestimmte Entscheidungen zu treffen. Aufgrund des hohen Risikos in Verbindung mit einer Neugründung kann es vorteilhaft sein, wenn sich mehrere Gründer zusammenfinden, um eine Geschäftsidee gemeinsam zu realisieren. Die Gründer bringen in der Regel unterschiedliche Fachkenntnisse und Erfahrungen mit, die sie einbringen können. Dadurch wird das Risiko minimiert, dass wichtige Aspekte übersehen werden. Des Weiteren teilen sich die Gründer auch das finanzielle Risiko. Die Gründung zusammen mit mehreren Partnern hat jedoch auch den Nachteil, dass der Gewinn auf mehrere Personen aufgeteilt wird. Außerdem können unterschiedliche Interessen und Vorstellungen, wie die Geschäftsidee realisiert werden soll, miteinander in Konflikt stehen. Dadurch wird die Entscheidungsfindung komplizierter.

2.3.2 Kooperationen

Die Partnerschaft mit einem anderen Unternehmen kann ebenfalls Gegenstand einer Neugründung sein. Dabei kommen als Kooperationsformen im Allgemeinen zwei Möglichkeiten infrage. Kooperieren zwei oder mehr Unternehmen in Hinblick auf einzelne Geschäftsfelder oder Funktionsbereiche miteinander, handelt es sich um eine strategische Allianz. Gründen zwei oder mehr Unternehmen ein gemeinsames neues Unternehmen, wird diese Form der Zusammenarbeit als Joint Venture bezeichnet. Zudem wird zwischen unterschiedlichen Kooperationsarten unterschieden. Eine horizontale Kooperation besteht dann, wenn zwei oder mehr Unternehmen aus derselben Branche zusammenarbeiten, die sich somit an der gleichen Position in der Wertschöpfungskette befinden. Verbünden sich zwei Unternehmen, die in aufeinanderfolgenden Bereichen der Wertschöpfungskette agieren, wird von einer vertikalen Kooperation gesprochen. Kollaborieren zwei Unternehmen mit völlig unterschiedlichen Geschäftsfeldern, so wird dies als komplementäre oder laterale Kooperation bezeichnet. Der Hauptbeweggrund für die Kooperation mit einem anderen Unternehmen ist die Erzielung von Synergieeffekten. Zum Einen können durch die Kollaboration von Unternehmen häufig Kosteneinsparungen erreicht werden, die entweder durch die Erzeugung von Skaleneffekten zustande kommen, wenn kooperierende Unternehmen beispielsweise einen gemeinsamen Lieferanten nutzen oder durch Verbundeffekte, wenn zwei Unternehmen zum Beispiel dieselbe Produktionsstätte nutzen, um zwei unterschiedliche Produkte zu produzieren. Zum Anderen sind eine Steigerung der Effizienz und Effektivität, eine Erhöhung der Qualität oder Produktivität und eine Verbesserung des Kundenservices mögliche positive Effekte. Kooperationen können außerdem den Vorteil haben, dass es dadurch möglich ist, dem Kunden eine integrierte und ganzheitliche Lösung aus einer Hand anzubieten, bei deren Bereitstellung sich jedes der beteiligten Unternehmen auf seine Kernkompetenzen konzentrieren kann. Darüber hinaus können Kooperationen dazu dienen eine kritische Größe zu erreichen, die den Markteintritt ermöglicht oder Marktanteile zu sichern und zu erweitern, um so Umsätze zu steigern und Wettbewerbsvorteile zu erzielen beziehungsweise andere Wettbewerber aus einem Markt zu verdrängen. Ferner können Kooperationen auch genutzt werden, um mit gesammeltem Know-How Innovationen zu erzeugen. Das mit den dabei getätigten Investitionen verbundene Risiko wird für die einzelnen Unternehmen minimiert, da es sich auf alle beteiligten Partner verteilt. Überdies können durch den Wissenstransfer und den Austausch von Erfahrungen Lerneffekte angestoßen werden. Dieser Aspekt ist insbesondere Unternehmensgründer entscheidend, da ihnen ein Partner mit einem großen Erfahrungsschatz den Start in einer Branche oder einem Markt erheblich erleichtern kann. Damit es im Laufe einer Kooperation nicht zu Spannungen zwischen den beteiligten Partner kommt, müssen einige Voraussetzungen gegeben sein. Zu Beginn der Kooperation müssen sich die involvierten Unternehmen darüber austauschen, welche Erwartungen sie jeweils an eine Kooperation haben. Anschließend muss ein Vertrag zwischen den involvierten Parteien geschlossen werden, aus dem die gemeinsamen Ziele hervorgehen und der sicherstellt, dass alle Vertragsparteien sowohl in gleichem Maße von der Kooperation profitieren als auch gleich viel Aufwand betreiben und investieren. Ferner muss darin verankert sein, wie die anfallenden Aufgaben verteilt werden, welche Leistungen die beteiligten Partner erbringen müssen und wer die Entscheidungsbefugnisse erhält. Auch wenn dadurch ein Großteil der mit einer Kooperation verbundenen Risiken ausgeräumt werden können, besteht dennoch die Gefahr, dass die beteiligten Unternehmen im Rahmen der Kollaboration erfolgskritisches Know-How gegenüber ihren Partners preisgeben, dass diesen auch nach dem Ende einer Zusammenarbeit noch zur Verfügung steht. Insofern sollten in jedem Fall die Chancen und Risiken einer Kooperation gewissenhaft geprüft werden, bevor ein Vertrag unterschrieben wird. Denn umso intensiver die Vertragsparteien miteinander kooperieren, umso mehr begeben sie sich in Abhängigkeit voneinander und desto schwieriger wird es später, eine Zusammenarbeit kurzfristig zu beenden.

2.3.3 Franchising

Das Franchise-Konzept beruht auf dem zuvor beschriebenen Lizenzgebührenprinzip. Ein Franchisenehmer übernimmt ein erfolgreich getestetes Geschäftsmodell und übergibt dem Franchisegeber im Gegenzug eine Lizenzgebühr oder einen vertraglich festgelegten Anteil seines Gewinns. Der Franchisenehmer erwirbt somit das Recht, das Leistungsangebot des Franchisegebers in einem zuvor festgelegten Gebiet zu verkaufen. Der Grundgedanke ist dabei, dass sowohl der Franchisenehmer als auch der Franchisegeber von der Partnerschaft profitieren und dabei selbstständig agieren. Aus Sicht des Franchisegebers liegt ist der entscheidende Vorteil, dass sich mit geringem Mitteleinsatz schnelles Wachstum erzielen lässt. Der große Vorteil dieses Konzepts aus der Perspektive des Franchisenehmers ist, dass er das Know How und die Marketingstrategie des Franchisegebers anwenden kann und dadurch Kosten einspart. Vor der Aufnahme der Geschäftstätigkeiten bieten Franchisegeber häufig Schulungen und ausführliches Informationsmaterial an, die den Franchisegebern das nötige Rüstzeug für den erfolgreichen Markteinstieg vermitteln. Außerdem erhält er regelmäßig Marktinformationen und betriebswirtschaftliche Beratung, sodass das Risiko, erfolglos zu sein, geringer ist als bei einer Neugründung und sich der Franchisenehmer weniger mit dem übergreifenden Unternehmenskonzept und strategischen Planungsaufgaben befassen muss.

Er kann sich anstatt dessen größtenteils auf die operative Umsetzung des Geschäftsmodells konzentrieren. Des Weiteren profitieren Franchisenehmer häufig von Skaleneffekten, da der Franchisegeber beispielsweise in der Beschaffung Sammelbestellungen für alle Franchisenehmer aufgeben kann und dadurch Mengenrabatte erzielt. Auch die Kosten für überregionale Marketingaktivitäten und Öffentlichkeitsarbeit oder für betriebliche Informationssysteme werden auf alle Franchisenehmer verteilt. Ferner profitieren die Franchisenehmer von dem bereits vorhandenen Bekanntheitsgrad des Franchise Unternehmens, der kostenintensive Kampagnen zur Markteinführung überflüssig macht. Gleichzeitig kann sich die Abhängigkeit vom Franchisegeber aber auch negativ auf die Weiterentwicklung des Unternehmens auswirken, da die Vorgehensweise von vornherein vorgeschrieben ist und wenig Spielraum für eigene Ideen lässt. Ein weiterer Nachteil ist, dass in der Regel fortlaufend ein prozentualer Anteil am Gewinn an den Franchisegeber entrichtet werden muss. Mit dem Ziel sicher zu gehen, dass beide Partner gleichermaßen von einem Franchise profitieren, sollten Existenzgründer die Seriosität eines angebotenen Franchise Systems im Vorhinein eingehend prüfen. Sobald die Entscheidung für ein Franchise System fällt, sollte außerdem vertraglich festgelegt werden, welche Leistungen beide Partner zu erbringen haben.

Der Franchisenehmer muss sich strikt an die vertraglich festgelegten Regelungen halten und dafür sorgen, dass sein Geschäft stets dem vorgeschriebenen Erscheinungsbild entspricht. Bei der Auswahl eines Franchise-Systems sollten Franchisenehmer darauf achten, dass ihnen zumindest in geringem Maße ein Recht zur Mitwirkung an der Weiterentwicklung des Geschäfts gewährt wird. Darüber hinaus ist es ratsam, im Vorhinein Informationen über den Franchisegeber einzuholen, um sicherzugehen, dass dieser über die nötigen Markterfahrungen und ausreichend Professionalität verfügt und im Hinblick auf die Kooperation und Kommunikation mit dem Franchisenehmer verantwortungsvoll und verlässlich agiert. Anhaltspunkte könnten beispielsweise die Anzahl der bisherigen Franchisenehmer und bekannte Referenzprojekte sein. Der Franchisenehmer muss außerdem realistisch einschätzen, ob er selbst über die notwendigen Erfahrungen und Fachkenntnisse sowie über ausreichen Startkapital verfügt und sich das Franchise System unter Berücksichtigung aller Rahmenbedingungen an dem Ort realisieren lässt, den er für seine Gründung ins Auge gefasst hat.

2.4 The Long Tail: Ein Modell der Gewinnmaximierung innerhalb von Marktnischen

Modelle zur Gewinnmaximierung nach dem Prinzip der unternehmerischen Gelegenheit sind häufig Gegenstand der Diskussion. Dabei wird oft versucht, stark vereinfachte Modelle anzuwenden, um die oft komplexen Zusammenhänge zwischen zahlreichen abhängigen und unabhängigen Parametern zu vereinfachen.

Ein solches Modell ist das Long-Tail-Modell, das den Erfolg von Produkten und Unternehmen in Marktnischen beschreibt. Ein Long-Tail-Produkt ist dabei ein Produkt, das sich durch folgende Eigenschaften auszeichnet:

- Es ist ein Produkt fernab der sich in großen Stückzahlen verkaufenden Handelsartikel; es ist also ein Nischenprodukt
- Es ist ein Produkt, das eine klar umrissene Kundengruppe anspricht und deren Bedürfnisse in einer Art befriedigt, das ein Massenprodukt nicht zu befriedigen imstande ist
- Als Konsequenz des vorherigen Punkts wird ein Long-Tail-Produkt nur in kleinen Stückzahlen abgesetzt
- Es ist ein Produkt, das eine hohe Preisunelastizität aufweist, also auf Preisänderungen vergleichsweise geringfügig reagiert und überdurchschnittliche Gewinne erzielt

Der Gedanke hinter dem Long-Tail-Modell ist keinesfalls neu; es erfährt aber seit dem Jahr 2004 eine gewisse Renaissance im Bereich des Entrepreneurships durch Artikel und Bücher von Chris Anderson, dem Chefredakteur eines amerikanischen Magazins (zum Beispiel (Anderson 2009)). Aus wissenschaftlicher Sicht wird das grundlegende System des Long Tails von Erik Brynjolfsson, Yu Hu und Michael Smith am Massachusetts Institute of Technology seit etwa 2003 untersucht; dessen Ergebnisse beschreibt und diskutiert dieser Abschnitt des vorliegenden Buchs insbesondere.

Das Long-Tail-Modell ist ausdrücklich keine exakte Abbildung der Realität, sondern ein auf eine unternehmerische Entscheidung zielendes Entscheidungsmodell, auch wenn es mittlerweile als gut untersucht und fundamentiert gilt.

2.4.1 DefinitionMarktnische

Unter dem Begriff Marktnische werden Teilsegmente eines Marktes verstanden, deren Bedürfnisse entweder noch gar nicht oder nicht ausreichend durch existierende Angebote erfüllt werden. Zumeist ist detailliertes Branchen- oder Fachwissen erforderlich, um diese Versorgungslücken gezielt aufzuspüren. In einigen Fällen entdecken Unternehmer jedoch auch durch Zufall eine Geschäftsidee, die ihren persönlichen Erlebnissen entspringt. Gelingt es also eine Nische zu finden, kann die Bearbeitung des entsprechenden Marktsegments erhebliche Vorteile mit sich bringen. Zum einen führt die Fokussierung auf sehr spezifische Angebote dazu, dass diese durch potenzielle Wettbewerber schwer zu imitieren sind und der Anbieter somit ein Nischenmonopol einnimmt oder sich zumindest einen strategischen Wettbewerbsvorteil verschafft.

Zum Anderen ermöglicht die Konzentration auf eine Nische aus Kundensicht eine Individualisierung der Leistung, die in vielen Fällen höhere Preise rechtfertigt als bei einer Standardleistung, sodass daraus eine erhöhte Rentabilität resultieren kann.

2.4.2 Grenzen einfacher Modelle am Beispiel des Pareto-Prinzips

Wie jedes Modell stoßen auch Entscheidungsmodelle schnell an ihre Grenzen. Das oft zitierte und vermutlich noch häufiger angewendete Pareto-Prinzip ist hierfür ein gutes

Beispiel. Stark entlehnt wird das Pareto-Prinzip dafür verwendet, um darzustellen, dass 20 % der Produkte für 80 % des Gewinns im Unternehmen verantwortlich sind.

An diesem Beispiel werden diese Grenzen schnell deutlich; denn augenscheinlich ist die Realität in eine derart einfache Formel nicht zu gießen, dafür sind die Zusammenhänge zu komplex. Außerdem ist die Formel eine starke Abstraktion einer Untersuchung, die Vilfredo Pareto in völlig anderem Zusammenhang durchgeführt hat, und dennoch wird sie in zahlreichen Publikationen immer wieder auch im Zusammenhang mit dem Gewinnbeitrag von Produkten zitiert.

Diese Grenzen gelten selbstverständlich für jede modellhafte Betrachtung: Sie sind stets eine Vereinfachung der Realität im Bestreben, eben diese möglichst getreu abzubilden. Dabei gilt: Je mehr Variablen ein Modell berücksichtigt, desto komplexer ist es. Konsequent zu Ende geführt wird ein Modell eben nur dann der Realität entsprechen, wenn es tatsächlich alle relevanten Ereignisse und Einflussfaktoren einbezieht; dann jedoch ließe sich gleich die Realität zur Entscheidungsfindung heranziehen, und das Modell verliert seinen Wert, der in der Reduktion auf die wesentlichen Daten liegt.

Eine starke Vereinfachung einerseits und eine möglichst exakte Abbildung eines Umstands stehen also stets gegensätzlich zueinander.

Trotz aller Grenzen sind Modelle geeignet, wenn es um die unternehmerische Entscheidungsfindung geht: Hier steht nur selten wissenschaftliche Exaktheit im Vordergrund, sondern vielmehr der Wunsch, mit möglichst wenig Variablen ein handfestes Modell an der Hand zu haben, um eine unternehmerische Entscheidung herbeizuführen.

Das Long-Tail-Modell ist ein solches Modell – unter dieser Prämisse ist selbstverständlich auch dieser Abschnitt zu verstehen.

2.4.3 Substitutprodukte und Marktentwicklungen bei unendlicher Produktvielfalt

Eine unternehmerische Chance erwächst aus Surrogat- oder Substitutprodukten. Die Theorie der Substitutprodukte ist zugleich mit dem Long-Tail-Ansatz verwoben. Demnach kauft der Anwender vor allem deshalb ein Massenprodukt, weil ein individuelles Nischenprodukt, das exakt die Käuferbedürfnisse befriedigt, nicht verfügbar ist. Derartige Nischenprodukte wurden oft deshalb nicht entwickelt, weil sie unter den gegebenen Randbedingungen traditioneller Vertriebskanäle nicht profitabel darzustellen sind. So benötigt ein Massenprodukt eben ein Mindestmaß an Umschlagshäufigkeit einerseits und eine Gewinnmarge andererseits, unter anderem, um die entlang der Wertschöpfungskette bestehenden Vertriebsstrukturen im mehrgliedrigen Handel (Einzelhändler, Zwischenhändler, Großhändler, Importeur, Grossist usw.) bedienen zu können.

Vor allem mit der Entstehung des Internets als Vertriebskanal ist es möglich, direkt den Endkunden unter Ausschaltung der Absatzmittler zu beliefern („Business-To-Consumer" oder kurz „B2C"). Dies erhöht den unternehmerischen Spielraum, der für die Errechnung des kalkulatorischen Deckungsbeitrags und damit des Gewinns besteht.

Daraus erwächst eine gesteigerte Produktvielfalt: Artikel also, die aufgrund der geschilderten Grenzen nicht profitabel darstellbar waren, können nun angeboten werden, selbst wenn die Umschlagshäufigkeit vergleichsweise niedrig ist.

Substitutprodukte werden dadurch schrittweise verdrängt durch die Produkte, die durch die Surrogate bisher ersetzt wurden. Dies führt, wie dieses Kapitel im Folgenden nachweist, zu einer gesteigerten Produktvielfalt.

2.4.4 Preiselastizität für Nischenprodukte

Durch den Entfall von Absatzmittlern nimmt also der unternehmerische Gestaltungsspielraum zu und Produkte werden auf den Markt gebracht, die zuvor noch nicht möglich waren.

Dieser Vorteil wird durch einen zweiten Effekt unterstützt, der großes unternehmerisches Potential birgt: Die Nischenprodukte innerhalb des Long Tails verfügen über eine deutlich unelastischere Preis-Absatz-Funktion. Preise können also innerhalb großer Grenzen verändert werden, ohne dass dies proportionale Auswirkungen auf den Absatz hätte.

Eine typische Preis-Absatz-Funktion eines Nischenprodukts lässt sich vergleichen mit einem Produkt, das schlecht zu substituieren ist. Das Surrogatprodukt weist eine nur geringe positive Kreuzelastizität zu dem Nischenprodukt auf. Zwar hat das Substitutprodukt, bevor das Nischenprodukt verfügbar wurde, dieses ersetzt; allerdings eben nur im Sinne eines unvollständig die Anforderungen des Anwenders erfüllenden Surrogats.

Ein Beispiel hierfür ist ein Spezial-Dünger: Wird – aufgrund des B2C-Direktvertriebs – ein Spezialdüngemittel für Orchideen auf den Markt gebracht, ersetzt der Orchideendünger das Surrogat des Blühpflanzendüngers. Ein zufriedener Anwender, der bei der Anwendung des Orchideendüngers einen besseren Zuchterfolg feststellt und deswegen dem Orchideen-Spezialdünger einen hohen Wert beimisst, wird kaum mehr zur Rückkehr zum Blühpflanzendünger zu bewegen sein: Eine inelastische Preis-Absatz-Funktion ist also die Folge.

2.4.5 Fallstudie: Große Vielfalt der Handelsartikel bei Amazon

Brynjolfsson, Hu und Smith haben, wie in der Einführung erwähnt, die Auswirkungen des Long-Tail-Ansatzes des Online-Händlers Amazon.com untersucht und diese Studie im Jahr 2010 erweitert (Brynjolfsson et al. 2010).

Amazon ist ein Prototyp für die Wirkungen des Long Tails und die sich daraus ergebenden unternehmerischen Gelegenheiten: 36,7 % des Amazon-Gesamtumsatzes von 24,5 Mrd. US$, also 9 Mrd. US$, sind mit dem Verkauf von Nischenprodukten erzielt worden.

Die unternehmerischen Chancen liegen darin, dass ein Unternehmen beispielsweise Bücher in geringen Stückzahlen verkaufen kann, die im klassischen Buchhandels-Kanal nicht mehr profitabel dazustellen wären: Damit ein Buch Gewinn abwirft, müssen die oft erheblichen Druckkosten und Distributionskosten vorfinanziert werden; so erreicht ein Buchprojekt seinen Break-Even-Point oft erst nach längerer Zeit. Außerdem entsteht eine oft erhebliche Kapitalbindung durch Lagerhaltung, denn oft lassen sich Bücher erst ab einer gewissen Mindest-Druckmenge herstellen.

Mit der Einführung des Internets entfällt ein großer Teil der Distributionskosten einerseits; gleichzeitig können – auch in Deutschland – über die sogenannten „Book-On-Demand-Anbieter" Bücher erst dann gedruckt werden, wenn eine tatsächliche Bestellung eingeht. So umfasst das lieferbare Spektrum der Book-On-Demand GmbH, Norderstedt, 200.000 Einzeltitel. Das Unternehmen stattet Bücher mit einer ISBN-Nummer aus und macht Bücher damit auch über den klassischen Buchhandel verfügbar. Gedruckt und geliefert werden die Buchtitel jedoch erst dann, wenn eine Bestellung eingeht.

Auch hier wird die Wirkung der Surrogattheorie deutlich: Ein Kunde, der zuvor beispielsweise Rezepte einer speziellen chinesischen Regionalküche gesucht hat, wird sich mit einem Rezeptbuch des Titels „Chinesische Küche" nur solange zufriedenstellen lassen, bis – im Sinne der Substitutprodukt- und Long-Tail-Theorie – einzelne Titel der 8 bekannten Regionalküchen verfügbar sind.

2.4.6 Fallstudie: Unendliche Vielfalt beim Internet-Schokoladenvertrieb Chocri.de

Die Möglichkeit, den Wünschen des Kunden exakt zu entsprechen und die resultierenden Produkte direkt per Internet bestellen zu können, machen sich zahlreiche Unternehmen zunutze. Der Gedanke der unbegrenzten, vom Kunden konfigurierten Individualprodukte („Mass Customization") führt zu einem eigenen Unternehmensgenre.

Endkunden können sich beispielsweise direkt Maßkleidung, Müsli oder Parfüm zusammenstellen. Das Berliner Unternehmen Chocri.de GmbH beispielsweise bietet die Möglichkeit, eigene Schokolade entlang einer Vielzahl an Zutaten zusammenzustellen. Im ersten Geschäftsjahr hat das Unternehmen einen sechsstelligen Umsatz erzielt und produziert täglich rund 1000 individuelle Schokoladentafeln. Dabei sind 10 Mrd. verschiedene Schokoladensorten möglich.

Dass der Kunde diese Form der Individualisierung schätzt und auch nutzt, zeigt ein weiterer Blick auf die Zahlen: Von den zu Beginn ausgelieferten 500.000 Schokoladentafeln haben sich, einem Blogeintrag der Unternehmensgründer zufolge, nur 120 Tafeln überhaupt wiederholt; alle übrigen Artikel wurden – in der individuell vom Kunden gewählten Zusammenstellung – nur ein einziges Mal verkauft.

2.4.7 Die Grameen-Bank aus Sicht des Nischenmarkts

Die Grameen-Bank des Friedensnobelpreisträgers Mohammed Yunus wird oft in Zusammenhang mit dem Long-Tail-Modell zitiert. Analogien sind in der Tat erkennbar: Die Grameen-Bank vergibt Mikrokredite in Bangladesh, die beispielsweise für Saatgut, Vieh oder Reparaturen verwendet wird; Kleinkredite über wenige hundert Dollar sind durchaus üblich.

Diese Mikrokredite werden von den Geschäftsbanken schon deshalb ignoriert, weil die Kosten für Infrastruktur, Personal usw. auf die Kredite selbstverständlich umgelegt werden müsste. Als Konsequenz daraus macht eine Kreditvergabe unterhalb eines bestimmten Kreditbetrags unternehmerisch keinen Sinn mehr. Die Besonderheit der Bank ist der Verzicht auf einen Großteil der üblichen Infrastruktur, aber auch an Sicherheiten. Vielmehr setzt die Bank auf eine Gegenseitigkeit zwischen Kreditgeber und Kreditnehmer. 97 % der Kreditnehmer zahlen ihre Kredit zurück.

2.4.8 Die Auswirkungen aus unternehmerischer Sicht

Solche Erfolge alarmieren traditionelle Unternehmen und setzen sie unter einen gewissen Zugzwang: ein Massenprodukt wie Vollmilchschokolade dient als Surrogat für die individuell zusammengestellte Schokolade des Kunden. Marktführer wie die Alfred Ritter GmbH & Co. KG (Hersteller der „Ritter Sport-Schokolade") reagieren auf die sich veränderten Marktbedingungen; so beteiligte sich Alfred Ritter mit 33 % an Chocri und beteiligte im Januar 2010 die eigenen Kunden im Rahmen einer „Blog-Schokolade" an der Entwicklung neuer Schokoladensorten. Über 900 Schokoladenvorschläge gingen im Rahmen dieser Aktion bei Alfred Ritter ein.

Die vom Endkunden akzeptierten Artikelpreise folgen dem zuvor beschriebenen Gesetz und sich deutlich unelastischer als bei Produkten, deren Preis-Absatz-Funktion dem eines Marktes mit vollkommener Konkurrenz sich nähert: Bei einer Preiserhöhung einer Tafel Vollmilchschokolade wird der Kunde auf ein analoges Produkt der Konkurrenz ausweichen; denn deren Tafel Schokolade wird im Verkaufsregal neben der der Konkurrenz zu finden sein. Diese Kreuzpreiselastizität ist anhand der Beispiele von Coca Cola und Pepsi als Lehrbuchwissen verbreitet.

Bei individueller Schokolade entfällt einerseits jegliche Vergleichbarkeit und andererseits ist der Kunde bereit, für ein individuell entlang seiner Vorgaben entwickelten Produkts einen zum Teil erheblichem Mehrpreis zu zahlen: eine Tafel Chocri.de beispielsweise kostet mit durchschnittlich 5 EUR ein Vielfaches einer Tafel Schokolade im Supermarkt.

2.4.9 Kritik am Long-Tail-Modell

Das Long-Tail-Modell beschreibt zahlreiche Geschäftserfolge zutreffend und ist auch in akademischer Sicht hinreichend untersucht. Es ist jedoch kein universell verwendbares Modell, sondern muss in der Einzelfallbetrachtung selbstverständlich kritisch hinterfragt werden.

Insbesondere wird bei kritischer Betrachtung deutlich, dass eine klare Abgrenzung zwischen relativen und absoluten Verkaufszahlen einerseits erforderlich ist, und dass andererseits die Definition des Nischen- bzw. Massenprodukts und deren Grenzen in der Einzelfallbetrachtung voneinander abweichen.

2.5 Geschäftsplanung

2.5.1 Zweck der Geschäftsplanung

Die Geschäftsplanung dient der detaillierten Vorbereitung der Umsetzung des Geschäftsmodells, da die erzielten Resultate als Grundlage für die Kommunikation und Koordination sowie als Leitfaden für die operative Umsetzung des Geschäftsmodells genutzt werden. Darüber hinaus helfen die festgelegten Zielvorgaben bei der anschließende Erfolgskontrolle, da die zuvor formulierten Ziele mit der tatsächlichen Entwicklung des Unternehmens abgeglichen und entsprechende Anpassungen vorgenommen werden können. Die Geschäftsplanung umfasst eine Planung der Ressourcen, die für die Umsetzung des Geschäftsmodells benötigt werden. Außerdem werden die einzelnen Schritte des Leistungserstellungsprozesses im Detail ausgearbeitet, die zur Bereitstellung eines Produktes oder einer Dienstleitung erforderlich sind. Des Weiteren erfasst die Geschäftsplanung die notwendigen personellen Ressourcen und die Expertise, die bei der Realisierung von Primär- und Sekundärprozessen erforderlich sind. Auf Basis der Ergebnisse der Geschäftsplanung wird der Business Plan verfasst.

Im Allgemeinen ist die Geschäftsplanung nicht als einmalige Aufgabenstellung sondern als kontinuierlicher innerbetrieblicher Prozess zu verstehen, da die Planvorgaben permanent an die sich fortlaufend ändernden internen sowie externen Rahmenbedingungen angepasst werden müssen. Dabei werden stets alle relevanten Daten und Informationen zusammengetragen, strukturiert und analysiert. Im Rahmen einer Neugründung gestaltet sich dies oft schwierig, da die Menge, Qualität und Verlässlichkeit der verfügbaren Informationen stark begrenzt ist, sodass multiple externe Datenquellen herangezogen werden müssen, um basierend darauf Annahmen für das Gründungsprojekt zu treffen. Insbesondere die Bestimmung des Zielmarktes ist bei Gründungen mit neuartigen, innovativen Geschäftsmodellen ein schwieriges Unterfangen.

Nachdem in der Vorgründungsphase ein konkretes Geschäftsmodell entwickelt worden ist und mithilfe einer Machbarkeitsstudie überprüft wurde, ob dieses Erfolg verspricht, wird im nächsten Schritt noch vor Aufnahme der Geschäftstätigkeiten eine fundierten Geschäftsplanung angefertigt. Der damit verbundene Aufwand ist allerdings nur dann sinnvoll, wenn die Machbarkeitsstudie ergeben hat, dass das Geschäftsmodell voraussichtlich profitabel sein wird, da die Ausarbeitung der Geschäftsplanung sehr arbeits- und zeitintensiv ist. Während die Machbarkeitsstudie lediglich einen groben Überblick über die voraussichtlichen Einnahmen und Ausgaben im ersten Geschäftsjahr gegeben hat, beschäftigt sich die Geschäftsplanung intensiv mit allen Aspekten, die für das Startup in den ersten drei bis fünf Jahren relevant sind. Die Geschäftsplanung zielt darauf ab, die Realisierung des Geschäftsmodells im Detail vorzubereiten und setzt sich aus mehreren Teilplänen zusammen. Dazu zählen eine Analyse des Unternehmensumfelds, die Abgrenzung des Zielmarktes, sowie Umsatzplanung, Ressourcenplanung und Marketingplanung. Zum Einen umfassen die Teilpläne den Aufbau interner Strukturen und Systeme und zum Anderen dienen sie der Entwicklung konkreter Strategien und Maßnahmen zur Umsetzung des Geschäftsmodells. Die einzelnen Bausteine des Geschäftsmodells werden dadurch zu einem schlüssigen Gesamtkonzept zusammengesetzt, sodass sich die involvierten Unternehmensgründer einen ersten strukturierten Überblick über das komplette Ausmaß ihres Vorhabens und die damit einhergehenden Konsequenzen verschaffen können. Obwohl es viele Gründer angesichts ihres anfänglich stark ausgeprägten Enthusiasmus bevorzugen, direkt mit der Umsetzung ihres Geschäftsmodells zu starten und die Geschäftsplanung eher als Zeitverschwendung empfinden, ist diese dringend erforderlich. Der Grund dafür ist, dass die Geschäftsplanung nicht nur einen Überblick über das Gesamtvorhaben gibt, sondern das zugrunde liegende Geschäftsmodell hinsichtlich seiner Umsetzbarkeit und Nachhaltigkeit auf Herz und Nieren prüft. Die analytische Vorgehensweise führt dazu, dass realistische Zukunftsszenarien gezeichnet werden, die sowohl mögliche Chancen als auch potenzielle Risiken aufdecken. Dadurch, dass diese im Vorhinein bedacht und diskutiert werden, können bereits vor Aufnahme der Geschäftstätigkeiten Entscheidungen über adäquate Handlungsstrategien getroffen werden. Das bedeutet Probleme können mit passenden Lösungen antizipiert werden, bevor sie tatsächlich eintreten und Chancen können durch eine intensive Vorbereitung effizienter genutzt werden. Folglich erhöhen sich die Erfolgschancen des Startups mithilfe einer profunden Geschäftsplanung erheblich, da die Gründer sich anhand der Geschäftsplanung nicht nur einen Überblick über die benötigten Ressourcen und Investitionen verschaffen, sondern auch zu einer realistischen und detaillierten Einschätzung der zu erwartenden Einnahmen gelangen, die wiederum Einfluss auf die Wirtschaftlichkeit des Geschäftsmodells haben. Entscheidend ist vor diesem Hintergrund, dass die Zielvorgaben der unterschiedlichen Unternehmensbereiche, die sich in den Teilplänen der Geschäftsplanung widerspiegeln, kompatibel gestaltet und aufeinander abgestimmt werden, da sie Management und Mitarbeitern im Anschluss als Leitfaden für die Realisierung des Geschäftsmodells dienen. Ferner werden die in der Geschäftsplanung enthaltenen Zielvorgaben später zur Messung des Geschäftserfolgs herangezogen, indem sie mit der tatsächlich eingetretenen Situation abgeglichen werden. Die mittels der Geschäftsplanung erfassten Daten bilden außerdem die Grundlage für die Ausformulierung des Business Plans, die in einem späteren Abschnitt näher erläutert wird.

Vereinfacht dargestellt wird bei der Realisierung eines Geschäftsmodells davon ausgegangen, dass Ressourcen, die als Input bezeichnet werden, anhand eines Transformationsprozesses zu einem Output in Form von Produkten oder Dienstleistungen umgewandelt werden (Quellenangabe). Dabei unterscheidet man zwischen Ressourcen wie Materialien oder Informationen, die transformierte Ressourcen genannt werden, weil sie verbraucht oder umgewandelt werden und transformierenden Ressourcen wie Maschinen oder Angestellten, die den Transformationsprozess durchführen.

2.5.2 Zieldefinition

Der erste Schritt zur Vorbereitung der Umsetzung einer Geschäftsidee besteht darin, einen Überblick darüber zu gewinnen, was in welchem Zeitraum erreicht werden soll. Ziele sollten spezifisch, messbar, erreichbar, realistisch und zeitlich begrenzt sein. Spezifisch deshalb, weil die an der Realisierung dieses Ziels beteiligten Personen so konkret wie möglich wissen müssen, worin ihre Aufgabe besteht. Messbarkeit muss gegeben sein, damit sich im Nachhinein überprüfen lässt, ob das zuvor gesteckte Ziel tatsächlich erreicht wurde. Nur wenn ein Ziel zusätzlich das Kriterium der Erreichbarkeit erfüllt, ergibt es überhaupt einen Sinn ein solches Ziel zu verfolgen. Außerdem muss es realistisch sein, dass ein Ziel in dem vorgegebenen Zeitrahmen erreicht werden kann, da die an der Umsetzung beteiligten Personen andernfalls nicht motiviert seien werden sich dafür einzusetzen. Des Weiteren sollte zuvor entschieden werden, auf welchen Zeitraum die Realisierung eines Ziels begrenzt wird. Somit haben die involvierten Personen einen Endpunkt vor Augen und es ist zudem möglich, diesen Zeitraum in mehrere Etappen einzuteilen, an deren Ende jeweils eine Erfolgskontrolle durchgeführt werden kann. Im Allgemeinen ist zwischen langfristigen, mittel- und kurzfristigen Zielen zu unterscheiden. Langfristige Ziele werden auf strategischer Ebene entwickelt und decken in der Regel einen Zeitraum von zehn Jahren oder mehr ab. Mittelfristige Ziele hingegen beziehen sich auf die funktionale Ebene und decken einen Zeitraum von drei bis fünf Jahren ab. Sowohl strategische als auch funktionsbezogene Ziele finden sich unter anderem auch in der Geschäftsplanung wieder. Kurzfristige Ziele haben einen Zeithorizont von einem Jahr oder weniger.

Sie nehmen Bezug auf die operative Unternehmensebene und werden von den einzelnen Funktionsbereichen in der Planung verankert. Insbesondere vor dem Hintergrund einer Unternehmensgründung ist es erfolgskritisch, möglichst präzise und langfristig ausgerichtete Zielvorgabe für alle Unternehmensebenen zu vereinbaren, da ansonsten alle betroffenen Einzelpersonen und Organisationseinheiten ihre eigene Vorstellung davon entwickeln, in welche Richtung sie sich bewegen und das Gesamtunternehmen dadurch von vornherein nicht auf eine einheitliche Linie gebracht werden kann. Die mangelnde Struktur führt unweigerlich zu Ineffizienzen und schmälert oder verhindert den Unternehmenserfolg. Überdies sind Ziele im Allgemeinen nicht nur dazu gedacht, im Vorhinein Richtwerte festzulegen, die einen Überblick darüber geben was anhand der Geschäftstätigkeiten erreicht werden soll, sondern im Nachhinein auch zu überprüfen, ob diese Zielvorgaben tatsächlich realisiert wurden, indem Ist-und Sollwerte abgeglichen werden. Weichen diese voneinander ab, kann ausgehend davon eruiert werden, welche Optimierungsmaßnahmen ergriffen werden müssen. Um eine möglichst präzise Abweichungsanalyse vornehmen zu können, müssen die erfolgskritischen Zielvorgaben als messbare Kennzahlen formuliert werden.

2.5.3 Umweltanalyse

Inwieweit ein neu gegründetes Unternehmen die anvisierten Ziele realisieren kann, hängt zum einen stark von den internen Gegebenheiten im Unternehmen ab und wird zum anderen durch die Rahmenbedingungen des externen Unternehmensumfeldes beeinflusst. Vor der Aufnahme der Geschäftstätigkeiten sollten Unternehmen deshalb einerseits eruieren, welche Chancen und Risiken die Voraussetzungen in ihrem externen Umfeld mit sich bringen und andererseits ein Bewusstsein dafür entwickeln, mit welchen internen Stärken und Schwächen sie den Herausforderungen in ihrem Umfeld entgegentreten. Dieses Vorgehen wird, wie in früheren Kapiteln dieses Buchs dargestellt, als SWOT-Analyse bezeichnet. Zielsetzung der SWOT-Analyse ist es, die Stärken des Unternehmens zu erkennen, um sie bestmöglich ausnutzen und einsetzen zu können und gleichzeitig vorhandene Schwächen aufzudecken, sodass diese ausgeschaltet werden können. Zudem sollen Chancen identifiziert werden, damit das Unternehmen diese wahrnehmen kann und parallel Risiken korrekt eingeschätzt werden, um diese umgehen oder antizipieren zu können. Eine weitere Methode zur Analyse des Unternehmensumfelds ist das Five Forces Modell von Michael E. Porter (1). Porter geht davon aus, dass fünf zentrale Faktoren Einfluss auf die Wettbewerbsfähigkeit und somit auch auf das Erfolgspotenzial eines Unternehmens in seinem Branchenumfeld haben. Dazu zählen die Bedrohung durch potenzielle neue Mitbewerber, die Rivalität mit vorhandenen Wettbewerbern, die Marktmacht der Käufer sowie die Verhandlungsmacht der Lieferanten und die Bedrohung durch Substitutprodukte, deren Kombination die Struktur einer Branche ausmacht. Die Branchenstruktur ist folglich ausschlaggebend dafür, wie erfolgversprechend der Eintritt in einen Markt ist und welche Strategie für die Bearbeitung eines Marktes am besten geeignet ist. Neben der Branche sind auch die globalen, nationalen, regionalen oder lokalen externen Rahmenbedingungen in Hinblick auf Politik, Wirtschaft, Gesellschaft und Technologie bedeutend. Sofern alle direkten und indirekten Einflussfaktoren im Umfeld eines Unternehmens beispielsweise mithilfe einer der drei zuvor beschriebenen Methoden erfasst wurden, besteht der nächste Schritt darin, eine Strategie zu entwickelt, anhand derer angesichts der gegebenen Rahmenbedingungen eine optimale Marktbearbeitung erfolgen kann.

2.5.4 Marktabgrenzung

Ein permanenter Wandel von technologischen und wirtschaftlichen Rahmenbedingungen führt in der Gesellschaft des 21. Jahrhunderts zu einer zunehmenden Marktfragmentierung. Da sich die Bedürfnisse einzelner Individuen und Gruppen stark unterscheiden, entspricht die gezielte Kundenansprache einer großen Herausforderung. Um ein Produkt oder eine Dienstleistung so effektiv wie möglich vermarkten und absetzen zu können, besteht ein entscheidender Erfolgsfaktor deshalb in der Identifizierung des relevanten Marktes und in dessen Abgrenzung. Als Markt wird der Ort bezeichnet, an dem das durch ein Unternehmen bereitgestellte Angebot auf Nachfrage trifft. Die Marktabgrenzung umfasst sowohl die Bestimmung als auch die Selektion potenzieller Absatzmärkte für ein Produkt oder eine Dienstleistung. Eine Voraussetzung für diese Selektion ist eine vorhergehende Marktsegmentierung. Basierend auf den Charakteristiken potenzieller Nachfrager wird ein größerer Markt dabei in unterschiedliche kleinere Teilmärkte eingeteilt. Zum Einen können als Auswahlkriterien demographische Daten herangezogen werden, die Auskunft über statistisch erfassbare Merkmale der Mitglieder einer Gesellschaft wie beispielsweise Nationalität, Alter, Größe, Geschlecht, Beruf, Einkommens- und Bildungsniveau geben.

Zum Anderen können außerdem geographische und psychographische Daten bei der Segmentierung berücksichtigt werden. Letztere umfassen psychologische und soziologische Aspekte wie zum Beispiel gemeinsame Interessen und übereinstimmende Meinungen oder Sichtweisen. Zusätzlich kann auch das Kaufverhalten für die Zuordnung zu einem Marktsegment ausschlaggebend sein.

Auf Grundlage dessen werden das Volumen und das Absatzpotenzial der verschiedenen Segmente eingeschätzt. Denn nur wenn ausreichende Kaufkraft vorhanden ist, kann ein Markt auf Dauer gewinnbringend sein. Mögliche Risiken sollten im Zuge dessen ebenfalls in Betracht gezogen werden. Beispielsweise könnte es sein, dass erfahrenere Wettbewerber schneller in der Lage sind als ein neu gegründetes Unternehmen, Marktanteile einzunehmen und Marktpotenzial abzuschöpfen. Anschließend erfolgt die Auswahl der Marktsegmente, auf die ein Unternehmen seine Marketingaktivitäten konzentriert, um so Kunden zu gewinnen und zu binden. Dabei ist zu beachten, dass die Individuen oder Gruppen in einem anvisierten Segment ähnliche Bedürfnisse und Anforderungen in Hinblick auf das Leistungsangebot haben und der Zustand dieses Segments quantitativ erfasst werden kann. Vor diesem Hintergrund kann es hilfreich sein, ein Segmentprofil zu erstellen, das den typischen Kunden in einem Segment beschreibt und somit aufzeigt, welche zentralen Aspekte bei der Erstellung von zielgerichteten Marketingaktivitäten beachtet werden müssen. Das Ziel ist es, ein tiefgreifendes Verständnis dafür zu entwickeln, wie die Mitglieder eines Segments Kaufentscheidungen treffen und wie dieser Prozess mittels passender Marketingmaßnahmen beeinflusst werden kann. Ferner muss das Unternehmen über die nötigen Ressourcen und das Know How verfügen, um das Segment angemessen bedienen zu können und einen nachhaltigen Mehrwert zu erzeugen, der es möglich macht, die Kundenbedürfnisse langfristig besser bedienen zu können als der Wettbewerb. Aufgabe des Marketings ist es, ein Produkt im Markt so zu positionieren, dass die Mitglieder des entsprechenden Segments das Leistungsangebot des werbetreibenden Unternehmens aufgrund ihrer individuellen Wahrnehmung dem von anderen Wettbewerbern vorziehen.

2.5.5 Finanzplanung

Als unabdingbarer Bestandteil der Geschäftsplanung erfasst die Finanzplanung relevante Kennzahlen, die eine realistische Einschätzung der finanziellen Entwicklung eines Unternehmens in den ersten drei bis fünf Jahren nach der Gründung zulassen, indem sie alle zu erwartenden Zahlungsströme erfasst. Die Finanzplanung dient dazu sicherzustellen, dass ein Unternehmen liquide und somit überlebensfähig bleibt und langfristig Gewinne abwirft. Außerdem gibt sie Aufschluss darüber, welche Investitionen künftig getätigt werden und wie diese finanziert werden sollen. Zentrale Bestandteile der Finanzplanung sind die Umsatz- und Ertragsplanung, Kostenplanung, Liquiditätsplanung, Zins- und Tilgungsplanung sowie die Investitionsplanung.

Zunächst wird im Zuge der Liquiditätsplanung eine Aufstellung aller in den ersten drei bis fünf Jahren erwarteten Einnahmen und Ausgaben vorgenommen. Um einen Liquiditätsplan aufzustellen, können als Grundlage die Werte aus der Machbarkeitsstudie übernommen werden. Allerdings wird die Liquiditätsplanung wesentlich detaillierter gestaltet und enthält nicht nur Daten auf Jahres- sondern auch auf Monatsbasis. Insgesamt ist es entscheidend, über eine ausgewogene Menge an liquiden Mitteln zu verfügen, denn reichen sie nicht aus, droht eine Insolvenz und sind es zu viele, kommt der Eindruck auf, dass die Eigentümer entweder nicht an den Erfolg ihres Unternehmens glauben oder das Unternehmen nicht wächst und deshalb keine Investitionen getätigt werden.

Im Anschluss daran ist die Planung des voraussichtlich zu erwartenden Umsatzes erforderlich, die in der Folge benötigt wird, um einen Ertragsplan aufzustellen. Da der geplante Umsatz anhand der Multiplikation der anvisierten Absatzmenge mit dem durch das Unternehmen festgelegten Verkaufspreis errechnet wird, muss eine Absatzprognose ermittelt werden. Zu diesem Zweck werden entweder quantitative oder qualitative Methoden angewendet, die in einem späteren Abschnitt näher beschrieben werden. Die besondere Herausforderung für neu gegründete Unternehmen ist dabei, dass keine Erfahrungswerte verfügbar sind, auf die Vorhersagen gestützt werden können.

Im Rahmen der darauffolgenden Kostenplanung wird abgeschätzt, welche Ausgaben mit welchem Umfang in den ersten drei bis fünf Jahren zu erwarten sind. Dabei ist ein besonderes Augenmerk darauf zu legen, an welcher Stelle und zu welchem Zeitpunkt welche Kosten entstehen, damit entsprechend Kapital verfügbar gemacht und bei der späteren Budgetierung passend verteilt werden kann.

Abschließend muss in Form einer Investitionsplanung der Kapitalbedarf errechnet werden, der benötigt wird, um die Unternehmensgründung und –aktivitäten sowie die langfristig mit der Weiterentwicklung des Unternehmens einhergehenden Investitionen zu finanzieren. Danach wird darüber entschieden, welche Quellen für die Beschaffung von Startkapital in Anspruch genommen werden. Dabei kommt zum Einen Eigenkapital in Form von eigenen Ersparnissen, Spenden von Freunden und Bekannten oder der Familie und Beteiligungskapital von Investoren infrage. Ein im Zuge der Digitalisierung entstandenes Konzept der Kapitalbeschaffung ist die unter dem englischen Begriff Crowdfunding bekannte Schwarmfinanzierung. Auf einer Internetplattform stellen Nutzer in Form einer Ausschreibung ihre Geschäftsideen oder Vorhaben vor, für die sie Kapital benötigen. Anschließend können private Nutzer mittels der Seite finanzielle Mittel in beliebiger Höhe für die jeweiligen Projekte zur Verfügung stellen. Als Gegenleistung erhalten Sie zum Beispiel eine Beteiligung am Gewinn.

Zum Anderen werden auch Fremdkapital von Kreditinstituten sowie öffentliche Fördermittel berücksichtigt. Im Allgemeinen sollten Gründer von Beginn an über ausreichend Eigenkapital verfügen, um dadurch das Vertrauen potenzieller Investoren und Fremdkapitalgeber zu gewinnen und darüber hinaus über einen finanziellen Puffer zu verfügen, der eingesetzt werden kann, wenn unvorhergesehene Kosten entstehen. Die Berechnung des voraussichtlichen Gewinns im Rahmen der Ertragsplanung setzt zum Einen eine Aufstellung aller relevanten Kosten voraus. Außerdem werden für die Berechnung Angaben zum Verkaufspreis sowie zur voraussichtlichen Absatzmenge benötigt, die aus dem Marketingplan entnommen werden können.

2.5.6 Marketingplanung

In einem Zeitalter, das durch den Einsatz von Informations- und Kommunikationstechnologien gekennzeichnet ist, sieht sich fast jeder tagtäglich bewusst oder unbewusst mit einer Vielzahl an Werbebotschaften konfrontiert. Unternehmen müssen daher einfallsreiche Marketingmaßnahmen gestalten, um einem potenziellen Kunden aufzufallen und ihn von dem Nutzen eines Produkts oder einer Dienstleistung zu überzeugen, um so den Kauf eines Produkts oder die Inanspruchnahme einer Dienstleistung auszulösen. Marketing beschäftigt sich also mit der Frage, wie eine Leistung angeboten wird. Um diese Frage zu beantworten, wird im ersten Schritt der Marketingplanung eine Analyse des Unternehmensumfelds durchgeführt. Basierend auf den Ergebnissen, die diese Analyse liefert, werden im zweiten Schritt die Marketingziele und die damit verbundenen Marketingstrategien festgelegt, die den Gegebenheiten des Unternehmensumfelds angepasst werden. Das strategische Marketing beschäftigt sich dabei mit der Positionierung eines Unternehmens am Markt im Vergleich zum Wettbewerb, während das operative Marketing der Umsetzung dieser Strategie anhand des Marketing Mix dient. Anschließend werden im letzten Schritt anhand der Kombination der vier Komponenten des Marketingmix -Produkt, Preis, Distribution und Werbung- konkrete Marketingmaßnahmen ausgearbeitet, die der Positionierung des Unternehmens im Markt und der Entwicklung einer unverwechselbaren Identität dienen, die sich im Image des Unternehmens widerspiegeln sollte.

Im Kontext von Unternehmensgründungen ist die Marketingplanung dadurch geprägt, dass die vorhandenen Ressourcen knapp sind, die Gründer häufig über wenig Marketingerfahrung verfügen und das Gründungsunternehmen zusätzlich am Markt bisher unbekannt ist. Welche Aspekte im Zuge der einzelnen Schritte einer Marketingplanung beachtet werden müssen, um eine erfolgreiche Marktbearbeitung zu erreichen, wird in den folgenden Abschnitten aufgezeigt.

2.5.6.1 Marketingstrategien

Nach Michael E. Porter (1) lässt sich eine Unterscheidung in drei unterschiedliche Wettbewerbsstrategien vornehmen. Die Differenzierungsstrategie fokussiert eine hohe Produkt- oder Dienstleistungsqualität und eine hohes Niveau im Bereich Kundenservice, um ein Leistungsangebot von anderen Wettbewerbsangeboten abzugrenzen wohingegen die Kostenführerschaft den Schwerpunkt auf niedrige Preise bei minimalem Kundenservice setzt. Gründungsunternehmen wählen vermehrt die dritte Strategieoption der Konzentration, bei der ein Nischenmarkt in den Mittelpunkt rückt, sodass eine Ausrichtung auf segmentspezifische Bedürfnisse und Anforderungen vorgenommen wird. Der Grund für die Beliebtheit dieser Strategie bei Gründungsprojekten sind die vergleichsweise geringen Eintrittsbarrieren, da die Konkurrenz in den entsprechenden Märkten geringer ist.

Eine Grundvoraussetzung für die Entwicklung einer Marketingstrategie ist die Definition von Marketingzielen. Beispielsweise können sich diese auf die erwarteten Umsätze, den Marktanteil, die Gewinnmarge oder die Produktentwicklung beziehen und sollten daher in Zahlen ausgedrückt werden. Ausgehend von diesen Marketingzielen werden

Marketingstrategien ausgearbeitet, die dazu dienen Aktivitäten zu bestimmen, die zur Erreichung der Marketingziele durchgeführt werden müssen. Dies umfasst die Bestimmung der Zielgruppe und des Zielmarktes sowie die Ausgestaltung der vier Marketingmix Elemente, die Aufschluss darüber geben, wie ein Produkt oder eine Dienstleistung im Markt positioniert wird.

Aufgrund ihrer Unerfahrenheit begehen Existenzgründer häufig Marketingfehler, die von Vornherein vermieden werden können. Die anfängliche Euphorie und Überzeugung, die Existenzgründer mit ihrer Geschäftsidee verbinden, führt oft dazu, dass die nötige Marktorientierung fehlt. Dies hat zur Folge, dass nicht ausreichend geprüft wird, ob überhaupt ein Bedarf für das Produkt oder die Dienstleistung vorhanden ist und die Bereitschaft seitens der potenziellen Kunden besteht, etwas dafür zu bezahlen. Ferner tendieren Existenzgründer oft dazu, ihr Angebot einer möglichst breiten Masse zugänglich zu machen, anstatt sich auf spezifische Zielgruppen zu konzentrieren und diese gezielt anzusprechen.

2.5.6.2 Corporate Identity

Ein kritischer Faktor für den langfristigen Unternehmenserfolg ist es, bei Mitarbeitern, Kunden, Lieferanten, Investoren und anderen relevanten Interessengruppen im Unternehmensumfeld als glaubwürdig und authentisch zu gelten. Um dies zu erreichen, ist ein erster entscheidender Schritt im Rahmen der Unternehmensgründung die Entwicklung einer übergreifenden Unternehmensidentität, die als Corporate Identity bezeichnet wird und den Auftritt des Unternehmens sowohl nach innen als auch nach außen definiert. Teil dieser Identität ist zum Einen die einheitliche visuelle Darstellung des Unternehmens, die im Corporate Design zusammengefasst wird. Dazu zählen unter anderem optische Merkmale wie Unternehmenslogos oder spezifische Unternehmensfarben und -schriftarten, die zum Beispiel bei der Gestaltung aller Werbemittel zum Einsatz kommen. Ein weiterer Bestandteil der Unternehmensidentität ist die individuelle Kommunikationsweise des Unternehmens mit internen und externen Interessensgruppen, die als Corporate Communication bezeichnet wird. Diese spiegelt sich unter anderem in der Öffentlichkeitsarbeit und den Marketingmaßnahmen sowie im Kundenservice wieder. Ebenfalls entscheidend für die Identitätsbildung ist die Art und Weise, wie sich ein Unternehmen gegenüber internen und externen Interessengruppen verhält, die in dem Begriff Corporate Behaviour zusammengefasst wird. Beispielsweise umfasst dies den Führungsstil gegenüber Mitarbeitern sowie den Umgang mit Geschäftspartnern und die Handlungsweisen im Kontakt mit Kunden oder gegenüber der Umwelt. Corporate Social Responsibility ist ein Thema, das in diesem Kontext zunehmend an Bedeutung gewinnt. Es bezieht sich auf das verantwortungsbewusste Handeln von Unternehmen gegenüber ihren Anspruchsgruppen und hat eine besondere Relevanz für die Imagebildung.

Insgesamt ist aus Marketingsicht zu bedenken, dass die Gestaltung der individuellen Identität dazu dient, dem Unternehmen einen Wiedererkennungswert zu verleihen, der sowohl für die Imagebildung als auch für die Kundenbindung von Bedeutung ist. Denn das Erscheinungsbild eines Unternehmens hat zum Einen Einfluss darauf, wie die Qualität des Leistungsangebots von Kunden wahrgenommen wird und kann zum Anderen auch dazu führen, dass sich Kunden mit einem Unternehmen identifizieren und in der Folge zu loyalen Käufern werden.

2.5.6.3 Marketing Mix

Die Kombination der Marketinginstrumente zur Umsetzung der Marketingstrategie mit dem Ziel der Erzeugung von Absatz und der Bindung von Kunden im Zielmarkt wird als Marketing Mix bezeichnet. Dieser beinhaltet Maßnahmen aus den vier Bereichen Produkt, Preis, Kommunikation sowie Distribution beziehungsweise Vertrieb und zielt darauf ab, das Leistungsangebot des Unternehmens an die Bedürfnisse potenzieller Kunden anzupassen. Je einzigartiger und nachhaltiger diese vier Elemente gestaltet und aufeinander abgestimmt werden, desto größer ist die Chance, einen strategischen Wettbewerbsvorteil zu erlangen.

Die Produktkomponente beinhaltet zum Einen die Ausgestaltung der materiellen Merkmale eines Produkts wie zum Beispiel das Design, das verwendete Material, Größe, Gewicht oder Verpackung. Zum Anderen umfasst sie auch die immateriellen Bestandteile eines Produkts oder einer Dienstleistung wie beispielsweise Beratung, Montage oder Reparatur.

Das Preiselement legt den Verkaufspreis fest und definiert darüber hinaus Sonderkonditionen wie Rabatte oder Ratenzahlungskonzepte, die zusätzliche Kaufanreize schaffen. Die Preisstrategie hat starken Einfluss darauf, ob ein Produkt gekauft wird und erfordert viel Fingerspitzengefühl. Ist der Preis zu hoch, lassen sich zwar große Margen erzielen aber der Umsatz ist gering und führt somit zu Gewinnverlusten. Wird der Preis hingegen zu niedrig angesetzt, steigt zwar der Umsatz, die Einnahmen reichen aber womöglich nicht aus, um die Kosten für die Bereitstellung eines Produktes zu decken und die Gewinne sinken somit ebenfalls. In jedem Fall ist entscheidend, dass das Verhältnis zwischen Preis und Leistung angemessen und ausgeglichen ist. Welcher Preis angemessen ist, hängt von den übrigen Marketing Mix Elementen sowie von den Rahmenbedingungen des Unternehmensumfelds ab. Bestimmungsgrößen seitens des Unternehmens sind die Kosten für die Bereitstellung des Produkts sowie die übergeordnete Unternehmensstrategie und die daraus abgeleiteten Ziele. Marktbezogene Faktoren sind die Nachfrage und Preiselastizität sowie die Preisstrategie der Wettbewerber. Außerdem ist auch der Abschnitt des Produktlebenszyklus, in dem sich ein Produkt befindet, ausschlaggebend für den Preis.

Eine Strategie besteht darin, den Preis von Beginn an hoch, durchschnittlich oder niedrig anzusetzen und in der Folge dauerhaft beizubehalten. Der Vorteil bei dieser Vorgehensweise ist, dass Kunden auf die Kontinuität des Preises vertrauen und daher die Wahrscheinlichkeit steigt, dass sie dem Produkt treu bleiben. Der Nachteil dieser Vorgehensweise ist jedoch, dass Marktpotenziale möglicherweise nicht optimal abgeschöpft werden. Die Abschöpfungsstrategie ist als zweite Option deshalb so ausgerichtet, dass am Anfang im Zuge der Markeinführung ein hoher Preis verlangt wird und dieser dann mit abnehmender Nachfrage langsam gesenkt wird. Diese Methode kommt vor allem bei technologischen Innovationen zur Anwendung, da zum Zeitpunkt der Markteinführung zunächst die sogenannten Innovators und Early Adopter die neuartigen Technologien aufgrund ihrer starken Technikaffinität als erste kaufen und bereit sind einen hohen Preis zu zahlen. Später folgen die als Late Follower bezeichneten Käufer, die eine Innovation erst kaufen, wenn sie etabliert ist und nicht bereit sind, große Summen dafür auszugeben.

Beginnt ein Unternehmen mit niedrigen Preisen und steigert diese dann Stück für Stück, so dient dieses Vorgehen der Marktdurchdringung und wird deshalb als Penetrationsstrategie bezeichnet. Das bedeutet, der Umsatz schnellt zu Beginn aufgrund der niedrigen Preise in die Höhe. Das Unternehmen kann dadurch Konkurrenten aus dem Markt verdrängen und so wichtige Marktanteile besetzen. Aus dieser Situation der künstlichen Verknappung heraus können die Preise kontinuierlich angehoben werden. Als weitere Möglichkeit der Preisgestaltung kann außerdem eine kontinuierliche Änderung der Preise vorgenommen werden, die entweder durch den Wandel der Markt- oder der Rohstoffpreise bedingt ist. Aus der Perspektive des Anbieters macht es zwar Sinn die Preise stets den Rahmenbedingungen anzupassen, es wirkt jedoch auf die Nachfrager sehr verwirrend und verärgernd, wenn kein Verlass auf die Preiskontinuität ist. Sowohl bei der Abschöpfungs- als auch bei der Penetrationsstrategie ist zu beachten, dass Nachfrager in Abhängigkeit von ihrer Preiselastizität unterschiedlich auf Preisänderungen reagieren. Ist die Preiselastizität hoch, dann löst eine Preisänderung starke Reaktionen aus. Bei geringer Preiselastizität ändern sich Angebot und Nachfrage weniger stark, wenn eine Preisänderung vorgenommen wird. Die Preiselastizität lässt somit beispielsweise Aussagen darüber zu, wie stark ein Preis erhöht werden ohne dass die Nachfrage abnimmt und folglich der Umsatz sinkt.

Bei der Festlegung des Preises können unterschiedliche Herangehensweisen gewählt werden. Eine Möglichkeit ist, den Preis ausgehend von den Kosten für die Leistungserstellung festzulegen, denn der Preis sollte so hoch angesetzt werden, dass diese Kosten gedeckt werden und zusätzlich noch eine Gewinnmarge abfällt. Die zweite Option besteht in der Bestimmung des Preises in Anlehnung an die bestehenden Marktpreise. Das bedeutet, bei der Preisgestaltung wird zusätzlich die Strategie der Wettbewerber berücksichtigt, da sich ein Produkt oder eine Dienstleistung nur dann absetzen lässt, wenn bei gleicher Qualität der gleiche oder ein niedrigerer Preis verlangt als bei relevanten Wettbewerbern. Außerdem ist eine nachfrageorientierte Preisgestaltung möglich, die in Betracht zieht, welchen Preis potenzielle im Durchschnitt bereit sind für ein Produkt zu zahlen. Beispielsweise kann für ein Produkt, das nur in geringen Mengen verfügbar ist aber seitens der Kunden stark nachgefragt wir ein höherer Preis verlangt werden als für ein massenhaft vorhandenes Produkt mit vergleichsweise geringerer Nachfrage.

Insbesondere bei der Einführung neuer Produkte ist es wichtig, den Preis nicht zu niedrig anzusetzen, da Preiserhöhungen im Nachhinein häufig zu einem Verlust von potenziellen Kunden führen. Die Preiskalkulation gleicht dementsprechend einer Gradwanderung und erfordert daher besondere Sorgfalt. Der Preis hat großen Einfluss darauf, ob sich ein Produkt am Markt durchsetzt und wie das Betriebsergebnis ausfällt. Die Preisgestaltung sollte sich deshalb an allen drei Aspekten orientieren, also einerseits an dem verfügbaren Angebot seitens der Wettbewerber und der vorhandenen Nachfrage seitens der potenziellen Kunden, andererseits aber auch an den Kosten, die im Unternehmen anfallen. Denn der Preis muss so gewählt sein, dass er mit dem der Wettbewerber konkurrieren kann, dass potenzielle Kunden bereit sind ihn zu zahlen, gleichzeitig aber auch die Kosten gedeckt werden und Gewinnmargen erzielt werden können. Generell ist zu beachten, dass regelmäßig überprüft wird, ob der festgelegte Preis zu den herrschenden Rahmenbedingungen passt.

Die Distributionspolitik legt fest, wie ein Produkt vom Hersteller zum Kunden gelangt und entscheidet dabei sowohl über logistische Aspekte wie Transportwege und -mittel oder Lagerung als auch über Vertriebsaspekte wie die verwendeten Absatzkanäle und -organe. Im Hinblick auf die Logistik steht dabei im Vordergrund, das Produkt zum richtigen Zeitpunkt am richtigen Ort in der richtigen Menge potenziellen Kunden verfügbar zu machen und gleichzeitig die dabei entstehenden Kosten zu minimieren, indem der Material- und Informationsfluss so effizient wie möglich umgesetzt wird. Die verwendeten Absatzkanäle stellen dabei die Wege dar, auf denen potenziellen Kunden das Produkt zugänglich gemacht wird. Die Auslieferung geschieht entweder direkt vom Hersteller zum Kunden oder indirekt, indem ein oder mehrere Intermediäre zwischengeschaltet werden. Groß- und Einzelhandel zählen beispielsweise zu den auch als Absatzmittler bezeichneten Zwischenhändlern. Sofern ein Händlernetz für den Vertrieb eines Produktes erforderlich ist, muss schon während des Planungsprozesses dessen Aufbau erfolgen. Im Zuge dessen werden mögliche Vertriebspartner gesucht, verglichen und ausgewählt. Im Anschluss daran müssen außerdem Kooperationsverträge mit diesen Händlern geschlossen werden, welche die Zusammenarbeit formal besiegeln und konkrete Angaben darüber enthalten, welche Mengen die Vertragspartner zu welchen Preisen abnehmen werden. Aus organisatorischer Sicht muss ferner der Prozess der Bestellabwicklung geplant werden.

Die Kommunikationskomponente des Marketingmix beschreibt, wie potenzielle Kunden auf ein Leistungsangebot aufmerksam gemacht und vom Kauf überzeugt werden. Man unterscheidet dabei zwischen Offline Maßnahmen wie beispielsweise Print, TV, Radio, Direct Mail oder Prospekten und Online Maßnahmen wie Bannerwerbung, Social Media und Mobile Marketing, E-Mail und Newsletter. Die Selektion der passenden Maßnahmen hängt stark von den Eigenschaften der Zielgruppe und dem verfügbaren Budget ab.

Eine erfolgreiche Kommunikationsstrategie zeichnet sich dadurch aus, dass sie passend auf die Zielgruppe eines Unternehmens zugeschnitten ist und eine Differenzierung von Wettbewerbern hervorruft. Aus diesem Grund besteht der erste Schritt bei der Entwicklung einer Kommunikationsstrategie darin, die Vorlieben der Zielgruppe zu ergründen, was die Nutzung unterschiedlicher Medien betrifft. Basierend auf den Ergebnissen dieser Nutzungsanalyse wird im Anschluss daran eine Mediaplanung erstellt, die zum Einen festlegt, in welchen Medien Marketingkampagnen für welchen Zeitraum geschaltet werden und zum Anderen das zur Verfügung stehende Budget auf die ausgewählten Medien aufteilt. Da sich die Zielgruppe bei einer Neugründung zu Beginn nicht eindeutig eingrenzen lässt, kann es bei der Umsetzung der Kommunikationsstrategie zunächst zu großen Streuverlusten kommen. Deshalb ist fortlaufendes Monitoring erforderlich, um zu überprüfen, wie wirksam unterschiedliche Maßnahmen sind und den Einsatz kontinuierlich zu verfeinern. Dabei wird nicht nur eruiert, mit welchen Medien sich die potenzielle Zielgruppe am effizientesten erreichen lässt, sondern auch welche Art und Weise der sprachlichen und gestalterischen Ansprache potenzielle Kunden bevorzugen und zu welchem Zeitpunkt sowie mit welcher Häufigkeit die Kommunikationsmaßnahmen eingesetzt werden sollten, um die bestmögliche Wirkung zu erzielen. Im Mittelpunkt steht dabei das Bestreben, den Kundennutzen so erkennbar und deutlich wie möglich zu vermitteln, sodass potenzielle Kunden in dem angebotenen Produkt oder der Dienstleistung für sich persönlich einen Mehrwert erkennen, der sie zum Kauf bewegt. Umso konkreter sich die Zielgruppe eingrenzen lässt, desto direkter und personalisierter sollten Marketingmaßnahmen gestaltet sein, um die Aufmerksamkeit eines potenziellen Kunden zu erlangen. Deshalb ist es hilfreich, Kundendaten zu erfassen, die Aufschluss über die Vorlieben und das Kaufverhalten der Zielgruppe geben. Dabei gilt es jedoch sicherzustellen, dass der Kunde der Datenerfassung im Vorhinein zustimmt und die rechtlichen Voraussetzungen eingehalten werden. Zielsetzung sollte es sein, eine langfristige Beziehung zu Kunden zu entwickeln. Indem sie den Kunden über seinen gesamten Lebenszyklus hinweg kommunikativ begleiten und ihm dadurch ein positives Kauferlebnis ermöglichen, sorgen Marketingmaßnahmen dafür, dass ein Kunde nicht nur einmal kauft, sondern Loyalität zu einem Produkt aufbaut und es wiederholt in Anspruch nimmt. Denn ein Kunde, der mit dem Service und dem Produkt an sich zufrieden ist, kauft dieses beim nächsten Mal wieder und empfiehlt es im Idealfall außerdem an andere weiter. Eine Voraussetzung für den Wiederkauf ist, dass sich der Kunde an das Produkt oder die Marke erinnert. Zu diesem Zweck ist es von zentraler Bedeutung, eine Corporate Identity zu entwickeln, die einem Produkt oder einer Marke durch das einzigartige Erscheinungsbild einen Wiedererkennungswert und somit eine eigene Identität verleiht. Es gilt zu beachten, dass diese nicht nur eindeutig nach außen kommuniziert wird, sondern auch intern von allen Mitarbeitern verstanden, verinnerlicht und gelebt wird. Bestandteil der Corporate Identity können beispielsweise Aspekte des Corporate Design wie Firmenlogo oder die Farbwahl sein, oder auch die charakteristische Unternehmensphilosophie und -kultur.

Fallstudie: Irrtümer, Strategien und Instrumente bei der Preispolitik
Scholl (Scholl 2011) beschreibe iin einem Artikel klassische Irrtümer, die in diesem Abschnitt zusammengefasst werden.

Während des gesamten Produktlebenszyklus ist die Preispolitik maßgeblich für den Unternehmenserfolg entscheidend. Der Preis ist das stärkste Marketinginstrument, hat er doch großen Einfluss auf Umsatz und den Unternehmensgewinn. Dabei muss das Unternehmen immer weitere und neue Vertriebskanäle mit in die Entscheidung bei der Preisfindung einbeziehen. Problematisch ist vor allem, dass Preise heutzutage oftmals aus dem Bauch heraus entschieden werden.

Irrtum eins bezüglich der Preisstrategie bezieht sich auf den direkten Wettbewerb. Da Unternehmen sich ungern mit einer Billigstrategie positionieren möchten, wird bei Umfragen oftmals angegeben, dass die Konkurrenz günstiger sei. In der Realität werden jedoch speziell beim Verkauf anschließend großzügige Rabatte gewährt, so dass der eigentliche Listenpreis oftmals deutlich unterboten wird.

Für den Vertrieb, aber auch für das Management stehen die Umsatzzahlen und deren kurzfristige Steigerung gegenüber dem Wettbewerb allzu oft im Fokus. Der Preis ist dabei oftmals die erste Variable, um sich dem Druck vom Management, dem Wettbewerb und der Nachfrage zu beugen.

Diesbezüglich empfiehlt es sich, das Vergütungssystem beim Verkauf als auch auf der Managementebene anzupassen. Nicht mehr die kurzfristigen Umsatzkennzahlen müssen ausschlaggebend für Boni und Sonderzahlungen sein, sondern vor allem die langfristige Steigerung des Unternehmenswertes.

In den 90er Jahren litt beispielsweise der Hersteller von Unterhaltungselektronik Bose unter einem massiven Preisverfall. Die Unternehmensführung machte daraufhin die Preisstabilität zum höchsten Unternehmensziel – mit Erfolg. Mittlerweile konnte Bose sich im Premiumsegment innerhalb der Unterhaltungselektronik positionieren und seine Preise gegenüber dem Wettbewerb durchsetzen.

Irrtum zwei bezieht sich auf die Kostenkalkulation. In diesem Zusammenhang treten gleich mehrere Fehler auf. Auf der einen Seite veranschlagen sowohl die Fertigungsleiter, als auch die Produktmanager Preise, welche mit einem deutlichen Sicherheitspuffer für vermeintliche Mehrkosten versehen sind. Auf der anderen Seite werden ganze Ausgabenblöcke übersehen, welche gar nicht mit in die Kalkulation einfließen. Diese Ausgabenblöcke beziehen sich vor allem auf solche Kosten, welche insbesondere für den Verkauf im Bereich Marketing und Vertrieb anfallen, um das Produkt zu vertreiben oder den entsprechenden Service nach dem Produktverkauf zu bieten. Während der große Erfolg eines Produktes gefeiert wird, überwiegen die eigentlichen Kosten und versteckten Ausgaben unter Umständen den Einnahmen. Beim Softwarehersteller SAP machen beispielsweise Service, Marketing und Vertrieb fast über 40 des Umsatzes aus.

Am Beispiel des Pharmakonzerns Pfizer wird zudem deutlich, dass eine optimistische Preiskalkulation schnell zu Verlusten führen kann. Zur Kontrolle des Blutzuckerspiegels entwickelte Pfizer ein Produkt, welches nicht mehr gespritzt, sondern inhaliert werden kann. Die hohen Herstellungskosten wurden zwar richtigerweise in dem Preis berücksichtigt, jedoch war eine erhöhte Zahlungsbereitschaft für das Produkt von Seiten der Kunden nicht vorhanden. Das Unternehmen sah sich mit einer erheblichen Diskussion rund um den Nutzen des Produktes konfrontiert. Für den Vertrieb wären daher enorme Kostenaufwendungen notwendig gewesen, um über ein gestärktes Vertrauen beim Kunden den Absatz zu erhöhen. Folgerichtig wurde der Verkauf des Produktes eingestellt. Wären die anfallenden Vertriebskosten gleich zu Beginn mit einkalkuliert worden, so hätte Pfizer höchstwahrscheinlich direkt von der Herstellung des Diabetes-Kontrollmittels abgesehen.

Nicht selten betragen die Herstellkosten nur ein Zehntel des Endpreises, weil der Vertriebs, Marketing oder Serviceaufwand extrem hoch sind.

Irrtum drei bezieht sich auf das Budget des Kunden. Oftmals wird bei der Entwicklung eines Preises nicht der genaue Kundenbedarf analysiert und zu früh ein zu umfangreiches Leistungspaket (zu einem zu hohen Preis) angeboten. Diese sortiert der Interessent unter Umständen schnell aus und ist frühzeitig und nachhaltig abgeschreckt. Mit der Analyse der Zahlungsbereitschaft soll genau das verhindert werden. Umso näher der Preis an den Vorstellungen des Interessenten liegen, desto wahrscheinlicher ist auch der Verkaufsabschluss.

Ein Weg, der Zahlungsbereitschaft des Kunden gerecht zu werden, ist es, ein gestaffeltes Angebot aufzustellen, bei dem ein abgespecktes Produkt günstig angeboten wird. Zusatzleistungen und deren Nutzen werden nachfolgend aufgeführt und deren Nutzen und Mehrwert im Detail erläutert. Der Interessent wird damit zunächst an das Angebot gebunden und hat dann zu einem späteren Zeitpunkt die Möglichkeit, weitere Zusatzleistungen hinzuzubuchen. Ein Absprung wird verhindert und eine Kostenbarriere ist aufgrund der Gliederung eher unwahrscheinlich.

Der vierte Irrtum bezieht sich auf die Austauschbarkeit von Produkten. Viele Produktmanager gehen fälschlicherweise davon aus, dass ihre Produkte austauschbar sind. In diesem Zusammenhang ist aber die Sicht des Kunden entscheidend.

In der Praxis würde bei identischen Produkten allein der Preis entscheiden. In der Regel gibt es aber in der Regel keine identischen Produkte. Vor allem die Kommunikation ist in diesem Zusammenhang von großer Bedeutung. Bei Tabletten ist beispielsweise neben dem Wirkstoff selbst auch die Handhabung für die Patienten von großer Bedeutung. Weiterhin kann auch die beratende Funktion für die Kunden von großer Bedeutung sein. Hier können sich die Hersteller klar positionieren und vom Wettbewerb abgrenzen. Selbst Rohstofflieferanten und Energieversorger können sich differenzieren. Von größter Bedeutung sind dabei die Gespräche mit Entwicklern, Fertigungsleitern, Service und den Kunden, um das Produkt oder die Leistung genau an die Bedürfnisse des Kunden anzupassen. Ein Anbieter von Metallprofilen hat seine Profile so beispielsweise genau gleich beworben und zum gleichen Preis angeboten, wie ein direkter Konkurrent. Dabei hatten die eigenen Metallprofile einen eindeutigen Vorteil. Sie rutschen beim Verschrauben nicht weg und sparen so eindeutig Arbeitszeit für den Endnutzer ein (etwa 20 %). Hier muss man sich als Anbieter klar positionieren, den Mehrwert aufzeigen und hierfür auch einen höheren Preis vom Kunden abverlangen, um sich vom Wettbewerb eindeutig mit einem Mehrwert abzugrenzen.

Das fünfte Irrtum besagt, dass Preise etwas rationales sind. In der Praxis werden aufgrund dessen oftmals Preisschwellen ignoriert und vor allem überschritten. Auch wenn eine Preiserhöhung von 2 % keine merklichen Mehrkosten verursacht, so kann die Reaktion von Konsumenten in elastischen Märkten einen überproportionalen Nachfrageeinbruch verursachen. Dabei ist es nicht nur der fehlende Absatz, sondern auch der Unmut der Verbraucher, welche den Unternehmenserfolg nachhaltig negativ beeinflussen können. Beispielhafte Preisschwellen werden nachfolgend aufgeführt.

Während für einen Liter Frischmilch 1 € als Preisschwelle gilt ist es beim DVD-Spielfilm die 10 € Grenze und beim Oberklasseauto die 100.000 € Grenze. Nicht ohne Grund gibt es generell selten glatte Verkaufspreise, welches den verkaufspsychologischen Aspekt des Preises unterstreicht.

2.5.6.4 Mediaplanung

Insbesondere im Zuge einer Neugründung aber auch im weiteren Verlauf der Unternehmensaktivitäten ist es erforderlich, den passenden Kommunikationsmix aus allen vorhandenen Medien auszuwählen und alle Marketingaktivitäten so zu gestalten und zu integrieren, dass kanalübergreifend konsistente Botschaften bei den Adressaten ankommen.

Gelingt es, die Kommunikationsmaßnahmen optimal aufeinander abzustimmen, können durch die dabei erzeugten Synergieeffekte signifikante Kosteneinsparungen erzielt werden. Beispielsweise kann bei der Erstellung von Kampagnen überflüssiger Designaufwand vermieden werden, wenn inhaltliche Bestandteile in mehreren Kanälen gleichzeitig verwendet werden. Sofern das Zusammenspiel der Kanäle funktioniert, werden Adressaten effektiver erreicht und somit letztendlich höhere Umsätze erzielt als bei dem Einsatz unabhängiger Maßnahmen in unterschiedlichen Kanälen.

Im Hinblick auf die Palette der zur Verfügung stehenden Marketinginstrumente unterscheidet man zwischen Above the line (ATL) und Below the line (BTL) Maßnahmen. Zu ersteren zählen alle klassischen Marketinginstrumente und -maßnahmen, die eine breite Masse ansprechen wie zum Beispiel Print-, TV- und Radiowerbung. Unter Below the Line versteht man hingegen Maßnahmen, die eine begrenzte Zielgruppe an Adressaten direkt ansprechen, wie beispielsweise Performance Marketing im Internet oder Guerilla Marketing. Die größte Herausforderung für Unternehmen ist es, herauszufinden welche Kanäle ihre Zielgruppe nutzt und zu entscheiden, wie das verfügbare Budget auf die entsprechenden Werbeträger verteilt wird.

Internetbasierte Geschäftsmodelle erfreuen sich zunehmender Beliebtheit, da sie vergleichsweise weniger Kapitaleinsatz erfordern und deshalb mit einem geringeren Risiko behaftet sind als offline Geschäftsmodelle. Werden Produkte offline verkauft, so fallen zum Beispiel Kosten für die Miete und Ausstattung von Verkaufsflächen sowie für Verkaufspersonal und Warentransport an. Außerdem müssen potenzielle Kunden mithilfe von Werbung darauf aufmerksam gemacht werden, wann und wo sie die angebotene Leistung wahrnehmen können. Findet der Vertrieb hingegen online statt, werden keine Verkaufsflächen benötigt, da die Produkte online betrachtet und gekauft werden können. Kosten entstehen hauptsächlich für das Betreiben der Webseite, die als Verkaufsplattform dient und für das Bewerben dieser Onlinepräsenz. Handelt es sich um ein Produkt, das digital ausgeliefert werden kann, entfallen sogar jegliche Transportkosten. Ein weiterer Erfolgsfaktor internetbasierter Geschäftsmodelle ist, dass Kunden zu jeder Zeit und an jedem Ort einen Einkauf tätigen können, sofern sie über eine Internetverbindung verfügen. Insgesamt führen die relativ geringen Fixkosten internetbasierter Geschäftsmodelle dazu, dass insbesondere Zielgruppen in eingegrenzten Nischenmärkten mit sehr speziellen Bedürfnissen effizienter bedient werden können als im offline Geschäft.

2.5.6.5 Online Marketing

Das Online Marketing bedient sich internetbasierter Informations- und Kommunikationstechnologien zur Umsetzung der Marketingziele eines Unternehmens. Der größte Vorteil des digitalen Mediums Internet besteht dabei darin, dass Informationen und Angebote zu jedem Zeitpunkt und an jedem Ort aufgerufen werden können. Ausgehend von den technischen Möglichkeiten des Internets ist außerdem eine multimediale, interaktive Kundenansprache möglich. Während klassische Marketinginstrumente potenzielle Kunden gemäß der Methode der Push-Kommunikation mit Werbebotschaften konfrontieren, ohne dass diese zuvor angefordert wurden, ist im Online Marketing auch die kundenseitig ausgelöste Pull-Kommunikation möglich, bei der Kunden aktiv Informationen von einem Unternehmen einfordern. Vorteilhaft ist dabei, dass Kunden mit Informationen und Angeboten versorgt werden können, die für sie von individuellem Interesse sind. Angesichts dessen, dass diese vom Kunden persönlich angefragt wurden, ist somit die Reaktanz gegenüber den darin enthaltenen Werbebotschaften geringer.

Mithilfe von Web Analytics lässt sich außerdem präziser nachverfolgen, welche Effekte die eingesetzten Marketingmaßnahmen erzielt haben, als im Offline Marketing. Ein entscheidender Aspekt für den Einsatz in neu gegründeten Unternehmen ist außerdem, dass im Vergleich zum Offline Marketing mit geringerem Budget oft größere Reichweiten erzielt werden können.

Unternehmensgründer haben die Möglichkeit aus einer breiten Palette an Online Marketing Instrumenten auszuwählen. Dazu gehören unter anderem E-Mail- und Newsletter-Marketing, Suchmaschinenmarketing, Bannerwerbung, Social Media Marketing, Affiliate Marketing und Mobile Marketing.

Entscheiden sich Unternehmensgründer dafür, Online Marketing Maßnahmen einzusetzen, sollte von vornherein ein Trackingprogramm eingesetzt werden, anhand dessen sich die Eigenschaften und das Verhalten der Internetnutzer analysieren lassen. Außerdem kann auf Basis der Trackingdaten der Erfolg der Online Marketing Maßnahmen kontrolliert werden.

2.5.6.6 Gestaltung von Internetseiten

Handelt es sich um ein internetbasiertes Geschäftsmodell, kann die Internetpräsenz eines Unternehmens als virtueller Verkaufsstandort und Vertriebskanal betrachtet werden. Die wichtigste Voraussetzung ist demnach, dass die Internetpräsenz den Kunden des Unternehmens eine funktionierende, nutzerfreundliche Infrastruktur für den Online Einkauf bietet. Daher ist es zum Einen wichtig, dass der Internetnutzer auf einer Webseite genau die Informationen, die er benötigt, übersichtlich, strukturiert und leicht verständlich aufbereitet vorfindet. Ferner kann der Einsatz von Multimedia dabei helfen, Interesse zu wecken und ein Thema aus unterschiedlichen Perspektiven zu beleuchten. Neben konsistenten Inhalten ist auch die einfache und intuitive Bedienbarkeit eines Webauftritts entscheidend. Das bedeutet zum Beispiel, dass verschiedene Themenfelder durch Verlinkungen miteinander vernetzt werden und somit leicht auffindbar sind. Außerdem sollte der Einkaufsprozess im Internet möglichst unkompliziert ablaufen und einen vertrauenswürdigen Eindruck machen. Eine weitere Komponente bei der Gestaltung einer Webseite ist die Berücksichtigung der technischen Voraussetzungen. Beispielsweise muss sichergestellt sein, dass Nutzer mit unterschiedlichen Browsern und Internetverbindungen eine Webseite gleichermaßen einwandfrei benutzen können. Je nachdem welche Produkte oder Dienstleistungen auf einer Webseite angeboten werden, kann sich auch die optische Aufbereitung erfolgsentscheidend auswirken.

2.5.6.7 Social Media Marketing

Startups mit geringem Marketingbudget scheitern oft daran, dass es ihnen nicht gelingt, mit wenig finanziellem Aufwand eine kritische Masse zu erreichen und somit am Markt wahrgenommen zu werden. Social Media Marketing kann Abhilfe schaffen, da bei dieser Werbeform anhand von viralen Netzwerkeffekten eine schnelle und kostengünstige Verbreitung von Informationen erreicht werden kann. Außerdem bieten Social Media die Möglichkeit, in Interaktion mit Nutzern zu treten und einen direkten Dialog mit potenziellen Kunden zu führen, der es möglich macht, auf kundenindividuelle Bedürfnisse einzugehen. Wikis, Blogs, Microblogs, soziale Netzwerke, Foto-, Video- und Bewertungsportale sind nur einige der Plattformen, die das vielfältige Social Media Spektrum ausmachen. Die Nutzung von Social Media ist stark durch multimediale Interaktivität geprägt, da Nutzer beispielsweise Inhalte erstellen und kommentieren, Erfahrungen und Meinungen mit anderen teilen oder Informationen zu unterschiedlichen Themen einholen. Das bedeutet, Nutzer von Social Media Plattformen konsumieren, produzieren und verbreiten Informationen. Dadurch bieten sich für die Nutzung von Social Media im Marketing vielfältige Optionen. Für den Einstieg kann beispielsweise das soziale Netzwerk Facebook genutzt werden, das mit über 500 Mio. Nutzern weltweit über eine enorme Reichweite verfügt. Unternehmen können auf Facebook kostenlos ein Profil anlegen, das eine breite Palette an Funktionalitäten bietet und individuell gestaltet werden kann. Zum Beispiel kann es eine Pinnwand geben, auf der das Unternehmen und die Facebook Nutzer multimediale Beiträge einstellen und kommentieren können. Kosten entstehen lediglich für die Erstellung von Inhalten und die Pflege des Profils sowie für spezielle Applikationen, die Programmieraufwand erfordern. Wenn einem Nutzer die Seite gefällt, kann er durch den Klick auf einen Button mit der Aufschrift „Gefällt mir“ Fan des Unternehmens werden. Die Folge ist, dass alle mit denen dieser Nutzer auf Facebook vernetzt ist, eine Meldung über diese Aktivität auf ihrer Startseite sehen und außerdem auf dem Profil des Nutzers angegeben wird, dass er Fan des jeweiligen Unternehmens ist. Somit werden andere Nutzer auf das Unternehmensprofil aufmerksam, die dieses im Anschluss eventuell ebenfalls aufrufen oder sogar Fan werden. Unternehmensgründer können für den Einstieg ihre bestehenden privaten Netzwerke nutzen, in dem sie ihren Facebook Freundeskreis über das Profil ihres Unternehmens informieren und darauf hoffen, dass diese Information weitergetragen wird. Voraussetzung dafür ist, dass das Unternehmensprofil aus Sicht des jeweiligen Nutzers einen Mehrwert bietet, indem relevante, interessante und strukturiert aufgearbeitete Inhalte zur Verfügung gestellt werden. Denkbar wäre zum Beispiel, dass ein Unternehmen seine neu eingeführten Produkte vorstellt, die Nutzer am Produktentwicklungsprozess teilhaben lässt oder Rabatte exklusiv an Fans des Unternehmensprofils vergibt.

2.5.6.8 Suchmaschinenmarketing

Ein Unternehmen kann potenzielle Kunden nur unter der Voraussetzung gewinnen, dass diese von der Existenz seines Leistungsangebots wissen. Dementsprechend müssen potenzielle Kunden die Möglichkeit haben, Informationen über dieses Leistungsangebot zu finden. Da Konsumenten sich immer häufiger im Internet über Produkte und Dienstleistungen informieren und diese zum Teil auch online kaufen, nutzt annähernd jedes Unternehmen eine oder mehrere Internetpräsenzen zur Darstellung und zum Vertrieb seines Leistungsangebots. Angesichts der Tatsache, dass sich der Großteil der Internetnutzer mithilfe von Suchmaschinen auf die Suche nach Inhalten macht, die seinen Interessen entsprechen, ist es aus Unternehmenssicht entscheidend, eine bestmögliche Platzierung in den Suchergebnissen dieser Suchmaschinen zu erzielen. Dies ist zum Einen möglich, indem eine Suchmaschinenoptimierung der unternehmenseigenen Internetpräsenzen durchgeführt wird. Des Weiteren besteht die Option, bei Suchmaschinenanbietern Anzeigen zu buchen. Diese werden entweder im Kontext der Suchmaschinenergebnisse oder auf themenrelevanten unternehmensfremden Webseiten angezeigt. Im Hinblick auf diese Werbeform ist das Unternehmen Google mit seinem Anzeigendienst Adwords führend, der es Unternehmen ermöglicht, ausgewählte Schlagwörter festzulegen, bei deren Eingabe durch den Suchenden eine passende Anzeige eingeblendet wird.

2.5.6.9 Affiliate Marketing

Unternehmen haben die Möglichkeit, auf Affiliate Marketing Plattformen ihre internetbasierten Werbemittel zur Verfügung zu stellen, die dann durch Betreiber von Webseiten anhand einer Kodierung auf deren Internetpräsenz platziert oder im Zuge von anderen Online Marketing Maßnahmen eingesetzt werden. Die Anbieter von Affiliate Marketing Plattformen fungieren somit als Mittler zwischen werbetreibenden Unternehmen und den als Affiliates bezeichneten Webseitenbetreibern.

Unternehmen müssen sich dadurch nicht selbstständig um die Platzierung Ihrer internetbasierten Werbemittel auf Webseiten anderer Anbieter kümmern, sondern diese können direkt von den Webseitenbetreibern auf der Affiliate Marketing Plattform abgerufen werden. Der Vorteil für Unternehmen ist dabei, dass sie nicht wie bei anderen Konzepten der Online Werbung, bei denen die Buchung von Werbeflächen über den Webseitenbetreiber erfolgt, einen Festpreis für eine bestimmte Klickzahl zahlen müssen, sondern eine Zahlung auch davon abhängig gemacht werden kann, ob anhand eines Werbeträgers ein Kundenkontakt generiert oder ein Verkauf erzielt wurde.

2.5.6.10 Mobile Marketing

Angesichts sinkender Verbindungspreise, verbesserter Netzabdeckung und zunehmend schnellerer Übertragungsraten nimmt die Verbreitung und Nutzung mobiler Endgeräte mit Internetzugang rasant zu. Da viele der Nutzer diese Endgeräte permanent bei sich tragen, bietet das mobile Internet ein großes Potenzial für die Nutzung als Marketinginstrument. Des Weiteren werden die Endgeräte mittlerweile aufgrund ihrer Multifunktionalität und intuitiven Bedienbarkeit von allen Alters- und Einkommensklassen genutzt, sodass sich alle potenziellen Zielgruppen anhand dieses Kanals erreichen lassen. Der große Vorteil aus Sicht der Werbetreibenden ist, dass sowohl eine orts- und zeitgebundene als auch eine orts- und zeitunabhängige, individualisierte Kundenansprache möglich ist. Mithilfe satellitenbasierter Ortungssysteme lässt sich der Aufenthaltsort eines Endgeräts exakt ermitteln, sodass dem entsprechenden Nutzer über das mobile Internet Dienstleistungen und Produkte angeboten werden können, die als Location Based Services bezeichnet werden und speziell auf seine persönliche Situation zugeschnitten sind. Abgesehen davon können Nutzer mobiler Endgeräte jederzeit und an jedem Ort auf die internetbasierten Präsenzen und Informationen, die ein Unternehmen bereitstellt, zugreifen.

2.5.7 Kundenbindungsmanagement

Kundenbindungsmanagement zielt darauf ab, die Bedürfnisse des Kunden derart treffend abzudecken, dass dieser zufrieden ist und in der Folge Loyalität gegenüber dem Leistungsangebot des Unternehmens zeigt. Das bedeutet, der Kunde bleibt dem Leistungsangebot treu und nimmt es wiederholt in Anspruch, sodass er letztendlich an das Unternehmen gebunden wird. Im Rahmen der Geschäftsplanung sollte dafür gesorgt werden, dass die nötigen Voraussetzungen geschaffen werden, um die spezifischen Bedürfnisse der Kunden befriedigen zu können. Im Zuge dessen sollten zentrale Datenbanken eingerichtet werden, mithilfe derer Kundendaten gesammelt und ausgewertet werden können, die Aufschluss über die Kundenbedürfnisse geben. Dabei sollten alle potenziellen Berührungspunkte mit dem Kunden berücksichtigt werden. Beispielsweise kann die Kaufhistorie eines Kunden aufzeigen, für welche Produkte sich dieser besonders interessiert. Basierend darauf kann eine Individualisierung des Leistungsangebots vorgenommen werden, sodass dieses möglichst passgenau mit den Erwartungen des Kunden übereinstimmt. Ferner können Exklusivleistungen für besonders treue Kunden angeboten werden. Dementsprechend sollte im Voraus bedacht werden, welche Maßnahmen und welche Art der Kundenansprache für das Kundenbindungsmanagement geeignet sind. Aus Sicht des Unternehmens ist die Pflege von langfristigen Kundenbeziehungen insofern sinnvoll, als die Bindung bereits bestehender Kunden an das Unternehmen zum Einen mit weniger Aufwand verbunden ist als neue Kunden zu gewinnen oder verlorene Kunden zurückzugewinnen. Zum Anderen können zusätzliche Erlöse erwirtschaftet werden, da zufriedene Kunden nicht nur wiederholt kaufen, sondern ihre positiven Erfahrungen auch an andere Interessenten weitergeben.

2.5.8 Marktforschung

Im Zuge der Marketingplanung müssen Unternehmensgründer vielfältige Entscheidungen treffen. Dazu sind sie nur dann in der Lage, wenn sie über relevante, aktuelle Informationen verfügen, die ihnen detailliert Aufschluss über die Eigenschaften ihrer potenziellen Kunden, die Beschaffenheit ihrer Zielmärkte und die Positionierung ihrer Wettbewerber geben. Um derartige Informationen zu erhalten, ist Marktforschung erforderlich. Der erste Schritt des Marktforschungsprozesses besteht in der Formulierung des Forschungsziels. Anschließend wird entschieden, welche Art von Informationen gesammelt wird und ob Datenerhebungen notwendig sind. Unterschieden wird dabei zwischen primärer und sekundärer Marktforschung. Sekundäre Forschung bedeutet, dass Informationen bereits zu einem früheren Zeitpunkt erhoben wurden und somit schon zur Verfügung stehen. Müssen die Daten erst erfasst werden, wird von primärer Marktforschung gesprochen. Sofern sich ein Unternehmen entscheidet, eine Untersuchung durchführen zu lassen, muss eine Methode zur Datenerhebung ausgewählt werden. Im Anschluss daran werden die benötigten Informationen gesammelt, verarbeitet, analysiert und evaluiert. Der Vorteil primärer Marktforschung ist, dass die Datenerhebung speziell auf die Anforderungen und

Bedürfnisse des Unternehmens zugeschnitten ist. Außerdem stehen die Daten dem Unternehmen exklusiv zur Verfügung und sind aufgrund ihrer Aktualität für die gegenwärtige Marktsituation aussagekräftig. Nachteilig ist jedoch, dass primäre Marktforschung aufwendig und dementsprechend kostenintensiv ist. Ferner muss für die Durchführung neuer Datenerhebungen viel Zeit eingeplant werden, sodass die geforderten Daten nicht sofort zur Verfügung stehen. Zwar sind sekundäre Daten sofort und günstiger verfügbar, doch sie sind in der Regel auch Wettbewerbern zugänglich, und oft veraltet oder für den spezifischen Zweck unpassend. Die Entscheidung, ob primäre oder sekundäre Marktforschung angewendet wird, richtet sich also danach, welche Art von Informationen benötigt wird, wie schnell die Daten zur Verfügung stehen müssen und welche finanziellen Ressourcen eingesetzt werden können.

Greift ein Unternehmen auf sekundäre Daten zurück, bieten sich unterschiedliche Datenquellen an. Es können Zeitungen zu Rate gezogen werden, die oft tagesaktuelle Informationen und aktuelle Marktentwicklungen wiedergeben. Ferner können Informationen Artikel aus Fachmagazinen analysiert werden, die häufig Grafiken und Tabellen mit statistischen Werten enthalten und Überblicke über spezifische Themenfelder geben. Eine weitere Datenquelle sind Veröffentlichungen von staatlichen Institutionen wie beispielsweise vom statistischen Bundesamt in Deutschland, die kostenlos angeboten werden und bequem über das Internet abgerufen werden können. Allerdings handelt es sich dabei in der Regel eher um allgemeine demographische Daten, die bei speziellen Fragestellungen wenig aufschlussreich sind. Den womöglich größten Fundus an sekundären Daten bietet das Internet. Hier lassen sich über eine Vielzahl von Plattformen Markt- und Branchenberichte herunterladen, die teilweise kostenlos, meistens aber kostenpflichtig sind. Problematisch bei der Internetsuche gestaltet sich oft die Beurteilung der Glaubwürdigkeit und Validität von Daten, wenn nicht ersichtlich ist, woher diese stammen und wie die dargestellten Ergebnisse ermittelt wurden. Außerdem sind Daten im Internet in vielen Fällen unstrukturiert vorhanden, sodass großer Aufwand betrieben werden muss, um zu aussagekräftigen Untersuchungsergebnissen zu gelangen. Trotz der genannten Nachteile kann sekundäre Marktforschung oft völlig ausreichen, wenn die Zielsetzung in der quantitativen Ergründung allgemeiner Markttrends zu geringen Kosten und mit minimalem Zeitaufwand besteht. Primäre Marktforschung ist hingegen sinnvoll, wenn ausreichend finanzielle Ressourcen vorhanden sind, um spezielle produkt- oder marktbezogene Fragestellungen zu untersuchen. Die Erhebung primärer Daten kann beispielsweise anhand von Marktbeobachtungen, Experimenten oder Umfragen erfolgen.

2.5.9 Personalplanung

Eine zentrale Voraussetzung dafür, dass ein Unternehmen seine Ziele erreichen kann, ist die Verfügbarkeit des zu diesem Zweck erforderlichen Personals. Im Rahmen der Personalbedarfsplanung wird daher zunächst geklärt, in welcher Quantität zu welchem Zeitpunkt an welchem Einsatzort Personal benötigt wird und welche Qualität vorausgesetzt wird sprich über welche Qualifikationen, Umgangsformen und über welches Know How Mitarbeiter verfügen müssen. Ferner wird geplant, auf welche Art und Weise das benötigte Personal beschafft wird und wie, wann und wo das Personal anschließend zum Einsatz kommt. Abschließend werden Programme zur Schulung und Weiterentwicklung des Personals entworfen, die vor allem bei dienstleistungsorientierten Unternehmen notwendig sind. Zum Beispiel sollte festgelegt werden, auf welche Art und Weise die Mitarbeiter an die Philosophie und die Werte des Unternehmens herangeführt werden, sodass diese möglichst schnell verinnerlicht und authentisch nach außen getragen werden. Die Auswahl und Weiterentwicklung des Personals sind entscheidende Erfolgskriterien insbesondere für neu gegründete Unternehmen, da sie einen großen Einfluss auf die Innovations- und Wettbewerbsfähigkeit eines Unternehmens haben. Häufig ist es schwierig gut ausgebildete und erfahrene Mitarbeiter für ein Startup zu finden und zu langfristig zu binden, da das Vertrauen in ein neu gegründetes Unternehmen oft gering ist und in bereits etablierten Unternehmen in den meisten Fällen vorteilhaftere oder sichere Konditionen geboten werden, die unter anderem ein höheres Gehalt beinhalten. Andererseits kann die Beteiligung an der Realisierung einer innovativen Geschäftsidee im Rahmen einer Unternehmensgründung aber auch ein Anreiz sein. In jedem Fall sollte bei der Auswahl geeigneter Mitarbeiter darauf geachtet werden, dass diese zum Einen die benötigten Qualifikationen, zum Anderen aber auch ein hohes Maß an Motivation, Begeisterungsfähigkeit, Kreativität und Eigeninitiative mitbringen und dadurch zur langfristigen Überlebensfähigkeit des Unternehmens beitragen. Da die Nachfrage nach entsprechendem Personal stetig zunimmt, ist es für Unternehmensgründer von großer Bedeutung rechtzeitig mit der Personalplanung zu beginnen und Konzepte und Anreizsysteme zu entwerfen mit denen es gelingt, potenzielle Mitarbeiter von dem Startup zu überzeugen. Denkbare wäre beispielsweise, die Mitarbeiter mit einem prozentualen Anteil an den Gewinnen des Unternehmens zu beteiligen oder ein besonders flexibles Arbeitszeitmodell einzuführen. Darüber hinaus muss im Vorhinein abgestimmt werden, welche Vorgehensweisen im Unternehmen grundsätzlich zur Anwendung kommen sollen, um die künftigen Mitarbeiter zu führen und zu motivieren. Dabei sollten auch Methoden bedacht werden, mithilfe derer überprüft werden kann, ob die Mitarbeiter die von ihnen geforderten Leistungen erbracht haben. Eine Möglichkeit wäre, mit jedem Mitarbeiter individuelle Zielvorgaben zu vereinbaren, die der Orientierung dienen und deren Erreichung in regelmäßigen Zeitabständen kontrolliert wird.

Ist die Entscheidung gefallen, dass Mitarbeiter eingestellt werden müssen, wird zunächst ein Anforderungskatalog für die zu besetzende Stelle erarbeitet. Basierend darauf wird anschließend eine Stellenausschreibung verfasst, die veröffentlicht wird, um potenziellen Kandidaten die Möglichkeit zu geben, sich zu bewerben. Aus den Bewerbungen, die eingegangen sind, wird eine begrenzte Vorauswahl der Kandidaten getroffen, deren Qualifikationen und Erfahrungen den Anforderungen am besten entsprechen. Diese Kandidaten werden daraufhin zu einem Bewerbungsgespräch eingeladen. Dabei ist es nicht nur wichtig zu überprüfen, ob der Kandidat ausreichende Fachkenntnisse mitbringt, sondern ob er auch über die nötigen Soft Skills verfügt und seine Charaktereigenschaften zur Unternehmensphilosophie passen. Es gilt zu beachten, dass das Abschneiden eines Kandidaten im Bewerbungsprozess nicht zwingend Aufschluss darüber gibt, wie sich dieser später am Arbeitsplatz verhalten wird. Konkretere Rückschlüsse auf die Persönlichkeit des Kandidaten kann deshalb ein zusätzlicher psychometrischer Test liefern.

2.5.10 Standortplanung

Die Auswahl des Standortes erfordert sorgfältige Planung, da sie von einer Vielzahl an internen und externen Faktoren des Unternehmensumfeldes beeinflusst wird und somit starke Auswirkungen auf den Geschäftserfolg hat. Stehen mehrere Standorte zur Auswahl, so wird im ersten Schritt des Entscheidungsprozesses festgelegt, welche Standortfaktoren für das entsprechende Unternehmen entscheidend sind. Anschließend werden diese Faktoren nach ihrer Bedeutung gewichtet und es wird eine Punkteskala zur Bewertung der einzelnen Faktoren festgelegt. Danach werden jedem relevanten Standorte Punkte für jeden einzelnen Faktor zugeordnet, die dann mit der Gewichtungszahl verrechnet werden. Der Standort, der am Ende die höchste Punktzahl erzielt hat und dessen Rahmenbedingungen somit den zuvor definierten Anforderungen am meisten entsprechen, ist aus der individuellen Sicht des Unternehmens die attraktivste Alternative. Im Hinblick auf die internen Standortfaktoren könnte beispielsweise bewertet werden, wie viel der Kauf oder die Pacht eines Grundstücks kostet und wie es beschaffen ist oder wie hoch die Miete für Geschäftsräume ist, wie viel Kapazitäten sich an dem jeweiligen Ort schaffen lassen, in welchem Zustand sich bereits vorhandene Anlagen und Gebäude befinden und ob die Möglichkeit besteht, im Fall einer Expansion Geschäftsflächen zuzukaufen.

In Bezug auf die externen Standortfaktoren könnte zum Beispiel untersucht werden, ob eine ausreichende Nähe zu potenziellen Kunden und genügend Marktpotenzial gegeben ist, wie viele direkte Wettbewerber sich in unmittelbarer Nähe befinden, ob qualifizierte Arbeitskräfte verfügbar sind, wie hoch die Lohnkosten ausfallen und welche Nebenkosten für die Energie- und Wasserversorgung sowie Abfallentsorgung anfallen. Weitere Kriterien könnten sein, welches Qualitätsniveau die Telekommunikationsnetzwerke vor Ort haben, ob eine Verkehrsinfrastruktur besteht, welche den Zugang zu Autobahnen, Bahnstrecken, Flughäfen, Binnen- oder Seehäfen sicherstellt. Abgeleitet daraus sollte beispielsweise auch die Erreichbarkeit für relevante Zielgruppen wie Kunden, Mitarbeiter und Lieferanten gewährleistet sein und ein optimaler Zugang zu Beschaffungs- und Absatzmärkten bestehen. In Abhängigkeit von den politischen Instanzen spielen unter anderem außerdem die rechtlichen Rahmenbedingungen, die Höhe der Gewerbesteuern, die lokale Sicherheitslage, angebotene Förderprogramme, Kooperationsmöglichkeiten mit lokalen Bildungs- und Forschungseinrichtungen sowie die Lebensbedingungen für Mitarbeiter und das allgemeine Image des Standortes eine Rolle. Insgesamt ist zu bedenken, dass der Entscheidungsprozess stark von der subjektiven Wahrnehmung hinsichtlich der einbezogenen Standortfaktoren abhängt. Die tatsächliche Ausprägung dieser Faktoren lässt sich oft im Vorhinein nicht eindeutig bestimmen, da zum Einen vielmals die benötigten Informationen fehlen und zum Anderen nicht immer eine quantitative Einschätzung möglich ist, insbesondere wenn es um die Kalkulation von standortbezogenen Kosten geht.

2.5.11 Logistikplanung

Das Logistiksystem eines Unternehmens und die zugrunde liegende Infrastruktur zielen darauf ab, die fortlaufende Verfügbarkeit und Bereitstellung der benötigten Ressourcen im Leistungsbereitstellungsprozess von der Beschaffung über die Lagerung und Produktion bis hin zu Distribution, Retoure und Entsorgung sicher zu stellen. Generell muss das Logistiksystem so aufgebaut sein, dass bei minimalen Kosten ein schnellstmöglicher Material- und Informationsfluss zwischen einem Unternehmen und seinen betroffenen Interessengruppen sowie innerhalb des Unternehmens gewährleistet ist. Gleichzeitig muss das Logistiksystem das erwartete Qualitätsniveau erfüllen und sich flexibel an veränderte Rahmenbedingungen anpassen lassen. Schon während des Produktdesigns nimmt die Logistikplanung Einfluss, da Produkte so beschaffen seien müssen, dass sie mit geringstmöglichem Aufwand produziert, verpackt und transportiert werden können. Das gestaltet sich insbesondere bei kundenspezifischen Produkten schwierig, deren Beschaffenheit sich stark unterscheidet.

Die größte Schwierigkeit bei der Gestaltung eines Logistiksystems besteht darin, dass unterschiedliche Logistikziele miteinander in Konflikt stehen. Beispielsweise sollen einerseits Überkapazitäten und große Puffer vermieden werden, andererseits ist aber auch eine permanente Versorgungssicherheit und hohe Flexibilität gewünscht. Unternehmensgründer müssen daher sorgfältig abwägen, welche Logistikziele den größten Einfluss auf den Geschäftserfolg haben und entsprechende Schwerpunkte setzen. Dabei gilt es zu bedenken, dass die unterschiedlichen Elemente des Logistiksystems stark von anderen Funktionen, Systemen und Prozessen abhängig sind.

2.5.11.1 Beschaffungsplanung

Die erfolgreiche Umsetzung eines Geschäftsmodells ist nur unter der Voraussetzung möglich, dass die für den Leistungserstellungsprozess benötigten Ressourcen jederzeit verfügbar sind. Aus diesem Grund muss von vornherein die effiziente Beschaffung dieser Ressourcen geplant und sichergestellt werden. Berücksichtigt wird dabei, dass Ressourcen wie Materialien und Werkstoffe zu bestimmten Zeitpunkten an festgelegten Orten und in einer vorgegebenen Quantität sowie Qualität vorhanden seien müssen. Die Planung des Bereitstellungsvorgangs gestaltet sich für Startups besonders schwierig, da noch keine Erfahrungswerte vorhanden sind, die eingesetzt werden können, um die Zeit- und Mengenplanung durchzuführen. Zunächst muss also mit Schätzwerten gearbeitet werden, die dann Schritt für Schritt verfeinert werden. Als erstes wird deshalb ausgehend von den aus dem Geschäftsmodell ableitbaren Maßgaben und den Berechnungen des voraussichtlichen Umsatzes erfasst, welche Ressourcen in welchen Mengen benötigt werden, um ein Produkt oder eine Dienstleistung zu erstellen. Im zweiten Schritt wird definiert, welche Qualitätsvorgaben diese Ressourcen erfüllen müssen. Handelt es sich bei dem Endprodukt beispielsweise um einen hochpreisigen und exklusiven Luxusartikel, so wird seitens der späteren Kunden in Hinblick auf die Materialien eine entsprechend hohe Qualität erwartet. Soll jedoch ein Standardprodukt zu niedrigen Preisen angeboten werden, wird auf minimale Beschaffungskosten bei akzeptabler Qualität geachtet. Damit die Einhaltung der Qualitätsvorgaben überprüft werden kann, muss ebenfalls überlegt werden, wie die Qualitätskontrolle organisiert wird.

Ein entscheidendes Erfolgskriterium sind im Kontext der Beschaffung gute Lieferantenbeziehungen, die große Lagerbestände überflüssig machen. Bestandteil der Geschäftsplanung ist deshalb auch der Prozess zur Auswahl geeigneter Lieferanten. Dieser beginnt mit der Festlegung von Kriterien, die ein geeigneter Lieferant erfüllen muss. Beispiele könnten an dieser Stelle sein, dass ein Lieferant verlässlich Liefertermine einhalten muss und stets die vereinbarte Qualität liefern können muss. Ein weiterer Selektionsfaktor könnte die Flexibilität sein, mit der ein Lieferant auf unvorhergesehene Lieferanfragen reagieren kann. Basierend auf den definierten Auswahlkriterien werden alle Lieferanten aufgelistet, die infrage kommen. Anschließend wird bewertet, inwieweit die Lieferanten in der Lage sind, die vom Unternehmen gewünschten Vorgaben zu erfüllen. Auf Basis dieser Bewertung werden die besten Lieferanten ausgewählt. Legt sich ein Unternehmen dabei auf eine geringe Anzahl an Lieferanten fest, hat es den Vorteil, mit diesen Lieferanten intensive Beziehungen aufbauen zu können und von Mengenrabatten sowie Skaleneffekten in Hinblick auf die Bestellkosten zu profitieren. Wird eine große Anzahl an Lieferanten ausgewählt, kann das Risiko der Lieferunfähigkeit auf mehrere Schultern verteilt werden. Ferner bringt eine größere Anzahl an Lieferanten mit sich, dass einzelne Lieferanten weniger Einfluss haben, da die Marktmacht eines Lieferanten neben dem Verknappungsgrad der benötigten Ressourcen vor allem von der allgemeinen Konkurrenzsituation im Beschaffungsmarkt abhängt. Angesichts der Tatsache, dass die Rahstoffpreise angesichts der zunehmenden Globalisierung der Beschaffungsmärkte stark schwanken, ist es für Unternehmen von großer Bedeutung, mit den ausgewählten Lieferanten langfristige Verträge anzuschließen, in denen die Lieferbedingungen im Detail festgehalten sind. Dies gilt insbesondere dann, wenn die Abhängigkeit von einem Lieferanten stark ist, weil dieser beispielsweise nicht nur Einzelteile, sondern ganze vorgefertigte Module herstellt und anliefert.

Ein Unternehmen muss sich darauf verlassen können, dass seine Lieferanten die benötigten Ressourcen immer dann zur Verfügung stellen können, wenn sie benötigt werden. Das setzt insbesondere dann eine gewisse Flexibilität seitens des Lieferanten voraus, wenn die Bestände in Zwischenlagern so gering wie möglich gehalten werden sollen oder sogar Just-in-Time Produktion stattfindet, bei der Materialien erst zu dem Zeitpunkt angeliefert werden, wenn sie tatsächlich verarbeitet werden, sodass gar keine Zwischenlagerung stattfindet.

2.5.11.2 Lager- und Transportplanung

Handelt es sich bei den im Leistungserstellungsprozess benötigten Ressourcen um physische Materialien, muss geklärt werden, ob eine Lagerung erforderlich ist und wo diese gegebenenfalls in welcher Form stattfindet. Beispielsweise muss ein Lagertyp ausgewählt werden und es muss entschieden werden, ob ein eigenes Lager errichtet wird oder ein Lager bei einem Dienstleister angemietet wird. Ist letzteres der Fall, kann die Lagerverwaltung entweder eigenständig durchgeführt oder ebenfalls an den Eigentümer des Fremdlagers übertragen werden. Übernimmt das Unternehmen die Verwaltung selbst, müssen Lagerabläufe, wie die Annahme von Lieferungen, die Ein- und Auslagerung und Kommissionierung geplant werden.

Außerdem müssen Sicherheitspuffer einkalkuliert werden, die dabei helfen, etwaige Lieferprobleme oder Bedarfsschwankungen auszugleichen, sodass der Leistungserstellungsprozess zu keinem Zeitpunkt unterbrochen werden muss. Grundsätzlich ist dabei zu bedenken, dass die Lagerung von Materialien signifikante Nachteile mit sich bringt, da mit zunehmender Menge größere Lagerflächen gebraucht werden, die genauso wie die Lagerverwaltung Kosten verursachen. Außerdem ist in den gelagerten Ressourcen Kapital gebunden, das eventuell an anderer Stelle gewinnbringender investiert werden könnte.

Die Lagerung von Enderzeugnissen kann entweder regional oder überregional erfolgen. Die Entscheidung hinsichtlich der Lagerorte sollte davon abhängig gemacht werden, welche Marktpräsenz gefordert ist, das heißt wie schnell die Lieferung aus den Zwischenlagern zum Kunden erfolgen muss. Außerdem sind der Automatisierungsgrad und die Abläufe in der Lagerverwaltung zu bestimmen, die unter anderem von der Beschaffenheit der Produkte abhängen.

Hinsichtlich des Transports der benötigten Ressourcen und der Fertigerzeugnisse ist zu ermitteln, welche unterschiedlichen Transportmittel geeignet sind und wie sich diese optimal kombinieren lassen, um die Transportkosten entlang der gesamten Lieferkette zu minimieren. Die Auswahl der Transportmittel und -wege steht gleichzeitig immer in Abhängigkeit von Lieferzeitvorgaben. Zusätzlich muss ein Prozess für die administrative Abwicklung des Transports eingeführt werden. Eine weitere Logistikaufgabe besteht in der Optimierung von Transportrouten und der Konsolidierung von Lieferungen. Wenn ein Unternehmen den Transport nicht selbständig durchführt, müssen passende Dienstleister ausgewählt werden. Basierend auf der Beschaffenheit der Transportmittel muss zudem festgehalten werden, wie Produkte für die Lieferung verpackt werden müssen, damit sie unbeschädigt den Empfänger erreichen und gleichzeitig platzsparend transportiert werden können.

2.5.11.3 Produktionsplanung

In der Produktion werden die im Geschäftsmodell verankerten strategischen Ziele eines Unternehmens zu den vorgegebenen Kosten in der geplanten Zeit und zu einer adäquaten Qualität operativ umgesetzt. Ziel ist es, Prozesse so zu planen, dass die Effizienz und Effektivität der Produktion optimal ist. Das bedeutet, es werden so wenige Ressourcen wie möglich verbraucht und gleichzeitig werden die Kundenanforderungen erfüllt. Entsprechend soll eine möglichst hohe Produktivität und Wertschöpfung erreicht werden. Die Strukturierung einer Produktionsstätte hängt davon ab, welche Beschaffenheit das Endprodukt aufweist und welche Prozessschritte zu dessen Erstellung notwendig sind. Handelt es sich um ein standardisiertes Produkt, das in großen Mengen hergestellt wird, bietet sich eine Fließproduktion an, die entweder teilweise oder sogar komplett automatisiert werden kann. Wird ein Produkt jedoch in kleinen Mengen produziert und enthält Bestandteile, die kundenindividuell angepasst werden müssen, wird bevorzugt das Konzept der Werkstattproduktion angewandt. Der Vorteil der Werkstattproduktion ist der hohe Grad an Flexibilität, da sowohl Maschinen als auch Personal vielfältig einsetzbar sind. Nachteilig ist jedoch, dass längere Durchlaufzeiten benötigt werden und die Stückkosten hoch sind. Bei der Fließproduktion sind zwar die Stückkosten sehr gering, es fallen jedoch hohe Fixkosten an. Ein weiterer Nachteil ist, dass Maschinen und Facharbeiter auf einzelne Aktivitäten spezialisiert sind und somit nicht flexibel eingesetzt werden können. Von Vorteil ist, dass die einzelnen Prozessschritte dahingehend angeordnet werden können, dass Wartezeiten, Transportwege und Zwischenlagerbestände zwischen einzelnen Stationen minimiert werden. Bei beiden Organisationstypen muss im Vorhinein bestimmt werden, welche Kapazitäten benötigt werden, welche Prozesse in welcher Reihenfolge durchgeführt werden und wie viel Zeit sowie Ressourcen für die einzelnen Prozessschritte sowie für den Gesamtprozess der Leistungserstellung gebraucht werden. Eine automatische Berechnung dieser Kennzahlen lässt sich mithilfe einer IT Infrastruktur erreichen, die Programme zur Materialbedarfs- und Produktionsplanung beinhaltet. Allerdings stehen junge Unternehmen vor dem Problem, dass die Anschaffung und Implementierung dieser Programme zum Einen hohe Kosten verursacht und zum Anderen zu Beginn realitätsnahe Vergleichswerte fehlen, die diese Programme für eine präzise Berechnung der Bedarfe benötigen. Eine wichtige Entscheidung ist, ob ein Unternehmen alle Produktionsprozesse selbst durchführt oder Teile der Produktion auslagert. Einerseits kann das sogenannte Outsourcing dazu führen, dass Kosten für Personal, Beschaffung, Lagerung, Logistik und Produktion eingespart werden können, sodass weniger Kapital gebunden ist. Außerdem kann das Risiko für Schwankungen der Beschaffungspreise und Produktionsprobleme auf den Outsourcingpartner übertragen werden. Andererseits begibt sich ein Unternehmen aber auch in Abhängigkeit von seinem Outsourcing-Partner, sodass es wesentlich weniger Kontrolle über den Produktionsprozess und die Qualitätssicherung hat.

Bereits während der Planungsphase muss bedacht werden, dass die Struktur und Organisation der Produktion flexibel gestaltet ist, damit diese in folgenden Wachstumsphasen an veränderte Bedingungen angepasst werden können. Ein weiterer entscheidender Aspekt ist, dass bereits im Zuge der Planung Konzepte zur Qualitätssicherung und -kontrolle erarbeitet werden müssen, die dazu dienen, einen reibungslosen Produktionsablauf zu erzielen. Des Weiteren muss ein Notfallplan aufgestellt werden, der greift, wenn Lieferausfälle oder Produktionsprobleme auftreten, damit der Leistungserstellungsprozess nicht unterbrochen wird.

2.5.11.4 Organisationsplanung

Sobald im Zuge der Geschäftsplanung festgestellt worden ist, welche Strategie das Unternehmen verfolgt, welche Arbeitskräfte zur Verfügung stehen und welche Aufgaben und Aktivitäten im Leistungserstellungsprozess anfallen, gilt es diese mithilfe der Organisationsplanung zu strukturieren. Die zentrale Intention ist dabei, ein Unternehmen so zu strukturieren und zu organisieren, dass die Effizienz und Effektivität des Einsatzes der verfügbaren Ressourcen optimiert wird, um dadurch den Geschäftserfolg zu maximieren. Zu diesem Zweck wird zunächst die Aufbauorganisation des neu gegründeten Unternehmens bestimmt. Das bedeutet, es wird festgelegt, welche der anfallenden Aufgaben und

Aktivitäten von einzelnen Arbeitsplätzen ausgeführt werden können wie viele und welche Mitarbeiter diesen zugeordnet werden. Anschließend werden diese Arbeitsplätze in übergeordnete Abteilungen zusammengefasst. Die Zusammensetzung der Abteilungen kann beispielsweise basierend auf unterschiedlichen Funktionen, geographischen Regionen, Kundensegmenten oder Produktbereichen erfolgen. Zudem wird ausgehend von der Bedeutung der jeweiligen Teilaufgaben für den Unternehmenserfolg festgelegt, wie die hierarchische Anordnung der Funktionsbereiche aussieht, wie die Verantwortlichkeiten aufgeteilt sind und in welchen Beziehungen die einzelnen Organisationseinheiten zueinander stehen. Gerade bei Neugründungen mit anfangs geringen Mitarbeiterzahlen und einer kreativen Arbeitsatmosphäre werden zunächst flache Hierarchien bevorzugt. Mit zunehmender Größe und Unübersichtlichkeit werden jedoch Kontrollmechanismen notwendig, die sich in einer verstärkten Hierarchisierung widerspiegeln. Dabei entwickelt das an der Hierarchiespitze angesiedelte Top Management die übergreifende Vision und Mission des Unternehmens und übernimmt übergreifende Planungsaufgaben. Dazu gehört beispielsweise Entscheidungen über die allgemeine Unternehmensstrategie und -entwicklung. Das in der darunterliegenden Hierarchiestufe positionierte Middle Management ist dafür zuständig, die Implementierung der übergeordneten Strategie zu realisieren. Dies beinhaltet die Ausarbeitung von detaillierten Prozessen und Aufgaben. In der darunterliegenden Hierarchiestufe sind Linienmanager dafür zuständig, dass diese Aufgaben und Prozesse umgesetzt werden. Sie weisen den Ihnen unterstellten Mitarbeitern Aufgaben zu und überwachen ihre Leistungen.

Bei der Gestaltung der Aufbauorganisation wird zwischen verschiedenen Organisationssystemen und -formen unterschieden, die jeweils unterschiedliche Vor- und Nachteile mit sich bringen.

Von einer Matrixorganisation wird gesprochen, wenn Mitarbeiter aus unterschiedlichen Unternehmensbereichen in einem funktionsübergreifenden Team zusammenarbeiten. Diese Art der Strukturierung wird vor allem im Rahmen der Organisation von Projekten eingesetzt.

Nachdem eine Einteilung des Unternehmens in Organisationseinheiten und deren hierarchische Anordnung erfolgt ist, wird die Ablauforganisation definiert. Das bedeutet, es wird im Detail ausgearbeitet, wie die verfügbaren Ressourcen zur Ausführung der im Unternehmen anfallenden Aufgaben und Aktivitäten eingesetzt werden. Das beinhaltet eine präzise Erfassung aller Arbeitsabläufe und Prozesse, Informations- und Materialflüsse. Im Zuge dessen wird außerdem entschieden, welche Systeme für die Kommunikation beziehungsweise den Informationsaustausch zum Einsatz kommen und wie die Koordination der Aufgaben sowie das Berichtswesen innerhalb des Unternehmens ablaufen.

Die Organisationsplanung wird als permanent wiederkehrender Prozess betrachtet, da sowohl die Aufbau- als auch die Ablauforganisation stets an die fluktuierenden Rahmenbedingungen im Unternehmensumfeld angepasst werden müssen, um den effizienten und effektiven Einsatz der Unternehmensressourcen zu ermöglichen. Dementsprechend zielt die Organisationsplanung darauf ab, die Produktivität des Unternehmens zu optimieren,

Kosten zu minimieren und die Auslastung der verfügbaren Kapazitäten sowie die Qualität der Prozesse und des Endprodukts zu maximieren.

2.5.12 Unternehmenswachstum

Angesichts der dynamischen Entwicklung und Sättigung internationaler Märkte und des hohen Wettbewerbsdrucks stehen Unternehmen vor der Herausforderung, Stillstand zu vermeiden und sich erfolgreich den sich kontinuierlich verändernden Rahmenbedingungen in ihrem Umfeld anzupassen. Wachstum kann dabei helfen, ein Unternehmen zukunftsfähig zu machen und die langfristige Überlebensfähigkeit zu sichern. Einerseits bietet es die Chance, neue Innovationen, Produkte und Dienstleistungen sowie neue Märkte und Arbeitsplätze zu schaffen und die Wettbewerbsfähigkeit zu steigern. Andererseits birgt Wachstum aber auch Risiken, da es aufgrund der erforderlichen Investitionen in Sachanlagen und der Umstrukturierung der Unternehmensorganisation Kosten verursacht. Deshalb ist es erforderlich, dass sich Unternehmen aktiv mit der Unternehmensentwicklung auseinandersetzen und auf den Umgang mit Wachstum vorbereitet sind. Anhand der gezielten Planung und Definition von Wachstumsstrategien durch das Management werden mögliche Handlungsoptionen in Betracht gezogen und die nötige Flexibilität für die kontinuierliche Anpassung von Prozessen und Strukturen an veränderte Rahmenbedingungen geschaffen. Beispielsweise gilt es zu entscheiden, ob Gewinne, die durch Wachstum erzeugt wurden, direkt reinvestiert werden oder ob es sinnvoller erscheint, diese zunächst als Rücklagen einzubehalten, um die Eigenkapitalquote zu erhöhen und für Krisensituationen gerüstet zu sein. Denkbar ist es zum Beispiel in Forschung und Entwicklung zu investieren, um neues Wissen zu schaffen und basierend darauf neue Produkte und Dienstleistungen zu erzeugen. Aus der Sicht von Startup Unternehmen, die sich auf bisher unberührte Nischenmärkte fokussieren, ist es entscheidend, in die Sicherung von Marktanteilen zu investieren. Im Allgemeinen wird zwischen qualitativem und quantitativem Wachstum unterschieden. Aus der Output Perspektive wird quantitatives Wachstum beispielsweise als die Erhöhung des Unternehmenswerts durch gesteigerte Marktanteile, die Expansion in neue Märkte, erhöhte Produktionsmengen, Umsätze oder Gewinne und Kosteneinsparungen durch Skaleneffekte betrachtet. Aus der Input Perspektive wird es durch die Vergrößerung eines Unternehmens durch Übernahmen oder Fusionen, die Erhöhung der Mitarbeiterzahlen, des Anlagevermögens, der Produktionskapazitäten oder des Eigenkapitals erreicht. Qualitatives Wachstum hingegen spiegelt sich in der Verbesserung der Produktqualität, des Kundenservice Niveaus oder der Entwicklung neuer Produktfeatures wieder. Das Tempo, der Verlauf und das Ausmaß des Wachstums werden durch interne und externe Einflussfaktoren bedingt. Beispielsweise könnten extern verbesserte politische und wirtschaftliche Rahmenbedingungen, zu einem positiven Investitions- und Konsumklima führen. Intern ist vor allem die Infrastruktur des Unternehmens in Hinblick auf Strukturen und Prozesse, die Organisationsform, die Qualifikation und Kreativität der Mitarbeiter, und die Anstrengungen im Bereich Forschung und Entwicklung für das Wachstumspotenzial entscheidend. Wachstumsmöglichkeiten können nur dann genutzt werden, wenn sie frühzeitig erkannt werden. Dementsprechend ist eine permanente Überwachung der Einflussfaktoren anhand unterschiedlicher Analysemethoden ratsam. Sowohl die internen als auch die externen Einflussfaktoren können mittels einer SWOT Analyse beobachtet werden, die bereits in einem vorherigen Abschnitt beschrieben wurde. Die branchenspezifischen Merkmale können außerdem mit Porter´s Five Forces Modell bewertet werden, das ebenfalls in einem vorherigen Abschnitt behandelt wurde. Prämisse sollte zu jedem Zeitpunkt sein, dass Wachstum nachhaltig erzielt wird und sich positiv auf die Profitabilität des Unternehmens auswirkt. Im Mittelpunkt sollten immer die Kernprozesse des Unternehmens stehen, in denen sich Wettbewerbsvorteile manifestieren.

Das Unternehmen und dessen Mitarbeiter durchschreiten einen gemeinsamen Lernprozess, der gesteuert werden muss. Da Mitarbeiter beispielsweise häufig resistent gegenüber Veränderungen sind, hilft Change Management dabei, Akzeptanz zu steigern und Produktivitätssteigerungen auszulösen, indem alle Mitarbeiter in den Wachstumsprozess eingebunden werden und so Vertrauen bilden. Hilfreich kann es in diesem Kontext sein, Mitarbeiter auf die perspektivischen Vorteile wie die Erhöhung des Einkommens, die Erweiterung des Aufgabenspektrums oder die Karrieremöglichkeiten hinzuweisen, die sich aus dem Unternehmenswachstum ergeben können. Damit die Mitarbeiter das nötige Fachwissen für neue Aufgaben erlangen können, müssen Unternehmen in die Qualifikation ihrer Mitarbeiter investieren, indem Förder- und Weiterbildungsprogramme angeboten werden. Zunehmende Komplexität der Arbeitsbereiche und -prozesse verlangt nach klar definierten Strukturen. Im Vordergrund sollte besonders bei innovationsabhängigen Unternehmen nichtsdestotrotz der Erhalt einer kreativen Arbeitsatmosphäre stehen, die nicht durch übermäßig hierarchische und bürokratische Strukturen eingeschränkt wird. Ferner sollten im Unternehmen gezielt Kapazitäten für die Weiterentwicklung vorhandener Leistungsangebote und die Erforschung neuer Ideen bereitgestellt werden.

2.5.13 Szenariomanagement

Mit dem Ziel, den Umgang mit in der Zukunft bevorstehenden Herausforderungen bestmöglich vorbereiten zu können, werden die Techniken des Szenariomanagements angewendet. Unternehmen erarbeiten dabei möglichst systematisch und exakt hypothetische Zukunftsszenarien, welche die möglichen künftigen Entwicklungsperspektiven des Unternehmens und seines Umfelds beispielsweise in Hinblick auf technologische Trends oder die Beschaffenheit eines Markts beziehungsweise einer Branche darstellen. Dadurch haben Unternehmen die Möglichkeit, basierend auf qualitativen und quantitativen Daten Handlungsstrategien für die Zukunft zu entwerfen und so die Reaktionszeit extrem zu verkürzen, die benötigt wird, um auf neue Situationen und eintretende Ereignisse einzugehen. Oft sind im Unternehmensalltag nicht die notwendigen Ressourcen verfügbar, um eine Szenarioanalyse durchzuführen, da die Methode sehr komplex, aufwändig und zeit- sowie kostenintensiv ist und es häufig schwierig ist, aussagekräftige Erkenntnisse zu gewinnen. Trotzdem kann sich der Aufwand lohnen, da diese Vorgehensweise zum Einen zu erheblichen Wettbewerbsvorteilen führen kann, wenn ein gut vorbereitetes Unternehmen in der Lage ist, Strategien effektiver und effizienter umzusetzen und Wettbewerbern somit einen Schritt voraus zu sein. Dies ist insbesondere für junge Unternehmen entscheidend, die in Nischenmärkten eingestiegen sind und beabsichtigen ihre monopolistische Marktposition als Pionier zu sichern. Des Weiteren werden mithilfe der möglichst realitätsnahen Szenarien Risiken und Gefahren frühzeitig erkannt, sodass Unsicherheiten ausgeräumt und Krisen entweder antizipiert oder durch vorbereitete Notfallpläne im Ernstfall schnellstmöglich entschärft werden können. Dadurch kann das Anfallen unnötiger Kosten oder sogar der unternehmerische Misserfolg verhindert werden. Szenariomanagement wird außerdem im Bereich Unternehmensentwicklung und Innovationsmanagement eingesetzt, um zu ergründen, welche potenziellen Technologieentwicklungs- oder Wachstumsmöglichkeiten sich künftig für ein Unternehmen ergeben könnten und zu entscheiden, zu welchem Zeitpunkt und in welchem Umfang Investitionen sinnvoll sind.

Im ersten Schritt des Szenariomanagement Prozesses wird zunächst der unternehmensrelevante Aspekt oder Untersuchungsbereich bestimmt, der näher betrachtet werden soll. Anschließend werden Schlüsselfaktoren identifiziert und Zusammenhänge analysiert, durch die der ausgewählte Untersuchungsbereich beeinflusst wird. Mittels einer Trendanalyse wird anschließend festgestellt, wie sich diese Einflussgrößen voraussichtlich entwickeln. Bei einigen Faktoren kommt es vor, dass sich die möglichen Entwicklungsrichtungen relativ eindeutig vorhersagen lassen, bei anderen wiederum kommen multiple Optionen infrage. In der Regel geht man mindestens von drei möglichen Szenarien aus: Ein Best Case Szenario, ein Worst Case Szenario und ein Szenario, das sich bei der stabilen Entwicklung der Einflussfaktoren im Zeitverlauf ergeben würde. Im nächsten Schritt werden konkretere Annahmen in Hinblick auf mögliche Zukunftssituationen und deren Auswirkung auf den Untersuchungsbereich getroffen, um basierend darauf eine Auswahl an plausiblen Szenarien zu treffen, die im Detail ausgearbeitet und beleuchtet werden. Die unterschiedlichen Zukunftsentwürfe können dabei entweder qualitativ beschrieben oder in quantitativen Daten ausgedrückt werden. Im Anschluss daran werden entsprechend der herausgefilterten Entwicklungsperspektiven passende strategische Maßnahmenpakete entwickelt und es wird langfristig kontrolliert und ausgewertet, inwieweit vorherige Prognosen tatsächlich eintreffen oder nicht. Dabei ist zu bedenken, dass die Szenarien immer nur eine modellhafte Abstraktion von Entwicklungstendenzen und Prophezeiung der Realität darstellen, da es annähernd unmöglich ist, alle denkbaren Entwicklungspfade in vollem Umfang zu berücksichtigen. Ferner ist es nicht möglich, die Wahrscheinlichkeiten für das Eintreten bestimmter Situationen oder Ereignisse präzise zu berechnen und es besteht trotz aller Vorbereitung die Gefahr, dass unvorhersehbare Katastrophen mit gravierenden Folgen eintreten, die noch die aufgetreten sind und auf die dementsprechend individuell reagiert werden muss. Seitens der involvierten Führungskräfte erfordert die Szenariotechnik vernetzendes, übergreifendes Denkvermögen sowie Kreativität und Phantasie.

Quellenverzeichnis

Anderson C (2009) The long tail. Deutscher Taschenbuch-Verlag, Frankfurt

Brynjolfsson E, Hu Y, Smith M (2010) The longer tail: the changing shape of Amazon's sales distribution curve. Social Science Research Network (online)

Porter Michael E (2008) Wettbewerbsstrategie: Methoden zur Analyse von Branchen und Konkurrenten. Campus, Frankfurt

Scholl M, Totzek D (2011) Die Preispolitik professionalisieren. In: Harvard Business Manager, Edition 4/2011. Manager Magazin Verlagsgesellschaft, Hamburg

3 Konstituierende Gründungsprozesse – Rechtsformen und Rechtsformenvergleich aus Sicht des Unternehmers

3.1 Überblick

Bei einer Unternehmensgründung stehen für den Unternehmer die Umsetzung seiner Geschäftsidee und der Erfolg seines Unternehmens im Vordergrund. Der Schwerpunkt in der Gründungsphase liegt daher erfahrungsgemäß im Schwerpunkt bei Überlegungen, wie die Geschäftsidee umgesetzt werden kann und wie potenzielle Kunden erreicht und möglichst hohe Umsätze erzielt werden können. Eher stiefmütterlich werden die rechtlichen Aspekte bei einer Unternehmensgründung behandelt. Dies kann sich in der Folgezeit für den Unternehmer negativ auswirken. Daher sollten vor einer Unternehmensgründung bzw. zeitnah mit der Unternehmensgründung wichtige rechtliche Aspekte durchdacht und mit entsprechenden fachlich kompetenten Beratern erörtert werden.

Bei der Unternehmensgründung sind aus rechtlicher Sicht bei der Frage, in welcher Rechtsform das Unternehmen gegründet werden soll, in jedem Fall die nachfolgenden Mindestüberlegungen anzustellen:

- Steuerliche Auswirkungen der gewählten Rechtsform
- Haftung der Gesellschafter
- Auswirkung auf den Umfang der Buchhaltung und
- praktikable Handhabung der Unternehmensführung

Nicht nur in der Gründungsphase, sondern auch in der Folgezeit ist es für Unternehmer wesentlich, Grundkenntnisse zu erlangen, welche haftungsrechtlichen Risiken mit welcher Rechtsform verbunden sind, welche gesellschafts- und zivilrechtlichen Besonderheiten die jeweilige Gesellschaftsform mit sich bringt und welche Ansprüche und Pflichten der Gesellschafter gegenüber Mitgesellschaftern und Dritten bestehen. Für den Unternehmer ist es daher notwendig, sich über die grundlegenden gesellschaftsrechtlichen Strukturen und Unternehmensformen einen Überblick zu verschaffen. Nur so kann er bei der Unternehmensgründung die richtige Rechtsform wählen und im Hinblick auf eine in Zukunft möglicherweise notwendige Unternehmensänderung oder -erweiterung die richtigen Schritte

O. Pott, Andre Pott, *Entrepreneurship*, Springer-Lehrbuch,
DOI 10.1007/978-3-642-29685-7_3, © Springer-Verlag Berlin Heidelberg 2012

bedenken. Des Weiteren wird der Unternehmer für rechtliche Probleme sensibilisiert, die in der Praxis häufig auftauchen.

Aus diesem Grund wird in den folgenden Ausführungen ein Hauptaugenmerk auf die Vermittlung von praxisnahen Grundkenntnissen in Bezug auf die einzelnen Rechtsformen gelegt. Die Ausführungen können selbstverständlich eine individuelle Beratung im Einzelfall bei der Unternehmensgründung aber auch bei der späteren Führung eines Unternehmens nicht ersetzen.

Im Folgenden werden die gängigsten Rechtsformen mit ihren Besonderheiten aufgeführt.

3.2 Einzelunternehmung, Personengesellschaft und Körperschaften

Unternehmen können zunächst in Einzelunternehmen, in Personengesellschaften und in Körperschaften eingruppiert werden. Während die Einzelunternehmung nur einer Person gehört, zeichnen sowohl die Personengesellschaft als auch die Körperschaft die Teilnahme mehrerer Personen an der Unternehmung aus.

3.2.1 Kleingewerbetreibende

Zum einen ist zu unterscheiden zwischen dem Betrieb eines Unternehmens durch nur eine Person als alleinigem Unternehmer. Wird ein Unternehmen nur von einer Person geführt, so tritt diese Person im Rechtsverkehr für das Unternehmen persönlich auf. Das bedeutet, sämtliche Verträge mit allen Rechten und Verbindlichkeiten werden mit dieser natürlichen Person geschlossen.

Beispielfall

A hat ein Gewerbe angemeldet und verkauft im Internet in geringem Umfang Gebrauchtwagen. Im Internet tritt er als A-Autohandel auf. Unabhängig davon, ob A hier unter seinem Namen auftritt und Verträge abschließt oder unter A-Autohandel, wird A persönlich als natürliche Person aus den Verträgen berechtigt und verpflichtet.

Gehört eine Person ein Unternehmen allein und betreibt sie kein Handelsgewerbe im Sinn des HGB, so handelt es sich um einen Kleingewerbetreibenden. Die Verträge des Kleingewerbetreibenden werden im Hinblick auf sein Unternehmen nach den Grundregeln des Bürgerlichen Gesetzbuches bewertet.

3.2.2 Kaufmann

Abzugrenzen von einem Einzelunternehmer als sogenannter Kleingewerbetreibender ist der Einzelkaufmann. Kaufmann ist gemäß § 1 HGB derjenige, der ein Handelsgewerbe betreibt.

Wann ein Handelsgewerbe vorliegt, wird durch § 1 Abs. 2 HGB geregelt.

Danach gilt zunächst grundsätzlich jeder Gewerbebetrieb als Handelsgewerbe. Eine Ausnahme liegt nur dann vor, wenn das Unternehmen nach Art und Umfang einen in kaufmännischer Weise eingerichteten Geschäftsbetrieb nicht erfordert.

Obwohl § 1 Abs. 2 HGB das Ausnahme-Regel-Verhältnis zwischen Gewerbetreibenden und Kaufleuten negativ formuliert, dürfte in der Praxis die Regel sein, dass ein normaler Gewerbebetrieb kein Handelsgewerbe im Sinne des § 1 Abs. 2 darstellt, da die meisten Unternehmen nach Art und Umfang einen in kaufmännischer Weise eingerichteten Geschäftsbetrieb gerade nicht erfordern.

Beispielfall

A hat mittlerweile seinen Gewerbebetrieb mit dem Gebrauchtwagenhandel ausgeweitet. A hat Verkaufsräume angemietet, eine Reparaturwerkstatt eröffnet, vier Personen in Vollzeit eingestellt und macht einen monatlichen Umsatz von 50.000 €. Aufgrund der Tatsache, dass A seinen Betrieb erheblich ausgeweitet hat, ist sein Gewerbebetrieb mittlerweile als Handelsgewerbe zu bewerten. A ist damit als Ist-Kaufmann im Sinne von § 1 HGB zu beurteilen.

Wird ein Gewerbebetrieb als Kaufmann eingestuft, so finden neben den zivilrechtlichen Regelungen des BGB auch die besonderen Regelungen des HGB Anwendung. Dies führt regelmäßig zu erweiterten Buchführungspflichten und zu handelsrechtlichen Besonderheiten im geschäftlichen Verkehr z. B. in Bezug auf Lieferanten. Gemäß § 242 HGB hat der Kaufmann beispielsweise eine Pflicht zur Bilanzierung. Beispielhaft für besondere Anforderungen im Umgang mit Geschäftspartnern ist die Rügepflicht gemäß § 377 HGB zu nennen.

Insofern führt die Erlangung der Kaufmannseigenschaft insbesondere zu erweiterten Pflichten für den Gewerbetreibenden.

Neben dem oben beschriebenen sogenannten Ist-Kaufmann gibt es noch gemäß § 2 HGB den sogenannten Kann-Kaufmann. Dies bedeutet, dass der Kleingewerbetreibende, der kein Handelsgewerbe betreibt, die Kaufmannseigenschaft erlangen kann, indem er sich im Handelsregister mit seinem Unternehmen eintragen lässt. Aufgrund der besonderen Auflagen und Verpflichtungen, die das HGB für den Kaufmann vorsieht, ist dieser Schritt jedoch zuvor gut zu überlegen.

Besondere Regelungen sieht § 3 HGB für land- und forstwirtschaftliche Betriebe vor.

Die Frage, ob ein Gewerbetreibender ein Handelsgewerbe betreibt und folglich die Kaufmannseigenschaft besitzt, bestimmt sich nach der objektiven Bewertung seines Gewerbebetriebs. Ob ein Handelsgewerbe vorliegt oder nicht, ist jeweils im Einzelfall zu überprüfen. Eine klare Grenze, wann ein Handelsgewerbe vorliegt, kann nicht gezogen werden. Spätestens ab Umsätzen von über 500.000 € pro Jahr wird in der Regel ein Handelsgewerbe anzunehmen sein.

3.2.3 Personengesellschaften und Körperschaften

Wird ein Unternehmen nicht nur von einer Person gegründet, sondern von mehreren Personen, so haben diese Personen die Möglichkeit, das Unternehmen in Form einer Gesellschaft zu führen.

Die Gesellschaft kann in Form einer Personengesellschaft oder in Form einer Körperschaft geführt werden.

3.2.3.1 Personengesellschaften

Grundsätzlich sind als Personengesellschaften die folgenden Gesellschaftsarten zu nennen: Die offene Handelsgesellschaft (OHG), die Kommanditgesellschaft (KG), die Stille Gesellschaft, die Partnerschaft und die Gesellschaft bürgerlichen Rechts (GbR).

Grundlage für eine Personengesellschaft ist aus Sicht des Gesetzgebers der Zusammenschluss von wenigen Personen, die ein Unternehmen gemeinschaftlich führen wollen. Die Personengesellschaft zeichnet sich im Unterschied zu Kapitalgesellschaften dadurch aus, dass nur eine überschaubare Anzahl von Personen zusammen eine Geschäftsidee umsetzen und alle vertrauensvoll den Unternehmenszweck nach besten Kräften fördern.

Hierbei stellt die Gesellschaft bürgerlichen Rechts die Grundform der Personengesellschaften dar. Die weiteren Personengesellschaften bauen auf diesem Grundprinzip des einfachen Zusammenschlusses von verschiedenen Personen zur Führung eines Geschäfts auf.

Im Gegensatz zu den Körperschaften, die im Folgenden noch näher erläutert werden, zeichnen sich Personengesellschaften durch ein enges Vertrauensverhältnis der Personen in dem Unternehmen aus. Der Gesetzgeber hat bei den Regelungen für Personengesellschaften diese enge persönliche Verflechtung im Unternehmen berücksichtigt. Folglich finden sich für die Personengesellschaften auch andere Regelungsgrundsätze als für die Körperschaften.

Personengesellschaften zeichnen sich insbesondere durch die enge Bindung der Gesellschafter an die Gesellschaft aus. So führen die Gesellschafter die Geschäfte des Unternehmens gemeinschaftlich, wobei die Gesellschafter in der Gesellschaft gleichberechtigt sind. Die Geschäftsführung und Vertretung der Gesellschaft steht grundsätzlich allen Gesellschaftern gemeinschaftlich zu. Eine organschaftliche Vertretung der Gesellschaft durch Dritte ist in der Regel nicht zulässig.

Bei den Gesellschaftern von Personengesellschaften wird auch von sogenannten „geborenen Organen“ gesprochen, da den Personengesellschaften das Prinzip der Selbstorganschaft zugrunde liegt. Ein weiteres wesentliches Merkmal einer Personengesellschaft ist, dass zumindest ein Gesellschafter für die Verbindlichkeiten der Gesellschaft mit seinem Privatvermögen haftet. Gerade durch die persönliche Haftung durch einen oder mehrere Gesellschafter besteht eine enge Bindung und Verantwortlichkeit der persönlich haftenden Gesellschafter für die Führung der Gesellschaft und für die Solvenz der Gesellschaft.

Bei Auflistung dieser Wesensmerkmale einer Personengesellschaft zeigt sich deutlich die besondere persönliche Bindung der Gesellschafter zur Gesellschaft, die sich auch in der gesetzlichen Ausgestaltung der Rechte und Pflichten der Gesellschafter widerspiegelt.

3.2.3.2 Körperschaften

Von den Personengesellschaften unterscheiden sich die Körperschaften in wesentlichen Punkten. Bei Körperschaften spricht man auch von sogenannten juristischen Personen.

Als Körperschaften sind zu nennen: Der eingetragene Verein (e. V.), die Gesellschaft mit beschränkter Haftung (GmbH), die Unternehmergesellschaft (haftungsbeschränkt), die Aktiengesellschaft (AG) sowie die eingetragene Genossenschaft (e. G.).

Der gesetzgeberische Leitgedanke bei Körperschaften ist – anders als bei Personengesellschaften – nicht die Führung eines Unternehmens durch wenige Mitglieder. Die Unternehmensform der Körperschaft soll es im Gegenteil einer großen Zahl von Personen ermöglichen, sich an der Gesellschaft zu beteiligen. Im Gegensatz zu den Personengesellschaften gilt das Prinzip der sogenannten Fremdorganschaft. Das Prinzip der Fremdorganschaft bedeutet, dass es bei Körperschaften vorgesehen ist, auch Nicht-Gesellschafter als Organe ernennen zu können. So können als Geschäftsführer auch Personen bestellt werden, die im übrigen nicht an der Körperschaft beteiligt sind.

Als weiteres wesentliches Merkmal ist die beschränkte Haftung von Körperschaften zu nennen. Die Körperschaften haften für die Verbindlichkeiten stets nur mit ihrem Gesellschaftsvermögen. Eine Haftung der Gesellschafter mit ihrem privaten Vermögen besteht grundsätzlich nicht. Dadurch werden die Körperschaften von den hinter der Körperschaft stehenden Gesellschafter im Hinblick auf die Haftung für Verbindlichkeiten der Gesellschaft gelöst. Die Verantwortung eines Gesellschafters einer Körperschaft verringert sich, da dieser für etwaige Verbindlichkeiten z. B. aufgrund schlechter Vertragsabschlüsse nicht haften muss.

In der Praxis sind auch Mischformen von Personengesellschaften und Körperschaften zu finden. Typisches Beispiel für eine solche Typenvermischung ist z. B. die GmbH & Co. KG. Bei einer GmbH & Co. KG liegt im Rechtssinne eine Kommanditgesellschaft vor. Allerdings tritt die GmbH hier als Komplementärin auf. Das bedeutet, dass die GmbH als persönlich haftender Gesellschafter auftritt. Aufgrund der Beschränkung der Haftung auf das Vermögen der Gesellschaft wird bei einer GmbH & Co. KG die Haftung des eigentlich persönlich haftenden Gesellschafters auf die Haftung des Vermögens der GmbH beschränkt. Grundsätzlich sind die verschiedenen Personengesellschaften und Körperschaften kombinierbar. Häufig wird eine Mischform aus steuerrechtlichen Gründen gewählt.

3.2.3.3 Innen- und Außengesellschaften

Wie sich aus dem Namen bereits herleiten lässt, treten Innengesellschaften nicht im Geschäftsverkehr nach außen hervor. Außengesellschaften hingegen treten im Geschäftsverkehr gegenüber Dritten als Gesellschaft auf.

Beispiel

A und B betreiben ein Computergeschäft und schließen im Namen der „A & B-GbR" Kaufverträge mit Lieferanten und Kunden. Hier liegt eine typische Außengesellschaft vor.

Abwandlung A tritt nach außen hin unter „A Computerfachhandel" auf. Da B die Computer zusammenbaut und konfiguriert, jedoch nicht nach außen in Erscheinung treten möchte, haben die beiden eine Innengesellschaft gegründet, in der die Einnahmen anteilig gequotelt werden. Da A gegenüber seinen Lieferanten und Kunden nur unter dem Namen A Fachhandel auftritt und B als Gesellschafter nicht in Erscheinung tritt, liegt eine Innengesellschaft vor.

Das Wesensmerkmal einer Innengesellschaft ist folglich, dass für die Geschäftspartner nicht erkennbar ist, dass eine Gesellschaft im Inneren besteht. Der Geschäftspartner schließt einen wirksamen Vertrag auch nur mit dem im eigenen Namen handelnden Gesellschafter ab.

Nicht bei jeder Gesellschaftsart können die Gesellschafter frei wählen, ob sie als Innen- oder Außengesellschaft auftreten wollen. So kann eine Gesellschaft bürgerlichen Rechts als Innen- oder Außengesellschaft geführt werden. Eine offene Handelsgesellschaft oder eine Kommanditgesellschaft kann hingegen nur als Außengesellschaft geführt werden, da das HGB das Handeln unter einer gemeinschaftlichen Firma voraussetzt.

Während folglich die offene Handelsgesellschaft oder die Kommanditgesellschaft nicht als Innengesellschaft geführt werden kann, so kann eine stille Gesellschaft gemäß § 230 ff. HGB nicht als Außengesellschaft geführt werden.

Das Wesen einer stillen Gesellschaft ist, dass nach außen hin lediglich der Inhaber des Geschäfts auftritt. Das bedeutet, dass weitere Gesellschafter, die „still" sich an der Gesellschaft beteiligt haben, nach außen hin in keiner Weise in Erscheinung treten.

Gemäß § 230 Abs. 2 HGB wird bestimmt, dass der nach außen hin auftretende Inhaber aus den in dem Betriebe geschlossenen Geschäften allein berechtigt und verpflichtet wird. Eine Haftung der stillen Gesellschafter im Außenverhältnis ist folglich nicht gegeben.

Nach außen hin ist nicht erkennbar, dass eine stille Gesellschaft gemäß § 230 HGB vorliegt. Dies ist aus Rechtssicherheitsgründen jedoch auch nicht notwendig, da allein der auftretende Gesellschafter gemäß Gesetz verpflichtet und berechtigt wird. Der Vertragspartner kann sich nur an diesen halten.

3.2.3.4 Eingeschränkte Anzahl an Gesellschaftsformen

Das Zivilrecht und verschiedene Sondergesetze, wie das HGB, das GmbHG oder das Aktiengesetz, geben klare Rahmen für einzelne Gesellschaftsformen vor. Innerhalb dieser vorgegebenen Gesellschaftsformen können Kombinationen aus zwei Gesellschaftsformen gewählt werden.

Über die gesetzlich geregelten Gesellschaftsformen hinaus können weitere Gesellschaftstypen von den Unternehmen nicht gewählt werden. Unternehmensgründer können bei der Wahl der Unternehmensform folglich nur aus einer bestimmten Anzahl von Gesellschaftsformen wählen. Insofern besteht bei der Unternehmensgründung in Deutschland ein sogenannter Typen- oder Rechtsformzwang.

Hintergrund für den vom deutschen Gesetzgeber vorgesehenen Rechtsformzwang ist, dass im geschäftlichen Verkehr klare und damit rechtlich unzweifelhafte Verhältnisse vorherrschen sollen. Im Geschäftsverkehr sollen sich die Geschäftspartner auf klare Rechtsstrukturen und Rechtsverhältnisse verlassen können. Es ist nachvollziehbar, dass im geschäftlichen Verkehr bei der Frage eines Vertragsabschlusses für den Geschäftspartner von äußerster Relevanz ist, wie sich z. B. die Haftung der einzelnen Gesellschafter darstellt. Gerade bei umfangreichen Vertragsabschlüssen muss der Geschäftspartner verlässlich nachvollziehen können, wer bei der Personengesellschaft oder der juristischen Person wie und in welchem Umfang haftet. Dies ist z. B. für spätere Regresse oder für die Frage von Vorausleistungen wesentlich.

Beispielfall

A möchte ein Haus bauen. Bei der Auswahl des Bauunternehmens hat er drei verschiedene Baufirmen in die engere Wahl gezogen. Dabei handelt es sich um eine offene Handelsgesellschaft, um eine Kommanditgesellschaft und um eine Bauunternehmung, die als GmbH auftritt. Bei der Auswahl des Geschäftspartners für den Hausbau wird es A sehr darauf ankommen, wie er z. B. bei später auftretenden Baumängeln welche Firma in Anspruch nehmen kann. Aufgrund des Rechtsformzwanges kann A sich sicher sein, dass er sämtliche Gesellschafter der offenen Handelsgesellschafter persönlich in Anspruch nehmen kann. Soweit A z. B. weiß, dass die Gesellschafter der OHG vermögend sind, wird er sich keine großen Gedanken darüber machen müssen, seine berechtigten Ansprüche am Ende auch finanziell durchsetzen zu können. Bei der Kommanditgesellschaft, weiß A aufgrund des Rechtsformzwanges verlässlich, dass lediglich der Komplementär (d. h. der persönlich haftende Gesellschafter) in Anspruch genommen werden kann und im übrigen die KG sonst nur mit ihrem Gesellschaftsvermögen haftet. Hinsichtlich der GmbH wird A vorsichtiger prüfen müssen, inwiefern er umfangreiche Ansprüche aus Baumängeln gegenüber der GmbH in Zukunft durchsetzen kann. Schließlich weiß A, dass die GmbH im Zweifel nur mit ihrem Gesellschaftsvermögen eintrittspflichtig ist.

Wären die Gesellschafter in der Lage, z. B. durch interne Vereinbarungen, die nach außen hin nicht ersichtlich sind, zu vereinbaren, dass bei der oHG trotz der Rechtsform der oHG nur ein Gesellschafter persönlich haftet, so wäre dies für den Geschäftsverkehr nicht erkennbar und damit die Haftungslage unüberschaubar. Die Verlässlichkeit gegen die besondere Haftungssituation bei einer oHG würde nachhaltig gestört.

Insofern hat sich der Gesetzgeber mit dem Rechtsformzwang dafür entschieden, die Dispositionsfreiheit und damit die Privatautonomie, die grundsätzlich in Deutschland herrscht, zugunsten klarer Verhältnisse im Geschäftsverkehr einzuschränken.

3.2.4 Rechtsformwahl

Es wurde bereits oben erörtert, dass eine Einzelunternehmung, d. h. ein Geschäftsbetrieb, der nur von einer Person geführt wird als Kleingewerbetreibender oder als Kaufmann geführt werden kann. Die Besonderheiten hinsichtlich der Kaufmannseigenschaft wurden oben bereits erläutert.

Im Folgenden sollen zum besseren Verständnis und für die Frage, welche Möglichkeiten der Unternehmensgründer hat, sein Unternehmen zu führen, die einzelnen Gesellschaftsformen dargestellt werden. Ein Hauptaugenmerk wird hier auf die besondere Haftungssituation, das Verhältnis der Gesellschafter untereinander, Besonderheiten bei der Errichtung und Auflösung der Gesellschaften und auf die Praktikabilität solcher Gesellschaften im Gesellschaftsverkehr gelegt.

Es sei an dieser Stelle nochmals darauf hingewiesen, dass die unten aufgeführten Ausführungen lediglich einen Überblick über die gängigsten Rechtsformen darstellen. Jedem Unternehmensgründer ist anzuraten, sich zu Beginn einer Unternehmensgründung Gedanken dazu zu machen, welchen Umfang sein Unternehmen bereits zu Beginn bzw. im Verlauf der Geschäftstätigkeit voraussichtlich haben wird, welche Ziele der Unternehmer mit seinem Unternehmen verfolgt und welche Unternehmensform aufgrund seiner persönlichen Verhältnisse in Betracht gezogen werden kann. So ist nicht nur zu klären, wie viel Gründungskapital im Vorhinein zur Verfügung steht, ob die Gesellschaft allein oder mit weiteren Personen zusammen gegründet werden soll, welche Haftungsrisiken beim Betrieb der Gesellschaft bestehen, welche Erwartungen die potenziellen Geschäftspartner an die Gesellschaft stellen werden und welche steuerrechtlichen Auswirkungen die Unternehmensgründung auf das Unternehmen und die Gesellschafter haben wird.

Es ist in jedem Fall anzuraten, sich umfangreich und möglichst frühzeitig mit entsprechenden Fachberatern, wie spezialisierten Rechtsanwälten und Steuerberatern, zusammenzusetzen. Jede Stunde und jeder Euro, die bei der Unternehmensgründung in die Planung investiert werden, werden sich im Laufe der Zeit auszahlen. Insbesondere bei der Gründung von Gesellschaften ist zu bedenken, dass in der Euphorie der Unternehmensgründung ungern über unangenehme Fragen, wie die der Haftung, des Ausscheidens eines Gesellschafters oder des Todes eines Gesellschafters, gesprochen wird. Wenn solche Fragen jedoch nicht bereits im Vorhinein vernünftig unter den Gesellschaftern schriftlich geklärt werden, kann sich dies auch schon in der Gründungsphase negativ auswirken. Nicht selten sind schon erfolgsversprechende Gesellschaften an Streitigkeiten zwischen den Gesellschaftern gescheitert, die durch eine klare vertragliche Regelung hätten vermieden werden können.

3.2.4.1 Gesellschaft bürgerlichen Rechts (GbR)

Die Gesellschaft bürgerlichen Rechts stellt die Grundform aller Personengesellschaften dar. Auf die GbR bauen die oHG und die KG als besondere Arten der Personengesellschaften auf.

Dies zeigt sich schon dadurch, dass die Regelungen zu der oHG auf die Regelungen der GbR verweisen. Die Regelungen der KG verweisen darüber hinaus auf die Regelungen der oHG und auf die Regelungen der GbR. Das bedeutet, dass die grundlegenden „Spielregeln", die der Gesetzgeber für eine GbR als Grundform einer Personengesellschaft vorgesehen hat, auch für die oHG und für die KG gelten.

Die Gesellschaft bürgerlichen Rechts ist eine Gesamthandsgemeinschaft. Mittlerweile ist es gefestigte Rechtsprechung, dass die GbR teilrechtsfähig ist. Der Bundesgerichtshof hat die Teilrechtsfähigkeit der GbR ausdrücklich anerkannt. Die Position der GbR im Geschäftsverkehr wurde aufgrund dieser Anerkennung der Teilrechtsfähigkeit durch den BGH weiter gestärkt.

Teilrechtsfähigkeit bedeutet, dass Personengesellschaften im eigenen Namen Rechte erwerben und Pflichten eingehen können. Durch Verträge kann daher auch die GbR selbst berechtigt und verpflichtet werden. Eine GbR kann folglich im eigenen Namen klagen und verklagt werden und im eigenen Namen Verträge mit Dritten verbindlich schließen. Die Eigenständigkeit der GbR im Rechtsverkehr wurde durch Zuerkennung der Teilrechtsfähigkeit nochmals unterstrichen.

Gründung einer GbR

Eine GbR entsteht durch einen entsprechenden Gesellschaftsvertrag zwischen mehreren Personen. Die für die GbR maßgeblichen Vorschriften finden sich in § 705 ff. Grundlegende Regelung für die GbR ist § 705 BGB:

> Durch den Gesellschaftsvertrag verpflichten sich die Gesellschafter gegenseitig, die Erreichung eines gemeinsamen Zweckes in der durch den Vertrag bestimmten Weise zu fördern, insbesondere die vereinbarten Beiträge zu leisten.

Gemäß § 705 BGB kommt eine GbR folglich nur dann zustande, wenn sich mindestens zwei Personen vertraglich verpflichten, einen gemeinsamen Zweck zu verfolgen und diesen Zweck durch Leistung der vereinbarten Beiträge zu fördern.

Zur wirksamen Gründung einer GbR bedarf der Gesellschaftsvertrag keiner besonderen Form.

Im deutschen Recht besteht grundsätzlich Vertragsfreiheit. Das bedeutet, dass Personen grundsätzlich den Vertragsinhalt frei bestimmen können. Grenzen werden der Vertragsfreiheit diesbezüglich nur gesetzt, wenn Vertragsabschlüsse z. B. gemäß § 138 BGB sittenwidrig sind. Ausfluss der Vertragsfreiheit ist zudem, dass ein Vertrag keiner bestimmten Form bedarf. In der Laiensphäre wird häufig die Auffassung vertreten, ein Vertrag gelte nur, wenn er schriftlich abgeschlossen worden ist. Dies ist falsch. Soweit keine besonderen Formvorschriften vorgesehen sind, ist jede Art eines Vertragsabschlusses möglich.

Exkurs: Vertragsschluss

In der Rechtswissenschaft werden grundsätzlich drei Arten von Vertragsabschlüssen unterschieden. Zum einen kann ein Vertrag mündlich geschlossen werden.

Beispiel

A trifft B auf einem Parkplatz mit seinem Auto. Beide kommen über das Fahrzeug des B ins Gespräch. A einigt sich mit B auf dem Parkplatz mündlich darauf, dass er das Fahrzeug von B zu einem Preis von 3.000 € kaufen möchte, und B stimmt dem zu.

A und B haben sich schuldrechtlich dazu verpflichtet, dass A dem B das Fahrzeug abnimmt und ihm dafür 3.000 € übergibt. B hat sich aufgrund des schuldrechtlichen Vertrages dazu verpflichtet, A das Eigentum an dem Fahrzeug zu verschaffen. Ein schriftlicher Kaufvertrag ist grundsätzlich nicht notwendig, um hier eine schuldrechtliche Verpflichtung zwischen A und B zu begründen. Soweit z. B. bei einem Autokauf regelmäßig schriftliche Verträge geschlossen werden, ist dies sehr ratsam. Eine Wirksamkeitsvoraussetzung für ein Schuldrechtsverhältnis zwischen A und B ergibt sich daraus jedoch nicht. Da in der Praxis aber Beweisschwierigkeiten bestehen können, wenn es Streitigkeiten aus dem möglichen Vertrag gibt, werden regelmäßig schriftliche Verträge geschlossen.

Beispiel schriftlicher Vertrag

A und B haben sich wiederum über den Autokauf geeinigt. Sie fertigen einen Vertrag an, in dem es heißt, dass A dem B das Fahrzeug zu einem Kaufpreis von 3.000 € abkauft und B sich verpflichtet, dem A das Fahrzeug zu übereignen.

Auch dieser Kaufvertrag ist selbstverständlich rechtswirksam. Der schriftliche Kaufvertrag ist genauso wirksam wie der mündliche Kaufvertrag. Da für den Autokaufvertrag zwischen A und B das Gesetz keine besonderen Formerfordernisse vorsieht, können A und B den Kaufvertrag auch schriftlich wirksam schließen. Der Vorteil eines schriftlichen Vertrages ist selbstverständlich der, dass im Fall eines Rechtsstreits, z. B. über die Höhe des Kaufpreises, beide eine Urkunde vorlegen können, die die Beweisführung deutlich erleichtert.

Beispiel konkludenter Vertrag

Auf einer Kirmes geht A zu der Kasse eines Karussells. Auf dem Schild ist ausgewiesen, dass eine Fahrt 2,50 € kostet. A legt 2,50 € auf den Tresen, ohne ein Wort zu sagen. Der Kassierer nimmt die 2,50 € und übergibt A ein Ticket für das Karussell. Wiederum wortlos nimmt A das Ticket an sich und wartet auf die nächste Fahrt.

Auch hier ist ein Vertrag geschlossen worden. Ein Vertragsabschluss setzt nicht zwingend mündliche oder schriftliche Erklärungen voraus. Insbesondere bei Alltagsgeschäften werden Verträge oft durch sogenanntes konkludentes Verhalten (schlüssiges Verhalten) geschlossen. In dem Beispielfall hat A mit keinem Wort erwähnt, dass er ein Ticket für eine Karussellfahrt kaufen möchte. Aufgrund seines schlüssigen Verhaltens, nämlich des Hinlegens der 2,50 € auf die Kassentheke, konnte der Kassierer jedoch davon ausgehen, dass der A ein Angebot auf Abschluss eines entsprechenden Vertrages abgegeben hat. Der Kassierer hat ebenfalls nicht gesagt: „Ich nehme Ihr Angebot an. Hier haben Sie Ihr Fahrticket." Das Angebot des A auf Abschluss eines entsprechenden Beförderungsvertrages hat der Kassierer jedoch dadurch angenommen, dass er die 2,50 € an sich genommen und dem A ein entsprechendes Ticket übergeben hat. Folglich haben hier beide Parteien ohne Worte, nur durch schlüssiges Verhalten, einen rechtswirksamen Vertrag geschlossen. Aus diesem Vertrag hat der A sodann einen Anspruch auf Mitnahme im Karussell für eine Runde, und der Karussellbetreiber hat vertreten durch den Kassierer einen Anspruch auf Zahlung des Fahrpreises.

In der täglichen Praxis wird folglich jeden Tag, ohne dass sich die Personen dies bewusst machen, eine Vielzahl von Verträgen geschlossen. All diese Verträge sind verbindlich und wirksam und begründen Rechte und Pflichten.

Der Gesetzgeber hat jedoch auch Einschränkungen vorgesehen. Bei bestimmten Arten von Rechtsgeschäften hat der Gesetzgeber bestimmte Formerfordernisse normiert. Das bekannteste Beispiel in der Praxis dürfte der Grundstückskauf sein. § 311b BGB regelt diesbezüglich, dass der Kaufvertrag über ein Grundstück der notariellen Beurkundung bedarf.

Bestimmte Formerfordernisse wurden vom Gesetzgeber immer dann normiert, wenn die Vertragsparteien z. B. vor übereilten Vertragsabschlüssen geschützt werden sollen. Die Verpflichtung zur Übertragung eines Grundstücks ist schon aufgrund des Wertes eines Grundstücks ein besonderer Vertragsabschluss. Hier sollen die Parteien zuvor durch einen Notar darüber aufgeklärt werden, welche Rechtsfolgen ein Grundstückskaufvertrag mit sich bringt. Zudem sollen die Vertragsparteien nochmals dazu angehalten werden, zu überlegen, ob sie tatsächlich den Vertragsabschluss wollen. Darüber hinaus ist aufgrund des Erfordernisses einer notariellen Beurkundung eine größere Transparenz für den Geschäftsverkehr gegeben.

Sofern besondere Gesetze jedoch keine besondere Form für einen Vertrag vorgeben, können Verträge in beliebiger Form geschlossen werden.

Exkursende

Die obigen Ausführungen wirken sich auch bei der Gründung einer GbR aus.

Aufgrund der Tatsache, dass Verträge auch konkludent geschlossen werden können und aufgrund der Tatsache, dass für die Gründung einer GbR nur wenige Voraussetzungen vorliegen müssen (mindestens zwei Personen, Verpflichtung zur Verfolgung eines gemeinsamen Zwecks), kommen im Alltag schnell Gesellschaften zustande. Nicht selten werden daher im Rechtssinn Gesellschaften zwischen Personen gegründet, ohne dass die Personen überhaupt wissen, dass sie gerade Gesellschafter einer Gesellschaft bürgerlichen Rechts geworden sind.

Beispielfall

A und B sägen am Wochenende Brennholz und verkaufen das Brennholz an Bekannte. Auch wenn A und B zu keinem Zeitpunkt sich darüber schriftlich oder mündlich ausdrücklich geeinigt haben, dass sie nunmehr eine Gesellschaft bürgerlichen Rechts begründen wollen, so haben sie allein durch ihre gemeinsame Tätigkeit eine Gesellschaft bürgerlichen Rechts gegründet. Durch das Holzsägen und den Brennholzverkauf haben sie sich konkludent dazu verpflichtet, einen gemeinsamen Zweck, nämlich das Sägen von Brennholz und dessen Verkauf, zu verfolgen und sie haben sich verpflichtet, gemeinsam diesen Zweck zu fördern. Folglich liegt dann eine GbR im Rechtssinn vor, obwohl kein Vertrag zur Gründung einer GbR unterzeichnet oder mündlich vereinbart wurde.

Eine Gesellschaft bürgerlichen Rechts kann auch dann geschlossen werden, wenn der Zweck nicht der Führung eines Gewerbes dient. Eine Gesellschaft bürgerlichen Rechts setzt gerade nicht voraus, dass der Zweck, zu dem sich die Parteien verpflichten, eine wirtschaftliche Ausrichtung haben muss. So kann eine Gesellschaft bürgerlichen Rechts auch im rein privaten Bereich gegründet werden.

Beispiel

A und B sind begeisterte Pferdehalter. Sie kommen überein, für ihre privaten Pferde eine Weide zu pachten, einen Stall zu errichten und gemeinsam das Futter zu kaufen.

Obwohl hier keinerlei wirtschaftlicher Bezug im Sinne einer Gewinnerzielungsabsicht vorliegt, ist zwischen A und B eine Gesellschaft bürgerlichen Rechts zustande gekommen, nämlich die Verfolgung des gemeinsamen Zwecks der Pferdehaltung.

Eine GbR kann grundsätzlich nicht nur von natürlichen Personen gegründet werden. Gesellschafter einer GbR können darüber hinaus auch andere Personengesellschaften und Körperschaften sein.

Die Gesellschafter einer GbR verpflichten sich, den Gesellschaftszweck zu fördern. Wie diese Förderung aussieht, kann von den Gesellschaftern grundsätzlich frei vereinbart werden.

Beispiel

A und B haben eine Gesellschaft bürgerlichen Rechts gegründet, deren Zweck die Vermietung von zehn Wohnungen ist. Da A Buchhalter ist, übernimmt A die buchhalterischen Aufgaben. B stellt seine Immobilienobjekte für die Vermietung zur Verfügung.

Soweit die Gesellschafter im Gesellschaftsvertrag nichts anderes geregelt haben, haben sie gemäß § 706 BGB gleiche Beiträge zu leisten.

Gründungszeitpunkt einer GbR

Eine Gesellschaft bürgerlichen Rechts wird in dem Zeitpunkt rechtswirksam gegründet, in dem die Gesellschafter einen Gesellschaftsvertrag im Sinne des § 705 BGB wirksam abschließen. Eine Eintragung in irgendeinem Register, die Anmeldung bei einem Gewerbeamt oder das Auftreten nach außen ist für die Frage, wann die Gesellschaft entsteht, nicht von Bedeutung.

Geschäftsführung und Vertretung

Die GbR kann – wie jede Gesellschaft- nicht selbst handeln. Die Gesellschaft braucht daher Personen (Organe), die für sie die Geschäfte führen und Verträge abschließen.

Da die Gesellschaft bürgerlichen Rechts ebenfalls darauf angewiesen ist, dass die einzelnen Gesellschafter innerhalb der Gesellschaft und im Kontakt zu Dritten wirksam Verträge schließen können, stellt sich die Frage, wie die Geschäftsführungsbefugnis und die Vertretung der GbR nach außen hin geregelt ist.

Geschäftsführung

Als Geschäftsführung ist jede zur Förderung des Gesellschaftszwecks bestimmte Tätigkeit zu verstehen. Eine Geschäftsführung liegt nur dann nicht mehr vor, wenn durch die Handlung die Grundlagen der Gesellschaft berührt werden, z. B. die Auflösung der Gesellschaft.

Gemäß § 709 BGB ist der Grundsatz bei einer Gesellschaft bürgerlichen Rechts die gemeinschaftliche Geschäftsführung. Insofern bestimmt § 709 Abs. 1 BGB:

> Die Führung der Geschäfte der Gesellschaft steht den Gesellschaftern gemeinschaftlich zu; für jedes Geschäft ist die Zustimmung aller Gesellschafter erforderlich.

Wie der Begriff Geschäftsführung bereits aussagt, geht es hierbei um die Frage, welcher Gesellschafter in welchem Rahmen befugt ist, die üblichen Entscheidungen, die in einer Gesellschaft notwendig werden, treffen zu dürfen. Es geht bei der Geschäftsführung im engeren Sinne zunächst einmal um die Frage, welche Gesellschafter in Bezug zur Gesellschaft zu welchen Handlungen befugt sind.

Beispiel

A, B und C betreiben einen Laden für Sportartikel. Bei der Führung dieses Geschäfts müssen Entscheidungen darüber getroffen werden, ob Werbeanzeigen geschaltet werden sollen oder besser Radiospots, ob die Angestellten eine halbstündige oder einstündige Mittagspause haben sollen, ob am Samstag bis 18 oder bis 20 Uhr geöffnet sein soll, etc.

Bei der Führung eines Geschäfts müssen tagtäglich Entscheidungen getroffen werden, die zunächst überwiegend nur Auswirkungen im Innenverhältnis und nicht in Bezug auf Dritte haben.

Im Gegensatz zu den Entscheidungen, die nur im Innenverhältnis getroffen werden, stellt sich darüber hinaus die Frage, wer die Gesellschaft und damit alle Gesellschafter im Verhältnis zu Dritten wirksam vertreten darf.

Beispiel

A, B und C haben sich darauf geeinigt, dass der Lieferant Y die nächsten zwei Jahre sämtliche Sportschuhe liefern soll. Nach dieser Entscheidung unterschreibt A den entsprechenden Liefervertrag mit X.

Hier geht es um die Frage, ob A die Gesellschaft wirksam durch seine Unterschrift als Gesellschafter berechtigen und verpflichten konnte. Folglich ist grundsätzlich zwischen der Geschäftsführung im Innenverhältnis und der Vertretung der Gesellschaft nach außen hin zu unterscheiden.

Für die Geschäftsführung regelt § 709 BGB, dass sämtliche Geschäfte grundsätzlich von allen Gesellschaftern gemeinschaftlich und nur mit deren Zustimmung getätigt werden können.

Beispielfall

Während A und B der Auffassung sind, dass das Ladengeschäft am Samstag bis 20,00 Uhr geöffnet sein soll, ist C der Auffassung, dass dies sich nicht rentiert. C ist dagegen. Folglich können A und B nicht gegen die Zustimmung des C entscheiden, dass der Laden bis 20,00 Uhr geöffnet ist.

Je nach Art und Zielrichtung der Gesellschaft eignet sich die gesetzlich vorgesehene Gesamtgeschäftsführungsbefugnis nicht für jede Gesellschaft. Die Gesellschafter können die grundsätzlich als Regel vorgesehene Gesamtgeschäftsführungsbefugnis im Gesellschaftsvertrag abändern und eine andere Regelung vereinbaren. Die Gesamtgeschäftsführungsbefugnis unter Zustimmung aller Gesellschafter gilt nur, soweit sie nichts anderes regeln. Die Gesellschafter können in dem Gesellschaftsvertrag auch unterschiedliche Geschäftsführungsbefugnisse für verschiedene Gesellschafter vereinbaren.

Je mehr Personen an einer Gesellschaft beteiligt werden, desto unwahrscheinlicher ist es, dass alle Gesellschafter mit einer Entscheidung im Rahmen der Geschäftsführung einverstanden sind. Man kann sich leicht vorstellen, dass es schon bei fünf oder mehr Personen häufig schwierig sein dürfte, über Einzelfragen eine einstimmige Entscheidung zu erreichen. Wenn auch bei kleineren Geschäftsführungsfragen einzelne Gesellschafter ihr Vetorecht geltend machen können, kann dies die Geschäftsführung einer Gesellschaft so weit lähmen, bis die Gesellschaft kaum noch effektiv geführt werden kann.

Folglich eignet sich das Einstimmigkeitsprinzip nur bei Gesellschaften mit wenigen Gesellschaftern. Je mehr Gesellschafter an der Gesellschaft beteiligt sind, desto eher wird die Vereinbarung eines Mehrheitsprinzips im Gesellschaftsvertrag praktikabler sein. In der Praxis ist das Mehrheitsprinzip im Zweifel derart ausgestaltet, dass nach Köpfen oder nach der Höhe der Beteiligung an der Gesellschaft die Stimmrechte vergeben werden.

Beispielfall

Wollen die Gesellschafter A, B und C von dem Einstimmigkeitsprinzip abrücken, so können sie in einem Gesellschaftsvertrag z. B. vereinbaren, dass die Mehrheit nach Köpfen entscheidet. Das Mehrheitsprinzip kann jedoch auch derart ausgestaltet werden, dass die Stimmrechte nach der Höhe der Einlagen vergeben werden. Hat A z. B. 50 % der Einlagen gezahlt, B 30 % und C 20 %, so können die Stimmrechte in dieser Weise vergeben werden.

In der Gestaltung der Geschäftsführungsbefugnis sind die Gesellschafter frei. Das heißt, neben dem Grundsatz der Einstimmigkeit bzw. des Mehrheitsprinzips können auch einzelne Gesellschafter von der Geschäftsführung gänzlich ausgeschlossen werden und es kann nur einzelnen Gesellschafter die Geschäftsführungsbefugnis übertragen werden.

Beispiel

A, B und C vereinbaren in ihrem Gesellschaftsvertrag, dass nur A und B zur Geschäftsführung befugt sein sollen.

§ 710 BGB regelt für einen solchen Fall:

> Ist in dem Gesellschaftsvertrag die Führung der Geschäfte einem Gesellschafter oder mehreren Gesellschaftern übertragen, so sind die übrigen Gesellschafter von der Geschäftsführung ausgeschlossen.

In dem Fall, in dem nicht nur ein Gesellschafter zur Geschäftsführung befugt ist, sondern mehrere, stellt § 710 Satz 2 BGB klar, dass wiederum die Grundregel des § 709 BGB entsprechend Anwendung findet. Das hat zur Folge, dass in Bezug auf die verbleibenden geschäftsführungsbefugten Gesellschafter wiederum mangels anderweitiger Vereinbarungen im Gesellschaftsvertrag das Einstimmigkeitsprinzip gilt.

Beispiel

In der A-B-C-GbR sind nur A und B als Gesellschafter geschäftsführungsbefugt. C hingegen ist von der Geschäftsführung ausgeschlossen. Im Verhältnis zwischen A und B gilt wiederum das Prinzip der gemeinschaftlichen Geschäftsführung.

Von dem Grundsatz der gemeinschaftlichen Geschäftsführung kann auch dann, wenn mehreren Gesellschaftern die Geschäftsführung übertragen worden ist, abgewichen werden. Im Gesellschaftsvertrag kann z. B. geregelt werden, dass, A und B geschäftsführungsbefugt sind und jeder berechtigt ist, die Geschäfte allein zu tätigen. Besteht eine solche Einzelgeschäftsführungsbefugnis, so steht den anderen geschäftsführungsbefugten Gesellschaftern jedoch ein Widerspruchsrecht zu. In diesem Fall wird folglich nicht mehr die ausdrückliche Zustimmung aller Gesellschafter verlangt. Vielmehr ist ein geschäftsführungsbefugter Gesellschafter, wenn dies im Gesellschaftsvertrag so vorgesehen ist, einzeln geschäftsführungsbefugt. Sobald jedoch ein weiterer geschäftsführungsbefugter Gesellschafter einem entsprechenden Geschäft widerspricht, so hat das Geschäft zu unterbleiben.

Dieses Widerspruchsrecht ergibt sich aus § 711 BGB.

> Steht nach dem Gesellschaftsvertrag die Führung der Geschäfte allen oder mehreren Gesellschaftern in der Art zu, dass jeder allein zu handeln berechtigt ist, so kann jeder der

Vornahme eines Geschäfts durch den anderen widersprechen. Im Falle des Widerspruchs muss das Geschäft unterbleiben.

Beispiel

In der A-B-C-GbR sind A und B geschäftsführungsbefugt. Des Weiteren wurde im Gesellschaftsvertrag vereinbart, dass A und B berechtigt sind, jeweils allein zu handeln. Dementsprechend will A einen seit Jahren bestehenden Liefervertrag mit dem Lieferanten X kündigen. B erfährt hiervon und widerspricht der Kündigung. Gemäß § 711 BGB muss dieses Geschäft, in diesem Fall die Kündigung, dann unterbleiben.

Im Fall eines Widerspruchs stellt sich die Frage, welche Außenwirkung der Widerspruch gegenüber einem Dritten hat. Grundsätzlich ist dabei zu beachten, dass der Widerspruch in Bezug auf Dritte nicht wirksam ist. Das bedeutet, dass auch ein Widerspruch die Wirksamkeit des Vertrages mit einem Dritten nicht berührt.

Als Rechtswirkung bei einem Widerspruch besteht lediglich eine mögliche Schadenersatzpflicht des Gesellschafters im Innenverhältnis, weil er seine Geschäftsführungspflichten verletzt hatte.

Der geschäftsführende Gesellschafter ist im Vergleich zu den nicht-geschäftsführenden Gesellschaftern privilegiert. Hieraus ergeben sich jedoch nicht nur Rechte, sondern auch besondere Pflichten. § 713 BGB verweist insofern auf die für den Auftrag geltenden Vorschriften gemäß §§ 664 bis 670 BGB.

Aufgrund dieses Verweises auf die §§ 664–670 BGB treffen den geschäftsführenden Gesellschafter besondere Pflichten. Hierzu gehört insbesondere, dass der geschäftsführende Gesellschafter seine Aufgaben selbst erfüllen muss und nicht an Dritte übertragen darf und dass er grundsätzlich weisungsgebunden und den übrigen Gesellschaftern zur Rechenschaft verpflichtet ist.

Die Geschäftsführungsbefugnisse können durch einstimmigen Beschluss aller Gesellschafter oder, falls nach dem Gesellschaftsvertrag die Mehrheit der Stimmen zu entscheiden hat, durch entsprechenden Mehrheitsbeschluss dem oder den Geschäftsführungsbefugten entzogen werden, wenn ein wichtiger Grund vorliegt (§ 712 BGB). Ein wichtiger Grund ist insbesondere dann anzunehmen, wenn eine grobe Pflichtverletzung oder eine Unfähigkeit zur ordnungsgemäßen Geschäftsführung, z. B. eine eingetretene Geschäftsunfähigkeit, vorliegt.

Vertretung

Wie bereits dargelegt, ist von der Geschäftsführungsbefugnis im Innenverhältnis die Vertretung der Gesellschaft nach außen zu unterscheiden.

Grundsätzlich gilt gem. § 714 BGB die folgende Vermutung: Ist ein Gesellschafter zur Geschäftsführung befugt, so ist er im Zweifel auch ermächtigt, die Gesellschafter Dritten gegenüber zu vertreten.

Genauso wie es möglich ist, bei der Geschäftsführungsbefugnis die Geschäftsführung einzelnen oder mehreren Gesellschaftern gemeinschaftlich oder jedem einzeln zu übertragen, so kann auch die Vertretung der Gesellschaft im Gesellschaftsvertrag weitgehend frei von den Gesellschaftern geregelt werden. Im Gesellschaftsvertrag können die Gesellschafter unterschiedliche Regelungen auch für die Vertretungsbefugnis der einzelnen Gesellschafter vereinbaren.

Die Vertretungsbefugnisse können ebenfalls durch entsprechende Beschlüsse der Gesellschafter wiederum abgeändert oder entzogen werden.

Änderung der Gesellschafterverhältnisse

Eine zunächst gegründete Gesellschaft bürgerlichen Rechts wird, wenn sie über Jahre betrieben wird, unter Umständen eine Veränderung der Gesellschafterzusammensetzung erfahren. Hierbei geht es um die Frage, wie eine Änderung der Gesellschaftsverhältnisse bewerkstelligt werden kann.

Grundsätzlich ist es möglich, dass ein Gesellschafter eintreten bzw. austreten kann.

Sofern ein neuer Gesellschafter in die bestehende Gesellschaft eintreten will, müssen sämtliche bisherigen Gesellschafter dem Eintritt zustimmen. Der Eintritt des neuen Gesellschafters muss mit allen Beteiligten vertraglich geregelt werden.

Der eintretende Gesellschafter sollte sich umfassend über die bestehenden Verpflichtungen der GbR informieren. Mit dem Eintritt in die GbR bleibt diese als frühere GbR mit allen Pflichten und Rechten bestehen. Mit dem Eintritt entsteht für den neuen Gesellschafter auch eine Haftung für die bisher entstandenen Altverbindlichkeiten der GbR. Aus diesem Grund ist dem neu eintretenden Gesellschafter dringend zu empfehlen, sich einen verlässlichen Überblick über bestehende Verbindlichkeiten der GbR gegebenenfalls durch Prüfung sämtlicher Verträge zu verschaffen.

Ein Eintritt eines weiteren Gesellschafters berührt den Bestand der Gesellschaft als solchen nicht. Die Gesellschaft wird mit dem weiteren Gesellschafter fortgeführt. Anders hingegen sieht es aus, wenn ein früherer Gesellschafter aus der Gesellschaft ausscheidet. Das Ausscheiden eines Gesellschafters führt von Gesetzes wegen zur Auflösung der GbR.

Die Auflösung der GbR beim Ausscheiden eines Gesellschafters durch Kündigung oder Tod kann von den Gesellschaftern nur durch eine entsprechende vertragliche Vereinbarung im Gesellschaftsvertrag verhindert werden. Soweit die Gesellschafter im Gesellschaftsvertrag für den Fall des Ausscheidens eines Gesellschafters die Fortsetzung der Gesellschaft vereinbart haben (sog. Fortsetzungsklausel), bleibt die GbR trotz des Ausscheidens eines Gesellschafters bestehen.

Die Gesellschafter sollten bei Abschluss des Gesellschaftsvertrages prüfen, ob eine entsprechende Fortsetzungsklausel zweckmäßigerweise vereinbart werden sollte. Anderenfalls kann der Austritt eines Gesellschafters zur Auflösung der GbR und damit zu ungewünschten rechtlichen und steuerrechtlichen Problemen führen.

Ein Ausscheiden liegt im Sinne des § 736 BGB dann vor, wenn ein Gesellschafter kündigt, stirbt oder ein Insolvenzverfahren über sein Vermögen eröffnet wird.

Mit dem Ausscheiden eines Gesellschafters endet jedoch keineswegs seine Haftung für die bis dahin entstandenen Verbindlichkeiten der Gesellschaft. Für sämtliche Verbindlichkeiten der GbR, die bis zum Austritt des Gesellschafters entstanden sind, haftet der ausscheidende Gesellschafter auch noch nach seinem Austritt.

Beispiel

Gesellschafter C tritt aus der A-B-C-GbR zum 01.01.2011 aus. Die Gesellschaft hat sich im September 2010 verpflichtet, für Waren 30.000 € zu bezahlen. Zudem hat sich die GbR nach dem Ausscheiden von C im März 2011 ein Fahrzeug gekauft.

C haftet für sämtliche Ansprüche des Lieferanten hinsichtlich der Warenlieferung aufgrund der bestehenden Nachhaftung. Für den Fahrzeugkauf, der im März 2011 getätigt worden ist, haftet C aufgrund seines Austritts nicht mehr.

Welche genauen Voraussetzungen für eine Nachhaftung hinsichtlich einer Verbindlichkeit vorliegen müssen, ist in § 160 HGB über einen Verweis in § 736 BGB geregelt.

Eine GbR kann von den Gesellschaftern zu jedem Zeitpunkt beendet werden. Dies ist möglich, indem die Gesellschafter einen einstimmigen Beschluss über die Auflösung der GbR zu einem bestimmten Termin fassen.

Die Beendigung der Gesellschaft kann bereits bei der Gründung im Gesellschaftsvertrag bestimmt werden. So ist bei projektbezogenen Gesellschaften regelmäßig ein bestimmtes Datum für die Auflösung der GbR vorgesehen. Teilweise wird auch die Erreichung eines bestimmten Zwecks als Auflösungszeitpunkt im Gesellschaftsvertrag vereinbart.

Neben dem Beschluss der Gesellschafter, durch den eine GbR aufgelöst werden kann, sind in der Praxis die häufigsten Auflösungsgründe die Kündigung oder der Tod eines Gesellschafters, ohne dass die Gesellschafter die Fortsetzung der Gesellschaft für diese Fälle vereinbart haben.

Ab dem Zeitpunkt der Auflösung der GbR ist die GbR abzuwickeln.

Das Auseinandersetzungsverfahren ist in den §§ 729–735 BGB ausdrücklich geregelt. Gemäß § 732 BGB sind die Gegenstände, die ein Gesellschafter der Gesellschaft zur Benutzung überlassen hat, diesem zurückzugeben.

Gemäß § 733 BGB sind aus dem Gesellschaftsvermögen zunächst die gemeinschaftlichen Schulden zu begleichen und sodann nach Berichtigung der Schulden etwaige übrig bleibende Beträge auf die Einlagen zurückzuzahlen. Sollte ein Überschuss verbleiben, so wird gemäß § 734 BGB den Gesellschaftern nach dem Verhältnis ihrer Anteile am Gewinn der Überschuss ausgezahlt. Sollte ein Verlust übrig bleiben, so haben sie gemäß § 735 BGB für den Fehlbetrag nach dem Verhältnis aufzukommen, nach welchem sie den Verlust vereinbarungsgemäß oder von Gesetzes wegen zu tragen haben.

Haftung der Gesellschafter einer GbR für unerlaubte Handlungen

Neben der Haftung für vertragliche Ansprüche stellt sich die Frage, inwieweit die Gesellschafter einer GbR für Ansprüche aus unerlaubten Handlungen im Sinne der §§ 823 ff. BGB haften.

§ 823 BGB bestimmt:

> Wer vorsätzlich oder fahrlässig das Leben, den Körper, die Gesundheit, die Freiheit, das Eigentum oder ein sonstiges Recht eines anderen widerrechtlich verletzt, ist dem anderen zum Ersatz des daraus entstehenden Schadens verpflichtet.

Es stellt sich die Frage, inwieweit die GbR für eine unerlaubte Handlung eines anderen Gesellschafters oder Mitarbeiters haftet.

Beispiel

Die Dachdecker A und B haben sich für ein gemeinsames Projekt vorübergehend zu einer GbR zusammengeschlossen. Bei Durchführung der Arbeiten lässt B seinen Hammer vom Dach fallen. Dadurch wird ein Passant verletzt.

Für die Ansprüche des Passanten auf Schadenersatz haftet die GbR und damit auch A. Die GbR haftet für unerlaubte Handlungen ihrer Mitarbeiter, die im Rahmen des Geschäftsbetriebs von diesen begangen wurden. Auch im Rahmen der Haftung für unerlaubte Handlungen zeigt sich, wie eng die Gesellschafter aufgrund der gemeinsamen Haftung miteinander verbunden sind und wie wichtig es für jeden einzelnen Gesellschafter ist, dass er sich auf den anderen Gesellschafter verlassen kann.

Im Übrigen empfiehlt es sich aufgrund der Schadensmöglichkeiten, eine Betriebshaftpflichtversicherung abzuschließen, die bestimmte Schäden beim Betrieb des Unternehmens abdeckt.

Rechte und Pflichten der Gesellschafter bei einer GbR

Wie bereits dargelegt, gelten für die GbR die §§ 705 ff. BGB. Diese Normen sind die gesetzlichen Grundregeln für die Gesellschaft bürgerlichen Rechts. Haben die Gesellschafter keine anderen Vereinbarungen getroffen, so gelten die gesetzlichen Vorschriften.

Die Gesellschafter haben allerdings die Möglichkeit, die grundlegenden Rechte und Pflichten der Gesellschafter in einer GbR weitgehend frei zu gestalten. Hier können im Gesellschaftsvertrag vom Gesetz abweichende Rechte und Pflichten der einzelnen Gesellschafter vereinbart werden.

Grundsätzlich sind die Gesellschafter in der GbR verpflichtet, den vereinbarten Gesellschaftszweck nach Kräften zu fördern. Daraus ergibt sich, dass die Gesellschafter nichts unternehmen dürfen, was den Gesellschaftszweck gefährdet. Hier besteht eine besondere Treuepflicht der Gesellschafter untereinander und zur GbR.

Ausfluss dieser Treuepflicht ist z. B. das Wettbewerbsverbot. Das Wettbewerbsverbot bestimmt, dass die Gesellschafter ohne Zustimmung der anderen Gesellschafter nicht z. B. für Konkurrenzunternehmen arbeiten dürfen. Bei einem Verstoß gegen die gesetzlich vorgesehenen oder vertraglich vereinbarten Pflichten der Gesellschafter kann es zu einem Ausschluss des Gesellschafters und zu Schadenersatzansprüchen der Gesellschaft bzw. der Gesellschafter gegenüber dem die Pflichten verletzenden Gesellschafter kommen.

Neben den oben aufgeführten Pflichten hat jeder Gesellschafter gegenüber der Gesellschaft umfangreiche Rechte.

Hierbei stellen sich in finanzieller Hinsicht der Anspruch auf Beteiligungen am Gewinn und Verlust sowie die Erstattung von Aufwendungen dar.

Als wichtigste sogenannte Mitverwaltungsrechte der Gesellschafter sind das Stimmrecht, das Informationsrecht und das Recht zur Geschäftsführung zu nennen.

Haftung der Gesellschafter für Verbindlichkeiten der GbR

Ist die GbR im Rahmen des Geschäftsbetriebs Verpflichtungen gegenüber Dritten eingegangen, so haftet die GbR mit ihrem Gesellschaftsvermögen. Zum Gesellschaftsvermögen gehören dabei die Einlagen und sämtliche der GbR gehörenden Vermögens- und Sachwerte.

Beispiel

B hat gegen die A & B-Gesellschaft einen Anspruch auf Zahlung von 10.000 €. Die Gesellschaft besitzt ein Barvermögen von 50.000 €. B kann direkt in das Vermögen der Gesellschaft vollstrecken. Die Gesellschaft hat aus dem Gesellschaftsvermögen die Ansprüche des B auszugleichen.

Soweit sämtliche Verpflichtungen von Dritten gegenüber der Gesellschaft aus dem Gesellschaftsvermögen selbst beglichen werden können, wird sich in der Praxis das Problem der Haftung der einzelnen Gesellschafter kaum ergeben.

Soweit jedoch das Gesellschaftsvermögen z. B. nicht ausreichend ist, stellt sich die Frage, inwiefern die Gesellschafter für aus dem Gesellschaftsvermögen nicht zu befriedigende Ansprüche Dritter haften.

Bei der GbR haften sämtliche Gesellschafter für die Gesellschaftsverbindlichkeiten mit ihrem gesamten Privatvermögen. Gläubiger, die einen Anspruch gegenüber der GbR haben, können ihren Anspruch folglich durch Inanspruchnahme der GbR selbst und durch die Inanspruchnahme jedes einzelnen Gesellschafters befriedigen. Hierbei besteht auch die Möglichkeit der Zwangsvollstreckung in das gesamte private Vermögen einzelner Gesellschafter. Die Gesellschafter einer GbR haften Gläubigern daher persönlich und unmittelbar.

Dabei ist zu berücksichtigen, dass Gläubiger nicht darauf beschränkt sind, zunächst die Gesellschaft in Anspruch nehmen zu müssen. Der Gläubiger kann frei wählen, ob er die Gesellschaft allein, einzelne Gesellschafter oder alle in Anspruch nimmt.

Beispiel

B hat einen Anspruch in Höhe von 100.000 €. Die Gesellschaft hat lediglich ein Gesamtvermögen von 50.000 €.

B hat hier die Möglichkeit, zunächst die GbR in Anspruch zu nehmen und von dieser 50.000 € einzufordern. B kann gleichzeitig aber auch einen oder einzelne oder alle Gesellschafter zusätzlich oder separat von der Gesellschaft in Anspruch nehmen und in ihr Vermögen vollstrecken.

Soweit ein Gläubiger die Gesellschaft oder einzelne Gesellschafter in Anspruch nimmt, ist sodann im Innenverhältnis nach den entsprechenden Vereinbarungen die geleistete Zahlung auszugleichen.

Beispiel

A und B haben eine GbR gegründet und haften nach dem Gesellschaftsvertrag im Innenverhältnis jeweils zur Hälfte. Der Gläubiger G nimmt B aufgrund einer Gesellschaftsverbindlichkeit in Höhe von 10.000 € in Anspruch. B zahlt die 10.000 € an G. B grundsätzlich kann von A einen Ausgleich in Höhe von 5.000 € verlangen.

Die persönliche Haftung eines Gesellschafters mit seinem privaten Vermögen kann im Gesellschaftsvertrag nicht ausgeschlossen werden. Eine etwaige Vereinbarung ist Dritten gegenüber unwirksam.

Beispiel

A und B vereinbaren in einem Gesellschaftsvertrag, dass nur A für Verbindlichkeiten der Gesellschafter gegenüber den Gläubigern haften soll. B soll von Gläubigern nicht in Anspruch genommen werden können.

Zumindest gegenüber Dritten ist diese Vereinbarung unwirksam. Das bedeutet, dass trotz einer solchen Vereinbarung im Gesellschaftsvertrag ein Gläubiger auf beide Gesellschafter zugreifen und in ihr Vermögen vollstrecken kann.

Eine Haftungsbeschränkung oder ein Haftungsausschluss zugunsten eines Gesellschafters kann jedoch individuell mit einzelnen Vertragspartnern vereinbart werden.

Beispiel

Die A&B-GbR schließt einen Liefervertrag mit C. In dem Vertrag wird vereinbart, dass nur A für die Verbindlichkeiten aus diesem Vertrag mit seinem persönlichen Vermögen haften soll. C könnte aufgrund dieser Vereinbarung nicht in das Vermögen des B vollstrecken.

3.2.4.2 Offene Handelsgesellschaft (OHG)

Wie bereits dargelegt, stellt die GbR die Grundform für alle Personengesellschaften dar. Insofern verwundert es nicht, dass eine Vielzahl von Regelungen für die GbR auch auf die OHG anwendbar ist. Die Ausführungen hinsichtlich der GbR gelten daher grundsätzlich auch für die OHG. Insofern regelt § 105 Abs. 3 HGB:

> Auf die offene Handelsgesellschaft finden, soweit nicht in diesem Abschnitt ein anderes vorgeschrieben ist, die Vorschriften des Bürgerlichen Gesetzbuches über die Gesellschaft Anwendung.

Somit wird ausdrücklich in § 105 Abs. 3 HGB auf die Regelungen für die GbR und damit auf die §§ 705 BGB verwiesen. Die Ausführungen zur GbR gelten daher auch für die OHG, soweit für die OHG keine Sonderregelungen im HGB vorgesehen sind.

Zusätzlich zu den Regelungen für die GbR gemäß den §§ 705 ff. BGB gelten besondere Regelungen gemäß § 105 ff. HGB. Folglich gelten die Regelungen für die GbR gemäß §§ 705 ff. BGB auch für die OHG, es sei denn, in den §§ 105 bis 160 HGB ist eine spezielle Regelung für die OHG getroffen worden.

Auf die Besonderheiten hinsichtlich der OHG wird in diesem Abschnitt eingegangen.

Ebenso wie zur Gründung einer GbR bedarf es auch bei einer OHG eines Vertrages, mit dem sich ebenfalls mindestens zwei Personen verpflichten, einen gemeinsamen Zweck zu fördern.

Der Unterschied zur GbR liegt jedoch darin, dass der Zweck auf den Betrieb eines Handelsgewerbes unter gemeinschaftlicher Firma gerichtet ist. Dies bestimmt § 105 Abs. 1 HGB:

> Eine Gesellschaft, deren Zweck auf den Betrieb eines Handelsgewerbes unter gemeinschaftlicher Firma gerichtet ist, ist eine offene Handelsgesellschaft, wenn bei keinem der Gesellschafter die Haftung gegenüber den Gesellschaftsgläubigern beschränkt ist.

Während in der Laiensphäre die Firma oft als Synonym für ein Unternehmen als solches verwendet wird, bedeutet die Firma juristisch gesehen nichts weiter als der Name, unter dem ein Kaufmann seine Geschäfte betreibt. „Firma“ stammt vom lateinischen „firmare“, was so viel bedeutet wie „beglaubigen“, „befestigen“.

§ 17 Abs. 1 HGB bestimmt:

> Die Firma eines Kaufmanns ist der Name, unter dem er seine Geschäfte betreibt und die Unterschrift abgibt.

Ein Kaufmann kann unter seiner Firma klagen und verklagt werden. Der Begriff Firma ist folglich gesetzlich definiert. Es handelt sich um eine sogenannte Legaldefinition.

Gem. § 105 Abs. 1 HGB ist eine Gesellschaft, deren Zweck auf den Betrieb eines Handelsgewerbes unter gemeinschaftlicher Firma gerichtet ist, eine offene Handelsgesellschaft, wenn bei keinem der Gesellschafter die Haftung gegenüber den Gesellschaftsgläubigern beschränkt ist. Damit ist das Wesen der OHG umrissen. Zudem wird mit dieser Definition die Abgrenzung zur GbR deutlich.

Bei der GbR muss lediglich ein Gesellschaftszweck vorliegen. Der Gesellschaftszweck muss nicht der Betrieb eines Handelsgewerbes sein. Bei einer OHG ist der Zweck der Gesellschaft auf den Betrieb gerade eines Handelsgewerbes gemäß § 1 HGB ausgerichtet.

Zur Erinnerung: § 1 Abs. 2 HGB definiert dabei das Handelsgewerbe wie folgt:

> Handelsgewerbe ist jeder Gewerbebetrieb, es sei denn, dass das Unternehmen nach Art und Umfang einen in kaufmännischer Weise eingerichteten Geschäftsbetrieb nicht erfordert.

Zur Kaufmannseigenschaft wird auf die entsprechenden obigen Ausführungen verwiesen.

Beispiel

A und B betreiben einen Zimmereibetrieb. Zunächst arbeiten nur A und B in der Zimmerei und haben einen Umsatz von lediglich 5.000 € im Monat. Nach zwei Jahren hat sich der Betrieb von A und B erheblich erweitert. Mittlerweile haben sie einen Buchhalter eingestellt und sechs weitere Zimmerer. Mittlerweile wird ein monatlicher Umsatz von 60.000 € erzielt.

Zunächst war die Gesellschaft von A und B eine GbR. Aufgrund der Tatsache, dass A und B das Gewerbe erheblich erweitert haben, liegt ein Gewerbebetrieb vor, da das Unternehmen nach Art und Umfang einen in kaufmännischer Weise eingerichteten Geschäftsbetrieb erfordert. Folglich liegt ein Handelsgewerbe vor. Die GbR ist zur OHG geworden, da deren Zweck nunmehr auf den Betrieb eines Handelsgewerbes unter gemeinschaftlicher Firma gerichtet ist.

Wie im obigen Beispielfall dargelegt, kann eine GbR allein aufgrund der Tatsache, dass der Gewerbebetrieb mittlerweile als Handelsgewerbe einzustufen ist, eine OHG werden. Dies geschieht ohne einen besonderen Handlungsakt der Gesellschafter, der auf die Errichtung einer OHG gerichtet wäre.

Darüber hinaus kann eine GbR kraft Eintragung in das Handelsregister zur OHG werden. Dies ist gemäß § 105 Abs. 2 HGB der Fall, wenn die Firma des Unternehmens in das Handelsregister eingetragen wird.

Diese Vorschrift korrespondiert folglich mit der Regelung des Kann-Kaufmanns gemäß § 2 HGB.

Wie bereits ausgeführt, gilt die GbR nach einem Grundsatzurteil des BGH als teilrechtsfähig. Damit wurde die GbR der OHG weiter angenähert. Die Rechtsfähigkeit der OHG stand nie in Zweifel. Die rechtliche Selbstständigkeit der OHG ergibt sich aus dem HGB selbst, und zwar gemäß § 124 HGB. § 124 Abs. 1 HGB besagt ausdrücklich:

> Die offene Handelsgesellschaft kann unter ihrer Firma Rechte erwerben und Verbindlichkeiten eingehen, Eigentum und andere dingliche Rechte an Grundstücken erwerben, vor Gericht klagen und verklagt werden.

Die OHG kann aufgrund ihrer rechtlichen Selbständigkeit beispielsweise im eigenen Namen Ansprüche gegen Dritte einklagen. Berechtigte und aktiv legitimiert ist die OHG. Im Gegenzug können Dritte die OHG auch unter deren Firma direkt verklagen.

Die OHG ist eine Handelsgesellschaft. Dies ergibt sich daraus, dass sie ein Handelsgewerbe betreibt. Da gemäß § 6 HGB die in Betreff der Kaufleute gegebenen Vorschriften auch auf die Handelsgesellschaften Anwendung finden, gelten diese Vorschriften auch für die OHG. Die Firmenbezeichnung einer OHG richtet sich nach den Vorschriften von § 19 ff. HGB. Danach muss die Firma einer OHG bei einer offenen Handelsgesellschaft die Bezeichnung „offene Handelsgesellschaft" oder eine allgemein verständliche Abkürzung dieser Bezeichnung z. B. OHG enthalten.

Eine OHG ist zum Handelsregister anzumelden. Die Anmeldung zum Handelsregister wird durch § 106 HGB wie folgt geregelt:

1. Die Gesellschaft ist bei dem Gericht, in dessen Bezirke sie ihren Sitz hat, zur Eintragung in das Handelsregister anzumelden.
2. Die Anmeldung hat zu enthalten:
   - den Namen, Vornamen, Geburtsdatum und Wohnort jedes Gesellschafters;
   - die Firma der Gesellschaft, den Ort, an dem sie ihren Sitz hat, und die inländische Geschäftsanschrift;
   - die Vertretungsmacht der Gesellschafter.

Die Anmeldung ist dabei von sämtlichen Gesellschaftern vorzunehmen.

Für die Errichtung einer OHG ist ein Vertrag zwischen mindestens zwei Personen notwendig, die sich durch den Vertrag verpflichten, ein Handelsgewerbe zu betreiben. Auch bei einer OHG kann ein Gesellschaftsvertrag mündlich, schriftlich oder konkludent geschlossen werden.

Im Gegensatz zur Gesellschaft bürgerlichen Rechts tritt die Wirksamkeit der OHG im Verhältnis zu Dritten nicht in dem Zeitpunkt ein, in dem der Gesellschaftsvertrag zwischen den Gesellschaftern geschlossen wird. Hier ist zwischen dem Innenverhältnis und dem Außenverhältnis zu unterscheiden. Im Innenverhältnis kommt die OHG durch Abschluss des Gesellschaftsvertrages zustande. Im Außenverhältnis besteht jedoch ein Unterschied zur GbR. Die Wirksamkeit der OHG im Außenverhältnis regelt § 123 HGB wie folgt:

1. Die Wirksamkeit der offenen Handelsgesellschaft tritt im Verhältnisse zu Dritten mit dem Zeitpunkt ein, in welchem die Gesellschaft in das Handelsregister eingetragen wird.
2. Beginnt die Gesellschaft ihre Geschäfte schon vor der Eintragung, so tritt die Wirksamkeit mit dem Zeitpunkte des Geschäftsbeginns ein, [...].
3. Eine Vereinbarung, daß die Gesellschaft erst mit einem späteren Zeitpunkt ihren Anfang nehmen soll, ist Dritten gegenüber unwirksam.

Während im Innenverhältnis die OHG folglich bereits mit Abschluss des Gesellschaftsvertrages wirksam zustande kommt, tritt die Wirksamkeit der OHG im Verhältnis zu Dritten ein, wenn

a. die Gesellschaft in das Handelsregister eingetragen wird oder
b. die Gesellschaft die Geschäfte, im Umfang eines Handelsgewerbes, schon vor der Eintragung beginnt.

Beispiel

A und B schließen einen OHG-Gesellschaftsvertrag. Im Innenverhältnis zwischen A und B ist dieser Gesellschaftsvertrag bindend und wirksam.

Solange die OHG jedoch nicht im Handelsregister eintragen wurde, ist die offene Handelsgesellschaft im Verhältnis zu Dritten nicht wirksam. Eine Ausnahme gilt nur dann, wenn A und B bereits vorher für die Gesellschaft Geschäfte getätigt haben.

Dabei ist anzumerken, dass die OHG mit dem Zeitpunkt des Geschäftsbeginns nur dann wirksam zustande kommt, wenn der Geschäftsbetrieb ein Handelsgewerbe darstellt. Soweit dieser Umfang nicht erreicht wird, besteht keine OHG, sondern im Verhältnis zu Dritten lediglich weiter eine GbR.

Geschäftsführung und Vertretung

Die Geschäftsführung und Vertretung der OHG richten sich nach den §§ 114–117 und 125 HGB. In den §§ 114–117, 125 HGB wird von den Regelungen in Bezug auf die GbR abgewichen. Insofern bestehen andere Grundsätze für die Geschäftsführung und Vertretung einer OHG als bei der GbR, die im Folgenden aufgezeigt werden.

Geschäftsführung

Dabei ist festzustellen, dass die § 114–117 HGB dispositiv, also abänderbar, sind. Die Gesellschafter können gemäß § 109 HGB die Geschäftsführung und Vertretungsregeln in den Gesellschaftsvertrag von den Grundregeln der § 114–117 HGB abweichend festlegen.

§ 109 HGB bestimmt:

> Das Rechtsverhältnis der Gesellschafter untereinander richtet sich zunächst nach dem Gesellschaftsvertrage; die Vorschriften der §§ 110–122 [HGB] finden nur insoweit Anwendung, als nicht durch den Gesellschaftsvertrag ein anderes bestimmt ist.

Haben die Gesellschafter in dem Gesellschaftsvertrag nichts anderweitiges bestimmt, so gelten für die Geschäftsführung und Vertretung der OHG die folgenden Regelungen:

Gemäß § 114 HGB sind zur Geschäftsführung der Geschäfte der OHG grundsätzlich alle Gesellschafter berechtigt und verpflichtet. Die übrigen Gesellschafter sind von der Geschäftsführung ausgeschlossen, wenn durch eine entsprechende Regelung im Gesellschaftsvertrag die Geschäftsführung nur einem oder mehreren Gesellschaftern übertragen worden ist.

In § 114 HGB ist insoweit geregelt:

1. Zur Führung der Geschäfte der Gesellschaft sind alle Gesellschafter berechtigt und verpflichtet.
2. Ist im Gesellschaftsvertrage die Geschäftsführung einem Gesellschafter oder mehreren Gesellschaftern übertragen, so sind die übrigen Gesellschafter von der Geschäftsführung ausgeschlossen.

Im Gegensatz zur GbR bestimmt § 115 Abs. 1 HGB aber, dass jeder geschäftsführungsberechtigte Gesellschafter befugt ist, allein zu handeln. Der Gesetzgeber hat bei der OHG im Gegensatz zur GbR folglich eine Einzelgeschäftsführungsbefugnis als Regelfall normiert. Während bei der GbR, soweit die Gesellschafter im Gesellschaftsvertrag nichts anderes geregelt haben, die Gesamtgeschäftsführungsbefugnis angeordnet wird, gilt bei der OHG ohne abweichende Regelungen im Gesellschaftsvertrag die Einzelgeschäftsführungsbefugnis.

In der OHG ist im Rahmen der Einzelgeschäftsführungsbefugnis ein Widerspruchsrecht vorgesehen. Gemäß § 115 Abs. 1 HGB hat eine Handlung zu unterbleiben, soweit ein geschäftsführender Gesellschafter dieser Handlung widerspricht. § 115 Abs. 1 HGB bestimmt:

1. Steht die Geschäftsführung allen oder mehreren Gesellschaftern zu, so ist jeder von ihnen allein zu handeln berechtigt; widerspricht jedoch ein anderer geschäftsführender Gesellschafter der Vornahme einer Handlung, so muß diese unterbleiben.

Auch hier gilt der Grundsatz, dass der Widerspruch lediglich im Innenverhältnis Wirkung entfaltet. In Bezug zu Dritten ist der Widerspruch unwirksam.

Haben die Gesellschafter im Gesellschaftsvertrag vereinbart, dass die Gesellschafter, denen die Geschäftsführung zusteht, nur zusammen handeln können, so gilt wiederum die Gesamtgeschäftsführungsbefugnis. Es bedarf dann für jedes Geschäft der Zustimmung aller geschäftsführenden Gesellschafter. Diese Zustimmung ist nur dann entbehrlich, wenn Gefahr im Verzug ist.

Der Umfang der Geschäftsführungsbefugnis wird durch § 116 HGB wie folgt geregelt:

> Die Befugnis zur Geschäftsführung erstreckt sich auf alle Handlungen, die der gewöhnliche Betrieb des Handelsgewerbes der Gesellschaft mit sich bringt.

§ 116 Abs. 2 HGB regelt, dass für die Vornahme von Handlungen, die über die normale Geschäftsführung hinausgehen, ein Beschluss sämtlicher Gesellschafter erforderlich ist. Über die normale Geschäftsführung hinaus gehen sog. Grundlagengeschäfte. Um Grundlagengeschäfte handelt es sich dann, wenn sie in die Rechtsverhältnisse der Gesellschafter untereinander, insbesondere in die Zusammensetzung und Organisation der Gesellschaft eingreifen.

Da solche grundlegenden Handlungen das Geschäft in seinem Bestand betrifft, ist die Zustimmung aller Gesellschafter notwendig. Eine abweichende Regelung kann im Gesellschaftsvertrag vereinbart werden.

Beispiel

In der A, B und C OHG sind alle Gesellschafter geschäftsführungsbefugt. Zum gewöhnlichen Geschäftsbetrieb gehören der Abschluss von Verträgen, wie sie im normalen Geschäftsbetrieb üblich sind, wie z. B. Abschluss von normalen Lieferungsverträgen oder Verträgen mit Endabnehmern.

Außergewöhnliche Geschäfte stellen hingegen z. B. der Ausschluss von Gesellschaftern oder die Entziehung der Geschäftsführungs- und Vertretungsbefugnisse eines Gesellschafters, der Kauf von Grundstücken, die Übertragung des gesamten Vermögens der Gesellschaft auf Dritte oder die Auflösung der Gesellschaft dar.

Die Geschäftsführung kann einem Gesellschafter auf Antrag der übrigen Gesellschafter durch gerichtliche Entscheidung entzogen werden, wenn ein wichtiger Grund vorliegt. Ein solcher wichtiger Grund ist insbesondere eine grobe Pflichtverletzung oder Unfähigkeit zur ordnungsgemäßen Geschäftsführung (§ 117 HGB).

Vertretung: Die Vertretung der Gesellschaft wird in § 125 HGB geregelt. Danach ist zur Vertretung der Gesellschaft jeder Gesellschafter ermächtigt, wenn er nicht durch den Gesellschaftsvertrag von der Vertretung ausgeschlossen ist. Im Gesellschaftsvertrag kann bestimmt werden, dass alle oder mehrere Gesellschafter nur in Gemeinschaft zur Vertretung der Gesellschaft ermächtigt sein sollen (Gesamtvertretung).

Wer die OHG folglich vertreten darf und wer nicht, können die Gesellschafter daher weitestgehend frei regeln. Zu beachten ist dabei, dass die Vertretungsmacht im Innenverhältnis zwischen den Gesellschaftern beschränkt werden kann. Eine Beschränkung der Vertretungsmacht im Außenverhältnis ist dagegen nicht möglich. Eine Beschränkung des Umfangs der Vertretungsmacht ist Dritten gegenüber unwirksam. § 117 Abs. 2 HGB regelt ausdrücklich:

> Eine Beschränkung des Umfanges der Vertretungsmacht ist Dritten gegenüber unwirksam; dies gilt insbesondere von der Beschränkung, daß sich die Vertretung nur auf gewisse Geschäfte oder Arten von Geschäften erstrecken oder daß sie nur unter gewissen Umständen oder für eine gewisse Zeit oder an einzelnen Orten stattfinden soll.

Beispiel

A und B vereinbaren im Gesellschaftsvertrag, dass die Vertretungsmacht des Gesellschafters A sich nicht auf Kfz-Kaufverträge beziehen soll. A bestellt dennoch einen PKW bei C.

Die OHG kann sich gegenüber C nicht darauf berufen, dass A keine Vertretungsmacht hat, da im Gesellschaftsvertrag vereinbart wurde, dass der Gesellschafter A nicht befugt ist, Fahrzeuge für die OHG zu kaufen. Der Kaufvertrag ist in Bezug auf den Pkw gegenüber C wirksam zustande gekommen. C kann die Zahlung des Kaufpreises und die Abnahme des Pkw verlangen.

Im Innenverhältnis zur Gesellschaft kann jedoch A aufgrund der Pflichtverletzung aus dem Gesellschaftsvertrag eine Schadensersatzpflicht treffen.

Im Verhältnis zu Dritten erstreckt sich die Vertretungsmacht der Gesellschafter auf alle gerichtlichen und außergerichtlichen Geschäfte und Rechtshandlungen einschließlich der Veräußerung und Belastung von Grundstücken sowie der Erteilung und Erwiderung der Prokura.

Die Vertretungsmacht kann einem Gesellschafter auf Antrag der übrigen Gesellschafter durch gerichtliche Entscheidung entzogen werden, wenn ein wichtiger Grund vorliegt; ein solcher Grund ist insbesondere grobe Pflichtverletzung oder Unfähigkeit zur ordnungsgemäßen Vertretung der Gesellschaft. Hier besteht ein Einklang zwischen Entziehung der Geschäftsführungsbefugnis und der Vertretungsmacht.

Haftung der Gesellschafter

Genau wie bei der GbR haften bei der OHG die Gesellschafter ebenfalls persönlich für die Verbindlichkeiten der Gesellschaft.

> Die Gesellschafter haften für die Verbindlichkeiten der Gesellschaft den Gläubigern als Gesamtschuldner persönlich. Eine entgegenstehende Vereinbarung ist Dritten gegenüber unwirksam. (§ 128 HGB)

Auch in der OHG haften die Gesellschafter folglich persönlich, unmittelbar und vollumfänglich mit ihrem persönlichen Vermögen. Auch bei der OHG kann der Gläubiger sich entscheiden, ob er nur die OHG, einzelne oder mehrere Gesellschafter, jeden einzeln oder mit der OHG zusammen in Anspruch nimmt.

Die persönliche Haftung der Gesellschafter kann gemäß § 128 Abs. 2 HGB Dritten gegenüber nicht ausgeschlossen werden. Die persönliche Haftung aller Gesellschafter für die Gesellschaftsverbindlichkeiten ist ein Wesensmerkmal der OHG. Eine Vereinbarung im Gesellschaftsvertrag, dass die Gesellschafter gegenüber Dritten nicht persönlich haften sollen, ist daher unwirksam.

Ausschlussmöglichkeit der Haftung der Gesellschafter
Sowohl bei der GbR als auch bei der OHG kann jedoch die Haftung einzelner Gesellschafter gegenüber bestimmten Gläubigern ausgeschlossen werden. Auch wenn eine generelle Haftung von Gesellschaftern einer OHG gegenüber Dritten nicht wirksam ausgeschlossen werden kann, so kann in einem entsprechenden individuellen Vertrag mit einem Dritten die Haftung von einzelnen oder allen Gesellschaftern in Bezug auf einen bestimmten Vertragsabschluss beschränkt werden.

Der Geschäftspartner hat dann aus freien Stücken heraus in Kenntnis der beschränkten Haftung die Haftung einzelner Gesellschafter ausgeschlossen und damit in Kauf genommen, dass er seine Ansprüche ggf. schlechter durchsetzten kann.

Beispiel

A, B und C haben eine OHG gegründet. Mit dem Geschäftspartner Z wird vereinbart, dass der Gesellschafter C für den Kauf eines Grundstücks nicht persönlich haften soll. Eine solche individualvertragliche Haftungsbeschränkung ist mit Vertragspartnern möglich. Es ist ratsam, dass eine solche Haftungsbeschränkung schriftlich und somit nachweisbar vereinbart wird.

Ausscheiden eines Gesellschafters
Scheidet ein Gesellschafter aus, so führt dies anders als bei der GbR von Gesetzes wegen nicht zur Auflösung der OHG.

Das Ausscheiden eines Gesellschafters durch Kündigung oder Tod berührt den Bestand der OHG nicht. Der Gesellschafter scheidet lediglich aus und erhält eine entsprechende Abfindung.

Die OHG wird gem. § 131 HGB aufgelöst,

- durch den Ablauf der Zeit, für welche sie eingegangen wurde,
- durch Beschluss der Gesellschafter,

- durch die Eröffnung des Insolvenzverfahrens über das Vermögen der Gesellschaft,
- durch gerichtliche Entscheidung.

3.2.4.3 Kommanditgesellschaft (KG)

Die Kommanditgesellschaft ist eine Sonderform der OHG und in den §§ 161–177 HGB geregelt.

§ 161 Abs. 2 HGB verweist auf die Vorschriften der OHG. Da die Vorschriften über die OHG wiederum auf die Regelung für die GbR verweisen, gelten die Vorschriften des § 705 ff. BGB auch für die KG.

Die KG ist im § 161 HGB wie folgt definiert:

> Eine Gesellschaft, deren Zweck auf den Betrieb eines Handelsgewerbes unter gemeinschaftlicher Firma gerichtet ist, ist eine Kommanditgesellschaft, wenn bei einem oder bei einigen von den Gesellschaftern die Haftung gegenüber den Gesellschaftsgläubigern auf den Betrag einer bestimmten Vermögenseinlage beschränkt ist (Kommanditisten), während bei dem anderen Teile der Gesellschafter eine Beschränkung der Haftung nicht stattfindet (persönlich haftende Gesellschafter).

Mit der oben aufgeführten Legaldefinition ist damit das Wesen der KG umrissen. Die oben ausgeführte gesetzliche Definition der KG stellt folgende Voraussetzungen für eine KG auf:

Zunächst ist eine Gesellschaft notwendig, deren Zweck auf den Betrieb eines Handelsgewerbes unter gemeinschaftlicher Firma gerichtet ist. Diese Voraussetzung wird auch für die OHG gefordert und ist damit Grundlage sowohl für die OHG als auch für die KG.

Darüber hinaus liegt jedoch nur dann eine Kommanditgesellschaft vor, wenn bei allen oder bei einigen von den Gesellschaftern die Haftung gegenüber den Gesellschaftsgläubigern auf den Betrag einer bestimmten Vermögenseinlage beschränkt ist (Kommanditist), während bei dem oder den anderen Gesellschafter(n) eine Beschränkung der Haftung nicht stattfindet (persönlich haftender Gesellschafter oder Komplementär).

Dementsprechend liegt eine OHG vor, wenn eine Gesellschaft, deren Zweck auf den Betrieb eines Handelsgewerbes unter gemeinschaftlicher Firma gerichtet ist, geführt wird und alle Gesellschafter persönlich haften.

Eine KG liegt in Abgrenzung zur OHG dann vor, wenn zwar ebenfalls eine Gesellschaft geführt wird, deren Zweck auf den Betrieb eines Handelsgewerbes unter gemeinschaftlicher Firma gerichtet ist, aber im Gegensatz zur OHG nicht alle Gesellschafter persönlich haften, sondern die Haftung zumindest eines Gesellschafters, nämlich die des Kommanditisten, gegenüber den Gesellschaftsgläubigern auf den Betrag einer bestimmten Vermögenseinlage beschränkt ist.

Der wesentliche Unterschied einer KG zur OHG ist folglich die Einschränkung der Haftung einzelner Gesellschafter.

Die Gesellschafter, die in einer KG lediglich mit ihrer Vermögenseinlage haften, werden als Kommanditisten, die persönlich haftenden Gesellschafter als Komplementäre bezeichnet.

Die KG ist wie auch die OHG eine Handelsgesellschaft. Dementsprechend sind gemäß § 6 HGB die in Begriff der Kaufleute gegebenen Vorschriften ebenfalls auf die KG anwendbar.

Grundsätzlich ist die KG wie die OHG im Handelsregister anzumelden. Darüber hinaus muss bei der Anmeldung auch die Bezeichnung der Kommanditisten und der Betrag der Einlage eines jeden Kommanditisten angegeben werden.

Mit der Anzeige der Kommanditisten und ihrer Haftungseinlage in das Handelsregister wird die Haftungsbeschränkung dem Grunde und der Höhe nach für die einzelnen Gesellschafter öffentlich gemacht. Geschäftspartner haben so die Möglichkeit, im Handelsregister sich zu informieren, welche Gesellschafter in welcher Form haften. Dies ist im Geschäftsverkehr ein ganz wesentlicher Aspekt für Unternehmen, um die Haftungsverhältnisse in der Gesellschaft erkennen zu können.

Die KG wird gegenüber der OHG häufiger als Rechtsform gewählt. Die Attraktivität der OHG wurde in den vergangenen Jahren aufgrund der persönlichen Haftung immer geringer. Lediglich Unternehmen mit einer überschaubaren Anzahl von Gesellschaftern werden noch als OHG geführt. Soweit mehrere Gesellschafter in die Handelsgesellschaft aufgenommen werden sollen, eignet sich eine OHG aufgrund der persönlichen Haftung häufig nicht. Insbesondere dann, wenn ein Gesellschafter lediglich Geldgeber ist, ist die Beteiligung als persönlich haftender Gesellschafter im Rahmen einer OHG zu riskant.

Die Möglichkeit, sich bei einer KG lediglich mit einem bestimmten Betrag an einer Gesellschaft zu beteiligen und nur in Höhe dieses Betrages für die Verbindlichkeiten der Gesellschaft zu haften, macht die KG interessant. Hier besteht die Möglichkeit eine Vielzahl von Kommanditisten in die KG aufzunehmen. Der Vorteil für die Kommanditisten ist, dass sie lediglich mit dem eingesetzten Kapital haften. Aus diesem Grund werden Gesellschaften, bei denen die Kommanditisten allein für die zur Verfügungstellung von Kapital in die Gesellschaft aufgenommen werden, oft als Kommanditgesellschaft gegründet. Hier wird in diesem Zusammenhang dann auch von Publikumsgesellschaften gesprochen, da eine Vielzahl von Privatpersonen als Anleger sich an der Kommanditgesellschaft ohne persönliche Haftung beteiligen können.

Gründung der KG

Ebenfalls wie bei der OHG wird die KG mit Abschluss des Gesellschaftsvertrages im Innenverhältnis wirksam. Aufgrund der Verweisung auf § 123 HGB findet für die Wirksamkeit der KG im Außenverhältnis die gleiche Regelung wie bei der OHG Anwendung.

Folglich wird die KG im Außenverhältnis erst mit der Eintragung in das Handelsregister bzw. dann wirksam, wenn sie ihre Handelsgeschäfte in entsprechendem Umfang aufgenommen hat. Der Zeitpunkt der Wirksamkeit einer KG im Außenverhältnis kann gerade für Kommanditisten eine wesentliche Rolle spielen. Bei der Aufnahme der Geschäftstätigkeit der KG vor Eintragung der KG in das Handelsregister stellt sich die Frage, wie die Kommanditisten für Verbindlichkeiten aus diesen Geschäften haften.

Auf diesen Aspekt wird später im Rahmen der Haftung der Gesellschafter noch ausführlich eingegangen.

Geschäftsführung und Vertretung der KG

Hinsichtlich der Geschäftsführungs- und Vertretungsbefugnisse bei einer KG unterscheidet sich die KG aufgrund der Differenzierung zwischen persönlich haftenden Gesellschaftern und Kommanditisten von der GbR und der OHG erheblich.

§ 164 HGB bestimmt, dass Kommanditisten von der Führung der Geschäfte der Gesellschaft ausgeschlossen sind. Sie können zudem einer Handlung eines persönlich haftenden Gesellschafters nicht widersprechen, es sei denn, dass die Handlung über den gewöhnlichen Betrieb des Handelsgewerbes der Gesellschaft hinausgeht.

Gemäß §§ 161 Abs. 2, 114 Abs. 1 HGB wird die Geschäftsführung folglich allein durch die persönlich haftenden Gesellschafter ausgeübt. Die Komplementäre sind wie bei der OHG grundsätzlich einzelgeschäftsführungsbefugt. Ebenfalls wie bei der OHG kann diese Einzelgeschäftsführungsbefugnis gesellschaftsvertraglich abgeändert werden.

Aufgrund der besonderen Haftungssituation innerhalb einer KG kann dem einzigen Komplementär die Vertretungsmacht nicht entzogen werden. Dabei ist klarzustellen, dass bei mehreren Komplementären vertraglich vereinbart werden kann, dass einzelne Komplementäre zur Geschäftsführung und Vertretung der KG nicht berechtigt sind. Eine Grenze ist jedoch dann gezogen, wenn lediglich ein einziger Komplementär vorhanden ist. Dem Einzelkomplementär einer KG kann die Vertretungsmacht nicht entzogen werden, da dies mit dem Grundsatz der organschaftlichen Vertretung einer KG nicht vereinbar wäre. Der Komplementär muss bei der Führung der Geschäfte und der Vertretung der KG nach Außen beteiligt werden. Letztendlich haftet schließlich der Komplementär mit seinem persönlichen Vermögen für die Verbindlichkeiten der Gesellschaft.

Der Kommanditist ist gem. § 170 HGB von der organschaftlichen Vertretung der Gesellschaft zwingend ausgeschlossen. Es ist jedoch möglich, den Kommanditisten Vertretungsmacht z. B. durch Prokura oder eine Handlungsvollmacht einzuräumen.

Haftung der Gesellschafter

Hinsichtlich der Haftung einer KG ergeben sich im Vergleich zur OHG und der GbR erhebliche Unterschiede. Dies liegt nahe, da bei der KG von Gesetzes wegen eine unterschiedliche Haftung zwischen den unterschiedlichen Gesellschaftertypen (Kommanditist auf der einen Seite und der Komplementär auf der anderen Seite) vorgesehen ist.

Die KG ist ebenfalls wie die OHG gemäß § 161 Abs. 2, 124 Abs. 1 HGB rechtsfähig. Die KG haftet folglich wie die OHG für ihre Verbindlichkeiten selbst.

Haftung des Komplementärs

Die Komplementäre werden hinsichtlich der Haftung so behandelt, wie die Gesellschafter einer OHG. Die Komplementäre haften demnach als persönlich haftende Gesellschafter für die Verbindlichkeiten der Gesellschaft unmittelbar, persönlich und uneingeschränkt.

Haftung der Kommanditisten

Die Haftung der Kommanditisten ist im Vergleich zu den persönlich haftenden Gesellschaftern eine völlig andere. Dies ist das Wesen der Kommanditgesellschaft.

Die Haftung des Kommanditisten ist im § 171 Abs. 1 HGB wie folgt geregelt:

> Der Kommanditist haftet den Gläubigern der Gesellschaft bis zur Höhe seiner Einlage unmittelbar; die Haftung ist ausgeschlossen, soweit die Einlage geleistet ist.

Demnach gelten für Kommanditisten folgende Haftungsregeln:

Die Haftung des Kommanditisten ist beschränkt auf die Höhe seiner Einlage, die im Handelsregister eingetragen ist. Bis zu dieser Haftsumme haften die Kommanditisten den Gläubiger unmittelbar. Soweit die Haftsumme in Form der Einlage an die Gesellschaft geleistet worden ist, ist die unmittelbare Haftung des Kommanditisten gegenüber den Gläubigern der Gesellschaft dann ausgeschlossen.

Beispiel

A ist Kommanditist der B-KG. Im Handelsregister ist für A eine Einlage von 100.000 € eingetragen. Gläubiger G hat einen Anspruch gegenüber der KG in Höhe von 150.000 €. Diesbezüglich nimmt er A in Anspruch. Für die Verbindlichkeiten der Gesellschaft haftet A lediglich bis zu einer Summe von 100.000 € mit seinem privaten Vermögen, wenn A die 100.000 € noch nicht als Einlage an die KG geleistet hat. Sobald er die Einlage gegenüber der Gesellschaft geleistet hat, haftet er gar nicht mehr persönlich. Gläubiger G könnte daher nach Zahlung der Einlage in Höhe von 100.000 € A nicht mehr persönlich in Anspruch nehmen.

Soweit die Einlage nicht vollständig, sondern nur teilweise erbracht ist, haftet der Kommanditist nur noch in Höhe des nicht erbrachten Teils der Einlage mit seinem persönlichen Vermögen.

Beispiel

A hat bereits 50.000 € an die KG auf seine Einlage gezahlt. G könnte A in Höhe von 50.000 € noch persönlich in Anspruch nehmen.

Die Einlage kann auch nachträglich erhöht oder herabgesetzt werden. Hierfür ist die Eintragung im Handelsregister erforderlich, damit sie Dritten gegenüber wirksam wird. Eine Herabsetzung der Einlage eines Kommanditisten ist, solange sie nicht in das Handelsregister des Gerichts, in dessen Bezirk die Gesellschaft ihren Sitz hat, eingetragen ist, den Gläubigern gegenüber unwirksam; Gläubiger, deren Forderungen zur Zeit der Eintragung begründet waren, brauchen die Herabsetzung nicht gegen sich gelten zu lassen. (§ 174 HGB)

Für die Frage der Haftung des Kommanditisten hinsichtlich der Zahlung der Einlage ist § 172 HGB einschlägig. Gemäß § 172 HGB gelten für die Haftung eines Kommanditisten die folgenden Grundregeln:

- Im Verhältnis zu den Gläubigern der Gesellschaft wird nach der Eintragung in das Handelsregister die Einlage eines Kommanditisten durch den in der Eintragung angegebenen Betrag bestimmt.
- Auf eine nicht eingetragene Erhöhung der aus dem Handelsregister ersichtlichen Einlage können sich die Gläubiger nur berufen, wenn die Erhöhung in handelsüblicher Weise kundgemacht oder ihnen in anderer Weise von der Gesellschaft mitgeteilt worden ist.

- Eine Vereinbarung der Gesellschafter, durch die einem Kommanditisten die Einlage erlassen oder gestundet wird, ist den Gläubigern gegenüber unwirksam.
- Soweit die Einlage eines Kommanditisten zurückbezahlt wird, gilt sie den Gläubigern gegenüber als nicht geleistet.
- Ein Kommanditist ist in keinem Falle verpflichtet einen Gewinn, den er auf Grund einer in gutem Glauben errichteten Bilanz in gutem Glauben bezieht, zurückzuzahlen.

Haftung des Kommanditisten vor Eintragung ins Handelsregister

Für den Kommanditisten stellt sich die Frage, wie er haftet, wenn seine Beteiligung als Kommanditist im Handelsregister noch nicht eingetragen war. Eine solche Haftung kann sich dann ergeben, wenn die Gesellschaft ihre Geschäfte bereits begonnen hat, bevor sie in das Handelsregister eingetragen wurde.
Die Haftung vor Eintragung regelt § 161 HGB wie folgt:

> Hat die Gesellschaft ihre Geschäfte begonnen, bevor sie in das Handelsregister des Gerichts, in dessen Bezirke sie ihren Sitz hat, eingetragen ist, so haftet jeder Kommanditist, der dem Geschäftsbeginne zugestimmt hat, für die bis zur Eintragung begründeten Verbindlichkeiten der Gesellschaft gleich einem persönlich haftenden Gesellschafter, es sei denn, daß seine Beteiligung als Kommanditist dem Gläubiger bekannt war. Diese Vorschrift kommt nicht zur Anwendung, soweit sich aus § 2 oder § 105 Abs. 2 ein anderes ergibt.

Demnach haftet der Kommanditist für die Verbindlichkeiten der Gesellschaft, die ihre Geschäfte begonnen hat, bevor sie in das Handelsregister eingetragen worden ist, wie ein Komplementär. Das bedeutet, dass der Kommanditist für die vor seiner Eintragung als Kommanditist begründeten Verbindlichkeiten der Gesellschaft auch mit seinem persönlichen Vermögen haftet. Voraussetzung ist jedoch, dass der jeweilige Kommanditist dem Geschäftsbeginn zugestimmt hat. Die Zustimmung kann ausdrücklich erfolgen. Jedoch kann auch ein konkludentes Verhalten eine Zustimmung darstellen. So kann z. B. das Mitwirken an dem Geschäftsbetrieb oder selbst die Duldung der Aufnahme des Geschäftsbetriebes als konkludente Zustimmung gewertet werden.

Die persönliche Haftung des Kommanditisten für die Gesellschaft, die ihre Geschäfte begonnen hat, bevor sie in das Handelsregister eingetragen wurde, greift nicht, wenn dem Gläubiger, d. h. dem Geschäftspartner bekannt war, dass der Gesellschafter nur als Kommanditist an der Gesellschaft beteiligt war.

Beispiel

Die A, B und C-KG hat ihr Handelsgeschäft bereits begonnen, bevor sie in das Handelsregister eingetragen wurde. Die Gesellschaft schließt vor Eintragung einen Mietvertrag mit G. G war bereits bei Abschluss des Mietvertrages bekannt, dass lediglich A als Komplementär und B und C als Kommanditisten an der Gesellschaft beteiligt sind. Insofern war G die Beteiligung von B und C als Kommanditist bekannt. Aus diesem Grund greift eine persönliche Haftung von B und C gegenüber G nicht durch. B und C haften hier nur mit der dem G bekannten Haftsumme.

Der Gesetzgeber hat den Schutz von potenziellen Gläubigern gegenüber einer KG in den Vordergrund gestellt. Aus § 176 HGB ergibt sich, dass ein Kommanditist persönlich wie ein Komplementär haftet, wenn die Gesellschaft ihre Geschäfte begonnen hat, bevor sie in das Handelsregister eingetragen wurde und er dem Geschäftsbeginn zugestimmt hat.

Diese persönliche Haftung greift nicht durch, wenn der Gläubiger entweder durch eine entsprechende Eintragung der Kommanditisten im Handelsregister davon hätte Kenntnis erlangen können oder wenn er ohne entsprechende Eintragung im Handelsregister in dem individuellen Fall wusste, dass diese Gesellschafter nur als Kommanditisten an der Gesellschaft beteiligt sind. In beiden Fällen war dem Gläubiger dann bekannt, auf welches Haftungsrisiko er sich einlässt. In diesem Fall muss der Gläubiger dann nicht mehr geschützt werden.

Haftung eines Kommanditisten beim Eintritt in die KG: Die Haftung eines Kommanditisten beim Eintritt in eine bestehende KG wird durch § 176 HGB geregelt.

Danach haftet ein Kommanditist für zwischen dem Eintritt und der Eintragung in das Handelsregister begründete Verbindlichkeiten in gleichem Maße, als wenn die Gesellschaft insgesamt vor Eintragung in das Handelsregister ihren Geschäftsbetrieb begonnen hätte.

Auch hier gilt grundsätzlich, dass der Kommanditist zwischen seinem Eintritt in die KG und dessen Eintragung in das Handelsregister für die Verbindlichkeiten, die in diesem Zeitraum begründet worden sind, persönlich haftet. War in dieser Zwischenzeit dem Gläubiger die Kommanditistenstellung bekannt, so greift diese persönliche Haftung nicht. Dies gilt ebenfalls nur für Gesellschafter, die dem Geschäftsbeginn zugestimmt haben.

Ein eintretender Kommanditist haftet gemäß § 173 HGB auch für Altschulden der KG bis zur Höhe seiner Haftsumme. Insoweit bestimmt § 173 Abs. 1 HGB:

> Wer in eine bestehende Handelsgesellschaft als Kommanditist eintritt, haftet nach Maßgabe der §§ 171 und 172 für die vor seinem Eintritte begründeten Verbindlichkeiten der Gesellschaft, ohne Unterschied, ob die Firma eine Änderung erleidet oder nicht.

Eine entgegenstehende Vereinbarung ist Dritten gegenüber unwirksam.

Rechte und Pflichten der Gesellschafter

Hinsichtlich der rechtlichen Pflichten der Komplementäre bei einer KG kann auf die Ausführung bezüglich der GbR bzw. der OHG verwiesen werden.

Hinsichtlich der Kommanditisten bestehen besondere Regelungen. Hintergrund ist, dass der Kommanditist lediglich eine reduzierte Gesellschafterstellung innerhalb der KG hat. Aufgrund dieser Stellung des Kommanditisten in einer KG, die sich durch eine abgeschwächte Haftung und durch eine abgeschwächte Gesellschafterstellung darstellt, sind auch die dem Kommanditisten zustehenden Rechte und Pflichten eingeschränkt.

Zum einen besteht für den Kommanditisten kein Wettbewerbsverbot gemäß § 165 HGB in Verbindung mit § 112 und 113 HGB.

Des Weiteren gibt es Unterschiede bei den Kontrollrechten und bei der Beteiligung an Gewinnen und Verlusten. Der Kommanditist ist berechtigt, die abschriftliche Mitteilung des Jahresabschlusses zu verlangen und dessen Richtigkeit unter Einsicht der Bücher und Papiere zu prüfen. Auf Antrag eines Kommanditisten kann das Gericht, wenn wichtige Gründe vorliegen, die Mitteilung einer Bilanz und eines Jahresabschlusses oder sonstiger Aufklärungen sowie die Vorlegung der Bücher und Papiere jederzeit anordnen (§ 166 HGB).

Soweit der Kommanditist sich der Stellung und Funktion in der KG der Rolle eines Komplementärs annähert, z. B. indem er eine Vertretungsvollmacht erhält, kann er auch den Rechten und Pflichten, die einem Komplementär zustehen, unterliegen.

Änderung der Gesellschafterzusammensetzung

Tritt ein Komplementär in die KG ein oder scheidet dieser aus, so hat dies die gleichen Auswirkungen, wie der Austritt oder der Eintritt eine Gesellschafters aus der bzw. in die OHG. Der Gesellschafter bzw. seine Erben scheidet bzw. scheiden gegen Zahlung einer Abfindung aus. Ist mit dem Ausscheiden kein Komplementär mehr vorhanden, so führt dies zur Auflösung der KG.

Hinsichtlich der weiteren Folgen darf auf die Ausführungen bei der OHG verwiesen werden.

Besonderheiten gibt es beim Tod eines Kommanditisten. § 177 HGB bestimmt, dass beim Tod eines Kommanditisten die KG mangels abweichender vertraglicher Bestimmungen mit den Erben fortgeführt wird.

Anders als bei der GbR, bei der ohne die Vereinbarung eine Nachfolgeklausel die Gesellschaft aufgelöst wird, wird beim Tod eines Kommanditisten die KG auch ohne Nachfolgeklausel mit den Erben automatisch fortgesetzt. Im Gesellschaftsvertrag kann eine andere Regelung getroffen werden.

Stille Gesellschaft

Die stille Gesellschaft ist eine Unterform der GbR. In einer stillen Gesellschaft sind die Grundregeln der §§ 105 ff. BGB anwendbar. Sonderregelungen finden sich jedoch in §§ 230 ff. HGB. Die Sonderregelungen der §§ 230 ff HGB gehen den Regelungen der §§ 705 ff. BGB vor.

§ 230 HGB umreißt die stille Gesellschaft danach wie folgt:

> Wer sich als stiller Gesellschafter an dem Handelsgewerbe, das ein anderer betreibt, mit einer Vermögenseinlage beteiligt, hat die Einlage so zu leisten, daß sie in das Vermögen des Inhabers des Handelsgeschäfts übergeht.

Demnach ist eine stille Gesellschaft eine Gesellschaft, die sich dadurch auszeichnet, dass sich eine Person am Handelsgewerbe eines anderen mit einer Vermögenseinlage beteiligt. Die Vermögenseinlage ist dabei so zu leisten, dass sie in das Vermögen des Inhabers in das Handelsgeschäft übergeht.

Voraussetzung für das Entstehen einer stillen Gesellschaft ist wiederum ein Vertrag zwischen zwei Personen. Der Zweck des Vertrages ist die Gewinnerzielung des stillen Gesellschafters durch die Beteiligung an dem Handelsgewerbe des Inhabers des Handelsgewerbes.

Hierbei ist die Pflicht des stillen Gesellschafters mit der Leistung der Einlage erfüllt.

Eine sogenannte stille Gesellschaft kann nur dann entstehen, wenn sich eine andere natürliche oder juristische Person an einem Handelsgewerbe gemäß § 6 HGB beteiligt. Demnach kann stiller Gesellschafter grundsätzlich jeder sein. Der stille Gesellschafter hingegen kann sich nur an einem Handelsgewerbe beteiligen, dass ein anderer betreibt. Daher kann sich ein stiller Gesellschafter in erster Linie an einem Gewerbe eines Einzelkaufmanns, einer Personen- oder Kapitalgesellschaft beteiligen.

Vorteil einer stillen Gesellschaft ist, wie der Name schon sagt, dass die Person, die die Vermögenseinlage zahlt, nach außen hin nicht in Erscheinung tritt. Zudem besteht innerhalb der stillen Gesellschaft ein weiter Spielraum bei der gesellschaftsvertraglichen Regelung. Aus diesem Grund kann bei der Formulierung des Gesellschaftsvertrages auf besondere Erfordernisse des stillen Gesellschafters abgestellt werden. Die Beteiligung des stillen Gesellschafters kann mit besonderen steuerlichen Vorteilen für den stillen Gesellschafter verbunden sein und damit zu Anreizen führen, Gesellschafter einer stillen Gesellschaft zu werden.

Die Geschäftsführung und Vertretung liegt grundsätzlich allein bei dem Inhaber des Handelsgeschäfts. Der stille Gesellschafter kann jedoch durch entsprechende Regelungen im Gesellschaftsvertrag an der Geschäftsführung mitwirken.

Der stille Gesellschafter wird sich in der Regel lediglich mit seiner Vermögenseinlage an dem Geschäft beteiligen. Seine Bindung an die Gesellschaft ist daher im Vergleich zur OHG und zur KG gering. Aus diesem Grund hat der stille Gesellschafter auch nur wenig Möglichkeiten auf die Geschäftsführung auf das Handelsgeschäft Einfluss zu nehmen.

Haftung des stillen Gesellschafters: Gemäß § 230 Abs. 2 HGB haftet der Inhaber des Handelsgeschäfts im Rahmen einer stillen Gesellschaft für die Geschäftsverbindlichkeit allein. § 230 Abs. 2 HGB bestimmt: „Der Inhaber wird aus dem in dem Betriebe geschlossenen Geschäften allein berechtigt und verpflichtet."

Der stille Gesellschafter wird aus den Geschäftsverbindlichkeiten weder berechtigt noch verpflichtet. Folglich kann der stille Gesellschafter weder Forderungen für die Gesellschaft gegenüber Dritten geltend machen, noch können Dritte auf den stillen Gesellschafter zugreifen. Der stille Gesellschafter haftet lediglich im Innenverhältnis zu dem Inhaber des Handelsgewerbes und auch hier nur in Höhe der Einlage. Denkbar ist jedoch, dass die Gläubiger den Anspruch des Inhabers des Handelsgewerbes gegenüber dem stillen Gesellschafter pfänden und auf diesem Umweg in das persönliche Vermögen bis zur Höhe der Einlage vollstrecken können.

Rechte und Pflichten der Gesellschafter: Ist der Anteil des stillen Gesellschafters am Gewinn und Verlust nicht bestimmt, so gilt ein den Umständen nach angemessener Anteil als vereinbart. Im Gesellschaftsvertrag kann festgelegt werden, dass der stille Gesellschafter nicht am Verlust beteiligt sein soll. Die Beteiligung des stillen Gesellschafters am Gewinn kann hingegen nicht ausgeschlossen werden (§ 231 HGB).

Die Kontrollbefugnisse des stillen Gesellschafters beschränken sich auf die Rechte gemäß § 233 HGB. Danach ist der stille Gesellschafter berechtigt, die abschriftliche

Mitteilung des Jahresabschlusses zu verlangen und dessen Richtigkeit unter Einsicht der Bücher und Papiere zu prüfen. Auf Antrag des stillen Gesellschafters kann durch gerichtliche Entscheidung die Mitteilung einer Bilanz und eines Jahresabschlusses oder sonstiger Aufklärungen sowie die Vorlegung der Bücher und Papiere angeordnet werden, wenn wichtige Gründe dafür vorliegen.

Gesellschafterwechsel in der stillen Gesellschaft: Die Gesellschafterstellung des stillen Gesellschafters ist übertragbar, wenn die Gesellschafter dies in dem Gesellschaftsvertrag vorgesehen haben oder aber der Inhaber des Handelsgewerbes dem zustimmt. Hingegen kann der Inhaber des Handelsgewerbes nicht gewechselt werden.

Stirbt der stille Gesellschafter, so wird die Gesellschaft nicht aufgelöst. Die Gesellschaft wird mit den Erben fortgeführt.

Die Beendigung einer stillen Gesellschaft ist grundsätzlich wie im Fall einer GbR möglich. Insofern wird auf die dortigen Ausführungen verwiesen.

Die Partnerschaftsgesellschaft

Die Partnerschaftsgesellschaft kann nicht von allen Berufsausübenden bzw. Unternehmern gewählt werden. Gemäß § 1 des Partnerschaftsgesellschaftsgesetzes (PartGG) ist eine Partnerschaft eine Gesellschaft, in der sich Angehörige freier Berufe zur Ausübung ihrer Berufe zusammenschließen können. Eine Partnerschaftsgesellschaft kann daher nur von Personen gegründet werden, die einen sog. „freien Beruf" ausüben. Sie übt kein Handelsgewerbe aus. Angehörige einer Partnerschaft können nur natürliche Personen sein.

Das Partnerschaftsgesellschaftsgesetz bestimmt in § 1 Abs. 2 PartGG wie sich der Begriff „freier Beruf" im Sinne des Partnerschaftsgesellschaftsgesetzes definiert. Danach haben die freien Berufe im allgemeinen auf der Grundlage besonderer beruflicher Qualifikation oder schöpferischer Begabung die persönliche, eigenverantwortliche und fachlich unabhängige Erbringung von Dienstleistungen höherer Art im Interesse der Auftraggeber und der Allgemeinheit zum Inhalt.

Typische „freie Berufe" im Sinn des PartGG ist die selbständige Berufstätigkeit der Ärzte, Zahnärzte, Tierärzte, Heilpraktiker, Krankengymnasten, Hebammen, Heilmasseure, Diplom-Psychologen, Rechtsanwälte, Patentanwälte, Wirtschaftsprüfer, Steuerberater, beratenden Volks- und Betriebswirte, vereidigten Buchprüfer (vereidigte Buchrevisoren), Steuerbevollmächtigten, Ingenieure, Architekten, Handelschemiker, Lotsen, hauptberuflichen Sachverständigen, Journalisten, Bildberichterstatter, Dolmetscher, Übersetzer und ähnlicher Berufe sowie der Wissenschaftler, Künstler, Schriftsteller, Lehrer und Erzieher.

Gemäß § 1 Abs. 4 finden auf die Partnerschaft insbesondere die Vorschriften des Bürgerlichen Gesetzbuches über die Gesellschaft Anwendung. Soweit verweist das Partnerschaftsgesellschaftsgesetz auf die §§ 705 ff. BGB und damit auf die Regelungen für die GbR.

Die Partnerschaftsgesellschaft ist eine Personengesellschaft und über den Verweis von § 7 Abs. 2 PartGG in Verbindung mit § 124 HGB auch ausdrücklich rechtsfähig. Eine Partnerschaftsgesellschaft liegt daher vor, wenn sich mindestens zwei Personen, zur Ausübung ihrer freien Berufe durch einen entsprechenden Partnerschaftsvertrag zusammenschließen.

Gemäß § 3 PartGG ist, anders als z. B. bei einer GbR, ein Partnerschaftsvertrag in Schriftform abzuschließen.

Der Partnerschaftsvertrag muss gemäß § 3 Abs. 2 enthalten:

1. den Namen und den Sitz der Partnerschaft,
2. den Namen, den Vornamen und den Wohnort von jedem Partner sowie den von jedem Partner in der Partnerschaft ausgeübten Beruf,
3. den Gegenstand der Partnerschaft.

Im Innenverhältnis besteht die Partnerschaft durch Abschluss eines Partnerschaftsvertrages in Schriftform.

Schriftform bedeutet im Sinne des BGB folgendes:

> Ist durch Gesetz schriftliche Form vorgeschrieben, so muss die Urkunde von dem Aussteller eigenhändig durch Namensunterschrift oder mittels notariell beglaubigten Handzeichens unterzeichnet werden.

Gemäß § 7 Abs. 1 PartGG wird die Partnerschaft ins Verhältnis zu Dritten mit ihrer Eintragung in das Partnerschaftsregister wirksam. Wie bei einer KG wird die Partnerschaft nach außen erst wirksam, wenn diese in das Partnerschaftsregister eingetragen ist. Vor einer wirksamen Eintragung ist die Partnerschaft als GbR zu qualifizieren.

Die Partnerschaft muss folglich in einem Partnerschaftsregister angemeldet werden. Änderungen bei der Partnerschaft sind diesem ebenfalls unverzüglich anzuzeigen.

Bei der Wahl des Namens ist die Regelung des § 2 PartGG zu beachten. Der Name der Partnerschaft muss daher den Namen mindestens eines Partners, den Zusatz „und Partner" oder „Partnerschaft" sowie die Berufsbezeichnungen aller in der Partnerschaft vertretenen Berufe enthalten. Die Beifügung von Vornamen ist nicht erforderlich. Die Namen anderer Personen als der Partner dürfen nicht in den Namen der Partnerschaft aufgenommen werden.

Geschäftsführung und Vertretung: Die Geschäftsführung und Vertretung der Partnerschaft richten sich im Wesentlichen nach den §§ 110–116 sowie den §§ 117–119 des HGB.

Damit gelten für die Geschäftsführung innerhalb einer Partnerschaftsgesellschaft die gleichen Regelungen wie bei der OHG. Als Ausnahme ist zu nennen, dass abweichend von den OHG-Regelungen einzelne Partner der Partnerschaftsgesellschaft nur von der Führung der sonstigen Geschäfte ausgeschlossen werden können. Einzelne Partner können im Partnerschaftsvertrag daher nicht von der Führung der gesamten Geschäftsführung ausgeschlossen werden. Hintergrund ist, dass dem Partner die uneingeschränkte Erbringung seiner beruflichen Tätigkeit möglich sein muss. Der vollständige Ausschluss einzelner Partner von jeglicher Geschäftsführung ist somit nicht möglich.

Die Vertretung der Partnerschaftsgesellschaft ist wie bei der OHG geregelt. Insoweit wird auf die Ausführungen dort verwiesen. Die Vorschriften hinsichtlich der Vertretung der OHG finden über den Verweis in § 7 Abs. 3 PartGG Anwendung.

Haftung: Die Besonderheit der Partnerschaftsgesellschaft ist die Möglichkeit, freie Berufe in Form einer Gesellschaft gemeinschaftlich auszuüben. § 8 Partnerschaftsgesellschaftsgesetz sieht vor, dass für die Verbindlichkeiten einer Partnerschaft neben dem Vermögen der Partnerschaft die Partner als Gesamtschuldner haften. Dies stellt grundsätzlich keinen Unterschied zu der Haftungssituation bei einer GbR oder OHG dar.

Die Besonderheit der Partnerschaft besteht jedoch in einer Haftungsbeschränkung. § 8 Abs. 2 Partnerschaftsgesellschaftsgesetz sieht vor, dass die Haftung für Fehler in der Ausübung in der jeweiligen beruflichen Tätigkeit auf einzelne Partner beschränkt werden kann.

§ 8 Abs. 2 PartGG bestimmt insoweit:

> Waren nur einzelne Partner mit der Bearbeitung eines Auftrags befaßt, so haften nur sie gemäß Absatz 1 für berufliche Fehler neben der Partnerschaft; ausgenommen sind Bearbeitungsbeiträge von untergeordneter Bedeutung.

In einer Praxis werden die jeweiligen beruflichen Leistung häufig nur von einem Partner in Bezug auf einen Mandanten, Patienten oder Kunden erbracht. Um die Haftung der anderen Partner, die ansonsten für z. B. einen Regress aus einer fehlerhaften Beratung innerhalb eines Anwaltsvertrags gemeinschaftlich haften würden, zu beschränken, wurde die Möglichkeit der Haftungsbeschränkung im Partnerschaftsgesellschaftsgesetz vorgesehen. Danach ist die Haftung grundsätzlich nur auf den Partner der Partnerschaftsgesellschaft begrenzt, der mit der Bearbeitung eines Auftrags befasst war.

3.2.4.4 Gesellschaft mit beschränkter Haftung (GmbH)

Für die Gesellschaft mit beschränkter Haftung (GmbH) gilt ein eigenes Gesetz, nämlich das gleichnamige Gesetz betreffend die Gesellschaften mit beschränkter Haftung (GmbHG). Danach können Gesellschaften mit beschränkter Haftung nach Maßgabe der Bestimmungen des GmbHG zu jedem gesetzlich zulässigen Zweck durch eine oder mehrere Personen gegründet werden.

Nach der obigen Regelung kann daher eine GmbH nicht nur für wirtschaftliche Zwecke, sondern grundsätzlich für jeden gesetzlich zulässigen Zweck, wie z. B. Gesellschaften zur Förderung kultureller oder wissenschaftlicher Ziele, gegründet werden. Am häufigsten dürfte die Rechtsform der GmbH im Rahmen von wirtschaftlichen Unternehmen zu finden sein.

Der größte Vorteil, z. B. ein Wirtschaftsunternehmen in Form einer Gesellschaft mit beschränkter Haftung zu führen, ergibt sich aus § 13 Abs. 2 GmbHG. Danach haftet für Verbindlichkeiten der Gesellschaft nur das Gesellschaftsvermögen.

Im § 13 Abs. 2 GmbHG ist folglich die wesentlich beschränkte Haftung der Gesellschaft geregelt. Im Vergleich zu z. B. Personengesellschaften haftet den Gläubigern gegenüber nur die Gesellschaft mit ihrem Gesellschaftsvermögen. Die GmbH ermöglicht es ihren Gesellschaftern daher, ein Unternehmen zu führen, ohne für die mit der Geschäftsführung bestehenden Risiken mit ihrem persönlichen Vermögen zu haften. Besonderheiten gibt es hinsichtlich der Haftung bei der sog. Vorgründungs- und der Vor-GmbH. Die besondere Haftungslage wird im Folgenden noch weiter erörtert.

Die Gesellschaft mit beschränkter Haftung hat als solche selbstständige Rechte und Pflichten. Sie kann Eigentum und andere dingliche Rechte an Grundstücken erwerben, vor Gericht klagen und verklagt werden. In § 13 Abs. 1 GmbHG ist die Rechtsfähigkeit der GmbH normiert.

Die Gesellschaft mit beschränkter Haftung gilt als Handelsgesellschaft im Sinne des Handelsgesetzbuches. Die GmbH ist daher stets Formkaufmann gem. § 6 HGB. Folglich gelten für die GmbH ergänzend die besonderen Regelungen des HGB.

Gründung der GmbH

Überblick: Die Gründung einer GmbH vollzieht sich in den folgenden Schritten:

1. Phase: Die Personen, die eine GmbH gründen wollen, schließen einen entsprechenden Vertrag mit der Verpflichtung, eine GmbH zu gründen. Mit Abschluss dieses Vertrages besteht eine sog. Vorgründungsgesellschaft. Der Vertrag bedarf keiner besonderen Form. Diese Gründungsphase entfällt bei der Gründung einer sog. „Ein-Mann-GmbH", da nur ein Gesellschafter existiert und dieser mit sich selbst keinen Gründungsvertrag schließen kann.
2. Phase: Die Vorgründungsgesellschaft endet zu dem Zeitpunkt, in dem der eigentliche Gründungsvertrag in Hinblick auf die GmbH-Gründung notariell beurkundet wurde. In dem Zeitraum zwischen der notariellen Beurkundung des eigentlichen Gesellschaftsvertrages und der Eintragung in das Handelsregister besteht eine sog. Vor-GmbH oder eine „GmbH in Gründung".
3. Phase: Erst mit der Eintragung der GmbH in das Handelsregister entsteht die eigentliche Gesellschaft mit der begrenzten Haftung.

Details zur Gründung

Inhalt des Gesellschaftsvertrages Die Gründung einer GmbH erfolgt durch einen entsprechenden Gesellschaftsvertrag. Der Gesellschaftsvertrag muss gemäß § 3 GmbHG den folgenden Inhalt haben:

1. die Firma und den Sitz der Gesellschaft
2. den Gegenstand des Unternehmens
3. den Betrag des Stammkapitals
4. die Zahl und die Nennbeträge der Geschäftsanteile, die jeder Gesellschafter gegen Einlage auf das Stammkapital (Stammeinlage) übernimmt.

Soll das Unternehmen auf eine gewisse Zeit beschränkt sein oder sollen den Gesellschaftern außer der Leistung von Kapitaleinlagen noch andere Verpflichtungen gegenüber der Gesellschaft auferlegt werden, so bedürfen auch diese Bestimmungen der Aufnahme in den Gesellschaftsvertrag (§ 3 Abs. 2 GmbHG).

Durch das Gesetzes zur Modernisierung des GmbH-Rechts und zur Bekämpfung von Missbräuchen (MoMiG) vom 23.10.2008 wurde zur Gründung einer GmbH ein vereinfachtes Verfahren eingeführt. Dieses vereinfachte Verfahren eignet sich zur Gründung von kleinen GmbHs. Gem. § 2 Abs. 1a GmbHG kann die GmbH in einem vereinfachten und daher kostengünstigeren Verfahren gegründet werden, wenn sie höchstens drei Gesellschafter und einen Geschäftsführer hat. Für die Gründung im vereinfachten Verfahren ist dann ein bestimmtes Musterprotokoll zu verwenden. Dieses sieht gem. der Anlage zu § 2 Abs. 1 a GmbHG wie folgt aus:

Anlage (zu § 2 Abs. 1a)

a) Musterprotokoll für die Gründung einer Einpersonengesellschaft UR. Nr................

Heute, den..........., erschien vor mir,............

Notar/in mit dem Amtssitz in

Herr/Frau 1)

2)

1. Der Erschienene errichtet hiermit nach § 2 Abs. 1a GmbHG eine Gesellschaft mit beschränkter Haftung unter der Firma...........................mit dem Sitz in...............................
2. Gegenstand des Unternehmens ist...........................
3. Das Stammkapital der Gesellschaft beträgt....................€ (i.W.......................Euro) und wird vollständig von Herrn/Frau 1).......................................(Gesellschaftsteil Nr.1 übernommen. Die Einlage ist in Geld zu erbringen, und zwar sofort in voller Höhe/zu 50 Prozent sofort, im Übrigen sobald die Gesellschafterversammlung ihre Einforderung beschließt.
4. Zum Geschäftsführer der Gesellschaft wird Herr/Frau 4)........................., geboren am........................., wohnhaft in..., bestellt. Der Geschäftsführer ist von den Beschränkungen des § 181 des Bürgerlichen Gesetzbuchs befreit.
5. Die Gesellschaft trägt die mit der Gründung verbundenen Kosten bis zu einem Gesamtbetrag von 300€, höchstens jedoch bis zum Betrag ihres Stammkapitals. Darüber hinausgehende Kosten trägt der Gesellschafter.
6. Von dieser Urkunde erhält eine Ausfertigung der Gesellschafter, beglaubigte Ablichtungen die Gesellschaft und das Registergericht (in elektronischer Form) sowie eine einfache Abschrift das Finanzamt – Körperschaftsteuerstelle -.
7. Das Erschienene wurde vom Notar/ von der Notarin insbesondere auf Folgendes hingewiesen: ....

Hinweise:

1. Nicht Zutreffendes streichen. Bei juristischen Personen ist die Anrede Herr/Frau wegzulassen.
2. Hier sind neben der Bezeichnung des Gesellschafters und den Angaben zur notariellen Identitätsfeststellung ggf. der Güterstand und die Zustimmung des Ehegatten sowie die Angaben zu einer etwaigen Vertretung zu vermerken.
3. Nicht Zutreffendes streichen. Bei der Unternehmergesellschaft muss die zweite Alternative gestrichen werden.
4. Nicht Zutreffendes streichen.

b) Musterprotokoll für die Gründung einer Mehrpersonengesellschaft mit bis zu drei Gesellschaftern UR. Nr. .... für die Gründung einer Mehrpersonengesellschaft mit bis zu drei Gesellschaftern UR. Nr. ....

Heute, den ...., erschienen vor mir, ..., Notar/in mit dem Amtssitz in.........................

Herr/ Frau 1)

Herr/ Frau 2)

Herr/ Frau 3)

1. Die Erschienenen errichten hiermit nach $ 2 Abs. 1a GmbHG eine Gesellschaft mit beschränkter Haftung unter der Firma .... mit dem Sitz in ....
2. Gegenstand des Unternehmens ist...
3. Das Stammkapital der Gesellschaft beträgt...................................€ (i.W............................Euro) und wird wie folgt übernommen.
   Herr/Frau 1) ....übernimmt einen Geschäftsanteil mit einem Nennbetrag in Höhe von........€ (i.W..................Euro)(Geschäftsanteil Nr. 1)
   Herr/Frau 1)..übernimmt einen Geschäftsanteil mit einem Nennbetrag in Höhe von ....€ (i.W.............:Euro) (Geschäftsanteil Nr.2)
   Herr/Frau 1)..übernimmt einen Geschäftsanteil mit einem Nennbetrag in Höhe von.......€ (i.W............................Euro) (Geschäftsanteil Nr.3)
   Die Einlagen sind in Geld zu erbringen, und zwar sofort in voller Höhe/zu 50 Prozent sofort, im Übrigen sobald die Gesellschafterversammlung ihre Einforderung beschließt.
4. Zum Geschäftsführer der Gesellschaft wird Herr/Frau 4)......................, geboren am......................................, wohnhaft in.............................., bestellt. Der Geschäftsführer ist von den Beschränkungen des § 181 des Bürgerlichen Gesetzbuches befreit.
5. Die Gesellschaft trägt die mit der Gründung verbundenen Kosten bis zu einem Gesamtbetrag von 300€, höchstens jedoch bis zum Betrag ihres Stammkapitals. Darüber hinausgehende Kosten tragen die Gesellschafter im Verhältnis der Nennbeträge ihrer Geschäftsanteile.
6. Von dieser Urkunde erhält eine Ausfertigung jeder Gesellschafter, beglaubigte Ablichtungen die Gesellschaft und das Registergericht (in elektronischer Form) sowie eine einfache Abschrift das Finanzamt – Körperschaftsteuerstelle.
7. Die Erschienenen wurden vom Notar/von der Notarin insbesondere auf Folgendes hingewiesen: ....

Hinweise:

1. Nicht Zutreffendes streichen. Bei juristischen Personen ist die Anrede Herr/Frau wegzulassen.
2. Hier sind neben der Bezeichnung des Gesellschafters und den Angaben zur notariellen Identitätsfeststellung ggf. der Güterstand und die Zustimmung des Ehegatten sowie die Angaben zu einer etwaigen Vertretung zu vermerken.
3. Nicht Zutreffendes streichen. Bei der Unternehmergesellschaft muss die zweite Alternative gestrichen werden.
4. Nicht Zutreffendes streichen.

Firma und Ort der Gesellschaft Die Firma einer GmbH muss die Bezeichnung „Gesellschaft mit beschränkter Haftung“ enthalten. Es reicht jedoch auch eine allgemein verständliche Abkürzung dieser Bezeichnung, wie z. B. „ GmbH“ oder „Gesellschaft mbH“.

Der Sitz der Gesellschaft ist der Ort, den der Gesellschaftsvertrag bestimmt. Als Sitz der Gesellschaft ist ein Ort innerhalb Deutschlands zu benennen.

Bestellung der Geschäftsführer Im nächsten Schritt sind von den Gesellschaftern der oder die Geschäftsführer der GmbH zu bestellen. Die Gesellschaft muss einen oder mehrere Geschäftsführer haben, wobei als Geschäftsführer nur eine natürliche, unbeschränkt geschäftsfähige Person bestellt werden kann. Als Geschäftsführer können Gesellschafter oder andere Personen gewählt werden.

Einige Personengruppen sind bei der Wahl des Geschäftsführers ausgeschlossen. Dazu gehören z. B. Personen, die als Betreuter bei der Besorgung seiner Vermögensangelegenheiten ganz oder teilweise einem Einwilligungsvorbehalt unterliegen, die aufgrund eines Verbots einen Beruf, einen Berufszweig, ein Gewerbe oder einen Gewerbezweig nicht ausüben dürfen oder die wegen bestimmter vorsätzlicher Wirtschaftsstraftaten rechtskräftig verurteilt wurden.

Anmeldung der Gesellschaft im Handelsregister

Die Geschäftsführer haben nach ihrer Bestellung die Gesellschaft zur Eintragung in das Handelsregister anzumelden.

Im Rahmen der Anmeldung wird vom Gericht geprüft, ob die Voraussetzungen für eine Eintragung im Handelsregister vorliegen. Die Eintragung kann erst erfolgen, wenn die nachfolgenden Unterlagen vorgelegt werden können:

1. Mit der Anmeldung ist der Gesellschaftsvertrag und im Fall des § 2 Abs. 2 GmbHG sind die Vollmachten der Vertreter, welche den Gesellschaftsvertrag unterzeichnet haben, oder eine beglaubigte Abschrift dieser Urkunden, einzureichen.
2. Es muss die Legitimation der Geschäftsführer, sofern diese nicht im Gesellschaftsvertrag bestellt sind, vorgelegt werden.
3. Eine unterschriebene Liste der Gesellschafter ist beizufügen. Die Gesellschafterliste muss den Namen, Vornamen, das Geburtsdatum und den Wohnort sowie die Nennbeträge und die laufenden Nummern der übernommenen Geschäftsanteile enthalten.
4. Bei Sachgründungen muss der Sachgründungsbericht vorgelegt werden.
5. Soweit Sacheinlagen vereinbart sind, ist durch entsprechende Unterlagen nachzuweisen, dass der Wert der Sacheinlagen den Nennbetrag der dafür übernommenen Geschäftsanteile erreicht.
6. Mit der Anmeldung ist die Versicherung abzugeben, dass die Leistungen auf die Geschäftsanteile bewirkt sind und dass sich die Leistungen endgültig in der freien Verfügung der Geschäftsführer befindet. Das Gericht kann bei erheblichen Zweifeln an der Richtigkeit der Versicherung Nachweise (unter anderem Einzahlungsbelege) verlangen.

7. In der Anmeldung haben die Geschäftsführer zu versichern, dass keine Umstände vorliegen, die ihrer Bestellung entgegenstehen, und dass sie über ihre unbeschränkte Auskunftspflicht gegenüber dem Gericht belehrt worden sind.
8. In der Anmeldung sind ferner anzugeben, eine inländische Geschäftsanschrift und die Art und der Umfang der Vertretungsbefugnis der Geschäftsführer.

Die Voraussetzung für die Anmeldung einer GmbH in das Handelsregister überprüft das Gericht. Liegen die Voraussetzungen, z. B. die Einzahlung des Mindeststammkapitals, nicht vor, so wird die Anmeldung abgelehnt.

Die Gläubiger einer GmbH können für Verbindlichkeiten der GmbH ihnen gegenüber grundsätzlich nur auf das Vermögen der GmbH zugreifen. Daher stellt das GmbHG sicher, dass eine Eintragung in das Handelsregister und damit eine Haftungsbeschränkung erst erfolgen kann, wenn das Mindestkapital, also quasi der Mindestbetrag, auf den Gläubiger vertrauen können, auch tatsächlich geleistet worden ist.

Das Mindeststammkapital ergibt sich aus § 5 GmbH-Gesetz. Demnach muss das Stammkapital der Gesellschaft mindestens 25.000 € betragen. Der Nennbetrag jedes Geschäftsanteils muss auf volle Euro lauten. Ein Gesellschafter kann bei Errichtung der Gesellschaft mehrere Geschäftsanteile übernehmen. Die Höhe der Nennbeträge der einzelnen Geschäftsanteile kann verschieden bestimmt werden. Die Summe der Nennbeträge aller Geschäftsanteile muss mit dem Stammkapital übereinstimmen (§ 5 GmbHG).

Die Anmeldung der GmbH kann gemäß § 7 GmbH-Gesetz erst dann erfolgen, wenn die Hälfte des Mindeststammkapitals mit mindestens 12.500 € nachweisbar so in die Gesellschaft eingebracht worden ist, dass sie zur freien Verfügung der Geschäftsführer stehen. Zudem darf die Anmeldung darf erst erfolgen, wenn auf jeden Geschäftsanteil, soweit nicht Sacheinlagen vereinbart sind, ein Viertel des Nennbetrags eingezahlt wurden.

Selbstverständlich kann im Gesellschaftsvertrag ein höheres Stammkapital der Gesellschaft vereinbart werden. Das Stammkapital muss jedoch mindestens 25.000 € betragen. Der Betrag der Stammeinlage für jeden einzelnen Gesellschafter kann unterschiedlich bestimmt werden.

Die Sacheinlagen sind vor der Anmeldung der Gesellschaft zur Eintragung in das Handelsregister ebenfalls so an die Gesellschaft zu bewirken, dass sie endgültig zur freien Verfügung der Geschäftsführer stehen. Damit soll sichergestellt werden, dass im Fall einer Inanspruchnahme durch potentielle Gläubiger, auf die Vermögenswerte für eine Verwertung z. B. im Rahmen einer Zwangsvollstreckung auch tatsächlich zugegriffen werden kann.

Soweit ein Gesellschafter seine Stammeinlage noch nicht vollständig geleistet hat, besteht ein Anspruch der GmbH auf Zahlung der Stammeinlage. Gemäß § 19 Abs. 2 GmbH-Gesetz kann der Gesellschafter von der Verpflichtung zur Leistung der Einlage nicht befreit werden. Für den Anspruch der Gesellschaft auf Zahlung der Einlage ist die Aufrechnung durch den Gesellschafter nicht zulässig. Hierdurch wird sichergestellt, dass die Mindeststammeinlagen zugunsten des Gläubigerschutzes auch tatsächlich eingefordert werden können. Der Anspruch auf Zahlung der Stammeinlage kann von Gläubigern gegenüber der GmbH gepfändet werden. Aufgrund dieser Pfändung kann der Gläubiger auch auf das

Vermögen des Gesellschafters, der seine Einlage noch nicht vollständig gezahlt hat, bis zur Höhe der vereinbarten Einlage zugreifen.

Können die Einlagen von den entsprechenden zahlungspflichtigen Gesellschaftern nicht eingezogen werden, so haften die übrigen Gesellschafter für die Ausfälle. § 24 GmbHG bestimmt insoweit:

> Soweit eine Stammeinlage weder von den Zahlungspflichtigen eingezogen, noch durch Verkauf des Geschäftsanteils gedeckt werden kann, haben die übrigen Gesellschafter den Fehlbetrag nach Verhältnis ihrer Geschäftsanteile aufzubringen. Beiträge, welche von einzelnen Gesellschaftern nicht zu erlangen sind, werden nach dem bezeichneten Verhältnis auf die übrigen verteilt.

Geschäftsführung und Vertretung

Den Geschäftsführern obliegt die Geschäftsführung und die Vertretung der Gesellschaft. Die GmbH wird durch die Geschäftsführer gerichtlich und außergerichtlich vertreten. Sind mehrere Geschäftsführer bestellt, sind diese mangels abweichender Regelungen nur gemeinschaftlich zur Vertretung der Gesellschaft befugt, es sei denn, dass der Gesellschaftsvertrag etwas anderes bestimmt.

Bei mehreren Geschäftsführern ist als Regel die Gesamtgeschäftsführung vorgesehen. Diese Regelung, kann jedoch durch eine entsprechende Vereinbarung im Gesellschaftsvertrag abgeändert werden.

Der oder die Geschäftsführer werden durch einen Beschluss oder im Gesellschaftsvertrag bestellt. Die Bestellung eines Geschäftsführers bzw. die Änderung der Geschäftsführung ist bei dem Handelsregister unverzüglich anzumelden.

Die Bestellung eines Geschäftsführers ist zu jeder Zeit widerruflich. Im Gesellschaftsvertrag kann die Zulässigkeit des Widerrufs auf den Fall beschränkt werden, dass ein wichtiger Grund für den Widerruf vorliegt. Ein solcher wichtiger Grund ist insbesondere eine grobe Pflichtverletzung im Rahmen der Geschäftsführung oder die Unfähigkeit zur ordnungsmäßigen Geschäftsführung, z. B. durch Verlust der Geschäftsfähigkeit.

Insichgeschäft Da die GmbH als Kapitalgesellschaft nicht selbst handeln kann, muss sie hierzu eine natürliche Person bestellen. Die Vertretung der Gesellschaft erfolgt folglich durch die oder den Geschäftsführer. In diesem Zusammenhang ist die Problematik der sogenannten Insichgeschäftes anzusprechen.

Gemäß § 181 BGB kann eine Person im Namen des Vertretenen mit sich im eigenen Namen oder als Vertreter eines Dritten ein Rechtsgeschäft nicht vornehmen. Folglich kann der Geschäftsführer einer GmbH ein Geschäft für sich mit der GmbH nicht schließen. Dies verbietet § 181 BGB.

> Ein Vertreter kann, soweit nicht ein anderes ihm gestattet ist, im Namen des Vertretenen mit sich im eigenen Namen oder als Vertreter eines Dritten ein Rechtsgeschäft nicht vornehmen, es sei denn, dass das Rechtsgeschäft ausschließlich in der Erfüllung einer Verbindlichkeit besteht.

Von diesem Verbot des Insichgeschäfts kann der Geschäftsführer durch eine Regelung im Gesellschaftsvertrag oder durch einen entsprechenden Gesellschafterbeschluss befreit werden. Diese Befreiung ist in das Handelsregister einzutragen.

§ 35 GmbHG normiert für eine Ein-Mann-GmbH ausdrücklich:

> Befinden sich alle Geschäftsanteile der Gesellschaft in der Hand eines Gesellschafters oder daneben in der Hand der Gesellschaft und ist er zugleich deren alleiniger Geschäftsführer, so ist auf seine Rechtsgeschäfte mit der Gesellschaft § 181 des Bürgerlichen Gesetzbuchs anzuwenden. Rechtsgeschäfte zwischen ihm und der von ihm vertretenen Gesellschaft sind, auch wenn er nicht alleiniger Geschäftsführer ist, unverzüglich nach ihrer Vornahme in eine Niederschrift aufzunehmen.

Die Anordnung des § 181 BGB soll Gläubiger besser, zum Beispiel vor Vermögensverschiebungen bei einer drohenden Insolvenz, schützen.

Übertragung von Geschäftsanteilen Ein weiterer Vorteil der GmbH ist die unproblematische Änderung der Zusammensetzung der Gesellschafter. Die GmbH ist so konstruiert, dass Geschäftsanteile unproblematisch veräußert werden können, ohne dass sich an der Struktur der Gesellschaft etwas verändert. Dadurch bietet sich die Gesellschaft mit beschränkter Haftung für eine Vielzahl von Gesellschaftern an. Gemäß § 15 GmbH-Gesetz sind die Geschäftsanteile veräußerlich und vererblich. Für die Abtretung von Geschäftsanteilen der Gesellschafter bedarf es eines entsprechenden Abtretungsvertrages, der in notarieller Form geschlossen werden muss.

Haftung in der Gründungsphase Damit die GmbH als juristische Person wirksam wird, bedarf es der Eintragung im Handelsregister. Die GmbH besteht vollständig erst mit der Eintragung in das Handelsregister. Vor der Eintragung in das Handelsregister besteht die Gesellschaft mit beschränkter Haftung nicht. Da die Gesellschaft vor der Eintragung im Handelsregister nicht mit der Haftungsbeschränkung besteht, stellt sich die Frage, wie die Gesellschafter bzw. die Handelnden vor der Eintragung der GmbH im Handelsregister haften.

Falls die Gründer schon im Vorgründungsstadium die Geschäfte aufgenommen haben, kann eine GbR bzw. eine OHG vorliegen, wenn diese auch schon nach außen z. B. gegenüber Geschäftspartnern aufgetreten ist. Die Haftung wird in diesem Fall nach den allgemeinen Regeln für die GbR bzw. OHG bestimmt. Die Gesellschafter haften dann mit ihrem Privatvermögen für die Verbindlichkeiten, die in diesem Stadium der Vorgründung entstanden sind.

Die Haftungslage der Vor-GmbH sieht anders aus. Nach neuester Rechtsprechung des BGH sollen die Gesellschafter der Vor-GmbH eine sog. Verlustdeckungshaftung treffen. Dabei sieht diese Verlustdeckungshaftung des BGH eine unbeschränkte, anteilige Innenhaftung der Gesellschafter der Vor-GmbH vor. Die Gesellschafter haften demnach nicht direkt gegenüber den einzelnen Gläubigern, sondern nur gegenüber der Vor-GmbH und nur im Verhältnis ihrer übernommenen Einlagen. In diesem Verhältnis sollen die Gesellschafter allerdings unbeschränkt mit ihrem Privatvermögen haften.

Demnach kann jeder Gesellschafter für Verbindlichkeiten der Vor-GmbH, die vor der Eintragung begründet worden sind, mit seinem Privatvermögen haften.

Haftungslage nach Eintragung Die Gesellschaft mit der beschränkten Haftung wird wirksam mit der Eintragung im Handelsregister. Erst dann tritt die Haftungsbeschränkung in Kraft. Für die Verbindlichkeiten der Gesellschaft, die ab der Eintragung entstanden sind, haftet nur das Gesellschaftsvermögen der GmbH.

Im Grundsatz haftet folglich die GmbH selbst für alle entstandenen Verbindlichkeiten mit ihrem Gesellschaftsvermögen. Dies gilt nicht nur für vertragliche Verbindlichkeiten, sondern auch für Schadensersatzansprüche aus unerlaubter Handlung. Diese Haftung bezieht sich daher grundsätzlich auch auf schuldhaftes Verhalten von Personen, die für und im Namen der GmbH tätig werden.

Beispiel

Der bei der Maler-GmbH angestellte Malergeselle A streicht für die Maler-GmbH das Haus von B. Hierbei fällt ihm ein Farbeimer auf das Auto des B. Das Verschulden des Malergesellen muss sich die GmbH zurechnen lassen. Der Auftraggeber B kann folglich verlangen, dass die GmbH den Schaden an seinem Fahrzeug von der GmbH ersetzt.

Die Haftungsbeschränkung der GmbH wird nur in eng umgrenzten Ausnahmefällen durchbrochen. Haftung.

Die Rechtsprechung hat in bestimmten Fällen eine sogenannte Durchgriffshaftung auf das Vermögen der Gesellschafter zugelassen.

Diese Durchgriffshaftung kommt jedoch nur in sehr engen Ausnahmefällen in Betracht. Ein solcher Fall kann z. B. dann vorliegen, wenn die Gesellschafter eine Gesellschaft bewusst mit dem Zweck gegründet haben, die Haftungsbeschränkung zu missbrauchen. Diese Fälle werden unter dem Oberbegriff „Institutsmissbrauch" geführt. In diesen Fällen wird eine GmbH lediglich zu dem Zweck gegründet, eine beschränkte Haftung zu erreichen, obwohl von vornherein klar war, dass die Gesellschaft die Verbindlichkeiten nicht bedienen kann.

Die Haftungsbeschränkung soll nach der höchstrichterlichen Rechtsprechung daher nur ausnahmsweise dann durchbrochen werden können, „wenn die Anwendung jenes Grundsatzes zu Ergebnissen führen würde, die mit Treu und Glauben nicht in Einklang stehen und wenn die Ausnutzung der rechtlichen Verschiedenheit zwischen der juristischen Person und den hinter ihr stehenden natürlichen Personen einen Rechtsmissbrauch bedeuten würde."

Umgehung der Haftungsbeschränkung In der Praxis kann die Haftungsbeschränkung der GmbH jedoch faktisch dadurch „umgangen" werden, dass Geschäftspartner und Banken von den Gesellschaftern Sicherheiten vor dem Abschluss größerer Geschäfte verlangen. Als Sicherheiten können z. B. bei größeren Krediten entsprechende Bürgschaften der Gesellschafter verlangt werden. Kann die GmbH den Kredit dann nicht vollständig zurückzahlen, kann sich die Bank an den Bürgen halten und auf diese Weise auch auf das Privatvermögen des Gesellschafters zugreifen.

Besondere Haftung der Geschäftsführer Das GmbHG sieht für die Geschäftsführer einige besondere Haftungsregelungen vor.

So haften Gesellschafter, die vorsätzlich oder grob fahrlässig einer Person, die nicht Geschäftsführer sein kann, die Führung der Geschäfte überlassen haben, für den dadurch entstehenden Schaden.

Eine weitere Haftungsregelung in Bezug auf die Geschäftsführer sieht § 43 GmbHG vor. Danach haften die Geschäftsführer, welche ihre Obliegenheiten verletzen, der Gesellschaft solidarisch für den entstandenen Schaden. Die Geschäftsführer haben in den Angelegenheiten der Gesellschaft die Sorgfalt eines ordentlichen Geschäftsmannes anzuwenden.

3.2.4.5 Unternehmergesellschaft (haftungsbeschränkt)

Die Unternehmergesellschaft (UG) wurde durch das am 1. November 2008 in Kraft getretene Gesetz zur Modernisierung des GmbH-Rechts und zur Bekämpfung von Missbräuchen (MoMiG) in das GmbH-Gesetz eingefügt.

Die Unternehmergesellschaft unterliegt grundsätzlich den Vorschriften, die auch für die GmbH gelten. Es sind jedoch hinsichtlich der UG einige Besonderheiten zu beachten.

Der wesentlichste Unterschied der UG im Vergleich zur GmbH stellt die Möglichkeit dar, eine Gesellschaft mit beschränkter Haftung zu gründen, ohne das Stammkapital in Höhe von 25.000 € zur Verfügung stellen zu müssen. Mit der UG wurde daher eine Gesellschaftsform geschaffen, die den Vorteil der Haftungsbeschränkung wie bei der GmbH gewährt, ohne das recht hohe Stammkapital von 25.000 € aufbringen zu müssen.

Da das Stammkapital die Haftungsgrundlage der GmbH bildet, muss potentiellen Vertragspartnern der UG deutlich gemacht werden, dass es sich um eine haftungsbeschränkte Gesellschaft handelt, die ggf. nur über ein sehr geringes Stammkapital verfügt. Das Stammkapital der UG muss mindestens einen Euro betragen.

Um klarzustellen, dass eine Gesellschaft mit einer Haftungsbeschränkung und einem geringen Stammkapital vorliegt, muss die Bezeichnung „Unternehmergesellschaft (haftungsbeschränkt)" oder „UG (haftungsbeschränkt)" geführt werden.

Die UG muss jedoch 25 % des Gewinns darauf verwenden, eine Rücklage zu bilden. So soll mit den laufenden Geschäften die Kapitaldecke und damit das für eine Vollstreckung zur Verfügung stehende Kapital erhöht werden.

Grundsätzlich kann eine UG auf ähnliche Weise wie eine GmbH gegründet werden. Insofern wird auf die Ausführungen bei der GmbH verwiesen.

Durch Verwendung vorgesehener Musterverträge kann die UG vereinfacht und kostengünstig gegründet werden.

Die Vertretung der UG richtet sich nach den gleichen Vorschriften wie bei der GmbH, sodass auf die dortigen Ausführungen verwiesen werden kann.

3.2.4.6 Aktiengesellschaft

Die Aktiengesellschaft (AG) ist eine Körperschaft. Die Gesellschaftsform der AG bietet den Vorteil, dass sich an der Gesellschaft eine Vielzahl von Gesellschaftern in Form von Aktien beteiligen können.

Besondere Regelungen zu der Aktiengesellschaft finden sich im Aktiengesetz. Da eine Aktiengesellschaft gemäß § 3 Abs. 1 Aktiengesetz eine Handelsgesellschaft darstellt, unterliegt auch sie als Formkaufmann den Regelungen des HGB. Die Aktiengesellschaft ist eine Gesellschaft mit eigener Rechtspersönlichkeit. Für die Verbindlichkeiten der Gesellschaft haftet den Gläubigern das Gesellschaftsvermögen der Aktiengesellschaft.

Anders als bei der GmbH spricht man bei der Aktiengesellschaft nicht von einem Stammkapital, sondern von einem Grundkapital. Dieses Grundkapital ist in Aktien „zerlegt". Die Gesellschafter werden über die in ihrem Besitz befindlichen Aktien an der Gesellschaft entsprechend beteiligt.

Wie hoch das Grundkapital einer Aktiengesellschaft ist, kann grundsätzlich frei von der Aktiengesellschaft in ihrer Satzung festgelegt werden. Gemäß § 7 Aktiengesetz beträgt das Mindestgrundkapital jedoch 50.000 €.

Die Aktien können gemäß § 8 Aktiengesetz entweder als Nennbetragsaktien oder als Stückaktien ausgegeben werden.

Nennbetragsaktien müssen auf mindestens 1 € lauten. Stückaktien lauten auf keinen Nennbetrag. Die Stückaktien der Aktiengesellschaft sind am Grundkapital im gleichen Umfang beteiligt. Folglich repräsentieren die Stückaktien einen entsprechenden Teil am Grundkapital.

Gründung einer Aktiengesellschaft

Eine AG entsteht gem. § 41 AktG erst mit ihrer Eintragung in das Handelsregister. Vor der Eintragung in das Handelsregister besteht die Aktiengesellschaft als solche nicht.

Die Gründung der AG unterteilt man grundsätzlich in drei Phasen:

1. Vorgründungsgesellschaft
2. Vor-AG
3. AG

Die sogenannte Vorgründungsgesellschaft entsteht in dem Zeitpunkt, in dem die Gesellschafter einen entsprechenden Vertrag zur Gründung einer Aktiengesellschaft abschließen. Diese Vorgründungsgesellschaft ist als GbR zu qualifizieren. Betreibt diese Gesellschaft bereits ein Handelsgewerbe, liegt eine oHG vor.

Mit der Feststellung der Satzung gem. § 23 AktG entsteht die sog. Vor-AG. Die Vor-AG ist als Gesellschaft eigener Art einzustufen. Diese Vor-AG besteht so lange, bis die Aktiengesellschaft in das Handelsregister eingetragen worden ist. Mit der Eintragung in das Handelsregister besteht die Aktiengesellschaft dann als juristische Person endgültig. Die Vor-AG und die später entstehende Aktiengesellschaft sind identisch. Die Aktiengesellschaft haftet daher für alle Rechte und Pflichten, die in der Zeit der Vor-AG eingegangen wurden.

Im weiteren Gründungsprozess ist sodann gemäß § 23 Aktiengesetz die Satzung durch notarielle Beurkundung festzustellen. In dieser notariellen Beurkundung sind anzugeben:

Die Gründer, bei Nennbetragsaktien der Nennbetrag, bei Stückaktien die Anzahl, der Ausgabebetrag und die Gattung der Aktien, die jeder Gründer übernimmt.

Zudem ist zwingend der eingezahlte Betrag des Grundkapitals zu nennen. Dieser beträgt, wie bereits angesprochen, mindestens 50.000 €.

Gem. § 23 Abs. 3 AktG muss in der Satzung folgendes verbindlich festgelegt werden:

1. die Firma und der Sitz der Gesellschaft;
2. der Gegenstand des Unternehmens; namentlich ist bei Industrie- und Handelsunternehmen die Art der Erzeugnisse und Waren, die hergestellt und gehandelt werden sollen, näher anzugeben;
3. die Höhe des Grundkapitals;
4. die Zerlegung des Grundkapitals entweder in Nennbetragsaktien oder in Stückaktien, bei Nennbetragsaktien deren Nennbeträge und die Zahl der Aktien jeden Nennbetrags, bei Stückaktien deren Zahl, außerdem, wenn mehrere Gattungen bestehen, die Gattung der Aktien und die Zahl der Aktien jeder Gattung;
5. ob die Aktien auf den Inhaber oder auf den Namen ausgestellt werden;
6. die Zahl der Mitglieder des Vorstands oder die Regeln, nach denen diese Zahl festgelegt wird.

Der Sitz der Gesellschaft ist gemäß § 5 Aktiengesetz der Ort, den die Satzung bestimmt.

Die Firma der Aktiengesellschaft muss die Bezeichnung Aktiengesellschaft oder eine allgemein verständliche Abkürzung dieser Bezeichnung, z. B. den Zusatz AG, enthalten.

Damit die Aktiengesellschaft in das Handelsregister eingetragen werden kann, müssen nach Errichtung der Gesellschaft die Organe der AG gemäß § 30 Aktiengesetz bestellt werden. Gemäß § 30 Aktiengesetz haben die Gründer den ersten Aufsichtsrat der Gesellschaft und den Abschlussprüfer des ersten Voll- oder Rumpfgeschäftsjahres zu bestellen. Die Bestellung bedarf ebenfalls der notariellen Beurkundung. Der Aufsichtsrat bestellt sodann den ersten Vorstand.

Sodann kann die Gesellschaft gemäß § 36 Aktiengesetz von allen Gründern und Mitgliedern des Vorstandes und des Aufsichtsrates zur Eintragung des Handelsregisters angemeldet werden. Vor der Anmeldung müssen der Aufsichtsrat bestellt werden, damit dieser den Vorstand bestellen kann. Denn Aufsichtsrat, Vorstand und Gründer, müssen zusammen die Gesellschaft zum Handelsregister anmelden.

Dabei ist jedoch darauf zu achten, dass die Anmeldung der Gesellschaft erst erfolgen darf, wenn auf jede Aktie der durch die Satzung bestimmte eingeforderte Betrag ordnungsgemäß eingezahlt wurde und endgültig zur freien Verfügung des Vorstandes steht.

Vor Eintragung der Aktiengesellschaft in das Handelsregister wird das zuständige Gericht einen Gründungsbericht anfordern. Gemäß § 32 Aktiengesetz haben die Gründer einen schriftlichen Bericht über den Hergang der Gründung zu erstatten.

Der Gründungsbericht stellt die Grundlage für die sogenannte Gründungsprüfung (§§ 32–36a Aktiengesetz) dar. In der Gründungsprüfung wird zum Beispiel geprüft, ob die Leistungen für Sacheinlagen angemessen sind. Durch die Gründungsprüfung soll unter anderem sichergestellt sein, dass die Sacheinlagen auch tatsächlich entsprechend ihrer Angabe werthaltig sind.

Das Gericht hat zu prüfen, ob die Gesellschaft ordnungsgemäß errichtet und angemeldet ist. Ist dies nicht der Fall, so hat es die Eintragung abzulehnen (§ 38 Abs. 1 AktG).

Die Organe der AG

Die Aktiengesellschaft weist drei Organe auf. Als Organe sind der Vorstand, der Aufsichtsrat sowie die Hauptversammlung zu nennen.

Vorstand Aufgabe des Vorstandes ist die Leitung der Gesellschaft in eigener Verantwortung. Die Aufgaben des Vorstandes sind daher mit denen von Geschäftsführern einer GmbH zu vergleichen. Der Vorstand kann hierbei aus einer oder mehreren Personen bestehen. Erst bei Gesellschaften mit einem Grundkapital von mehr als 3 Mio. € hat der Vorstand mindestens aus zwei Personen zu bestehen, soweit die Satzung nichts anderes bestimmt.

Gemäß § 84 Aktiengesetz sind die Vorstandsmitglieder vom Aufsichtsrat zu bestellen. Vorstandsmitglieder dürfen vom Aufsichtsrat auf höchstens fünf Jahre bestellt werden. Eine wiederholte Bestellung oder Verlängerung der Amtszeit für maximal weitere fünf Jahre ist zulässig. Hierüber muss der Aufsichtsrat per Beschluss entscheiden.

Ein Vorstandsmitglied bzw. die Ernennung zum Vorsitzenden des Vorstandes kann vom Aufsichtsrat widerrufen werden, wenn ein wichtiger Grund vorliegt. Hierzu regelt § 84 Abs. 3 Aktiengesetz folgendes:

> Der Aufsichtsrat kann die Bestellung zum Vorstandsmitglied und die Ernennung zum Vorsitzenden des Vorstands widerrufen, wenn ein wichtiger Grund vorliegt. Ein solcher Grund ist namentlich grobe Pflichtverletzung, Unfähigkeit zur ordnungsmäßigen Geschäftsführung oder Vertrauensentzug durch die Hauptversammlung, es sei denn, daß das Vertrauen aus offenbar unsachlichen Gründen entzogen worden ist.

Vorstandsmitglieder unterliegen gemäß § 88 Aktiengesetz einem umfassenden Wettbewerbsverbot.

Aufsichtsrat Ein weiteres Organ der Aktiengesellschaft stellt der Aufsichtsrat dar. Die Aufsichtsratsmitglieder werden grundsätzlich von der Hauptversammlung gewählt.

Wie lange die Aufsichtsratsmitglieder im Aufsichtsrat ihr Amt ausüben können, wird durch die Hauptversammlung, ggf. auch zwischen den jeweiligen Aufsichtsratsmitgliedern unterschiedlich, festgelegt. Eine Maximaldauer bestimmt § 102 AktG. Sie beträgt regelmäßig fünf Jahre.

Die Hauptaufgabe des Aufsichtsrates besteht darin, die Geschäftsführung durch den Vorstand zu überwachen.

Gemäß § 111 Aktiengesetz kann der Aufsichtsrat hierzu die Bücher und Schriften der Gesellschaft sowie die Vermögensgegenstände, namentlich die Gesellschaftskasse und die Bestände an Wertpapieren und Waren, einsehen und prüfen. Zur Prüfung kann sich der Aufsichtsrat auch eines Sachverständigen bedienen.

Gemäß § 90 Aktiengesetz hat der Vorstand dem Aufsichtsrat gegenüber umfangreiche Berichts- und Rechenschaftspflichten. So hat der Vorstand gegenüber dem Aufsichtsrat insbesondere zu berichten über:

1. die beabsichtigte Geschäftspolitik und andere grundsätzliche Fragen der Unternehmensplanung (insbesondere die Finanz-, Investitions- und Personalplanung), wobei auf Abweichungen der tatsächlichen Entwicklung von früher berichteten Zielen unter Angabe von Gründen einzugehen ist;
2. die Rentabilität der Gesellschaft, insbesondere die Rentabilität des Eigenkapitals;
3. den Gang der Geschäfte, insbesondere über den Umsatz, und die Lage der Gesellschaft;
4. Geschäfte, die für die Rentabilität oder Liquidität der Gesellschaft von erheblicher Bedeutung sein können.

Hauptversammlung Als drittes Organ der AG ist die Hauptversammlung zu nennen. Die Hauptversammlung stellt das Forum der Aktionäre dar. Die Aktionäre üben ihre Rechte in den Angelegenheit der Gesellschaft in der Hauptversammlung aus.

Weder die Aktionäre direkt noch in Form der Hauptversammlung besitzen jedoch einen direkten Einfluss auf die Führung der Geschäfte der Aktiengesellschaft. Weder die Aktionäre als einzelne noch in Form der Hauptversammlung verfügen daher über umfangreiche Rechte in Bezug auf die Geschäftsführung. Das wichtigste Recht der Hauptversammlung besteht darin, den Aufsichtsrat zu wählen. Der Aufsichtrat übernimmt dann die Funktion, die Tätigkeiten des Vorstandes im Interesse der Aktionäre zu überprüfen.

Die Einberufung und der Ablauf der Hauptversammlung wird durch die §§ 121–128 AktG geregelt. Zu den Einzelheiten wird auf diese Paragrafen verwiesen.

Geschäftsführung und Vertretung

Die Geschäftsführung wird durch § 77 Aktiengesetz geregelt. § 77 Aktiengesetz sieht für den Fall, dass der Vorstand aus mehreren Personen besteht, vor, dass die Vorstandsmitglieder nur gemeinschaftlich zur Geschäftsführung befugt sind. Allerdings kann von dieser Regel in der Satzung abgewichen werden. Es kann in der Satzung jedoch nicht vereinbart werden, dass einzelne Vorstandsmitglieder bei Meinungsverschiedenheiten im Vorstand gegen die Mehrheit seiner Mitglieder entscheiden.

Der Vorstand vertritt die Gesellschaft zudem gerichtlich und außergerichtlich. Besteht der Vorstand aus mehreren Personen, so sind diese nur gemeinschaftlich zur Vertretung der Gesellschaft befugt. Allerdings kann von dieser Grundregelung in der Satzung abgewichen werden.

Zur Gesamtvertretung befugte Vorstandsmitglieder können einzelne Vorstandsmitglieder zur Vornahme bestimmter Geschäfte oder bestimmter Arten von Geschäften ermächtigen. (§ 78 Abs. 4 AktG)

Bei der Geschäftsführung haben die Vorstandsmitglieder die Sorgfalt eines ordentlichen und gewissenhaften Geschäftsleiters anzuwenden. § 93 Aktiengesetz bestimmt ausdrücklich, dass über vertrauliche Angaben und Geheimnisse der Gesellschaft, namentlich Betriebs- oder Geschäftsereignisse, die den Vorstandsmitgliedern durch ihre Tätigkeit bekannt geworden sind, Stillschweigen zu bewahren ist.

Wie bereits ausgeführt, haftet – wie bei der GmbH – für die Verbindlichkeiten der Gesellschaft nur die Aktiengesellschaft selbst. Eine persönliche Haftung der Aktionäre, des Vorstandes oder des Aufsichtsrates besteht grundsätzlich nicht.

Ebenfalls wie bei der GmbH besteht jedoch die Möglichkeit, dass die einzelne Personen, wie z. B. Vorstandsvorsitzende oder aber Verrichtungsgehilfen der Aktiengesellschaft, für unerlaubte Handlungen persönlich mit ihrem Vermögen haften. Insoweit wird auf die Ausführung bei der GmbH verwiesen.

Haftung vor der Eintragung der AG Die Vorgründungsgesellschaft unterliegt aufgrund der Einordnung als GbR bzw. oHG den gleichen Haftungsregelungen dieser Rechtsform. Dies bedeutet, dass die Gesellschafter in diesem Zeitpunkt für Verbindlichkeiten der Vorgründungsgesellschaft persönlich mit ihrem Vermögen haften können.

Die Vor-AG haftet für in diesem Stadium entstandene Verbindlichkeiten mit ihrem Vermögen. Reicht dieses nicht aus, so kann die Gesellschafter der Vor-AG eine sog. Vorbelastungshaftung treffen. Durch diese kann eine Haftung der Gesellschafter entstehen, die auch das Privatvermögen gefährdet. Die Vorbelastungshaftung kann zu einer Haftung der Gesellschafter mit ihrem Privatvermögen führen. Dabei haften die Gesellschafter gegenüber dem Gläubiger jeweils im Verhältnis zur Höhe der jeweils übernommenen Einlagen. Diese anteilige Haftung ist dann unbeschränkt.

Unerlaubte Handlungen der Organe der Vor-AG muss sich diese analog § 31 BGB als eigene zurechnen lassen. Auch hier kann daher eine Haftung der Gesellschafter mit ihrem Privatvermögen in Betracht kommen.

Haftung der Vorstandsmitglieder Das Aktiengesetz sieht jedoch über die normalen Haftungsrisiken für Vorstandsmitglieder hinaus eine besondere Schadenersatzverpflichtung von Vorstandsmitgliedern einer Aktiengesellschaft vor.

Gemäß § 93 Abs. 1 Aktiengesetz kann sich ein Vorstandsmitglied einer Aktiengesellschaft dann schadenersatzpflichtig machen, wenn durch ihn die Grundregeln der Geschäftsführungspflichten schuldhaft verletzt wurden. Grundsätzlich können die Vorstandsmitglieder dann auch mit ihrem persönlichen Vermögen bezüglich dieser Schadenersatzansprüche herangezogen werden.

3.2.4.7 Genossenschaft

Die Errichtung und Führung einer Genossenschaft regelt sich nach dem Gesetz betreffend die Erwerbs- und Wirtschaftsgenossenschaften (GenG).

Eine Gesellschaft ist eine „eingetragene Genossenschaft“ (eG), wenn sie keine geschlossene Mitgliederzahl aufweist und wenn deren Zweck darauf gerichtet ist, den Erwerb oder die Wirtschaft ihrer Mitglieder oder deren soziale oder kulturelle Belange durch gemeinschaftlichen Geschäftsbetrieb zu fördern (Genossenschaften).

Im Gegensatz zu den anderen Körperschaften liegt der Hauptzweck der Genossenschaft nicht in der Gewinnerzielung, sondern in der Förderung ihrer Mitglieder. Aus diesem Grund eignet sich die eG nicht für Unternehmen, die einen möglichst großen Gewinn für die Inhaber der Gesellschaft erzielen wollen.

Die Firma der Genossenschaft muss die Bezeichnung „eingetragene Genossenschaft" oder die Abkürzung „eG" enthalten.

Zur Gründung einer eingetragenen Genossenschaft (eG) bedarf es einer Satzung. Diese Satzung der Genossenschaft muss in schriftlicher Form abgefasst sein. Um eine eG gründen zu können, müssen mindestens drei Mitglieder an der Genossenschaft beteiligt sein.-Bestimmungen darüber, ob die Mitglieder für den Fall, dass die Gläubiger im Insolvenzverfahren über das Vermögen der Genossenschaft nicht befriedigt werden, Nachschüsse zur Insolvenzmasse unbeschränkt, beschränkt auf eine bestimmte Summe (Haftsumme) oder überhaupt nicht zu leisten haben;

- Bestimmungen über die Form für die Einberufung der Generalversammlung der Mitglieder sowie für die Beurkundung ihrer Beschlüsse und über den Vorsitz in der Versammlung; die Einberufung der Generalversammlung muss durch unmittelbare Benachrichtigung sämtlicher Mitglieder oder durch Bekanntmachung in einem öffentlichen Blatt erfolgen; das Gericht kann hiervon Ausnahmen zulassen; die Bekanntmachung im Bundesanzeiger genügt nicht;
- Bestimmungen über die Form der Bekanntmachungen der Genossenschaft sowie Bestimmung der öffentlichen Blätter für Bekanntmachungen, deren Veröffentlichung in öffentlichen Blättern durch Gesetz oder Satzung vorgeschrieben ist;
- den Betrag, bis zu welchem sich die einzelnen Mitglieder mit Einlagen beteiligen können (Geschäftsanteil), sowie die Einzahlungen auf den Geschäftsanteil, zu welchen jedes Mitglied verpflichtet ist; diese müssen bis zu einem Gesamtbetrag von mindestens einem Zehntel des Geschäftsanteils nach Betrag und Zeit bestimmt sein;
- die Bildung einer gesetzlichen Rücklage, welche zur Deckung eines aus der Bilanz sich ergebenden Verlustes zu dienen hat, sowie die Art dieser Bildung, insbesondere den Teil des Jahresüberschusses, welcher in diese Rücklage einzustellen ist, und den Mindestbetrag der Rücklage, bis zu dessen Erreichung die Einstellung zu erfolgen hat.

Der Vorstand hat nach Errichtung der Satzung die Genossenschaft bei dem Gericht, in dessen Bezirk die Genossenschaft ihren Sitz hat, zur Eintragung in das Genossenschaftsregister anzumelden. Das Gericht prüft sodann, ob die Eintragungsvoraussetzungen vorliegen. Sind alle Eintragungsvoraussetzungen erfüllt, so sind die Satzung sowie die Mitglieder des Vorstands in das Genossenschaftsregister bei dem zuständigen Gericht einzutragen. Für die Anmeldung durch den Vorstand sind gem. § 11 GenG die nachfolgenden Unterlagen bei dem Gericht einzureichen:

- die Satzung, die von den Mitgliedern unterzeichnet sein muss;
- eine Abschrift der Urkunden über die Bestellung des Vorstands und des Aufsichtsrats;
- die Bescheinigung eines Prüfungsverbandes, dass die Genossenschaft zum Beitritt zugelassen ist, sowie eine gutachtliche Äußerung des Prüfungsverbandes, ob nach den persönlichen oder wirtschaftlichen Verhältnissen, insbesondere der Vermögenslage der Genossenschaft, eine Gefährdung der Belange der Mitglieder oder der Gläubiger der Genossenschaft zu besorgen ist.

In der Anmeldung ist des Weiteren anzugeben, welche Vertretungsbefugnis die einzelnen Vorstandsmitglieder haben.

Haftung

Die eG entsteht erst mit Eintragung in das Genossenschaftsregister. Solang diese Eintragung nicht wirksam vorgenommen wurde, handelt es sich bei der Gesellschaft um eine GbR bzw. OHG mit den entsprechenden Haftungsfolgen. Erst mit der Eintragung im Genossenschaftsregister erwirbt die eingetragene Genossenschaft als solche selbständige Rechte und Pflichten. Die eG kann erst dann Eigentum und andere dingliche Rechte an Grundstücken erwerben, vor Gericht klagen und verklagt werden.

Auch erst ab diesem Zeitpunkt haftet die eG für die Verbindlichkeiten der Genossenschaft den Gläubigern nur mit dem Vermögen der Genossenschaft. Die eG unterliegt als Kaufmann im Sinne des Handelsgesetzbuchs den dortigen ergänzenden Regelungen.

Organe Als Organe der eG sind der Vorstand, der Aufsichtrat und die Generalversammlung zu nennen.

Gem. § 9 GenG muss die eG einen Vorstand und einen Aufsichtsrat haben. Bei Genossenschaften mit nicht mehr als 20 Mitgliedern kann durch Bestimmung in der Satzung auf einen Aufsichtsrat verzichtet werden. In diesem Fall nimmt die Generalversammlung die Rechte und Pflichten des Aufsichtsrats wahr, soweit in diesem Gesetz nichts anderes bestimmt ist.

Die Mitglieder des Vorstands und des Aufsichtsrats müssen Mitglieder der Genossenschaft und natürliche Personen sein.

Vorstand Der Vorstand vertritt die eG gerichtlich und außergerichtlich. Nur wenn die Genossenschaft keinen Vorstand hat, man spricht dann auch von dem Fall der Führungslosigkeit, wird die Genossenschaft für den Fall, dass ihr gegenüber Willenserklärungen abgegeben oder Schriftstücke zugestellt werden, durch den Aufsichtsrat vertreten.

Soweit die Satzung nichts anderes bestimmt, wird der Vorstand mit zwei Personen besetzt, die von der Generalversammlung gewählt und abberufen werden. Die Satzung kann eine höhere Personenzahl im Vorstand festlegen und auch eine andere Art der Bestellung und Abberufung des Vorstandes festlegen. Nur bei Genossenschaften mit nicht mehr als 20 Mitgliedern kann die Satzung bestimmen, dass der Vorstand aus einer Person besteht.

Die Mitglieder des Vorstands können besoldet oder unbesoldet sein. Ihre Bestellung ist zu jeder Zeit widerruflich, unbeschadet der Entschädigungsansprüche aus bestehenden Verträgen.

Die Mitglieder des Vorstands sind nur gemeinschaftlich zur Vertretung der Genossenschaft befugt. Hiervon kann jedoch in der Satzung abgewichen werden. Die genauen Vertretungsregelungen können in der Satzung in weitem Rahmen frei festgelegt werden. Der Vorstand hat dabei die Beschränkungen zu beachten, die durch die Satzung festgesetzt wurden.

Hinsichtlich der Beschränkung der Vertretungsbefugnis des Vorstandes sind die Einschränkungen des § 27 GenG zu beachten.

> (2) Gegen dritte Personen hat eine Beschränkung der Befugnis des Vorstands, die Genossenschaft zu vertreten, keine rechtliche Wirkung. Dies gilt insbesondere für den Fall, dass die Vertretung sich nur auf bestimmte Geschäfte oder Arten von Geschäften erstrecken oder nur unter bestimmten Umständen oder für eine bestimmte Zeit oder an einzelnen Orten stattfinden soll oder dass die Zustimmung der Generalversammlung, des Aufsichtsrats oder eines anderen Organs der Genossenschaft für einzelne Geschäfte erforderlich ist.

Die Vertretungsbefugnis des Vorstandes kann gegenüber Dritten daher nicht wirksam beschränkt werden.

Aufsichtsrat Der Aufsichtsrat überwacht die Geschäftsführung durch den Vorstand. Der Aufsichtsrat hat nur eine überwachende Funktion. Selbst in die Geschäftsführung eingreifen, kann er nicht.

Zur Überprüfung des Vorstandes kann der Aufsichtsrat von dem Vorstand jederzeit Auskünfte über alle Angelegenheiten der Genossenschaft verlangen und die Bücher und Schriften der Genossenschaft sowie den Bestand der Genossenschaftskasse und die Bestände an Wertpapieren und Waren einsehen und prüfen.

Generalsversammlung Die Generalversammlung stellt das Gremium der Mitglieder der Genossenschaft dar. Die Mitglieder üben ihre Rechte in den Angelegenheiten der Genossenschaft in der Generalversammlung aus.

Die Generalversammlung wird grundsätzlich durch den Vorstand einberufen. Die Generalversammlung ist immer dann einzuberufen, wenn es in der Satzung oder in dem GenG vorgesehen ist und darüber hinaus, wenn dies im Interesse der Genossenschaft erforderlich erscheint.

Die weiteren Regelungen zur Generalversammlung finden sich in den §§ 43 ff. GenG.

3.2.4.8 Limited Company

Seit vielen Jahren ist es möglich eine sog. Limited auch in Deutschland zu führen. Wenn in Deutschland eine „Limited" auftritt, so wird dies im Zweifelsfall eine Private Company limited by shares sein. Diese stellt das Pendant zur deutschen GmbH dar.

In Deutschland mussten Unternehmensformen nach englischem Recht und damit auch die Private Company limited by shares zugelassen werden, nachdem der Europäische Gerichtshof dies aufgrund der Niederlassungsfreiheit in der Europäischen Union eingefordert hatte. Die Private Company limited by shares konnten in den letzten Jahren relativ häufig angetroffen werden. Zum Vergleich: Im Jahr 2008 gab es 5.836 Private Company limited by shares und 82.533 GmbHs.

Die Beliebtheit der „Limiteds" ist in dem Umstand begründet, dass eine Haftungsbeschränkung bei niedrigem Stammkapital (mindestens ein Pfund) erreicht werden kann. Mittlerweile gibt es die deutsche Version der Private Company limited by shares, die Unternehmergesellschaft (haftungsbeschränkt), die diese Vorteile ebenfalls miteinander vereinbart. Insofern entsprechen die Limiteds eher der Unternehmergesellschaft (haftungsbeschränkt) als der Rechtsform der GmbH.

Arten der Limited

Die Limiteds richten sich nach englischem Recht. Sie werden unterschieden in die Rechtsformen der Private company limited by shares, der Private company limited by guarantee, der Private unlimited company und der Public limited company.

Die private company limited by shares ist mit der deutschen GmbH vergleichbar. Es besteht eine Haftungsbeschränkung auf das Gesellschaftsvermögen. Sie ist die meist gewählte Rechtsform Englands. Der Firmenname muss den Zusatz „limited" oder „Ltd" enthalten.

Die private company limited by guarantee unterscheidet sich von der private company limited durch eine fehlende Verpflichtung zur Zahlung des Stammkapitals. Bei dieser Rechtsform garantieren die Gesellschafter, im Falle der Insolvenz, bis zu einer gewissen Höhe für die Verbindlichkeit der Gesellschaft zu haften.

Die private unlimited company gleicht der deutschen GbR bzw. oHG. Hier haften alle Teilhaber unbeschränkt. Der Firmenname muss hierbei den Zusatz „Unlimited" tragen.

Die public limited company ist die englische Form der deutschen AG. Die Aktien werden öffentlich an der Börse gehandelt, zudem wird die Stelle des Schriftführers (Company Secretary) zwingend benötigt, diese Stelle ist in der deutschen AG nicht vorgesehen.

Der Firmenname muss den Zusatz „public limited company" oder „PLC" enthalten.

Die Limited kann in Deutschland, genau wie die GmbH, die AG oder die KGaA als Komplementär in Mischformen auftreten. Denkbar sind hierbei z. B. eine Limited & Co. KG. Hierbei tritt genau wie die GmbH bei einer GmbH & Co. KG als Komplementär die Limited auf.

Gründung

Zur Gründung einer Limited muss die Gesellschaft im britischen Handelsregister (Companies House) eingetragen werden. Die Limited entsteht genau wie die GmbH mit der Eintragung ins Handelsregister. Die Gründung einer Limited bedarf keiner notariellen Beurkundung.

Zur Gründung müssen die erforderlichen Dokumente in ordnungsgemäßer Form beim Companies House eingereicht werden. Dazu zählen in erster Linie

- der Gesellschaftsvertrag (articles of association). Genau wie der deutsche Gesellschaftsvertrag, enthalten die articles of association unter anderem Angaben über den Firmennamen, das Nominalkapital und ggf. über die Anzahl sowie den Nennwert der Aktien
- eine Gründungserklärung (memorandum of association)
- einen Antrag auf Registrierung sowie eine Erklärung über das Kapital und die Kapitalanteile (statement of capital and initial shareholdings) und
- eine Erklärung der Direktoren.

Wird der Eintragungsantrag vom Companies House genehmigt, so erteilt dieses ein sogenanntes certificate of incorporation. Dieses Zertifikat weist die Limited als eigenständige Gesellschaft aus und beweist, dass die Haftung auf die dort ausgewiesene Summe beschränkt ist.

Der Name der Limited kann frei gewählt werden, wobei Begriffe wie zum Beispiel „International", „Royal" sowie „Bank" oder „Holding" einer Genehmigungspflicht unterliegen können.

Da die Limited eine englische Rechtsform ist, ist auf die Limited englisches Recht anzuwenden. Die englischen Vorschriften verlangen die Angabe eines Registered Office, dessen Adresse bei der Eintragung der Gesellschaft anzugeben ist. Die Erklärung zur Gründung muss von einem Notar oder Rechtsanwalt bestätigt werden.

Organe

Neben den Shareholdern (Gesellschaftern) und dem Board of Directors (Vorstand/Geschäftsführung) gibt es bei der Limited noch den Company Secretary (Schriftführer) und das bereits genannte Registered Office.

Shareholder Die Shareholder wählen genau wie die Gesellschafter einer GmbH den Vorstand der Unternehmung. Sie haben das Recht, jährlich über den Stand der Gesellschaft anhand eines ausführlichen Jahresabschlusses in Kenntnis gesetzt zu werden.

Directors Das Board of Directors unterscheidet zwischen den sog. Executive Directors und den non-executive Directors. Die Position der executive Directors ist hierbei mit der des Geschäftsführers bei der GmbH zu vergleichen. Sie vertreten das Unternehmen gerichtlich und außergerichtlich im vollen Umfang nach außen. Die non-executive Directors lassen sich mit dem deutschen Aufsichtsrat vergleichen. Sie haben eine rein beratende bzw. überwachende Funktion.

Company Secretary Der Company Secretary ist eine in Deutschland nicht vorzufindende Position innerhalb der Gesellschaft. Ihm unterliegen die jährliche Meldung sowie die Abgabe der sonstigen notwendigen Mitteilungen an das britische Handelsregister. Hierfür ist er im Rahmen seiner Tätigkeit berechtigt, im Namen der Gesellschaft zu unterschreiben. Für gewöhnlich wird diese Stelle durch eine natürliche bzw. juristische Person mit einem Beruf aus der Buchhaltung oder den Rechtswissenschaften besetzt.

Registered Office Die offizielle Anschrift der Gesellschaft stellt das Registered Office dar. Es ist die alleinige Adresse für die britischen Behörden und muss deshalb eine zustellfähige Adresse in England, Wales oder Schottland besitzen. Die häufige Annahme, ein Postfach sei für das Registered Office ausreichend, ist somit nicht korrekt. Es gibt allerdings auf deutsche Limitedgründungen spezialisierte Dienstleister in England. Diese übernehmen nach Beauftragung die Tätigkeiten eines Registered Office. Der Unternehmer muss sich somit nicht um die Anmietung eigener Geschäftsräume und die Einstellung von qualifiziertem Personal für das Registered Office kümmern. Die Kosten für eine solche Dienstleistung kann jedoch schnell 200–400 Pfund betragen.

Im Registered Office müssen zu den gewöhnlichen Geschäftszeiten Bilanzen und Abschlüsse, ein Verzeichnis der Aktionäre und Direktoren, sowie Unterlagen über Beschlüsse des Board of Directors und Unterlagen über Kredite ausliegen. Diese dürfen durch Jedermann eingesehen werden, nicht nur durch britische Behördenvertreter.

Vor- und Nachteile Die Gründung einer Limited in Deutschland hat gegenüber der deutschen GmbH einige Vorteile, jedoch auch nicht zu vernachlässigende Nachteile.

Die Gründung einer Limited kann in sehr kurzer Zeit erfolgen und ist nicht so zeitintensiv wie die Gründung einer GmbH. Die Gründung einer Limited kann innerhalb weniger Tage realisiert werden. Bis zur Gründung einer GmbH vergeht in der Regel mehr Zeit.

Änderungen in der Geschäftsführung, bei den Teilhabern oder innerhalb des Gesellschaftsvertrages sind sehr schnell möglich. Diese können durch eine einfache schriftliche Online-Meldung an das britische Handelsregister erledigt werden. Für vergleichbare Änderungen ist bei der GmbH jeweils die notarielle Beurkundung zwingend vorgeschrieben. Unter diesem isolierten Aspekt ist die Limited nicht nur die unbürokratischere Rechtsform, sondern auch die günstigere.

Der wesentlichste Vorteil der Limited wurde jedoch bereits genannt: Im Vergleich zur GmbH muss zur Gründung einer Limited quasi kein Gründungskapital aufgebracht werden. Als Stammeinlage wird hierbei nur 1 britisches Pfund gefordert. In diesem Punkt ist die Limited deutlich von der GmbH entfernt und lässt sich daher eher mit der Unternehmergesellschaft (UG) vergleichen.

Aus dem Hauptsitz in Deutschland resultiert des Weiteren die Verpflichtung zur Eintragung in das deutsche Handelsregister. Die Anmeldung muss mit beglaubigten und übersetzten Papieren des englischen Handelsregisters durch einen Notar erfolgen. Ergänzend zu diesen beglaubigten Papieren müssen zusätzlich noch alle in Deutschland notwendigen Dokumente wie z. B. ein Gewerbeschein der Anmeldung beigefügt werden.

Neben dem hieraus bereits resultierenden bürokratischen Aufwand ist für die deutsche Steuererklärung eine doppelte Buchführung nach HGB vorzunehmen. Für die britischen Finanzbehörden und das britische Handelsregister muss diese nach britischen Rechnungslegungsvorschriften erfolgen.

Die im Registered Office vorzuhaltenden Unterlagen müssen vom Unternehmer immer rechtzeitig und vollständig bereit gestellt werden. Fehlende oder zu spät abgegebene Reports an das britische Handelsregister können ansonsten zu sehr hohen Strafen bis hin zur Zwangsauflösung der Gesellschaft führen.

Der bürokratische Aufwand bei einer Limited ist daher erheblich und kann von Laien kaum bewerkstelligt werden. Bei der Führung einer Limited können sich daher schnell Kosten ergeben, die vermeintliche Kostenvorteile bei der Gründung aufzehren können.

Limited Companys genießen in Deutschland keinen guten Ruf. Der Auftritt einer Limited sorgt weder bei dem Kunden noch bei Banken und Geschäftspartnern für Vertrauen. Nicht selten wird die Haftungsbeschränkung der Limited ausgehebelt, indem von den hinter der Limited stehenden Gesellschaftern Sicherheiten wie Bürgschaften verlangt werden.

Mit Schaffung der Unternehmergesellschaft (haftungsbeschränkt) bietet das deutsche Recht eine der Limited stark vergleichbare Rechtsform an, welche jedoch mit einem für den laufenden Geschäftsbetrieb deutlich geringeren Bürokratieaufwand verbunden ist und keine Haftungs- bzw. Rechtsfragen ungeklärt lässt.

Für den jungen Unternehmer empfiehlt sich somit immer die Wahl einer Unternehmergesellschaft anstelle einer Limited. Nicht zuletzt, da sich die UG nach erfolgreicher Aufnahme der Geschäftstätigkeit reibungslos in eine GmbH wandeln lässt.

Haftung Die private company limited by shares ist haftungsrechtlich als rechtsfähige Person mit der deutschen GmbH zu vergleichen. Diese Limited haftet für ihre Verbindlichkeiten mit ihrem Gesellschaftsvermögen. Die Haftung der Gesellschafter der private company limited by shares ist grundsätzlich auf die festgelegte Einlage beschränkt.

Generell haften bei der Limited weder die Direktoren (directors) noch die Gesellschafter mit ihrem Privatvermögen.

Allerdings wurde auch bei der Limited im engen Rahmen eine Durchgriffshaftung auf das Privatvermögen der Gesellschafter zugelassen. Dabei gelten ähnliche Ausnahmegrundsätze wie bei der Durchgriffshaftung bei einer GmbH. Von der englischen Rechtsprechung wurde in Einzelfällen eine Haftung der Gesellschafter mit ihrem Privatvermögen, z. B. aufgrund der Umgehung gravierender rechtlicher Verpflichtungen, angenommen. Die beteiligten Gesellschafter sollten ihre Verpflichtungen im Rahmen ihrer Beteiligung an der Limited und ihrer Aufgabe in der Limited gut kennen und auf die Einhaltung genau achten, um eine persönliche Haftung in jedem Fall auszuschließen.

Gewerblicher Rechtsschutz

4

4.1 Einleitung

Bevor das Unternehmen mit der detaillierten Erstellung des Businessplans beginnt, sollte die Geschäftsidee und damit die Existenzgrundlage des Unternehmens geschützt werden. Im gleichen Schritt muss auch geprüft werden, ob mit einer Idee unter Umständen Schutzrechte Dritter verletzt werden. Eine Schutzrechtsverletzung liegt dann vor, wenn ein Schutzrecht von anderer Seite bereits angemeldet wurde. und die eigene Geschäftsidee und deren Verwendung demnach nicht neu wären.

Viele Innovationen scheiden für den gewerblichen Rechtsschutz aus, weil Sie bereits geschützt sind. Um keine Zeit und kein Geld in eine Doppelentwicklung zu investieren, sollten Gründer deshalb gleich zu Beginn prüfen, ob ein Schutzrecht von anderer Seite bereits besteht. Anmerken sollte man an dieser Stelle jedoch schon vorab, dass das Kopieren von Ideen nicht generell verboten ist. Grundlegend geht es beim gewerblichen Rechtsschutz darum, das in der Gründungsphase akkumulierte Wissen, das geistiges Eigentum des Unternehmens, zu schützen, um den erlangten Wettbewerbsvorteil zu verteidigen bzw. aufbauen zu können.

Als geistiges Eigentum wird in diesem Zusammenhang das ausschließliche Recht an einem immateriellen Gut beziehungsweise Vermögensgegenstand bezeichnet. Es kann somit als rechtlich geschütztes Wissen bezeichnet werden.

Ziel dieses Rechtsschutzes ist die Erlangung einer Monopolstellung im jeweiligen Segment. Durch den Aufbau eines Schutzrechtportfolios hat man als Unternehmer die Möglichkeit, immaterielle Güter oder Vermögensgegenstände gegen Neuerungen durch Nachahmer auf nationaler sowie internationaler Ebene zu schützen.

Ein Rechtsschutz ist damit als grundlegende, langfristige Investition in eine Unternehmung zu verstehen. Insbesondere durch die starke Nutzung und flächendeckende Verbreitung des Internets ist der Aufbau eines Schutzrechtsportfolios von wesentlicher Bedeutung. So stellt die Offenlegung einer Geschäftsidee, bevor diese geschützt wurde, aufgrund der potenziellen starken Verbreitung über das Internet eine große Gefahr dar.

O. Pott, Andre Pott, *Entrepreneurship*, Springer-Lehrbuch,
DOI 10.1007/978-3-642-29685-7_4, © Springer-Verlag Berlin Heidelberg 2012

Ohne den Aufbau eines gewerblichen Rechtsschutzes besteht die Gefahr, dass ein Dritter den Rechtsschutz für sich beansprucht und somit das eigene Recht an der Nutzung einer Idee erlöschen könnte. In diesem Fall würde die Basis der Unternehmung wegfallen. Der eigentliche Unternehmenswert, die Idee hinter der Unternehmung, würde in sich zusammenfallen.

Die Gesetze und Aufgaben des gewerblichen Rechtsschutzes gliedern sich wie folgt auf:

Technische gewerbliche Schutzrechte:

- Patente
- Gebrauchsmuster
- Halbleiterschutzgesetz
- Sortenschutzgesetz

Nichttechnische gewerbliche Schutzrechte:

- Markengesetz (schützt Wort- und Bildmarken, Tonfolgen, etc.)
- Geschmacksmustergesetz bzw. Designrecht (schützt Muster und Formen)
- Geschützte Herkunftsbezeichnungen
- Geschäftliche Bezeichnungen

Im Gegensatz zum Urheberrecht muss ein gewerbliches Schutzrecht explizit angemeldet werden. Für diese Anmeldung müssen anschließend je nach Art des Schutzrechts bestimmte Auflagen erfüllt werden. Der gewerbliche Rechtsschutz wird dabei gleichzeitig als Teilgebiet des Urheberrechts verstanden.

Zusammengefasst werden sowohl der gewerbliche Rechtsschutz als auch das Urheberrecht unter dem Immaterialgüterrecht.

Zu der komplexen und teilweise teuren Anmeldung eines gewerblichen Rechtsschutzes gibt es je nach Art der Geschäftsidee oder je nach Lebenszyklus einer Innovation auch Alternativen. Dass ein Produkt bzw. eine Idee nicht immer zwangsläufig durch einen Rechtsschutz gesichert werden muss, kann man am Beispiel Coca Cola aufzeigen. Die Formel des weltweit bekannten Erfrischungsgetränks von Coca Cola ist nicht durch ein gewerbliches Schutzrecht geschützt und wird gerade deshalb geheim gehalten.

4.2 Bilanzielle Einordnung und Bedeutung des geistigen Eigentums

Das geistige Eigentum einer Unternehmung ist das rechtlich geschützte Wissen, welches sich in Form von Schutzformen anmelden lässt.

Deswegen sollten Produkte zum Schutz vor Nachahmung über den gewerblichen Rechtsschutz angemeldet werden. In Deutschland gibt es aktuell beispielsweise allein über 800.000 Patente und diese machen nur einen Teil des gewerblichen Rechtsschutzes aus. Nachfolgend wird die Bedeutung des geistigen Eigentums bei der Betrachtung einer Bilanz verdeutlicht (Abb. 4.1).

Aktiva
Passiva
A. Anlagevermögen
I. Immaterielle Anlagen
II. Sachanlagen
1. Grundstücke und Bauten
2. Techn. Anlagen und Maschinen
3. Betriebs- und Geschäftsausstattung
III. Finanzanlagen
B. Umlaufvermögen
I. Vorräte
1. Rohstoffe
2. Fertigerzeugnisse
II. Forderungen
1. Forderungen aLuL
2. Sonstige Vermögensgegenstände
III. Wertpapiere des Umlaufvermögens
IV. Liquide Mittel (Kasse, Guthaben)
C. Aktive Rechnungsabgrenzung
A. Eigenkapital
I. Gezeichnetes Kapital
II. Gewinnrücklagen
B. Rückstellungen
I. Pensionsrückstellungen
II. Steuerrückstellungen
III. Sonst. Rückstellungen
C. Verbindlichkeiten
I. Verbindlichkeiten gg. Kreditinstituten
II. Verbindlichkeiten aLuL
III. Sonstige Verbindlichkeiten
D. Passive Rechnungsabgrenzung

Abb. 4.1 Die Bilanz zur Veranschaulichung der Bedeutung des geistigen Eigentums

Das Anlagevermögen auf der Aktiv-Seite der Bilanz teilt sich in immaterielle Vermögensgegenstände, Sach- und Finanzanlagen auf. Das Umlaufvermögen umfasst Vorräte, Forderungen, Wertpapiere, Bankguthaben und Liquide Mittel.

Angenommen ein Unternehmen gerät aufgrund fehlender Zahlungen von Großkunden in eine finanzielle Engpasssituation. Große Summen wurden für ein Projekt vorgestreckt und externe Forderungen können aufgrund fehlender Zahlungseingänge nicht mehr bezahlt werden.

Um die Liquidität wieder herzustellen, wird das Unternehmen zunächst alle Möglichkeiten nutzen, die das Anlagevermögen und insbesondere die immateriellen Vermögensgegenstände nicht berühren.

Beispielsweise würde das Unternehmen zunächst offene Forderungen an Banken im Rahmen eines Factoring (Forderungszession) verkaufen. Weiterhin könnte man versuchen, die Bilanz durch Überschreibung von Maschinen oder sonstigen Vermögensgegenständen an die Bank zu verlängern oder Vermögensgegenstände außerhalb der Bilanz aufzudecken. In jedem Fall aber wäre primäres Ziel des Unternehmens, keine immateriellen Vermögensgegenstände anzutasten, um die Basis des Unternehmens nicht zu untergraben.

Da die Idee bzw. das Konzept den eigentlichen Wert eines Unternehmens darstellt und diese maßgeblich für den Schutz bzw. den Aufbau einer Monopolstellung verantwortlich ist, sollte diese wenn möglich nicht aus der Hand gegeben werden. Dies begründet sich damit, dass Patente, Geschmacksmuster, Lizenzen und alle anderen gewerbliche Schutzrechte als immaterielle Vermögensanlagen die eigentliche Grundlage des Unternehmenswertes darstellen und an oberster Bilanzposition aufgeführt sind.

Würde Red Bull beispielsweise seine Markenrechte verlieren, dann der Unternehmenswert reduziert werden: Der Markenwert von Red Bull bezieht sich vordergründig aus dem wahrgenommenen Wert der Marke und ist dabei gleichzeitig zu großen Teilen auf die Marketingaktivitäten des Unternehmens zurückzuführen, welche explizit den Namen „Red Bull" bewerben. Mit dem Verkauf bzw. Verlust der Markenrechte würde das Unternehmen zu allererst den Namen „Red Bull" nicht mehr nutzen dürfen und hätte dadurch seinen Bekanntheitsgrad und damit auch seine Marktstellung verloren.

Herausstellen muss man bezüglich der Betrachtung von Bilanzen auch, dass z. B. im deutsch-amerikanischen Vergleich, erhebliche Unterschiede bei den Vermögenswerten, finanziell ansonsten gleich aufgestellter Unternehmen, auftreten können.

Dies begründet sich damit, dass in Deutschland nach dem Vorsichtsprinzip bilanziert wird. Das Vorsichtsprinzip besagt, dass nach altem HGB ein Aktivierungsverbot für selbst entwickelte Gegenstände vorliegt. Der Gläubigerschutz und das Prinzip der Kapitalerhaltung dienen sind als Grundlage für das Aktivierungsverbot angeführt. In den USA würde der gleiche Vermögenswert der immateriellen Vermögensgegenstände dagegen erheblich größere Ausmaße annehmen; Grund ist ein anderes Aktivierungssystem nach US-GAAP. Die stille Reserven daraus könnten in Millionenhöhe aufgedeckt werden.

4.3 Abgrenzung zum Urheberrecht

Aus dem Urheberrecht leiten sich zudem das Veröffentlichungsrecht, das Recht zur Entstellung des Werkes, die Anerkennung der Urheberschaft sowie das Verwertungsrecht ab. Letzteres zielt darauf ab, dem Schöpfer das Recht zur Vervielfältigung, Ausstellung, Sendung etc. zu geben.

Im Gegensatz zu den Rechten aus dem gewerblichen Rechtsschutz lässt sich das Urheberrecht (zumindest in Deutschland) nicht durch Eintragung anmelden.

Vielmehr bezieht sich der Schutz aus dem Urheberrecht automatisch auf solche Werke, welche eine gewisse Gestaltungshöhe aus persönlicher Schöpfkraft und geistiges sowie ästhetisches „Gehalt" bzw. Originalität aufweisen. Der zu schützende Gegenstand liegt dabei auf dem geistigen Gebiet. Hierzu zählen schöpferische Aktivitäten aus der Literatur, Wissenschaft oder Kunst, wie Schriftwerke, Bilder, Musik, Reden, Internetseiten und Software.

Das Urheberrecht steht nur dem Schöpfer zu und schließt andere von der Nutzung eines über das Urheberrecht geschützten Werks aus. Nichtsdestotrotz lassen sich Nutzungsrechte übertragen. Dies ist beispielsweise bei Mitarbeiterverträgen gängige Praxis. Mit Hilfe von vertraglichen Regelungen kann das das Recht an der Nutzung von Werken, welche dem

Mitarbeiter ohne vertragliche Regelungen aufgrund deren Entwicklungsleistung zustehen würden, an die Firma übertragen werden. Eine Verletzung des Urheberrechts wird damit schon im vorderrein ausgeschlossen.

Ein weiteres Beispiel bezieht sich auf Verträge zwischen Unternehmen. So geben Agenturen Unternehmen eventuell nur deutlich eingeschränkte Nutzungsrechte an der Dienstleistung bzw. am Produkt selbst. Folgezahlungen z. B. durch Lizenzgebühren sind dann unter Umständen die Folge. Solche Verträge müssen deswegen ganz genau überprüft werden, um Folgezahlungen zumindest eingrenzen zu können.

Die Abgrenzung zwischen Patent oder Gebrauchsmuster und dem Urheberrecht ist am eindeutigsten. Bei Patenten sowie Gebrauchsmustern geht es im Gegensatz zum Urheberrecht nicht um die konkrete Ausgestaltung eines Werkes (z. B. einer Idee), sondern um das Aufspüren und die Anwendung von Naturgesetzen. Die technische Leistung und gewerbliche Nutzung steht deshalb bei Patent und Gebrauchsmuster in unterschiedlich starker Ausprägung im Vordergrund, während das Urheberrecht das „Geistige" berücksichtigt, welches zwangsläufig eine gewisse Gestaltungshöhe erreichen muss, schützt.

Im internationalen Vergleich wird deutlich, dass es Unterschiede bezüglich der Urheberrechte gibt. So fällt beispielsweise die Entwicklung von Software in Deutschland unter das Urheberrechtsgesetz und unterliegt somit automatischem Schutz. In den USA ist es dagegen möglich, Software patentieren zu lassen.

Überschneidungen zwischen dem gewerblichem Rechtsschutz und Urheberrecht gibt es jedoch auch in Deutschland. Sowohl auf nationaler als auch auf internationaler Ebene muss man sich deswegen entweder gut auskennen oder die Schutzrechte überprüfen lassen.

So schließt der Schutz eines Werkes über das Urheberrechtsgesetz die Anmeldung des gleichen Werkes über den gewerblichen Rechtsschutz nicht aus. Dieses kann nachfolgend am Beispiel eines Autos und dessen Vermarktung verdeutlicht werden.

Die Technik des Autos wird durch eine Vielzahl von Patenten geschützt. Für die Automarke besteht ein Namens- und Markenschutz. Der Werbeslogan und dessen Verwendung fallen unter das Urheberrecht. Darüber hinaus kann der Slogan aufgrund seiner Kennzeichnungskraft für das Produkt oder das Unternehmen zudem auch über das Markenrecht geschützt werden. Die besondere Form des ausfahrbaren Getränkehalters im Interieur des Fahrzeugs kann durch ein Gebrauchsmuster geschützt werden. Hier sind die Anforderungen an die zeitliche und inhaltliche Neuheit der Erfindung nicht gegeben.

Je nach Gestaltungshöhe erlangt das Design des Autos aufgrund seiner „Eigenart" Schutz durch ein Geschmacksmuster oder auch Schutz aus dem Urheberrecht. Ein Schutz durch das Urheberrecht liegt dann vor, wenn die Gestaltungshöhe eine gewisse Höhe erreicht hat. Damit würde die die Anmeldung eines Geschmacksmusters überflüssig werden, da sich der stärkere Rechtsschutz aus dem Urheberrecht herleitet.

Im dem Fall, dass sich der Schutz aus dem Urheberrecht bezieht, liegt es jedoch am Schutzrechtinhaber, zu beweisen, dass sein Werk über das Urheberrecht geschützt wird. Deswegen besteht die Möglichkeit des doppelten Schutzes. Trotz Urheberrecht hat der Rechteinhaber somit auch die Möglichkeit sein Werk zusätzlich durch ein Geschmacksmuster zu schützen, um im Streitfall nicht in der Beweispflicht zu sein.

Nach dem Tod des Urhebers beträgt die Laufzeit des Schutzes durch Urheberrecht noch weitere 70 Jahre. Die Laufzeit ändert sich dann, wenn der Urheber sein Werk nicht unter richtigem Namen, sondern anonym oder mit pseudonym veröffentlicht hat. In diesem Fall gilt der Schutz zwar ebenfalls 70 Jahre, die Laufzeit beginnt jedoch bereits mit Veröffentlichung des Werkes.

Eine weitere Ausnahme bezieht sich auf Lichtbilder mit geringer Gestaltungshöhe (Fotos) sowie auf Software. Beide weisen nur eine Laufzeit von 50 Jahren nach Veröffentlichung auf.

4.4 Das Wettbewerbsrecht

Während das geistige Eigentum den Schutz von immateriellen Vermögensgegenständen gewährleisten soll, steht das Wettbewerbsrecht für die Wahrung von wettbewerbsrechtlichen Einschränkungen.

Das Wettbewerbsrecht umfasst den Rechtsschutz vor unlauteren Wettbewerb (das sogenannte Lauterkeitsrecht) sowie das Kartellrecht (Recht gegen Wettbewerbsbeschränkungen). Damit greift der Schutz aus dem Wettbewerbsrecht dann ein, wenn das Recht auf Wettbewerb verletzt bzw. ohne rechtliche Grundlage eingeschränkt werden könnte.

Grundlage des Lauterkeitsrechts ist das Gesetz gegen unlauteren Wettbewerb. Es wird darüber hinaus durch weitere Gesetzte ergänzt. Hierzu zählt beispielsweise das Heilmittelwerbegesetz oder das Markengesetz. In großem Maße wird es zusätzlich vom europäischen Gemeinschaftsrecht ergänzt. Dieses hat die Intention, bestimmte Richtlinien europaweit verbindlich durchzusetzen.

Das Lauterkeitsrecht richtet sich dabei vor allem gegen exzessiven Wettbewerb, welcher nach festgelegten Richtlinien „unlauter" ist. Damit schützt das Lauterkeitsrecht das gewerbliche Eigentum. Irreführende Werbung fällt beispielsweise unter den Begriff „unlauter Wettbewerb". Anders als in Deutschland ist vergleichende Werbung in den USA nicht rechtswidrig. Gerade die großen und bekannten Automarken wie Mercedes, Audi und BMW liefern sich in amerikanischen Werbespots richtige Vergleichskämpfe. So ein Wettbewerb wäre in Deutschland aufgrund der Regelungen und Richtlinien aus dem Lauterkeitsrecht nicht möglich.

Im Gegensatz zum Lauterkeitsrecht ist das Kartellrecht auf die Sicherung von Rechten im Bezug auf Wettbewerbsbeschränkungen ausgelegt und hat es zum Ziel, die Wirtschaftsordnung in ihrer Struktur zu schützen. Es leitet sich aus dem Gesetz gegen Wettbewerbsbeschränkungen ab.

Im Zusammenhang mit Verstößen gegen das Kartellrecht fallen in den Medien vor allem Begriffe wie „Monopolbildung" oder „Preisabsprache".

Die Gefahr einer Monopolbildung liegt dann vor, wenn durch einen Zusammenschluss mehrerer Firmen, die Wettbewerbsfähigkeit innerhalb einer Branche eingeschränkt werden könnte. Mit Hilfe des Kartellrechts soll diese Gefahr unterbunden werden, so dass der freie Leistungswettbewerb gewährleistet werden kann. Das Kartellamt hat es somit zur Aufgabe, alle Faktoren, die Wettbewerb verhindern oder einschränken könnten, zu überprüfen.

Firmenübernahmen werden somit zunächst im Hinblick auf die Auswirkungen im Markt untersucht (Überprüfung bzw. Verbot von Kartellen). Auch weitere mögliche wettbewerbsbeschränkenden Vereinbarungen oder abgestimmte Verhaltensweisen bzw. Absprachen unter Wettbewerbern, wie sie beispielsweise den großen Tankstellenketten vorgeworfen werden, sind Teil der Untersuchung und fallen unter die Überprüfung über das Kartellrecht.

4.5 Schutz aus allgemeinen Regelungen zum wettbewerbswidrigen Nachbau

Der Schutz aus den allgemeinen Regelungen zum wettbewerbswidrigen Nachbau greift dann, wenn Schutzrechte entweder nicht genutzt wurden oder die Anmeldung eines Rechtsschutzes nicht möglich war. Diese Regelungen sollen dann gewährleisten, dass wettbewerbswidriger Nachbau verhindert wird.

Wettbewerbswidrig ist ein Nachbau dann, wenn das Produkt den allgemeinen Grundsätzen zur Nachbaufreiheit nicht entspricht und weiterhin auch einer der folgenden Aspekte nicht erfüllt wird:

- das nachgebauten Produkt weist eine Eigenart auf (relative markterhebliche Eigenschaften bzw. Besonderheiten, die das Produkt vom Wettbewerb abheben)
- Keine Rufausnutzung des Originalherstellers (zu eigen machen des Rufes vom Originalprodukt)
- Nachbau wird nicht in fremde Serie eingeschoben (Zunutze machen des Erstellungs- und Vermarktungsaufwandes vom Originalhersteller)
- Kennzeichnung des Status als eigenständiger Hersteller (keine Herkunftstäuschung bzw. Verwechslungsgefahr zum Originalhersteller)
- Keine systematische Behinderung des Originalherstellers (planmäßiger Nachbau, um beispielsweise Entwicklungskosten zu sparen)

Wird keiner der genannten Aspekte verletzt und das Produkt entspricht zusätzlich auch den allgemeinen Grundsätzen zur Nachbaufreiheit, so ist der Nachbau nicht wettbewerbswidrig.

4.6 Aufgaben und Grenzen des gewerblichen Rechtsschutzes

Nach deutschem Wirtschafts- und Rechtsverständnis ist die Nachahmung bzw. der Nachbau eines Produktes oder einer Geschäftsidee zunächst einmal grundsätzlich möglich.

Grundlegend verfolgt der gewerbliche Rechtsschutz daher das Ziel, ein Symbol und oder eine gewerblich nutzbare Idee vor Neuerungen durch Nachahmer zu schützen. Damit trägt der gewerbliche Rechtsschutz zum erweiterten Erfahrungs- und Wissensschatz bei.

Nur die effektive Schutzmöglichkeit von Wissen ermöglicht einen Wettbewerbsvorteil und schafft damit Anreize für Neuerfindungen. Ohne Schutzmöglichkeiten wären neues Wissen bzw. neue Ideen unter Umständen nicht von Wert, z. B. dann, wenn es ohne Belange kopiert werden könnte.

Der Schutz des geistigen Eigentums kann deswegen mit Hilfe des jeweiligen Gesetzes des gewerblichen Rechtsschutzes angemeldet werden.

Hierzu sind sowohl technische als auch rechtswissenschaftliche Kenntnisse vom Antragssteller von Nöten, um den vollen Rechtsschutz des geistigen Eigentums in allen relevanten Kategorien zu gewährleisten. Beim deutschen Patent- und Markenamt müssen Waren und Dienstleistungen z. B. einer oder mehrerer der insgesamt 45 Klassen zugeordnet werden. Als Anbieter von Lehrbüchern kann man sich beispielsweise in einer bis drei verschiedenen Kategorien anmelden, um einen optimalen Schutz vor Nachahmung zu gewährleisten.

Insgesamt kann eine Anmeldung deshalb neben dem hohen Zeitaufwand für die Recherche auch mit teils hohen Kosten verbunden sein.

Vor Verwirklichung eines Schutzrechtes muss zudem bedacht werden, dass eine Anmeldung nur dann möglich ist, wenn die Erfindung zum Zeitpunkt der Anmeldung in keiner Form veröffentlicht wurde. Dazu zählen Auftritte auf Messen, die Publikation in Fernsehen, Zeitschriften usw. Somit wird deutlich, dass die Anmeldung eines gewerblichen Rechtsschutzes zwangsläufig zu den ersten Schritten einer Unternehmung mit Produktidee gehören sollte.

Mit der Anerkennung der Anmeldung besteht sodann ein Rechtsschutz für das geschützte Wissen bzw. die Innovation.

Wird ein Schutzrecht von Dritten verletzt, so hat der Rechteinhaber in einem Verletzungsprozess die Möglichkeit bzw. den Anspruch auf Unterlassung, Schadensersatz oder Beseitigung vom Nachahmer. Ein gewerblicher Rechtsschutz soll damit den Schutz der eigenen Wettbewerbsstellung gewährleisten.

Gleichzeitig bestehen auch Grenzen für den Schutz des geistigen Eigentums. So gibt es das allgemeine Recht auf Forschungsfreiheit sowie Kopier- und Zitierrechte und das Recht auf künstlerische Freiheit. Die benannten bilden die Grenze für den Schutz von immateriellen Gütern bzw. Vermögensgegenständen.

Zudem variieren die Rechte zum Schutz des geistigen Eigentums von Land zu Land, so dass die Komplexität der Thematik über Ländergrenzen hinweg verstärkt wird.

4.7 Ist die Idee wirklich neu – Schutzrechte Dritter und Folgen von Schutzrechtsverletzungen

Vor der Erstellung eines detaillierten Businessplans muss sich der Unternehmer darüber informieren, ob bereits ein Schutzrecht auf die von ihm formulierte Idee angemeldet wurde. Dadurch kann der Unternehmer sich Zeit und vor allem auch Ärger ersparen. Wird ihm erst bei oder nach der Anmeldung bewusst, dass seine Idee, der Markenname o. ä.

bereits von anderer Seite geschützt wurde, so kann er diese zumindest nicht mehr in gleicher Form verwenden. Zusätzlich muss er je nach Ausmaß der Nutzung der Idee, mit einer Strafe rechnen. Mit der Verwendung der Idee hat der Unternehmer die die Schutzrechte eines anderen Unternehmers verletzt und ist demnach schadensersatzpflichtig, sobald dem Rechteinhaber in einem Verletzungsprozess vom Gericht zugestimmt wird.

Die nachfolgenden drei Rechte können in einem Verletzungsprozess unabhängig voneinander durchgesetzt werden:

- Unterlassung
- Schadensersatz
- Beseitigung

Der Anspruch auf Unterlassung besagt, dass die verletzende Partei dazu gezwungen werden kann, die Rechtsverletzung zu unterlassen. Dieser Anspruch wird aber nur dann geltend gemacht, wenn Wiederholungsgefahr besteht. Bei Verstoß gegen diesen Anspruch ist anschließend im Regelfall eine automatische Strafe fällig.

Der Anspruch auf Schadensersatz besteht, sobald der Inhaber eines Schutzrechts in seinem Recht verletzt wurde. Der Schadensersatz kann erhebliche Ausmaße annehmen. Die maximalen Ansprüche werden jedoch nur selten bedient. Damit soll verhindert werden, dass der Rechteinhaber von einem möglichen Verletzungsprozess profitiert. An dieser Stelle kann man zusätzlich einen mahnenden Verweis auf die Regelungen bei Patentverletzung des amerikanischen Rechts machen. Dort gibt es als Höchstmaß der Strafe das sogenannte „triple damage", welches besagt, dass theoretisch das Dreifache an Schadensersatz eingeklagt werden kann.

Hat der Rechteinhaber Anspruch auf Schadensersatz, kann dieser wählen, welche Art von Schadensersatz er in Anspruch nehmen möchte.

- Ersatz für entgangenen Gewinn und Schaden
- Lizenz- bzw. Nutzungsgebühren für die Dauer und das Ausmaß der Rechtsverletzung
- Gewinnabschöpfung (Auszahlung des von der verletzenden Partei erzielten Gewinns)

Besteht eine fortdauernde Quelle der Rechtsverletzung von Seiten der verletzenden Partei, so steht dem Rechteinhaber der Anspruch auf Beseitigung zu.

Der Anspruch auf Beseitigung ist ein stärkeres Recht als der Anspruch auf Unterlassung. Beim Anspruch auf Beseitigung kann die Rechtsverletzung nicht durch die bloße „Unterlassung" geheilt werden. Dem Beseitigungsanspruch geht damit eine stärkere Rechtsverletzung voraus. Um den Ausgangspunkt vor der Rechtsverletzung wiederherzustellen sind deshalb bei der Beseitigung mehrere Schritte notwendig.

Im Gegensatz zum Anspruch auf Schadensersatz bedarf es beim Beseitigungsanspruch keiner Prüfung auf Verschulden der verletzenden Partei. Dementsprechend ist der Anspruch auf Beseitigung vor Gericht leichter durchzusetzen als der Anspruch auf Schadensersatz, da beim Schadensersatz zunächst das Verschulden geprüft werden muss.

Im Hinblick auf die Verletzung von Schutzrechten und deren Folgen empfiehlt es sich dringend eine umfangreiche Recherche, schon vor der Erstellung des Businessplans, durchzuführen. Dies ist z. B. auf den Seiten der jeweiligen Patentämter möglich.

4.8 Schutzmöglichkeiten neben dem gewerblichen Rechtsschutz

Patente, Geschmacksmuster und andere Schutzmöglichkeiten des gewerblichen Rechtsschutzes stehen oft in Verbindung mit komplexen, zeitaufwendigen und kostspieligen Anmeldeverfahren. Neben der Anmeldegebühr und dem Unternehmerlohn muss unter Umständen auch die beratende Funktion eines Anwaltes in Anspruch genommen werden.

Dabei existieren auch grundlegende Möglichkeiten, seine Erfindung, ein Design oder andere Werke, die man für den gewerblichen Rechtsschutz anmelden könnte, zu schützen.

Das Beispiel von Coca Cola kann hier als Referenz angeführt werden. Über Jahrzehnte hinweg hat sich die Marke mit ihren Erfrischungsgetränken, allen voran der Coca Cola, länderübergreifen als Marktführer durchsetzen können.

Am Anfang standen jedoch das Getränk und der Geschmack an sich. Die Farbe wird wohl zunächst kein großes Vertrauen oder geschmacksfördernde Wirkung aus gelöst haben. Zunächst war damit die Geschmacksformel ausschlaggebend für den Erfolg. Geschützt wurde sie bis heute jedoch nicht.

Das Beispiel von Coca Cola verdeutlicht, dass neben der Anmeldung eines gewerblichen Rechtsschutzes natürlich auch weitere, relativ offensichtliche Möglichkeiten bestehen, eine Erfindung zu schützen, zum Beispiel die Geheimhaltung. Die genauen Inhaltsstoffe in der Coca Cola sind nur einem ausgewählten Kreis bekannt. Anderen Herstellern ist es bisher trotz vielfacher Analysen nicht möglich gewesen, die Rezeptur der Coca Cola zu kopieren. Der Geschmack ist damit bis heute einzigartig.

Coca Cola verfolgt mit der Geheimhaltung eine langfristige Strategie, den Unternehmenswert zu schützen. Anders sieht das in Branchen aus, die durch extrem kurze Produktlebenszyklen und kopierbare Erfindungen ganz anders denken müssen. Beispielhaft stellen Elektronikteile direkt nach der Veröffentlichung das Optimum der Machbarkeit dar, während diese kurze Zeit später wieder veraltet sind. Der Verkauf erfolgt damit bei Elektronikteilen anders als bei der Coca Cola Formel nicht über Jahre hinweg. Vielmehr leben technische Neuerungen von kurzweiliger Innovation, die im Regelfall immer wieder verbessert oder durch ein besseres Produkt ersetzt wird.

Ein Hersteller beginnt deshalb im Regelfall schon vor dem Verkauf seines Produktes mit der Entwicklung des Nachfolgers. Die kurzfristige Monopolstellung wird u. U. nicht durch ein gewerbliches Schutzrecht gesichert, sondern über die Beibehaltung von Wissensvorsprüngen gegenüber der Konkurrenz gewährleistet. Die kontinuierliche Weiterentwicklung ist damit der eigentliche Wert der Unternehmung. In vertraulichen Gesprächen mit Zulieferern ist es deshalb auch üblich, ein Non Disclosure Agreement bzw. Geheimhaltungsvereinbarung zu unterzeichnen. Darin wird der Partner auf die absolute Stillschweigepflicht bezüglich des jeweiligen Projektes hingewiesen.

4.9 Gewerbliche Schutzrechte

4.9.1 Patent

Ein Patent zählt zu den gewerblichen Schutzrechten. Ziel der Patentanmeldung ist es, das ausschließliche Recht zur Nutzung eines technischen Produktes, Verfahrens oder Prozesses zu erlangen.

Hierzu muss das zu schützende Werk drei Kriterien erfüllen, um bei der Patentprüfung als Patent anerkannt zu werden.

- Erfindung muss neu sein (nicht existierende Technologie)
- Erfindung muss auf einer erfinderischen Tätigkeit beruhen (keine Entdeckung)
- Erfindung muss gewerblich anwendbar sein

Eine Erfindung ist als technische Lösung für ein technisches Problem definiert, welche aus dem bisherigen Stand der Technik nicht zu erreichen wäre. Im Gegensatz dazu steht eine Entdeckung. Diese liefert nur Erkenntnisse über die Funktionsweise eines Objektes und unterscheidet sich damit grundlegend von einer Erfindung.

Deutlich wird durch diese Abgrenzung, dass dem technischen Aspekt bei einem Patent eine große Bedeutung zukommt, da nicht nur untersucht wird, sondern mit neuen technischen Lösungen gearbeitet werden muss.

„Neu" ist eine Erfindung dann, wenn Sie nicht dem aktuellen Stand der Technik entspricht. Sie ist dem bisher bekanntem einen Schritt voraus. Das heißt es gibt zum Zeitpunkt der Anmeldung keine Kenntnisse zum angemeldeten Werk.

Für mathematische Methoden, Pläne, Regeln, Spiele und intellektuelle Aktivitäten wie Ideen und Konzepte ist ein Patentschutz in der Regel nicht möglich. Nach der europäischen Rechtsauffassung ist ein Patentschutz ausschließlich für technische Umsetzung anwendbar.

An dieser Stelle sei auch darauf hingewiesen, dass Patente nicht ausschließlich vom Erfinder selbst genutzt und umgesetzt werden können.

Der Patentinhaber kann ein Produkt nicht nur selbst verwerten bzw. produzieren, sondern hat auch die Möglichkeit das Patent strategisch einzusetzen. So findet der Patentinhaber entweder einen Käufer oder einen Lizenznehmer. Dieser kann das Produkt z. B. in weiteren Ländern (exklusiv) vertreiben. Während dem Lizenznehmer über die Lizenzvergabe Unterrechte an dem Patent zugesprochen werden, die dem Lizenzgeber in Form von Lizenzgebühren (z. B. in Form von Umsatzbeteiligung oder Fixbeträgen) vergütet werden, wird im Falle des Verkaufes im Regelfall eine Fixsumme festgelegt.

Die Patentanmeldung erfolgt, anders als in den USA, in Deutschland, Österreich und der Schweiz nach dem Anmeldeprinzip. Das heißt, nicht derjenige der vorweisen kann, die Erfindung zuerst aufgenommen zu haben, kann seine Anmeldung durchsetzten, sondern derjenige, der die Anmeldung zuerst eingereicht hat. Die Anmeldung kann sowohl beim nationalen Patentamt als auch bei übernationalen Patentämtern vorgenommen werden. Hierbei gilt es die verschiedenartigen Patentgesetze zu beachten.

So gibt es folgende Unterschiede bei der Patentanmeldung zwischen Deutschland, Österreich und der Schweiz: In Österreich und der Schweiz wird beim Patent nicht überprüft, ob das Werk neu ist oder auf einer erfinderischen Tätigkeit beruht, während dies in Deutschland, zumindest bis 7 Jahren nach der Anmeldung, rückwirkend geprüft wird.

In den USA gilt dagegen das Prinzip der Ersterfindung, nicht der Erstanmeldung. Dort muss im Streitfall ein Nachweis erbracht werden, um zu prüfen, wer die erfinderischen Aktivitäten zuerst vorgenommen hat.

Neben Software, die in Deutschland unter das Urheberrecht fällt, lassen sich in den USA auch Geschäftsmodelle patentieren. In diesem Zusammenhang kommt dem Begriff „strategisches Patentieren“ eine große Bedeutung zu.

Das alleinige Recht auf ein Geschäftsmodell kann somit angemeldet bzw. hinterlegt werden, ohne es tatsächlich auszuüben. Der Patentinhaber kann im Falle dessen, dass ein anderer sein Geschäftsmodell nutzen möchte, Ansprüche aus seiner Hinterlegung ableiten und das Patent weiterveräußern.

Die Kosten für eine Patentanmeldung in Deutschland belaufen sich in den ersten 3 Jahren auf ungefähr 3.500 €. Ein Patent, welches international geltend gemacht werden soll, kostet zwischen 4.000 € und 6.000 € und zusätzlich 500 € bis 1000 € je eingetragenem zusätzlichem Land.

Anschließend fallen abhängig vom jeweiligen Land weitere jährliche Kosten an, die der Patentinhaber entrichten muss.

Neben den Kosten ist die Anmeldung eines Patentes extrem zeitaufwendig und komplex. Nach der Einreichung des Patentes beim Patent- und Markenamt, kann die Anmeldung bis zu 18 Monate nach der Einreichung der Anmeldung dauern. Dies begründet sich damit, dass auf der einen Seite die technischen Aspekte, auf der anderen Seite aber auch die formalen und rechtlichen Aspekte beachtet werden müssen.

Ohne Know-How in der eigenen Firma empfiehlt es sich dringend, einen Patentanwalt einzuschalten, um den Prozess zu beschleunigen und vor allem absolute Sicherheit bei der Anmeldung zu gewährleisten.

Der Eintrag in das Patentregister erfolgt nach der Anerkennung eines Patentes im jeweiligen Land.

Die internationale Anmeldung von Patenten hat den gleichen Rechtsschutz zur Folge wie eine vergleichbare Anmeldung im jeweiligen Land auf nationaler Ebene. Die Aufrechterhaltung und Verwaltung des Schutzes muss jedoch unabhängig von der internationalen Anmeldung im jeweiligen Land vorgenommen werden. Außerdem muss beachtet werden, dass die nationale Anmeldung eines Patentes Vorrang haben sollte. Vor einer internationalen Patentanmeldung empfiehlt es sich daher, ein Patent auf nationaler Ebene anzumelden, um die Priorität der Anmeldung zu verdeutlichen. Damit gewinnt man auf der einen Seite Zeit, auf der anderen Seite erhöht die vorerst alleinige Anmeldung auf nationaler Ebene die Chancen, die Patentanmeldung durchzusetzen. Außerdem sind die Kosten für eine separate Anmeldung auf nationaler und internationaler Ebene nicht entscheidend.

Patents Rechtsverletzungen werden indes nicht auf internationaler Ebene, sondern auf der jeweiligen nationalen Ebene überwacht. Ein Patent hat anschließend eine Schutzdauer von maximal 20 Jahren, danach muss eine Verlängerung des Schutzes beantragt werden.

4.9.2 Gebrauchsmuster

Das Gebrauchsmuster wird aufgrund seiner starken Ähnlichkeit zum Patent auch als „kleines Patent" bezeichnet. Ziel eines Gebrauchsmusters ist es demnach auch, das ausschließliche Recht zur Nutzung eines technischen Produktes, Verfahrens oder Prozesses zu erlangen.

Das zu schützende Werk muss ebenfalls 3 Kriterien erfüllen, um als Gebrauchsmuster anerkannt zu werden. Anders als beim Patent bedarf es dazu jedoch keiner erfinderischen Tätigkeit, sondern nur eines „erfinderischen Schrittes". Das Ausmaß der erfinderischen Tätigkeit kann damit im Vergleich zum Patent kleiner sein. Die Erfindung, für welche ein Gebrauchsmusterschutz angemeldet wird, kann theoretisch auch „einfacher" sein als die eines Patentes. In der Praxis wird an dieser Stelle jedoch fast nicht mehr unterschieden. Die 3 Kriterien für die Anmeldung eines Gebrauchsmusters sollen nachfolgend verdeutlicht werden:

- Erfindung muss neu sein (nicht existierende Technologie)
- Erfindung muss auf einem erfinderischen Schritt beruhen (keine Entdeckung)
- Erfindung muss gewerblich anwendbar sein

Was spricht also für die Anmeldung eines Gebrauchsmusters, wenn die Unterschiede zum Patent zunächst marginal erscheinen?

Der große Vorteil eines Gebrauchsmusters liegt im Anmeldeverfahren. Die Anmeldung ist anders als beim Patent deutlich günstiger und lässt sich sehr viel schneller abwickeln, als die Anmeldung eines Patentes. Genauer gesagt wird ein Gebrauchsmuster im Regelfall mit der Anmeldung wirksam. Dies begründet sich damit, dass inhaltliche Aspekte der Gebrauchsmusteranmeldung gar nicht-, und formale Kriterien nur in geringem Ausmaß überprüft werden.

Das heißt zunächst, dass ein Gebrauchsmuster eine Patentanmeldung sowie die Anmeldung eines anderen Gebrauchsmusters auf das gleiche Werk sofort verhindert, weil das jeweilige Gebrauchsmuster bzw. Patent nicht „neu" wäre.

Die Nachteile eines Gebrauchsmusters leiten sich diesbezüglich aus der möglichen Verletzung dieses Rechtsschutzes ab. Im Falle einer Verletzung liegt die Beweislast bei demjenigen, der das Gebrauchsmuster zuerst angemeldet hat. Diese umgekehrte Beweislast besagt, dass der Erstanmelder nachweislich beweisen muss, den alleinigen Anspruch auf seine Innovation zu haben.

Die Anmeldung eines Gebrauchsmusters ist damit zunächst mit weniger Aufwand verbunden. Probleme können jedoch im Nachhinein auftreten, wenn jemand anderes Anspruch an das Recht der Nutzung eines Werkes anmeldet.

Um den Schutz eines Patentes optimal und von Beginn an zu gewährleisten, empfiehlt es sich deshalb, ein Patent in Kombination mit einem Gebrauchsmuster anzumelden. Aus dieser Kombination ergibt sich ein sofortiger Schutz direkt nach der Anmeldung. Die Vorteile des Patentes werden mit dessen Anerkennung wirksam.

Die Schutzdauer für ein Gebrauchsmuster beträgt im Gegensatz zum Patent (20 Jahre) nur 10 Jahre. In der Schweiz ist die Anmeldung eines Gebrauchsmusters nicht möglich. Dort besteht zum Schutz einer technischen Erfindung einzig und allein die Möglichkeit, den Schutz über ein Patent anzumelden.

4.9.3 Halbleiterschutzgesetz

Gesetzlich über den Schutz der Topografien von mikroelektronischen Halbleitererzeugnissen geregelt, fällt auch das Halbleiterschutzgesetz unter den gewerblichen Rechtsschutz.

Schutzfähig sind die dreidimensionale Struktur (Topografie) der Halbleiter bzw. selbstständig verwertbare Teile und Darstellungen zur Herstellung solcher Topografien. Die Nachbildung einer Topografie ist für Dritte nur für Zwecke der Analyse, Bewertung oder Ausbildung erlaubt.

Die Kriterien zur Anmeldung bedürfen anders als beim Patent- und Gebrauchsmusterrecht keine Neuheit oder Erfindungshöhe. Eine erfinderische Tätigkeit ist deshalb nicht notwendig. Der Halbleiter muss jedoch Ergebnis einer geistigen Arbeit sein und muss eine gewisse Eigenart aufweisen. Eine bloße Nachbildung einer Topografie ist demnach nicht möglich.

Die Anmeldung kostet je Topografie 300 € und hat eine Schutzdauer von 10 Jahren. Angemeldet wird die Topografie beim Patent- und Markenamt. Die Schutzdauer beginnt mit dessen erster, nicht vertraulicher Verwertung.

4.9.4 Sortenschutzgesetz

Das Sortenschutzgesetz ist eine eigenständige Form des geistigen Eigentums. Der Sortenschutz bezieht sich auf das geistige Eigentum an Pflanzenzüchtungen oder Entdeckungen neuer Pflanzenarten sowie Tierrassen.

Pflanzen sowie Tierrassen sind (zumindest in Deutschland) nicht patentierbar.

Der Sortenschutz entwickelte sich im Vergleich zum Patent zunächst sehr spät.

Schutzfähig ist eine Sorte dann, wenn Sie die folgenden Kriterien erfüllt:

- Neuheit
- Homogenität
- Unterscheidbarkeit
- eintragsfähige Sortenbezeichnung
- Beständigkeit

Das Recht, welches sich aus dem Sortenschutzgesetz für den Inhaber ableitet, ist nicht so stark ausgeprägt wie bei einem Patent. Nur der Inhaber hat das Recht auf Vermehrung von Pflanzen und Pflanzenteilen. Das sogenannte Verbietungsrecht leitet sich aus dem ausschließlichen Recht der Vermehrung ab und verbietet Dritten die Erzeugung, Aufbewahrung und das Inverkehrbringen der jeweiligen Sorte.

Der Sortenschutz wird dadurch gestärkt, dass Sorten, die nur eine Ableitung einer ursprünglichen Sorte sind, im sortenrechtlichen Sinn von dieser abhängig sind.

Je nach Sorte beläuft sich die Schutzdauer auf 15 bzw. 20 Jahre nach Eintragung in das Sortenschutzgesetz.

Die Beantragung ist in Deutschland beim Bundessortenamt möglich. Die europaweite Schutzmöglichkeit ist durch den gemeinschaftlichen Sortenschutz geregelt. Die Anmeldung kann beim Gemeinschaftlichen Sortenamt in Frankreich vorgenommen werden. Die jährliche Kosten für die Aufrechterhaltung des nationalen Sortenschutzes können sich auf bis zu 900 € belaufen. Die Jahresgebühr für den gemeinschaftlichen Sortenschutz beläuft sich pro Sorte einheitlich auf 435 €.

Der Sortenschutz entfällt, sobald eines der Kriterien nicht mehr aufrechterhalten werden kann.

4.9.5 Marke

Die Anmeldung einer Marke bzw. eines Markenzeichens ist unabhängig von der Anmeldung eines Patentes bzw. eines Gebrauchsmusters für ein Unternehmen und insbesondere für den Aufbau einer Marke wesentlich. Der Markenwert wächst mit dem Unternehmen und stellt demnach eine enorme finanzielle Größe im Unternehmen dar.

Ein fehlender Markenschutz kann demzufolge zu großen Problemen führen. Wenn der Nutzer einer Marke diese von einem Tag auf den anderen unter einem neuen Namen führen muss, weil der Markenname nicht geschützt wurde, dann hat das schwerwiegende Folgen. Grundlegend dient die Anmeldung einer Marke ja genau dem Zweck, ein Produkt oder eine Dienstleistung im Markt und Wettbewerb unterscheidbar zu machen.

Es gibt zwar einen Basisschutz aus rechtszweiter Ordnung (Recht aus Verkehrsgeltung), jedoch ist dieser Schutz vergleichsweise schwach. Das Recht aus Verkehrsgeltung gibt einem Nutzer eines (nicht angemeldeten) Markenbegriffs die Möglichkeit, die Nutzung dieses Markenbegriffs für sich zu beanspruchen. Der Markenname wurde demnach bereits „im Verkehr" eingesetzt, wenn auch nicht geschützt. Nachgewiesen werden muss im Streitfall dann, dass ein großer Teil der Abnehmer diesen Begriff dem jeweiligen Nutzer bzw. Unternehmer der Marke zuordnet.

Das Recht aus Verkehrsgeltung erlischt sobald jemand anderes Rechtschutz anmeldet und die Gegenpartei innerhalb eines Zeitrahmens von 3 Monaten keinen Anspruch an der Nutzung eines Markenbegriffes meldet. Außerhalb dieses Zeitrahmens besteht keine Schutzmöglichkeit mehr.

Der Rechteinhaber wird außerdem nicht explizit darauf hingewiesen, dass sein Anspruch aus Verkehrsgeltung in Gefahr ist. Das Recht aus Verkehrsgeltung ist deshalb nicht als langfristige Lösung zu verstehen, sondern ein relatives und im Vergleich zum absoluten und markenrechtlichen schwaches Schutzrecht.

Ein Markenschutz liegt auch dann vor, wenn zu einem anderen Produkt für das Publikum Verwechslungsgefahr besteht bzw. wenn ein Produkt gedanklich mit dem Markenzeichen in Verbindung gebracht werden könnte. So versuchte sich eine Firma nach dem Erfolg von Apples iPod mit der Vermarktung eines Eierbechers, welcher den Namen „Ei-Pott" tragen sollte. Die Markenrechte sah man jedoch aufgrund der Ähnlichkeit zu Apples MP3 Player als verletzt. Die Bekanntheit des Namens iPod sei ganz bewusst für die eigenen Vermarktungszwecke ausgenutzt worden. Das gleiche Recht gilt jedoch selbstverständlich auch dann für den Markeninhaber, wenn die Ähnlichkeit zu einem Produkt nur unabsichtlich zustande gekommen ist.

Ein markenrechtlicher Schutz kann sowohl für verbale als auch für visuelle Marken und auch in Kombination angemeldet werden.

Neben dem Schriftzug und der Wortmarke hat BMW deshalb auch das Logo mit den Flugzeugpropellern als Bildmarke eintragen lassen. In dieser Kombination ergibt sich ein Gesamteindruck der Marke, welcher für den Kunden ein absolutes Wiedererkennungsmerkmal darstellt. Allein der Schriftzug könnte den Wiedererkennungswert von BMW aktuell nicht mehr gewährleisten.

Die hier angeführte Wort und Bildmarke sind auch gleichzeitig die häufigsten Markenformen. Daneben gibt es noch weitere Formen und Unterformen von Marken:

- Wort- und Bildmarke
- Dreidimensionale Marken
- Kabelkennfadenmarken
- Hörmarke
- Sonstige (Farbmarke, Positionsmarke, Hologrammmarke, Bewegungsmarke, Geruchsmarke)

Eine Wortmarke besteht entweder aus Wörter, Zahlen, Buchstaben oder anderen Schriftzeichen (BMW, iPod, VW). Wie bereits vermerkt tritt eine Wortmarke oftmals in Kombination mit einer Bildmarke auf, beispielsweise wenn die optische Wirkung der Wortmarke durch eine gewissen Anordnung, Schreibweise o. ä. verstärkt werden soll oder das Bild selbst Wörter enthält (Mercedes, Bayer).

Generell umfasst eine geschützte Bildmarke eine Abbildung, welche klar von anderen eingetragenen Bildmarken unterscheidbar ist, z. B. der angebissene Apfel von „Apple". Eine bloße Abbildung des Produktes reicht hier beispielsweise nicht aus.

Eine dreidimensionale Marke wird zwar grafisch ebenfalls zweidimensional dargestellt, die Form an sich ist jedoch dreidimensional. Ein klassisches Beispiel hierfür ist die Form der Toblerone Schokolade.

Hörmarken bestehen aus einer Zusammensetzung von Klängen unterschiedlicher Art. Eingetragen werden sie in Form von Sonogrammen oder Notenschriften. Hörmarken werden beispielsweise in Fernseh- und Radiowerbung in Verbindung mit der jeweiligen Marke übertragen (z. B. Telekom-Jingle)

Kabelkennfadenmarken werden üblicherweise für die Ummantelung von Kabeln und Drähten verwendet.

Außerdem gibt es noch die weniger bekannten Farb- und Geruchsmarken. Farbmarken bestehen aus einer Farbe bzw. einer Farbzusammenstellung. Die Farbmarke wird durch einen Code dargestellt und geschützt (z. B. das Magenta der deutschen Telekom). Ganz ähnlich aber deutlich weniger gebraucht werden Geruchsmarken, mit denen Unternehmen Ihre Ware von anderen durch Gerüche unterscheidbar machen. Ein Hersteller von Tennisbällen hat beispielsweise den Grasgeruch auf seinen Bällen als Geruchsmarke eingetragen, um diese vom Wettbewerb abzugrenzen.

Die Anmeldung einer Marke erfolgt beim Patent- und Markenamt im Markenregister. Bei der Anmeldung muss die zu registrierende Marke in Kategorien klassifiziert werden. Der Schutz in mehreren Kategorien ist möglich, jedoch auch teurer und in den meisten Fällen nicht notwendig.

Augenmerk muss man darauf legen, dass anders als bei den anderen gewerblichen Schutzrechten eine Marke nur dann ihren Schutz behält, wenn Sie auch genutzt wird. Nach dem Zivilrecht kann der Anspruch auf eine Marke durch Verjährung verfallen. Diesen Anspruch kann in Folge dessen jemand anderes für sich anmelden.

Die Anmeldekosten belaufen sich auf 400 €. Die eigene Recherche sowie die Eintragung sind dabei vorausgesetzt. Ansonsten belaufen sich die Kosten für eine Anmeldung einer Marke auf ca. 2.500 €.

Vorlagen für eine Eintragung gibt es z. B. auf www.dpma.de. Um Kollisionen mit anderen Markenrechten zu verhindern, darf der Aufwand für die eigenhändige Eintragung jedoch nicht unterschätzt werden. So könnten bereits prioritätsältere Marken oder eine Übereinstimmung von Silben oder Wortbestandteilen bestehen.

Die Anmeldung einer internationalen Marke („IR-Marke" – international registrierte Marke) ist bei der Intellectual Property Organization möglich. Die Eintragung bei der Intellectual Property Organization setzt jedoch eine Eintragung im eigenen Land voraus. Die internationale Marke ist als Bündel von nationalen Einzelmarken zu verstehen, so dass einzelne Länder abgelehnt, andere aber für den Markenschutz zugelassen werden können.

Generalisierte Markennamen und Implikationen für den Rechtsschutz: Auch ein geschützter Markenname kann indes dann seinen Schutz verlieren, wenn der Markenname als Gattungsbegriff für eine Kategorie klassifiziert wird. Als Gattungsnamen werden solche Begriffe gesehen, welche bestimmte Klassen von Gegenständen definieren. Z. B. steht der Gattungsbegriff „Auto" generell für alle Automarken der Welt.

Der Markenname „Tempo" hat sich im Laufe der Zeit zu einem Gattungsnamen entwickelt. Unter „Tempo" versteht man nicht nur das Taschentuch der Marke Tempo. Vielmehr steht Tempo als Gattungsbegriff für Papiertaschentücher.

Ähnlich sieht es bei dem Autohersteller Chrysler aus, welcher mit seinem „Jeep“ Geländewagen ein Auto hat im Produktportfolio hat, dessen Begriff nachträglich als Gattungsname eingetragen wurde. Jeep wird im alltäglichen Sprachgebrauch nicht ausschließlich für das Modell von Chrysler verwendet, sondern steht im allgemeinen Sprachgebrauch für geländetaugliche Fahrzeuge. Ein weiteres sehr gutes Beispiel für einen Gattungsbegriff ist die Marke „Tesa“ (bzw. Tesafilm), welches sich vollständig als Gattungsname für transparentes Klebeband durchgesetzt hat.

Für die Hersteller ist ein generalisierter Markenname ein großes Problem. Die markenrechtliche Schutzfähigkeit verliert der Hersteller mit der Eintragung als Gattungsname. dass der markenrechtliche Schutz für Google aufrechterhalten bleibt.

Im Gegensatz zu generalisierten Markennamen haben bekannte bzw. berühmte Marke einen gewissen Bekanntheitsgrad erreicht. Dazu müssen 50 % der Personen die Marke innerhalb der beteiligten Verkehrskreise kennen. Zumindest muss die Marke aber bei 30 % der Gesamtbevölkerung eines Landes bekannt sein. Auch bei der internationalen Eintragung reicht es, wenn die Marke in einem Land Bekanntheit erlangt. Der Anspruch wird dann über die Ländergrenzen hinweg transportiert. Hat eine Marke den Status „berühmt“ erreicht, so kommen dieser weitere Rechte zuteil. Eine berühmte Marke darf den Eingriffstatbeständen nach nicht in Ihrer Unterscheidungskraft beeinträchtigt werden (Verwässerung), sie darf weiterhin nicht in ihrer Wertschätzung beeinträchtigt werden (Rufschädigung), die Unterscheidungskraft darf nicht ausgenutzt werden (Aufmerksamkeitsausbeutung) und darf weiterhin nicht in ihrer Wertschätzung ausgebeutet werden (Rufausbeutung). In den vorliegenden Fällen würde eine rechtsverletzende Handlung vorliegen, gegen die der Markeninhaber entsprechend vorgehen kann.

4.9.6 Geschmacksmuster (Designrecht)

Ein Schutz auf Geschmacksmuster bezieht sich anders als der Schutz auf eine Marke nur auf visuelle Sachverhalte. Sprache, Ideen, technische Funktionen oder Musik können so beispielsweise nicht mit einem Geschmacksmuster geschützt werden.

Die zu schützenden Sachverhalte können eine zwei- oder dreidimensionale Erscheinungsform haben und müssen eine gewisse „Eigenart“ aufweisen, die sie unterscheidbar von anderen Werken machen. Die gestalterische Erscheinungsform ist z. B. durch die Anordnung von Konturen, Flächen, Farben und Linien gekennzeichnet. Zusätzlich wird dabei die Gestaltungsfreiheit des Inhabers berücksichtigt.

Beispielhaft kann an dieser Stelle das Design eines Autos angeführt werden. Zum Schutz vor Nachahmung wird jeder Autohersteller sein Design schon lange vor der Bekanntgabe des Modells durch die Anmeldung eines Geschmacksmusters schützen.

Weitere typische Beispiele für Werke, welche bei der Anmeldung dem Geschmacksmusterrecht unterliegen sind beispielsweise Möbel, Textilartikel, Geschirr und Formen von Getränkeflaschen.

Die Anmeldung eines Geschmacksmusters erfolgt beim jeweiligen Patent- und Markenamt. Anders als bei einer Marke muss ein Geschmacksmuster nicht klassifiziert werden.

Bei Geschmacksmustern der gleichen Warenklasse besteht die Möglichkeit, eine Sammelanmeldung von nicht mehr als 100 Geschmacksmustern zu beantragen. Dabei werden zunächst nur die formellen Kriterien geprüft, nicht aber die inhaltlichen Aspekte wie z. B. die Neuheit eines Werkes. Diese Prüfung wird erst dann durchgeführt, wenn es zum Verletzungsprozess kommen sollte. Es wird jedoch geprüft, ob die Eigenschaften des Sachverhaltes generell auf ein Geschmackmuster zutreffen.

Der Schutz eines Geschmacksmusters beträgt maximal 25 Jahre (Schweiz, Österreich und Deutschland 20 Jahre). Zur Aufrechterhaltung muss jedoch zwingend alle 5 Jahre eine Gebühr entrichtet werden.

Die Preise für die Anmeldung sind vergleichsweise günstig. Die Eintragung erfolgt sehr ähnlich wie bei einem Patent oder wie bei einer Marke. Pro Muster sind 70 € zu entrichten, bei einer Sammelanmeldung müssen pro Muster 7 €, insgesamt aber mindestens 70 € bezahlt werden. Der erweiterte Schutz nach 5 Jahren kostet pro Muster 180 €, das gilt auch für jedes einzelne Muster, welches per Sammelbestellung eingetragen wurde.

Im Falle eines Verletzungsprozesses wird zunächst geprüft, ob das Werk rechtmäßig als Geschmacksmuster eingetragen wurde. So wird beispielsweise geprüft, ob die Eigenart und Neuheit des eingetragenen Musters vorliegt.

Die Frist für einen Verletzungsprozess verjährt nach 3 Jahren. Innerhalb dieses Zeitraums muss sich der vermeintliche Rechteinhaber gemeldet haben und Verletzungsanspruch melden. Hat er Anspruch wird ihm das Recht auf Lösung des Geschmackmusterschutzes bzw. Übertragung der Rechte zugesprochen.

Im Übrigen ist ein Geschmacksmusterschutz dann nicht zwangsweise nötig, wenn sich ein Schutz des Werkes aus dem Urheberrecht ergibt. Dieser Schutz liegt dann vor, wenn das Werk eine gewisse Gestaltungshöhe erreicht hat. Generell besteht jedoch auch eine doppelte Schutzmöglichkeit.

4.9.7 Die geschützten Herkunftsbezeichnungen

Geschützte Herkunftsbezeichnungen sind Produktnamen von Agrarerzeugnissen und Lebensmitteln, welche die Herstellung, Erzeugung und Verarbeitung in einen direkten geografischen Bezug ziehen.

Ziel der geschützten Herkunftsbezeichnung ist der Schutz vor Nachahmung von traditionellen und regional bedeutsamen Produkten. Jedwede Verwendung der eingetragenen Bezeichnung ist Dritten damit untersagt. Ein spezieller Bezug zur Region muss vorliegen.

Erst im Jahr 2006 folgte die Möglichkeit, Eintragungen als „Geschütztes Ursprungsbezeichnung" und „Geschützte geographische Angabe" vorzunehmen.

Die geschützte Ursprungsbezeichnung legt fest, dass die Herstellung, Erzeugung und Produktion – festgelegt auf eine bestimmte geographische Region – mit einem anerkannten und festgelegten Verfahren erfolgen muss. Das trifft beispielsweise auf viele Weinsorten zu – so auch auf den Bordeaux Rotwein. Auch der Parmaschinken muss selbst in Parma geschnitten werden. Die geographischen Herkunftsbezeichnungen werden in Deutschland durch das Markengesetz geschützt.

Produkte mit geographischer Herkunftsangabe müssen indes nur einen der drei Herstellungsstufen im angegeben Land durchlaufen haben, um die Bezeichnung mit geographischer Angabe zu tragen.

4.9.8 Geschäftliche Bezeichnung

Sowohl das Unternehmenskennzeichen als auch der Werktitel fallen unter den Schutz einer geschäftlichen Bezeichnung.

Das Unternehmenskennzeichen ist ein Zeichen, welches ein Unternehmen, einen Geschäftsbetrieb oder einen Namen im geschäftlichen Verkehr schützt.

Der Schutz besteht mit der Benutzung des Zeichens, wenn die Unterscheidungskraft des Zeichens ihrer Natur nach gegeben ist.

Ist die Unterscheidungskraft nicht gegeben, kann der Schutz trotzdem aus dem Recht der Verkehrsgeltung bestehen. Z. B. dann, wenn dem Unternehmen das Zeichen zweifelsfrei in den beteiligten Verkehrskreisen zugeordnet werden kann. Anders als bei einer Marke kann der Schutz jedoch nicht angemeldet werden.

Ähnlich wie bei der geschäftlichen Bezeichnung sind die Rechte für den Inhaber eines Werktitels. Ein Werktitel ist eine Bezeichnung oder ein Name für Tonwerke, Bühnenwerke oder Druckschriften o. ä.

Ein Werktitel kann neue bzw. neuartige Werke schützen. Wie beim Unternehmenskennzeichen liegt der Schutz dann automatisch vor, wenn eine Unterscheidungskraft gegeben ist. Ansonsten kann der Schutz jedoch auch aus Verkehrsgeltung vorliegen.

Der Inhaber einer geschäftlichen Bezeichnung hat das ausschließliche Recht der Nutzung und Übertragung auf Dritte. Nach dem Akzessorietätsgrundsatz kann die Übertragung einer Unternehmenskennzeichnung nur mit gleichzeitiger Übergabe des Geschäftsbetriebs vorgenommen werden. Hierdurch sollen Verwechslungen im Verkehrsbetrieb unterbunden werden, so dass die Unterscheidungskraft bzw. Wertschätzung nicht beeinträchtigt werden kann und unlauterer Ausnutzung der Bezeichnung vorgebeugt wird.

Verletzt ein Dritter die Rechte aus einer geschäftlichen Bezeichnung, hat der Inhaber das Recht auf Unterlassung. In einem Fall mit nachweisbarem Vorsatz steht ihm zudem Anspruch auf Schadensersatz zu.

Wie eine Marke kann auch das Recht an einer geschäftlichen Bezeichnung verfallen, z. B. durch Verjährung und einer damit einhergehenden fehlenden Inanspruchnahme.

4.9.9 Domains

Da das Internet für jede Branche heutzutage von enormer Bedeutung ist, gehört im Zuge der Sicherung von Schutzrechten auch die Sicherung von Domainnamen zur grundlegenden Absicherung einer Geschäftsidee.

Dies begründet sich damit, dass eine möglichst exakte Beschreibung eines Produktes oder eines Firmennamens über die Domain von enormer Bedeutung für den Unternehmenserfolg ist. Auf der einen Seite wird durch den Domainnamen Vertrauen für die Internetseite geschaffen. Auf der anderen Seite wird mit dem Namen gewährleistet, dass die Leistung, die Marke oder das Produkt besser im Internet gefunden werden kann.

Wer im Internet nach Volkswagen sucht tippt vw.de bzw. volkswagen.de oder die jeweilige Länderkennung ein. Wer nach Nike, Rolex oder Haribo sucht geht dementsprechend nach dem gleichen Prinzip vor. Die Erwartungshaltung des Kunden ist, dass das Unternehmen unter der Internetadresse zu erreichen ist, die für den Kunden am logischsten scheint.

Angenommen ein Unternehmen möchte einen Markennamen aufbauen, versäumt jedoch im Zuge des Schutzes von Markennamen und anderen Schutzrechten, die Rechte an der Domain zu sichern und jemand anderes kommt ihm zuvor. Der Unternehmer müsste dem bisherigen Nutzer die Rechte an der Domain abkaufen oder sich gegebenenfalls eine andere Domain sichern. Weiterhin wäre die Änderung des eigenen Namens denkbar. Das erscheint jedoch im Anbetracht der vorherigen Aufwendungen und Überlegungen zum Markenbegriff eher unwahrscheinlich.

Sowohl der Ankauf einer Domain im frühen Anfangsstadion eines Start-up-Unternehmens als auch die Wahl einer unplanmäßigen Domain oder eine Änderung des Namenskonzeptes sind extrem nachteilig. Die Wahl einer abgeänderten Form der Domain kann zudem zur Folge haben, dass das Unternehmen nicht gefunden wird bzw. der Interessent davon ausgeht, dass das Unternehmen keine Internetseite besitzt. Dies hätte einen Vertrauensverlust zur Folge.

Je nach Kostenpunkt ist deshalb der Ankauf der Domain fast die einzige Möglichkeit.

Vor Bekanntmachung des Namens oder Konzeptes sollte daher, neben der Wahl des richtigen gewerblichen Rechtsschutzes, auch die Sicherung von Domains stehen. Bestenfalls werden gleich alle wichtigsten Domains bzw. Länderkennungen gesichert. Dazu zählen je nach Land die .de (.ch, .at, .es, …) Endung und in jedem Fall die .com Endung für den möglichen internationalen Auftritt eines Unternehmens im Internet.

4.10 Anmeldung eines Rechtsschutzes am Beispiel einer Patentanmeldung

Am folgenden Beispiel wird die Patentanmeldung auf einen technischen Gegenstand angeführt. Der Prozess lässt sich wie folgt aufgliedern:

- Antrag
- Formale Prüfung des Antrags
- Technische Prüfung des Antrags und umfassende Recherche zum Stand der Technik
- Prüfungsergebnis
- Patenteintragung
- Veröffentlichung der Patentschrift
- Aufrechterhaltung bzw. Verlängerung von Patentschutz

Das Verfahren der Patentanmeldung beginnt mit dessen Antrag beim jeweiligen länderspezifischen Patentamt, in Deutschland entsprechend beim DPMA (Deutsches Patent und Markenamt).

Am Anmeldetag beginnen sowohl für den Erfinder als auch für Dritte verschiedene Fristen (in den USA mit Nachweis des Zeitpunktes der Erfindung). Für den Erfinder gilt ab dem Anmeldetag jedoch die Gewissheit, dass mit dem Datum des Eintrags keine gleichen Erfindungen angemeldet werden dürfen. Weiterhin hat er mit dem Datum der Patentanmeldung bei einem nationalen Patentamt die Möglichkeit auch innerhalb von 12 Monaten eine Nachmeldung in anderen Ländern zu bewirken bzw. nachzureichen. Hierzu ist eine Übersetzung des Antrags auf Deutsch, Englisch und Französisch notwendig.

Im Antrag werden sowohl der Erfinder bzw. die Erfinder genannt als auch die Erfindung selbst. Gleichzeitig werden alle Patentansprüche (claims) beschrieben und unter Umständen eine Zeichnung der Erfindung angefügt. Die Kosten für den Antrag belaufen sich zunächst auf ungefähr 50 €. Die Anmeldung mit Hilfe eines Patentanwaltes über den gesamten Prozess ist entsprechend mit erheblichen Mehrkosten verbunden (ca. 4.000 € über die ersten 5 Jahre, ansonsten etwa 700–800 €).

Anschließend folgen die formelle Prüfung des Antrags beim zuständigen Patentamt sowie eine grundsätzliche Prüfung, ob die vorliegende Erfindung den Ansprüchen zur Patentierung genügt.

Drei Jahre nach der Anmeldung des Patentes sind jährliche Gebühren für die Aufrechterhaltung des Schutzes zu entrichten.

Spätestens nach sieben Jahren muss das Patentprüfungsverfahren eingeleitet werden, welches in etwa 350 € kostet. Zuvor kann als Zwischenschritt auch eine Recherche zur angemeldeten Erfindung vorgenommen werden. Mit dem Rechercheantrag wird durch einen Patentprüfer festgestellt, ob die Voraussetzungen für die Anmeldung eines Patentes erfüllt sind (neu, erfinderische Tätigkeit, gewerblich anwendbar). Bei positivem Ausgang der Überprüfung wird das Patent erteilt. Ansonsten wird eine Mängel-Liste herausgegeben. Diese müssen in einem bestimmten Zeitrahmen erfüllt werden.

Unabhängig vom Beginn des Patentprüfungsverfahrens wird nach einem festgelegten Zeitraum (in Deutschland nach 18 Monaten), die Offenlegung eines Patentes erwirkt. Zuvor war das Patent noch geheim.

Mit der Erteilung des Patentes beginnt eine weitere Frist. Innerhalb von drei Monaten haben Dritte ab diesem Zeitpunkt noch die Möglichkeit, Einspruch zu erheben.

4.11 Adressen zur Recherche und Anmeldung von Patenten

In Deutschland ist das DPMA die zentrale Behörde für Angelegenheiten im Bereich des gewerblichen Rechtsschutzes. Das Deutsche Patent- und Markenamt verwaltet und erteilt gewerbliche Schutzrechte und hat darüber hinaus eine Informationsfunktion. Diese tritt zum Beispiel dann ein, wenn eine Patentanmeldung auf ein bereits registriertes Patent trifft.

Der Hauptsitz des DPMA ist in München. Weitere Zweigstellen sind in Berlin und Jena. Die Internetadresse lautet www.dpma.de.

Das schweizerische Pendant ist das Eidgenössische Institut für geistiges Eigentum (www.ige.ch). In Österreich erfolgt die Patentanmeldung beim Österreichischen Patentamt (www.patentamt.at).

Im Gegensatz zum DPMA und den vergleichbaren Institutionen in Österreich und der Schweiz sind das EPA und die WIPO auf die Vergabe von internationalen Patentrechten spezialisiert. Die EPA – das Europäische Patentamt – ist auf die Regelung und Erteilung von europäischen Patenten spezialisiert. Die WIPO, die Weltorganisation für geistiges Eigentum (WIPO), regelt den Schutz von geistigem Eigentum mit den Mitgliedsstaaten weltweit.

Eine nationale Anmeldung z. B. für Deutschland, Österreich oder die Schweiz kann auch immer beim EPA angemeldet werden.

Eine internationale Patentanmeldung kann jedoch sowohl bei der internationalen, der europäischen als auch bei der deutschen Behörde eingereicht werden.

Das EPA hat seinen Hauptsitz in München und ist das Exekutivorgan der EPO (Europäische Patentorganisation). Das Europäische Patentamt regelt die Belange des gewerblichen Rechtsschutzes innerhalb der europäischen Mitgliedsstaaten.

Die Wipo hat ihren Hauptsitz dahingegen in Genf und koordiniert den Schutz des geistigen Eigentums auf Basis internationaler Verträge.

Um sich zunächst einen genauen und detaillierten Überblick über die Möglichkeiten, Risiken und Kosten zu machen, bietet viele Standorte, z. B. an Hochschulen, Informationsmöglichkeiten bezüglich des gewerblichen Rechtsschutzes. Allein in Deutschland sind es z. B. 20. Diese bieten neben einer Beratung auch Recherchemöglichkeiten und vieles mehr.

5 Der Businessplan und unternehmerisch relevante Teilfinanzpläne

5.1 Einleitung

Nachdem der Unternehmer seine Geschäftsidee einer ausführlichen Machbarkeitsanalyse (Feasibility Study) unterzogen hat, stellt sich die Frage nach der Umsetzbarkeit und Finanzierung der Idee. Zu diesem Zweck wird im nächsten Schritt ein Businessplan geschrieben. Dieser enthält Betrachtungen der tatsächlichen Kundenbedürfnisse, eine umfassende Analyse des Marktumfeldes sowie möglicher Konkurrenten und der Gefahr durch Substitutionsprodukte. Des Weiteren wird sich im Rahmen der Businessplan-Erstellung mit Finanzierungsmöglichkeiten sowie Produktionsmöglichkeiten auseinander gesetzt.

Auf Basis dieser Daten lassen sich anschließend die Erfolgsaussichten der Geschäftsidee bewerten und während der Gründungsphase sowie dem späteren Geschäftsbetrieb kontrollieren.

Der Businessplan kann ferner als Standardinstrument im Rahmen einer Unternehmensgründung bezeichnet werden.

5.2 Intention eines Businessplans

Der Businessplan stellt das Kerndokument einer erfolgreichen Unternehmensgründung dar. Als solches ist es äußerst ratsam, dass dieses vom Unternehmer bzw. ihm und seinem Gründerteam selbständig verfasst wird. Hierbei ist die Inanspruchnahme von Dienstleistern wie Unternehmensberatern, Steuerberatern, Wirtschaftsförderungsgesellschaften oder Industrie- und Handelskammern zur Unterstützung durchaus üblich.

Argumente gegen die Erstellung eines Businessplans sind meistens der Glaube daran sich, aller relevanter Informationen sicher zu sein und diese nicht niederschreiben zu müssen oder die in der Realität schnelle Überholung eines zuvor aufgestellten Businessplans. Gerade die Tatsache der sich schnell ändernden Wettbewerbsverhältnisse und Marktumfelder macht eine strukturierte Betrachtung der Geschäftsidee unausweichlich. „Kein Kapitän dieser Welt würde sein Schiff und seine Crew blind und ohne vorherigen Plan auf

O. Pott, Andre Pott, *Entrepreneurship*, Springer-Lehrbuch,
DOI 10.1007/978-3-642-29685-7_5, © Springer-Verlag Berlin Heidelberg 2012

den stürmischen Ozean schicken.“ Der gleiche Grundsatz gilt auch für einen potentiell erfolgreichen Unternehmer.

Durch die strukturierte und systematische Betrachtung der eigenen Idee lassen sich mögliche Schwachstellen und Know-how-Defizite erkennen. Diese lassen sich dann vor Beginn der Gründungsphase in einem nächsten Schritt beseitigen.

Der Businessplan als Grundlage der Unternehmensgründung sollte im Wesentlichen die Beschreibung des Produktes oder der Dienstleistung, eine Betrachtung des Marktes und Wettbewerbes, eine Marketing- und Vertriebsstrategie, eine Darstellung des Geschäftsmodells sowie der Organisation, Distributionsstrategien, eine Vorstellung des Gründerteams und Personals sowie einen strukturierten Realisierungsfahrplan und Finanzplan enthalten. Abschließend empfiehlt sich noch einmal eine gesonderte Betrachtung von möglichen Chancen und Risiken als Fazit des Businessplans.

Im Kern geht es bei einem Businessplan um die Planung des Unternehmens in komprimierter Form und die angestrebte Entwicklung des zu gründenden Unternehmens. Ein Businessplan legt die Vision der Gründer in schriftlicher Form nieder und stellt die grundlegenden Eckpunkte des strategischen Unternehmenskonzeptes dar.

Generell hat ein Businessplan sowohl eine interne als auch eine externe Bedeutung. Während er intern als Analyse- und Planungsinstrument agiert und hier detailliert sowohl auf Stärken als auch auf Schwächen eingeht – hierdurch ist eine Förderung der Stärken und ein Beseitigen der Schwächen, beispielsweise durch qualifizierte Neueinstellungen, möglich – hat er nach außen hin die Wirkung eines Marketinginstruments, um mögliche Investoren, Lieferanten oder weitere Kooperationspartner vom gründenden Unternehmen und der Geschäftsidee positiv zu beeinflussen. In der Praxis ist häufig zu erkennen, dass nur eine externe Version erstellt wird und eine ehrliche, offene interne Betrachtung der Stärken und vor allem Schwächen des Gründerteams nicht betrachtet wird.

In der Regel wird der Begriff Businessplan verwendet, der dem Englischen entnommen ist. Der Businessplan, der mit den Buchstaben BP abgekürzt werden kann, wird auch als Geschäftsplan, Unternehmensplan oder Strategisches Unternehmenskonzept bezeichnet.

Der Businessplan stellt die Transformation der Geschäftsidee der potenziellen Unternehmensgründer hin zu einem Geschäftsplan, der die Grundlage des zukünftigen Businesses abbildet, dar.

5.2.1 Einsatzgebiete eines Businessplans

Obwohl ein Businessplan schwerpunktmäßig bei der Gründung eines Unternehmens verwendet wird, dient er auch – gerade bei großen Konzernen – weiteren Zwecken. Hier findet ein Businessplan auch bei Übernahmen von anderen Unternehmen, Expansionen oder bei der Einführung von neuen Produkten Anwendung.

Die folgende Aufzählung stellt die vielfältigen Anlässe für den Einsatz eines Businessplans dar:

- Gründung eines neuen Unternehmens
- Verkauf eines Unternehmens
- Übernahme eines Unternehmens
- Fusion
- Kapitalerhöhung
- Börsengang
- Kooperationen
- Expansion in neue Märkte
- Änderung der Unternehmensstruktur/Neuausrichtung des Unternehmens
- Unternehmensnachfolge (Besonders bei der Übergabe der Leitung eines mittelständischen Unternehmens an einen Nachfolger)
- Strategische Planung
- Einführung neuer Produkte
- Entscheidungen hinsichtlich beabsichtigter Investitionen
- Beantragung öffentlicher Fördermittel
- Beantragung eines (Erweiterungs-)Kredits bei der Bank

Es ist wichtig zu erwähnen, dass der Businessplan je nach Anlass verschiedene Schwerpunkte haben kann.

5.2.2 Anforderungen an einen Businessplan

Die Anforderungen an einen Businessplan lassen sich allgemein und unternehmensspezifisch für die jeweilige Gründungsidee betrachten. Unter allgemeinen Anforderungen sollte sich der Unternehmer an einige formale sowie inhaltliche und zeitliche Grundsätze halten. Unternehmensspezifisch sollte der Businessplan die Betrachtung verschiedener Szenarien zur Chancen- und Risikoerkennung enthalten und klar auf die entsprechenden Zielgruppen bzw. Leser ausgerichtet sein.

Formal soll der Businessplan die Gründungsidee sowie das Geschäftsmodell verständlich, strukturiert und aussagekräftig wiedergeben. Als Kerndokument der Gründungsphase sowie Bewertungsgrundlage für z. B. externe Geldgeber sollte der Businessplan des Weiteren leserfreundlich geschrieben sowie optisch ansprechend gestaltet werden. Fachbegriffe sowie komplizierte technische Zusammenhänge sollten für den Leser vereinfacht dargestellt und erklärt werden. Ein grafischer Realisierungsfahrplan vereinfacht das Verständnis der geplanten Gründungsphase.

Die Planungsinhalte sollten nachvollziehbar, widerspruchsfrei, sachlich fundiert und vollständig sein sowie alle wichtigen Aspekte der Geschäftsidee betrachten. Hierzu zählen die Betrachtung der Produkte respektive Dienstleistungen, Marktanalysen, Marketing- und Vertriebsstrategien, Distributionsmöglichkeiten sowie die Finanzplanung.

Der typische Planungshorizont eines Businessplanes betrachtet die ersten fünf Jahre nach einer Unternehmensgründung. Üblicherweise wird hierbei das erste Jahr in Monatsschritten, das zweite Jahr in Quartalsschritten, das dritte Jahr in Halbjahresschritten sowie die Jahre vier und fünf in Ganzjahresschritten betrachtet. Diese Einteilung erklärt sich mit der geringer werdenden Planungsgenauigkeit über mehrere Jahre.

Der Umfang eines Businessplans sowie die Detailtiefe der einzelnen betrachteten Aspekte sind von Geschäftsidee zu Geschäftsidee unterschiedlich und hängen stark vom geplanten Gründungsvorhaben ab. Generell ist für die meisten Gründungsvorhaben ein Seitenumfang von 30 bis 40 Seiten ausreichend. Für kleine Gründungen, ohne die Notwendigkeit von beispielsweise Bankdarlehen, können auch bereits 10–15 Seiten ausreichend sein, wohingegen Großunternehmen für den Vorstoß in neue Geschäftsbereiche oder für größere Investitionen Businesspläne anfertigen, die schnell mehrere hundert Seiten umfassen.

Der Businessplan sollte, neben einem Inhaltsverzeichnis, im Anhang alle wichtigen Ergänzungen und Details zum Gründungsvorhaben enthalten. Hierzu zählen Patent- und Gebrauchsmusterinformationen, Markenrechte und Informationen zu Produktionsverfahren.

Um den Businessplan ansprechend präsentieren zu können, empfiehlt sich die Verwendung einer Präsentationsmappe.

Ein Problem, mit dem manche Unternehmensgründer – besonders solche, die über keinen betriebswirtschaftlichen Hintergrund verfügen – immer wieder konfrontiert werden, ist die Unterschätzung der im Rahmen der Erstellung eines Businessplans notwendigen detaillierten Ausarbeitung sowie der strukturierten inhaltlichen Beschreibung.

5.2.3 Formale und inhaltliche Normen

Hinsichtlich der formalen und inhaltlichen Gestaltung eines Businessplans gibt es diverse Aspekte.

Ein Businessplan sollte sich durch Klarheit und insbesondere eine klare, strukturierte Gliederung auszeichnen. Es ist nur das zu verwenden, was auch sinnvoll erscheint und für das Verständnis des Vorhabens bedeutend ist.

Eine hohe Bedeutung kommt dem Formulieren der Texte zu. Diese sind so zu formulieren, dass auch ein Laie, der sich mit der Thematik nicht auskennt, die Zusammenhänge versteht.

Der Schreibstil sollte von Sachlichkeit geprägt sein. Abstand nehmen sollte der Verfasser von gefühlsbetonten Formulierungen. Auch wenn viele Gründer in der Regel eine hohe Leidenschaft und Begeisterung für ihre Geschäftsidee entwickeln, ist beim Verfassen des Businessplans auf eine realistische und objektive Schreibweise zu achten.

Die Kerngedanken des Businessplans sind gut zu recherchieren und mit aussagekräftigen Daten zu belegen.

Darüber hinaus ist ein Businessplan neben einer gelungenen inhaltlichen Struktur auch optisch ansprechend zu gestalten. Dieses zeugt von Professionalität und einem stimmigen Konzept zur Unternehmenskommunikation. Ferner sollte der Businessplan über eine einheitliche Fußzeile verfügen.

5.2.4 Zielgruppen eines Businessplans

Üblicherweise wird ein Businessplan für mehrere Interessengruppen geschrieben. Diese lassen sich in interne und externe Zielgruppen unterscheiden.

Intern richtet sich der Businessplan an den Gründer selbst sowie an das Gründerteam, das Management und zukünftige Mitarbeiter.

Hinsichtlich der externen Zielgruppen unterscheidet man zwischen Fremdkapitalgebern wie Banken und Mitglieder aus dem Familien- oder Freundeskreis, Eigenkapitalgebern wie Business Angels, Venture-Capital-Gesellschaften oder stillen Teilhabern sowie Lieferanten, Kunden und sonstigen Interessensgruppen (Öffentlichkeit, Medien).

Dieser Zusammenhang wird auch noch einmal durch die folgende Abbildung verdeutlicht:

Zielgruppen eines Businessplans

Interne Zielgruppen	**Externe Zielgruppen**
Gründerteam / Management *Mitarbeiter*	*Eigenkapitalgeber* → Business Angels → Venture-Capital-Gesellschaften → Stille Teilhaber *Fremdkapitalgeber* → Banken → Familie → Freunden *Lieferanten* *Kunden* *Sonstige Interessensgruppen* → Öffentlichkeit → Medien

Business Angels sind in der Regel ehemalige, erfahrene Unternehmer, deren Investitionsvolumen und -horizont bis etwa 500.000 € reicht. Im Gegensatz zu Business Angels, die tendenziell aus Überzeugung am Produkt und ihr Kapital weniger aufgrund finanzieller

Erwartungen investieren, ist bei Venture Capitalists, sogenannten Wagniskapitalgebern, eine hohe Rendite das primäre Ziel der Investitionen. Bei Kreditinstituten ist die Bereitstellung liquider Mittel meistens an die Bereitstellung von Sicherheiten gebunden.

Jede dieser Zielgruppen legt den Betrachtungsschwerpunkt beim Businessplan auf unterschiedliche Aspekte und Analysen. Ein guter Plan muss daher die Interessen mehrerer relevanter Zielgruppen ausreichend berücksichtigen.

Schwerpunktmäßig richtet sich ein Businessplan an die internen Zielgruppen wodurch er eine grundlegende Bedeutung als Planungs-, Steuerungs-, und Kontrollinstrument erhält. Daher empfiehlt es sich, den Businessplan regelmäßig und nachhaltig einzusetzen, um die tatsächliche Situation mit der geplanten zu vergleichen und dadurch ggf. Probleme und Abweichungen frühzeitig zu erkennen und angemessen darauf reagieren zu können. Kernfragen der internen Betrachtung sind beispielsweise „Wo steht unser Unternehmen aktuell?“ und „Was wollen wir mit unserem Unternehmen in Zukunft erreichen?“. Der Businessplan dient ferner sowohl als Grundlage der Entscheidungsfindung bei diversen zukünftigen Situationen, die den Geschäftsbetrieb betreffen, als auch als Kontrollinstrument des Managements des Unternehmens bei der Steuerung und Führung des laufenden Geschäfts.

Die zweite Hauptaufgabe des Businessplanes dient der Kapitalbeschaffung. Durch sachlich fundierte Analysen und Zahlen lassen sich mögliche Kapitalgeber vor der Unternehmensgründung von der Geschäftsidee überzeugen. Die meisten zu gründenden Unternehmen verfügen in der Startphase nicht über die notwendigen finanziellen Mittel, sodass die Erweiterung des finanziellen Spielraums durch die Aufnahme eines oder mehrerer Kredite angestrebt wird. In diesem Fall sind Kapitalgeber wie Banken die Hauptzielgruppe. Bei Gesprächen zwischen diesen und dem Unternehmen wird hierzu von Banken häufig ein erster Entwurf des Businessplans als Verhandlungsgrundlage erwartet. Somit liegt der Fokus hier auf dem Bekanntmachen der Geschäftsidee und dem Leisten von Überzeugungsarbeit gegenüber wichtigen externen Institutionen wie eben Banken oder staatlichen Förderungsinstitutionen. In einigen Fällen findet der ausgearbeitete Businessplan auch Betrachtung von Vertragspartnern, potenziellen (Groß-) Kunden oder auch wichtigen Lieferanten.

5.2.5 Verfasser des Businessplans

Der Businessplan sollte von den potenziellen Unternehmensgründern unbedingt selbst erstellt werden. Sinnvoll ist jedoch das Mitwirken anderer sachkundiger Personen und Institutionen wie Unternehmensberater, die Wirtschaftsförderungsgesellschaft der Region oder die Industrie- und Handelskammer. In der Regel ist der Businessplan nicht in Kürze zu schreiben und ad Acta zu legen. Im Gegenteil: Er entwickelt sich und wächst mit der Geschäftsidee. Die Erstellung des Plans zwingt die Gründer zur Auseinandersetzung mit ihrer Idee, deckt Schwachstellen auf und legt fehlende Ressourcen offen.

Der Businessplan dient zudem als späterer Leitfaden für die Führung des Unternehmens. Er veranschaulicht das Marktpotenzial und gibt Auskunft über den Kapitalbedarf.

Im Rahmen der Erstellung werden Szenarien entwickelt, die auf Annahmen basieren. Die Annahmen sollten auch detailliert erläutert und belegt werden.

Ein wichtiger Punkt, der im Rahmen der Erstellung eines solchen Plans und der Auseinandersetzung der Verfasser mit ihrer Idee zu nennen ist, ist dass mit dem Schreiben eines Businessplans die potenzielle Gründung eines Unternehmens auch scheitern kann. Dieses ist nämlich der Fall, wenn sich die Geschäftsidee im Rahmen der Erstellung des Plans als nicht tragfähig erweist.

5.2.6 Businessplan-Wettbewerbe

Neben den oben erwähnten Zielgruppen eines Businessplans sind darüber hinaus noch Businessplan-Wettbewerbe zu nennen.

Businessplan-Wettbewerbe sind häufig nach Regionen oder bestimmten Branchen organisiert. Für die Teilnahme an diesen Wettbewerben ist in der Regel die Einreichung eines fertigen, bestehenden Konzepts notwendig. Viele Wettbewerbe gehen über mehrere Runden. Jede Runde, die ein Teilnehmer weitergekommen ist, zieht häufig eine Konkretisierung des Konzepts nach sich.

Auf diesen Veranstaltungen bekommen die potenziellen Gründer ein ehrliches und konstruktives Feedback hinsichtlich ihrer Geschäftsidee und des zu gründenden Unternehmens. Darüber hinaus sind die steigende Bekanntheit der Teilnehmer – insbesondere natürlich der Gewinner – der Aufbau eines Netzwerks sowie die für die Gewinner eines Businessplan-Wettbewerbes ausgeschütteten Preisgelder die hauptsächlichen Motivationsfaktoren der Teilnehmer. Alternativ gibt es bei manchen Wettbewerben neben Preisgeldern auch Sachpreise. Des Weiteren ist die Stärkung des Unternehmergeists der Teilnehmer positiv hervorzuheben.

5.3 Aufbau des Businessplans

Der Aufbau eines Businessplans ist je nach Unternehmensform und Gründungsidee unterschiedlich. Allgemein empfiehlt es sich jedoch, den Businessplan in zehn Kapitel zu unterteilen. Dieses führt zu einer klaren Gliederung der unterschiedlichen Abschnitte und unterstützt somit den Unternehmer dabei, auf alle wichtigen Aspekte seiner Geschäftsidee einzugehen und diese strukturiert zu behandeln.

Es empfiehlt sich eine Aufteilung in:

1. *Executive Summary*
   - Kurzdarstellung der wichtigsten Punkte
2. *Produkte und Dienstleistungen*
3. *Markt- und Wettbewerbsbetrachtung*
   - Betrachtung des Marktes, der Kunden und der Wettbewerber

4. *Marketing und Vertrieb*
   - Beschreibung der Werbe- und Vertriebsstrategien
5. *Geschäftsmodell und Organisation*
6. *Lieferanten, Beschaffung und Produktion*
7. *Management/Gründerteam und Personal*
   - Vorstellung der handelnden Personen sowie derer Qualifikationen
8. *Realisierungsfahrplan*
9. *Finanzplan und Finanzierung*
   - Hier liegt der Fokus vor allem auf der Liquiditätsplanung und dem Kapitalbedarf
10. *Chancen und Risiken*
    - Aufzeigen der Chancen und Risiken mit Hilfe des Best-Case- und Worst-Case-Szenarios

Die Gliederung des Businessplans soll anhand der folgenden Abbildung verdeutlicht werden (Abb. 5.1):

Weitere Aspekte, die vereinzelt im Rahmen eines Businessplans auftreten, sind die Unternehmensstrategie, die Darstellung der rechtlichen Struktur bzw. der angestrebten Unternehmensform sowie der Beteiligungsstruktur.

Der Schwerpunkt von Businessplänen liegt in der Regel auf der Geschäftsidee, dem angestrebten Markt, den geplanten Marketingmaßnahmen durch das zu gründende Unter-

Abb. 5.1 Businessplan- Der Aufbau

nehmen sowie auf der Zusammensetzung, den Qualifikationen und den Erfahrungen des Gründerteams.

Dabei ist zu erwähnen, dass ein Businessplan sowohl einen beschreibenden Teil in Textform als auch einen detaillierten Datenteil umfasst, der alle zur Betrachtung des Unternehmens notwendigen Zahlen und Kennziffern enthält.

Im Folgenden werden die einzelnen Inhalte mit ihren zentralen Aspekten weitergehend untersucht und erläutert.

5.3.1 Executive Summary (Die Kurzdarstellung)

Das Executive Summary stellt den Businessplan in Kurzform dar. Es dient dazu, den Leser für die Geschäftsidee zu interessieren und ihn zum Weiterlesen zu motivieren. Da die Entscheidungsträger zukünftiger Kapitalgeber und Geschäftspartner für gewöhnlich nicht mehr als fünf Minuten mit dem Lesen der Kurzdarstellung einer Geschäftsidee verbringen bis sie eine Entscheidung zum Weiterlesen oder zum „Zur-Seite-Legen“ treffen, kommt diesem Kapitel eine besondere Wichtigkeit zu. Das Executive Summary ist somit quasi das „Aushängeschild“, welches für den ersten Eindruck verantwortlich ist.

Die Kurzdarstellung umfasst für gewöhnlich nicht mehr als zwei Seiten und sollte innerhalb weniger Minuten durchzulesen und zu verstehen sein. Dabei stellt sie keine Inhaltsangabe oder Einleitung zum Businessplan dar und sollte deswegen in der Endfassung auch erst nach Erstellung des gesamten Businessplans geschrieben werden.

Kernelemente des Executive Summarys sind die Darstellung der Geschäftsidee, ein Überblick über Kernziele und Strategien des Unternehmens sowie geplante Absatzwege, eine Marktbetrachtung mit Wachstumspotentialanalyse, Kundennutzenbetrachtung gegenüber dem Wettbewerb und einer Wettbewerbsanalyse, einem Überblick über den Gründer und das Gründerteam mit ihren Erfahrungen und Qualifikationen, die Kapitalbedarfsplanung sowie gegebenenfalls eine mögliche Exit-Strategie (Börsengang, Trade Sale, etc.).

Leitfragen zur Unterstützung bei der Erstellung eines Executive Summarys können sein:

- Was ist die Geschäftsidee?
- Welche Produkte oder Dienstleistungen sollen auf welchen Märkten und Segmenten verkauft werden?
- Wer sind die relevanten Zielkunden?
- Wie groß ist das Wachstumspotential des Marktes?
- Worin besteht der Nutzen für den Kunden? Weswegen wird die Unternehmung Erfolg haben?
- Gibt es ein Alleinstellungsmerkmal (Unique Selling Proposition) für die Idee?
- Wie sieht der Realisierungsfahrplan (Zeitplanung) für die Unternehmensentwicklung aus?
- Wer gründet das Unternehmen?
- Mit welchem Umsatz und mit welchem Gewinn wird gerechnet?
- Wie hoch ist der Kapitalbedarf? Wozu wird dieses Kapital verwendet?

Der Fokus liegt auf der Beschreibung der Geschäftsidee. Häufig fallen in diesem Zusammenhang Begriffe wie Innovation, Kundennutzen, Problemlösungseigenschaft oder Alleinstellungsmerkmal. Es geht dabei um die Frage, was von dem zu gründenden Unternehmen angeboten wird und wodurch sich das Angebot auszeichnet sowie sich ggf. von schon bestehenden Angeboten unterscheidet. Eigenschaften, durch die sich ein Produkt oder eine Dienstleistung in besonderem Maße auszeichnen, sind Kostenvorteile, eine höhere Qualität oder die Einsparung von Zeit.

Generell sollte auf die häufige Verwendung von Fachwörtern verzichtet werden, da die meisten Leser eines Businessplans mit fachspezifischen Ausdrücken nicht vertraut sind. Falls schon Patente, Lizenzen oder Prototypen vorhanden sind, sollte dieser äußerst wichtige Aspekt auf jeden Fall ausführlich thematisiert und beschrieben werden.

Ob das Executive Summary die Anforderungen einer guten Zusammenfassung erfüllt, lässt sich leicht mit dem sogenannten Elevator Pitch, dem „Aufzugstest", überprüfen.

Hierzu stellt sich der Unternehmer vor, er würde im Aufzug auf die Entscheidungsperson eines potentiellen Kapitalgebers stoßen. Wenn es ihm möglich ist, ihn während der Fahrt nach oben (ca. 60 Sekunden) von der Geschäftsidee zu überzeugen und die Inhalte des Executive Summarys allgemein verständlich, strukturiert zu berichten, so ist die Kurzdarstellung gut gelungen. Sollte er hingegen nach 60 Sekunden noch damit beschäftigt sein, mit komplizierten Fachwörtern gegebene Rahmenbedingungen der Idee zu erklären, so ist das Executive Summary zu überarbeiten.

5.3.2 Produkte und Dienstleistungen

Dieser Abschnitt enthält die Kernaussagen über die Geschäftsidee und das geplante Leistungssystem. In der Regel treten sowohl Produkte wie auch Dienstleistungen in Konkurrenz mit bereits am Markt etablierten Angeboten. Der Erfolg einer Unternehmensidee ist somit von einer klaren Analyse des momentanen Marktumfeldes sowie den potentiellen Kunden unmittelbar abhängig.

Das eigene Produkt bzw. die eigene Dienstleistung muss für den Kunden erkennbar besser oder günstiger sein als mögliche Konkurrenzangebote, damit eine Kaufbereitschaft entstehen kann. Hierzu ist es sinnvoll, dass bei der Betrachtung die Frage im Hinterkopf bleibt, ob der Unternehmer selbst eher das eigene Produkt oder das eines Wettbewerbers kaufen würde und welche Gründe dafür verantwortlich sind.

Ein weiterer wichtiger Aspekt der Betrachtung von geplanten Produkten und Dienstleistungen ist die Frage, ob das neue Unternehmen in der Lage ist, den Kundenbedarf zur richtigen Zeit, am richtigen Ort und in der richtigen Qualität zu decken. Hierbei gilt die generelle Regel, dass Goodwill-Verluste, also Verluste aus Versäumnissen bei der Leistungserbringung, dem Unternehmen mehr schaden als von vornherein abgelehnte Aufträge auf Grund von Kapazitätsengpässen.

Handelt es sich um ein innovatives, neu entwickeltes Produkt, so muss dieses dem Kunden meist ausführlich erklärt werden. In diesem Fall muss die Betrachtung des höheren

Kundennutzens durch das neue Produkt deutlich ausführlicher ausfallen als bei bereits vorhandenen Produktideen.

Bei forschungs- und entwicklungsintensiven Produkten müssen die Forschungs- und Entwicklungsziele, das hierfür benötigte Budget (Kapitalbedarfsplanung) und die geplante Forschungszeit (Projektplan) im Anhang des Businessplanes hinzugefügt werden.

Für zukünftige Investoren sind die Produktidee sowie daraus resultierende Wettbewerbsvorteile ebenso wie mögliche technologische Risiken, die Gefahr durch Nachahmung durch andere Wettbewerber oder die Verdrängung durch Substitute, im Vergleich zu anfallenden Kosten für die Entwicklungsphase klar herauszustellen. Hilfreich zur Veranschaulichung der Idee sind funktionierende Prototypen sowie einige Pilotkunden, die das Produkt bereits erfolgreich verwenden und über Vorteile berichten können. Ferner sollte dieses Kapitel einen kurzen Ausblick auf geplante Innovationen und Weiterentwicklungen enthalten.

Maßnahmen, die zum Schutz der eigenen Idee getroffen worden sind bzw. sich noch in der Prüfungsphase befinden, wie Patent- und Gebrauchsmusteranmeldungen oder Lizenzrechte, sind ebenfalls im Anhang hinzuzufügen.

Leitfragen zur Unterstützung bei der Aufstellung des Produkt- und Leistungsprogramms können sein:

- Welche Produkte sollen angeboten werden?
- Was ist neu bzw. was ist besser an dem neuen Angebot?
- Existieren Patent- oder Lizenzrechte? Gibt es patent- oder lizenzrechtliche Probleme mit Wettbewerbern?
- Worin liegt der Kundennutzen des Produktes bzw. Angebots?
- Gibt es geplante Dienstleistungen, die zusätzlich zum Produkt angeboten werden (Schulungen, Fortbildungen, Serviceleistungen, etc.)?
- Welche Gefahr besteht durch Wettbewerber und mögliche Substitutionsprodukte?
- Wie sieht der geplante Lebenszyklus des Produktes aus? Gibt es ggf. schon Nachfolgerprodukte?

5.3.3 Markt- und Wettbewerbsbetrachtung

Eine der häufigsten Ursachen für das Scheitern von Geschäftsideen ist eine im Vorhinein mangelnde oder lückenhafte Betrachtung des angestrebten Marktes und der daraus resultierenden Marktsituation – gekennzeichnet durch Wettbewerber, Lieferanten und Kunden.

Das Marktumfeld muss im Hinblick auf aktuelle und potentielle Wettbewerber sowie deren Produkte und Geschäftskonzepte eingehend untersucht werden.

Hierzu wird der Gesamtmarkt in unterschiedliche Branchen zerteilt. Branchen lassen sich nach dem Kaufverhalten der Kunden, Regionen sowie demografischen und psychografischen Kriterien einteilen. So wäre eine denkbare Branche: „Alle Kunden aus Nordrhein-Westfalen im Alter zwischen 25 und 30 Jahren mit einem Bruttojahreseinkommen von 50.000 € und Interesse an Abonnementangeboten."

Diese unterschiedlichen Branchen bzw. Kundensegmente lassen sich nun hinsichtlich *Marktpotential, Marktvolumen* und *relativem Marktanteil* untersuchen.

Unter dem *Marktpotential* wird die Gesamtheit der möglich absetzbaren Produktmengen in einem bestimmten Markt verstanden. Es stellt somit eine Kennzahl zur höchstmöglich zu erwartenden Marktnachfrage dar. Berechnet wird das Marktpotential aus dem Produkt von:

$$\begin{aligned} Marktpotential &= \text{Anzahl Verbraucher} * \text{Kaufmenge je Beschaffung} \\ &\quad * (\text{Kauffrequenz/Jahr}) * \text{Zyklusdauer} \end{aligned} \tag{5.1}$$

Das *Marktvolumen* stellt die tatsächliche Nachfrage innerhalb des Marktpotentials dar. Das tatsächliche Marktvolumen unterliegt diversen Nachfragebarrieren die durch den Einsatz eines sinnvollen Marketingmixes minimiert werden können. Für gewöhnlich wird dieses in Geldeinheiten oder abgesetzten Mengen angegeben.

$$Marktvolumen = \text{Produktion} + \text{Importe} - \text{Exporte} \tag{5.2}$$

Im Gegensatz zum *absoluten Marktanteil*, welcher sich aus der Betrachtung des eigenen Absatzvolumens im Verhältnis zum Marktvolumen berechnen lässt, betrachtet der *relative Marktanteil* den Umsatz- bzw. Marktanteil des eigenen Unternehmens im Verhältnis zum Marktführer.

$$Absoluter\ Marktanteil = (\text{Absatzvolumen} * 100)/\text{Marktvolumen} \tag{5.3}$$

$$\begin{aligned} Relativer\ Marktanteil\ (Menge) = {} & \text{Eigener Marktanteil}/ \\ & \text{Marktanteil des stärksten Wettbewerbers} \end{aligned} \tag{5.4}$$

$$\begin{aligned} Relativer\ Marktanteil\ (Umsatz) = {} & \text{Eigener Umsatz}/ \\ & \text{Umsatz des stärksten Wettbewerbers} \end{aligned} \tag{5.5}$$

Bei der Informationssuche als Grundlage der Berechnung können unter anderem folgende Quellen eine hilfreiche Anlaufstelle darstellen:

- Wirtschaftswissenschaftliche Institute, Hochschulen
- Zeitschriften, Marktstudien, Bücher
- Internet mit offenen Datenbanken (z. B. das Google AdWords Keyword-Tool)
- Kreditinstitute, Experteninterviews
- Kommerzielle Datenbanken

Die einzelnen Kennzahlen lassen sich durch einfache Fragen verständlicher machen:

- Wie groß ist der Gesamtmarkt?
- Wie stark kann der Gesamtmarkt wachsen?

- Besteht bereits ein Absatzmarkt für das neue Produkt oder muss dieser erst geschaffen werden?
- Wie groß ist der geplante relative und wie groß der geplante absolute Marktanteil?

Gefahren durch *Lieferanten* können von Preiserhöhungen für Waren und Dienstleistungen ausgehen, die für den zukünftigen Geschäftsbetrieb benötigt werden. Zu dieser Situation kann es kommen, wenn es wenig Lieferanten im Markt gibt, eine geringe Substitutionsgefahr für die angebotenen Waren und Dienstleistungen besteht (z. B. Benzin) oder es sich um sehr differenzierte Produkte handelt, bei denen ein Lieferantenwechsel ohne hohe Wechselkosten nicht möglich wäre.

Kunden können geringe Preise, eine höhere Qualität oder erweiterte Dienstleistungen „einfordern", wenn es sich bei den angebotenen Produkten um standardisierte und undifferenzierte Produkte handelt, die von vielen Anbietern für eine geringe Anzahl an Kunden angeboten werden und die Kunden somit nur eine geringe Umstellung beim Wechsel von einem Anbieter zum anderen in Kauf nehmen müssen.

Bei den *Wettbewerbern* muss sich der Unternehmer Gedanken über direkte, potentielle und indirekte Wettbewerber machen. Mit *direkten Wettbewerbern* steht das Unternehmen in einem konkreten Wettbewerb, es werden also die gleichen Waren bzw. Dienstleistungen in vergleichbarer Qualität angeboten. *Potentielle Wettbewerber* sind Unternehmen, die neu in den Markt eindringen. Sichere Märkte sind solche mit hohen Eintrittsbarrieren (z. B. Automobilbau), im Gegensatz zu z. B. Autowerkstätten, da die Eintrittsbarrieren hierbei auf Grund des hohen Kapitalbedarfs vor der Geschäftsaufnahme deutlich höher sind. *Indirekte Wettbewerber* können das eigene Produkt durch Substitute gefährden, beispielsweise Benzin und Erdgas, DVD und Blu-ray oder Zucker und Süßstoff.

Um sich einen Überblick über die momentane Wettbewerbssituation zu verschaffen, können folgende Fragen hilfreich sein:

- Wer bietet ähnliche bzw. vergleichbare Produkte an?
- Zu welchem Preis werden diese Produkte angeboten? Zu welchem Preis plant der Unternehmer sein Produkt zu verkaufen?
- Sind Innovationen durch Wettbewerber zu erwarten?
- Welchen Marktanteil haben die Wettbewerber? Wer sind direkte Konkurrenten?
- Wie profitabel sind die Wettbewerber?
- Wie und wo bietet der Wettbewerb seine Produkte an?
- Was sind die Vorteile gegenüber den Wettbewerbern?

5.3.4 Marketing und Vertrieb

Ein weiterer bedeutender Erfolgsfaktor für eine erfolgreiche Unternehmensgründung ist der Marketingplan. In ihm werden Strategien zur Kundengewinnung sowie Wege zur Umsatz- und Gewinngenerierung definiert. Marketingziele, wie ein Ausbau des relativen

Marktanteils, müssen in Abstimmung mit den Unternehmenszielen aufgestellt werden und dürfen diesen nicht widersprechen.

Die Marketingplanung muss somit alle Strategien und Maßnahmen zur Erreichung der Marketingziele enthalten.

Strategische Marketingpläne legen hierbei für gewöhnlich die Marketingziele für einen Planungshorizont von vier bis fünf Jahren fest. Dem gegenüber steht die operative Marketingplanung mit einem sehr kurzfristigen Planungshorizont von bis zu maximal einem Jahr.

Inhalte des strategischen Managements sind die Festlegung relevanter Branchen oder Bereiche, in denen das Unternehmen tätig ist, die Betrachtung der Zielmärkte sowie der Zielkunden und die Frage der adäquaten Preisgestaltung für die jeweiligen Produkte oder Leistungen.

Im Rahmen der Managementplanung muss sich der Unternehmer des Weiteren für Markteintritts- und Wachstumsstrategien entscheiden. Diese legen die „Fahrtrichtung" für das neue Unternehmen fest.

Markteintrittsstrategien wie Qualitätsführerschaft oder Kostenführerschaft stellen eine klare Verpflichtung zur Ausrichtung des Unternehmens dar und sind somit nur mit hohen Kosten zu erreichen. Da Unternehmen während der Gründungsphase oder gerade gegründete Unternehmen auf Grund ihrer Ressourcenbeschränkung diese Strategien meistens nicht erfolgsversprechend verfolgen können, eignet sich für den Unternehmensgründer die Strategie der Fokussierung auf einen Nischenmarkt (vgl. Long-Tail-Modell). Durch die Konzentration auf ein oder wenige Marktsegmente lässt sich ein ressourcengerechter Start des Unternehmens realisieren. Wachstumsstrategien schließen an die Einstiegsstrategie an, indem sich das Unternehmen langsam über andere Nischen ausdehnt und somit stetig und kontinuierlich wächst.

Der klassische Marketingmix behandelt die erstmals von McCarthy (1960) aufgestellten „4Ps":

- Product (Produktpolitik)
- Placement (Distributionspolitik)
- Promotion (Kommunikationspolitik)
- Price (Preispolitik)

Diese ursprünglichen Kriterien sind bis 2010 um neun weitere „Ps" gewachsen: Processes (Prozessmanagement), Packaging (Verpackung), Persons (Personalpolitik), Politics (Interessensvertretung in der Politik), Physics (Unternehmensidentität), Physical Evidence (Gestaltung der Ladenfläche bzw. Ausstellungsfläche), Personal Politics (Personalführung), Public Voice (Außenwirkung, z. B. durch Blogs und Foren), Pamper (Kundenbindung/Pflege der Kundenbeziehung).

Das Hauptaugenmerk bei der Unternehmensgründung sollte jedoch schwerpunktmäßig auf den klassischen „4Ps" liegen.

Die *Produkt- und Leistungspolitik* stellt im Rahmen des Businessplans eine entscheidende Schlüsselstelle dar. Bei der Gründung eines Unternehmens entscheidet sich der Unternehmer entweder neue Produkte herzustellen und auf den Markt zu bringen (Produktinnovation) oder bereits am Markt vorhandene Produkte in veränderter Form anzubieten (Produktvariation). Grundsätzlich müssen Eigenschaften wie Design, Verpackung, Qualität und Funktion. im Vorhinein ausgearbeitet und im Businessplan festgehalten werden.

Im Rahmen von Produktinnovationen interessieren sich zukünftige Investoren für bereits bestehende Schutzrechte an der Innovation (Patente, Gebrauchsmuster) sowie dem Schutz der Marke unter der das Produkt verkauft wird.

Generell zu erwähnen sind zusätzlich geplante Dienstleistungen neben dem Kernprodukt wie Servicearbeiten, Garantieleistungen und Schulungen. Durch den steigenden Wettbewerb innerhalb der einzelnen Branchen und einen sich immer schneller verändernden Gesamtmarkt wird diesen „Value Added Services" (Zusatzleistungen) ein immer höherer Wert beigemessen.

Interessante Fragen für diesen Bereich sind beispielsweise:

- Wem wird das Produkt/die Dienstleistung angeboten?
- Welche Produkte und Dienstleistungen werden den Kunden angeboten?
- Welche Eigenschaften (z. B. Qualität, Verpackung, Value Added Services) sollen die Produkte haben?
- Wie soll die Produktpalette aufgebaut werden? Welchen Umfang soll sie haben?

Im Bereich Placement oder der *Distributions-* und *Vertriebspolitik* werden Maßnahmen definiert, um die Produkte oder Dienstleistungen zum Kunden oder Endverbraucher zu bringen. Im Kern beschäftigt sich dieser Abschnitt mit der Wahl des Vertriebsweges und den damit verbundenen Kosten. Der Unternehmer muss zwischen dem Absatz über einen *indirekten* oder dem *direkten Vertrieb* entscheiden.

Der *indirekte Vertrieb* geschieht über Groß- und Einzelhändler. Dieses Prinzip ermöglicht dem Unternehmen ohne große Investitionen eine breite Massendistribution und beschränkt den eigenen vertrieblichen Aufwand auf die Kommunikation mit wenigen Vertretern der Geschäftspartner. Risiken hierbei sind der Verlust der Kommunikation mit den Endkunden sowie nur geringe Möglichkeiten direkt auf das Absatzgeschehen einwirken zu können (z. B. Festlegung der Endpreise).

Beim *direkten Vertrieb* hingegen kann der Unternehmer den Endpreis selbst gestalten und somit direkt ins Absatzgeschehen eingreifen. Ebenso ist eine direkte Kommunikation mit den Kunden konstant gegeben, wodurch beispielsweise auf Anregungen und Beschwerden schneller reagiert werden kann. Der direkte Vertrieb ist im Gegensatz zum indirekten Vertrieb mit einem hohen Aufwand an eigenen Vertriebsmitarbeitern zum Verkauf der Produkte verbunden und erschwert somit, auf Grund der höheren Personalkosten, eine breite Massendistribution.

Je nachdem für welchen Absatzweg sich der Unternehmer entschieden hat, gilt es, die Frage der *Vertriebsorganisation* zu klären. Hierzu müssen Entscheidungen bzgl. des Einsatzes eigener Außendienstmitarbeiter, dem Zurückgreifen auf Handels- oder Reisevertreter oder dem Bilden eines Franchising-Systems getroffen werden.

Interessante Fragen für diesen Bereich sind beispielsweise:

- Wie kommt das Produkt zum Kunden?
- Über welchen Absatzkanal soll das Produkt verkauft werden?
- Welche Kosten sind für die Logistik zu kalkulieren?
- Wie soll die Logistik aufgebaut sein?

Das 3. „P", die *Kommunikationspolitik*, dient der Steigerung des Bekanntheitsgrades des eigenen Produktes und dem Wecken von Interesse beim Kunden an der gebotenen Leistung. Ziel ist es, die Kaufbereitschaft des Kunden herbeizuführen. Neben der Steigerung des eigenen Absatzes dient die Kommunikation des Unternehmens nach außen darüber hinaus auch zur Generierung neuer Geschäftspartner wie beispielsweise Lieferanten, potentieller Mitarbeiter und Medienvertretern.

Instrumente auf die der Unternehmer zurückgreifen kann, sind neben der Werbung auch Öffentlichkeitsarbeit (Public Relations), Messen, Ausstellungen, Sponsoring, Verkaufsförderungsprogramme (Sales Promotion) und Event-Marketing.

Auf Grund des beschränkten Anteils an finanziellen Ressourcen auf die neu gegründete Unternehmen zurückgreifen können, empfiehlt es sich, keine breit flächigen Werbestrategien zu fahren, da diese immer einem sehr hohen Streuverlust unterliegen (z. B. TV-Werbung), sondern gezielt auf die Interessen der Kunden einzugehen.

Das AIDA-Prinzip beschreibt die vier Phasen durch die ein Kunde geführt werden soll, um letztendlich zum Kauf bewegt zu werden:

- Attention (Aufmerksamkeit) → Ziel: Aufmerksamkeit des Kunden erwecken
- Interest (Interesse) → Ziel: Interesse des Kunden für das Produkt wecken
- Desire (Verlangen) → Ziel: Wunsch des Kunden nach Besitzen des Produktes aktivieren
- Action (Aktion, Handeln) → Ziel: Kunde zum Kauf des Produkts bewegen

Durch gezielte (Online-) Werbemaßnahmen, wie z. B. Google AdWords oder Affiliate-Programme (Partnerprogramme) sind zum Zeitpunkt, an dem der Kunde die Werbung sieht, bereits die Aufmerksamkeit und das Interesse an dem Produkt, ggf. sogar der Besitzwunsch geweckt und die Werbung muss abschließend nur den Kaufwunsch auslösen. Die genannten Maßnahmen sind dem Performance Marketing zuzuordnen.

Reichweitenstarke Werbung über Rundfunk- oder Fernsehgeräte hingegen wird für gewöhnlich genau in den Momenten eingeblendet, in denen der Zuhörer oder der Zuschauer sich nicht durch Werbung stören lassen möchte (z. B. an der spannendsten Stelle im Spielfilm).

Die Vorzüge des Performance-Marketings, also der gezielten, kundengerichteten Werbung bei der nur bei einer erfolgreichen Transaktion gezahlt wird, lassen sich an einem kleinen Beispiel anschaulich darstellen:

Ein Unternehmer ist an Sonderangeboten für Winterreifen interessiert und begibt sich daher im Internet auf die Suche nach Informationen.

Zu diesem Zeitpunkt sind bereits A (Attention), I (Interest) und D (Desire) gegeben. Da der Kunde sich der Suche nach Sonderangeboten widmet, hat diese seine volle Aufmerksamkeit, wodurch auch das Interesse an Angeboten geweckt ist. Der grundsätzliche Wunsch Winterreifen zu kaufen ist ebenfalls bereits gegeben.

Während der Suche stößt er auf eine Seite auf der verschiedene Winterreifen verglichen werden und auf der sich am Seitenrand eine auffällige Werbung über ein Sonderangebot für Winterreifen befindet.

Hier muss die Werbung jetzt nur noch mit einem attraktiven Preis, guter Qualität des Produktes oder Ähnlichem überzeugen, damit der Kaufwunsch beim Kunden ausgelöst wird. Somit wäre auch das letzte A (Action) erfüllt.

Die Reichweitenwerbung hingegen muss den Kunden, der z. B. während seines Spielfilms unterbrochen wurde, erst auf das angebotene Produkt aufmerksam machen und das Interesse hieran wecken, welches beim Schalten der gezielten Werbung bereits vorhanden war. Gleiches gilt für den Besitzwunsch und abschließend wieder für den Kaufwunsch.

Eine gezielte, kundengerichtete Werbung ist somit für den Unternehmensgründer eine kostengünstige Möglichkeit, für Kunden in seiner Branche Werbung zu schalten, ohne die hohen Kosten und den großen Streuverlust der Reichweitenwerbung in Kauf nehmen zu müssen.

Interessante Fragen für diesen Bereich sind beispielsweise:

- Durch welche Art von Werbung soll der Kunde auf den höheren Nutzen der Produkte hingewiesen werden?
- Wie viel Kapital soll für Werbemaßnahmen aufgebracht werden?
- Über welchen Zeitraum sollen diese Werbemaßnahmen gehen?

Das letzte „P" hilft dem jungen Unternehmer bei der Gestaltung der unternehmerischen *Preispolitik*. Hierbei wird zwischen der *nachfrageorientierten Preisfindung*, der *kostenorientierten Preisfindung* und der *wettbewerbsorientierten Preisfindung* unterschieden. Zusätzlich zu diesen drei Möglichkeiten gibt es noch das Prinzip des „Value-Based-Pricing", üblicherweise richtet sich der Preis jedoch nach einer der drei erstgenannten Möglichkeiten.

Bei der *nachfrageorientierten Preispolitik* richtet sich der Preis nach der Preisakzeptanz beim Kunden und dem Grad des Produktnutzens für den Kunden. Die *kostenorientierte Preisfindung* betrachtet Faktoren wie Herstellkosten, Transportkosten, Personalkosten und die Marge, um einen Preis festzulegen. Die *wettbewerbsorientierte Preispolitik* hingegen richtet sich nicht nach den Kunden oder dem eigenen Unternehmen, sondern nach der

Preisgestaltung der Wettbewerber und ist somit unter anderem für die Strategie des Preisführers interessant.

Weitere Herausforderungen stellen die Entscheidungen über Rabatte, Lieferbedingungen, Zahlungsbedingungen und Finanzierungsangebote gegenüber dem Kunden dar.

Interessante Fragen für diesen Bereich sind beispielsweise:

- Wie sollen die Preise für die Produkte gestaltet sein?
- Welche Preispolitik wird verfolgt?
- Wie hoch sind die Personalkosten, Kosten für die Handelsvertreter, Großhändler, etc.?
- Welche Rabatte, Skonti oder sonstige Sonderkonditionen sollen den Kunden angeboten werden?

5.3.5 Organisation

Während das Aufstellen einer gezielten Aufbau- und Ablauforganisation für kleinere Unternehmensgründungen mit bis zu maximal fünf Mitarbeitern wenig Sinn zu machen scheint, ändert sich diese Einschätzung bei größeren Mitarbeiterzahlen sehr schnell.

Eine klar strukturierte Aufbauorganisation während der Unternehmensgründungsphase soll einen reibungslosen Ablauf während der ersten Aufnahme der Geschäftstätigkeiten gewährleisten. Hierzu müssen die Unternehmensgründer Entscheidungen bzgl. Weisungsbefugnissen, Hierarchieebenen, Verantwortlichkeiten und der Geschäftsführung treffen.

Die in diesem Zuge getroffenen Entscheidungen werden für gewöhnlich in einem betriebsinternen Organigramm festgehalten. Dieses stellt auf einem kurzen Blick alle relevanten Ebenen und Abteilungen sowie die Berichtswege und Weisungsbefugnisse des Unternehmens dar. Je nach Detaillierungsgrad können zusätzlich zu den jeweiligen Abteilungen auch noch die entsprechenden Mitarbeiter mit aufgeführt werden. Es kann somit als Landkarte des Unternehmens bezeichnet werden und stellt auf der einen Seite für das Gründerteam eine unterstützende Hilfe bei kritischen Geschäftsentscheidungen sowie die Sicherung eines effizienten Informationsflusses dar, auf der anderen Seite hilft es neuen Mitarbeitern dabei, sich effizient in die Unternehmung einzuarbeiten und direkte Ansprechpartner zu erkennen.

Sollten während der Gründungsphase und im späteren Geschäftsbetrieb spezielle Teams für neue Produkte oder Marketingaktionen vorgesehen sein, so sollten diese neben dem Organigramm im Businessplan erwähnt und kurz erläutert werden.

Neben der Festlegung der Aufbauorganisation gilt ein zweites Augenmerk der Ablauforganisation. Hier werden alle im Unternehmen relevanten Abläufe in Form von Ablaufdiagrammen (z. B. ERM oder Programmablaufplan/Flow-Chart (PAP)) festgehalten. Aus ihnen müssen die Abläufe der einzelnen Tätigkeiten im Unternehmen ersichtlich werden, wie z. B. Angebotserstellung, Auftragsannahme, Lieferung und Kommissionierung.

Neben der internen Orientierungshilfe, die eine klare Aufbau- und Ablauforganisation bietet, ist diese natürlich auch für externe Stakeholder wie Banken, Geschäftspartner und

Lieferanten von großer Bedeutung. So können sich zukünftige Partner ein Bild davon machen, dass das neu gegründete Unternehmen klaren Strukturen unterliegt und die einzelnen Unternehmenswerte (Produkte, Dienstleistungen, etc.) auf möglichst kurzem Wege durch das Unternehmen gelangen.

Sollten im Rahmen der Unternehmensgründung bereits Kooperationen mit anderen Unternehmen bestehen, so sollten diese zusätzlich zum Organigramm und den Ablaufplänen genannt werden.

Interessante Fragen für diesen Bereich sind beispielsweise:

- Welche Organisationsstruktur passt am besten zu der Geschäftsidee?
- Ist das Organigramm für neue Mitarbeiter und andere Interessensgruppen verständlich?
- Gibt es Konflikte zwischen Führungs- und Planungsvereinbarungen oder der angestrebten Organisationshierarchie?
- Wie flexibel ist die Organisationshierarchie für Veränderungen und Erweiterungen?
- Wie soll mit Veränderungen umgegangen werden? Wie werden diese Veränderungen kommuniziert?

5.3.6 Lieferanten, Beschaffung und Produktion

Ein in der Praxis häufig unterschätztes Risiko stellen die Auswirkungen vom Einkaufswesen, dem Beschaffungswesen und den Beschaffungspreisen auf das spätere Betriebsergebnis einer Unternehmung dar, weshalb abhängig vom zukünftigen Geschäftsfeld eine mehr oder weniger intensive Betrachtung der Lieferanten sowie der Beschaffungs- und Produktionsstrategien notwendig ist.

Sollte im Rahmen der zuvor durchgeführten Markt- und Wettbewerbsanalyse eine hohe Abhängigkeit von Lieferanten aufgefallen sein, so gilt es diese als Risikofaktor der Geschäftsidee im Bereich Beschaffung im Businessplan zu nennen und zu erläutern.

Des Weiteren muss sich der Unternehmer die Frage über eine passende sogenannte Sourcingstrategie für den Bezug von Produkten oder Teilen, passend zum entsprechenden Unternehmensmodell, stellen. Traditionell wird hierbei zwischen drei Blickwinkeln unterschieden, dem Sourcing unterteilt nach dem *Lieferantenbezug*, dem *Raumbezug* und dem *Objektbezug*.

Im Rahmen des *Lieferantenbezuges* wird zwischen *Single Sourcing*, *Dual Sourcing* und *Multiple Sourcing* unterschieden.

Beim sogenannten *Single Sourcing* werden alle fremdbezogenen Güter durch genau einen Lieferanten bereitgestellt. Vorteile dieser Strategie sind neben günstigeren Einkaufspreisen durch große Abnahmemengen, die Bildung meist langer Geschäftsbeziehungen, ein geringer Aufwand für Preisverhandlungen, Kommunikation und Logistik sowie im Falle von Lieferengpässen seitens des Lieferanten oder Eilaufträgen seitens des Unternehmers eine zu erwartende Bevorzugung gegenüber Wettbewerbern, die zusätzlich bei anderen Lieferanten einkaufen. Neben diesen Vorteilen begibt sich der Unternehmer beim Single Sourcing in eine starke Abhängigkeit vom Lieferanten, welche im Falle von Lieferengpässen den Produktionsstopp bedeuten kann. Durch den Bezug von nur einem Lieferanten ist zusätzlich zu erwarten, dass tendenziell zu höheren Preisen eingekauft wird als in einer Wettbewerbssituation mit mehreren Lieferanten.

Im Gegensatz zum Single Sourcing verlässt sich der Unternehmer beim *Dual Sourcing* nicht auf einen, sondern auf zwei Lieferanten. Zwar besteht auch hier weiterhin eine starke Abhängigkeit vom Lieferanten, jedoch sind mögliche Lieferengpässe bei einem der beiden Lieferanten durch den anderen abgesichert wodurch die Gefahr bei Sonderaufträgen oder auch Eilaufträgen – die Kapazität der Lieferanten zu übersteigen – im Gegensatz zum Single Sourcing geringer ist.

Der Bezug durch mehr als zwei Lieferanten wird auch als *Multiple Sourcing* bezeichnet. Hierbei begibt sich der Unternehmer in eine stärkere Verhandlungsposition als bei den Modellen des Single oder Dual Sourcings. Durch die große Anzahl an potentiellen Lieferanten ist das Risiko von Lieferengpässen auf ein Minimum reduziert. Multiple Sourcing ist generell jedoch nur für wenig komplexe Produkte sinnvoll, die ohne Know-how-Übertragung oder teure Produktionsanpassungen auf Seiten der Lieferanten zu produzieren sind.

Durch die hohe Angebotsdichte an Lieferanten ergeben sich auf Grund eines deutlich größeren Aufwandes der Informationsbeschaffung auf der anderen Seite deutlich höhere Kosten für den Einkauf.

Die Unterscheidung nach dem *Raumbezug* kann entweder zur Strategie des *Local Sourcings* oder zum *Global Sourcing* führen.

Local Sourcing versteht den Bezug von benötigten Gütern aus dem lokalen Umfeld des Unternehmens. Dieses führt durch kurze Transportwege zu einer deutlichen Risikoreduktion von Transportunfällen, Transportmängeln sowie zu niedrigeren Transportkosten. Logistikstrategien wie Just-in-Time- oder Just-in-Sequence-Lieferungen lassen sich bei diesem Modell sehr gut anwenden. Gerade für neu gegründete Unternehmen kann die Stärkung der lokalen Anbieter zu einem Imageschub gegenüber Wettbewerbern führen. Dieser Effekt sollte gegenüber evtl. etwas höheren Bezugskosten aufgerechnet werden. Auf der anderen Seite führt der räumlich eingeschränkte Bezug von Waren in der Regel zu höheren Preisen als auf internationalen Märkten, ebenso muss meistens mit beschränkten Produktionskapazitäten und limitierten Ressourcen gerechnet werden.

Das *Global Sourcing* stellt das Gegenteil des Local Sourcings dar. Hierbei betrachtet der Unternehmer den internationalen Lieferantenmarkt und bezieht Produkte über deutlich längere Transportwege als beim lokalen Bezug. Gerade während der Unternehmensgründung stellt dieser Bezug einen immensen Koordinations- und Logistikaufwand dar. Ebenso können auf den ersten Blick günstig erscheinende Angebote durch Transportkosten, Einfuhrzölle oder Wechselkursschwankungen unrentabel werden. Neben den Problemen eines schwierigeren Umsetzens von Just-in-Time- und Just-in-Sequence-Strategien sollte dieser Aspekt dem Unternehmer immer in Erinnerung bleiben.

Beim *Objektbezug* wird die bezogene Ware nach dem Grad ihrer Komplexität unterschieden in *Element Sourcing* und *Modular Sourcing*.

Beim *Element Sourcing* werden die Bauteile einzeln bezogen, weshalb das Know-how innerhalb des Unternehmens vorhanden sein muss, aus diesen Bauteilen das gewünschte Endprodukt zu fertigen. Dieses setzt beispielsweise Maschinen, Mitarbeiter und Lager voraus, was zu einer hohen Kapitalbindung im Unternehmen führt.

Um diese Kosten zu minimieren, kann der Unternehmer sich für das Modell des *Modular Sourcings* entscheiden. Hierbei werden nicht mehr einzelne Bauteile bezogen, sondern komplette Module. Dieses führt zu einer Reduzierung der für die Produktion benötigten Mitarbeiter, Maschinen und Lagerplätze, was auf der anderen Seite jedoch wieder in einer starken Abhängigkeit vom Modullieferanten und zu einem erhöhten Koordinationsaufwand durch die notwendige Bildung von prozess- und unternehmensübergreifenden Entwicklungs- und Qualitätskontrollteams resultiert.

Interessante Fragen für diesen Bereich sind beispielsweise:

- Wie viele Lieferanten gibt es?
- Welches sind die wichtigsten Lieferanten?
- Wie groß ist die Abhängigkeit von diesen Lieferanten im Best- und im WorstCase-Szenario?
- Entspricht die Qualität der angebotenen Produkte den Vorstellungen?
- Stehen Lieferbedingungen, Zahlungsweise und Service in einem angebrachten Preis-Leistungs-Verhältnis?
- Bestehen zwischen Lieferanten und Wettbewerbern Exklusivverträge?
- Welche Mengen sollen produziert werden? Wie groß sind die Bestellmengen?
- Welche Produktionsrisiken bestehen im Vergleich zwischen Element Sourcing und Modular Sourcing für das Unternehmen?
- Welche Produktionskapazitäten und welche Auslastungen werden angestrebt?

5.3.7 Gründerteam und Personal

Dieser Abschnitt im Businessplan soll dem Leser einen Eindruck über den Unternehmer und sein Team geben und ist ein zentrales Element des Businessplans. Im Vordergrund stehen hierbei die Qualifikationen und Ziele des Gründerteams.

Es werden die Personen, ihre Lebensläufe, ihre Erfahrungen und ihr Werdegang dargestellt. Ferner werden die Motivationsfaktoren der Unternehmensgründung (z. B. eine größere Entscheidungsfreiheit, Unabhängigkeit, Prestigegewinn, Selbstverwirklichung) und die zukünftigen Aufgaben der handelnden Personen im Unternehmen detailliert erläutert.

Generell gilt, dass Investoren eher in Unternehmen investieren, welche durch ein gutes Managementteam überzeugen können, aber nur ein mittelmäßiges Produkt haben, als in Firmen mit guten Produkten und einem schlechtem Management. Daher wird dieses Kapitel meistens direkt nach dem Executive Summary gelesen und sollte dementsprechend gut ausgearbeitet sein.

Das Gründerteam sollte sich aus konkludenten Charakteren zusammensetzen um eine möglichst optimale Ergänzung der einzelnen Fähigkeiten zu gewährleisten. Vorstellbar wären z. B. fünf unterschiedliche Charaktere, wovon einer das Unternehmen nach außen repräsentiert (Kommunikator), einer die innerbetriebliche Organisation und Leitung übernimmt (Organisator) und die anderen drei ihre Stärken in den Bereichen Technik, Vertrieb und Kreativarbeit sehen.

Im Kernteam des zu gründenden Unternehmens gibt es, gerade wenn es keine Kleingründung ist, sondern es sich tendenziell um die Gründung eines Großunternehmens handelt, diverse Positionen, die zu besetzen sind. Im Folgenden werden diese Positionen einmal dargestellt:

- Chief Executive Officer (CEO): Der Chief Executive Officer ist die Person im Unternehmen, der die Geschäfte führt und leitet. Exemplarisch hierzu sind, abhängig von der Rechtsform, auch die Bezeichnungen Geschäftsführer oder Vorstandsvorsitzender zu nennen.
- Chief Financial Officer (CFO): Der Chief Financial Officer verantwortet den gesamten finanziellen Bereich. Er tritt dabei sowohl als Controller, der das interne sowie externe Rechnungswesen steuert, auf, als auch in der Funktion des sogenannten Treasurers, in welcher er die Finanzen des Unternehmens kontrolliert. Weitere zentrale Aufgaben sind die Sicherung der Liquidität und die Suche nach möglichen Investoren.
- Chief Technology Officer (CTO): Der Chief Technology Officer ist hauptsächlich in Technologie-Unternehmen zu finden und beschäftigt sich mit der technischen Forschung und Entwicklung.

Darüber hinaus findet man manchmal noch den Chief Marketing Officer (CMO), dessen Aufgabenfeld die Marketing- und Vertriebsstrategien sind sowie den Chief Information Officer (CIO) – dieser kümmert sich um die betrieblichen Informationssysteme und Wissensressourcen – und den Chief Operating Officer (COO), der den Chief Executive Officer durch die Unterstützung bei der Erledigung des Tagesgeschäfts entlastet und sich mit der Steuerung und Optimierung der internen Prozesse und Arbeitsabläufe befasst.

Die tatsächliche Zusammensetzung des Gründerteams variiert selbstverständlich je nach Unternehmensidee und Aufbau des Unternehmens.

Der Bereich Personalplanung umfasst Angaben über das benötigte Personal nach Art, Umfang, benötigten Qualifikationen und den damit verbunden Personalkosten. Diese berechnen sich aus den Lohnkosten für die Mitarbeiter sowie den zu erwartenden Lohnnebenkosten. Hierzu werden idealerweise gezielte Anforderungsprofile erarbeitet und dem Businessplan beigelegt. Dieses kann hilfreich sein, teure Fehler in Bezug auf die Personalplanung zu verhindern, da diese für die Unternehmensgründung entscheidend sein können.

Interessante Fragen für diesen Bereich sind beispielsweise:

- Über welche Erfahrungen und Qualifikationen verfügen der Gründer, das Management und das Gründerteam?
- Wer übernimmt welche Aufgaben im neuen Unternehmen?

- Wurde diese Aufgabenverteilung schriftlich festgehalten, um späteren Konflikten vorzubeugen?
- Werden alle benötigten Fähigkeiten und Qualifikationen durch das Gründerteam gedeckt oder muss dieses in einzelnen Positionen durch externe Berater oder neue Mitarbeiter verstärkt werden?
- Welche Verträge sind mit Beratern geplant?
- Kann der benötigte Personalbedarf mit Mitarbeitern aus dem regionalen Umfeld gedeckt werden?
- Ist ein Mitarbeiterbeteiligungsmodell an der Unternehmung geplant, wenn ja, zu welchen Konditionen?
- Sind Arbeitsverträge befristet oder unbefristet gestaltet?

Ein zentraler Punkt ist das sogenannte Commitment des Gründerteams: Das Team sollte sich den körperlichen, psychischen und finanziellen Anforderungen, die natürlich auch in potenzielle Gefahren münden können, bewusst sein.

5.3.8 Realisierungsfahrplan

Der Realisierungsfahrplan soll einen inhaltlichen und zeitlichen Rahmen für die Unternehmensgründung darstellen. Er umfasst üblicherweise einen Zeitraum von bis zu fünf Jahren, wobei die Unternehmensgründung und die Aufnahme des Geschäftsbetriebs betrachtet werden.

In diesem Abschnitt des Businessplanes beschäftigen sich die Unternehmensgründer mit Zielen, die sie für die neue Unternehmung geplant haben. Diese Ziele können operativer, strategischer oder finanzieller Art sein. Zur Erreichung der Ziele gilt es Meilensteine zu definieren. Diese sollten durchaus ehrgeizig geplant werden, müssen aber erreichbar sein.

Mögliche Meilensteine während der Unternehmensgründung könnten etwa die Ausstattung der Büroräume, der erste zahlende Kunde, der erste Partnervertrag oder die ersten Umsatzergebnisse sein.

Die Erreichung von Meilensteinen und das Aufstellen neuer Meilensteine sollten einem wiederkehrenden Prozess unterliegen bei dem aus den Fehlern vorheriger Phasen gelernt wird und dieses Wissen bei der Erreichung neuer Ziele effektiv genutzt werden kann.

5.3.9 Finanzplan und Finanzierung

Die Finanzplanung stellt neben dem Executive Summary und der Vorstellung des Gründerteams einen elementaren Bestandteil des Businessplans dar. Dieser Abschnitt wird generell von Investoren als dritter Teil gelesen, direkt nach dem Kapitel über das Gründerteam und das Management. Während in den vorherigen Kapiteln meist in Textform die Unternehmensidee und die Umsetzung und hierfür relevante Daten beschrieben wurden, ist dieser Teil durch eine hohe Informationsdichte in Form von klaren Zahlen gekennzeichnet.

Üblicherweise werden für die Finanzplanung Zeiträume von in der Regel fünf Jahren betrachtet, wobei das erste Jahr in Monatsschritten, das zweite quartalsmäßig, das dritte halbjährlich und die letzten beiden Jahre ganzjährlich betrachtet werden. Hierdurch soll ersichtlich werden, ob die Geschäftsidee finanzierbar und rentabel umzusetzen ist.

Um ein klares Bild der Finanzierbarkeit zu bekommen, empfiehlt es sich einmal für die interne Planung, aber auch für die Glaubwürdigkeit und Untermauerung der Geschäftsidee gegenüber Dritten eine Best- und eine Worst-Case-Betrachtung der finanziellen Entwicklung durchzuführen und zu dokumentieren.

Die Finanzplanung setzt sich aus der *Ergebnisplanung* und der *Liquiditätsplanung* zusammen. Die Ergebnisse dieser Betrachtungen werden anschließend in einer *Plan-Bilanz* dargestellt.

Zu der *Ergebnisplanung* gehören die Betrachtung der Umsatzplanung, der Personalplanung, der Abschreibungsplanung und der Planung sonstiger Aufwendungen.

Die *Liquiditätsplanung* setzt sich aus der Investitionsplanung, der Kapitalbedarfsplanung und der Zins- und Finanzplanung zusammen.

Hierbei werden alle relevanten Zahlungsströme in Form von Einzahlungen den Auszahlungen gegenübergestellt und verrechnet.

Das gegründete Unternehmen muss zu jeder Zeit in der Lage sein, seine Rechnungen fristgerecht zu begleichen, da Illiquidität zur Insolvenz der Unternehmung führen kann. Somit lässt sich die Liquiditätsplanung auch als das Herz des Unternehmens bezeichnen.

Eine mögliche Liquiditätsbetrachtung kann wie folgt aussehen:

1. +/– Kassenanfangsbestand
1. + Bankguthaben
2. = **Summe liquide Mittel (1–2)**
3. + Umsatzerlöse
4. + (Gesellschafter-) Darlehen
5. + Privateinlagen
6. + Zinseinzahlungen
7. + Sonstige Einzahlungen
8. = **Summe Einzahlungen (4–8)**
9. = **Verfügbare Mittel (3–9)**
10. – Gehälter und Löhne
11. – Sozialabgaben
12. – Waren
13. – Mieten
14. – Verwaltung
15. – Vertrieb
16. – Steuern
17. – Versicherungen

18. – Zinsen
19. – Tilgung
20. – Sonstige Auszahlungen
21. – Investitionen
22. – Privatentnahmen
23. = **Summe Auszahlungen (11–23)**
24. = **Über-/Unterdeckung (Differenz 24 und 10)**

Relevante Fragen die sich der Unternehmer im Rahmen der Liquiditätsplanung stellen sollte, sind:

- Welche Auszahlungen für beispielsweise Investitionen sind in den ersten Jahren nötig?
- Welche Einnahmen müssen mindestens generiert werden, um die Auszahlungen zu decken?
- Wie ist die Zahlungsmoral der angestrebten Kundengruppe?
- Können Zahlungsaussetzungen oder Zahlungsverspätungen durch die Kunden im Unternehmen kompensiert werden oder stellen diese einen kritischen Faktor dar?

Die *Ergebnisplanung* betrachtet im Gegensatz zur *Liquiditätsplanung* nicht die Über- oder Unterdeckung des Unternehmens, sondern gibt Auskunft über das entsprechende Betriebsergebnis (Gewinn oder Verlust bzw. Jahresüberschuss oder Jahresfehlbetrag).

Nach deutscher Rechtsprechung kann die Ergebnisplanung entweder nach dem Gesamtkostenverfahren oder dem Umsatzkostenverfahren erstellt werden. Folgendes Schema würde dem Umsatzkostenverfahren nach § 275 II HGB entsprechen:

1. + Umsatzerlöse
2. +/– Bestandsveränderungen
3. + Aktivierte Eigenleistung
4. + Sonstige betriebliche Erträge (Mieten, Provisionen)
5. = **Gesamtleistung (1–4)**
6. – Materialaufwand
7. = **Rohertrag (5 + 6)**
8. – Personalaufwand (Gehälter, Löhne, Sozialabgaben)
9. – Abschreibungen (Maschinen, Sachanlagen)
10. – Sonstige betriebliche Aufwendungen (Mieten, Versicherungen, Kfz-Kosten)
11. = **Betriebsergebnis (5–10)**
12. + Erträge aus Beteiligungen
13. + Erträge aus Wertpapieren
14. + Sonstige Zinsen und ähnliche Erträge
15. – Abschreibungen auf Finanzanlagen
16. – Zinsen und ähnliche Aufwendungen
17. = **Finanzergebnis (12–16)**

18. = **Ergebnis der gewöhnlichen Geschäftstätigkeit** (11 + 17)
19. + Außerordentliche Erträge
20. – Außerordentliche Aufwendungen
21. = **Außerordentliches Ergebnis (19 + 20)**
22. – Steuern vom Einkommen und vom Ertrag
23. – Sonstige Steuern
24. = **Jahresüberschuss/Jahresfehlbetrag** (21–23)

Unter Umsatzerlösen versteht man hierbei die in einer bestimmten Periode verkauften Produkte multipliziert mit dem Preis je Produkt.

Bestandserhöhungen führen zu einem Anstieg der Gesamtleistung, d. h. es wurden mehr fertige und unfertige Erzeugnisse produziert als abgesetzt werden konnten. Bestandsminderungen senken die Gesamtleistung, in diesem Fall wurden weniger fertige und unfertige Erzeugnisse im laufenden Geschäftsjahr produziert als abgesetzt.

Unter aktivierten Eigenleistungen können Erzeugnisse, die für das Unternehmen selbst hergestellt wurden (wie z. B. Werkzeuge, die ansonsten hätten fremdbezogen werden müssen) summiert werden.

Sonstige betriebliche Erträge können durch die Auflösung von Gewinnrückstellungen, dem Verkauf von Maschinen (sofern dieses nicht dem Hauptgeschäft der Unternehmung entspricht) sowie Steuererstattungen entstehen.

Gerade bei neu gegründeten Unternehmen können die Posten der außerordentlichen Erträge und Aufwendungen vernachlässigt werden, da es hier gilt, sich auf die Gründungsidee zu konzentrieren und beispielsweise nicht auf den Handel mit Wertpapieren.

Einen weiteren großen Posten in der Jahresüberschuss-Jahresfehlbetrag-Betrachtung stellen die Personalkosten dar. Diese sind gerade bei personalintensiven Unternehmungen von entscheidender Bedeutung. Hier fließen neben den regelmäßigen Zahlungen von Gehältern und Löhnen auch Ausgaben für Sondergratifikationen (z. B. Weihnachtsgeld), Boni und Urlaubsgelder ein. Zusätzlich zu den reinen Personalkosten kommen in Deutschland noch die Personalnebenkosten hinzu, welche sich u. a. aus Abgaben für den Arbeitgeberanteil an der Sozialversicherung oder Beiträgen zu Berufsgenossenschaften zusammensetzen. Als grobe Richtlinie kann hierbei mit einem Aufwand zwischen 20 und 40 Prozent, zusätzlich zu den Personalkosten, gerechnet werden.

Abschreibungen auf Anlagen und Maschinen, welche nach § 253 HGB auch für Werte des Umlaufvermögens vorgenommen werden müssen, können entweder linear oder degressiv sein.

Bei linearen Abschreibungen wird der Wert der Maschine gleichbleibend über einen gewissen Zeitraum abgeschrieben. So würde z. B. eine Maschine, welche für 200.000 € eingekauft wurde und eine Nutzungsdauer von 10 Jahren haben soll, linear mit 20.000 € pro Jahr abgeschrieben werden. Das heißt, ihr Wert würde sich jedes Jahr um 20.000 € verringern.

Degressiv hingegen wird eine Maschine mit einem prozentualen Wert über ihre Nutzungsdauer abgeschrieben, wobei sich dieser Prozentsatz nur im ersten Jahr auf den Anschaffungswert, in den Folgejahren jedoch auf den Restbuchwert der Maschine bezieht.

Hieraus ergeben sich in den ersten Jahren höhere Abschreibungssätze als bei der linearen Abschreibung, jedoch lässt sich eine Maschine degressiv nie komplett abschreiben, es bleibt also immer ein Restbuchwert bestehen.

Relevante Fragen die sich der Unternehmer im Rahmen der Ergebnisplanung stellen sollte, sind:

- Welche wirtschaftlichen Chancen und Risiken bestehen?
- Welche Art der Abschreibung führt zum optimalsten Ergebnis?
- Was für eine Entwicklung wird für den Umsatz und die Kosten in den nächsten Jahren erwartet?
- Wie sieht die Finanzplanung im Worst- und wie im Best-Case-Szenario aus?
- Welche Veränderungen würden durch einen Zuwachs oder eine Abnahme der Kundenanzahl erfolgen? (Veränderung je Kunde)
- Welche Veränderungen würden durch den Wegfall oder die Einführung eines neuen Produktes erfolgen? (Veränderung je Produkt)

Neben der Liquiditätsplanung und der Ergebnisplanung sollte sich der Unternehmer im Rahmen der Finanzplanung mit der Beschaffungsplanung, der Produktionsplanung und der Absatzplanung beschäftigen.

Potentielle Geldquellen für die Finanzierung der Geschäftsidee können Familiendarlehen/-gelder, öffentliche Fördermittel sowie Kapital von Business Angels oder von Venture Capitalists sein.

Bei jeder Entscheidung für eine der Finanzierungsmöglichkeiten gilt es, diese nach unterschiedlichen Kriterien wie z. B. dem Finanzierungsvolumen, der zeitlichen Verfügbarkeit, den Finanzierungskosten und einem ggf. mit der Finanzierung verbundenem Verlust der Autonomie zu überprüfen.

Gerade bei kapitalintensiven Gründungen ist es ratsam, zu Beginn eine *Planbilanz* zu erstellen. Diese gibt zukünftigen Investoren einen Überblick über die angestrebte Vermögenslage und Vermögensstrukturierung des Unternehmens. Bei der Planbilanz werden alle Vermögensgegenstände des Anlage- und Umlaufvermögens auf der Aktivseite der Bilanz und alle Finanzierungsmittel in Form von Eigen- und Fremdkapital auf der Passivseite der Bilanz ausgewiesen. Die Passivseite gibt somit einen Überblick über die Mittelherkunft, während die Aktivseite die Mittelverwendung wiederspiegelt.

Generell gilt somit das die Summe der Aktivwerte mit der Summe der Passivwerte übereinstimmen muss, es also eine eindeutige Bilanzsumme gibt.

Einen Überblick über die zu bilanzierenden Posten gibt § 266 HGB. Auf der ***Aktivseite*** werden folgende Werte ausgewiesen:

A. Anlagevermögen:
   I. Immaterielle Vermögensgegenstände:
      1. Selbst geschaffene gewerbliche Schutzrechte und ähnliche Rechte und Werte
      2. Entgeltlich erworbene Konzessionen, gewerbliche Schutzrechte und ähnliche Rechte und Werte sowie Lizenzen an solchen Rechten und Werten

   3. Geschäfts- oder Firmenwert
   4. Geleistete Anzahlungen
II. Sachanlagen:
   1. Grundstücke, grundstücksgleiche Rechte und Bauten einschließlich der Bauten auf fremden Grundstücken
   2. Technische Anlagen und Maschinen
   3. Andere Anlagen, Betriebs- und Geschäftsausstattung
   4. Geleistete Anzahlungen und Anlagen im Bau
III. Finanzanlagen:
   1. Anteile an verbundenen Unternehmen
   2. Ausleihungen an verbundene Unternehmen
   3. Beteiligungen
   4. Ausleihungen an Unternehmen, mit denen ein Beteiligungsverhältnis besteht
   5. Wertpapiere des Anlagevermögens
   6. Sonstige Ausleihungen

B. Umlaufvermögen:
   I. Vorräte:
      1. Roh-, Hilfs- und Betriebsstoffe
      2. Unfertige Erzeugnisse, unfertige Leistungen
      3. Fertige Erzeugnisse und Waren
      4. Geleistete Anzahlungen
   II. Forderungen und sonstige Vermögensgegenstände:
      1. Forderungen aus Lieferungen und Leistungen
      2. Forderungen gegen verbundene Unternehmen
      3. Forderungen gegen Unternehmen, mit denen ein Beteiligungsverhältnis besteht
      4. Sonstige Vermögensgegenstände
   III. Wertpapiere:
      1. Anteile an verbundenen Unternehmen
      2. Sonstige Wertpapiere
   IV. Kassenbestand, Bundesbankguthaben, Guthaben bei Kreditinstituten und Schecks
C. Rechnungsabgrenzungsposten
D. Aktive latente Steuern
E. Aktiver Unterschiedsbetrag aus der Vermögensverrechnung

Die ***Passivseite*** der Bilanz umfasst hingegen folgende Werte:

A. Eigenkapital:
   I. Gezeichnetes Kapital
   II. Kapitalrücklage
   III. Gewinnrücklagen
      1. Gesetzliche Rücklage
      2. Rücklage für Anteile an einem herrschenden oder mehrheitlich beteiligten Unternehmen

3. Satzungsmäßige Rücklagen
4. Andere Gewinnrücklagen

IV. Gewinnvortrag/Verlustvortrag

V. Jahresüberschuss/Jahresfehlbetrag

B. Rückstellungen:
1. Rückstellungen für Pensionen und ähnliche Verpflichtungen
2. Steuerrückstellungen
3. Sonstige Rückstellungen

C. Verbindlichkeiten
1. Anleihen davon konvertibel
2. Verbindlichkeiten gegenüber Kreditinstituten
3. Erhaltene Anzahlungen auf Bestellungen
4. Verbindlichkeiten aus Lieferungen und Leistungen
5. Verbindlichkeiten aus der Annahme gezogener Wechsel und der Ausstellung eigener Wechsel
6. Verbindlichkeiten gegenüber verbundenen Unternehmen
7. Verbindlichkeiten gegenüber Unternehmen, mit denen ein Beteiligungsverhältnis besteht
8. Sonstige Verbindlichkeiten, davon aus Steuern, davon im Rahmen der sozialen Sicherheit

D. Rechnungsabgrenzungsposten

E. Passive latente Steuern

Grundsätzlich gilt, dass alle Vermögensgegenstände des Unternehmens zu bilanzieren sind. Zur Bilanzierung dieser muss sich der Unternehmer an geltende Handels- und steuerrechtliche Bilanzierungsgebote, Bilanzierungswahlrechte und Bilanzierungsverbote halten.

Die Gliederung der Aktiv- bzw. Passivseite baut sich hierbei am Grad der Liquidierbarkeit bzw. der Fälligkeit auf.

Die Vermögensgegenstände der Aktivseite werden nach der Zeit gegliedert, in der sie sich liquidieren lassen würden. Hierbei stellen Werte des Anlagevermögens Werte dar, die nur sehr schwer und langwierig zu liquiden Mitteln umgeformt werden können, wobei hingegen Werte des Umlaufvermögens, wie Bankkapital oder Kassenbestände sich sehr schnell liquidieren lassen.

Auf der Passivseite sind die Werte nach ihrer Fälligkeit von quasi unbegrenzt und langfristig verfügbarem Kapital bis hin zu kurzfristigen Verbindlichkeiten gegliedert.

Bei der Bewertung der Vermögensgegenstände gilt das Prinzip der Vorsicht aus § 252 Abs. 1 Nr. 4 HGB. Hierbei wird zwischen dem *Realisationsprinzip* und dem *Imparitätsprinzip* unterschieden.

Das *Realisationsprinzip* besagt, dass nur realisierte Gewinne beim Erstellen der Bilanz berücksichtigt werden dürfen. In Ergänzung hierzu legt das *Imparitätsprinzip* fest, dass alle vorhersehbaren Risiken immer bilanziert werden müssen. Somit werden negative Erfolgsbestandteile anders behandelt als positive Erfolgsbestandteile. Hierzu werden die Bewertungskriterien

- des strengen Niederstwertprinzips
- des gemilderten Niederstwertprinzips oder
- des Höchstwertprinzips

herangezogen.

Das *strenge Niederstwertprinzip* bezieht sich auf Vermögenswerte des Umlaufvermögens. Hierbei wird nicht unterschieden, ob eine Wertminderung ggf. von vorübergehender oder dauerhafter Dauer ist. Somit müssen Werte des Umlaufvermögens, sobald der tatsächliche Wert die fortgeführten Anschaffungskosten bzw. den Herstellungswert unterschreitet, außerplanmäßig auf einen Wert, der sich zum Bilanzstichtag aus einem Börsen- oder Marktpreis ergibt, abgeschrieben werden.

Das *gemilderte Niederstwertprinzip* bezieht sich auf Vermögenswerte des Anlagevermögens. Hierbei gilt es zu unterscheiden, ob eine Wertminderung von vorübergehender oder dauerhafter Wirkung ist. Sollte es sich um eine dauerhafte Wertminderung handeln, so muss der Wert des Vermögensgegenstandes an den Markt- bzw. Börsenpreis des Bilanzstichtages angeglichen werden. Sollte es sich jedoch um eine nicht dauerhafte Wertminderung handeln, so gilt im Fall des Anlagevermögens für alle Vermögenswerte des Anlagevermögens und des Sachanlagevermögens ein Wertminderungsverbot. Im Fall von Finanzanlagen steht dem Unternehmer ein Wertminderungswahlrecht zu.

Sollte der auf die Wertminderung angepasste Vermögenswert nach der Abschreibung eine Wertsteigerung erfahren, so darf diese dem momentanen Wert wieder zugeschrieben werden, jedoch nur bis zur Höhe der ansonsten regulär abgeschriebenen Anschaffungs- oder Herstellkosten.

Sollte der Unternehmer z. B. eine IT-Anlage betreiben, deren Anschaffungskosten sich auf 10.000 € beliefen und deren Laufzeit auf 5 Jahre angesetzt war, so würde sich hieraus ein linearer Abschreibungssatz von 10.000 €/5 = 2.000 €/Jahr ergeben. Sollte nun auf Grund neuer Forschungsergebnisse in der IT-Technologie im zweiten Jahr nach der Geschäftsaufnahme auffallen, dass die Maschine keine 8.000 € mehr wert ist (10.000 € – 2 × 2.000 € Abschreibungen), sondern sich der Wert dauerhaft auf 3.000 € verringert hat, so ist eine außerplanmäßige Abschreibung am Ende des zweiten Jahres auf 3.000 € vorzunehmen (gemildertes Niederstwertprinzip). Sollte nun im vierten Jahr nach Kauf der Maschine ersichtlich werden, dass die damals zu erwartenden Fortschritte durch die Forschungsergebnisse deutlich geringer ausgefallen sind und somit die IT-Anlage eigentlich wieder mehr wert ist, so kann der Unternehmer der Maschine wieder Wert zuschreiben, jedoch maximal bis zum eigentlich fortgeführten Wert von 10.000 € Anschaffungskosten –3x je 2.000 € Abschreibungen, also 4.000 €.

Bei normal fortgesetzter Abschreibung der IT-Anlage mit einem Wert von 3.000 € wäre diese am Ende des vierten Jahres bereits abgeschrieben (3.000 – 2.000 € Abschreibung (Jahr 3) – eig. 2.000 € Abschreibung (Jahr 4) = 0 €). Durch die Wertzuschreibung auf maximal 4.000 € kann die Anlage nun noch zwei Jahre (Jahr 4 und 5) zu je 2.000 € abgeschrieben werden, wodurch sich durch die korrigierte Wertminderung wieder eine Laufzeit und Abschreibungsdauer von ursprünglich fünf Jahren ergeben würde.

Das *Höchstwertprinzip* bezieht sich im Gegensatz zum strengen und gemilderten Niederstwertprinzip auf die Bewertung von Verbindlichkeiten und soll den Ausweis nicht realisierter Gewinne verhindern. Hierbei gilt, dass Verbindlichkeiten wie z. B. Währungs- oder Darlehensverbindlichkeiten immer mit ihrem höchsten Wert bewertet werden müssen. Bei Währungsverbindlichkeiten wird hierzu der Wert zum Bilanzstichtag mit dem Kaufkurs verglichen. Sollte der Kurs der Fremdwährung im Geschäftsjahr gegenüber dem ursprünglichen Kurs gesunken sein, so ist die Verbindlichkeit mit dem Kaufkurs zu bewerten, wobei hingegen im Falle eines gestiegenen Fremdwährungskurses die Verbindlichkeit mit dem Kurs des Bilanzstichtages zu bewerten ist.

Darlehensverbindlichkeiten setzen sich für gewöhnlich aus dem Auszahlungsbetrag und einem Disagio zusammen. Sie sind mit ihrem gesamten Wert zu bewerten, d. h. Auszahlungsbetrag plus Disagio.

Folgendes Beispiel soll diesen Zusammenhang einmal genauer erläutern:

Der Unternehmer nimmt im laufenden Geschäftsjahr ein Darlehen über 100.000 € auf, Auszahlung 95.000 €, Disagio 5.000 €. Ihm werden somit durch das Darlehen 95.000 € gutgeschrieben, die 5.000 € Disagio stellen Aufwendungen dar. Das gesamte Darlehen ist auf Grund des Höchstwertprinzips mit 100.000 € zu bewerten, obwohl nur 95.000 € effektiv ausgezahlt worden sind.

Durch die zu Beginn dieses Kapitels erläuterte Aufstellung eines Ergebnisplans und der Planbilanz lässt sich für den Unternehmer der zu erwartende Kapitalbedarf für das Unternehmen ableiten. Hierzu empfiehlt es sich, zuerst eine Investitionsplanung vorzunehmen, in der alle Ausgaben für Büroausstattung, Maschinen etc. inbegriffen sind. Hierbei zu beachten sind neben den reinen Anschaffungskosten auch Ausgaben für Instandhaltung und z. B. Modernisierung. Diese Werte fließen zusammen mit den Kosten für die Gründung des Unternehmens wie Anmeldung der Gesellschaft, Kosten für Patente, Gebrauchsmuster, Investitionen im Bereich des Umlaufvermögens und den Kosten zur Aufnahme des Geschäftsbetriebs bis zum ersten zahlenden Kunden in die Kapitalbedarfsplanung mit ein. Auskunft über den laufenden Kapitalbedarf nach Gründung des Unternehmens gibt die Liquiditätsplanung.

Relevante Fragen, die sich der Unternehmer im Rahmen der Kapitalbedarfsplanung stellen sollte, sind:

- Wie hoch ist der zu erwartende Kapitalbedarf?
- In welcher Höhe steht Kapital zu Beginn der Gründung bereit?
- In welchem Verhältnis zwischen Fremd- und Eigenkapital soll der zu erwartende Kapitalbedarf gedeckt werden?
- Kann Fremdkapital langfristig aufgenommen werden?
- In welcher Höhe soll das aufgenommene Fremdkapital jährlich getilgt werden?
- Welche Rendite ergibt sich aus dem Geschäftsmodell für Investoren?
- Welche Exit-Strategien kommen in Frage?

Nachdem diese Fragen durch die Gründer geklärt worden sind, gilt das nächste Augenmerk der Erstellung eines detaillierten Finanzierungsplanes. Dieser gibt Auskunft über die

Herkunft der benötigten finanziellen Mittel. Er dient somit, genau wie die Liquiditätsplanung, der unbedingt erforderlichen Vermeidung von Liquiditätsengpässen während der Gründungsphase und dem laufenden Geschäftsbetrieb.

Durch den Finanzplan ist es für potentielle Investoren möglich, sich möglichst schnell ein Bild über die geplante Finanzstruktur des Unternehmens, bestehend aus Fremd- und Eigenkapital, zu machen, sowie zu erkennen, aus welchen Finanzierungsquellen diese Mittel entnommen werden sollen.

Relevante Fragen, die sich der Unternehmer im Rahmen der Finanzplanung stellen sollte, sind:

- In welchem Verhältnis soll das Eigenkapital zum Fremdkapitel stehen?
- Welche Finanzierungsquellen kommen in Betracht?

5.3.10 Chancen und Risiken

Bei der Chancen- und Risiken-Betrachtung profitiert das Gründerteam durch eine ausführliche Bearbeitung der vorherigen Kapitel des Businessplans. So gibt z. B. die Betrachtung der Kapitel Markt- und Wettbewerbsbetrachtung, Produkte und Dienstleistungen sowie Marketing und Vertrieb einen Überblick über die geplante Positionierung der Unternehmung im Wettbewerbsumfeld und den damit verbundenen Chancen und Risiken.

Allgemein gilt, dass mögliche Gefahren für die Unternehmensgründung nicht mit Floskeln wie einer Veränderung der Weltkonjunktur oder politischen Rahmenbedingungen abgegolten werden sollten. Eine gezielte Betrachtung der für das Unternehmen in seinem Wettbewerbsumfeld relevanten Chancen und Risiken schafft Vertrauen bei Investoren, da sich die Gründungspersonen ausführlich mit der Geschäftsidee beschäftigt und Risiken erkannt haben.

Für die strukturierte Bearbeitung dieses Kapitels empfiehlt sich beispielsweise eine SWOT-Analyse (Strength (Stärken), Weaknesses (Schwächen), Opportunities (Möglichkeiten), Threats (Gefahren)). Hierbei werden interne Faktoren (Stärken und Schwächen) sowie externe Faktoren (Möglichkeiten und Gefahren), die mit der Unternehmensgründung verbunden sind, aufgeführt und analysiert.

Interne Faktoren sind hierbei Einflüsse, die aus der Unternehmung selbst kommen wie Potentiale durch innovative Produktideen oder hoch qualifizierte Mitarbeiter. Externe Faktoren hingegen sind Einflüsse aus der Umwelt des Unternehmens wie z. B. Wettbewerber oder die Gefahr durch Substitutionsprodukte.

Nach der Betrachtung potentieller Risiken und Chancen gilt es, strategische Pläne zu entwickeln, in denen auf die entsprechenden geänderten Rahmenbedingungen reagiert wird. Die Pläne zum Umgang mit Risiken sollten in diesem Kapitel detailliert beschrieben werden, um das Vertrauen von Kapitalgebern und potentiellen Geschäftspartnern zu gewinnen.

Für die Chancenbetrachtung gilt, dass diese realistisch und nachvollziehbar dargelegt werden muss. Ausflüchte in vage, unrealistische Chancen erhöht die Gefahr von Liquiditätsengpässen und kann im Extremfall zur Insolvenz des Unternehmens führen, wenn die angenommenen Umstände nicht eintreten.

Im Rahmen der Chancen- und Risikenbetrachtung empfiehlt sich das Aufstellen von Best- und Worst-Case-Szenarien sowie der damit verbundenen Handlungsalternativen.

Relevante Fragen, die sich der Unternehmer im Rahmen der Chancen- und Risikenbetrachtung stellen sollte, sind:

- Welche Chancen und Risiken bestehen für das Unternehmen (Abhängigkeit von Lieferanten und Geschäftspartnern, im Rahmen der Produktentwicklung oder Produkteinführung, etc.)
- Welche Handlungsstrategien gibt es, um erkannte Risiken zu mindern oder gar zu vermeiden?
- Wie gestaltet sich der Best Case, wie der Worst Case?

5.4 Zentrale Anforderungen/Vorgehen bei der Erstellung eines Businessplans

Der Businessplan als zentrales Dokument einer Unternehmensgründung soll die eigene Handschrift des Gründers bzw. des Gründerteams tragen. Die Betrachtung der relevanten Kapitel muss ehrlich und objektiv geschehen. Durch eine klare Strukturierung des Businessplanes soll eine saubere Form erreicht werden.

Da der Businessplan während der Gründungsphase auch als Werbeprospekt für das eigene Unternehmen verstanden werden kann, muss er verständlich geschrieben sein und klar auf die entsprechenden Zielgruppen ausgerichtet sein.

Selbstverständlich ist, dass der Businessplan in seiner Gesamtheit widerspruchsfrei sein muss, ebenso sollten verschiedene Szenarien und Handlungsstrategien enthalten sein.

Während des im Regelfall längeren Prozesses der Businessplan-Erstellung empfiehlt es sich, qualifizierten Rat von nicht involvierten Personen einzuholen. Durch die Diskussion können Fehler in der Betrachtung durch das Unternehmen aufgedeckt werden und sich neue Blickwinkel erschließen.

Zwar gibt es viele fertige Vorlagen für Businesspläne, jedoch sollte der Unternehmer keine allzu nahen Kopien dieser Vorlagen als seinen eigenen Businessplan verwenden, da sonst alle positiven Aspekte der ausführlichen Auseinandersetzung mit der eigenen Geschäftsidee verloren gehen, was wiederum zu einer stark verminderten Glaubwürdigkeit des gesamten Gründungsvorhabens führt.

Der Umfang eines Businessplanes variiert je nach Art der Geschäftsidee. Ein pauschaler Maßstab ist ein Umfang von etwa 25–30 Seiten.

Der fertige Businessplan sollte das Ergebnis eines langen Entwicklungsprozesses sein und nicht aus einem „überstürzten Herunterschreiben“ entstehen.

In einem ersten Schritt sollten die Kapitel Produkte und Dienstleistungen sowie Markt und Wettbewerb geschrieben werden. In ihnen wird geklärt, was verkauft werden soll, und welchen

Markt das Unternehmen fokussiert. Bei der Markt- und Wettbewerbsanalyse ist es ratsam, zunächst keine kostenintensiven Primärstudien durchzuführen, sondern bereits vorhandene Daten (z. B. Google AdWords Keyword-Tool, Google Trends oder Google Insights for Search) sowie Daten sekundärer Marktforschung (zu finden z. B. auf. statista.org) heranzuziehen.

Nach Fertigstellung beider Kapitel sollte die Frage geklärt sein, ob die Geschäftsidee wirtschaftlich umzusetzen ist und ob ein Markt für die geplante Dienstleistung oder das geplante Produkt existiert.

Das Kapitel Marketing und Vertrieb klärt alle offenen Fragen hinsichtlich des angestrebten Absatzmarktes sowie der geplanten Marketingmaßnahmen. Die nachfolgenden Kapitel geben Auskunft über die Strukturierung des Unternehmens sowie geplante Bezugswege für Waren und Fertigteile.

Abschließend klärt das Kapitel der Finanzierung den für die Gründung benötigten Kapitalbedarf sowie dessen Herkunft.

Nach Fertigstellung einer ersten Version des Businessplanes sollte dieser von einer nicht involvierten, qualifizierten Person gesichtet werden. Hierbei gilt das Hauptaugenmerk der Prüfung auf Realität, Konsistenz (Widerspruchsfreiheit), Aussagekraft und Verständlichkeit.

Ein langwieriger Prozess der Businessplan-Erstellung inklusive eingehender Fehlerkorrektur ist generell bedeutend besser als das Auftreten und das Bemerken von Fehlern während der praktischen Umsetzung des Vorhabens.

Nach der Erstellung des fertigen Businessplanes kann mit der Umsetzung der Unternehmung begonnen werden. Hierbei sollte sich das Gründerteam eng an die im Businessplan geschilderte Umsetzung halten und nur mit triftigen Gründen von dieser Abweichen. Sollte während der Umsetzungsphase ersichtlich werden, dass Zielsetzungen aus dem Businessplan nicht realisierbar sind, so muss der gesamte Businessplan in Frage gestellt und überarbeitet werden.

Während der Umsetzungsphase und dem späteren Geschäftsbetrieb ist der Businessplan kontinuierlich anzupassen und zu erweitern. Abweichungen der Realität zum Businessplan müssen analysiert und in nachfolgende Planungen mit einbezogen werden.

Die Erstellung eines Businessplanes ist kein einmaliger Aufwand, sondern ein kontinuierlicher Prozess.

5.5 Datenquellen für einen Businessplan

Für die Erstellung eines Businessplans sind eine Reihe von wichtigen Daten notwendig. Dabei sind grundlegend interne, unter den Gründungsmitgliedern oder im persönlichen Netzwerk der Mitglieder vorhandene Informationen, sowie externe Informationen zu unterscheiden. Externe Informationen beziehen sich in der Regel auf den Markt, in dem das Unternehmen tätig sein will.

Ausgewählte Beispiele für Datenquellen sind:

- Staatliche Institutionen und Forschungseinrichtungen
- Universitäten

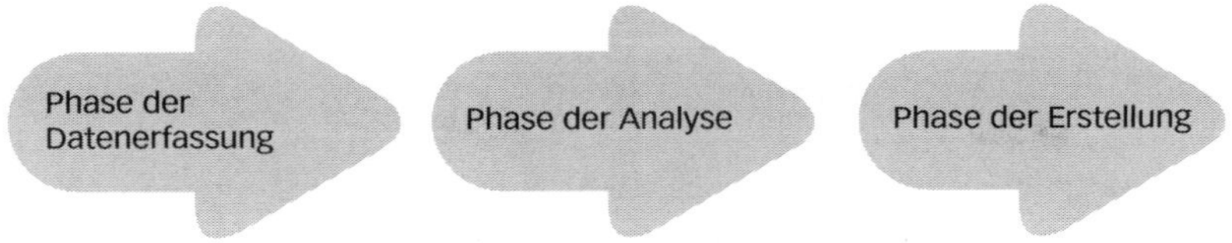

Abb. 5.2 Phasen der Datenerfassung

- Banken
- Branchenverbände
- Industrie- und Handelskammer, Handwerkskammer
- Statistisches Bundesamt
- Fachzeitschriften
- Informationen über die Wettbewerber (z. B. Internet, Broschüren)

Der Prozess der Businessplanerstellung ist dabei in drei Hauptschritte zu gliedern (Abb. 5.2):

1. Phase der Datenerfassung
2. Phase der Analyse
3. Phase der Erstellung des Businessplans

5.6 Typische Fehler in Businessplänen

Fehler, die während der Erstellung eines Businessplans entstehen können, sind sehr vielseitig und je nach Kapitel von unterschiedlicher Natur. Nachfolgend werden einige mögliche Fehler aufgeführt, welche es zu vermeiden gilt.

Das *Executive Summary* kann vom Umfang her zu groß geraten sein. Für dieses Kapitel gilt ein Umfang von ein bis zwei Seiten, da es einen Kurzüberblick über das Geschäftsvorhaben geben soll und nicht als Einleitung zum Businessplan zu verstehen ist.

Ein weiterer möglicher Schwachpunkt ist ein unverständliches, realitätsfernes Summary bei dem der eigentliche Kundennutzen nicht erkennbar ist. Um diesen Fehlern vorzubeugen, empfiehlt sich beispielsweise ein inszenierter Elevator Pitch mit einer neutralen, nicht involvierten Person.

Des Weiteren muss das Executive Summary zwingend konsistent mit dem Hauptteil des Businessplanes sein, da sonst die Glaubwürdigkeit des Unternehmens und des Businessplanes nicht mehr gewährleistet ist.

Fehler im Rahmen des Kapitels *Produkte und Dienstleistungen* sind meist eine nicht deutlich werdende Geschäftsidee, bedingt durch eine undeutliche, unvollständige Beschreibung der angebotenen Produkte oder Dienstleistungen sowie einem nicht erkennbaren Kundennutzen.

Die hier definierten Ziele dürfen nicht konkurrierender Natur sein wie z. B. das Anstreben einer gleichzeitigen Kosten- und Innovationsführerschaft oder ähnliche Konstellationen.

Mögliche Komplikationen mit bereits bestehenden Patenten oder Gebrauchsmustern sowie die Aufführung eigener Patente oder Gebrauchsmuster stellen im Falle innovativer Produkte einen elementaren Bestandteil dieses Abschnittes dar.

Ein weiterer häufiger Fehler ist die fehlende Betrachtung von aus Produktentwicklungen resultierenden Chancen und Risiken.

Das Kapitel *Markt- und Wettbewerbsbetrachtung* soll einen klaren Einblick in das angestrebte Marktumfeld geben. Hierbei dürfen Betrachtungen der zu erwartenden Branchen- und Wettbewerbsentwicklung ebenso wenig fehlen wie Angaben zu vergleichbaren Produkten, die Bewertung von Neuentwicklungen und der Gefahr durch mögliche Substitutionsprodukte. Es empfiehlt sich des Weiteren neben einer Momentaufnahme der Konkurrenzsituation auch die Reaktionen der Wettbewerber, verbunden mit deren Stärken und Schwächen, auf den Eintritt des eigenen Unternehmens in den Markt zu bewerten.

Fehler im Kapitel *Marketing und Vertrieb* können eine fehlende Betrachtung von Kommunikationskanälen (Wie soll der Kunde angesprochen werden?), fehlende Angaben zu Kundenbindungsmaßnahmen, eine fehlende Definition des angestrebten Marketingmixes oder auch ein falscher Marketingmix für die definierten Ziele sowie die Unterschätzung der für Marketing und Vertrieb notwendigen Kosten sein.

Im Falle der Betrachtung von *Lieferanten, Beschaffung und Produktion* werden häufig Abhängigkeiten von Lieferanten und die daraus resultierenden höheren Produktionskosten vernachlässigt. Mögliche weitere Fehler sind eine nicht ausreichend definierte Strategie zum Qualitätsmanagement sowie eine fehlende Koordination der eigenen Prozesse mit Zulieferern.

Häufige Fehler bei der Darstellung des *Gründerteams und Personals* sind eine unvollständige bzw. fehlende Darstellung der personenspezifischen Qualifikationen oder Kompetenzen. Hierdurch kann es zu elementaren Lücken in der qualifizierten Ausübung der für die Gründung relevanten Prozesse kommen. Außerdem dürfen Aspekte der Personalbeschaffung sowie die Einbeziehung der hieraus resultierenden Kosten für eventuelle Weiterbildungsmaßnahmen nicht vernachlässigt werden. Eine fehlende Bewertung potentieller Kooperationspartner stellt einen weiteren möglichen Fehler bei der Erstellung dieses Abschnittes dar.

Die Unterschätzung von Kosten für die Gründung des Unternehmens sowie die Berücksichtigung von benötigtem Kapital für die Bildung von Rücklagen für unvorhergesehene Entwicklungen stellen typische Fehler im Rahmen der *Finanzplanung und Finanzierung* dar. In diesem Abschnitt dürfen genau wie bei den anderen Kapiteln keine widersprüchlichen Aussagen oder Planungen entstehen. Die Nichtbeachtung möglicher Alternativszenarien für unvorhergesehene Entwicklungen kann hierbei im Extremfall zu Liquiditätsengpässen und einer damit für die gesamte Unternehmung gefährdenden Situation führen.

Bei der Betrachtung von *Chancen und Risiken* dürfen mögliche Risiken nicht ignoriert genauso wie potentielle Chancen nicht überbewertet werden. Die Bewertung muss immer objektiv und realitätsnah sein. Dieses Kapitel sollte des Weiteren für festgestellte Risiken und dem damit verbundenen Worst Case eine plausible Handlungsstrategie vorgeben.

5.7 Nutzen eines Businessplans

Der Geschäftsplan bzw. Businessplan findet bei diversen Anlässen Anwendung und bietet seinen Anwendern folgenden Nutzen:

- Der Businessplan zwingt die Personen, die ihn erstellen, sich gedanklich mit ihm auseinanderzusetzen und somit ihr Vorhaben zu konkretisieren.
- Die verschiedenen Teilpläne wie der Finanzplan oder der Marketingplan müssen hinsichtlich ihrer Planungen und Aussagen übereinstimmen. Der Businessplan bietet einen Gesamtüberblick und kann mögliche Planungsfehler offenlegen.
- Mögliche drohende Risiken und Probleme werden bei der Ausarbeitung meist sichtbar. Somit können im Vorfeld Lösungsalternativen diskutiert werden.
- Der Businessplan besteht zu einem großen Teil aus Planungen. Damit kann er auch als Grundlage für das Controlling und die Erfolgskontrolle herangezogen werden.
- Ein zentraler Punkt bei einem Gründungsvorhaben ist die Kapitalbeschaffung. Banken und Kreditinstitute fordern neben Sicherheiten einen detaillierten und sorgfältig ausgearbeiteten Businessplan, um zu sehen, wie sie ihr Kapital investieren und ob es Probleme bei der Rückzahlung durch das zu gründende Unternehmen geben kann.
- In der Regel sind Gründungsvorhaben, die auf der Grundlage eines Businessplans aufgebaut worden sind, die erfolgreicheren.

5.8 Businessplan und Controlling

> Aus heutiger Sicht kann Controlling als informationelle Sicherung ergebnisorientierter Unternehmensführung interpretiert werden. Aufgabe des Controlling ist es somit, das gesamte Entscheiden und Handeln in der Unternehmung durch eine entsprechende Aufbereitung von Führungsinformationen ergebnisorientiert auszurichten. (Hahn und Hungenberg 2001)

Der Businessplan als grundlegendes Dokument der Unternehmensgründung muss im Laufe der Unternehmensumsetzung kontinuierlich zu einem Planungs- und Controllingsystem weiterentwickelt werden.

Während für kleinere Unternehmensgründungen bereits eine einfache Deckungsbeitragsrechnung im Rahmen des Controllings ausreichend sein mag, so nimmt die Bedeutung und Komplexität der Aufgaben eines Controllers mit wachsender Unternehmensgröße kontinuierlich zu.

Der Businessplan enthält hierbei grundlegende Informationen und Daten über das Unternehmen und dient somit als Grundlage für ein zielgerichtetes Controlling.

Organisatorisch angesiedelt ist das Controlling meist nahe der Unternehmensführung bzw. der Gründerperson, was zu einer fließenden Aufgabentrennung zwischen diesen beiden Bereichen führt.

Große, etablierte Unternehmen haben für gewöhnlich eigene Controlling-Abteilungen, wobei hingegen bei neugegründeten Unternehmen die Aufgaben des Controllings meist durch die Gründerperson bzw. das Gründerteam übernommen werden. Die Entscheidung, ab welcher Unternehmensgröße es Sinn macht, diese Aufgaben an eine eigene Abteilung abzugeben, hängt von vielen internen und externen Faktoren ab und ist im Einzelfall individuell zu überprüfen.

Das Controlling sollte das gesamte Planungs-, Kontroll- und Informationsmanagement übernehmen und somit als Hilfestellung für Ziel- und Entscheidungsfindungen durch die Unternehmensführung dienen.

Die einzelnen Teilaspekte des Businessplanes dienen hierbei zur Unterstützung des Controllings bei der Kontrolle von Teilbereichen im Unternehmen (Produktion, Marketing und Vertrieb, Einkauf, Buchhaltung).

Somit stellt ein gut strukturierter, analytisch ausgearbeiteter Businessplan die Grundlage für ein erfolgreiches Controlling dar.

5.9 Zusammenfassung

Der Businessplan, auch Geschäftsplan oder Unternehmensplan genannt, ist ein elementares Element beim Gründungsprozess eines Unternehmens.

Ein Businessplan gibt Auskunft zu allen wichtigen Gesichtspunkten des neu zu gründenden Unternehmens oder eines neuen Geschäftsfeldes eines bereits bestehenden Unternehmens. Des Weiteren kann er auch bei der Festlegung der Unternehmensstrategie oder der Unternehmensnachfolge, also bei der Übergabe der Leitung eines (mittelständischen) Unternehmens an einen Nachfolger, Anwendung finden.

Die Kernziele eines Businessplans sind:

- Überzeugende Präsentation der Geschäftsidee
- Schaffung einer fundierten Entscheidungsgrundlage
- Darstellung der Maßnahmen zur Umsetzung der Idee
- Ggf. Gewinnung von Kapitalgebern

Der wichtigste Aspekt ist die Darstellung der Geschäftsidee. Insbesondere sind aufzuzeigen, was das Neuartige an der Geschäftsidee ist und wodurch sie sich von eventuell bereits bestehenden Ideen abhebt. Ferner ist der konkrete Nutzen für den Kunden herauszustellen.

Hinsichtlich der Erstellung eines Businessplans ist hervorzuheben, dass er einfach und verständlich verfasst werden muss. Dabei sollte der Inhalt klar gegliedert und mit Argumenten versehen werden. Statt langer, verschachtelter Sätze sollte der Verfasser kurze, präzise Sätze verwenden. Auch sollte der Businessplan äußerlich anschaulich gestaltet sein. Der Businessplan sollte insgesamt eine Länge von ca. 30 Seiten haben.

Es hat sich gezeigt, dass generell sorgsam durchdachte Gründungsvorhaben auf kurze und lange Sicht erfolgreicher sind als solche, denen kein längerer Entwicklungsprozess zu Grunde liegt. Somit erhält der Businessplan im Prozess der Unternehmensgründung eine tragende Rolle. Er zwingt die Gründer dazu, sich mit der Geschäftsidee gezielt auseinanderzusetzen und Chancen und Risiken einer Unternehmensgründung abzuwägen. Er beugt Fehlern bei der Unternehmensumsetzung vor und sichert einen strukturierten Vorgang bei der Analyse der Geschäftsidee.

Der Businessplan dient während der Unternehmensgründung und der Geschäftsaufnahme als „Werbeprospekt" für das eigene Unternehmen und die eigene Idee und hilft bei der Gewinnung von Investoren und hilfreichen Geschäftspartnern. Dabei kann die Gewinnung von Eigen- und Fremdkapitalgebern als einer der wichtigsten Punkte und Intentionen eines Businessplans bezeichnet werden. Er ist nicht als einmaliges Fixum zu verstehen, sondern unterliegt einem ständigen dynamischen Anpassungs- und Erweiterungsprozess.

Die Gewichtung der einzelnen Teilabschnitte ist hierbei je nach Art und Umfang des Gründungsvorhabens unterschiedlich und muss individuell abgestimmt werden, um die spezifischen Anforderungen an die Gründung zu erfüllen und die Zielgruppen im Auge zu behalten.

Innerhalb des Businessplans nimmt der sogenannte Executive Summary eine bedeutende Stellung ein. Der Executive Summary fasst kurz und präzise die Schlüsselaussagen des Businessplans auf ein bis zwei Seiten zusammen und ermöglicht so eine aussagekräftige Kurzpräsentation des zu betrachtenden Unternehmens.

Literatur

Hahn D, Hungenberg H (2001) PuK., Aufl. 6. Gabler, Germany
McCarthy J (1960) Basic marketing: A managerial approach. Irwin, Ireland

Finanzierung und Controlling aus unternehmerischer Sicht

6

6.1 Einleitung

Die Finanzierung ist ein Grundbaustein für den Erfolg und die Existenz der Unternehmung und muss von Anfang an aufmerksam und sorgfältig strukturiert werden. Ein ausgearbeiteter und durchdachter Businessplan, wie er zuvor vorgestellt wurde, bildet die Basis für jegliche Form der Kapitalbeschaffung.

Das Hauptziel eines Unternehmens ist die Aufrechterhaltung der Zahlungsfähigkeit in jeder Unternehmensphase. Die Sicherung der Liquidität dient der Finanzierung zukünftiger Investitionen und ist ein Muss um mögliche Krisen unbeschadet zu überstehen. Hier sind vor allem Schwächen in den frühen Phasen einer Unternehmung einerseits, andererseits in Wachstumsphasen festzustellen. Gründer unterschätzen die Bedeutung der Liquiditätssicherung.

Durch die Differenzierung von Innen- und Außenfinanzierung (Mittelherkunft) und weiter von Eigen- und Fremdkapital (Rechtsstellung der Kapitalgeber) ist eine völlig individuelle Gestaltung der Finanzstruktur aus unternehmerischer Sicht möglich.

Ein neu gegründetes Unternehmen verfügt über keinerlei Kreditsicherheiten, was eine Fremdfinanzierung unmöglich macht. Da noch keine Umsatzerlöse erwirtschaftet wurden und kein cash flow vorhanden ist, ist auch die Finanzierung von innen nicht denkbar. Der Weg zum Kapital führt über die Außenfinanzierung und Investoren, die mit Hilfe des Businessplans das Potential des Unternehmens erkennen und durch den Kauf von Anteilen Eigenkapital zur Verfügung stellen. Business Angels oder Venture Capital Gesellschaften helfen Unternehmen die ersten Phasen finanziell zu überstehen; sie partizipieren im Gegenzug dafür an einem sich einstellenden geschäftlichen Erfolg.

In den Wachstumsphasen erwirtschaftet das Unternehmen selbst Kapital und kann sich finanziell immer besser präsentieren. Durch eine geeignete Finanzstrategie und eine daraus folgende stabile Finanzstruktur kann sich das Unternehmen nun nicht nur durch Abschreibungen, Vermögensumschichtung und Rückstellungen von Innen finanzieren, sondern es beweist auch seine Kreditwürdigkeit und kann auf Handels- und Bankkredite sowie Factoring oder Leasing zurückgreifen. Darlehen und Anleihen stellen dem Unternehmen

O. Pott, Andre Pott, *Entrepreneurship*, Springer-Lehrbuch,
DOI 10.1007/978-3-642-29685-7_6, © Springer-Verlag Berlin Heidelberg 2012

Fremdkapital zur Verfügung während durch Beteiligungen und Selbstfinanzierung die Eigenfinanzierung wächst.

Wird für eine Wachstumsfinanzierung besonders viel Kapital benötigt oder soll die Nachfolge durch Management-buyout oder Management-buyin finanziert werden, kann das Unternehmen auf Mezzanine Kapital zurückgreifen. Dieses wird als hybride Finanzierung bezeichnet, da es eine Mischform aus Eigen- und Fremdkapital darstellt. Mezzanine Kapital kann die Kapitalstruktur eines Unternehmens verbessern und ihm so ein positives Rating bei Banken für neue Kredite verschaffen.

Dieses Kapitel charakterisiert die einzelnen Unternehmensphasen und erklärt die Unterschiede zwischen Innen- und Außenfinanzierung aus unternehmerischer Sicht. Des Weiteren werden die verschiedenen Möglichkeiten der Eigen- und Fremdfinanzierung beschrieben und voneinander abgegrenzt.

Die Wahl der geeigneten Finanzierungsmöglichkeit ist jedoch nur ein Teil der Unternehmensfinanzierung. Besonders wichtig ist es die Bilanz eines Unternehmens zu verstehen. Durch die richtige Bilanzanalyse mit Hilfe von geeigneten Kennzahlen kann ein Unternehmen sehen wie gut es finanzwirtschaftlich aufgestellt ist. Dieses Kapitel gibt einen kurzen Überblick über die Bilanz sowie eine detaillierte Erläuterung der Bilanzanalyse und zugehöriger Kennzahlen.

Um die für das Unternehmen optimale Finanzstruktur erstellen zu können ist eine Planung zwingend notwendig. Dieses Kapitel gibt einen Überblick über den Inhalt, die Unterschiede bezüglich Fristigkeit und die Funktion der Finanzplanung.

6.2 Finanzierungsphasen

Der Lebenszyklus eines Unternehmens ist in drei Phasen unterteilt. Die Gründungs-, Wachstums- und Übernahmephase. Aus diesen ergeben sich ebenfalls drei Finanzierungsphasen: early stages, expansion stages, later stages.

Interne Faktoren wie die Mitarbeiter und das Management und externe Faktoren wie Wettbewerb und Umwelt haben Einfluss auf den Lebenszyklus und somit auch auf die verschiedenen Finanzierungsphasen, was dazu führt, dass die Dauer und Gestaltung bei jedem Unternehmen individuell ist. Je nach Phase greift das Unternehmen auf unterschiedliche Finanzierungsquellen zurück (Abb. 6.1).

6.2.1 Early Stages

Die Gründungsphase eines Unternehmens ist die Ideengenerierung und leitet die erste Finanzierungsphase ein. In dieser Phase sollte bereits eine Machbarkeitsstudie (Feasibility study) erfolgt sein und Teil des Businessplans sein, der genaue Informationen über die Idee, das Unternehmenskonzept und über das Gründerteam liefert. Für einen erfolgreichen Start müssen all diese Aspekte nahtlos in einander greifen und zusammen funktionieren. Kommt es schon hier zu Differenzen ist die Zukunft des Unternehmens gefährdet.

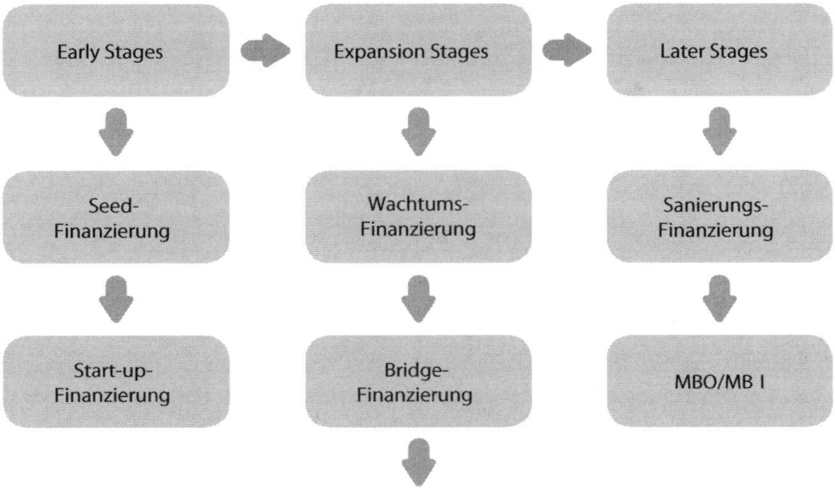

Abb. 6.1 Die Finanzierungsphasen

6.2.1.1 Seed-Finanzierung

In der ersten Phase ist eine Finanzierung durch cash-flow noch nicht möglich und das Unternehmen ist auf Investoren angewiesen. Diese halten sich aber für gewöhnlich noch zurück, da das Risiko auf Grund des nicht absehbaren Erfolgs sehr hoch ist. Üblicherweise werden hier eigene Finanzmittel verwendet oder Freunde und Familie werden um Unterstützung gebeten. Der größte Teil des Kapitals fließt in Forschung & Entwicklung des Produkts und den Prototypen. Des Weiteren sollte hier eine Marktanalyse durchgeführt werden.

6.2.1.2 Start-up-Finanzierung

Es folgt die Gründung des Unternehmens. Das Produkt ist entwickelt, das Team gestellt und der Markt erforscht. Der Kapitalbedarf ist gewachsen, da Geschäftsräume, Produktionskapazitäten und die Gestaltung des Vertriebs finanziert werden müssen. Das Kapital der Freunde und Familien reicht hier nicht mehr aus. In dieser Phase ist der Erfolg zwar immer noch ungewiss, aber sog. Business Angels oder Venture Capital Gesellschaften sind bereit zu investieren. Mit einem überzeugenden Businessplan kann man sich auch für öffentliche Fördermittel bewerben.

6.2.2 Expansion Stages

In der nächsten Unternehmensphase, der Wachstumsphase erreicht das Unternehmen den Break-Even-Point und damit die zweite Finanzierungsphase. Der cash-flow reicht noch immer nicht aus um die kommenden Investitionen zu finanzieren. Er bietet jedoch genügend Sicherheiten für Dritte und das Unternehmen kann somit auf Fremdfinanzierung zurückgreifen.

6.2.2.1 Wachstums-Finanzierung

Das Unternehmen hat sich etabliert und strebt ständiges Wachstum an. Kapital wird benötigt um sich national und international zu vergrößern. Produktinnovationen, Eintritt in neue Märkte und der Ausbau des Vertriebes benötigen eine stabile Finanzierung. Dadurch dass das Unternehmen nun Gewinne einfährt ist das wirtschaftliche Risiko für Investoren gesunken. Neben der üblichen Fremdfinanzierung durch Bankkredite und -darlehen kann nun auch Mezzanine-Kapital aufgenommen werden.

6.2.2.2 Bridge-Finanzierung

Der Wettbewerb in den vorhandenen Märkten wird immer stärker und eine Differenzierung ist nur noch mit genügend Kapital möglich. Der Börsengang (IPO – Initial Public Offering) wird mit dem Ziel die Eigenkapitalquote zu erhöhen geplant. Das Unternehmen verkauft seine Anteile über die Börse an Investoren und verfügt somit über genügend Kapital um in neue Märke (in erster Linie ausländische) und Produktinnovation zu investieren. Die Bridge-Finanzierung dient der finanziellen Vorbereitung eines Unternehmens für den Gang an die Börse. Oft kann die Überbrückung durch cash-flow finanziert werden. Reicht dieser jedoch nicht aus wird entweder Eigen- oder Fremdkapital in Anspruch genommen. Durch den Verkauf der Unternehmensanteile und den dadurch erwirtschafteten Gewinn wird die Bridge-Finanzierung im Nachhinein gedeckt.

6.2.3 Later Stages

In der Übernahmephase des Unternehmens ist die Entwicklung weit fortgeschritten und die Märkte sind gesättigt. In der dritten Finanzierungsphase wird entweder die Existenz des Unternehmens finanziert oder es wird aufgelöst.

6.2.3.1 Sanierungs-Finanzierung

Eine Restrukturierung beinhaltet oft auch eine Neuorganisation des Managementteams. Durch einen stabilen Gewinn hat sich das Unternehmen Sicherheiten erwirtschaftet und kann die geplanten Maßnahmen entweder selber finanzieren oder auf Fremdfinanzierung zurückgreifen. Durch Veräußerung von Unternehmenssparten kann ebenfalls neues Kapital für eine Restrukturierung angeschafft werden.

Bei der Liquidation hingehen werden alle Kapitaleinlagen, Anlage- und Unternehmenskapital aufgelöst und noch ausstehende Verbindlichkeiten beglichen.

6.2.3.2 MBO/MBI-Finanzierung

Management-buyout oder Management-buyin sind Fremdfinanzierungsmöglichkeiten für ein Unternehmen bei denen es Kapital beschafft um die Nachfolge zu sichern. Entweder werden die Anteile an das interne Management verkauft (MBO) oder die Übernahme erfolgt durch ein externes Management (MBI).

6.3 Finanzierung

6.3.1 Innenfinanzierung

Die Finanzierung aus Umsätzen oder sonstigen Erlösen eines Unternehmens bezeichnet man als Innenfinanzierung. Diese Maßnahmen zur Kapitalbeschaffung erfordern 2 Bedingungen (Abb. 6.2):

1. Dem Unternehmen fließen in einer Periode liquide Mittel aus den betrieblichen Prozessen zu, indem alle Innenfinanzierungsmöglichkeiten in den Verkaufspreis der Produkte einkalkuliert werden.
2. In der gleichen Periode dürfen die auszahlungswirksamen Aufwände die Erträge nicht übersteigen.

Der cash-flow dient als Finanzierungskennzahl und gibt an über welche liquiden Mittel das Unternehmen tatsächlich in dieser Periode verfügt. Verfügt es über eine gute Eigenkapitalquote zieht es die Innenfinanzierung der Außenfinanzierung aus Kostengründen meist vor.

Bei der Innenfinanzierung unterscheidet man zwischen Fremd- und Eigenfinanzierung. Es gibt jedoch auch Finanzierungsmöglichkeiten die nicht eindeutig dem Fremd- oder Eigenkapitalzugeordnet werden können.

6.3.1.1 Finanzierung aus Abschreibung

Abschreibungen dienen der Erfassung der Wertminderung von Vermögensgegenständen. Werden materielle oder immaterielle Gegenstände des Anlage- oder Umlaufvermögens nicht innerhalb einer Rechnungsperiode verbraucht, können die Anschaffungs- oder Herstellkosten erfolgswirksam perioden- und leistungsgerecht auf die Jahre der Nutzung verteilt werden. Abschreibungen berichtigen also den Wert der Vermögensgegenstände in der Bilanz. In der Gewinn- und Verlustrechnung werden sie gewinnmindernd als Aufwand ausgewiesen und in der Kostenrechnung als Kosten und somit als Werteverlust.

Das Unternehmen verdient sich seine Abschreibungen in dem es den Betrag in den Verkaufspreis der Produkte einrechnet. Während das Anlagevermögen um den Wert der Abschreibungen sinkt, steigt das Umlaufvermögen um den Betrag der Umsatzerlöse. Wie schon erwähnt werden die Abschreibungen gewinnmindernd ausgewiesen. Dies bedeutet einerseits dass das Unternehmen den Betrag der Abschreibungen nicht versteuern muss und des Weiteren mindert sich die Gewinnausschüttung an die Anteilseigner. Der Betrag der Abschreibungen bleibt also im Unternehmen.

Mit dem Kapazitätsfreisetzungs- und dem Kapazitätserweiterungseffekt kann sich das Unternehmen mit dem gebundenen Kapital von innen selbst finanzieren. Bei der Kapazitätsfreisetzung dient der Abschreibungswert am Ende der Nutzungsdauer des Gegenstandes für die Neuinvestition eines gleichartigen Gutes. Werden die Abschreibungsgegenstände nicht erst am Ende der Nutzungsdauer reinvestiert, spricht man vom Kapazitäts-

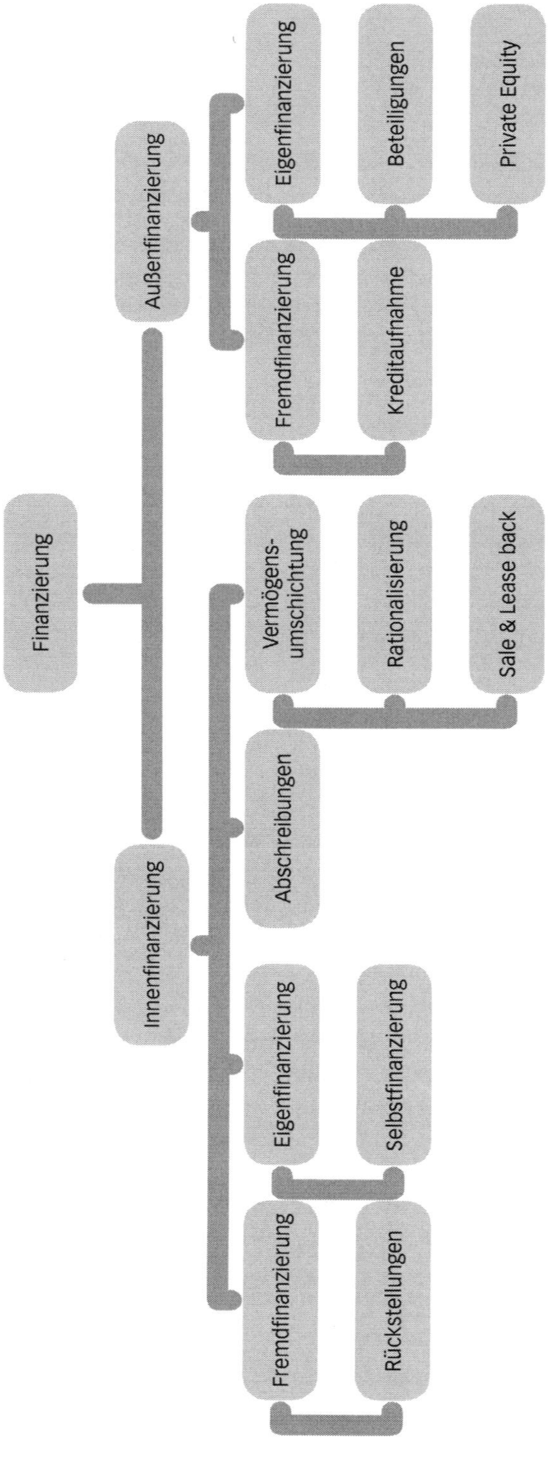

Abb. 6.2 Finanzierung im Überblick

erweiterungseffekt, auch Lohmann-Ruchti-Effekt genannt. Das Kapital ist schon vor der geplanten Neuinvestition vorhanden und wird somit dafür verwendet den Maschinenpark zu erneuern oder zu erweitern.

Auf diese Weise kann sich ein Unternehmen komplett ohne die Neuaufnahme von Fremdkapital finanzieren. Jedoch muss beachtet werden, dass durch zukünftige Konjunktur- und Absatzschwankungen auch der Preis schwanken kann. Das bedeutet, dass die Abschreibungen eventuell nicht komplett durch die Umsatzerlöse verdient werden können. Des Weiteren muss das Unternehmen auch darauf achten die Kapazitätserweiterung im Rahmen zu halten um am Ende der Nutzungsdauer noch genügend Kapital für eine Neuinvestition zur Verfügung zu haben.

6.3.1.2 Finanzierung durch Vermögensumschichtung

Bei der Vermögensumschichtung handelt es sich um einen erfolgswirksamen Aktivtausch der das Eigenkapital betrifft. Zu beachten ist, dass nur Gegenstände mit einem hohen Liquiditätswert betroffen sind und dass sich durch die Umschichtung keine Verminderung der Leistungsfähigkeit ergibt.

Rationalisierung

Rationalisierung bedeutet dass das Unternehmen unwirtschaftliche Aspekte beseitigt. Das Ziel ist die Optimierung von Betriebsabläufen, der Abbau von Überkapazitäten, eine verbesserte Materialdisposition und die Verringerung von Auszahlungsverpflichtungen. Wenn die Rationalisierung gründlich durchgeführt wird hat sie den Vorteil nachhaltig die Einnahmen zu steigern und die Ausgaben zu senken. Durch die Finanzierung von innen steht dem Unternehmen somit mehr Kapital zur Verfügung.

Um die Kosten zu senken und somit ein besseres Verhältnis zwischen Aufwand und Erfolg zu erhalten gibt es mehrere organisatorische Maßnahmen.

Das Unternehmen kann Vermögensgegenstände, die nicht wirtschaftlich genutzt werden verkaufen. Dazu gehören sowohl immaterielle (Wertpapiere, Lizenzen, Patente) als auch materielle Gegenstände (Maschinen, Gebäude, Grundstücke).

Bei der materialbezogenen Rationalisierung konzentriert sich das Unternehmen auf die Materialwirtschaft. Durch Normung (internationale, nationale, Verbands- oder Werksnormen (Größe, Abmessung, Form) werden bei der Produktion berücksichtigt um das Sortiment zu vereinheitlichen), Mengenstandardisierung (Ermittlung des Materialbedarfs und Soll-Ist Vergleich mit der tatsächlich verbrauchten Menge) und Materialnummerung (einfache und schnelle Identifizierung verschiedener Materialien durch das Festlegen von Nummern oder Verschlüsselungen) wird das Sortiment auf den neusten technischen und wirtschaftlichen Standard gebracht um die Wirtschaftlichkeit zu steigern.

Des Weiteren können Lager- und Forderungsbestände verringert werden. Um die Nachhaltigkeit dieser Maßnahmen zu sichern kann das Unternehmen seine Zahlungsfristen verkürzen um somit die Bilanzposition gering zu halten.

Mechanisierung und Automatisierung sind auch Teil von Rationalisierungen. Man spricht von fertigungsbezogener Rationalisierung. Finanziell vorteilhaftere Fertigungsverfahren verringern den Kapitaleinsatz ohne eine Verminderung des Umsatz- oder Produktivitätsvolumens. Bei dieser Maßnahme werden Kosten in erster Linie durch Stellenabbau eingespart.

Langfristig erreicht das Unternehmen mit Rationalisierung also einen höheren Output bei gleichem Input oder einen gleichen Output bei weniger Input.

Sale & Lease back

Die Finanzierung durch das sale & lease back Verfahren funktioniert wie die Finanzierung durch Abschreibungen.

Der Vermögensgegenstand, den das Unternehmen gekauft hat wird im Anlagevermögen ausgewiesen. Hierbei kann es sich auch um immaterielle Wertgegenstände wie Marken oder Patente handeln. Der Wert der Gegenstände ist jedoch gebunden und wird als stille Reserve bezeichnet. Das Unternehmen hat nun die Möglichkeit diese Gegenstände zu verkaufen um dann direkt wieder zu mieten, damit die betriebswirtschaftliche Nutzung sichergestellt ist. Der Verkaufspreis fließt dem Unternehmen direkt zu und erhöht die Liquidität ohne die Fremdkapitalquote zu erhöhen. Das gebundene Kapital wurde freigesetzt und das Unternehmen kann damit nun investieren oder Verbindlichkeiten begleichen. Die monatlichen Mietzahlungen kann das Unternehmen nutzen wie die Abschreibungen: sie werden als Aufwand verbucht und können somit steuerlich geltend gemacht werden. Des Weiteren mindern sie den Gewinn und somit auch die Ausschüttung an die Anteilseigner.

6.3.1.3 Kritik/Grenzen

Bei der Innenfinanzierung ist das Unternehmen unabhängig von den Fremdkapitalgebern und vom Kapitalmarkt, da es sich aus Umsatz- oder sonstigen Erlösen finanziert (Überschussfinanzierung). Dem entsprechend hat kein Dritter Einfluss oder Ansprüche dem Unternehmen gegenüber. Es kommen keine neuen Gläubiger hinzu und es sind keine Zinszahlungen erforderlich, was die Liquidität des Unternehmens in Krisenzeiten sichert. Durch die Stärkung des Eigenkapitals besteht eine gute Kreditwürdigkeit.

Die Innenfinanzierung bedarf aber einer ganz ausführlichen Planung mit Hilfe eines Finanzplans um sicher zu stellen, dass keine Finanzierungslücken auftauchen und das Innenfinanzierungspotential der Realität entspricht. Die Voraussetzung, dass alle Finanzierungsmaßnahmen durch den Verkaufspreis zu decken sind, ist nicht leicht zu realisieren. Auf Grund von Konjunktur- und Absatzschwankungen können Unternehmen entweder nicht die gewollten Verkaufspreise durchsetzen oder sie müssen mit geringeren Absatzmengen rechnen.

6.3.2 Außenfinanzierung

Bei der Außenfinanzierung bezieht das Unternehmen Kapital aus unternehmensexternen Quellen. Genau wie bei Innenfinanzierung unterscheidet man auch hier zwischen Eigen-

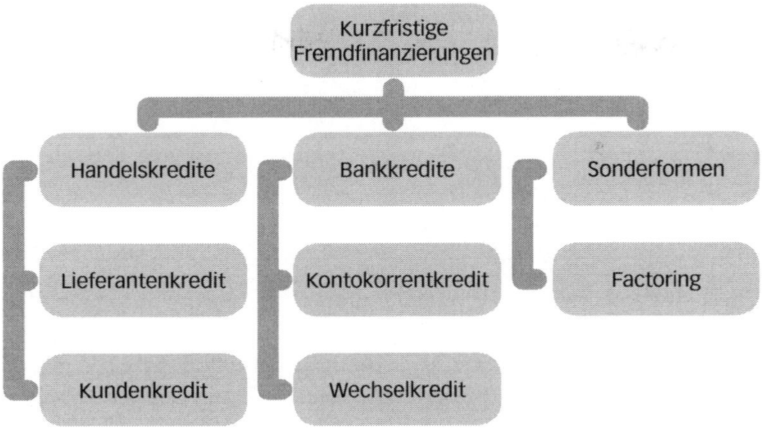

Abb. 6.3 Übersicht kurzfristige Fremdfinanzierung

und Fremdfinanzierung. Neues Eigenkapital bekommt das Unternehmen durch die Aufnahme neuer Gesellschafter oder durch weitere Einlagen der bereits vorhandenen Kapitalgeber. Fremdkapital wird über Kredite oder Anleihen am Kapitalmarkt bezogen.

Fremdfinanzierung bedeutet die zusätzliche Aufnahme von Fremdkapital. Dieses steht in der Bilanz auf der Passivseite und ist die Differenz des Vermögens (Anlage- und Umlaufvermögen) auf der Aktivseite und des Eigenkapitals auf der Passivseite. Im Sinne der Innenfinanzierung ist die Finanzierung aus Rückstellungen ein Teil der Fremdfinanzierung.

Es wird zwischen kurz- und mittel-/langfristiger Fremdfinanzierung unterschieden. Die mittel-/langfristige Aufnahme von Fremdkapital dient dem Unternehmen für größere Investitionen und somit für die Finanzierung des Anlagevermögens während die kurzfristige Fremdfinanzierung der Liquiditätssicherung und somit dem Umlaufvermögen dient.

6.3.2.1 Kurzfristig

Bei der kurzfristigen Fremdfinanzierung handelt es sich um Handels- und Bankenkredite, deren Laufzeit nicht länger als ein Jahr beträgt (Abb. 6.3).

Finanzierung durch Handelskredite

Handelskredite sind Warenkredite die einem Unternehmen von seinen Handelspartnern, Lieferanten oder Kunden, gewährt werden.

Der Lieferantenkredit wird in der Bilanz unter dem Posten „Verbindlichkeiten aus Lieferung und Leistung“ ausgewiesen. Das Unternehmen kauft auf Ziel. So kann es die Waren bereits wirtschaftlich nutzen ohne das Entgelt gezahlt zu haben. Der Lieferant verlangt von seinem Kunden keine Sicherheiten, behält sich aber das Eigentum der Ware vor. Dem Unternehmen wird ein Nachlass (Skonto) gewährt, wenn es die Rechnung innerhalb einer vorgegebenen Skontofrist begleicht. Nach Ablauf der Frist ist der volle Betrag vom Unternehmen binnen der vom Lieferanten gesetzten Zahlungsfrist zu zahlen. Der Kredit ist besonders einfach da er keinerlei Kreditwürdigkeitsprüfung erfordert. Auf das Jahr gerechnet hat der Lieferantenkredit allerdings einen sehr hohen Zinssatz. Mit der Formel

$$Zinssatz = \frac{Skontosatz}{Zahlungsfrist - Skontofrist} \cdot 360 \tag{6.1}$$

kann das Unternehmen feststellen ob sich der Lieferantenkredit wirklich lohnt oder ob eine andere Finanzierungsmöglichkeit besser geeignet wäre.

Hat das Unternehmen bei der Fertigstellung eines Kundenauftrages ein hohes Risiko und liegt zwischen Auftragserteilung und Fertigstellung eine große Zeitspanne, greift es auf den Kundenkredit zurück. Bestellt der Kunde eine Individualleistung die einen hohen Kapital- und Arbeitseinsatz erfordert kann sich das Unternehmen absichern in dem eine Anzahlung geleistet wird. Der Kunde versichert damit, dass er die erstellte Leistung abnimmt und zahlungsfähig ist. Dem Unternehmen dient der Abnehmerkredit zur Vorfinanzierung der Planung, Herstellung und des Materials für den Auftrag. Als Sicherheit für den Kunden werden Strafen oder Garantien vereinbart. Bei diesem Kredit zahlt das Unternehmen jedoch „versteckte" Zinsen. Diese werden von dem Kaufpreis direkt abgezogen und die Anzahlung wird somit diskontiert geleistet.

Finanzierung durch Bankkredite

Ein Bankkredit wird dem Unternehmen von einem Kreditinstitut gewährt und beruht immer auf einem Vertrag.

Der Kontokorrentkredit dient dem Unternehmen zur Deckung eines kurzfristigen Geldbedarfs. Der Kredit läuft über das Konto des Unternehmens. Die Bank führt zunächst eine Kreditwürdigkeitsprüfung durch und verlangt Sicherheiten in Form von Hypotheken, Bürgschaften oder Pfandrechten. Des Weiteren erwartet die Bank häufig von dem Unternehmen eine Ausschließlichkeitserklärung. Das bedeutet dass das Unternehmen versichert, alle Geldgeschäfte über diese Bank laufen zu lassen. Das Unternehmen nutzt den Kredit und zahlt Zinsen an die Bank, sobald das Konto einen Sollsaldo aufweist. Die Kosten sind bei einem Kontokorrentkredit sehr hoch angesetzt (4–8 % über dem Geldmarktzins). Hält das Unternehmen die vereinbarte Kreditlinie nicht ein, erhebt die Bank zusätzlich einen Überziehungszins. Der Vorteil des Kredites liegt in der Flexibilität: im Habensaldo läuft der Kredit weiterhin, aber das Unternehmen zahlt keine Zinsen an die Bank.

Der Wechselkredit, auch Diskontkredit genannt, kommt zwischen dem Unternehmen, seinem Kunden und einem Kreditinstitut auf Basis eines Wechsels zustande. Ein Wechsel ist eine schriftliche und befristete Zahlungsverpflichtung und dient als Zahlungs-, Sicherungs- oder Kreditmittel. Das Unternehmen verkauft seine Ware an den Kunden und dieser händigt einen Wechsel aus, der die Zahlung eines festgelegten Betrages zu einem bestimmten Zeitpunkt versichert. Da das Unternehmen liquide Mittel benötigt und nicht auf die Zahlung warten kann verkauft es den Wechsel an ein Kreditinstitut. Der Verkaufspreis ist die Differenz des Barwertes (Wert am Tag der Diskontierung) und dem Nennwert des Wechsels (Wert am Tag der Fälligkeit). Somit zahlt das Unternehmen Zinsen, genannt Diskont, an das Kreditinstitut. Der Kunde des Unternehmens tilgt seine Schulden dann direkt bei der Bank. Der Wechselkredit ist billiger als der Kontokorrentkredit und erfordert keine zusätzlichen Sicherheiten. Allerdings setzt das Kreditinstitut eine Grenze bis zu der sie Wechsel von dem Unternehmen kauft, eine Diskontkreditlinie.

Banken und andere Kreditinstitute sind in ihrer Funktion als Finanzintermediäre mit vielen Risiken konfrontiert und müssen bei der Vergabe für Kredite, an zum Beispiel mittelständische Unternehmen, dafür sorgen, dass diese Risiken die Solvenz des gesamten Finanzsektors nicht gefährden.

Während Basel I (1988 bis Ende 2006) allein das Mindestkapital der Banken als Entscheidungsgröße für die Begrenzung der Risiken nahm und somit Markt- oder sonstige Risiken kaum berücksichtigt wurden, zielt Basel II (ab Ende 2006) auf die Stärkung und die Solvenz des gesamten Finanzsektors ab. Die Eigenkapitalanforderung der Institute wird vom Risiko abhängig gemacht. Des Weiteren werden aktuelle Entwicklungen des Finanzmarktes stärker berücksichtigt. Die Vergabe von riskanten Krediten soll unwahrscheinlich werden, so dass die Eigenkapitalausstattung der Finanzdienstleister gesichert ist und somit ein Polster vorhanden ist, um Kreditverluste, die höher ausfallen als erwartet auffangen zu können.

Die untenstehende Graphik zeigt das Konzept der Baseler Vereinbarung, bestehend aus drei Säulen. Die Säulen 2 und 3 sind ergänzend zu der ersten Säule von Basel I hinzugekommen (Abb. 6.4).

- *Säule 1: Mindestkapitalanforderungen*
  Mit Hilfe des sogenannten Kapitalkoeffizienten wird berechnet, wie hoch die Kapitalhinterlegung der Kreditinstitute sein muss. Während für Basel I nur die Ausfall- und Marktrisiken berücksichtigt wurden, soll die Berechnung des vorzuhaltenden Kapitals im Rahmen von Basel II um operationelle Risiken erweitert werden, die durch die Geschäftstätigkeit der Unternehmen zustande kommen.

$$\frac{Eigenkapital}{\begin{array}{l} Summe der\ gewichteten\ Risikoaktiva \\ +\ (Anrechnungsbeträge\ Marktrisiko + Operationales\ Risiko) \cdot 12,5 \end{array}} \geq 8\ \% \quad (6.2)$$

  Die Neuerungen betreffen dementsprechend die Risikomessung und sollen damit den Marktentwicklungen angepasst werden und das Risikomanagement der einzelnen Institute berücksichtigen.
- *Säule 2: Bankaufsichtlicher Überprüfungsprozess*
  Die zweite Säule soll die quantitativen Mindestkapitalanforderungen der ersten Säule qualitativ durch Überprüfungsprozesse ergänzen. Das Gesamtrisiko, das eine Bank tragen muss und dessen Einflussfaktoren, zum Beispiel die Konjunkturentwicklung, sollen identifiziert und bankenaufsichtlich begutachtet werden.

Abb. 6.4 Deutsche Bundesbank

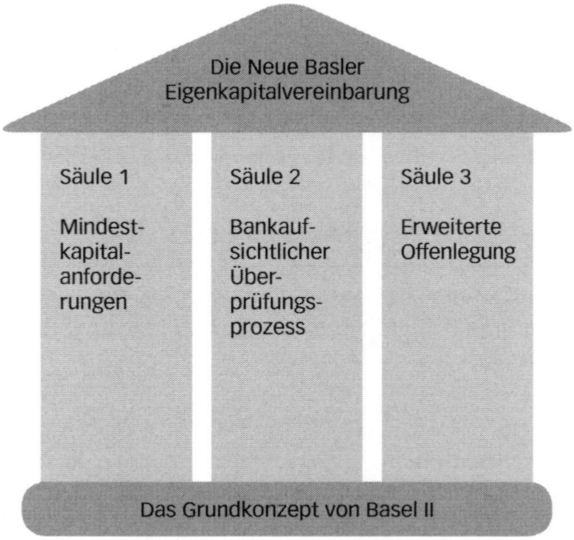

- *Säule 3: Erweiterte Offenlegung*
  Die Transparenzanforderungen soll eine komplementäre Nutzung von Marktmechanismen für bankaufsichtliche Ziele ermöglichen. Diese Form der Marktdisziplin soll forciert werden, indem Banken ihre Risikostrategien, ihre Anwendung der Eigenkapitalvorschriften und allgemeine Informationen zu ihrem Geschäft offenlegen. Kreditinstituten soll somit ein weiterer Anreiz gegeben werden um ihre Risiken zu kontrollieren und effizient zu steuern.

Die neuen Eigenkapitalvereinbarungen haben nicht nur positive Effekte auf die Banken und Kreditinstitute, da eine bessere Angleichung der Eigenmittelforderungen an die Risikoaspekte gelingt, sondern auch für die Unternehmen, die von den Banken geprüft werden, denn sie werden für die möglichen Risiken sensibilisiert und zu einer risikoadäquaten Geschäftsführung gezwungen.

2010 veröffentlichte der Baseler Ausschuss ein Konsolidierungspapier für Basel III. Unter anderem die Finanzkrise veranlasste die Bankenaufsicht für neue bzw. überarbeitete Regelungen, insbesondere für Verbriefungen und Marktrisiken.

Factoring

Neben den Handels- und Bankkrediten gibt es noch eine weitere Möglichkeit sein Unternehmen kurzfristig mit Fremdkapital zu finanzieren. Das Factoring ist der vertraglich festgelegte Forderungsverkauf.

Das Unternehmen verpflichtet sich gegenüber einer Factoringgesellschaft die Gesamtheit seiner Forderungen zu verkaufen. Dabei handelt es sich nur um die Forderungen aus Lieferungen und Leistungen gegenüber gewerblichen Kunden, nicht Verbrauchern. Man unterscheidet zwischen offenem und stillem Factoring. Beim Offenen weiß der Kunde des Unternehmens, dass die gegen ihn geltende Forderung verkauft wird und er seine Schulden bei der Factoringgesellschaft begleichen muss. Beim stillen Factoring wird der Kunde nicht informiert. Der Verkauf erfolgt vor der Fälligkeit und betrifft kurzfristige Forderungen von 120 Tagen (im Inland) oder 180 Tagen (im Ausland). Der Betrag der Forderungen wird sofort von dem Factor an das Unternehmen überwiesen, jedoch nicht in voller Höhe. Die Gesellschaft behält 10–20 % ein um eventuelle Rabatte und Skonti zu finanzieren. Somit stehen dem Unternehmen lange vor Fälligkeit die liquiden Mittel zu Verfügung und es kann damit Schulden tilgen um die Eigenkapitalquote zu verbessern. Die Factoringgesellschaft stellt aber nicht nur das Kapital zur Verfügung sondern erweist dem Unternehmen auch eine sehr nützliche Dienstleistung: um sicher zu stellen dass der Kunde des Unternehmens zahlungsfähig ist, führt der Factor eine ausführliche Kreditwürdigkeitsprüfung durch und gibt diese Daten an das Unternehmen weiter. So weiß dieses immer wie seine Kunden finanziell dastehen. Des Weiteren übernimmt der Factor das Risiko für den Forderungsausfall, das sogenannte Delkredererisiko. Mit dem Forderungsverkauf gibt das Unternehmen somit auch sein Mahn- und Inkassowesen an die Factoringgesellschaft ab. Dann spricht man von echtem Factoring. Bei unechtem Factoring trägt das Risiko weiterhin das Unternehmen selbst.

Die Kosten für das Factoring sind für das Unternehmen ähnlich denen des Kontokorrentkredites. Sie zahlen die Factoringprovision, die die Prüfung der Debitoren sowie die Verwaltungskosten beinhaltet, die Delkredereprovision für die Übernahme des Risikos und Zinsen, die abhängig von der Marktzinsentwicklung sind. Die Delkredereprovision fällt bei dem unechten Factoring natürlich weg. Der Vertrag zwischen einem Unternehmen und der Factoringgesellschaft beläuft sich meist zwischen 2 und 3 Jahren. Während dieser Zeit gibt das Unternehmen alle Aufgaben, die mit der Forderungsverwaltung zusammenhängen ab. Läuft der Vertrag aus und das Unternehmen entschließt sich ihn nicht zu verlängern könnte es Schwierigkeiten bekommen wenn alle Aufgaben wieder eingegliedert werden müssen.

6.3.2.2 Mittel- bis Langfristig

Die Kapitalbeschaffung bei mittel- bis langfristiger Fremdfinanzierung beträgt eine Laufzeit von über einem Jahr (Abb. 6.5).

Finanzierung aus Darlehen

Bei einem Darlehen wird dem Unternehmen Geld von einem Kreditinstitut überlassen und alle damit verbundenen Regeln und Vereinbarungen werden in einem Vertrag schriftlich festgehalten. Der Unterschied zu einem Kredit besteht in der Langfristigkeit und in den verschiedenen Arten der Rückerstattung. Vor der Unterzeichnung des Vertrages führt das Kreditinstitut eine ausführliche Kreditwürdigkeitsprüfung durch und oft muss das Unternehmen interne Dokumente offenlegen. Da ein Darlehen meist über viele Jahre, sogar Jahrzehnte aufgenommen wird geht es um beträchtliche Summen. Als Sicherheiten dienen dem Kreditgeber Grundpfandrechte, die meist zwischen 60 und 80 % beliehen werden.

Im Gegensatz zu einem Kredit bestehen bei einem Darlehen mehrere Möglichkeiten für das Unternehmen seine Schulden zu begleichen. Bei einem Annuitätendarlehen bleibt

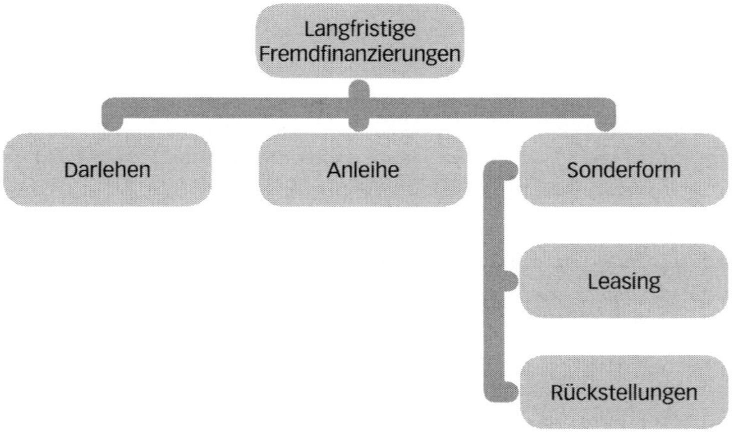

Abb. 6.5 Mittel- bis langfristige Fremdfinanzierung

die Annuität (Summe aus Tilgung und Zinsen) über die komplette Laufzeit kontant. Die Zinsen werden anhand des Restbetrags berechnet und nehmen dementsprechend im Laufe der Zeit ab. Gleichzeitig steigt aber die Tilgungsrate um den gleichen Betrag, so dass das Unternehmen immer die gleiche Summe an das Kreditinstitut zurückzahlt. Bei der letzten Rate sind die Zinsen meist abgezahlt und die Annuität besteht nur noch aus der Tilgung. Bei dem Tilgungsdarlehen bleibt der Tilgungsbetrag immer gleich, während auch hier die Zinsen mit niedriger werdendem Restbetrag sinken. Die zu zahlende Annuität sinkt also bei jeder Rate. Bei dem endfälligem Darlehen zahlt das Unternehmen die komplette Summe am Ende der Laufzeit an das Kreditinstitut zurück. Die Zinsen werden jedoch während der Laufzeit regelmäßig gezahlt.

Eine weitere Form ist das patriarchalische Darlehen. Das Unternehmen zahlt keine Zinsen an das Kreditinstitut, vereinbart jedoch die Gewinnbeteiligung. Der Vorteil für das Unternehmen besteht darin dass es keine feste Zinszahlung leisten muss und die Höhe der Abgabe abhängig vom Gewinn ist. Da das Kreditinstitut dadurch an einem guten Geschäftserfolg interessiert ist, bekommt es ein Mitspracherecht um diesen zu beeinflussen.

Das Unternehmen kann die kompletten Fremdkapitalkosten steuerlich geltend machen, da sie den Gewinn schmälern. Allerdings müssen die Zahlungen an das Kreditinstitut auch in wirtschaftlich schlechten Zeiten erfolgen.

Finanzierung aus Anleihen

Anleihen fallen unter den Sammelbegriff verzinsliche Wertpapiere. Sie werden auch als Schuldverschreibungen oder Obligationen bezeichnet. Das Unternehmen ist der Verkäufer (Emittent) der Anleihe. Der Käufer überlässt dem Unternehmen den Nennwert der Anleihe und bekommt dafür Zinsen. Diese sind in der Urkunde festgelegt, genau wie die Laufzeit und Tilgung. Je schlechter die Bonität eines Unternehmens, desto mehr Zinsen werden verlangt. Das Unternehmen muss für den Verkauf der Anleihe keine Sicherheiten vorweisen und sie gehören zur Fremdfinanzierung, was bedeutet, dass kein Anteil am Unternehmen verkauft wird. Der Käufer hat somit kein Mitspracherecht. Anleihen gelten als flexible Finanzierungsmöglichkeit, da sie jeder Zeit an der Börse verkauft werden können.

Leasing

Beim Leasing geht es um die Vermietung von Wirtschaftsgütern. Man unterscheidet mehrere Arten von Leasing:

Beim Financial Leasing gibt es eine lange Vertragslaufzeit, die in der Regel nicht gekündigt werden kann. Wartung und Risiko liegen bei dem Mieter des Objektes. Übernimmt der Vermieter die Wartungskosten, handelt es sich Maintenance Leasing; ebenfalls langfristig. Kurzfristiges Leasing wird als Operating Leasing bezeichnet.

Weiter wird zwischen der Anzahl der Objekte unterschieden. Wird nur ein Objekt geleast spricht man von Equipment Leasing, bei mehreren Objekten, zum Beispiel einer ganzen Anlage von Maschinen spricht man von Plant Leasing.

Das Objekt kann entweder direkt beim Hersteller geleast werden (Direktes Leasing) oder über eine Leasinggesellschaft (Indirektes Leasing).

Es können sowohl Konsum- als auch Investitionsgüter geleast werden.

Als Finanzierungsmöglichkeit für Unternehmen wird das Financial Leasing genutzt. Der Hersteller des Investitionsgutes oder eine Leasinggesellschaft werden als Leasinggeber bezeichnet und das Unternehmen ist der Leasingnehmer. Die Laufzeit beträgt 50–75 % der betrieblichen Nutzungsdauer des Gutes und kann in der Regel nicht gekündigt werden. Da das Gut bei dem Leasinggeber bilanziert wird kann der Leasingnehmer die Raten steuerlich absetzen, da er nicht über das Eigentum verfügt. Die Raten sollten wenn möglich aus den Erträgen, die durch das geleaste Objekt erwirtschaftet wurden, getilgt werden.

Das Leasingobjekt selbst, stellt die Sicherheit für den Leasingvertrag.

Man Unterscheidet zwei Arten der Amortisation beim Financial Leasing: Vollamortisation und Teilamortisation. Bei der Vollamortisation zahlt der Leasinggeber alle Kosten. Dazu zählen die Anschaffungs- und Herstellkosten, sowie die Wartungs-, Reparatur- und Instandhaltungskosten über die gesamte Laufzeit. Am Ende der Laufzeit bleibt das Eigentum bei dem Leasinggeber. Bei der Teilamortisation zahlt der Leasingnehmer nur einen Teil der gesamten Kosten und somit hat das Gut am Ende der Laufzeit noch einen Restbuchwert. Nach Ablauf der Frist gibt es dann verschiedene Möglichkeiten was mit dem Leasinggut passiert. Der Nehmer kann es entweder vom Leasinggeber erwerben (Kaufoptionsrecht) oder das Gut kann weiterhin angemietet werden (Mietoptionsrecht), wobei die Miete dann nur noch 5–10 % des ursprünglichen Mietpreises beträgt. Bei dem Optionsrecht werden keinerlei Vereinbarungen getroffen was nach der Laufzeit mit dem Gut passiert. Welches Recht zutrifft, wird in dem Leasingvertrag festgelegt.

Durch die Verteilung des Gesamtbetrages auf mehrere Perioden ist die Liquidität des Unternehmens gut aufgestellt und es findet keine Bindung von Eigenkapital statt. Des Weiteren können die geleasten Anlagen regelmäßig ausgetauscht werden. Der Maschinenpark des Unternehmens ist somit immer auf dem aktuellsten technologischen Stand. Allerdings sind die Kosten für Leasing relativ hoch, da der Leasingeber dem Unternehmen u. a. auch ein Ausfallrisiko berechnet und natürlich auch Gewinn erwirtschaften möchte. Insgesamt zahlt der Leasingnehmer ca. 130 % des eigentlichen Anschaffungswertes des Guten an den Leasinggeber. Die Leasingraten müssen auch in wirtschaftlich schlechten Zeiten getilgt werden.

Leasing eignet sich daher in erster Linie für Unternehmen mit einer liquiden Ausgangslage. Ob Leasing eine geeignete Finanzierungsoption für ein Unternehmen ist muss gründlich mit Hilfe eines Kostenvergleiches und/oder Finanzplans geprüft werden.

Finanzierung aus Rückstellungen
Rückstellungen sind Vermögensgegenstände die zum Bilanzstichtag dem Grunde nach bekannt sind jedoch nicht der Höhe und Fälligkeit nach. Sie bilden einen Passivposten in der Bilanz. Die Bildung der Rückstellungen ist ein Aufwand für das Unternehmen und mindert so den Gewinn. Der Betrag ist also von der Steuer befreit. Die Auszahlung erfolgt allerdings erst später und somit kann sich das Unternehmen in dem Zeitraum zwischen Bildung und Fälligkeit von innen selbst finanzieren. Der Gegenwert der genutzten Rückstellungen muss dem Unternehmen allerdings durch Umsatzerlöse wieder zufließen um sicher zu stellen, dass das Unternehmen bei Fälligkeit zahlungsfähig ist. Pensionsrückstellungen bilden den größten Teil der Rückstellungen und bleiben auch am längsten im Unternehmen. Sie dienen in erster Linier zur Finanzierung.

6.3.2.3 Kritik/Grenzen
In den frühen Phasen können sich die Unternehmen noch nicht ausreichend eigenfinanzieren und sind somit auf Fremdkapital angewiesen, was auch einige Vorteile mit sich bringt: Die Kapitalgeber haben keinerlei Einfluss auf die Geschäftsführung des Unternehmens und sind auch nicht am Gewinn beteiligt. Des Weiteren können die Zinsen von der Steuer abgezogen werden, da sie einen Aufwand darstellen.

Die Konkursgefahr ist jedoch erhöht, da die Fremdkapitalkosten und die Tilgungen auch in Verlustjahren geleistet werden müssen. Zinsen, Bereitstellungs- und Überziehungsprovisionen sowie Bearbeitungsgebühren sind u. a. Teil der Kapitalkosten. Weiterhin wird, bevor ein Unternehmen Fremdkapital aufnehmen kann eine, meist von den Kreditgebern geforderte Kreditwürdigkeitsprüfung durchgeführt. Dabei werden die rechtlichen Verhältnisse, die wirtschaftliche Lage, der Jahresüberschuss, die Haftung der Gesellschafter und die Höhe des Eigenkapitals überprüft. Kurzgesagt muss ein Unternehmen alles offenbaren damit ihm Fremdkapital zugesprochen wird. Und da die Kreditgeber an einem niedrigen Risiko interessiert sind, fordern sie oft auch Sicherheiten von dem Unternehmen. Dabei kann es sich um persönliche (Bürgschaft) oder dingliche Sicherheiten (Hypothek, Grundschuld) handeln.

6.3.3 Eigenfinanzierung

Die Beschaffung von Eigenkapital kann durch Beteiligungen (Außenfinanzierung) oder Selbstfinanzierung (Innenfinanzierung) erfolgen (Abb. 6.6). Die Begriffe Venture Capital und Business Angels treten auch im Zusammenhang mit der Eigenfinanzierung auf. Das

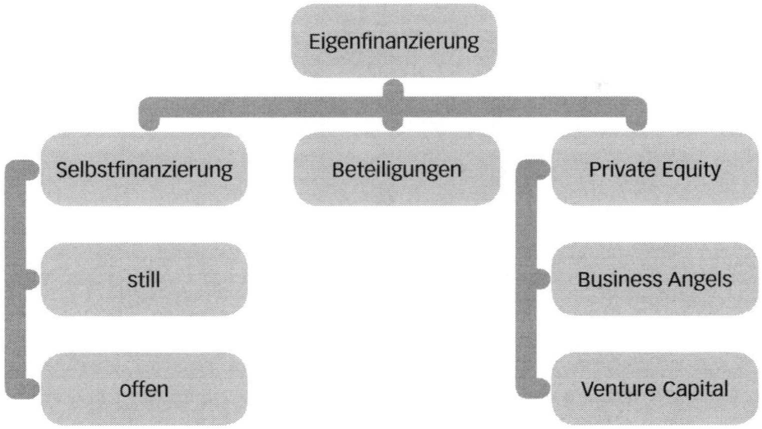

Abb. 6.6 Übersicht Eigenfinanzierung

Eigenkapital wird auf der Passivseite der Bilanz als Saldo aus Vermögen und Schulden ausgewiesen. Es ist die Haftungsbasis für das Fremdkapital.

6.3.3.1 Selbstfinanzierung

Die Selbstfinanzierung beschreibt die Gewinnthesaurierung. Der Gewinn ist in den Verkaufspreis der Produkte einkalkuliert und wird durch Umsatzerlöse erwirtschaftet. Durch die Einbehaltung der Gewinne kann sich ein Unternehmen von innen finanzieren. Die Gewinnrücklagen erhöhen das Eigenkapital und verbessern somit die Kreditwürdigkeit. Des Weiteren werden keine Sicherheiten oder Rückzahlungen verlangt. Das Unternehmen handelt unabhängig von Dritten. Allerdings besteht auch die Gefahr der Fehlinvestition und deshalb sollte die Verwendung der zurückbehaltenen Gewinne gründlich überlegt und kalkuliert werden. Man unterscheidet zwischen stiller und offener Selbstfinanzierung.

Stille Selbstfinanzierung

Bei der stillen Selbstfinanzierung werden stille Reserven gebildet, die in der Bilanz nicht ersichtlich sind. Durch das Verdecken wird der Gewinn zunächst verringert und es ergeben sich Steuervorteile für das Unternehmen.

Die Bildung erfolgt entweder durch die Überbewertung der Passiva (zu hohe Rückstellungen) oder durch die Unterbewertung der Aktiva (nichtaktivierte aktivierungsfähige Aufwände, überhöhte Abschreibungen, zu gering bewertetes Umlaufvermögen). Die Bildung der stillen Reserven löst in der Wirtschaft einen hohen Diskussionsbedarf aus denn die Linie zwischen legal und illegal ist sehr dünn. Durch das Vorsichtsprinzip werden beispielsweise Rückstellungen höher bewertet als sie eigentlich sind um sicherzustellen dass das Unternehmen bei Fälligkeit zahlungsfähig ist. Dadurch entstehen stille Reserven. Gleichzeitig muss aber auch das Prinzip der Bilanzwahrheit- und -klarheit beachtet werden, denn zu hohe stille Reserven verfälschen die ausgewiesene Höhe des Gewinns und dadurch ist für Dritte nicht ersichtlich ob der Gewinn effektiv ist oder manipuliert wurde.

Offene Selbstfinanzierung

Bei der offenen Selbstfinanzierung werden versteuerte Gewinne auf Eigenkapital- oder Rücklagenkonten gebucht und sind in der Bilanz deutlich ausgewiesen. Ob sie ausgeschüttet werden oder dem Unternehmen für Investitionen zur Verfügung stehen entscheiden die Gesellschafter und/oder Inhaber. Diese Art der Finanzierung erfordert einen sehr komfortablen Gewinn und ist somit nicht für jedes Unternehmen geeignet.

6.3.3.2 Beteiligungen

Bei der Beteiligungsfinanzierung wird dem Unternehmen von außen neues Kapital durch Einlagen zur Verfügung gestellt. Es werden Anteile des Unternehmens verkauft. Je nachdem wie groß die Anteile am Grund- oder Stammkapital des Unternehmens sind, unterscheidet man zwischen der Minderheitsbeteiligung (>50 %), der Mehrheitsbeteiligung (50–94 %) und der Eingliederungsbeteiligung (95–100 %). Letztere wird bei folgender Übernahme des Unternehmens in Betracht gezogen. Je mehr Anteile ein Investor an einem Unternehmen kauft, desto mehr Rechte und Pflichten hat dieser. Beteiligungskapital steht einem Unternehmen langfristig zur Verfügung.

Bei der Beteiligungsfinanzierung muss vor allem auf die Rechtsform des Unternehmens geachtet werden. Im Allgemeinen werden zwei Gruppen gebildet. Die emissionsfähigen und die nicht emissionsfähigen Unternehmen. Ein Unternehmen gilt dann als emissionsfähig, wenn es an der Börse notiert ist. Dazu zählen die Aktiengesellschaft (AG) und die Kommanditgesellschaft auf Aktien (KGaA). Zu den nicht emissionsfähigen Gesellschaften zählen u. a. das Einzelunternehmen, die offene Handelsgesellschaft (OHG), die Kommanditgesellschaft (KG), sowie die Gesellschaft mit Beschränkter Haftung (GmbH). Diese Unternehmen können ihre Anteile nicht über einen organisierten Kapitalmarkt verkaufen und gewährleisten somit eine sehr geringe bzw. keine Fungibilität.

Fungibilität wird für den Handel an der Börse vorausgesetzt und bedeutet Austauschbarkeit. Die Wertpapiere sind auf Grund ihrer Gleichartigkeit leicht gegen andere Waren gleicher Gattung zu ersetzten. Ist dies nicht der Fall lassen sich Unternehmensanteile schwer veräußern. Nicht emissionsfähige Unternehmen haben dementsprechend Schwierigkeiten an Eigenkapiteleinlagen zu kommen. Da Eigenkapital risikotragend ist, ist es für ein Unternehmen besonders wichtig. Emissionsfähige Unternehmen können ihre Anteile einfach in Form von Aktien verkaufen.

Bei der Beteiligungsfinanzierung unterscheidet man zwischen offener, typischer und atypischer stiller Beteiligung.

Offene Beteiligung

Durch den Erwerb von Anteilen am Grund- oder Stammkapital beteiligt man sich offen an einem Unternehmen. Der Kapitalgeber ist am Gewinn, am Vermögen und somit auch am Verlust der Gesellschaft beteiligt. Die Einlage wird in der Bilanz offen ausgewiesen. Er wird offiziell als Gesellschafter notiert und alle Regelungen, die dieses Verhältnis betreffen werden im Gesellschaftsvertrag festgelegt. Man spricht von einer Kapitalerhöhung. Weiter ist der Kapitelgeber an der Geschäftsführung beteiligt und hat gewisse Mitspracherechte und kann die Unternehmensführung beeinflussen. Formen der offenen Beteiligung sind unter anderem die Finanzierung durch Venture Capital Gesellschaften oder Business Angels.

Typische stille Beteiligung
Bei einer stillen Beteiligung spricht man auch von einer stillen Gesellschaft oder einem stillen Gesellschafter. Bei der Kapitaleinlage entsteht eine Innengesellschaft, die nach außen nicht auftritt. Der Investor ist Gläubiger und kein Gesellschafter im eigentlichen Sinne. Er hat keinerlei Einfluss auf das Unternehmen dem es Kapital überlässt, da er keine Anteile erwirbt. Auch dieses Verhältnis wird vertraglich geregelt. Der stille Gesellschafter ist nicht am Vermögen oder Verlust der Unternehmung beteiligt, sondern nur an der Gewinnausschüttung. Bei der Auflösung der Beteiligung erhält der stille Gesellschafter den nominellen Wert seiner Einlage zurück.

Atypische stille Beteiligung
Im Gegensatz zu dem typischen stillen Gesellschafter ist der Kapitalgeber bei einer atypischen stillen Gesellschaft auch am Vermögen und den stillen Reserven des Unternehmens beteiligt. Vertraglich festgehalten werden Mitspracherechte eingeräumt und der Anteil an der Verlustbeteiligung wird geregelt. Der Gesellschafter wird zum Mitunternehmer.

6.3.3.3 Private Equity

Private Equity Gesellschaften, Business Angels und Venture Capital Gesellschaften verfolgen alle das gleiche Ziel: Investition von Eigenkapital in Unternehmen um später die Anteile mit risikoadäquater Rendite wieder zu veräußern (Abb. 6.7). Private Equity Gesellschaften befassen sich mit Unternehmen die sich in den expansion und later stages befinden während Business Angels sich auf die early stages eines Unternehmens konzentrieren und Venture Capital Gesellschaften in den early und expansion stages als Kapitalgeber zur Verfügung stehen.

Private Equity bezeichnet den Kauf und Verkauf von Unternehmensanteilen nicht börsennotierter Unternehmen. Private Equity Gesellschaften interessieren sich für erfolgreiche, im Markt fest etablierte Unternehmen. Der cash flow dient den Investoren als Indikator für die Stabilität und das Potential des Unternehmens. Durch den Kauf von Anteilen haben die Gesellschaften auch ein Mitspracherecht. Aus dem Tagesgeschäft halten sie sich für gewöhnlich jedoch zurück und stehen dem Unternehmen beratend zur Seite.

Private Equity dient dem Unternehmen als langfristige Finanzierung und erfordert keine Sicherheiten und keine Rückerstattung. Die Gesellschaften bleiben für gewöhnlich so lange am Unternehmen beteiligt bis diese den Gang an die Börse machen, verkauft oder aufgelöst werden. Das Ziel der Private Equtiy Gesellschaften ist es so lange im Unternehmen zu bleiben bis sich der Wert ihrer Anteile erhöht hat.

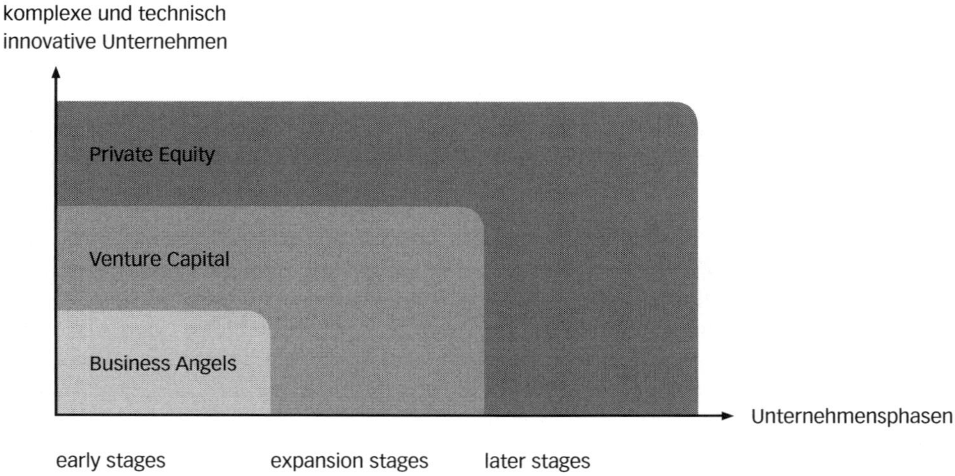

Abb. 6.7 Private Equity im Zusammenhang

Bei der Finanzierung nicht börsennotierter Unternehmen haben die Kapitalgeber mehrere Möglichkeiten ihre Anteile wieder zu veräußern. Der Ausstieg der Gesellschaften aus dem Unternehmen wird Exit genannt.

- IPO (Initial Public Offering): das Unternehmen macht den Gang an die Börse und die Private Equity Gesellschaften können ihre Anteile verkaufen. Bei dieser Exitvariante erwirtschaften die Investoren meist den größten Gewinn.
- Trade Sale: Die Private Equity Gesellschaft verkauft ihre Anteile an einen strategischen Investor, ein Unternehmen, dass sich selbst durch den Anteilskauf vergrößern möchte.
- Secondary Purchase: Bei dieser Variante des Exits werden die Anteile an einen anderen Finanzinvestor verkauft. Dieser erhofft sich durch den Kauf wiederum einen gewinnbringenden Verkauf zu einem späteren Zeitpunkt. Die Investoren können andere Private Equity oder Venture Capital Gesellschaften sein.
- Buy Back: Die Gründer oder andere Unternehmer kaufen die Anteile des eigenen Unternehmens von den Private Equity Gesellschaften zurück.
- Liquidation: Das Unternehmen konnte sich nicht im Markt behaupten und hat dementsprechend keine Gewinne eingebracht. Es wird aufgelöst und für die Private Equity Gesellschaften tritt der schlimmste Fall ein, denn in der Regel bekommen sie ihre Investition nicht zurück und haben somit Verlust gemacht.

Business Angels

Business Angels sind vermögende Privatpersonen die jungen innovativen Unternehmen in der Start-up-Phase Kapital zur Verfügung stellen. Sie sind selber Unternehmer oder ehemalige und verfolgen das Ziel einer hohen Rendite und sind meist mit Freude dabei wenn junge Unternehmen durch ihre Hilfe wachsen und sich im Markt etablieren.

In den ersten Phasen ist es für ein Unternehmen schwierig Investoren zu finden, da die Kreditwürdigkeit noch sehr schwach ist. Business Angels sehen aber dort die große Chance auf Erfolg und beteiligen sich am Eigenkapital und erwerben Anteile am Unternehmen. Die Liquidität wird dadurch nicht belastet und es müssen auch keine Kapitalkosten gezahlt werden.

Neben dem Kapital stellen die Business Angels jedoch auch ihr Know-how und ihre Erfahrung zur Verfügung. Deshalb bezeichnet man dieses Kapital auch als intelligentes Kapital da die Gesellschaften auch ihr Managementwissen in das Unternehmen investieren Durch ihre eigene Berufstätigkeit haben sie ein großes Netzwerk und helfen dem Unternehmen durch Kontakte sein eigenes zu vergrößern. In der Start-up-Phase können diese Aspekte einen höheren Mehrwert haben als das investierte Kapital. Die Beteiligung der Business Angels beträgt in der Regel vier bis sieben Jahre. Um einen Business Angel zu finden bedarf es einer überzeugenden Geschäftsidee. Meist investieren sie in Unternehmen aus der gleichen Branche und bevorzugen das nähere Umfeld des eigenen Standortes. Durch den Anteilsankauf bekommen Business Angels oft eine Position im Aufsichtsrat und können das Unternehmen stark beeinflussen. Man sollte bei der Suche dringend darauf achten dass der Business Angel nicht nur geschäftlich Vorteile mit sich bringt, sondern man sich auch auf persönlicher Ebene gut versteht und keine Konflikte entstehen.

Viele Länder wie Österreich, die Schweiz oder auch Amerika verfügen über ein Business Angels Netzwerk wo sich junge Unternehmer bewerben können. In Deutschland ist es der „Business Angels Netzwerk Deutschland e. V. (BAND)".

Der Verein engagiert sich für den Aufbau der Business Angels Kultur in Deutschland, organisiert den Erfahrungsaustausch und fördert Kooperationen. Als Dachverband des informellen Beteiligungskapitalmarktes ist BAND Sprecher der Business Angels Netzwerke gegenüber Politik und Öffentlichkeit und vertritt im Interesse junger innovativer Unternehmen die Belange der Business Angels (BAND Business Angels Netzwerk Deutschland e. V. 2006).

Venture Capital

Das Venture Capital wird auch als Risiko- oder Wagniskapital bezeichnet und dient jungen Unternehmen in den early stages und oder etablierten Unternehmen in den expansion stages als Finanzierungsquelle.

Venture Capital Gesellschaften investieren in erster Linie in komplexe, technisch innovative Unternehmen, die, auch durch die Hilfe von Business Angels, überdurchschnittliches Wachstumspotential aufweisen. Die Gesellschaften sind dabei oft auf gewisse Wirtschaftszweige spezialisiert und greifen, für strategische oder branchenspezifische Fragestellungen auf Experten zurück. Diese unterstützen die Gesellschaften auch bei der Beurteilung der jeweiligen Unternehmen.

Bei der Wahl der Unternehmen greifen die Venture Capital Gesellschaften unter anderem auf den Businessplan zurück. Neben der Spezialisierung auf gewisse Wirtschaftszweige kann auch der Standort ein Kriterium für die Gesellschaften sein, genau wie die Umwelt, die Organisation, das Personal und die Kultur des Unternehmens.

Die Venture Capital Gesellschaften verlangen keine Stellung von Sicherheiten von dem Unternehmen, aber da die Wachstumschancen in den frühen Phasen und auch die Ertragschancen bei Verkauf der Unternehmen noch nicht ersichtlich sind, tragen die Kapitalgeber ein hohes Risiko. Dem entsprechend sind die Renditen bei Verkauf der Anteile verhältnismäßig hoch. Um die Liquidität der Unternehmen nicht zu schwächen, verlangen die Venture Capital Gesellschaften keine Zinszahlungen. Allein die Erlöse aus dem späteren Verkauf bringen den Gesellschaften ihre Renditen. Die Höhe der Investition übersteigt oft die der Business Angels, da die Unternehmen auf Venture Capital zurückgreifen wenn sie ihre Geschäftsfelder erweitern wollen oder aber, in den expansion stages, MBO und MBI finanzieren wollen. Beide Investitionen erfordern einen hohen Kapitalbedarf.

Neben dem Kapital stellen die Venture Capital Gesellschaften aber auch Beratungsleistungen, da die, bevorzugt technisch oder wissenschaftlich geprägten, Unternehmen selten über Managementerfahrungen oder betriebswirtschaftliches Wissen verfügen. Das Ziel der Venture Capital Gesellschaften ist ein möglichst hoher Wertezuwachs. Auch deshalb sind sie daran interessiert ihre eigenen Erfahrungen in das Unternehmen mit einzubringen, um die Erreichung des Ziels tatkräftig unterstützen zu können.

Die Venture Capital Gesellschaften bekommen neben ihren Anteilen am Unternehmen also auch Mitsprache-, Mitentscheidungs- und Kontrollrechte. Diese sind in der Regel mehr, als die Anzahl der Anteile eigentlich mit sich bringt. Die Gründer bleiben aber immer Mehrheitsgesellschafter, da die Venture Capital Gesellschaften nicht den Eindruck erwecken wollen das Unternehmen zu übernehmen, sondern die Gründer motivieren wollen auf ihre Unterstützung zurückzugreifen.

Wie weit die Rechte der Venture Capital Gesellschaften letztendlich reichen, ist vertraglich geregelt.

Oft werden auch außerplanmäßige Zahlungen geleistet, wenn das Unternehmen, vorher definierte und gemeinsam vereinbarte Entwicklungsschritte erreicht hat.

Die Venture Capital Gesellschaften fungieren als Intermediäre zwischen Investoren und den zu unterstützenden Unternehmen. Die Gesellschaften beziehen ihr Geld aus Renten- oder anderen Fonds, in die beispielsweise Banken oder Versicherungen einzahlen. Die Investoren haben aber kein Mitspracherecht, in welche Unternehmen die Venture Capital Gesellschaften ihr Geld investieren.

Eine weitere Art von Wagniskapital ist Corporate Venture Capital.

Im Gegensatz zum Venture Capital stammt das Corporate Venture Capital nicht von Finanzinstitutionen sondern Industrieunternehmen, meist Tochtergesellschaften großer Konzerne.

Auch diese Investoren konzentrieren sich auf innovative Start-ups, die gute Wachstumschancen haben.

Die Corporate Venture Capital Geber investieren entweder direkt in andere Unternehmen, oder aber auch indirekt in Investmentfonds. Des Weiteren unterscheidet man zwischen der internen und externen Finanzierungshilfe durch Corporate Venture Capital. Intern investieren sie in Abteilungen oder Projekte ihres eigenen Unternehmens, extern unterstützen sie andere Unternehmen.

Die Corporate Venture Capital Geber verfolgen natürlich auch ein finanzielles Ziel bei der Beteiligung an anderen Unternehmen, aber der wesentliche Unterschied zum Venture Capital besteht in den strategischen Zielen.

Die Tochtergesellschaften fungieren als Innovationsmanagement der Mutterkonzerne. Sie wollen durch die Investition in junge und innovative Start-ups neue Technologien kennen lernen und erhoffen sich dadurch ihre auf den neusten Stand zu bringen und sich Vorteile gegenüber den Wettbewerbern zu sichern.

Ein weiteres strategisches Ziel ist die Ausweitung und Veränderung der eigenen Geschäftsfelder und die Erweiterung der eigenen Produktpalette durch komplementäre Produkte. Dadurch soll die Nachfrage gesteigert und der Marktanteil ausgebaut werden.

Für die Start-up Unternehmen liegt der Nutzen nicht nur in der finanziellen Unterstützung sondern auch in der Hilfestellung bei Managementaufgaben, in der Bereitstellung von Ressourcen und der Chance auf neue Markterschließungen. Des Weiteren können die Start-ups von dem guten Image der Corporate Venture Capital Geber profitieren und sie haben Zugang zu einer bereits ausgereiften Kundenkartei und zahlreichen Vertriebskanälen.

Die beiden Unternehmen versuchen durch ihre Zusammenarbeit also gegenseitig die Schwächen des anderen auszuhebeln und die Stärken für sich selber zu nutzen.

Praxisbezug: Showdown für Venture[1]

Venture Capital Gesellschaften konnten Renditen von 22 % pro Quartal einfahren und der Markt wurde regelrecht überflutet. Für die Capital Gesellschaften waren diejenigen Unternehmen am lukrativsten, die den Gang an die Börse wagten.

10 Jahre später sieht die Situation ganz anders aus. Die Renditen für die Geldgeber bleiben im einstelligen Bereich, meist werden jedoch Verluste eingefahren. Die Höhe der Investitionen erreicht beinah jedes Jahr einen neuen Tiefpunkt.

Der Gang an die Börse verzögert sich um viele Jahre und für den Trade Sale oder Secondary Purchase finden sich keine Käufer. Die Unternehmen brauchen sehr viel länger um für Kapitalmärkte attraktiv zu werden und eine Investition in ein Start-up-Unternehmen rentiert sich erst zwischen 6 und 10 Jahren, während früher bereits nach 2–3 Jahren Erfolge zu verbuchen waren. Des Weiteren ist der Kapitalbedarf der neu zugründenden Unternehmen, nicht zuletzt wegen Finanzkrise enorm gestiegen.

Den Venture Capital Gesellschaften wird der Rang abgelaufen – von Business Angels. Diese geben den Unternehmen nicht einfach nur Kapital sondern auch Wissen und Rat. Venture Capital Gesellschaften werben mit hohen Investitionssummen während die Start-ups in erster Linie auf operative Erfahrungen und Expertennetzwerke angewiesen sind. „Warum sollte ein Gründer zu einer großen Beteiligungsgesellschaft gehen, wenn auch ein einzelner Business Angel für die Finanzierung sorgen und sich stärker persönlich kümmern kann", so ein Chef eines mit Wagniskapital finanziertem Unternehmen. Des Weite-

[1] Capital (Harvard Business Manager,10 2010, S. 18–22)

ren bleiben die Business Angels heutzutage weit über die Gründung hinaus im Unternehmen und sichern sich somit den Erfolg für viele Jahre.

Die Venture Capital Gesellschaften müssen sich neu aufstellen und neue Geschäftsmodelle erarbeiten um aus diesem Tief herauszukommen

Sowohl die Zahl der Venture Capital Gesellschaften als auch das Investitionsvolumen muss sinken damit die Branche wieder Erfolge feiern kann. Eine Schätzung von einem Rückgang von 50 % wird als realistisch angesehen. Den Gesellschaften soll es wieder mehr um das Unternehmen an sich gehen als um die Rendite.

6.3.3.4 Kritik/Grenzen

Das Eigenkapital dient einem Unternehmen für jegliche Form der Anlage und je mehr EK einem Unternehmen zur Verfügung steht, desto unabhängiger ist es. Des Weiteren haben die Kapitalgeber keinen Anspruch auf die Ausschüttung der Dividende, was bedeutet, dass die Eigenkapitalzinsen in einem Verlustjahr nicht gezahlt werden müssen um die Liquidität des Unternehmens zu sichern.

Die Einlage birgt für die Kapitalgeber ein hohes Risiko, da die Zahlung der Dividende von dem Erfolg des Unternehmens abhängig ist. Das führt dazu dass die Rendite für Eigenkapital sehr hoch ist und es somit immer teurer ist als Fremdkapital. Ebenso ist zu berücksichtigen dass die Kapitalgeber je nach Rechtsform ein Mitspracherecht haben und die Geschäftspolitik und -führung somit beeinflussen können.

6.3.4 Mezzanine Kapital

Der Begriff Mezzanine stammt aus dem Bereich der Architektur und bedeutet erstes Zwischengeschoss, zwischen Erd- und erstem Obergeschoss. Bei der Unternehmensfinanzierung bedeutet Mezzanine eine Mischung aus Eigen- und Fremdkapital. Es ist keinem der beiden eindeutig zuzuordnen und wird auch als hybride Finanzierungsform beschrieben. Ein Unternehmen greift gewöhnlich erst in seinen späten Unternehmensphasen auf Mezzanine Kapital zurück um Beispielsweise das weitere Wachstum zu finanzieren oder um die Nachfolge durch Management-buyout oder -buyin finanziell abzusichern.

In der Bilanz hat Mezzanine Kapital keine eigene Position, müsste aber zwischen Eigen- und Fremdkapital aufgelistet werden. Wirtschaftlich betrachtet ist es immer dem Eigenkapital zuzuordnen, bilanziell kann es aber sowohl Eigen- als auch Fremdkapital zugeordnet werden. Mezzanine Kapital kann von jedem Unternehmen, unabhängig der Rechtsform aufgenommen werden.

Die Finanzierung durch Mezzanine ist keine neue Art der Kapitalbeschaffung, sondern setzt sich aus bereits bekannten zusammen. Banken oder Private Equity Gesellschaften können als Investoren herangezogen werden.

Wird das Mezzanine Kapital bilanziell dem Eigenkapital zugeordnet handelt es sich zum Beispiel um atypische stille Beteiligungen oder Genussrechte. Diese Art wird auch

Equity Mezzanine Capital genannt. Debt Mezzanine Capital bezeichnet die Art, die dem Fremdkapital zugeordnet wird. Darunter fallen nachrangige Darlehen oder typische stille Beteiligungen. Nachrangig bedeutet, dass die Gläubiger dieser Darlehen erst nach allen anderen Fremdkapitalgebern bedient werden. Da das Mezzanine Kapital wirtschaftliches Eigenkapital darstellt, verbessert es das Verhältnis zwischen Eigen- und Fremdkapital und somit auch die Bilanzstruktur des Unternehmens. Es schmälert nicht die Sicherheiten des Unternehmens und verhilft dem Unternehmen somit zu einer besseren Kreditwürdigkeit die dazu führt, dass das Unternehmen Kredite zu besseren Konditionen aufnehmen kann.

Die Gestaltung der Mezzanine Finanzierung ist sehr flexibel da es wenige rechtliche Vorgaben gibt. Die Laufzeit, die Kosten, Kündigung oder Tilgung können individuell mit den Kapitalgebern gestaltet werden. Die Laufzeit beträgt meist bis zu 10 Jahre und die Kosten sind u. a. wegen der Nachrangigkeit relativ hoch angesiedelt. Die Kosten kann das Unternehmen jedoch senken, in dem es dem Kapitalgeber weitere Rechte bei Vertragsunterzeichnung einräumt. Man spricht von Equity Kicker. Dabei wird das Mezzanine Kapital komplett in Eigenkapital umgewandelt, zum Beispiel in eine offene Beteiligung und das Unternehmen zahlt dem Investor weniger Zinsen da dieser nun anders vergütet wird. Man unterscheidet zwischen dem echten Equity Kicker und dem virtuellen Equity Kicker.

Bei dem echten Equity Kicker gewährt das Unternehmen dem Kapitalgeber Bezugsrechte auf Anteile des Unternehmens. Bei einem Exit, Börsengang oder Verkauf des Unternehmens, hat der Investor das Recht Unternehmensanteile zu vergünstigten Konditionen zu kaufen. Die Zinsen werden gesenkt und der Investor kann auf Grund des hohen Risikos mit einer guten Rendite rechnen. Dies führt allerdings auch zu Verwässerung, da der Gesellschafterkreis erweitert wird.

Bei einem virtuellen Equity Kicker werden Zahlungen an den Investor vereinbart, die abhängig vom Unternehmenswert bzw. vom Unternehmenserfolg sind. Dies können Einmalzahlungen am Ende der Laufzeit sein oder mehrere Zahlungen zu festgelegten Zeitpunkten während der Laufzeit.

Die Finanzierung mit Mezzanine Kapital kann von jedem Unternehmen also individuell gestaltet werden und somit auf die ganz eigene Situation angepasst werden. Auf Grund der höheren Kosten und/oder der Beteiligung am Eigenkapital der Investoren sollte eine Finanzierung mit Mezzanine Kapital stets gut überlegt sein und alle Alternativen sollten ebenfalls immer bedacht werden.

Praxisbezug: Mezzanine- Finanzierungen für KMU im Aufbruch[2] Auch profitablen Unternehmen kann es passieren das Finanzierungslücken entstehen. Wachstumsfinanzierungen oder auch Nachfolgefinanzierungen überschreiten oft den Rahmen der Verschuldungsfähigkeit eines Unternehmens. Bankkredite würden die Eigenkapitalquote eines gut aufgestellten Unternehmens enorm verschlechtern, während Private Equity Geber Anteile am Unternehmen erhalten und dadurch wichtige Entscheidungen mitbestimmen können. Auch die Option an den Börse zu gehen kommt für kleine und mittelständische Unterneh-

[2] (Der Schweizer Treuhänder, 08.2006, S. 560–563)

men auf Grund ihrer Größe nicht in Frage. Die Nachfolgefinanzierung durch MBO oder MBI reicht meist auch nicht aus, denn die Unternehmer können solche Summen aus ihrem Privatvermögen nicht stemmen.

Die Finanzierung durch Mezzanine Kapital ist für solche Investitionen eine ideale Lösung. Neben dem wichtigen Eigenkapitalcharakter, erhöht Mezzanine Kapital zwar auch das Fremdkapital aber durch die Nachrangigkeit und die meist längere Laufzeit als bei gewöhnlichem Fremdkapital hat es für diese Art von Investitionen vorwiegend Vorteile.

Die Finanzierung durch Mezzanine ist nicht für wachsende Unternehmen geeignet, da der Cashflow als Maßstab dient und bei Start-ups noch sehr gering ausfällt.

Durch geringe Kündigungsmöglichkeiten fällt die Finanzierung durch Mezzanine Kapital auch in Zeiten drohender Insolvenzen des Kapitalnehmers nicht weg und durch die Ausweisung als Fremdkapital können die Zinsen steuerlich abgesetzt werden.

6.3.5 Fördermittel[3]

Öffentliche Finanzierungshilfen und Förderprogramme von Bund und Ländern helfen finanzielle Hindernisse zu überwinden: Gründer und Unternehmer können durch Darlehen, Zuschüsse oder Bürgschaften ihr Vorhaben langfristig und günstig finanzieren.

Existenzgründer, bestehende Unternehmen der gewerblichen Wirtschaft und Freiberufler, wobei es hier eine Beschränkung auf bestimmte Berufsgruppen gibt, können die öffentlichen Fördermittel beantragen. Nebenerwerbsgründungen können auch Förderung beantragen, allerdings nur, wenn ein späterer Haupterwerb geplant ist.

In der Regel müssen persönliche und organisatorische Vorgaben, wie zum Beispiel die fachliche und kaufmännische Qualifikation erfüllt sein. Die Förderungen von bestehenden Unternehmen beschränkt sich auf kleine und mittelständische Unternehmen. Kleine und mittelständische Unternehmen haben laut EU Definition weniger als 250 Mitarbeiter, höchstens 50 Mio. € Jahresumsatz und eine maximale Bilanzsumme von 43 Mio. €. Unternehmen, die bereits Liquiditätsprobleme haben und kurz vor dem Konkurs stehen, werden nicht gefördert.

In erster Linie werden Investitionen, Gründungen von selbstständigen Existenzen, Übernahmen von oder Beteiligungen an bestehenden Unternehmen sowie Betriebsmittel (nur in ausgewählten Förderprogrammen) gefördert. Mitfinanziert werden zum Beispiel:

- Maschinen
- Anlagen
- Fahrzeuge
- Grundstücke

[3] (Bundesministerium für Wirtschaft und Technologie), Wolters Kluwer Deutschland GmbH Redaktion Wirtschaftsförderung, http://www.bmwi.de/, http://www.foerderdatenbank.de/Foerder-DB/Navigation/root.html.

- Betriebsausstattungen
- immaterielle Investitionen.

Nachträgliche Förderungen von bereits abgeschlossenen Vorhaben sind nicht möglich.

Für sehr kapitalintensive Vorhaben können mehrere Förderprogramme kombiniert werden. Allerdings gibt es eine definierte Förderhöchstgrenze, die nicht überschritten werden darf. Die Grenzen und Informationen über die Kumulierbarkeit stehen in den jeweiligen Förderrichtlinien der Förderprogramme.

Für die Beantragung der Fördermittel, die stets vor Beginn des Vorhabens erfolgen muss, sind einige Voraussetzungen zu erfüllen. Die Grundlage für den Antrag bildet ein überzeugender Businessplan. Dieser muss eine gute Darstellung der aktuellen Finanzsituation des Unternehmens beinhalten. Es muss erkennbar sein dass sich die Förderung nachhaltig wirtschaftlich lohnt. Des Weiteren muss auf dem Businessplan hervorgehen wie viele Fördermittel gebraucht werden und das eine termingerechte Rückzahlen möglich ist.

Die Förderung bezieht sich nicht auf finanzielle Verpflichtungen die vor der Antragsstellung erfolgt sind und sie dient nur als Hilfe zu Selbsthilfe. Eine volle Finanzierung des Vorhabens ist nicht möglich. Durch bestimmte Förderdarlehen und die Kombination verschiedener Programme kann aber durchaus eine 100 %ige Finanzierung erreicht werden.

Eine der wichtigsten Voraussetzungen ist allerdings, dass das zu fördernde Vorhaben in der jeweiligen Region Arbeitsplätze sichert und/oder neue schafft.

Die Förderinstrumente variieren je nach Bedarf und Zielgruppe:

- Investitionszuschüsse: Zuschüsse unterstützen die Gründung oder das Wachstum von Unternehmen. Die Bundesagentur für Arbeit bezuschusst beispielsweise Empfänger des Arbeitslosengeldes II bei Existenzgründungen aus der Arbeitslosigkeit. Das EXIST Programm vergibt Stipendien für Gründungen aus Hochschulen. Zuschüsse kommen vor allem der regionalen Wirtschaftsstruktur zu Gute und bestehen dementsprechend besonders auf die Voraussetzung dass in der jeweiligen Region Arbeitsplätze geschaffen werden. Diese Investitionszuschüsse erfolgen besonders in den neuen Bundesländern sowie in strukturschwachen Regionen.
- Darlehen: Im Gegensatz zu herkömmlichen Bankdarlehen sind die Förderdarlehen nicht an das Markzinsniveau gebunden und laufen somit über lange Zeiträume mit einem festen Zinssatz: Bei Bedarf gibt es auch Tilgungsfreie Jahre. Darlehen werde über das sogenannte Hausbankprinzip vermittelt. Über die Hausbank laufen sämtliche Geschäftsvorgänge des Unternehmens. Der Antrag für Fördermittel läuft ebenfalls über die Hausbank, die diese dann an den Kreditnehmer auszahlt. Ein weiterer Vorteil der Förderdarlehen ist die Haftungsfreistellung. Die Haftungsfreistellung kann beantragt werden, wenn einem Unternehmen die nötigen Sicherheiten fehlen, die die Hausbank für die Vergabe des Kredits verlangt. Das Förderinstitut entlastet die Hausbank mit der Freistellung und beteiligt sich an den Verlusten falls der Kreditnehmer zahlungsunfähig ist. Das Kreditrisiko wird somit für die Hausbanken gesenkt was dazu führt, dass diese bereitwilliger den Unternehmen den Zugang zu Fördermitteln ermöglichen.

- Bürgschaften: Förderdarlehen oder auch Bankdarlehen können durch Bürgschaften von den jeweiligen Bundesländern abgesichert werden. Diese stellen Ausfallbürgschaften bis zu 1 Mio. € zur Verfügung um Unternehmen ohne Sicherheiten die Aufnahme von Krediten zu ermöglichen. Auch Kontokorrentkredite oder Leasingverträge werden bis zu 80 % von den Bundesländern verbürgt.
- Nachrangdarlehen: Auch Mezzanine Kapital wird von öffentlichen Förderbanken vermittelt damit die Unternehmen ihre Bonität verbessern können. Diese sind für kapitalintensivere Vorhaben geeignet.
- Beteiligungen: Bei größerem Kapitalbedarf übernehmen Selbsthilfeeinrichtungen der gewerblichen Wirtschaft in den Bundesländern stille Beteiligungen der Unternehmen. Mittelständische Beteiligungsgesellschaften (MBG) finanzieren so Innovations- und Wachstumsvorhaben.

Neben der Finanziellen Unterstützung werden auch Gründungsberatungen gefördert. Wenn Gründer und Unternehmer die Hilfe und Beratung von Experten in Anspruch nehmen, erhalten sie zusätzliche Zuschüsse. Durch das Gründercoaching Deutschland fördert der Bund Beratungen zu allen Gegebenheiten in den start und expansion stages eines Unternehmens. Kleinen und mittelständischen Unternehmen werden des Weiteren spezielle Zuschüsse für Technologie-, Außenwirtschafts-, Kooperations- und Qualitätsmanagementberatungen von der Beratungsförderung des Bundes (BAFA) gewährt.

Um die Bereitschaft für Existenzgründungen zu stärken und um Gründern und Unternehmern die Anpassung an veränderte wirtschaftliche Bedingungen zu erleichtern, fördert der Europäische Sozialfonds (ESF) Workshops und Informationsveranstaltungen. Qualifizierte Beratungen sollen das Scheitern von vielen Unternehmen aufgrund von Informationsdefiziten vermeiden.

Eine besondere Bedeutung bei Förderungen durch den Bund haben Technologieunternehmen. Diese sorgen mit Lösungen für gegenwärtige und zukünftige Probleme der Industrietechnik und der Umwelt dafür, dass Deutschland „auf dem weltweiten Hightech- und Lifescience-Markt auch in Zukunft einen der vorderen Plätze belegen kann“ (Förderdatenbank).

Das Bundesministerium für Wirtschaftlich und Technologie hat die Bereiche der Förderungen aufgeteilt in

- Technologieförderung
- innovative Unternehmensgründungen
- Innovationsberatung
- Technologietransfer und
- Forschungsinfrastruktur,

um die Forschungsaktivitäten des Mittelstandes gezielt und intensiv fördern zu können. Auch die Zusammenarbeit mit Forschungseinrichtungen wird besonders gefördert.

Technologie intensive Investitionen haben in der Regel einen sehr hohen Kapitalbedarf mit beträchtlichen Risiken. Diesen Unternehmen stehen Beteiligungsprogramme zu Verfügung wie zum Bespiel der High-Tech-Gründungsfond – ein Venture Capital Fond.

Praxisbezug: Sie möchten Ihre Geschäftsidee verwirklichen[4] Ein Gründer bzw. ein Unternehmen sollte sich zunächst orientieren und Informationen beschaffen welche Art von Unterstützung es gibt und wo man sich beraten lassen kann. Danach sollte das Gespräch und dessen Inhalte mit Hilfe einen Business- oder Finanzierungsplan ausgearbeitet und geplant werden. Die Finanzierung wird dann letztendlich von der KfW und ihren Partnern konkretisiert.

Laut der KfW Bankengruppe sollte so ein Zeitplan für die Verwirklichung einer Geschäftsidee aussehen.

Die Darlehen der KfW bieten Gründern günstige Zinssätze, lange Laufzeiten und tilgungsfreie Anlaufjahre. Neben der finanziellen Hilfestellung bietet die KfW auch Beratungsleistungen um den Weg in die Selbstständigkeit zu erleichtern.

Mit einem Partner eine Firma gründen, eine Firma als Nachfolger übernehmen, sich an einer Firma beteiligen oder als Franchisenehmer Selbstständig werden – egal für welche Form ein Gründer sich entscheidet, er braucht Geld.

Die KfW Bankengruppe arbeitet ebenfalls nach dem Hausbankprinzip: die Anträge für die Förderungen werden direkt bei der Hausbank abgegeben und diese haftet darauf hin gegenüber der KfW. Aus diesem Grund wird die Hausbank eine gründliche Prüfung durchführen um zu sehen ob ihr Geschäftskonzept genügend Sicherheiten für den Kredit bietet (Abb. 6.8):

Die KfW verlangt von dem Gründer ein Geschäftskonzept, einen Investitionsplan, eine Rentabilitätsvorschau und einen Liquiditätsplan.

Die Förderdarlehen der Bankengruppe sind einmal das ERP-Kapital (European Recovery Program), das zur Stärkung der Eigenmittel dient, den Unternehmerkredit mit dem Investitionen und Betriebsmittel gezahlt werden können.

Das Unternehmerkapital ist maximal 50 % des bereits vorhandenen Gründerkapitals und hat eine Laufzeit von bis zu 15 Jahren. 7 Jahre sind davon tilgungsfrei.

Das KfW-StartGeld, das Selbstständigen zur Existenzgründung zur Verfügung steht. für die Finanzierung von Nebentätigkeiten, die später zu Haupttätigkeiten werden genutzt werden. Dieses Darlehen hat ein Limit von 20.000 €, allerdings gewährt die KfW eine 80 % Haftungsfreilassung gegenüber der Hausbank.

Junge technologieorientierte Unternehmen können auf Beteiligungskapital zurückgreifen. Das Geld stammt aus dem High-Tech-Gründerfonds, den der Bund zusammen mit der KfW aufgelegt hat.

[4] Die Zukunftsförderer: KfW Bankengruppe, S. 5–35, Juni 2010

Abb. 6.8 Schritte zur Verwirklichung der Geschäftsidee

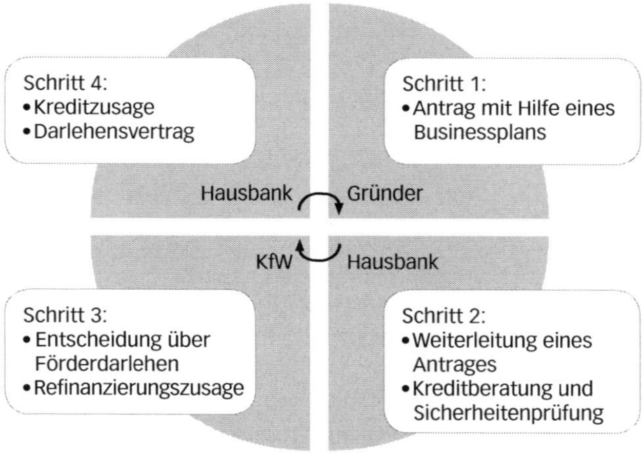

Finanzierungsbeispiele:

1. Franchisenehmer: eine Jungunternehmerin möchte sich mit Computerkursen für Einsteiger über ein Franchisesystem selbstständig machen. Benötigte Kosten für Geschäftseinrichtung und -ausstattung: 22.500 €, keine Eigenmittel vorhanden. Die Jungunternehmerin hat bis zu dem Zeitpunkt noch nicht in der Computerbranche gearbeitet. Aus diesem Grund könnte ein Finanzberater die neue Tätigkeit kritisch hinterfragen, aber dadurch das die Zusammenarbeit mit einem erfahrenen Franchisenehmer gegeben ist, ist die Geschäftsidee positiv zu bewerten. Die Lösung: auf Grund des geringen Investitionsvolumens kann das gesamte Vorhaben über das KfW-StartGeld finanziert werden.
2. Betriebsübernahme: Ein 46 jähriger möchte die Firma in der er angestellt ist übernehmen. Kostenvorschlag des Inhabers: 290.000 €. Der Angestellte hat Eigenmittel in Höhe von 35.000 € und bekommt über Bekannte 8.500 €. Um sich für das ERP- Kapital zu qualifizieren in ein Eigenmittelanteil von 15 % erforderlich. Dieses Kriterium wäre damit erfüllt. Die 15 % gelten für die alten Bundesländer, während in den neuen Ländern nur 10 % erforderlich sind.
3. Selbstständigkeit: Ein Ingenieur möchte sich selbstständig machen. Kosten für Umbaumaßnahmen, Büroeinrichtung: 115.000 €. Er kann auf 15.000 € eigene Mittel zurückgreifen.

Bei der KfW Bankengruppe kann jeder Fördermittel beantragen, der über fachliche und kaufmännische Qualifikationen für die angestrebte unternehmerische Tätigkeit verfügt. Die Rechtsform des zu gründenden Unternehmens spielt dabei keine Rolle.

6.4 Die Bilanz aus Sicht des Gründers

Die Bilanz bildet in erster Linie den Jahresabschluss eines Unternehmens. Dieser ist nicht nur an das Unternehmen selbst adressiert sondern auch an seine Stakeholder (Gläubiger, Arbeitnehmer, Öffentlichkeit, Fiskus). Die Bilanz gibt einen detaillierten Überblick über das Vermögen auf der Aktivseite und das Kapital auf der Passivseite. Alle Regelungen, wie Gliederung oder Grundsätze ordnungsmäßiger Buchhaltung sind im Handelsgesetzbuch niedergeschrieben. Die Jahresbilanz ist zum Ende jeden Geschäftsjahres zu erstellen und bildet die Grundlage für weitere Bilanzen wie die Gründungs- oder Liquidationsbilanz.

Die Gründungsbilanz wird zum Abschluss der Gründungsphase eines Unternehmens erstellt und gibt einen ersten Überblick über die Finanzstruktur der Unternehmung. In der Regel weist diese Bilanz Verluste auf da zu dieser Zeit hohe Aufwände verbucht werden müssen aber noch keine Erträge erwirtschaftet werden.

Die Liquiditätsbilanz wird erstellt wenn das Unternehmen aufgelöst wird. Sie wird auch Abwicklungsbilanz genannt und erst dann erstellt, wenn alle Gläubiger bedient wurden. Die Liquidationsbilanz weist nur noch vorhandene liquide Mittel auf und die Ansprüche der Gesellschafter. Die Verteilung des Vermögens geschieht nach dem die Bilanz aufgestellt wurde.

Die Bilanz hat jedoch nicht nur eine interne und externe Informationsfunktion sondern dient dem Unternehmen und Kapitalgebern auch zur Analyse der finanziellen Lage des Unternehmens.

6.5 Bilanzanalyse

Die Bilanzanalyse dient bisherigen und potentiellen Gläubigern oder Anteilseigner das Unternehmen und somit die Sicherheiten ihrer Kapitalanlagen genauestens zu überprüfen. Die finanzwirtschaftliche Bilanzanalyse konzentriert sich dabei auf Vermögen und Schulden während die erfolgswirtschaftliche sich mit dem Erfolgspotential auseinandersetzt. Man unterscheidet zwischen interner und externer und zwischen formeller und materieller Bilanzanalyse.

Die interne Bilanzanalyse wird vom Unternehmen selbst oder einem beauftragten Wirtschaftsprüfer durchgeführt. Für diese Analyse steht die Steuerbilanz und somit alle notwendigen Informationen zur Verfügung um die wirtschaftliche Lage des Unternehmens realistisch einzuschätzen. Der externen Bilanzanalyse steht hingegen nur die Handelsbilanz zur Verfügung. Das bedeutet dass wichtige Informationen fehlen. Für außenstehende Dritte ist die Aufdeckung stiller Reserven so zum Beispiel äußerst schwierig. Bei der formellen Bilanzanalyse wird untersucht ob die Gliederung der Bilanz und der GuV den Grundsätzen ordnungsmäßiger Buchführung (GoB) entsprechen. Die materielle Bilanzanalyse dient der Kennzahlenanalyse. Um jedoch die richtigen Kennzahlen zu bekommen, müssen die Daten der Bilanz zunächst aufgearbeitet und bereinigt werden (stille Reserven auflösen, richtige Bewertung der Rückstellungen, etc.). Zu der materiellen Bilanzanalyse zählen u. a. die Finanzierungs-, Liquiditäts-, Rentabilitäts- oder Break-Even-Analyse.

6.5.1 Finanzierungsanalyse

Bei der Finanzierungsanalyse werden folgende Kennzahlen untersucht. Aus Sicht des Gründers sind die in diesem Abschnitt angeführten Kennzahlen deshalb interessant, weil sie beispielsweise für die Beurteilung eines Unternehmens im Hinblick auf die Finanzierung durch z. B. Business Angels und Venture Capitalists, aber auch Banken, häufig zur Rate gezogen werden.

- Verschuldungsgrad: das Verhältnis von Fremd- zu Eigenkapital. Je mehr ein Unternehmen eigenfinanziert ist desto unabhängiger ist es. Der Verschuldungsgrad sollte nicht über 200 % liegen. Das heißt, es sollte nie mehr als das doppelte FK im Verhältnis zum EK vorhanden sein.

$$\frac{fremdkapital}{eigenkapital} \cdot 100 \tag{6.3}$$

- dynamischer Verschuldungsgrad: Das Fremdkapital wird ins Verhältnis zum cash flow gesetzt. Diese Kennzahl gibt an, wie schnell das Fremdkapital durch den cash flow gedeckt werden kann. Je kleiner das Ergebnis, desto schneller. Das Ergebnis in Prozent gibt die genauen Jahre an, die das Unternehmen benötigt um die Verbindlichkeiten zurückzuzahlen. Dabei wird allerdings angenommen, dass der cash flow über diese Jahre konstant bleibt. Ein Ergebnis von 500 % bedeutet also, dass das Unternehmen binnen 5 Jahren Schulden frei sein könnte.

$$\frac{fremdkapital}{cashflow} \cdot 100 \tag{6.4}$$

- Eigenkapitalquote: das Verhältnis von Eigen- zu Gesamtkapital. Bei einer Kreditwürdigkeitsprüfung nehmen die Banken oder andere Kapitalgeber die Eigenkapitalquote als Kennzahl. Je höher, desto bessere Konditionen bekommt das Unternehmen wenn es einen Kredit aufnimmt.

$$\frac{eigenkapital}{gesamtkapital} \cdot 100 \tag{6.5}$$

- Fremdkapitalquote: das Verhältnis von Fremd- zu Gesamtkapital. Bei einer hohen Fremdkapitalquote steigt auch das Kapitalrisiko und es wird für Unternehmen zunehmend schwerer neue Kredite gewährt zu bekommen.

$$\frac{fremdkapital}{gesamtkapital} \cdot 100 \tag{6.6}$$

- Bilanzkurs: der innere Wert einer Aktie.

$$\frac{\textit{bilanziertes Eigenkapital}}{\textit{gezeichnetes Kapital}} \cdot 100 \tag{6.7}$$

- Korrigierter Bilanzkurs: da bei dem einfachen Bilanzkurs die stillen Reserven nicht mitgerechnet werden, verfälscht dies das Ergebnis.

$$\frac{\textit{bilanziertes Eigenkapital} + \textit{stille Rücklagen}}{\textit{gezeichnetes Kapital}} \cdot 100 \tag{6.8}$$

Die Finanzierungsanalyse gibt mit Hilfe dieser Kennzahlen Auskunft über die Finanzierungsrisiken des Unternehmens. Sie sollten von Unternehmensgründern schon früh errechnet werden und können als Argumentationshilfe gegenüber Kreditgebern verwendet werden.

Auch der Cash Flow ist wesentlicher Bestandteil der Finanzierungsanalyse. Er ist eine Stromgröße und liefert Aussage über die Ertragslage eines Unternehmens. Aus den Daten der Bilanz wird der Zahlungsmittelüberschuss einer Periode errechnet. Diese Daten basieren auf der Vergangenheit und haben somit keinen Zukunftsbezug. Man unterscheidet zwischen indirekter und direkter Berechnung.

Die direkte Methode vergleicht die einzahlungswirksamen Erträge mit den auszahlungswirksamen Aufwendungen um die Selbstfinanzierungskraft des Unternehmens zu ermitteln.

Die indirekte Methode bereinigt den Jahresüberschuss bzw. -fehlbetrag:

$$\begin{array}{l} \textit{jahresüberschuss bzw. jahresfehlbetrag} \\ + \textit{abschreibungen} \\ - \textit{einzahlungswirksame Erträge} \\ + \textit{auszahlungswirksame Aufwendungen} \\ \underline{+ \textit{erhöhung von Rückstellungen}} \\ \qquad = \textit{CASHFLOW} \end{array} \tag{6.9}$$

Der Cashflow ist für die Kapitalgeber von hoher Bedeutung, da er die Verschuldungsfähigkeit der Unternehmen angibt, allerdings ist der, mit vergangenheitsbezogenen Daten errechnete Cashflow meist schon längst für zukünftige Investitionen verplant bzw. wird für die Tilgung von Krediten genutzt. Ein negativer Cashflow wird Cashloss genannt.

Praxisbezug: Der unbestechliche Cashflow[5] Der free Cashflow ist das was einem Unternehmen zur freien Verfügung steht nach dem auch die Ausgaben für Investitionen vom

[5] (Frankfurter Allgemeine Zeitung, Sonntagszeitung, 09.04.2008, S. 14)

Jahresüberschuss abgezogen wurden. Häufig wird der free Cashflow für die Dividendenzahlungen an die Aktionäre verwendet.

Banken und Investoren nutzen diese Kennzahl um zu beurteilen wie die Rückzahlungskraft des Unternehmens von Krediten aussieht. Gerade in der Finanzkrise, in der die Beschaffung von Krediten immer schwieriger wird, hat diese Kennzahl in der Unternehmensbewertung an Bedeutung gewonnen.

Der Cashflow gilt als unbestechlich, da BilMoG und IFRS durch ihre Regelungen so gut es geht bewirken wollen, dass diese Kennzahl nicht durch bilanzpolitische Maßnahmen zu manipulieren ist.

Der Cashflow gibt viele Aussagen über die finanzielle Situation eines Unternehmens. Ausgehend vom operativen Cashflow werden bestimmte Größen nacheinander abgezogen um zu sehen wie die Investitionskraft des Unternehmens ist, wie viel Geld zur Schuldentilgung verbleibt oder wie hoch die Insolvenzgefahr ist.

Für den externen Bilanzleser gibt der free Cashflow mehr Auskunft als der operative Cashflow, allerdings ist es noch nicht Pflicht diesen in dem Jahresabschluss auch auszuweisen. Mit Hilfe der Kapitalflussrechnung lässt sich der free Cashflow allerdings auch extern aus dem operativen Cashflow errechnen.

Die Höhe des Cashflows muss von Branche zu Branche unterschiedlich beurteilt werden und auch die Phase in der das Unternehmen sich befindet, beeinflusst die Beurteilung. In der Wachstumsphase wird der free Cashflow beispielsweise gering ausfallen, da die Unternehmen viele Investitionen in Form von Maschinen oder anderen Anlagen tätigen werden, während etablierte Unternehmen hohe Erträge durch das bereits vorhandene Anlagevermögen erwirtschaften sollten.

6.5.2 Rentabilitätsanalyse

Rentabilität wird auch Rendite genannt und beschreibt das Verhältnis einer Erfolgsgröße zum eingesetzten Kapital. Bei der erfolgsorientierten Rentabilitätsanalyse werden Kennzahlen untersucht, die das Unternehmen mit denen von anderen Unternehmen aus der gleichen Branche vergleichen kann, um zusehen wie gut oder schlecht es selbst aufgestellt ist. Daher ist die Rentabilitätsanalyse ein Instrument sine quo non für den Gründer.

- Eigenkapitalrentabilität: das Verhältnis von der Erfolgsgröße Gewinn zum Eigenkapital. Sie gibt an wie sich das von Kapitalgebern investierte Kapital in einer Periode verzinst hat.

$$\frac{gewinn}{eigenkapital} \cdot 100 \tag{6.10}$$

- Gesamtkapitalrentabilität: das Verhältnis von der Erfolgsgröße Gewinn zum Gesamtkapital mit Berücksichtigung der Fremdkapitalkosten. Sie untersucht die Effizienz des im gesamten Unternehmen eingesetzten Kapitals.

$$\frac{gewinn + fremdkapitalzins}{gesamtkapital} \cdot 100 \tag{6.11}$$

- Umsatzrentabilität: das Verhältnis von der Erfolgsgröße Gewinn zum Umsatz. Sie gibt an wie viel Gewinn das Unternehmen pro € Umsatz gemacht hat.

$$\frac{gewinn}{umsatz} \cdot 100 \tag{6.12}$$

- Return on Investment (ROI): das Verhältnis von der Erfolgsgröße Gewinn zum Gesamtkapital. Anders als bei der Gesamtkapitalrentabilität werden hier nicht die Fremdkapitalkosten mit einbezogen.

$$\frac{gewinn}{gesamtkapital} \cdot 100 \tag{6.13}$$

Der ROI stellt im DuPont Schema die Spitzenkennzahl eines ganzen Kennzahlensystems. Dort wird deutlich dass der ROI die gesamten Erträge eines Unternehmens mit dem im Unternehmen gebundenen Kapital vergleicht. Einzelinvestitionen lassen sich mit dem DuPont Schema nicht analysieren (Abb. 6.9).

Leverage Effekt Mit dem ROI wird auch stets der Leverage Effekt in Verbindung gebracht.

Der Leverage Effekt ist ein Hebeleffekt und besagt, dass die Eigenkapitalrentabilität auch bei höherem Verschuldungsgrad (mehr Fremdkapital) steigt, solange die Fremdkapitalkosten unter der Gesamtkostenrentabilität liegen.

6.5.3 Break-Even-Analyse

Die Break-Even-Analyse vergleicht die Erlöse mit den Kosten eines Unternehmens. Der Break-Even-Punkt kann sowohl graphisch als auch rechnerisch aufgezeigt werden.

Graphisch stellt er den Schnittpunkt der Gesamtkostenkurve mit der Erlöskurve dar. In der Verlustzone überschreiten die Kosten die Erlöse, während das Unternehmen sich ab dem Break-Even-Punkt in der Gewinnzone befindet, da die Erlöse höher sind als die Kosten (Abb. 6.10).

Rechnerisch unterscheidet man zwischen dem mengen- und dem wertmäßigen Break-Even-Punkt.

Der mengenmäßige gibt die Menge an, die zu einem festgesetzten Preis verkauft werden muss, damit Gewinne eingefahren werden.

$$x = \frac{fixkosten}{(preis - stückdeckungsbeitrag)} \tag{6.14}$$

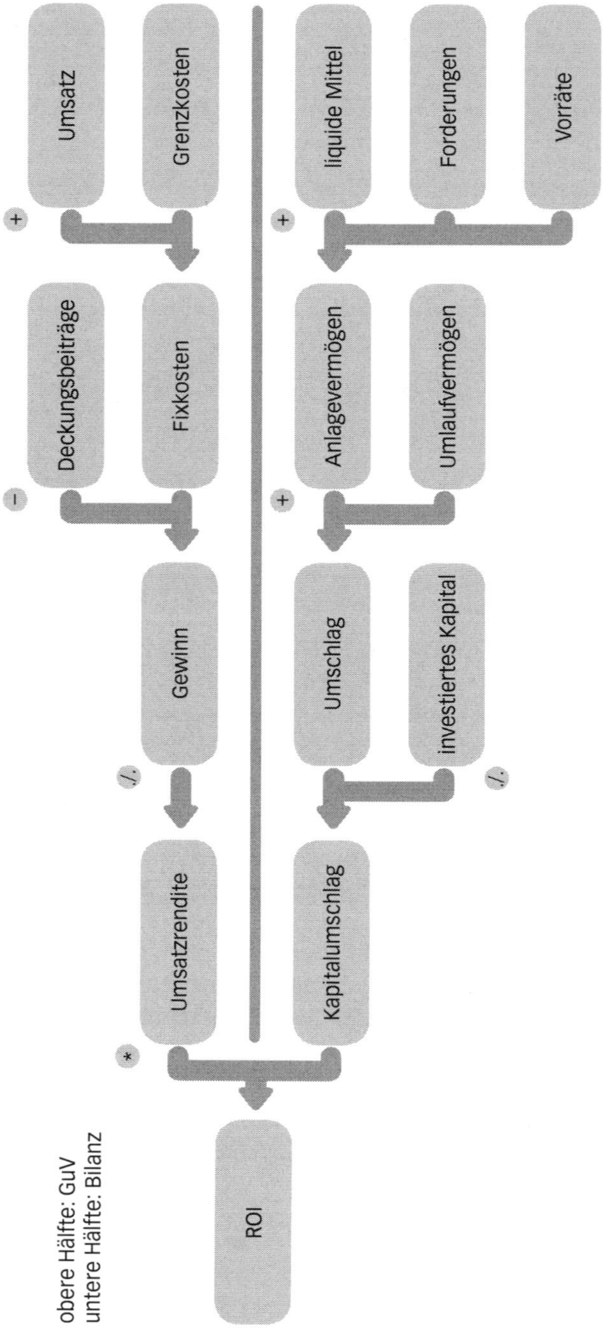

Abb. 6.9 Der Return on Investment

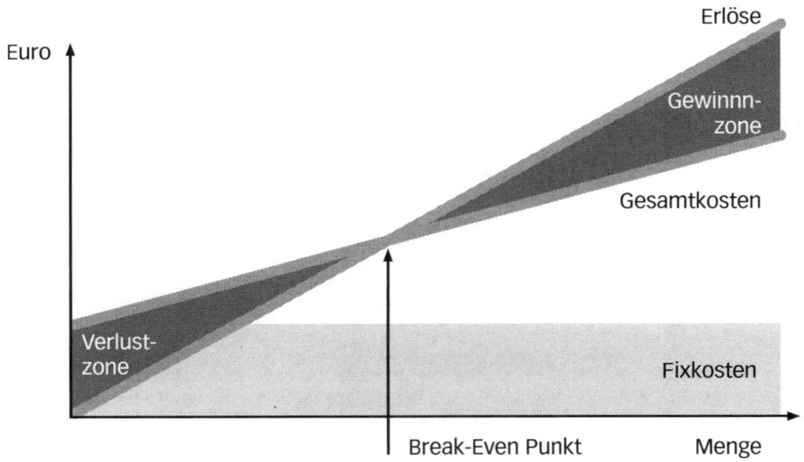

Abb. 6.10 Break-Even-Punkt

Um die Umsatzmenge festzustellen, ab der das Unternehmen keinen Verlust mehr erwirtschaftet, wird der wertmäßige Break-Even-Punkt errechnet.

$$U = \frac{fixkosten}{1 - \frac{stückdeckungsbeitrag}{preis}} \tag{6.15}$$

Die Break-Even-Analyse dient dem Unternehmen zur Gewinnplanung- und Kontrolle und verschafft einen Überblick welche Auswirkungen Kosten der Produktion und Preise der Produkte auf die Erfolgssituation des Unternehmens haben.

Kritisch zu betrachten ist allerdings, dass diese Analyse von proportionalen Kostenverläufen und konstanten Preisen ausgeht. In der Praxis ist dies meist nicht der Fall und somit basiert das Ergebnis auf Annahmen.

Für externe Bilanzanalytiker besteht außerdem die Schwierigkeit, fixe und variable Kosten auf Basis der vorliegenden Daten voneinander zu trennen.

6.5.4 Liquiditätsanalyse

Die Liquidität beschreibt die Zahlungsfähigkeit und -bereitschaft eines Unternehmens (Abb. 6.11). Die Zahlungsunfähigkeit wird Illiquidität genannt und ist häufiger Insolvenzgrund von Unternehmen.

Die absolute Liquiditätsanalyse definiert die Liquidität eines Vermögensgegenstandes. Je schneller sich ein Gegenstand zu Geld veräußern lässt, desto höher die Liquidität.

Die relative Liquiditätsanalyse ist zeitpunkt- und zeitraumbezogen und lässt sich weiter aufteilen in die statische und dynamische Liquiditätsanalyse.

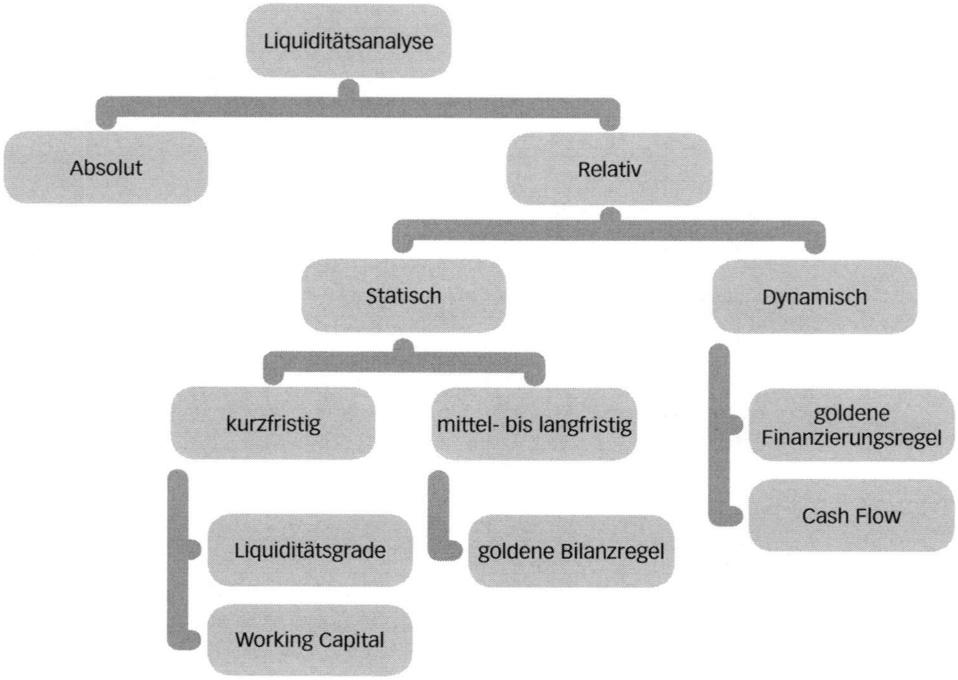

Abb. 6.11 Liquiditätsanalyse

Die dynamische Analyse ist zeitraumbezogen und dient im Rahmen der Finanzplanung der Vorschau auf die künftige Liquidität des Unternehmens im bestimmten Zeitraum. Neben dem cash flow wird die goldene Finanzierungsregel dazu verwendet.

$$\begin{aligned} kurzfristig &: \frac{kurzfristiges\ Vermögen}{kurzfristiges\ Kapital} \geq 1 \\ langfristig &: \frac{langfristiges\ Vermögen}{langfristiges\ Kapital} \leq 1 \end{aligned} \tag{6.16}$$

Die Regel besagt, dass die Liquidität gesichert ist, wenn die kurzfristigen Verbindlichkeiten durch kurzfristiges Kapital gedeckt sind und langfristige Verbindlichkeiten durch langfristiges Kapital. Bei der langfristigen Betrachtung sollte der Wert unter 1 liegen, damit gewährleistet ist, dass nicht mehr Vermögen langfristig gebunden wird, als zur Verfügung steht. Ist der Wert größer als 1 bedeutet das, dass langfristiges Vermögen auch durch kurzfristiges Kapital gedeckt werden muss, was dazu führt, dass das Anlagevermögen ab einem gewissen Punkt veräußert werden muss um die kurzfristigen Verbindlichkeiten decken zu können.

Die statische Liquiditätsanalyse dient der Stichtags bezogenen Betrachtung der Liquidität.

Mit Hilfe der Bilanz lassen sich die Liquiditätsgrade errechnen, die eine Stichtags bezogene Liquidität angeben, jedoch nicht zukunftsweisend sind, da zukünftige Zahlungseingänge nicht berücksichtigt werden. Die liquiden Mittel werden den kurzfristigen Verbindlichkeiten gegenüber gesetzt. Die Liquiditätsgrade geben somit an wie oft die vorhandenen Verbindlichkeiten durch die liquiden Mittel gedeckt sind.

Liquidität 1. Grades (Cash Ratio): Vermögensgegenstände die zur unmittelbaren Zahlung zu Verfügung stehen (Kassenbestand, Bankguthaben). Dieser Grad hat wenig Aussagekraft über die Liquidität eines Unternehmens, da diese Vermögensgegenstände in den seltensten Fällen genutzt werden um Verbindlichkeiten zu begleichen.

$$\frac{zahlungsmittel}{kurzfristige\ Verbindlichkeiten} \cdot 100 \tag{6.17}$$

Liquidität 2. Grades (Quick Ratio): nicht unmittelbar nutzbare Vermögensgegenstände (Forderungen aus Lieferungen und Leistungen). Das Ergebnis sollte mindesten 100 % sein. Andernfalls droht die Insolvenz.

$$\frac{zahlungsmittel + kurzfristige\ Forderungen}{kurzfristige\ Verbindlichkeiten} \cdot 100 \tag{6.18}$$

Liquiditätsgrad 3. Grades (Current Ratio): Objekte, die erst umgesetzt werden müssen um liquide zu werden (Rohstoffe, unfertige Erzeugnisse, Vorräte). Damit auch die Liquidität auch in Krisenzeiten gesichert ist, sollte hier das Verhältnis 2:1 sein.

$$\frac{zahlungsmittel + kurzfristige\ Forderungen + vorräte}{kurzfristige\ Verbindlichkeiten} \cdot 100 \tag{6.19}$$

Neben den Liquiditätsgraden ist auch das Working Capital als absolute Kennzahl Bestandteil der kurzfristigen statischen Liquiditätsanalyse. Das Working Capital ist die Differenz von kurzfristigem Vermögen und dem Umlaufvermögen. Je höher der positive Betrag des Working Capital (deutsch: Netto Umlaufvermögen), desto liquider ist das Unternehmen. Der Vorteil des Working Capital ist, dass die Bilanzpositionen nicht durch bilanzpolitische Maßnahmen beeinflusst werden können. Andererseits ist die Kennzahl, im Gegensatz zu den Liquiditätsgraden nicht für einen Unternehmensvergleich geeignet.

Die mittel- bis langfristige statische Liquiditätsanalyse befasst sich mit der Anlagendeckung und der goldenen Bilanzregel.

$$\begin{aligned} I &: \frac{eigenkapital}{anlagevermögen} \cdot 100, \geq 1 \\ II &: \frac{eigenkapital + langfristiges\ Fremdkapital}{anlagevermögen} \cdot 100, \geq 1 \end{aligned} \tag{6.20}$$

Im engeren Sinne besagt die „goldene Bilanzregel“, dass das Anlagevermögen langfristig mindestens allein mit dem Eigenkapital gedeckt sein muss, im weiteren Sinne aber zumindest mit Eigenkapital und langfristigem Fremdkapital. Wird diese Regel nicht eingehalten, droht die Gefahr, das Anlagevermögen verkauft werden muss um die Fremdkapitalkosten zu decken.

In der sogenannten Liquiditätsbilanz werden die Vermögensgegenstände des Aktiva nach den Liquiditätsgraden unterteilt und die Verbindlichkeiten des Passiva nach Fälligkeit. Diese Bilanz dient vor allem Kreditinstituten und Gläubigern um eine genaue Aussage über die Zahlungsfähigkeit und Kreditwürdigkeit des Unternehmens zu bekommen.

Praxisbezug: Entwicklungstendenzen der Bilanzanalyse – Ein Erfahrungsbericht[6] Die Untersuchung von ca. 1.000 DAX Unternehmen hat ergeben dass auch heute noch keine anerkannte Theorie oder ein allgemeines Verfahren zur Durchführung der Bilanzanalyse besteht. Vielmehr wurde festgestellt dass sie immer wieder an ihre Grenzen stößt und in manchen Punkten erhebliche Schwächen aufweist.

Auch die sich ständig ändernden Rechnungslegungsnormen wie BilMoG und IFRS fordern eine regelmäßige Anpassung der Bilanzanalyse an diese Standards.

Das Gesetzt zur Modernisierung des Bilanzrechtes trat 2009 in Kraft und stellt eine Reform des HGB dar. Viele Ansatz- und Bewertungswahlrechte werden modernisiert, mit dem Ziel der Kostensenkung und Transparenz.

Die Internationalen Rechnungslegungsvorschriften (IFRS – International Financial Reporting Standards) wurden veröffentlicht um die Vergleichbarkeit von Unternehmen auch international zu ermöglichen. Alle kapitalmarktorientieren Unternehmen müssen seit 2005 nach IFRS-Standards bilanzieren.

Beide Rechnungslegungsvorschriften führen dazu dass die Bilanzanalyse sich im dauerhaften Wandel befindet und sich immer neuorientieren muss. Sowohl BilMoG als auch IFRS lassen aber noch immer bilanzpolitischen Freiraum und somit kann das Unternehmen bewusst seine Möglichkeiten nutzen und die Darstellung der Daten in der Bilanz beeinflussen.

Die Bilanzanalyse dient verschiedenen Interessengruppen und natürlich dem Unternehmen selbst als wichtigstes Instrument um die tatsächliche Vermögens-, Finanz- und Ertragslage wiederzugeben.

Aus der reinen kennzahlenorientierten Bilanzanalyse hat sich in den letzten Jahren eine umfassende Finanzberichterstattung entwickelt, die das gesamte Erfolgspotential des Unternehmens aufdeckt.

Sich verändernde Unternehmensziele und unternehmenspolitische Rahmenbedingungen müssen regelmäßig überwacht werden und in der Analyse berücksichtigt werden um eine hohe Aussagekraft zu erhalten.

Die Analyse der Geschäftsberichte der Universität des Saarlandes hat einige Punkte hervorgehoben, die bei einer Fortentwicklung der Bilanzanalyse zwingend beachtet werden müssen:

- Die Bilanz und Gewinn- und Verlustrechnung sind Instrumente der Rechnungslegung des Unternehmens und dienen der Angabe von quantitativen Größen. Externe

[6] (Der Betrieb, Nr. 42, 2010, 63. Jahrgang, S. 2289–2297)

Bilanzanalysten nutzen die Berichterstattung der Unternehmen um ein genaues und den Tatsachen entsprechendes Bild des Unternehmens hinsichtlich der Größe oder der wirtschaftlichen Lage zu bekommen. Die Kennzahlenanalyse befasst sich allerdings nur mit den Daten der Bilanz und Erfolgsrechnung und vernachlässigt somit den Teil, der über die mathematischen Angaben hinaus weitere Informationen über Vermögens-, Finanz- und Ertragslage bietet: Anhang und Lagebericht. Man spricht von der qualitativen Bilanzanalyse. Diese ist notwendig um das Unternehmensbild trotz bilanzpolitischer Möglichkeiten treffend zu analysieren. Nur wenn sowohl die quantitative als auch qualitative Bilanzanalyse durchgeführt wird, kann das Unternehmen gründlich untersucht werden.

- Für die qualitative Bilanzanalyse ist der Anhang von Bedeutung. Die angewandte Bilanzpolitik soll erklärt werden um es dem Bilanzleser zu erleichtern das Unternehmen zu analysieren. Gerade bei den sich ständig ändernden Rechnungslegungsnormen kann eine Erläuterung sehr hilfreich sein. Nur die wichtigsten Angaben sollten sich im Anhang befinden und verständlich erklärt werden und nicht, wie es meist der Fall ist, unzählige Seiten unbrauchbarer Informationen.
- Eine Bilanz spiegelt die Vermögens-, Finanz- und Ertragslage abgelaufener Perioden wieder. Das eigentliche Ziel einer Analyse ist jedoch die Prognose. Der externe Bilanzanalyst hat keinen Zugriff auf Unternehmensdaten um die Daten der Vergangenheit durch Planungsrechnungen fortzuschreiben. Die Bilanzanalyse stößt hier an ihre Grenzen da die Daten der Vergangenheit einfach auf die Zukunft projiziert werden. Repräsentativ ist so eine Fortschreibung aber nur, wenn sich das Unternehmensumfeld und sämtliche Rahmenbedingungen in den einzelnen Perioden nicht verändern. Je stärker die Veränderungen jedoch sind, desto deutlicher wird die Schwäche der traditionellen Bilanzanalyse. Aus diesem Grund muss verstärkt darauf geachtet werden, dass die Prämissen der Vergangenheit auch in Zukunft noch vertretbar sind.
- Zu einer umfassenden Unternehmensbewertung müssen technischer Fortschritt, Branchenbesonderheiten und vor allem die Krisensituation beachtet werden und die Analyse ergänzen.
- Der reine Zeitvergleich von bestimmten Kennzahlen der Bilanz macht die Veränderungen zwar sichtbar, verrät aber nichts über die Ursachen. Auch hier müssen dem Analysten weitere Indikatoren zur Verfügung stellen um die bilanzpolitischen Möglichkeiten des Unternehmens zu erkennen um somit genauere Aussagen über die Veränderungen treffen zu können.
- Um Unternehmen untereinander vergleichen zu können ist es wichtig, dass die Definition der Kennzahlen übereinstimmt. Der Analyst muss sicher sein dass beide Unternehmen die zu untersuchende Größe in gleicher Form bilanziert haben. Möchte ein externer Analyst bspw. die Höhe der Forderungen ermitteln, reicht die einfache Überprüfung der Position „Forderungen aus Lieferungen und Leistungen" nicht aus, da manche Unternehmen ihren Kunden Leasinggeschäfte anbieten und somit nicht alle Forderungen in einer Position zu finden sind. Auch branchenspezifische Bilanzierungsmöglichkeiten, die die einzelnen Kennzahlen beeinflussen können, müssen von dem Analysten beachtet werden, wenn er einen aussagefähigen Vergleich aufstellen möchte.

Die Auswertung der Geschäftsberichte im Zeitraum 2005–2010 beweist also, dass trotz BilMoG und IFRS- Standards die klassische Bilanzanalyse immer noch Schwachstellen aufweist und hier und da an ihre Grenzen stößt. Dennoch wird sie immer eines der wichtigsten Instrumente sein um Unternehmen zu bewerten, sowohl für interne als auch externe Bilanzanalysten.

Wachstum und Wachstumsmanagement 7

7.1 Wachstum und die Bedeutung für Unternehmen

Ein Unternehmen sieht sich noch im Zuge der Gründungsphase und in Verbindung mit den ersten, erfolgreichen Schritten im Markt, mit einem der größten Unternehmensziele konfrontiert: Wachstum.

Wachstum ist für ein Unternehmen von großer Bedeutung, um Investitionen und Anfangsverluste kompensieren und darüber hinaus Gewinn erwirtschaften zu können.

Unternehmen mit hohen Wachstumsraten werden zudem in der Regel auch ungleich höher bewertet, als Unternehmen, welche bei ähnlichen Erfolgswerten (z. B. bezüglich des Umsatzes), ein geringeres Wachstum aufweisen.

Starkes Wachstum erhöht folgerichtig in der Regel auch den Unternehmenswert. Investoren und andere Stakeholder rechnen mit zukünftig besseren Erfolgswerten. Der Marktwert des Unternehmens steigt und Kredite können tendenziell günstiger finanziert werden.

Eine eindeutige Begriffsklärung für Wachstum gibt es indes nicht. Viele Quellen sprechen bei einer Umsatzsteigerung von 20 % von Wachstum, z. B. im Vergleich zum Vorjahreszeitraum. Von rapidem Wachstum wird sodann bei einer Umsatzsteigerung von 30 % gesprochen. Dazu muss das Wachstum in jedem Fall über dem Branchendurchschnitt liegen. Eindeutige Kennzahlen oder Wachstumsraten zur Begriffsklärung gibt es jedoch nicht. Demnach gibt es viele verschiedene Ausprägungen und Formen, und sowohl bezüglich der Größe als auch bezüglich der verwendeten Kennzahlen von Wachstum, verschiedene Ansichten.

So spricht man im englischen Sprachgebrauch bei schnell wachsenden Unternehmen auch von „Gazellen". Diese wachsen extrem schnell (je nach Quelle mindestens 50 % in drei aufeinander folgenden Jahren), schaffen neue Arbeitsplätze und nutzen unternehmerische Gelegenheiten in zielgerichteter Form aus. Im Gegensatz dazu sind die sogenannten Mäuse kleine mittelständische Unternehmen, welche lediglich ein bis zwei Personen beschäftigen.

Festgehalten werden kann in diesem Kontext jedoch auch, dass Unternehmenswachstum kein Prozess ist, welcher ausschließlich auf die reine Unternehmensgröße bzw. Ausweitung der Unternehmensaktivitäten verstanden werden darf.

O. Pott, Andre Pott, *Entrepreneurship*, Springer-Lehrbuch,
DOI 10.1007/978-3-642-29685-7_7, © Springer-Verlag Berlin Heidelberg 2012

Vielmehr ist Wachstum ein dynamischer Prozess, welcher sowohl die Entwicklungs- und Änderungsprozesse innerhalb der Organisation umfasst, aber weiterhin auch die externen Rahmenbedingungen wie den politischen Kontext oder die Umwelt mit einbezieht. Auch „weiche Faktoren", welche sich unter Umständen zunächst nicht in erhöhten Umsätzen oder Gewinnen niederschlagen, können den Unternehmenserfolg maßgeblich beeinflussen. Weiche Faktoren können beispielsweise das Verhältnis zwischen Management-Ebene und ausführender Ebene betreffen.

Mit einem Blick auf die Gesamtheit aller neu gegründeten Unternehmen kann festgestellt werden, dass nur ein kleiner Anteil die Wachstumsphase erreicht. Eine Vielzahl von Unternehmen scheiden bereits vorab, entweder freiwillig oder gezwungener Maßen, aus dem Markt aus.

Wachstum ist daher insbesondere bei jungen Startup Unternehmen ein sehr wichtiger Erfolgsfaktor und sollte nicht ausschließlich als Option, sondern als Ziel einer Unternehmensgründung verstanden werden. Dabei verlaufen sowohl die Wachstumsphase selbst als auch die diesbezüglich einhergehenden und automatischen Lernprozesse, aufgrund des in der Regel eher langsamen Unternehmenswachstums, oftmals parallel.

Für Wachstum selbst gibt es entweder interne oder externe Gründe. Auch eine Kombination aus beiden Faktoren ist in der Praxis häufig ausschlaggebend für eine Notwendigkeit bzw. einen Anreiz für Wachstum.

Die internen Faktoren werden dabei beispielsweise durch die intrinsische Motivation des Unternehmens, Wachstum zu erzielen, begründet. Darüber hinaus kann internes Wachstum auch durch ein optimiertes Prozessmanagement entstehen. Das Verhältnis zwischen Input und Output wird so verbessert und die Ausbringungsmenge bzw. der Gewinn kann gesteigert werden.

Nachfolgend werden die grundlegenden Faktoren aufgeführt, welche als interne Auslöser für Wachstum verstanden werden können:

- Motivation des Gründungsteams
- Ressourceneffizienz
- Preis- bzw. Produktstrategie
- Optimierung des Unternehmenswertes
- Kapitalzufluss (Investorensuche, Kapitalzufluss bei Aktiengesellschaften)

Auf der anderen Seite stehen die externen Faktoren. Von außen wird Wachstum vor allem durch die Marktsituation beeinflusst. Steigender Wettbewerb führt zu größerer Verdrängung innerhalb der Mitbewerber. Wer die Erfolgsergebnisse in einer solchen Marktsituation nicht halten kann und Marktanteile verliert, scheidet unter Umständen aus dem Markt aus.

In anderen Fällen ist ein Marktsegment unter Umständen so klein, dass Marktwachstum zur unbedingten Notwendigkeit wird.

Auch an dieser Stelle werden grundlegende externe Faktoren aufgeführt, welche von Unternehmen in der Praxis häufig Wachstum erfordern. Diese stellen nicht immer eine zwangsläufige Notwendigkeit für Wachstum dar, können jedoch enormen Einfluss auf die Situation des jeweiligen Unternehmens nehmen:

- Technologiesprünge
- Marktsättigung (Verdrängungsstrategien)
- Nachfrageänderung (z. B. Änderung des Konsumverhaltens)
- Politische Regularien (z. B. bezüglich der Markteintrittsbarrieren)

Anhand der aufgeführten Faktoren wird deutlich, dass sowohl auf Seiten der internen als auch auf Seiten der externen Situation eines Unternehmens viele Einflussfaktoren für Wachstum bestehen. Die richtige Strategie und geplantes Vorgehen sind deshalb unumgänglich, um Wachstum zu gewährleisten, richtig steuern zu können und um im Wachstumsprozess die richtigen Entscheidungen treffen zu können.

Durch die Planung und die Wahl der richtigen Strategie kann anschließend vor allem die Reaktionsgeschwindigkeit deutlich erhöht werden. Diese kann im Zweifelsfall über Erfolg oder Misserfolg im Wachstumsprozess entscheiden.

Das gilt in verstärkter Form, wenn Wachstum für ein Unternehmen unerwartet oder in unplanmäßig starkem Ausmaß eintritt. In diesem Fall kann das Wachstum in der Regel nicht über die internen Lernprozesse gesteuert werden, da diese erst zeitversetzt eintreten. Es sind vor allem kurzfristige Handlungen und Entscheidungen erforderlich. Diesen Entscheidungen kommt aufgrund der langfristigen Auswirkungen auf das Unternehmen eine zentrale Rolle zu.

Im Gegensatz zum Wachstum steht die „Schrumpfung" eines Unternehmens. Im Prozess der Schrumpfung unterliegt ein Unternehmen einer Abnahme seiner Größe (z. B. in Form von sinkendem Umsatz oder aufgrund der abnehmenden Anzahl von Mitarbeitern). Das kann, z. B. in Zusammenhang mit einer auslaufenden Produktreihe oder im Falle eines Geschäftsmodells mit saisonalen Schwankungen, Teil der Strategie sein. Eine Schrumpfung kann jedoch, in sehr starkem Ausmaß oder in der Gründungsphase, auch bis zur unplanmäßigen Aufgabe der Geschäftstätigkeit führen.

Im Zusammenhang mit der Aufgabe der Geschäftstätigkeit sei der Begriff Exit-Strategie kurz angeführt. Anders als häufig wahrgenommen, spricht man nicht nur dann von einer Exit-Strategie, wenn der Ausstieg des Unternehmers bzw. Investors aufgrund einer möglichen Insolvenz oder Geschäftsaufgabe erfolgt. Auch wenn die Übergabe eines erfolgreichen Unternehmens erfolgt, kann das im Zuge einer Exit-Strategie verlaufen. Dazu zählt z. B. auch der Börsengang oder die Weitergabe an Familiennachkommen o. Ä. Ziel einer Exit-Strategie ist es in den meisten Fällen, sich selbst als Unternehmer aus dem operativen Geschäft zu lösen.

7.2 Wachstum als Teil des Unternehmenszyklus

Wachstum tritt im Lebenszyklusmodell eines Unternehmens nach der Gründungsphase ein. Gefolgt von der Reifephase, bestimmt die Wendephase im Anschluss den weiteren Zyklus des Unternehmens.

Die Lebenszyklustheorie besagt, dass sich ein Unternehmen im Laufe der Zeit in verschiedenen Phasen befindet. Diese durchläuft das Unternehmen dem theoretischen Ansatz zur Folge in einer bestimmten Reihenfolge.

Einige Ansätze beziehen zusätzlich zur Gründungsphase auch eine Vorgründungsphase in das Lebenszyklusmodell ein.

In der Vorgründungsphase kommt so unter anderem der Ausformulierung der Geschäftsidee sowie der Findung eines möglichen Gründungsteams eine bedeutende Rolle zu. Im Zentrum der Handlung steht das Ziel, ein Unternehmen zu gründen. Die Erstellung eines frühen Konzeptes ist genau wie die Informationsbeschaffung zur Recherche und Marktforschung Teil der Vorgründungsphase.

Darüber hinaus gibt es auch weitere, leicht abweichende Modelle, welche z. B. die einzelnen Phasen weiter in Teilphasen unterteilen. Die kumulierten Absatz- und Umsatzentwicklungen werden neben dem Faktor Zeit zumeist als Determinanten für die Darstellungsweise des Lebenszyklus-Modells genutzt.

An dieser Stelle wird der Lebenszyklus eines Unternehmens als vier Phasen Modell vorgestellt.

In der Gründungsphase befasst sich das Gründungsteam mit den formellen Aktivitäten zur Gründung eines Unternehmens. Dazu zählt die Anmeldung des Unternehmens, die Wahl der Rechtsform, der Schutz von geistigem Eigentum etc. Weiterhin befasst sich das Gründungsteam ausgiebig mit dem Produkt bzw. der Dienstleistung, dessen Vermarktung und Finanzierung des Projektes.

In diesem Stadion wird auch eine erste Version des Business Plans sowie ein Elevators Pitch erstellt. Der Elevators Pitch ist eine sehr kurze Fassung des Businessplans (vor allem aber der Geschäftsidee und des Konzeptes). Der Elevators Pitch dient vor allem dem Zweck, möglichen Investoren, Lieferanten und Angestellten das Geschäftsmodell vorzustellen.

In der Wachstumsphase selbst sieht sich der Entrepreneur dagegen eher mit strategischen, organisatorischen und administrativen Aufgaben konfrontiert.

Die zukünftige Ausrichtung des Unternehmens steht in der Wachstumsphase an erster Stelle und damit gleichzeitig auch die Frage, wie schnell, wohin und in welchem Ausmaß die Unternehmung wachsen soll. Auch die Finanzierung ist in der Wachstumsphase von hoher Relevanz. Die Grundlage wurde zwar bereits in der Gründungsphase gelegt. Unter Umständen kann Wachstum jedoch mit deutlich höheren Investitionen verbunden sein, als dies noch während der Gründungsphase der Fall war. Dementsprechend darf die zielgenaue Investitionsplanung auch in der Wachstumsphase nicht vergessen bzw. unterschätzt werden.

Durch neue unternehmerische Gelegenheiten in Verbindung mit Expansionen oder Kooperationen können sich zudem weitere Chancen für das Wachstum ergeben. So kann auch eine anziehende Konjunktur für eine deutlich erhöhte Nachfrage sorgen. Chancen und Risiken bezüglich des Wachstums müssen dabei jedoch immer im Fokus der Betrachtung stehen, um den Verbleib des Unternehmens im Markt nicht zu gefährden.

Aufgrund der steigenden Komplexität im Zuge des Wachstums müssen weiterhin auch Kompetenzen und Verantwortung an andere übertragen werden (Delegation). Trotz neuer

Möglichkeiten im Zuge des Wachstums muss zudem der Fokus auf das wesentliche gewahrt werden, um die Erfolgsfaktoren der Unternehmung nicht zu untergraben.

Schnelles Wachstum tritt der Theorie zur Folge erst nach der Phase des anfänglichen Wachstums in verstärktem Maße ein. Darüber hinaus stellt sich kontinuierliches Wachstum erst nach der Phase des schnellen Wachstums ein.

Hier kann das Beispiel des Internet Unternehmens Google aufgegriffen werden. Google ist ein Beispiel für ein Unternehmen, welches gleich zu Beginn sehr starkes Unternehmenswachstum erfahren konnte, da es vor allem mit seiner Suchmaschine das Bedürfnis jeden Internetnutzers befriedigen konnte, Informationen im World Wide Web zu finden. Doch auch nach den immensen Erfolgen mit der Suchmaschine blieb Google auf Erfolgskurs. Immer neue Produkte und Dienstleistungen werden erfolgreich im Markt platziert, so dass Google kontinuierlich wächst.

Je nach Branche und Bedingungen (z. B. Turbulenzen) kann das Wachstum in seiner Form jedoch auch stark von der Darstellung im Modell abweichen. Beispielsweise können Phasen übersprungen werden oder für ein Unternehmen völlig anders verlaufen.

Generell ist die Wachstumsphase oftmals durch eine stärkere Nachfrage und diesbezüglich erhöhten Verkaufszahlen bedingt. Ausschlaggebend für das Wachstum können in diesem Zusammenhang beispielsweise ein technologischer Durchbruch, gesteigerte oder gezielte Marketingmaßnahmen oder auch schlicht das gesteigertes Konsumbedürfnis beim Kunden sein. Weiterhin kann ein Unternehmen im Zuge einer Übernahme oder im Zusammenhang mit einer Markterweiterung auch eine neue Ausgangslage für Unternehmenswachstum geschaffen haben. Insbesondere bei relativ jungen Unternehmen wird Wachstum jedoch tendenziell eher passiv als aktiv hervorgerufen.

Nach der Wachstumsphase tritt das Unternehmen dem theoretischen Ansatz des Lebenszyklusmodells zur Folge in die Reifephase ein. Zu diesem Zeitpunkt ist das Unternehmen am Höhepunkt seiner Entwicklung angelangt. Die Prozesse sind zu diesem Zeitpunkt bereits bewährt und etabliert, so dass ein sehr hohes Maß an Effizienz gewährleistet wird.

Gleichzeitig trifft das Unternehmen in der Reifephase auf neue Herausforderungen in Form von gesteigertem Wettbewerb (evtl. sogar einer Marktsättigung), Motivationsproblemen bei den Mitarbeitern und prinzipiell sinkenden Unternehmergeist innerhalb des Unternehmens. In der Reifephase wird auch grundlegend bestimmt, ob das Unternehmen zu neuem Wachstum findet oder ob die Bedeutung des Unternehmens für den Markt abnimmt. Im zuletzt genannten Fall spricht man von der Schrumpfung eines Unternehmens. In einer Situation der Schrumpfung ist vor allem die Führungskraft des oder der Entrepreneure gefragt, um den Verbleib des Unternehmens im Markt zu sichern.

In der letzten der vier Phasen, der Wendephase, kommt anschließend der richtigen Strategie eine wichtige Bedeutung zuteil, wobei hier bereits auf Vorerfahrungen aus der Gründungsphase zurückgegriffen werden kann. In diesem letzten Teil des Lebenszyklus eines Unternehmens entscheidet sich, ob das Unternehmen wieder oder weiter wächst oder ob es eventuell sogar bis zur Aufgabe der Geschäftstätigkeit schrumpft. Auf Basis der bereits durchlaufenen Reifephase stehen dem Unternehmen im Gegensatz zur Wachstumsphase jedoch in der Regel mehr unternehmenseigene Ressourcen zur Verfügung, um sich für die Zukunft auszurichten.

7.3 Kennzahlen für Wachstum und für die Bewertung von Unternehmen

Mit dem Wachstum eines Unternehmens steigt auch dessen Wert. Nachfolgend werden verschiedene Methoden zur Berechnung des Wachstums sowie zur Berechnung des Unternehmenswertes aufgeführt.

Der Unternehmenswert ist in diesem Zusammenhang vorrangig in zwei Fällen interessant: Für die Aufnahme von Krediten bzw. bei der Suche nach Investoren, z. B. im Zuge der Gründungs- und Wachstumsphase, oder für die Veräußerung eines Unternehmens.

Das Unternehmenswachstum kann anschließend durch den Vergleich (An- bzw. Abstieg) von verschiedenen, in der Regel aufeinander folgenden Perioden bezüglich des Unternehmenswertes berechnet werden.

$$U = \frac{Betriebsertrag \cdot 100}{\surd} \tag{7.1}$$

Die am häufigsten angewendete und sehr einfache Methode zur Bewertung eines Unternehmens ist die Ertragswert-Methode. Dabei wird errechnet, welchen Betrag ein Kapitalanleger investieren müsste, um mit dem jeweiligen Zinsertrag die gleichen Gewinne erzielen zu können, wie das Unternehmen im gleichen Vergleichszeitraum.

Grundlage für die Gewinnbetrachtung des Unternehmens stellen dabei die Unternehmens-Bilanzen der vergangenen Jahre dar. Heutzutage werden jedoch zusätzlich auch vermehrt Planrechnungen durchgeführt, welche die zukünftige Ertragslage des Unternehmens berücksichtigen.

$$\begin{array}{l} \textit{Reproduktionswert des betriebsnotwendigen Vermögens} \\ \quad + \textit{Liquidationswert des nicht betriebsnotwendigen Vermögens} \\ \quad - \textit{Schulden bei Unternehmensfortführung} \\ \hline \qquad\qquad = \textit{Substanzwert} \end{array} \tag{7.2}$$

Im Gegensatz zur Ertragswertmethode, kommt der Berechnung des Substanzwertes vor allem dann eine bedeutende Rolle zu, wenn Gebäude und Grundstücke einen großen Teil des Vermögenswertes der Unternehmung ausmachen. Beim Substanzwert werden alle aktuellen Vermögensgegenstände, zum aktuellen Verkehrswert, den Verbindlichkeiten gegenübergestellt.

Für reine Dienstleistungsunternehmen kann diese Bewertungsmethode daher beispielsweise völlig unzureichend bzw. stark verfälschend sein. Für Unternehmen, welche häufig hohe stille Reserven aufweisen, ist der Substanzwert dagegen von großem Interesse, um den Unternehmenswert zu erfassen. Hohe stille Reserven treten beispielsweise bei Immobilien- und Beteiligungsgesellschaften in verstärktem Ausmaß ein.

Für die meisten Unternehmen findet daher das Ertragswertverfahren deutlich häufiger Anwendung als die Berechnung des Substanzwertes. Beide Bewertungsmetoden können jedoch auch in Kombination mit in die Berechnung einbezogen werden, um einen Vergleich aufzustellen.

Die Analyse der Investitionsdeckung geht schon sehr viel weiter ins Detail, als dies bei der Berechnung der Ertragswertmethode oder bei der Berechnung des Substanzwertes der Fall ist.

Die Investitionsdeckung berechnet sich durch die Betrachtung des Verhältnisses zwischen Abschreibungen sowie den Neuinvestitionen des Anlagevermögens in einer bestimmten Periode (bzw. das Verhältnis zwischen Abschreibungen und Nettoinvestitionen). Wachstum besteht dem zur Folge nur dann, wenn die Investitionen den Abschreibungswert des Sachanlagevermögens überschreiten.

$$Investitionsdeckung = \frac{Nettosachanlageninvestitionen}{Jahresabschreibung\ des\ Sachanlagevermögens} \tag{7.3}$$

Zusätzlich zu den hier aufgeführten Methoden zur Berechnung des Unternehmenswertes sollten bei einer detaillierten Analyse eines Unternehmens auch die immateriellen Vermögenswerte berücksichtigt werden.

Diese sind zwar für die Öffentlichkeit unter Umständen nicht ersichtlich, mit ihnen kann sich ein Unternehmen jedoch ganz unbemerkt einen großen Unternehmenswert erarbeiten und aufbauen. Intern ist dieser Wert daher von großer Relevanz. Zu den immateriellen Vermögenswerten zählen so neben Patenten, Gebrauchsmuster und anderen Formen von gewerblichen Schutzrechten auch das Know How eines Unternehmens. Es kann einen enormen Wert einnehmen. So ist beispielsweise in der Coca Cola GmbH kein Schutzrecht auf die Formel des Erfrischungsgetränkes angemeldet. Die Formel wird schlicht und einfach nicht öffentlich preisgegeben. In einer anderen Firma wäre ohne das Know How der beschäftigten Mitarbeiter, welches sich u. U. über Jahre entwickelt hat, keine Weiterführung der Geschäftstätigkeit möglich.

Speziell hinsichtlich eines Verkaufs kommen für den Interessenten zudem weitere Einflussfaktoren hinzu, welche bei der Bewertung eines Unternehmens beachtet werden müssen, obwohl sie noch keine direkten Auswirkungen auf die Bewertung des Unternehmens haben. Der Markt und die aktuelle Konjunkturlage sowie die Kosten für eine mögliche Integration geben beispielsweise den Ausschlag, ob der Kauf eines Unternehmens lohnenswert ist oder nicht.

7.4 Wachstumsziele

Wachstum und Wachstumsziele stehen meist in direkter Verbindung zu den Unternehmenszielen. Daher führen sie oftmals auch zur Verwirklichung der Vision eines Unternehmens. Die Vision versteht sich als für die Zukunft wünschenswerter Zustand im Sinne eines Leitbildes. Sie stellt das langfristige Ziel einer Unternehmung dar. Sowohl die Wachstumsziele als auch die Unternehmensziele leiten sich aus der Vision ab.

Wachstums- und Unternehmensziele überschneiden sich daher häufig. Beide Ziele sind dabei eher mittel bis langfristig ausgelegt.

Zur Zielerreichung bedürfen die Wachstums und Unternehmensziele in der Regel ein sehr gutes Verständnis für die Vision des Unternehmens. Dieses Verständnis muss nicht nur in den oberen Management Ebenen fest verankert sein, sondern muss idealerweise auch bei jedem einzelnen Mitarbeiter verstanden und internalisiert werden. Die Identifikation mit der Vision innerhalb der gesamten Unternehmung kann als entscheidender Erfolgsfaktor für die Erreichung der Unternehmensziele verstanden werden, da sich hieraus oftmals die Motivation und die Leidenschaft für die Arbeit ableitet.

Ein Wachstumsziel kann beispielsweise lauten, dass der Marktanteil innerhalb eines bestimmen Segmentes auf 25 % ausgeweitet werden soll (gleichermaßen könnte dieses Wachstumsziel auch als Unternehmensziel formuliert werden). Zur Zielerreichung muss der Sinn und Zweck für das Unternehmen klar veranschaulicht dargestellt werden. Der Mehrwert und der Nutzen dieses einzelnen Ziels muss für alle beteiligten in ein Gesamtbild mit der Vision gebracht werden. In diesem Zusammenhang sind es vor allem auch die sogenannten Soft Skills, welche beim Führungspersonal gefragt sind.

Aus den strategischen Zielen leiten sich im Anschluss die operativen Ziele ab. Die operativen Ziele dienen der Zielerreichung auf der operativen Ebene. Sie sind sehr viel konkreter auf die einzelnen Abteilungen und Unterziele abgestimmt, als dies bei den strategischen Zielen der Fall ist.

Für den Einkauf kann so beispielsweise das Ziel formuliert werden, dass die Materialkosten für die Produktion um 15 % im Vergleich zum Vorjahreszeitraum gesenkt werden sollen. Zur Messung werden anschließend Kennzahlen herangezogen, um den quantitativen als auch den qualitativen Erfolg der Maßnahmen zu messen. Bei den quantitativen Zielen geht es dabei um messbare Variablen (absolute oder relative Beiträge), während die qualitativen Wachstumsziele nicht direkt quantifizierbar sind (z. B. Kundenzufriedenheit).

7.5 Erklärung für Wachstum (Complexity-Management Modell)

Das Complexity-Management Modell von Covin und Slevin erklärt Wachstum und seine Einflussfaktoren innerhalb des Wachstumsprozess.

Dem Modell zur Folge steht zu Beginn vom Wachstumsprozess das Bestreben des Unternehmens, Wachstum zu erzielen. Anschließend legen die Wachstumsdeterminanten fest, in welchem Ausmaß das Wachstum verläuft. Das Ausmaß wird zu diesem Zeitpunkt einfachheitshalber und zum groben Überblick noch allein anhand der Umsatzkennzahl festgemacht.

Damit wird die Effizienz des Unternehmens im Zuge des Wachstums zu diesem Zeitpunkt noch nicht betrachtet. Vielmehr wird mit dem Umsatz zunächst festgehalten, ob entweder der Absatz oder der Preis für das Produkt angehoben werden konnte, um einen erhöhten Umsatz zu erzielen. Ob und inwiefern das Unternehmen davon schlussendlich profitiert, wird erst in den letzten Teilschritten des Comlexity-Managment-Modells anhand der Profitabilität determiniert.

Die Wachstumsdeterminanten selbst setzen sich aus den unternehmerischen Fähigkeiten, den Unternehmensressourcen, der Marktsituation (Chancen und Risiken) sowie dem Konzept des Unternehmens bezüglich des Wachstums zusammen.

Mit starken unternehmerischen Fähigkeiten, ausreichenden Ressourcen und mit Hilfe des richtigen Konzeptes, welches exakt auf den Markt ausgerichtet ist, kann man auch in einem schwierigen Marktumfeld bestehen.

Im Gegensatz dazu kann man ohne adäquates Konzept auch in den einfachsten Märkten große Schwierigkeiten dabei haben, den Umsatz zu erhöhen. Je nach Situation (Branche, Marktumfeld etc.) und Ausprägung des Wachstums, kann die Gewichtung der einzelnen Faktoren variieren.

Mit dem Umsatz steht zu diesem Zeitpunkt bereits die erste Kennzahl bezüglich des Wachstums. Wie bereits angeführt, wird die Profitabilität jedoch durch weitere Faktoren beeinflusst. Hierzu zählen beispielsweise die Komplexität, das Verlangen nach unternehmerischen Veränderungen sowie die dazugehörigen Determinanten, als auch die Übergangsphase und Implementierung der Veränderungen für das Wachstum, welche die Vorteile und Chancen des Umsatzwachstums stark begrenzen bzw. beeinflussen können.

Anhand des Modells kann somit vereinfacht dargestellt werden, wie trotz großen Wachstums anhand der Umsatzkennzahlen, am Ende doch ein Verlust stehen kann.

An dieser Stelle sei das Beispiel eines schnell wachsenden Unternehmens angeführt. Ein Unternehmen sieht sich beispielsweise aufgrund der gesteigerten Auftragslage damit konfrontiert, kontinuierlich neue Leute einzustellen. Mehr Arbeitsplätze erfordern in diesem Zusammenhang die Neuverteilung bzw. Anpassung der Aufgabenverteilung. Prozesse müssen angepasst bzw. völlig neu organisiert werden. Wenn diese Veränderungen nicht vorgenommen werden, können die daraus resultierenden Ineffizienzen zu einer abnehmenden Profitabilität führen. Unter Umständen muss das Unternehmen weitere Mitarbeiter einstellen, um diese Ineffizienzen kompensieren zu können. Unterm Strich kann dann trotz eines gesteigerten Umsatzes keine Gewinnsteigerung (die Profitabilität) erzielt werden.

Grundsätzlich muss ein Rückgang des Gewinns jedoch kein alarmierendes Signal für ein Unternehmen sein. Vielmehr ist dieser Rückgang in den meisten Fällen kurz bis mittelfristig sogar eingeplant bzw. aufgrund der Investitionsplanungen unausweichlich.

Um beispielsweise einen Wettbewerber aus einem Markt zu verdrängen oder die Barrieren für einen Markteintritt zu erhöhen, sieht sich ein Unternehmen z. B. zunächst in der Situation, den Absatz durch eine Preissenkung oder die Erhöhung von Marketing-Aktivitäten zu verstärken. Sowohl durch die Mindereinnahmen aufgrund der Preissenkung oder die Mehrausgaben durch die verstärkten Marketingaktivitäten, wird das Unternehmen unter Umständen weniger Gewinn am Ende eines Geschäftsjahres vorweisen können, als dies im Vorjahr der Fall war. Mittel bis langfristig kann das Unternehmen mit dieser Strategie jedoch einen (vielleicht sogar mehrere) Wettbewerber verdrängen und sich somit eine komfortable Ausgangslage für die Zukunft verschaffen, in der sich das Unternehmen weniger am Wettbewerb, als vielmehr am Kunden sowie den eigenen Vorstellungen orientieren kann.

Die Determinanten, welche die Profitabilität maßgeblich beeinflussen, werden nachfolgend im Detail aufgeführt.

Zunächst steht die Komplexität des Managements im Fokus. Diese wird sowohl durch das Unternehmen selbst (Unternehmenskomplexität) als auch durch die makroökonomische Komplexität beeinflusst. Das Management muss die gesteigerte Komplexität steuern und organisieren. Weiterhin muss innerhalb des Unternehmens im Anschluss auch der Wunsch bzw. der Wille für Veränderung vorherrschen, um die gesteigerte Komplexität im Zuge des Wachstums kontrollieren und Änderungen schnell umsetzen zu können.

In diesem Zusammenhang sind es vor allem die Managementfähigkeiten und auch die Motivation und die Fähigkeiten der Mitarbeiter, welche die Veränderungen und die Veränderungsfähigkeit maßgeblich bestimmen und beeinflussen.

Im sogenannten Übergangsstadion werden die letzten Weichen innerhalb des Unternehmens gestellt. Diese Weichen stellen zwar nur einen kleinen Teil innerhalb des gesamten Models dar, bieten jedoch zumindest noch die letzte Möglichkeit zur Effizienzsteigerung. So kann beispielsweise innerhalb einer Produktion festgestellt werden, dass die Anschaffung neuer Maschinen auch die Anordnung der alten Maschinen innerhalb der Prozesslandschaft positiv verändern kann. Die Profitabilität und Performance des Unternehmens kann somit anhand einer verhältnismäßig kleinen Stellschraube verbessert werden.

Die am häufigsten verwendete Messgröße für die Profitabilität ist der Unternehmensgewinn. Anders als beim Umsatz ist dabei neben der reinen Steigerung der Ausbringungsmenge oder des Preises auch der tatsächliche Wertzuwachs für ein Unternehmen festzustellen.

7.6 Formen und Ausmaß von Wachstum

Die Art und das Ausmaß von Unternehmenswachstum kann sehr gut mit aus der Theorie bekannten Wachstumsverläufen verglichen werden.

Das exponentielle Wachstum stellt in dieser Hinsicht den idealtypischen theoretischen Verlauf von Unternehmenswachstum dar. Nach der Gründungsphase steigt der Umsatz (hier als Messgröße für Wachstum gewählt) mit der Zeit exponentiell an.

Anders sieht das inkrementelle Wachstum aus, bei dem das Unternehmen Schritt für Schritt wächst. Ein reales Szenario für inkrementelles Wachstum ist in der Praxis beispielsweise bei der Eröffnung neuer Unternehmens-Standorte zu verzeichnen. Hier lässt sich idealerweise ein stufenartiges Wachstum mit jeder weiteren Neueröffnung realisieren. Dazu muss jeder neu eröffnete Standort jedoch auch profitabel wirtschaften.

Das episodische Wachstum ist neben dem Stagnations-Szenario wohl für die Mehrzahl aller Unternehmen das Szenario, welches der Realität am ehesten entspricht. Beim episodischen Wachstum gibt es sowohl Phasen des Wachstums als auch Phasen der Schrumpfung. Wachstum und Schrumpfung sind dabei in unregelmäßigen Abständen und in unterschiedlich starkem Ausmaß zu verzeichnen.

Ein stagnierendes Wachstum ist dagegen dadurch gekennzeichnet, dass Wachstum über einen definierten Zeitraum im Prinzip nicht verzeichnet werden kann – das Unternehmen „stagniert" in seinem Wachstum. Dies lässt sich unter Umständen durch fehlende Innovation innerhalb des Unternehmens oder auch durch den global steigenden Wettbewerb begründen, welcher Wachstum vor allem in hart umkämpften Branchen erschwert.

Unterschieden werden müssen im Hinblick auf die Formen und das Ausmaß von Wachstum in diesem Zusammenhang noch die Messgrößen für unternehmerisches Wachstum. Diesbezüglich gibt es mit dem quantitativen und dem qualitativen Wachstum zwei verschiedene Kennzahlen.

Zur Messung des quantitativen Wachstums werden input- bzw. outputorientierte Maßzahlen hinzugezogen. Diese geben Aufschluss über die Höhe bzw. die Ausprägung des Wachstums. Auf Seiten der inputorientierten Faktoren lässt sich das Wachstum beispielsweise anhand der Mitarbeiterzahl, der Eigenkapitalhöhe, der Bilanzsumme, der Patentanmeldungen oder anhand der Investitionen festmachen. Auf der anderen Seite lässt sich Wachstum anhand der outputorientierten Maßzahlen z. B. mit Hilfe der Kennziffern Gewinn, Umsatz, Ausbringungs- bzw. Produktionsmenge oder dem Marktanteil des Unternehmens feststellen. Als gängige variablen zur Messung von quantitativem Wachstum werden zumeist die Mitarbeiterzahl sowie der Umsatz genutzt. Diese beiden Kennziffern haben vor allem den Vorteil, dass sie eine Vergleichsmöglichkeit zu anderen Unternehmen darstellen. Der eigene Umsatz und die Mitarbeiterzahl kann so sehr einfach in ein Verhältnis gesetzt werden. Andersherum können auch Personen von extern die Kennzahlen sehr einfach in ein Verhältnis setzen.

Festhalten muss man an dieser Stelle jedoch auch, dass eine steigende Mitarbeiterzahl oder ein steigender Umsatz nicht mit erhöhtem Gewinn einhergehen muss. Auf der anderen Seite können aber eine sinkende Mitarbeiterzahl sowie ein geringerer Umsatz sehr wohl einen höheren Jahresgewinn zur Folge haben. Die Kennzahlen sind deshalb immer nur als Richtwerte zu verstehen. Sie dürfen jedoch im Zusammenhang mit dem Unternehmenswachstum nicht völlig isoliert von anderen Unternehmenswerten betrachtet werden.

Im Gegensatz zu den messbaren Variablen des quantitativen Wachstums, steht das qualitative Wachstum für weniger konkrete Faktoren. Sie sind gerade auch für Externe nicht eindeutig und wenig transparent. Zu den Faktoren des qualitativen Wachstums zählen beispielsweise die Entwicklung der Produktqualität bzw. der Kundenbeziehung, die Bekanntheit und das Image eines Unternehmens oder der Grad der Innovation. Die Messbarkeit des qualitativen Wachstums ist beschränkt. Die Faktoren eignen sich daher im Gegensatz zu den quantitativen Faktoren weniger für Vergleiche o. Ä. Speziell von außen werden deshalb zunächst die quantitativen Faktoren herangezogen.

Hinsichtlich des Wachstums für das Unternehmen selbst, können die qualitativen Faktoren für ein Unternehmen dahingegen zunächst sehr viel wichtiger sein, als die quantitativen Faktoren. Dies begründet sich damit, dass die qualitativen Faktoren meist auch die Grundlage für quantitatives Wachstum darstellen. Bei schlechtem Service wird so beispielsweise automatisch die Kundenbeziehung leiden und folglich auch der Absatz geschwächt (wenn auch erst zeitversetzt). Andersherum wird mit steigender Produktqualität in der Regel auch der Absatz und in Folge dessen auch der Umsatz steigen.

7.7 Einflüsse und Wachstumspotenzial

Speziell nach der Gründungsphase und damit zu einem Zeitpunkt, in dem die meisten Unternehmen von der Mitarbeiterzahl meist noch sehr klein sind, ist das Wachstumspotenzial maßgeblich von dem Gründer bzw. dem Gründungsteam abhängig. Die Motivation und einzelnen Entscheidungen der Führungspersonen beeinflussen damit maßgeblich auch die Stärke und die Ausprägung des Unternehmenswachstums. Neben der fachlichen Kompetenz in den Bereichen Marketing, Finanzen usw., kommt auch der Mitarbeiter-Motivation und der Kommunikationsfähigkeit sowie der Fähigkeit, Probleme zu erkennen und zu lösen eine enorme Bedeutung zu und das insbesondere dann, wenn sich entweder neue Chancen für ein Unternehmen auftuen oder Risiken und Probleme auftreten können. Die Rolle und der Einfluss der Führungskräfte ist dann besonders wichtig, um eine klare Linie vorzugeben.

Neben der Rolle des Entrepreneurs oder des Managements gibt es jedoch auch weitere, bedeutende Einflussfaktoren, welche das Wachstum eines Unternehmens in den meisten Fällen auch nachhaltig bestimmen und beeinflussen:

- Economies of Scale
- Globalisierung
- Produktinnovation (je nach Stärke der Ausprägung besteht größeres Potenzial für Monopolstellung bzw. Wettbewerbsvorteil)
- Unternehmenskonzept, Rechtsform etc.
- Standort
- Perspektive für Mitarbeiter
- Wettbewerb
- Partnerschaften
- Finanzierung
- Externe Rahmenbedingungen (z. B. Einfluss von politischen Entscheidungen, wirtschaftliche Situation usw.)
- Verfügbarkeit von Ressourcen

Bezüglich der Economies of Scale (ugs: Einsparung durch Massenproduktion) sind für ein Unternehmen vor allem die positiven Skaleneffekte von großer Relevanz. Mit Hilfe der positiven Skaleneffekten kann ein Unternehmen bei steigender Ausbringungsmenge sowohl die Stückkosten als auch die Grenzkosten senken. Die sich daraus ergebenden Vorteile sind maßgebliche „Driver" für Unternehmenswachstum. So kann auf der einen Seite dem Kostendruck durch die Mitbewerber standgehalten werden. Auf der anderen Seite kann der Gewinn aufgrund der Kosteneinsparungspotenziale vergrößert werden.

Im Zusammenhang mit Economies of Scale kommt auch dem separat aufgeführten Punkt „Globalisierung" eine große Bedeutung zu. Die immer stärker eintretenden Effekte der Globalisierung begünstigen die Skaleneffekte stark, z. B. aufgrund der Öffnung von Märkten oder durch die Möglichkeiten, welche sich im Hinblick auf die Auslagerung von Produktionsstätten ergeben. Gleichzeitig kann weiterhin festgestellt werden, dass sich ein

Unternehmen bezüglich der Einflussfaktoren, welche Wachstum begünstigen, auch mit immer neuen Herausforderungen konfrontiert sieht. Wachstum erfordert in der Regel größere Kapazitäten, um die neuen Herausforderungen in Folge des Wachstums zu koordinieren. Damit steigt die Komplexität und auch die Wahrscheinlichkeit, sich vermehrt Risiken gegenüberzustehen.

Auch die Frage nach der Wachstumsfähigkeit steht im Zusammenhang mit den Einflussfaktoren und dem Wachstumspotenzial im Zentrum der Betrachtung eines Unternehmens. So muss vorab geklärt werden, inwieweit ein Unternehmen überhaupt in der Lage ist, zu wachsen. In Phasen des Wachstums benötigt ein Unternehmen somit beispielsweise auch erhöhte finanzielle Ressourcen. Investitionen für Personal, neue Maschinen oder erhöhte Werbeausgaben müssen eventuell auch von extern gedeckt werden. Eine Gewinnsteigerung ist in den meisten Fällen erst mit einer Phasenverzögerung zu verzeichnen. Eine direkte Refinanzierung ist daher nur in den seltensten Fällen möglich.

Die Eröffnung eines neuen Vertrieb Standortes kann an dieser Stelle als Beispiel hinzugezogen werden. Die Eröffnung ist zunächst mit hohen Aufwendungen verbunden, welche vorfinanziert werden müssen. Zudem hat auch die Wahl des geografischen Standortes großen Einfluss auf die Kosten. Fällt die Wahl auf einen Standort innerhalb der nationalen Grenzen, ist in der Regel mit deutlich weniger Zeitaufwand für die Integration zu rechnen, als das die Standortwahl im Ausland zur Folge hätte. Neben einer erhöhten Logistikleistung trifft man dort unter Umständen auch auf ein kulturell völlig anderes Umfeld.

7.8 Nachhaltiges Unternehmenswachstum

Wachstum ist sowohl in der Theorie als auch in der Praxis in der Regel nicht von unendlicher Dauer, sondern vielmehr ein Teilabschnitt des Unternehmenszyklus. Nichtsdestotrotz strebt ein Unternehmen, welches wachsen möchte, kontinuierliches und andauerndes Wachstum an. Die Frage, die sich ein Unternehmer daher stellen muss ist, wie es möglich ist, das Unternehmen wenn möglich mit stetigem Wachstum auf Erfolgskurs zu halten und den Idealzustand zu halten.

Hinsichtlich des nachhaltigen Unternehmenswachstums sind es vor allem die Herausforderungen, denen sich im Speziellen junge Unternehmen pro-aktiv stellen müssen. Schon bevor ein ernsthaftes Problem eintritt, muss ein Unternehmen in der Lage sein, zu handeln. Bei Eintritt einer Marktsättigung im einzigen Markt ist es unter Umständen schon zu spät. Schon vorher muss das Unternehmen prüfen, in welchen Märkten die Ausweitung ihres Geschäfts möglich ist, da der Druck nicht nur auf internationaler Ebene, sondern auch innerhalb der nationalen Grenzen stetig zunimmt.

Wer Trends nicht früh genug erkennt, kann unter Umständen als zweiter oder dritter Teilnehmer nicht mehr genug Nachfrage für seine Produkte erzielen und demnach seine Verkaufsziele nicht durchsetzen. Als Unternehmer bietet es sich daher an, branchenspezifische Trends früh zu erkennen und für sich zu nutzen. Die Verlagerung des Produktionsortes eines Konkurrenten kann zu einer großen Gefahr wachsen, da dieser die gleichen

Produkte oder die gleiche Produktpallette bald zu konkurrenzlosen Preisen anbieten könnte. Ein Unternehmen muss daher immer wachsam sein, Konkurrenten analysieren und seine eigenen Leistungen stetig verbessern, um nachhaltig wirtschaften zu können und weiter wachsen zu können.

Um Wachstum durchzusetzen kommt vor allem der Restrukturierung innerhalb der Organisation eine Schlüsselrolle zu. Da Wachstum in der Regel mit höherer Produktivität, einer steigenden Mitarbeiterzahl und besseren Ergebnissen einhergeht, stellt die Umstellung und Umstrukturierung ein unausweichliches Erfordernis für Wachstum dar.

In der Phase der Umstrukturierung („Down-Phase") geht es zunächst um die finanz- und ertragswirtschaftliche Restrukturierung. Das Überleben des Unternehmens wird in dieser Phase gewährleistet. Erst im Anschluss wird in der sogenannten Up-Phase an der Revitalisierung des Unternehmens gearbeitet. Dabei geht es um sehr viel feinere Details und Maßnahmen, welche in der Down-Phase noch weniger Beachtung gefunden haben. Z. B. die Ausrichtung auf die kulturellen Unterschiede oder die unterschiedlichen Bedürfnisse der Mitarbeiter. Auch die Position im Markt wird in dieser Phase gestärkt. Zudem wird es im Markt wieder flexibler agieren können.

7.9 Wachstumsarten

Bei den Wachstumsarten wird zwischen finanziellem, strategischem und organisatorischem Wachstum unterschieden.

Die drei Arten von Wachstum schließen sich dabei nicht gegenseitig aus, sondern treten in der Praxis üblicherweise sogar parallel zueinander auf. So ist finanzielles Wachstum in der Regel nicht ohne organisatorisches Wachstum durchzusetzen. Organisatorisches Wachstum ist dagegen ohne die strategische Ausrichtung des Unternehmens nicht möglich und sowohl die strategische Ausrichtung als auch das strategische Wachstum (z. B. Ausweitung der Marktanteile o. Ä.) sind genau wie das organisatorische Wachstum (Ausstattung, Mitarbeiter, etc.) nicht ohne die nötigen finanziellen Mittel möglich. Sowohl die Performance des Unternehmens, die Kapazitäten, Ressourcen und andere wichtige Faktoren, welche als interdisziplinäre Bestandteile des Unternehmenswachstums verstanden werden müssen, sind stark von den einzelnen Dimensionen abhängig. Damit ist auch klar, dass ein optimales Unternehmenswachstum nur bei einem Gleichgewicht der drei Dimensionen möglich ist.

Die Gewichtung der einzelnen Arten kann dabei variieren. Aufgrund der starken Außenwirkung und der sehr einfachen Messbarkeit wird vor allem das finanzielle Wachstum herangezogen, um Unternehmenswachstum festzumachen.

Die Entscheidung gegen Wachstum wird zwar an dieser Stelle nicht explizit aufgeführt, kann jedoch ebenfalls als strategische Entscheidung eines Unternehmers verstanden werden.

7.9.1 Finanzielles Wachstum

Als finanzielles Wachstum bezeichnet man das Wachstum, welches sich auf die finanziellen Messgrößen eines Unternehmens bezieht. Dazu zählt beispielsweise die Umsatzsteigerung. Auch ein erhöhter Unternehmenswert steht zumeist in direkter Verbindung mit finanziellem Wachstum.

Finanzielles Wachstum lässt sich über quantitative Maßgrößen feststellen und ist in seinem Ausmaß und in seiner Entwicklung sehr gut mit anderen Unternehmen vergleichbar. Finanzielles Wachstum kann dadurch sehr einfach in ein Verhältnis gesetzt werden, z. B. bei einem Direktvergleich in ein und derselben Branche.

Erzielt werden kann finanzielles Wachstum beispielsweise durch eine erhöhte Ausbringungsmenge. Bei unverändertem Preis führt diese zu einer Umsatzsteigerung. Die Aussagekraft einer einzelnen Maßgröße muss jedoch mit Vorsicht betrachtet werden. Aufgrund stark erhöhter Werbeausgaben kann der Umsatz durch eine erhöhte Ausbringungsmenge zwar gesteigert werden, der Gewinn kann jedoch im gleichen Betrachtungszeitraum sinken. Augenscheinlich verbessert sich durch das Wachstum die Situation des Unternehmens, obwohl die Profitabilität sinkt.

Nichtsdestotrotz kann sich die Ausgangslage, trotz geschmälerten Gewinns, zu einem späteren Zeitpunkt und beispielsweise in Kombination mit der Verdrängung eines Mitbewerbers (in Folge der gesteigerten Ausbringungsmenge), zukünftig stark verbessern. Vor allem die Zusammenhänge und Verflechtungen der einzelnen Maßgrößen sind bei der Bewertung von finanziellem Wachstum, bei gleichzeitiger Beachtung des zeitlichen Zusammenhangs, entscheidend.

7.9.2 Strategisches Wachstum

Das strategische Wachstum bezieht sich anders als das finanzielle Wachstum stärker bzw. direkt auf die zukünftige Ausrichtung des Unternehmens. Weiterhin ist das strategische Wachstum komplexer und vielschichtiger. Für außenstehende ist es zudem in der Regel wenig transparent.

Strategisches Wachstum kann beispielsweise über gezielte Partnerschaften geschaffen werden. Weiterhin kann sich ein Unternehmen dazu entscheiden, strategisch neue Märkte für sich zu erschließen oder Unternehmensschwerpunkte zu verlagern, um Wachstum gezielt zu fördern. Im Zusammenhang mit strategischem Wachstum gibt es jedoch vor allem zwei grundsätzliche Möglichkeiten, Wachstum zu erzielen. So besteht auf der einen Seite die Möglichkeit, komparative Kostenvorteile über den Preis zu erzielen. Auf der anderen Seite können komparative Leistungsvorteile über Differenzierung gewährleistet werden.

Die Kostenvorteile sollen vor allem auf Basis von Erfahrungen innerhalb der Unternehmensprozesse erzielt werden. Als Ergebnis von Lernprozessen sollen der Output gesteigert und die Kosten gleichzeitig gesenkt werden (beispielsweise pro Einheit). Dabei spricht man von einer „Kostenführerschaft“, wenn das Unternehmen mit seiner Strategie darauf abzielt, den günstigsten Preis im Markt anzubieten. Über den günstigsten Preis im Markt, kann die Ausbringungsmenge in der Regel gegenüber dem Wettbewerb gesteigert werden. Über die daraus resultierenden gesteigerten Marktanteile kann anschließend weiteres Wachstum erzielt werden. Die Kostensenkungen werden dabei vor allem als Folge der positiven Skaleneffekte in Verbindung mit einer erhöhten Ausbringungsmenge erzielt.

Beispielhaft kann im Zusammenhang mit der Kostenführerschaft der Kauf von Milch angeführt werden. Der Großteil der Konsumenten zieht vor allem den Preis als Entscheidungskriterium für oder gegen einen Kauf hinzu. Den geringsten Preis kann dann derjenige zu profitablen Margen anbieten, der die größten Kostenvorteile erzielen kann.

Im Gegensatz zu komparativen Kostenvorteilen, zielen die Leistungsvorteile auf Wissensvorsprünge gegenüber der Konkurrenz ab. Bei der sogenannten „Produktführerschaft" liegt der Schwerpunkt daher nicht auf dem Preis, sondern auf der Produktinnovation.

Als Produktführer bietet man so in der Regel eine Leistung an, welche kein anderer Mitbewerber anbieten kann. Der tendenziell höhere Preis für die Entwicklung wird über einen höheren Verkaufspreis gedeckt. Bei dem Konsumenten steht weniger der Preis, als vielmehr die Innovation der Leistung bzw. des Produktes im Vordergrund.

Als Beispiel kann an dieser Stelle das Apple iPhone angeführt werden. Neben dem starken Image von Apple konnte dieses gerade zu Beginn durch echte Innovation innerhalb des Mobilfunkmarktes bestechen. Der Preis war für den Kunden völlig nebensächlich. Im Vordergrund standen einzig und allein das Produkt und dessen Fähigkeiten.

Bei der Produktführerschaft ist ferner auch der Fokus auf die Qualität der Leistung möglich. Die Prozesse der Unternehmung sind dann auf die Optimierung der Produktqualität ausgerichtet. Ziel ist es in diesem Fall, sich über die ausgesprochen hohe Qualität gegenüber dem Wettbewerb zu differenzieren.

Volvo wurde über Jahre hinweg für seine exzellente Produktqualität, speziell bezüglich des Aspektes Sicherheit, als Produktführer innerhalb der Autobranche angesehen.

Die Kundenpartnerschaft stellt eine weitere strategische Möglichkeit dar, sein Unternehmen auszurichten. Wachstum wird hier vor allem über die Beziehungen zum Kunden gefördert. Klassische Branchen sind hier oftmals auch kleinere Betriebe, welche vor allem auch von Ihren Stammkunden leben. Aber auch große Firmen versuchen sich durch überdurchschnittliche Servicequalität vom Wettbewerb zu differenzieren. Das Unternehmen Carglass, welches unter anderem die Erneuerung und Reparatur von Auto Gelass anbietet, setzt in seinen Werbekampagnen vor allem auf die Beziehung zum Kunden. Neben der Qualität werden vor allem Schnelligkeit, vor-Ort-Flexibilität und die unkomplizierte Abwicklung als Hauptverkaufsargumente angeführt. Der Kunde muss sich um nichts kümmern und bekommt quasi ein rundum Sorglos-Paket. Diese Ansicht wird weiterhin durch Kundenstatements gestützt.

Bei Betrachtung der einzelnen Möglichkeiten zur Ausrichtung des Unternehmens wird deutlich, dass strategisches Wachstum im Regelfall auch langfristig geplant und durchgesetzt werden muss. Strategisches Wachstum umfasst daher neben der Wachstumsplanung auch das Wachstumsmanagement zur späteren Umsetzung und Kontrolle.

Während dem strategischen Wachstum in der Gründungsphase zunächst noch eine eher kleine Bedeutung zukommt (die Richtung des Wachstums wird maßgeblich auch von der Gründungsphase selbst beeinflusst), kommt dem strategischen Wachstum und der Planung in und vor der eigentlichen Wachstumsphase eine sehr große und bedeutende Rolle zu.

Direkt vor einer möglichen Wachstumsphase steht vor allem im Fokus, zwischen Bedarf, Nutzen und Risiken von Wachstum zu unterscheiden.

Eine strategische Wachstumsplanung hilft dabei, eine fundierte Entscheidung herbeizuführen. Folgende Punkte sollten dabei im Zuge der Wachstumsplanung bedacht oder umgesetzt werden:

- Analyse des Unternehmens z. B. durch SWOT-Analyse (unternehmensinterne Stärken und Schwächen im Vergleich zu unternehmensexternen Möglichkeiten/Gelegenheiten und Risiken bzw. Gefahren)
- Anstelle oder in Kombination mit einer SWOT-Analyse bietet sich unter Umständen auch die Erstellung einer BCG-Matrix (Analyse des Geschäftsfeldportfolios) an.
- Unternehmensziele und Strategie
- Umsetzung von Maßnahmen bezüglich des Wachstums
- Kontrolle, Ergebnisevaluation, Anpassung der strategischen Planung

Die SWOT-Analyse wird bereits häufig als Analyseinstrument im Zuge der Erstellung eines Businessplans angewendet. Darüber hinaus bietet sie sich jedoch auch als Analyse und Planungsinstrument für Unternehmenswachstum an.

Auf Basis der Stärken, Schwächen (Unternehmensanalyse), Chancen und Risiken (Umweltanalyse bzw. Marktattraktivität), kann das Unternehmen mit Hilfe der SWOT-Analyse für das Wachstum verschiedene Strategien entwickeln. Die Entscheidungsmöglichkeiten können mit ihrer Hilfe unter Umständen bereits gleich zu Beginn stark eingegrenzt und vereinfacht werden. Dazu muss der Gegenstand der Analyse zunächst festgelegt werden. Bei der sich anschließenden Analyse soll bestenfalls eine sehr objektive Sichtweise eingenommen werden (wenn möglich so nah wie möglich an der Sichtweise des Kunden orientiert).

Von Matching-Strategien spricht man dann, wenn die Strategie des Unternehmens durch eine Kombination aus Stärken und Chancen gekennzeichnet ist. Eine Neutralisationsstrategie ist dagegen auf die Umwandlung bzw. Neutralisierung von Schwächen zu Stärken oder Risiken zu Chancen ausgerichtet.

Auch die BCG-Matrix bzw. Portfolioanalyse bietet sich im Vorfeld von Unternehmenswachstum an, um die Situation des eigenen Unternehmens (Chancen, Risiken und Ertragsaussichten) in einen Kontext zu stellen und zu bewerten.

Grundsätzlich verfolgt die Portfolioanalyse dabei das Ziel, die strategischen Geschäfts- oder Produktfelder eines Unternehmens zu identifizieren und zu bewerten. Sie bietet sich deshalb bei stark ausgeprägten Wachstumsphasen an und insbesondere dann, wenn das Unternehmen seine Aktivitäten in mehrere Geschäftsfelder ausweiten möchte. Bei Start-up-Unternehmen ist das oftmals noch nicht der Fall, jedoch nicht grundsätzlich ausgeschlossen.

Auf den beiden Achsen der BCG-Matrix werden sowohl der relative Marktanteil (Quotient des eigenen Marktanteils und dem Marktanteil des größten Konkurrenten) als auch das geplante Marktwachstum dargestellt.

Ein hoher Marktanteil spiegelt oftmals eine günstige relative Kostenposition wieder. Dahingegen erfordert ein hohes Marktwachstum in der Regel auch ein hohes Maß an finanziellen Mitteln.

Die Matrix unterteilt sich in „Question Marks", „Stars", „Cash Cows" und „Dogs". Zu den „Question Marks" gehören solche Produkte, die aufgrund der Situation im Markt ein hohes Wachstum erfahren. Ihr nachhaltiger Erfolg für das Unternehmen ist jedoch noch vom Anstieg des relativen Marktanteils abhängig.

Im Gegensatz dazu verzeichnen die „Stars" sowohl ein hohes Wachstum als auch einen relativ hohen Marktanteil. Das Produkt wird im Markt vom Kunden sehr gut angenommen. „Cash Cows" haben noch einen hohen relativen Marktanteil, das Wachstum hat jedoch bereits stark nachgelassen. Der Gewinn je Produkt ist bei den Cash-Cows in der Regel deshalb am größten, weil die Erfahrung mit dem Produkt sowie die hohe Ausbringungsmenge, die Stückkosten sowie die Grenzkosten stark gesenkt haben. Oftmals stehen die Cash Cows in Verbindung zum Begriff „Abschöpfen", da versucht wird, so viel Verkäufe wie möglich zu erzielen, bevor die Produktion aufgrund der sinkenden Nachfrage heruntergefahren werden muss. „Poor Dogs" sind Teil der Auslaufstrategie bzw. Produkte, welche sich nicht im Markt durchsetzen können. Der Verbleib im Markt ist bei den Poor Dogs daher in der Regel nur noch von begrenzter Dauer.

Im Zuge der Wachstumsstrategie kann sich ein Unternehmen mit Hilfe der BCG-Matrix entscheiden, welche Wachstumsstrategie für welches Produkt angestrebt werden soll. Beispielsweise kann vorrangiges Ziel sein, den relativen Marktanteil eines „Stars" noch weiter zu vergrößern. Vielleicht ist mit dem Zukauf einer Produktreihe aber auch geplant, die Cash Cows der Unternehmung zu erweitern und den Wettbewerb mit einer Verdrängungsstrategie zu dezimieren. Dazu kann der Unternehmer zunächst seine aktuelle Situation (bzw. die der Produkte) im Markt analysieren und festhalten, um anschließend Strategien für das eigene Produktportfolio oder den Zukauf von Produkten zu entwickeln. Die BCG Portfolio Analyse kann somit als Entscheidungshilfe für Wachstumsprozessen gesehen werden.

Festhalten kann man an dieser Stelle jedoch auch, dass im Speziellen Gründungsunternehmen in der Regel keine Cash Cows bzw. Poor Dogs haben. Die Cash Cows stehen in den meisten Fällen erst mit einer bestimmten Zeitdauer im Markt und sind damit auch erst nach einer erfolgreichen Wachstumsphase möglich. Ebenso sind auch die Poor Dogs zumindest modeltypisch als Folge einer längeren Zeit im Markt zu sehen. Ein Unternehmen wird sich in der Gründungsphase im Idealfall nicht für einen Markt entscheidet, welcher durch niedriges Wachstum und schlechte Chancen auf einen guten Marktanteil gekennzeichnet sind. Trotz alledem kann ein Startup Unternehmen mit einem Poor Dog schnell in eine solche missliche Lage gelangen.

Außerdem muss bei der Verwendung einer BCG-Analyse, ähnlich wie bei der Erstellung einer SWOT-Analyse bedacht werden, dass die erstellte Matrix je nach Branche und

Produktlebenszyklus sehr schnell an Aussagekraft verlieren kann. Insbesondere technische Produkte durchlaufen den Zyklus daher beispielsweise sehr viel schneller, als beispielsweise Produkte aus der Lebensmittelindustrie.

Nach der Wachstumsplanung, kommt der Strategie und der Konzeption zur Umsetzung der Erkenntnisse aus der Wachstumsplanung eine große Bedeutung zu. Das Unternehmen kann in diesem Zusammenhang verschiedene Wachstumsstrategien einsetzen:

- Marktdurchdringung (Absatzsteigerung im bestehenden Markt)
- Marktentwicklung (bereits entwickelte Produkte auf anderen Märkten – Alter Zielgruppe, Länder etc. – kapitalisieren)
- Produktentwicklung (Entwicklung neue Produkte für bestehenden Markt)
- Diversifikation

Zur Implementierung und Umsetzung der Strategie, ist nachfolgend das Wachstumsmanagement zuständig. Veränderungen in Folge des Wachstums müssen so in die bestehenden Prozesse integriert werden und veraltete Prozesse werden auf die neuen Bedürfnisse, welche durch das Wachstum maßgeblich beeinflusst werden, angepasst.

7.9.3 Organisatorisches Wachstum

Organisatorisches Wachstum bezieht sich auf Änderungen innerhalb der Organisationsstruktur, der Prozesse und der Unternehmenskultur. Es findet meist im Zuge der Wachstums- und Entwicklungsprozesse statt und ist als Folge der Lernprozesse zu verstehen. Dabei lässt sich organisatorisches Wachstum in internes, externes und kooperatives Wachstum unterteilen.

7.9.3.1 Internes Wachstum

Als internes Wachstum wird das Wachstum eines Unternehmens, aus eigener Kraft, innerhalb der derzeitigen Wertschöpfungsprozesse des Unternehmens verstanden.

Beim internen Wachstum liegt der Fokus damit auf den eigenen Ressourcen und Kapazitäten. Das Ziel ist die größtmögliche Ressourceneffizienz.

Die zeitliche Orientierung ist beim internen Wachstum in der Regel langfristig ausgelegt. Bezüglich des Themas Kostenaufwand ist das interne Wachstum ebenfalls als langfristige und kontinuierliche Investition zu sehen. Auch der organisatorische und koordinative Aufwand ist beim internen Wachstum im Vergleich zu den weiteren Formen des organisatorischen Wachstums und aufgrund des kontinuierlichen Prozesses der Anpassung, als eher gering einzustufen.

7.9.3.2 Externes Wachstum

Im Gegensatz zum internen Wachstum zielt das externe Unternehmenswachstum auf eine schnelle Erweiterung des eigenen Unternehmens durch Akquisitionen oder

Partnerschaften (z. B. Fusionen) ab, über welche in vielen Fällen Synergieeffekte oder Kompetenzerweiterungen erzielt werden können.

Mit dem Zukauf von extern soll beispielsweise im Anschluss der Eintritt in neue Märkte erfolgen oder eine Unternehmensausweitung im Ausland vollzogen werden. Weiterhin könnte im Hinblick auf das externe Unternehmenswachstum auch die Ausweitung der Produktpalette angestrebt werden.

Trotz unterschiedlicher Art und Ausprägung ist die zeitliche Orientierung beim externen Wachstum im Vergleich zum internen Unternehmenswachstum als eher kurzfristig einzustufen. Sowohl der Kostenaufwand als auch der Integrationsaufwand sind verhältnismäßig hoch. Der schnelle strukturelle Wandel im Falle von externem Unternehmenswachstum verlangt zudem einen sehr hohen organisatorischen und koordinativen Aufwand.

Eine Akquisition steht als zentraler Begriff für externes Unternehmenswachstum. Unter einer Akquisition wird die Übernahme der Kontrolle eines Unternehmens durch ein anderes Unternehmen verstanden – meist über einen Kaufprozess. Das Wachstum eines Unternehmens erfolgt mit einer Akquisition schlagartig. In der Regel wachsen mit einer Unternehmensübernahme sowohl die Mitarbeiterzahl und die Ausbringungsmenge, als auch die Kompetenzen des eigenen Unternehmens sehr schnell und das innerhalb eines kurzen Zeitrahmens. Im Zusammenhang mit einer Akquisition steht oftmals auch das Ziel einer Firma, einen neuen Markt für sich zu erschließen. Auch eine Fusion kann als externes Wachstum bezeichnet werden, wenn bei der Verschmelzung zweier Unternehmen die Firmenübernahme im Vordergrund steht.

Fallstudie: Konsumgüterhersteller Unilever kauft Sara Lees Körperpflegesparte DuschDas – Kommunikation als zentraler Erfolgsfaktor

Braun (2011) stellt in einer Fallstudie ein Beispiel für eine Unternehmernahme vor.

Unternehmensübernahmen sind nicht selten mit großen Problemen, Konflikten und Herausforderungen behaftet. Auch für den Konsumgüterhersteller Unilever war das Risiko hoch, als die Übernahme vom Konkurrenten Dusch Das für 1,3 Mrd. Euro verkündet wurde. Bis zur Unterschrift unter dem Kaufvertrag vergingen immerhin alleine 15 Monate, bis das Europäische Kartellamt grünes Licht für die Übernahme gegeben hat.

Unilever ist einer der weltweit größten Hersteller von Verbrauchsmitteln und hat unter anderem Marken wie Axe, Bertolli, Timotei oder Knorr eingegliedert. Der Konkurrent Sara Lee befand sich ab dem Jahr 2005 in einer Umstrukturierungsmaßnahme, in der die Konzentration auf das Kerngeschäft mit Lebensmitteln und Kaffee durchgesetzt werden soll. Zum Prozess, der Situation heute und Dingen, welche besser anders hätten verlaufen können, äußerten sich mehrere involvierte, hochrangige Mitarbeiter beider Unternehmen:

Beim Prozess der Übernahme sei vor allem der gegenseitige Respekt von enormer Bedeutung gewesen. Nicht nur die Zielvorstellungen, sondern auch zwei verschiedene Unternehmenskulturen treffen zukünftig im selben Unternehmen aufeinander. Beide Kulturen müssen erfolgreich miteinander kooperieren.

Formalen Treffen wurde daher speziell vom übernehmenden Unternehmen Unilever ein großer Stellenwert beigemessen. Bei den Treffen selbst wurde immer wieder unterstrichen, wie wichtig die Eingliederung der neuen Marke in das Unternehmen sei und welchen Stellenwert der Marke zukommen würde.

Insgesamt waren weltweit 1800 Mitarbeiter von der Eingliederung betroffen. Der Wertschätzung kommt daher eine sehr große Bedeutung zu, um Vertrauen untereinander aufzubauen und langfristig erfolgreich miteinander zu arbeiten. Zu diesem Vertrauensaufbau zählte auch eine klare, ehrliche und eindeutige Kommunikationspolitik, welche nicht immer nur positive Nachrichten zur Folge hatte. Einige Standorte wurden beispielsweise im Zuge der Eingliederung umstrukturiert bzw. zu Teilen auch geschlossen. Dazu mussten oftmals auch Kompromisse gemacht werden.

Der Fokus bei der Unternehmensübernahme wurde zu großen Teilen auf die Beschäftigten und die nahtlose Eingliederung dieser gelegt, da Probleme in diesem Bereich zu den größten Reibungen bei einer Akquisition gehören. Geholfen hat dem Team von Sara Lee vor Ort in Deutschland vor allem die Eingespieltheit. Die starke Gemeinschaft konnte beim Prozess der Übernahme und auch bezüglich der Teilschließung in Köln besser bestehen. Schließlich stand in dieser Phase auch die Existenz vieler Mitarbeiter auf dem Spiel.

Auch die verschiedenen Unternehmenskulturen zu vereinen sei kein einfaches Unterfangen gewesen. Jedoch wurde insbesondere der Markenkern von Dusch Das harmonisch integriert, so dass die Glaubwürdigkeit der Produkte erhalten bleiben konnte. Damit erklärt sich auch der Erfolg im Jahr 2011. Zu diesem Zeitpunkt, direkt nach der Übernahme, liegt der Marktanteil von Dusch Das in Deutschland auf einem Allzeithoch.

Gelähmt wurden die Integrationsmaßnahmen nur zu einem Zeitpunkt vor der Unterzeichnung des Vertrags. Auf der einen Seite wollte Sara Lee die Personaldaten seiner Mitarbeiter für die wo mögliche Integration beider Unternehmen nicht vor der Unterschrift herausgeben. Auf der anderen Seite hat Unilever die Betriebsvereinbarungen zur Vorbereitung der Sara Lee Mitarbeiter auf ihren neuen Arbeitgeber bis zur Herausgabe der Personaldaten zurückgehalten. Schlussendlich einigten sich jedoch beide Parteien noch vor Vertragsabschluss, um den Prozess der Integration planmäßig vorzubereiten.

Hauptverantwortlich für die überwiegend problemlose Abwicklung bei der Akquisition war vor allem die offene Kommunikation beider Parteien. Vor allem das Personal und die Marke des zu übernehmenden Unternehmens wurde mit Respekt behandelt. Zudem wurden durch eine offene und ehrliche Kommunikation gleich zu Beginn klare Verhältnisse geschaffen.

7.9.3.3 Kooperatives Wachstum (Joint Ventures, Strategische Allianzen, Franchising und Lizensierung)

Das kooperative Wachstum vereint sowohl Eigenschaften des internen als auch des externen Wachstums und bedient sich dabei einzelner Partnerschaften. Ziel des kooperativen Wachstums ist die gemeinsame Nutzung vorhandener Ressourcen.

Zur Form des kooperativen Wachstums zählen beispielsweise Joint Ventures, Strategische Allianzen, Franchising und Lizensierungen. Sowohl die internen als auch die externen Ressourcen werden dabei gleichermaßen zur Wachstumssteigerung genutzt. Dabei ist beim kooperativen Wachstum neben der Kontrolle auch der Zugang zum jeweiligen Markt besonders hoch. Gleichzeitig ist auch der Einsatz von Ressourcen in der Regel ungleich höher, als es beispielsweise beim externen Wachstum der Fall wäre.

Bei Joint Ventures wird im Zusammenhang mit dem kooperativen Wachstum nicht die Übernahme eines anderen Unternehmens angestrebt, sondern die Zusammenarbeit zwischen zwei Unternehmen verfolgt. Dabei ist mindestens ein Mutterunternehmen nicht im Staat des Unternehmensstandortes resident. Der Anteilsbesitz variiert dabei zwischen überwiegend im Fremdbesitz, zu 50/50 Anteilsbesitz, bis hin zum überwiegenden eigenen Anteilsbesitz.

Fusionen bezeichnen die Verschmelzung von Unternehmen. Diese können sich je nach Art und Ausprägung mit einer Akquisition überschneiden. Für eine Fusion kann beispielhaft die Verschmelzung einer Tochtergesellschaft mit der Muttergesellschaft oder andersherum stehen (Up- bzw. Downstream Merger). Verschmilzt dahingegen eine Tochtergesellschaften mit einer Tochtergesellschaft, wird dieses als Sidestream Merger bezeichnet.

Neben den angeführten Formen gibt es auch weitere Möglichkeiten des kooperativen Wachstums. Dazu zählen neben dem Franchising (wie beispielsweise bei der Mc Donalds Kette) und der Lizensierung beispielsweise auch strategische Allianzen.

Das Franchising Konzept von Mc Donalds sieht relativ klassisch vor, dass sich der potentielle Franchisee (der Franchisenehmer) um einen Standort für ein Mc Donalds Restaurant bewirbt. Der Mutterkonzern gibt dem Franchisee als Franchiser (Franchisegeber) nach detaillierten Prüfungen bezüglich des Marktbedarfs am gewünschten Standort die Erlaubnis (bzw. die Absage) und stellt zudem die finanziellen Mittel zur Errichtung eines weiteren Mc Donald Restaurants. Prozentual muss der Franchisee im Anschluss einen Teil seiner Gewinne an die Muttergesellschaft abführen.

Auch bei der Lizensierung muss der Lizenznehmer dem Lizenzgeber für den Erwerb einer Lizenz eine Gebühr entrichten. Dies kann auf der einen Seite in Form einer Einmal-Zahlung erfolgen. In der Regel werden aber auch hier prozentuale Beträge vom Gewinn oder festgelegte Nutzungsgebühren ausgehandelt. Strategische Allianzen sind dagegen Zusammenschlüsse aktueller oder potenzieller Wettbewerber. Im Fokus steht bei den strategischen Allianzen nicht nur die Erhöhung des Absatzes, sondern beispielsweise auch die Ausnutzung von Kosteneinsparungspotenzialen. So konnten die Fluggesellschaften Air France, Delta Airlines und KLM mit ihrem Zusammenschluss als „Star Alliance“ erhebliches Kosteneinsparungspotenzial auf ihren einzelnen Flugwegen realisieren. Die hohe Auslastung der Sitzplätze steigerte die Gewinne signifikant.

7.10 Wachstumsstrategien

Die Wachstumsstrategien eines Unternehmens leiten sich aus den vom Unternehmen festgelegten Handlungsalternativen ab. Die Ausrichtung und Positionierung des Unternehmens sowie die zukünftige Stoßrichtung, beeinflussen die Strategie dabei maßgeblich.

Die Wachstumsstrategie lässt sich dabei grob in zwei Bereiche einteilen: Auf der einen Seite geht es bei den Wachstumsstrategien um die strategische Ausrichtung für geografisches Wachstum. Die Aufteilung erfolgt in lokale, regionale, nationale, internationale und globale

Strategien. Auf der anderen Seite steht die Strategie für den Kooperationsgrad. Aus dem Kooperationsgrad leiten sich die internen, externen und kooperativen Wachstumsstrategien ab.

Die Produkt-Markt-Matrix (bzw. Ansoff Matrix) unterteilt sich in vier verschiedene strategische Optionen, die ein Unternehmen durchsetzen kann, um Wachstum zu erzielen. Die Strategien der Ansoff Matrix unterscheiden sich bezüglich ihrer geographischen und produktbezogenen Ausrichtung. Während bei der Marktdurchdringung beispielsweise keine grundlegenden Änderungen am Produkt vorgenommen und auch keine neuen Märkte erschlossen werden, wird bei der Diversifikation sowohl ein neues Produkt entwickelt als auch ein neuer Markt für die Neuentwicklung erschlossen.

7.10.1 Produkt-Markt-Wachstumsstrategien

7.10.1.1 Marktdurchdringung

Bei der Marktdurchdringung entscheidet sich das Unternehmen für eine Strategie, bei der für das geplante Wachstum sowohl das Produkt als auch der Markt identisch bleibt. Die Marktdurchdringung verlangt daher tendenziell das kleinste unternehmerische Risiko. Das Investitionsvolumen ist bei ihr im Verhältnis zu den anderen Wachstumsstrategien gering.

Mit der Marktdurchdringung verfolgt ein Unternehmen das Ziel, das bestehende Produkt im Markt, bestenfalls in größeren Mengen, an sein Zielpublikum zu verkaufen, um seinen Absatz zu erhöhen bzw. die Kundschaft innerhalb der Zielgruppe zu vergrößern. Dies kann beispielsweise dadurch erzielt werden, dass man die Kunden von Mitbewerbern für sein Produkt oder seine Dienstleistung gewinnt.

Ein Kaugummihersteller könnte beispielsweise versuchen, durch Werbeaktionen in verschiedenen Medien oder durch Aktionen über die Vertriebskanäle, verstärkt auf sein Produkt aufmerksam zu machen. Im Einzelhandel werden in diesem Zusammenhang sehr häufig Pappaufsteller inklusive der jeweiligen Produkte, häufig auch in der Nähe der Kassensysteme aufgestellt.

Über einzelne Stellschrauben, wie beispielsweise das Hinzuziehen anderer bzw. zusätzlicher Werbekanäle, wird sodann angestrebt, die Ausbringungsmenge zu steigern. Dabei kann man auf Erfahrungswerte aus der Vergangenheit zurückgreifen, da wie besagt sowohl Erfahrungen bezüglich des Marktes als auch bezüglich des Produktes vorliegen.

Der Hersteller Brandt hat mit seiner Werbekampagne „Zwieback geht immer“ vor allem im deutschen Radio angestrebt, das Kaufverhalten vom Konsumenten, aufgrund der häufigen Frequenz der Werbespots, nachhaltig zu beeinflussen.

Brand versuchte sich mit der Werbekampagne beim Zielpublikum wieder in Erinnerung zu rufen und sich zusätzlich als Alternative gegenüber eher klassischen Snacks zu präsentieren. Das Produkt selbst wurde dabei nicht verändert oder angepasst.

7.10.1.2 Marktentwicklung/-erweiterung

Bei der Marktentwicklung wird ein bereits bestehendes Produkt für einen anderen Markt übernommen. Anders als bei der Marktdurchdringung wird dabei jedoch ein unter Umständen gänzlich anderes Publikum angesprochen. Das ist von der Art und Weise der Marktentwicklung abhängig.

So kann entweder ein neuer Markt in einem geografisch komplett neuen Gebiet erschlossen werden oder neue Segmente innerhalb des aktuellen Marktes angesprochen werden. Das erfordert häufig eine Adaptierung des Produktes für den neuen Markt, in der Regel aber keine Neuentwicklung.

Kann das Produkt für ein anderes Land ohne Adaptierung am Produkt selbst übernommen werden (z. B. aufgrund des gleichen Grundbedürfnisses), so muss das Marketing unter Umständen trotzdem eingreifen, um die Werbekampagne aufgrund der kulturellen Unterschiede deutlich anzupassen.

Bei einem anderen Produkt ist dann unter Umständen zwar die Werbung passgenau für das andere Zielpublikum, das Produkt ist jedoch vielleicht aufgrund nur einer Eigenschaft nicht eins zu eins zu übernehmen, da der Absatz unter diesem Detail sehr stark leiden könnte. Im Volkswagen Konzern musste so beispielsweise der Name eines Modells, des VW Fox, für den mexikanischen Markt angepasst werden, um mit dem Modell-Namen keine Verbindung zum damaligen Staatspräsidenten Mexikos herzustellen. Die Namensverwandheit hätte den Verkauf u. U. stark beeinträchtigt, so dass das Fahrzeug dort unter dem Namen „Lupo" verkauft wurde. Eine neue Produktentwicklung war in diesem Fall deshalb nicht von Nöten. Das Produkt musste jedoch zumindest in einigen Punkten adaptiert werden.

Dass ein Unternehmen sich bei der Marktentwicklung bzw. bei der Markterweiterung unter Umständen mit größeren Herausforderungen gegenüber den neuen Märkten konfrontiert sieht, das macht das Beispiel von Wal-Mart deutlich.

Die sehr erfolgreiche amerikanische Supermarktkette Wal-Mart öffnete Mitte der 90er Jahre auch mehrere Warenhäuser in Deutschland. Das Problem in diesem Fall war, dass das Konzept der Kette dabei nicht grundlegend verändert, also nicht vom amerikanischen auf den deutschen Markt angepasst wurde.

Das Ergebnis folgte prompt: Die Supermarktkette fand hier in Deutschland keine Akzeptanz und musste wenige Jahre später, und das trotz immenser Investitionen und Übernahmen anderer Warenhäuser, seinen Rückzug aus Deutschland bekannt geben.

Anders als bei der Marktdurchdringung kann bei der Marktentwicklung bzw. -erweiterung in erster Linie nur auf Erfahrungswerte mit anderen Märkten oder Segmenten zurückgegriffen werden. Das Risiko ist daher nicht nur durch die tendenziell höheren Investitionen größer, als bei der Marktdurchdringung, sondern auch aufgrund der erhöhten Unsicherheiten bezüglich des Erfolgs im neuen Markt.

7.10.1.3 Produktentwicklung/-innovation

Anders als bei der Marktentwicklung, hat ein Unternehmen es sich bei der Produktentwicklung nicht zum Ziel gesetzt, einen neuen Markt zu erschließen.

Bei der Produktentwicklung wird ein neues Produkt für den aktuell bekannten Markt entwickelt. Auf Basis von Erfahrungswerten mit dem bestehenden Markt, kann das Unternehmen seine Produktentwicklung vornehmen. Das kann entweder eine Produktinnovation sein, eine Neuauflage, ein Nachfolgemodell oder eine Produkterweiterung. Eine Produkterweiterung kann sich z. B. durch innovative Erweiterungen des bisherigen Produktes auszeichnen bzw. abgrenzen. Mit einer Neuauflage ist der Austausch des eigenen Produktes durch ein neues gemeint. Das Produkt kann dann entweder auf einer eigenen Entwicklung beruhen. Weiterhin besteht die Möglichkeit, ein Produkt zu lizensieren, welches dann im eigenen Markt vertrieben wird.

Der Sportwagenhersteller Porsche richtet sich mit seiner neusten eigenen Modellreihe (und eigenen Entwicklung) des Porsche Carreras auch grundlegend immer an dieselbe Zielgruppe. Porsche weiß damit sehr genau, auf welche Bedürfnisse sie ihr neustes Modell zuschneiden müssen bzw. in welcher Form sich Bedürfnisse ändern und welche Veränderungswünsche bei den Kunden bestehen. Dabei kann Porsche auch auf eine große Anzahl von Stammkunden zurückgreifen, so dass das Risiko sehr viel geringer ist, als bei dem Eintritt in einen bisher nicht erschlossenen Markt. Bedenken muss man unabhängig von der Strategie der Produktentwicklung auch, dass Porsche aufgrund der weltweiten Bekanntheit der Marke noch in einer relativ günstigen Situation bei der Erschließung neuer Märkte ist, während Kleinserienhersteller unter Umständen im nationalen Markt eine überdurchschnittliche Bekanntheit genießen, auf internationaler Ebene jedoch aufgrund des fehlenden Bekanntheitsgrades keine große Chance haben, sich gegenüber dem Wettbewerb durchzusetzten.

7.10.1.4 Diversifikation

Die komplexeste Form des Wachstums stellt die Diversifikations-Strategie dar. Hier wird sowohl ein neues Produkt entwickelt als auch ein neuer Markt für dieses Produkt erschlossen. Aufgrund der Komplexität setzt die Diversifikation daher zumeist auch schon Erfahrungswerte im Bereich der Marktentwicklung oder der Produktentwicklung voraus. Sie stellt deshalb eine Wachstumsstrategie dar, welche üblicherweise von etablierten Unternehmen einer Branche durchgesetzt wird und nur in den seltensten Fällen bei Startup-Unternehmen Verwendung findet.

Das Risiko ist aufgrund der Kombination aus einem neuem Markt und einem neuem Produkt besonders hoch.

Die Diversifikationsstrategie kann auf der horizontalen oder der vertikalen Ebene der Value Chain vollzogen werden. Mit der lateralen Diversifikation gibt es zudem eine zusätzliche Sonderform.

Bei der horizontalen Diversifikation bedient sich das Unternehmen seiner eigenen Kompetenzen, um neue Zielgruppen zu erschließen und neue Produkte zu entwickeln. Der Hersteller eines Küchen-Stabmixers entscheidet sich somit beispielsweise, neben seinem Stabmixer auch eine komplette Küchenmaschine zu produzieren. Dabei kann er auf Kapazitäten und Kompetenzen seiner aktuellen Wertschöpfungskette zurückgreifen. Beispielsweise kann er auf teils identische Maschinen oder auf das Know-How der aktuellen Zulieferer zurückgreifen. Auch das Marketing richtet sich an eine sehr ähnliche bzw. sich überschneidende Zielgruppe, so dass man hier auf frühere Erfahrungswerte zurückgreifen kann.

Bei der vertikalen Diversifikation findet das Wachstum vertikal zur Wertschöpfungskette statt. Dazu zählt beispielsweise die komplette Übernahme eines Zulieferers, dessen

Eingliederung im Gegensatz zur horizontalen Wachstumsstrategie sehr viel komplexer sein kann und beispielsweise schlagartige Veränderungen innerhalb der Prozesssteuerung und innerhalb der Prozesslandschaft verlangt. Nichtsdestotrotz ist die Verbindung zu den eigenen Kernkompetenzen auch bei der vertikalen Diversifikationsstrategie gegeben.

Anders als bei der horizontalen und vertikalen Diversifikation, geht das Unternehmen mit der lateralen Wachstumsstrategie einen Weg, der sich von den Kernkompetenzen des eigenen Geschäftes löst. Das neue Geschäftsfeld ist dabei weder vertikal noch horizontal in die aktuelle Wertschöpfungskette des Unternehmens integriert. Als lateral bezeichnet man ein Wachstum beispielsweise dann, wenn sich ein Hersteller von Zahnpaste dazu entscheidet, fortan auch Rindfleisch zu produzieren und zu vertreiben. Damit erschließt das Unternehmen sowohl einen völlig neuen Markt, als auch eine völlig neue Produktpalette, welche mit dem Kerngeschäft Zahnpaste in keiner Verbindung steht. Die laterale Wachstumsstrategie erfordert dazu in der Regel ein hohes Investitionsvolumen. Neben einer neuen Produktion, Logistik und anderen Funktionen, ist es vor allem auch das Know-How, welches sich das Unternehmen aneignen muss, um im neuen Geschäftsfeld bestehen zu können. Der Vorteil eines solchen Investments und der Tätigkeit in multiplen Geschäftsfeldern liegt darin, dass das Unternehmen sein unternehmerisches Risiko auf der einen Seite streuen kann, da beide Geschäftsfelder völlig unabhängig voneinander operieren. Auf der anderen Seite ist das Geschäftsfeld u. U. schlichtweg extrem profitabel für das Unternehmen, so dass es sich entscheidet, diesen neuen Markt für sich zu erschließen.

Vergleichbar ist die laterale Wachstumsstrategie mit dem Investment in ein Aktienportfolio. In einem Aktienportfolio wird das Risiko des Investments durch verschiedene Einzel-Aktien, in voneinander unabhängige Branchen, gestreut.

7.10.2 Geografische Wachstumsstrategien

Im Gegensatz zu Produktmarktwachstumsstrategien beziehen sich geografischen Wachstumsstrategien einzig und allein auf das Wachstum im Sinne von Ausweitung im geografischen Sinne. Insbesondere Startup Unternehmen verfolgen diese Strategie, um ein Produkt, welches zunächst erfolgreich innerhalb der regionalen Grenzen platziert werden konnte, hin zu den nationalen Grenzen auszuweiten und schlussendlich auch international zu vertreiben.

Aufgrund des Internets verschwimmen diese Grenzen jedoch sehr viel schneller, als das früher der Fall war. Ein Startup-Unternehmen startet daher in der Regel bereits mit einem Webauftritt, so dass ein regionaler Erfolg in der Regel auch gleichzeitig und automatisch mit einem größeren Radius aufgrund der Möglichkeiten im Internet verbunden ist.

Mit der englischen Sprache deckt man beispielsweise den kompletten englischsprachigen Raum ab und erreicht zusätzlich auch weitere potentielle Kunden aus dem Ausland, welche die jeweilige Sprache (in diesem Fall Englisch) sprechen. Generell kann man bei den geografischen Wachstumsstrategien zwischen ethnozentrischem, polyzentrischen und geozentrischen Wachstum unterscheiden. Während das ethnozentrische Wachstum auf lokales, regionales und nationales Wachstum ausgerichtet ist, ist das polyzentrische Wachstum auf den internationalen und das geozentrische auf globales Wachstum ausgerichtet. Internationales Wachstum bezieht sich auf die Ausweitung auf ausgewählte Staaten im Ausland (Internationalisierung). Globales Wachstum ist dagegen eine allgemeine Globalisierungsstrategie.

7.11 Change Management und Prozessmanagement

Wachstum führt zu veränderten Strukturen und Prozessen innerhalb der Unternehmung. Ob mit oder ohne Eingriff des Managements: Veränderungen werden einsetzen. Dem Veränderungsmanagement (Change Management) kommt daher eine bedeutende Rolle zuteil, da es komplexe, bereichsübergreifende Veränderungen in einem Unternehmen umsetzen kann. Es ist damit für eine erfolgreiche Durchsetzung der Wachstumsstrategie zuständig.

Zunächst werden die Aufgabe und die Phasen des Veränderungsprozesses innerhalb der Unternehmung vorgestellt. Dabei geht es vorwiegend um Veränderungen von Strukturen, Systemen, Strategien und Verhaltensweisen einer Organisation.

Nach Kurt Lewin unterteilt sich der Prozess der Veränderung dabei in drei Phasen, weshalb das Modell auch als 3-Phasen-Modell bezeichnet wird.

- Auftauphase (unfreezing)
- Bewegungsphase (moving)
- Einfrierphase (reefreezing)

In der sogenannten Auftauphase entsteht zunächst das Bewusstsein dafür, dass Veränderungen von Nöten sind, um die im Unternehmen gesetzten Ziele zu erreichen. Prozesse, Verfahren, Verhaltensweisen etc. werden hinterfragt und die Bereitschaft für Veränderung steigt.

Die Bewegungsphase beschreibt anschließend den Prozess, in welchem bereits die ersten Lösungsansätze für eine Veränderung innerhalb der Organisation erarbeitet und getestet werden. Das aufgebrochene Gleichgewicht findet sich in einem neuen Gleichgewicht wieder. Veränderungen führen dabei nicht automatisch zu besseren, geschweige denn zu optimalen Ergebnissen. Vielmehr können beispielsweise die Mitarbeiter neue Prozesse aufgrund von Skepsis oder Unsicherheit ablehnen und in alten Verfahren und Verhaltensweisen verharren. Daher wird die Bewegungsphase oftmals in Teilprojekten durchgeführt, um die Umsetzung des Veränderungsmanagements zu gewährleisten und zu unterstützen.

In der letzten der drei Phasen des Modells von Lewin werden die Veränderungen abschließend implementiert. Dabei ist das vorrangige Ziel, die implementierten Veränderungen innerhalb der Organisation vor der sprichwörtlichen Macht der Gewohnheit zu schützen. Alte Verhaltensweisen, welche im Zuge der Bewegungsphase verändert und angepasst wurden, dürfen das neue Gleichgewicht nicht untergraben. Die Veränderungen müssen deshalb konsequent durchgeführt und durchgesetzt werden. Regelmäßigen Messungen und Kontrollen sind daher unumgänglich.

Veränderungsmanagement fällt dabei heutzutage immer mehr in das Aufgabengebiet von Führungskräften. Zusätzlich besteht auch von außen die Möglichkeit, Personal hinzuzuziehen, welches als neutrale und unabhängige Instanz, Änderungen in der Regel mit größerer Akzeptanz durchsetzen kann. Hierzu zählen beispielsweise sogenannte Change Agents. Change Agents kommen für einen bestimmten Zeitraum in das Unternehmen, um die Ist-Situation zu analysieren und die gewünschte Soll-Situation durchzusetzen. Anschließend ziehen diese sich aus dem operativen Geschäft wieder zurück. Grundsätzlich muss ein Change Agent jedoch nicht von extern kommen, sondern kann auch aus den eigenen Reihen, z. B. aus der Führungsetage, gestellt werden.

Neben weichen Faktoren des Change Managements, welche beispielsweise für den Aufbau von Verständnis für die Veränderung verantwortlich sind, sind es vor allem die Prozesse, welche im Zuge des Wachstums Veränderung erfahren.

Zur Modellierung oder Neuimplementierung von Prozessen gibt es zwei grundlegende Ansätze zur Analyse und Restrukturierung. Der Ausgangspunkt ist jedoch beim sogenannten Top-Down- bzw. beim Bottom-Up Ansatz verschieden.

Beim Top-Down-Ansatz wird der Blickpunkt zunächst auf die allgemeinen, abstrakten Faktoren der Prozesse gelegt. Schrittweise nähert man sich bei der Analyse den Details und Einzelschritten des Prozesses. Der Gesamtüberblick kann so beim Top-Down Ansatz immer gewährleistet werden. Eine Zielsetzung steht zwar beim Top-Down Ansatz immer im Fokus, die finale Umsetzung und Konkretisierung der Prozesse kann jedoch auf Basis des ganzheitlichen Ansatzes nicht allein mit Hilfe des Top-Down Ansatzes gewährleistet werden. Im Gegensatz zum Top-Down Ansatz geht es beim Bottom-Down Ansatz, von konkreten Details bis hin zum ganzheitlichen.

In der Regel erfolgt eine Prozessmodellierung bzw. -restrukturierung mit einer schrittweisen Kombination aus beiden Ansätzen. Dazu wird abwechselnd in beide Richtungen (Top-Down bzw. Bottom-Up) analysiert, bis ein ausreichend genaues Bild der Realität erstellt werden kann. Gestartet wird aber in der Regel mit dem Top-Down Ansatz, um zunächst einen größtmöglichen Überblick über die Situation zu erhalten. Im Anschluss geht man mit dem Bottom-Up Ansatz schrittweise zurück und arbeitet die Details bzw. Verbindungen zueinander auf. Die Ausgestaltung von detaillierten Plänen, verknüpfenden Elementen und Konkretisierung der Einzelziele übernimmt der Bottom-Up Ansatz im Anschluss.

Über die Analyse der Prozesse werden mit Hilfe des Prozessmanagements neue Prozesspläne entwickelt und alte Prozesse modelliert. Anschließend werden die neuen Prozesse auf die Unternehmensziele im Zuge des Wachstums abgestimmt. Die neue Strukturen werden entwickelt und operationalisiert und die Implementierung wird kontrolliert. Währenddessen werden gleichzeitig weitere Anpassung vorgenommen. Die neuen Strukturen sind zudem Ausgangspunkt für eine erneute Prozessmodellierung. Das Prozessmanagement ist daher sehr stark mit dem Change Management verknüpft und überschneidet sich in vielen Punkten.

Dem Stufenmodell von Webering und Husmann zur Folge gibt es bei der Verbesserung und Erstellung von Prozessen grundsätzlich fünf Phasen, welche sowohl die strategische als auch die operative Prozessoptimierung schrittweise vorantreibt. In der ersten Phase, dem Prozessroadmapping, werden Rollen und Verantwortlichkeiten festgelegt (vor allem strategisch). In der zweiten Phase muss gewährleistet werden, dass die Kerngeschäftsprozesse stabil sind (vorwiegend operativ). Im Anschluss werden Managementprozesse formalisiert und die Prozess-Performance wird verbessert (vor allem strategisch). Die vorletzte Phase ist gleichermaßen von strategischer als auch von operativer Natur. Es geht um die Schärfung von Kernkompetenzen. Dazu zählen auch die Optimierung von Outsourcing und die Optimierung von Partnerschaften. Zuletzt werden in der fünften Phase die Unterstützungsprozesse optimiert.

Das Stufenmodell von Webering und Husmann stellt somit eine Möglichkeit dar, wie die Prozesse auf Basis einer vorherigen Analyse entwickelt bzw. verbessert werden können.

Die Prozessoptimierung selbst kann nach Hungenberg und Kleinaltenkamp beispielsweise mit Hilfe der nachfolgenden Änderungen an der Prozesslandschaft durchgesetzt werden:

- Prozesse eliminieren (Schnittstellen, Durchlaufzeit verringern)
- Prozesse beschleunigen (Durchlaufzeit verkürzen)
- Prozesse tauschen
- Prozesse kombinieren
- Prozesse parallelisieren
- Outsourcing (Verlagerung von Verantwortung und Verkürzung der Durchlaufzeit)

7.12 Voraussetzungen für Wachstum

Die Voraussetzungen für Wachstum sind oftmals eng an die Fähigkeiten des Unternehmens gekoppelt, Wachstum zu erzielen. Gleichzeitig sind die Voraussetzungen eng mit der Wachstumsplanung verbunden, bei der die Vorzeichen für Unternehmenswachstum geklärt und erörtert werden.

An erster Stelle muss die Kenntnis über den Markt vorausgesetzt werden. Nicht nur der aktuelle Wettbewerb und die eigene Situation innerhalb des Marktumfeldes sind dabei von großer Relevanz, sondern vor allem auch zukünftige Reaktionen der Mitbewerber, z. B. bei einer Wachstumsstrategie, welche die Marktausweitung zum Ziel hat. Die Erweiterung des eigenen Produktsegments wird diesbezüglich auch immer eine Reaktion im Wettbewerb auslösen. Die Kostenkalkulation kann dann unter Umständen hinfällig sein. Die Strategie und Planung muss entsprechend aufgrund einer Preisreaktion des Mitbewerbers angepasst werden.

Wachstum erfordert in der Regel auch immer ein hohes Maß an Flexibilität und setzt beim Unternehmen oftmals Durchhaltevermögen voraus. Insbesondere hinsichtlich der finanziellen Situation sind Startups oftmals auf Hilfe von außen angewiesen, um beispielsweise in einer Wachstumsphase nicht in Liquiditätsprobleme zu geraten. Im Gegensatz dazu können Unternehmen, welche sich bereits über einen längeren Zeitraum im Markt etabliert haben, finanzielle Engpasssituationen dagegen viel besser abfangen, da bereits Reserven aufgebaut werden konnten.

Wachstumspotenzial steht auch gleichzeitig immer in Verbindung mit der Ausweitung von Unternehmensaktivitäten. Mit dem Wachstum steigt damit der Bedarf von Humankapital, Marketing, Produktionsintensität und den bereits angeführten Finanzen. Vorausgesetzt werden muss dafür eine Unternehmensstruktur, die neue Erfordernisse und Ansprüche koordinieren und organisieren kann. Die Prozessgestaltung muss so bereits vor dem eigentlichen Wachstum angepasst werden, um auf die spätere Wachstumssituation adäquat reagieren zu können. Auch die strategische Ausrichtung muss insbesondere bei schnellem Unternehmenswachstum frühzeitig festgelegt werden. Das Risiko ist ansonsten zu hoch, sich in einer Phase des Wachstums zu verlieren und den Fokus auf das Wesentliche zu verlieren. Handlungsunfähigkeit aufgrund von Unsicherheiten können die Vorteile des Wachstums völlig untergraben. Auf eine neue Situation in Folge des Wachstums sollte daher nicht nur reagiert werden, sondern aktiv gesteuert werden, um den Erfordernissen des Wachstums gewachsen zu sein.

7.13 Barrieren, Risiken, Herausforderungen

Neben den Chancen, welche sich im Zuge des Wachstums ergeben können, muss ein Unternehmen auch die Risiken, Barrieren und Herausforderungen erkennen. Aus Wachstum können sich neben den positiven Aspekten und unternehmerischen Gelegenheiten auch ernsthafte Unternehmenskrisen entwickeln. Der Zwang zur Restrukturierung und Reorganisation des Unternehmens ist unter Umständen sehr groß. Diesem Umstand ist nicht jedes Unternehmen gewachsen, sowohl von Seiten der Unternehmensführung als auch von Seiten der zur Verfügung stehenden Mittel. Oftmals werden im Speziellen die Risiken viel zu spät erkannt, so dass sich Wachstum für ein Unternehmen zu einer echten Gefahr entwickeln kann.

Vor allem junge Unternehmen, welche sich meist in bestehenden Märkten mit einzelnen (Nischen-) Produkten einbringen, haben Schwierigkeiten, überhaupt in die Wachstumsphase des Unternehmenszyklus zu gelangen. Nur etwa jedes siebte Unternehmen kommt zu nachhaltigem und profitablem Wachstum. Der Rest der Unternehmen verbleibt als Klein- bzw. Kleinstunternehmen im Markt oder scheidet komplett aus. Dabei steht gerade das Wachstum oftmals als Garant für den Verbleib von Unternehmen im Markt, ist es doch ein klarer Indikator dafür, dass das Unternehmen sich im Markt und gegenüber den Mitbewerbern durchsetzen kann. Nichtsdestotrotz kann ein Unternehmen auch ohne Wachstum sehr erfolgreich sein und nachhaltig wirtschaften.

Nach Erreichung der Gewinnschwelle kann ein Unternehmen auch trotz Phasen der Schrumpfung oder Stagnation weiterhin profitabel wirtschaften. Gerade für Gründungsunternehmen ist Wachstum jedoch essenziell, um die Anfangsinvestitionen durch Einnahmen zu kompensieren.

Zusätzlich zu dem Ziel eines Unternehmens, über Wachstum die Gewinnschwelle so schnell wie möglich zu erreichen, gibt es auch weitere Faktoren, welche die Bedeutung von Wachstum eindeutig unterstreichen.

Wachstum kommt heutzutage auch deshalb eine sehr viel größere Bedeutung zu, als dies noch vor wenigen Jahrzenten der Fall war, weil durch die Globalisierung Ländergrenzen von immer kleinerer Bedeutung sind. Wo früher überwiegend noch der regionale und nationale Handel überwogen hat, gibt es heute praktisch keine Grenzen mehr: Weltweiter Vertrieb, weltweite Produktion, weltweites Angebot.

Der Kampf um Marktanteile nimmt immer weiter zu und wer nicht mitzieht gerät unter Umständen schnell ins Hintertreffen. Prozesse müssen immer weiter optimiert werden, um die Qualität zu steigern, Kosten zu senken oder Produktinnovationen zu schaffen. Die logische Konsequenz für ein Unternehmen, welches sich im Wettbewerb durchsetzen möchte, um nachhaltig zu wirtschaften, ist daher häufig und zwangsläufig auch Wachstum.

Die Globalisierung steht damit auf der einen Seite als große Chance für Unternehmen. Sie ermöglicht die Erschließung neuer Märkte, neuer Technologien, neuer Optimierungsansätze sowie Kosteneinsparungspotenziale. Auf der anderen Seite ist die Globalisierung auch als hemmende Kraft zu verstehen, da sie dem Unternehmen ein hohes Maß an globaler Durchsetzungskraft abverlangt. Chancen müssen genutzt werden, während Risiken unbedingt vermieden werden müssen. Diesem Balanceakt sehen sich immer mehr Unternehmen gegenübergestellt.

Grundsätzlich lassen sich die Barrieren, Risiken und Herausforderungen für Wachstum dabei in unternehmensinterne und unternehmensexterne Bereiche aufteilen.

Externe Faktoren sind beispielsweise die Verfügbarkeit und die Qualität von Ressourcen (Rohstoffe, Geld, Mitarbeiter) oder auch die Marktsituation (Wettbewerb, Kundennachfrage etc.). Unternehmensintern sind es vor allem die Fähigkeiten und Kompetenzen des Managements bzw. des Gründungsteams, welche das Ausmaß und die Kontrolle über das Wachstum maßgeblich beeinflussen.

Unternehmensintern als auch Unternehmensextern können dabei Wachstumsfehler entstehen. Häufig treten diese in der Realität parallel zueinander auf. Beispielsweise kann auf der einen Seite die steigende Nachfrage der Kunden nicht bedient werden, wenn beispielsweise zur Herstellung von Produkten Fachpersonal oder Maschinen fehlen. Auf der anderen Seite kann Wachstum trotz vorhandener Kapazitäten plötzlich einbrechen, wenn z. B. ein Wettbewerber in den Markt eintritt und Kunden bzw. Interessenten z. B. mit einer aggressiven Werbe- bzw. Preisstrategie abwirbt.

Klassische Punkte, welche Risiken, Herausforderungen oder Barrieren für ein Unternehmen im Zuge des Wachstums darstellen können, und das sowohl auf unternehmensinterner als auch auf unternehmensexterner Ebene, werden nachfolgend beispielhaft aufgeführt:

- Unsicherheit, fehlende Erfahrung bzw. Kompetenz; Risikoscheue (Wachstum als Unsicherheitsfaktor)
- Inflexibilität
- Finanzierung
- Know-How bzw. Fachkompetenz
- Organisation und Koordination
- Infrastruktur (vor allem im internationalen Kontext)
- Kapazitäten
- Komplexität (z. B. Prozessgestaltung)
- Personal
- Hohe Stückkosten
- Information und Kommunikation
- Marktsituation/Marktumfeld (z. B. Marktsättigung oder Preisstrategie eines Mittbewerbers)
- Branding (kein Image, Markenwissen beim Zielpublikum gering)
- Kompetenzen (Zuständigkeiten)
- Fehlende Innovation, Branchentrends
- Motivation

Die hier angeführten Punkte können gleichzeitig auch als klassische Wachstumsfehler verstanden werden. Das Risiko, von einem solchen Fehler betroffen zu sein, ist logischerweise umso größer, je kurzfristiger das Wachstum eintritt.

Ohne vorherige Planung ist zunächst eine Entscheidung für oder gegen plötzliches Wachstum sehr viel schwieriger und undurchsichtiger. In Folge dessen steigt das Risiko für das Unternehmen. Der Wachstumsprozess könnte zudem auch anschließend weiter mit Fehlern durchzogen sein. Ursache für solche Fehler können in der Wachstumsplanung liegen und hätten unter Umständen bei sorgfältigen Vorüberlegungen verhindert werden können.

7.14 Krisenmanagement

Speziell in Phasen der Veränderung kommt neben dem Change Management und dem Prozessmanagement auch dem Krisenmanagement eine große Bedeutung zu.

Da Wachstum häufig in Verbindung mit neuen Problemen innerhalb und außerhalb der Unternehmung steht, ist das Krisenmanagement essenziell, um Änderungen durchzusetzen.

Auch beim Krisenmanagement geht es neben der Analyse der Ist-Situation im Anschluss um die Entwicklung einer Strategie.. Grundsätzlich unterscheidet man beim

Krisenmanagement zwischen vier Krisentypen. Auch und gerade in einer Wachstumsphase können alle vier Typen auftreten:

- Überlebenskrise
- Steuerungskrise
- Veränderungskrise
- Ereignisinduzierte Krisen

Die Überlebenskrise tritt vor allem dann ein, wenn die Existenz eines Unternehmens gefährdet ist. Dies kann beispielsweise der Fall sein, wenn das Unternehmen aufgrund einer Vorfinanzierung und fehlender Einnahmen in Liquiditätsprobleme gerät. Weiterhin kann ein fest eingeplanter Großauftrag platzen oder schlicht und einfach nicht mehr ausgeliefert werden, weil die Teile vom Lieferanten fehlen. Schuld daran kann auch das Unternehmen selbst sein, dies ist aber nicht zwangsläufig der Fall.

Die Steuerungskrise bezieht sich vor allem auf Probleme des Managements. Dazu zählen beispielsweise unzureichende oder falsche Entscheidungen, Kommunikationsprobleme zwischen Managementebene und den ausführenden Arbeitskräften sowie Probleme in den hierarchischen Strukturen eines Unternehmens.

Im Gegensatz zu Steuerungskrisen stehen Veränderungskrisen meist in direkter Verbindung zu zuvor eingetretenen Ereignissen bzw. Änderungen innerhalb des betrieblichen Umfeldes. Dies kann sich sowohl auf Personal als auch auf technische Änderungen oder Prozessveränderungen beziehen.

Ereignisinduzierte Krisen können anhand der Reaktion von Aktionären erklärt werden. Nicht die Tatsache an sich, dass beispielsweise ein Unternehmensverkauf ansteht, ist ausschlaggebend dafür, dass der Aktienkurs steigt, bzw. abfällt. Oftmals ist erst die öffentliche Informationsweitergabe über die Medien und die Art und Weise der Berichterstattung das entscheidende Ereignis, welches die Anleger zum Kauf oder Verkauf Ihrer Aktie bewegt und somit in vielen Fällen eine Kettenreaktion auslöst.

Zur Bewältigung der angeführten Krisen stehen dem Unternehmen anschließend mehrere Optionen zur Verfügung. Dazu zählt auch der Verkauf des Unternehmens. Der Verkauf kommt einer Auslagerung der Krise gleich.

Weiterhin kann das Unternehmen aufgelöst oder saniert werden. Die Sanierung umfasst alle Aktivitäten, welche der erneuten Gewinnerzielung des Unternehmens dienen. Dazu zählen sowohl betriebswirtschaftliche und rechtliche als auch steuerliche Aspekte. Die Sanierung eines Unternehmens wird allerdings nur dann durchgeführt, wenn eine begründete Aussicht auf Erfolg vorliegt. In Abgrenzung zum Begriff Restrukturierung, kommt die Sanierung nur im Falle einer Unternehmenskrise in Frage.

Krisen müssen sich jedoch nicht ausschließlich auf ein ganzes Unternehmen beziehen, sondern können auch in einzelnen Abteilungen oder Projekten auftreten. Auch ganze Märkte (z. B. Finanzkrise) oder Länder (z. B. Umweltkatastrophen) können von einer Krise betroffen sein.

Fallstudie: Starkes Branchenwachstum im Hausgerätesektor: Marktführer HomeStar schrumpft

Craumer (2003) stellt in einer Fallstudie eine klassische unternehmerische Herausforderung vor. Der Theorie zur Folge gibt es viele verschiedene Wege, Wachstum zu erzielen. In der Praxis kann Wachstum jedoch zu einer unlösbaren Aufgabe für ein Unternehmen verkommen.

Abhängig von der jeweiligen Branche können dafür beispielsweise Konflikte, kulturelle Unterschiede oder die Konkurrenz sein. Eine Wachstums-Strategie und dessen Umsetzung kann damit schnell in einer Unternehmenskrise enden.

In dieser Fallstudie wird der Hausgerätehersteller Homestar beleuchtet. Das Unternehmen war über viele Jahrzehnte Marktführer in seiner Branche. Aufgrund innovativer und vor allem technisch fortschrittlicher Produkte konnte kontinuierliches Wachstum verzeichnet werden. Dafür war vor allem der Fokus auf die Forschung und Entwicklung ausschlaggebend. Insbesondere der Entwicklungsleiter war mit seinen Entscheidungen grundlegend für den Erfolg des Unternehmens verantwortlich. Mit über 27 Jahren Erfahrung hat dieser die technischen Bedürfnisse des Kunden antizipiert und die Haushaltsgeräte von Homestar darauf angepasst.

Nach und nach büßt das Unternehmen jedoch an Marktanteilen ein. Die Konkurrenz kann immer weiter Kunden abgreifen.

Grund dafür sind die heutzutage sehr schnellen Marktveränderungen. Durch die erhöhte Anzahl an Produktinnovationen, durch den ansteigenden internationalen Wettbewerb sowie die sich ständig verändernden Vorlieben und Bedürfnisse der Verbraucher, gestalten sich die Produktlebenszyklen immer kürzer. Da ein recht hoher Standard bezüglich der Qualität technischer Geräte erzielt kann, nimmt heutzutage insbesondere das Marketing eine zentrale Rolle ein. War damals noch das neuste Gerät eines renommierten Herstellers das Optimum, so gibt es heute eine Vielzahl neuer Geräte und neuer Marken, welche sich in den unterschiedlichsten Disziplinen mit den neusten Features ausstechen möchten.

Während HomeStar sich wie in der Vergangenheit langfristig auf den technischen Fortschritt seiner Geräte konzentriert, können andere Hersteller und insbesondere der größte Konkurrent Vanguard, kurzfristig rapides Wachstums erzielen. Die Marktanteile von HomeStar schrumpfen dagegen zunehmend.

Technisch gesehen sind die Geräte von Vanguard zwar ausgereift, kommen aber nicht an die Qualität von HomeStar heran. Bei Vanguard ist es vor allem die Marketingstrategie, welche immer mehr Kunden für die Marke generiert. Zunächst wurde mit dem Fokus auf das Retro-Design für die Küche auf ein neues „In-Design" gesetzt, welches sich zuvor bereits in der Automobilindustrie durchsetzen konnte. Das Bedürfnis des Verbrauchers, Trends auch in der Küche mit seinen Haushaltsgeräten zu setzen, wurde von Vanguard erkannt. Der Lifestyle wird mit Vanguard auch in der Küche „spürbar".

Der Konsument ist nicht mehr bereit, nur für die beste Technik zu zahlen, sondern auch für den Lifestyle eines Produktes, den Erlebnischarakter. Dafür ist der Kunden sogar bereit, mehr Geld auszugeben.

Geschäftsführer renommierter Großunternehmen, Konkurrenten und andere Experten ihres Fachs, erörtern die Situation des Hausgeräteherstellers HomeStar, und zeigen auf, was die Konkurrenz richtig macht. Weiterhin geben Sie handlungsleitende Ansätze, wie HomeStar den Abwärtstrend stoppen kann.

HomeStar hat die Entwicklung zu immer kürzeren Produkt- und Innovationslebenszyklen verpasst. Mit stetig steigender Frequenz bringen die Konkurrenzhersteller neue Produkte auf den Markt, während HomeStar keine Antwort, geschweige denn eine Neuentwicklung vor den Mitbewerbern aufweisen kann. Zwar investiert das Unternehmen in den langfristigen technischen Fortschritt, gerät dabei jedoch auf kurze Sicht immer weiter ins Hintertreffen.

Verantwortlich dafür ist vor allem die fehlende Verzahnung zwischen Marketing und Forschung und Entwicklung. Aufgrund falscher Entscheidungen des Marketings in der Vergangenheit, ist das Vertrauen in den langjährigen Chef der Forschung und Entwicklung in der Unternehmung größer, als in die Analysten und Experten des Marketings, welche kurz- bis mittelfristige Trends erkennen sollen. Damit ist das Unternehmen immer weiter technologieorientiert, während den Bedürfnissen des Verbrauchers immer weniger entsprochen wird. Während sich die Märkte in immer kürzeren Abständen verändern, stehen die Denkansätze und die Kreativität innerhalb der Unternehmung still. Die Qualität ist zwar nach wie vor sehr hoch, da die Qualität jedoch bereits einen sehr hohen Standard erreich hat, kann sich HomeStar nicht mehr eindeutig für den Verbraucher positionieren und büßt aufgrund einer nicht vorhandenen Marketingbotschaft immer mehr Marktanteile ein. Der Nutzen für den Kunden ist im Gegensatz zu Herstellern wie Vanguard für den Kunden nicht erkennbar. Vor allem durch das Design konnte sich Vanguard gegenüber HomeStar durchsetzen und ein Statussymbol, ein „Lifestyle" und einen Erlebnischarackter ähnlich der Marke Apple vermitteln.

HomeStar muss vor allem die Verzahnung zwischen Marketing und Forschung und Entwicklung gewährleisten, um über kurzfristige Produktinnovationen einen erhöhten Absatz zu erzielen. Dazu müssen die eingefahrenen Strukturen innerhalb der Unternehmung aufgebrochen werden. Neue kreative Denkansätze, Tests mit Verbrauchern, eine Vielfalt von Produktideen und unter Umständen auch ein neues Designteam sind notwendig, um den Kunden effektiv zu erreichen und den Nutzen der Produkte stärker herauszustellen. Das Marketing muss im Anschluss den Verkauf rund um die Substanz und damit rund um das Produkt anregen.

7.15 Exit Strategien

Als Folge einer erfolgreich abgeschlossenen Gründungs- und Wachstumsphase sieht sich der Unternehmer mit einer weiteren Gelegenheit konfrontiert. Dabei handelt es sich um die teilweise bis vollständige Übergabe des Unternehmens im Zuge einer Exit-Strategie.

Die Gründe für eine Aufgabe bzw. Teil-Übergabe der Geschäftstätigkeit kann vielfältig sein. Ein Grund kann die Zielerreichung sein, eine Firma im Markt erfolgreich positioniert zu haben. Der sich anschließende Wunsch überwiegt unter Umständen, sich in Folge dessen einem neuen Projekt zu widmen. Möglich ist außerdem, dass sich ein Unternehmer komplett aus der Arbeitstätigkeit herausziehen möchte und eventuell an einen Familienangehörigen abgeben möchte.

Generell sollte der Ausstieg aus einer Unternehmung auch immer als Möglichkeit verstanden werden, den Gewinn zu maximieren. Insbesondere in wirtschaftlichen Boom-Phasen, in denen ein Unternehmen unter Umständen stark profitiert und wächst, bieten sich oftmals die größten Chancen, ein Unternehmen evtl. auch über Wert zu veräußern.

Grundlegend stehen dem Entrepreneur im Zusammenhang mit einer Exit-Strategie fünf Möglichkeiten zur Verfügung. Diese unterscheiden sich auch hinsichtlich des späteren Commitments des Gründers:

- Verkauf
- Strategische Allianz
- Börsengang
- Management-Buy-out
- Übergabe der Geschäftstätigkeit (z. B. Weitergabe innerhalb der Familie oder persönliche Gründe)

Bei allen hier angeführten Faktoren kann festgehalten werden, dass der Ausstieg aus einem Unternehmen keine Entscheidung ist, welche sich innerhalb kürzester Zeit umsetzen lassen kann. Dafür sind die strategischen Aspekte in Folge einer solchen Entscheidung, der persönliche Unternehmergeist sowie die Vermögenslage des Unternehmens viel zu komplex. Um einen „Bruch" innerhalb der Firma zu vermeiden, muss die Übergabe deswegen Schrittweise erfolgen.

Selbst wenn keine zeitnahe Übergabe geplant ist, sollte für den Fall der Fälle (z. B. aufgrund einer Krankheit) schon frühzeitig vorgeplant werden, um auf Eventualitäten vorbereitet zu sein.

Der Verkauf an externe Investoren, strategische Partner, an ein Management oder Angestellte, stellt die häufigste Exit-Strategie dar. Dabei ist das überwiegende Interesse des Unternehmers in der Regel, den größtmöglichen Marktpreis zu erzielen. Der Interessent setzt sich dagegen im Zuge des Kaufs das Ziel, das Unternehmen entweder in seinem Wert zu steigern oder zu halten oder es zeitnah oder zu einem späteren Zeitpunkt mit Wertzuwachs zu einem höheren Preis weiterzuverkaufen.

Ein strategischer Käufer hätte dagegen Synergien in Verbindung mit der derzeitigen Geschäftstätigkeit im Blick, z. B. dann, wenn Unternehmens-Prozesse für das eigene Unternehmen übernommen werden könnten.

Eine weitere Form des Verkaufs stellt das Managment-Buy-out dar. Bei dieser Form der Exit-Strategie führen Partner des Unternehmens oder ein Management das Unternehmen weiter. Oftmals ist diese Form des Verkaufs jedoch auch mit einem hohen Ausmaß an Schulden des zu verkaufenden Unternehmens verbunden.

Strategische Allianzen sind neben der Form des Unternehmenswachstums auch als weitere Möglichkeit zu verstehen, das Unternehmen als Entrepreneur zu verlassen bzw. Verantwortungen auszulagern.

Der Börsengang wird im Gegensatz zu den anderen hier aufgeführten Exit-Strategien eher selten als tatsächlicher Ausstieg, denn als Wachstumsstrategie genutzt, um zusätzliches Kapital für weiteres Wachstum aufnehmen zu können.

Literatur

Braun G (2011) Trau, schau, wem. In: Harvard business manager schwerpunkt (Hrsg) Manager Magazin Verlagsgesellschaft, Hamburg (Okt 2011)

Craumer M (2003) Trotz guter produkte den anschluss verlieren. In: Harvard business manager (Hrsg) Manager Magazin Verlagsgesellschaft, Hamburg (Fallstudien 2007)

Covin JG, Slevin DP (1997a) : Sexton DL, Smilor RW (Hrsg) Entrepreneurship 2000, Dover

Covin JG, Slevin DP (1997b) High growth transitions: theoretical perspectives and suggested directions. In: Sexton DL, Smilor RW (Hrsg) Entrepreneurship 2000 Dover (1997)

Hungenberg H (2001) Strategisches management in unternehmen: ziele, Prozesse Verfahren 2. Aufl Wiesbaden

Kleinaltenkamp M (2002) Customer integration im electronic business. In: Weiber R (Hrsg) Handbuch electronic business. Informationstechnologien – electronic commerce – geschäftsprozesse 2. Aufl Wiesbaden

Lewin K (1947) Frontiers in group dynamics: social equilibria and social change. In: human relations1(1)

Webering J, Husmann E (2003) Organisation von geschäftsprozessen in der net economy. In: e-venture-management – neue perspektiven der unternehmensgründung in der net economy Wiesbaden

Sonderformen des Entrepreneurship

8

8.1 Übernahme und Firmenkauf

8.1.1 Einführung

Neben der klassischen Form der Unternehmensgründung gelten in der Praxis unterschiedliche Formen des Kaufes und der Übernahme eines Unternehmens als Sonderformen des Entrepreneurships. Im Themenbereich des Unternehmenskaufes sind der Share und der Asset Deal voneinander abzugrenzen. Abhängig von der jeweiligen Unternehmensform des zu erwerbenden Unternehmens und anderen Rahmenbedingungen wie z. B. der Art der Übernahme, kann jeweils die eine oder die andere Form die größten Einsparpotentiale oder Kostenvorteile für den Käufer mit sich bringen. Im Themenbereich der Unternehmensübernahme wird im folgenden Kapitel auf das Management-buy-out und den Leveraged-buy-out eingegangen. Anhand von bekannten Beispielen aus der Praxis wird die Relevanz dieser Themen dargestellt. Ist der Kauf- oder Verkaufsentschluss gefasst, muss die passende Methode zur Unternehmensbewertung gewählt werden. Hierzu werden folgend auch die in der Praxis am ehesten verwendeten Bewertungsverfahren vorgestellt und Anwendungsratschläge gegeben.

8.1.2 Formen des Unternehmenskaufs und -verkaufs

8.1.2.1 Share Deals

Definition

Als Share Deal wird die Übertragung von Anteilen eines bestimmten Rechtsträgers (Personen- oder Kapitalgesellschaft) an einen Übernahmeinteressenten bezeichnet. Die Übertragung der Anteile erfolgt durch Kauf der Unternehmensanteile durch den Übernahmeinteressenten. Anteile können u. a. Aktien einer Aktiengesellschaft oder Geschäftsanteile einer GmbH sein. Der Anteil muss, damit der Share Deal als Unternehmenskauf klassifiziert werden kann, so dimensioniert sein, dass der Anteilseigner in der Lage ist seinen

O. Pott, Andre Pott, *Entrepreneurship*, Springer-Lehrbuch,
DOI 10.1007/978-3-642-29685-7_8, © Springer-Verlag Berlin Heidelberg 2012

unternehmerischen Willen jederzeit und umfassend in dem Unternehmen durchzusetzen. Ferner wird generell der Kauf aller Anteile eines Unternehmens als Unternehmenskauf im Sinne des Share Deals (Gesamtrechtsnachfolge) bezeichnet. Hiervon ist abzugrenzen, dass der Erwerb einer Minderbeteiligung ausschließlich als Rechtskauf, nicht als Unternehmenskauf gilt. Da die Grenze zwischen Minderbeteiligung und Unternehmenskauf nicht für jedes Unternehmen gleich sind, ist es ratsam im Kaufvertrag die Details zum Unternehmenskauf festzulegen. Als weitere Besonderheit ist zu nennen, dass durch einen Share Deal keine Unternehmensteile veräußert werden können.

Rechtliche Aspekte

Bei dem Share Deal handelt es sich generell um einen Unternehmenskauf i. S. d. § 453 Abs. 1 BGB. Ist das Mitgliedsrecht eine Aktie, so wird von einem Rechtskauf anstatt von einem Unternehmenskauf i. S. d. § 453 Abs. 1 BGB gesprochen. Der Kaufvertrag selbst stellt in diesem Fall das Verpflichtungsgeschäft dar. Kaufgegenstand ist hierbei das Unternehmen. Hiervon abzugrenzen ist das Verfügungsgeschäfts, das erst eintritt, wenn die Geschäftsanteile an den Käufer übertragen wurden. Erst wenn Verpflichtungs- und Verfügungsgeschäft vollzogen sind ist der Unternehmenskauf rechtskräftig.

Da die Vorschriften zum Kauf von Sachen i. S. d. § 433 BGB auch beim Kauf von Rechten Anwendung finden, ergeben sich entsprechende Rechten und Pflichten für den Käufer und Verkäufer. Der Käufer ist hiernach dazu verpflichtet das Unternehmen frei von Sach- und Rechtsmängeln zu übergeben. Hierdurch erlangt der Käufer das Eigentum an der Sache. Er ist insbesondere zur Übergabe aller zum Unternehmen gehörenden Vermögensgegenstände verpflichtet. Hiermit verbunden entstehen dem Verkäufer die Nebenpflichten der Einführung des Käufers in die internen und externen Abläufe des Unternehmens, der Offenlegung der Bezugs- und Vertriebswege sowie der Vorstellung des Käufers bei bestehenden Kunden, Lieferanten und Kreditgebern. Es ist darüber hinaus ratsam ein Wettbewerbsverbot vertraglich zu vereinbaren. Hierdurch kann verhindert werden, dass der Verkäufer bestehende Kundenbeziehungen dem Käufer entzieht oder beeinträchtigt. Die Hauptpflicht des Käufers liegt in der Zahlung des vereinbarten Kaufpreises sowie der Übernahme des Unternehmens. Unternehmenskäufe sind generell formlos. Jedoch gibt es hier einige Sonderfälle. Für eine GmbH und GmbH & Co KG, im Falle des Unternehmenskaufs, ist eine notarielle Beurkundung nach § 15 Abs. 3 GmbHG notwendig. Der Abtritt von Anteilen von GbR, OHG oder KG ist aber formlos.

Motivation für Share Deals

Share Deals haben einen enormen Vorteil gegenüber des Asset Deals: Die Grunderwerbssteuer kann bei einem Anteilserwerb von <95 % umgangen werden, was bei dem Erwerb einer Gewerbeimmobilie enorme Kostenvorteile mit sich bringt (Locker 2010). Des Weiteren ist die Finanzierung dieser Art des Unternehmenskaufes meist schon im Share Deal enthalten da der Erwerber sofort in die Rechtsbeziehung eintritt. Zudem ist die generelle Erfassung des Kaufgegenstandes wesentlich einfacher, als es beim Asset Deal der Fall ist. Aus Sicht des Verkäufers ist als Pluspunkt dieses Verfahren die Steuerfreiheit für die Veräußerungsgewinne (Anteilsveräußerung) zu nennen. Dem Gegenüber zu stellen ist der höhere Zeit- und Kostenaufwand für das aufwendigere Due-Diligence Verfahren. Es ist in jedem Fall zu bedenken, dass durch einen Share Deal alle wirtschaftlichen Schwierigkeiten und Risiken eines Unternehmens übernommen werden, sodass der Share Deal aus Sicht des Käufers nur bei wirtschaftlich stabilen Unternehmen anzuraten ist.

Probleme beim Share Deal in der Praxis

Da Share Deals im Fall des Unternehmenskaufs einer Zustimmung aller Gesellschafter bedürfen und Gespräche über die Weiterführung der Geschäftsbeziehung mit Kunden und Lieferanten geführt werden müssen, ist eine saubere und lückenlose Protokollierung dieser Vorgänge stets anzuraten. In der Praxis kann dies andernfalls zu einer kostenintensiven Verzögerung der Unternehmensübergabe führen, weil z. B. bestimmte Dokumente fehlen oder Absprachen nicht nachgewiesen werden können. Darüber hinaus fällt die Beurteilung der wirtschaftliche Lage und der Entwicklungspotentiale des Unternehmens oder bestimmter Produkte des Unternehmens schwer. Im Falle einer Überschätzung dieser Faktoren kann der Käufer schnell in finanzielle Probleme geraten, da Kosten für die Sanierung wirtschaftlich schwacher Unternehmensbereiche wohlmöglich anfallen. Bei den genannten Problemen wird klar, dass der eingeplante finanzielle Puffer ausreichend groß gewählt werden sollte um unerwartete zukünftige Engpässe abfangen zu können.

8.1.2.2 Asset Deals

Definition

Als Asset Deal wird der Kauf von Vermögensgegenständen des Unternehmens oder eines Unternehmensteils eines bestimmten Rechtsträgers (Personen- oder Kapitalgesellschaft) bezeichnet. Hierbei ist der Kauf von Einzelgegenständen (Sachkauf) von dem Erwerb aller wesentlichen Vermögensgegenstände (u. a. Gebäude, Maschinen), inklusive der Übernahme von Arbeitsverträgen und Verbindlichkeiten, im Sinne der Einzelrechtsnachfolge (Unternehmenskauf) abzugrenzen. Bei der Einzelrechtsnachfolge wird von der Singularzession gesprochen. Als weitere Besonderheit ist zu nennen, dass durch einen Asset Deal, im Gegensatz zum Share Deal, auch ein Unternehmensteil veräußert werden kann. Hierbei müssen alle Vermögensgegenstände, die für die Fortführung dieses Unternehmensteils notwendig sind, veräußert werden. Im Falle des Betreibens des Unternehmens durch eine Gesellschaft muss nach Unternehmensverkauf die Gesellschaft als solche ggf. noch separat aufgelöst werden.

Rechtliche Aspekte

Der Asset Deal wird als Sachkauf i. S. d. § 433 BGB eingestuft. Somit finden dieselben Rechte und Pflichten seitens der Vertragsparteien wie beim Share Deal Anwendung. Bei der Übertragung von Verträgen muss jedoch die Zustimmung des dritten Vertragspartners z. B. des Lieferanten i. S. d. § 415 BGB eingeholt werden. Falls der Übertragung des

Vertragsverhältnisses durch den Dritten nicht zugestimmt wird, oder die Einholung der Zustimmung des Dritten nicht erfolgt, gehen die Vertragsverhältnisse nicht auf den Käufer über. Des Weiteren können die Arbeitnehmer, die von dem Wechsel des Inhabers betroffen sind, innerhalb eines Monats Widerspruch gemäß § 613a Abs. 6 Satz1 BGB einlegen. Dies hätte das Verbleiben des Arbeitsplatzes beim alten Arbeitgeber zur Folge. Sobald der Inhaberwechsel erfolgt und das Unternehmen unter derselben Firmierung weitergeführt wird, haften Käufer und Verkäufer für die Verbindlichkeiten des Unternehmens. Falls die Übernahme der Verbindlichkeiten durch den Käufer eingeschränkt oder ausgeschlossen werden soll, so muss im Vertrag ein Haftungsausschluss i. S. d. § 25 Abs. 2 HGB fixiert werden. Sobald sich der Verkäufer zur Übertragung des gesamten gegenwärtigen Vermögens oder eines Vermögensteils entscheidet, ist eine notarielle Beurkundung i. S. d. § 311 Abs. 3 BGB zwingend erforderlich. Wird diese Formerfordernis nicht erfüllt, so besteht die Nichtigkeit des Vertrages gemäß § 125 BGB. Hiervon ausgenommen ist der Fall, wenn die Vermögensgegenstände im Kaufvertrag aufgeführt wurden.

Motivation für Asset Deals

Generell ist ein Asset Deal sinnvoll, wenn nur ein Teil eines Unternehmens übernommen werden soll, da dies im Zuge eines Share Deals nicht möglich ist. Asset Deals eignen sich aber vor allem bei der Unternehmensübernahme einer, sich in der Insolvenz befindlichen, Unternehmung. Durch den Erwerb von ausgewählten Vermögensgegenständen ist es dem Käufer möglich das Haftungsrisiko zu minimieren, da er die damit verbundenen Risiken besser einzuschätzen vermag. Ihm wird dadurch die Unternehmensübernahme exklusive möglicher ungedeckter Verbindlichkeiten ermöglicht. Darüber hinaus kann der Asset Deal auch steuerliche Vorteile mit sich bringen, da die Besteuerung der Gewinne zunächst beim Verkäufer, nicht beim Käufer erfolgt. Darüber hinaus kann der Käufer Verkehrswerte einbuchen und anschließend abschreiben (Goodwill).

Probleme beim Asset Deal in der Praxis

Wenn im Rahmen des Asset Deals der Preis für den Goodwill festgelegt werden soll, führt dies meist zu Problemen. So stellt vor allem die Bemessung des Marktpreises für das Know-How im Unternehmen, sowie die Bestimmung des Wertes des Produkt- oder Firmennamens eine Herausforderung dar. Zum Zweiten kann die Integration eines erworbenen Unternehmensteils in den eigenen Betrieb zu massiven Widerständen seitens der Belegschaft führen, wenn kein wirkungsvolles Change Management im Integrationsprozess eingesetzt wird. Als dritter Aspekt ist der Prozess der Sicherstellung der störungsfreien Betriebsabläufe zu nennen bei dem es darauf ankommt die Prüfung der Betriebssicherheit und Betriebsgenehmigung von Anlagen, IT, Logistik etc. vorzunehmen. In diesem Kontext kann es ratsam sein, Serviceverträge mit dem Verkäufer abzuschließen. Auch die Kosten, die im Anschluss des Kaufs von Assets anfallen sind nicht außer Acht zu lassen. So kann es erforderlich sein, eine leistungsfähige Infrastruktur für die Einbindung der neuen Assets aufzubauen.

8.1.3 Formen der Unternehmensübernahme

8.1.3.1 Management-buy-out

Definition

Als Management-buy-out (MBO) wird die Unternehmensübernahme durch eine interne Führungskraft des Managements eines Unternehmens bezeichnet. Ebenso wird als MBO die Übernahme eines bestimmten Unternehmensteils durch eine interne Führungskraft angesehen. Der Unternehmenskauf erfolgt beim MBO zumeist als Share Deal, bei dem der Verkäufer alle Geschäftsanteile und damit verbunden auch die Verbindlichkeiten und Schulden des Unternehmens dem Käufer übereignet. Der Kauf in Form des Asset Deals käme bei Übernahmeabsicht eines speziellen Unternehmensteils durch die interne Führungskraft in Frage. Bei der Finanzierung eines solchen Vorhabens ist ein Einbezug von einem Finanzinvestor z. B. eines Private Equity Unternehmens sinnvoll, der den Kauf der Gesellschaftsanteile subventioniert (IHK Bonn 2002). Hierbei ist jedoch zu beachten, dass der Geschäftsführer gleichzeitig zum Erwerber des Unternehmens wird und somit ein Ziel-Konflikt zwischen der Steigerung des Unternehmenswertes (Verkäuferische Sicht) und dem Kauf möglichst günstiger Gesellschaftsanteile (Erwerber Sicht) entsteht (gut diskutiert auch in Reimers und Kahn 2008). Hiervon abzugrenzen ist die Unternehmensübernahme durch eine externe Führungskraft, die als Management-buy-in (MBI) bezeichnet wird.

Motivation für Management-buy-out

Die Form des Management-buy-out (MBO) ist deshalb eine in der Praxis häufig anzutreffende Form der Unternehmensübernahme, da eine Vielzahl von Vorteilen mit ihr verknüpft sind. Der wohl größte Vorteil, aus der Käuferperspektive betrachtet, ist das tiefgreifende Wissen über das Unternehmen, über die personale, wirtschaftliche und politische Situation im Unternehmen. Der Käufer ist somit in der Lage das, mit dem Kauf und der Übernahme verbundene, Risiko realistisch einschätzen zu können. Zum Zweiten kennt er die Kunden und Lieferanten, weiß um deren Bedürfnisse und die Art der bestehenden Geschäftsbeziehung und kann an diese quasi lückenlos anknüpfen. Ein dritter Vorteil liegt in dem Vertrauen, was der bisherige Eigentümer dem Käufer gegenüber schenkt, da er den Käufer und seine Stärken und Schwächen kennt. Gerade dieser Aspekt kann auch bei den Preisverhandlungen einige Kostenvorteile mit sich bringen. Aus Sicht des Verkäufers ist primär die Kenntnis über die Eigenschaften und Fähigkeiten des Käufers als Vorteil zu nennen. So ist es dem Verkäufer möglich eine Weiterführung seines Unternehmens in seinem Sinne und seinen Wertvorstellungen zu realisieren oder das Risiko eines massiven Unternehmenswandels zu reduzieren. Zum Zweiten gestaltet sich der gesamte Übergabeprozess weniger komplex, da ein Großteil der Informationen nicht mehr in den Prozess mit einfließen müssen a. G. des hohen Kenntnisstandes des Käufers über das Unternehmen.

Praxisbeispiel BIOMEVA GmbH – MBO als Share oder Asset Deal
Die Wirtschafts- und Steuerprüfungsgesellschaft WISTA AG und die BIOMEVA Manufacturing beschreiben in ihrem Praxisbericht „Wie mache ich einen MBO – Erfahrungen aus der Praxis“ den Management-buy-out von der BIOMEVA GmbH durch Gründung einer NewCo GmbH. Der neu gegründeten NewCo GmbH wurden hiernach die Anteile der BIOMEVA GmbH übereignet. Zudem gelang es dem beim der Übernahme, durch einen Ergebnisabführungsvertrag zwischen der NewCo GmbH und BIOMEVA GmbH, einen 100 %igen Abzug der Finanzierungskosten zu bewirken. In dem Ergebnisbericht machen die Autoren deutlich, dass die Abwicklung aus Sicht des Verkäufers, in Form eines Share Deals, einen Steuervorteil von rund 2.41 Mio. € im Gegensatz zum Asset Deal mit sich bringen würde. Durch die Nutzung des Abschreibungspotentials könnten sämtliche Steuern durch den Käufer eingespart werden, wenn der Kauf als Share Deal erfolgt. Als Asset Deal fielen für den Käufer Steuern in Höhe von 2.4 Mio. € an. Bei diesen Ergebnissen wird klar, dass es vor jedem Kaufvorhaben genau abzuwägen gilt, welche Form des Kaufes, ob als Asset oder Share Deal, sinnvoll ist und entsprechende Vorteile mit sich bringt. Der Praxisbericht schlüsselt hierzu exemplarisch die Vor- und Nachteile bei dem Management-buy-out als Share oder Asset Deal sowohl aus Sicht des Käufers und Verkäufers auf (Wista AG 2007).

8.1.3.2 Leveraged-buy-out

Definition
Als Leveraged-buy-out (LBO) wird die Übernahme eines Unternehmens unter Ausnutzung des Leverage-Effekts (deutsch: Hebelwirkung) beim Kauf des Unternehmens genannt. Der Leverage-Effekt tritt ein, wenn die Gesamtkapitalrendite über dem Fremdfinanzierungszins liegt. Dieser Hebel bewirkt, dass bei steigendem Verschuldungsgrad (Fremdkapital dividiert durch Eigenkapital) die Eigenkapitalrendite steigt. Es handelt sich also um eine überwiegend durch Fremdkapital realisierte Unternehmensübernahme. In der Praxis wird der LBO oft bei Kooperation von Investoren und dem Management eines Unternehmens angewandt. In diesem Fall ist der LBO ein Management-buy-out unter Ausnutzung des Leverage Effekts.

Motivation für Leveraged-buy-out
Leveraged-buy-outs werden von Kaufinteressenten eingesetzt, wenn die Kapitalausstattung nicht ausreicht um den Kauf eines Unternehmens zu vollziehen, oder der Kaufinteressent bewusst nur einen geringen Teil an Eigenkapital im Vergleich zum Kaufpreis investieren möchte. Hierfür muss der Investor jedoch bereit sein eine hohe Summe an Fremdkapital in Form von Bankkrediten aufzunehmen oder Anleihen zu emittieren. Diese Anleihen und Kredite werden dann künftig zu hohen Zinszahlungen führen, da sie stark risikobehaftet sind. Die hohe Verzinsung ist auf den hohen Verschuldungsgrad des Unternehmens zurückzuführen.

Praxisbeispiel: RJR Nabisco und Kohlberg Kravis Roberts & Co
Der Leveraged-buy-out von RJR Nabisco durch Kohlberg Kravis Roberts & Co (KKR) im Jahr 1988 ist einer der bekanntesten und größten Übernahmen durch ein Private Equity

Unternehmen in der Geschichte der Wall Street. Die Journalisten Bryan Burrough and John Helyar beschreiben in ihrem Buch „Barbarians at the Gate: The Fall of RJR Nabisco"(Burrough und Helyar 1990) die Taktik die KKR anwandte um RJR mit einem vergleichsweise kleinen Eigenkapitalbeitrag zu übernehmen. KKR schaffte es durch die Anwendung des Leverage Effekts mit einem Eigenkapital von US$1,3 Mrd. die benötigte Übernahmesumme von US$25 Mrd. für RJR aufzubringen. Hierfür nahm KKR Fremdkapital in Form von Bankkrediten auf und emittierte Anteile mit einer hohen jedoch risikoadhäquaten Fremdkapitalverzinsung. Für die folgende Betrachtung wird von einem Fremdkapitalzins von 18 % ausgegangen. Der hohe Verschuldungsgrad von rund 18,23 konnte so unter Annahme einer Gesamtkapitalrentabilität von 20 % eine Eigenkapitalrentabilität von über 50 % erzielen und der feindlichen Übernahme so den Weg ebnen.

8.1.4 Die Bewertung eines Unternehmens

8.1.4.1 Grundlagen der Unternehmensbewertung

Unternehmensbewertungen müssen im Kontext bestimmter Anlässe vorgenommen werden. Hierzu zählen der Unternehmenskauf und -verkauf, der Ein- oder Austritt eines Gesellschafters, die Gesellschaftsgründung durch Einbringung eines Unternehmens, die Aufspaltung eines Unternehmens oder die Verschmelzung von Unternehmen sowie die Festlegung eines Emissionskurses beim Going Public. Darüber hinaus wird eine Unternehmensbewertung bei Kreditwürdigkeitsprüfungen im Rahmen von Basel II oder für eine Wertsteigerungsanalyse durchgeführt. Welches Verfahren zur Bewertung herangezogen wird, hängt maßgeblich von dem Bewertungszweck ab. Nicht jedes Verfahren eignet sich gleichermaßen für die gegebene Problemstellung. Folgend werden die bekanntesten Bewertungsverfahren vorgestellt, deren Berechnungsgrundlage skizziert und die Vor- und Nachteile jedes Verfahrens aufgezeigt. Abschließend wird darauf eingegangen, welches Verfahren in der Praxis zu welchen Anlässen angewendet wird.

8.1.4.2 Überblick Bewertungsverfahren

Ertragswertverfahren

Das Ertragswertverfahren ist eines der bekanntesten Verfahren für die Ermittlung des Unternehmenswertes. Hierfür wird der Ertragswert, der dem Barwert der zukünftigen Überschüsse des Unternehmens darstellt, ermittelt. Es wird somit eine Zukunftsbetrachtung vorgenommen. Durch die Ermittlung des Ertragswertes soll es dem Käufer und Verkäufer ermöglicht werden, das zukünftige Gewinnerzielungspotential des Unternehmens einzuschätzen. Rein rechnerisch kann der Barwert, unter Annahme einer unbegrenzten Lebensdauer des Unternehmens und gleichbleibenden Gewinnen, mit der Berechnung der ewigen Rente gleichgesetzt werden. Hierzu ist es zunächst notwendig die zukünftig konstanten Gewinne auf Basis der Vergangenheitswerte zu prognostizieren. In der Praxis zieht man die Jahreserträge der letzten 3–5 Jahre heran. Diese sollten jedoch um die außerordentlichen Erträge bereinigt werden. Im zweiten Schritt ist der Kapitalzinsfuß festgelegt werden. Dieser sollte dem Zinssatz für die beste Alternativinvestition entsprechen. Hiernach erfolgt die Berechnung mit Hilfe der Formel:

$$E = \frac{G * 100}{p} \tag{8.1}$$

E = Ertragswert
G = prognostizierter jährlicher Ertrag
p = Kapitalisierungszinsfuß

Vom Ertragswertverfahren abzugrenzen ist die Discounted-Cash-Flow Methode, die ebenfalls eine zukunftsorientierte Methode zur Bestimmung des Unternehmenswertes darstellt. Jedoch unterscheidet sich die Methode dahingehend, dass nur eine begrenzte Zeitspanne in der Zukunft betrachtet wird, in dessen Zeitraum die Cash Flows mit einem Diskontierungssatz abgezinst und deren Barwerte addiert werden. Einzelne Berechnungsspezifika ergeben sich aus dem jeweiligen Ansatz (WACC, TCF, APV, Equity), der für das DCF-Verfahren verwendet wird.

Vorteile vom Ertragswertverfahren und generell von zukunftsorientierten Verfahren liegen in der Betrachtung der Unternehmung als Ganzes. Hierdurch werden auch Synergieeffekte im Unternehmen miteingerechnet. Beispielsweise werden auch weiche Faktoren wie Mitarbeiter Know-How und das Image des Unternehmens, die indirekt zum Unternehmenserfolg beitragen, miteingerechnet. Zum Zweiten ist das Ertragswertverfahren sehr einfach und schnell durchzuführen, sodass kurzfristig schon entschieden werden kann, ob die Gewinnpotentiale den eigenen Erwartungen entsprechen. Der Nachteil liegt bei den Verfahren in der Prognosequalität. Vor allem beim Ertragswertverfahren werden Ertragsschwankungen nur geglättet miteinbezogen oder gänzlich außer Acht gelassen. Hier liefert das DCF Verfahren exaktere Einzelprognosewerte.

Substanzwertverfahren

Das Substanzwertverfahren bestimmt den Unternehmenswert auf Basis der Vermögensgegenstände eines Unternehmens. Hierzu werden alle veräußerbaren Vermögensgegenstände bewertetet aufsummiert und von dieser Summe die Verbindlichkeiten abgezogen. Hierbei kann die Bewertung der Vermögensgegenstände nach dem Wiederbeschaffungswert, dem Verkehrswert oder zu Herstellungskosten, vermindert um die bisherigen Abschreibungen, erfolgen (Gartzke 2005).

$$\begin{array}{l} \textit{Reproduktionswert des betriebsnotwendigen Vermögens} \\ + \textit{Liquidationswert des nicht betriebsnotwendigen Vermögens} \\ \underline{- \textit{Schuldenbei Unternehmensfortführung}} \\ \qquad\qquad = \textit{Substanzwert} \end{array} \tag{8.2}$$

Dieses Verfahren wird in der Praxis nicht als eigenständiges Verfahren angewendet. Es wird häufig mit dem Ertragswertfahren kombiniert und der Substanzwert als Kontrollwert genutzt. So kann das Unternehmen als Ganzes, sowie dessen Vermögensgegenstände betrachtet werden. Eine Unternehmensbewertung allein mittels Substanzwertverfahren hätte nicht genug Aussagekraft um eine folgenschwere Entscheidung wie einen Unternehmenskauf zu bekräftigen. Die Vorteile dieses Verfahrens liegen in der Einfachheit der Ermittlung und der geringen Manipulationsmöglichkeit. Nachteilig ist jedoch, dass, im Gegensatz zum Ertragswertverfahren, keine zukünftigen Erträge berücksichtigt werden, ebenso wenig wie Synergieeffekte im Unternehmen.

Marktwertverfahren

Das Marktwertverfahren, auch als Multiplikatormethode bezeichnet, ermittelt den Unternehmenswert auf Basis externer Faktoren, genauer gesagt dem am Markt zu erzielenden Preis für das Unternehmen. Es ist ein in der Praxis häufig angewendetes Instrument zur Bestimmung des Unternehmenswertes in der Außenwirkung. Dies steht im klaren Gegensatz zu den, auf interne Gegebenheiten basierende, Ertrags- und Substanzwertverfahren. Handelt es sich bei dem zu veräußernden Unternehmen um eine Aktiengesellschaft, so wird für die Berechnung der aktuelle Marktwert anhand des Aktienkurses bestimmt. Nicht börsennotierte Unternehmen können den Marktwert nur durch Benchmarking zu anderen, jedoch möglichst gleichartigen Unternehmen, den sogenannten Multiplikatoren, bestimmen. Bei dem Benchmarking Unternehmen kann es sich auch hier wieder um ein börsen-notiertes Unternehmen handeln, dessen Marktwert übernommen wird (Verfahren des Trading Multiples) oder um ein nicht-börsennotiertes Unternehmen, dessen Marktwert bereits schon einmal Gegenstand von Transaktionen oder einer Akquisition war (Verfahren des Transaction Multiples) (Schneider 2006).

Beim Benchmarking kann der Vergleich anhand ertragsorientierter Bezugsgrößen erfolgen z. B. EBIT, Jahresüberschuss, Cashflow, Umsatz oder Produktionsleistung. Daraus abgeleitet wurden Verfahrensarten entwickelt, die einem ertragsorientierten Größenvergleich dienen. Varianten wie das KGV-Verfahren (Vergleich des Kurs-Gewinn Verhältnisses), das PER-Verfahren (Vergleich des Price-Earnings-Ratio) oder der Leistungswertvergleich werden als Vergleichsverfahren häufig angewendet. Auch kapitaleinsatzorientierte Größen wie bilanzielle Buchwerte sind denkbar, werden in der Praxis jedoch eher selten eingesetzt.

Der Vorteil des Marktwertverfahrens liegt in der Einfachheit bei börsen-notierten Unternehmen. Über den Kurs der Aktien lässt sich der Marktwert ableiten. Schwieriger ist dieses Verfahren bei nicht börsen-notierten. Die Schwierigkeit liegt in der Vergleichbarkeit von Unternehmen. Kein Unternehmen gleicht zu 100 % einem anderen. Jedes Unternehmen hat seine Eigenarten, seine eigene Unternehmenskultur und ein damit verbundenes Image in der Öffentlichkeit, das bestimmte Wettbewerbsvorteile ausmachen kann. Das Know-How der Mitarbeiter ist anders, nicht alle Maschinen sind vom selben Hersteller, gleichalt oder gleich stark beansprucht. Wie an diesen Beispielen klar wird, ist das Marktwertverfahren bei nicht börsen-notierten Unternehmen eher eine gut kalkulierte Schätzung als eine exakte Aussage über den Marktwert. Trotzdem ermöglichst es den Unternehmenswert aus einer anderen Perspektive zu ermitteln.

Kombinationswertverfahren

Unter dem Begriff des Kombinationswertverfahrens wird allgemein die Kombination von unterschiedlichen Verfahren zur Bestimmung des Unternehmenswertes verstanden. Das am häufigsten eingesetzte Beispiel ist die Kombination vom Substanzwertverfahren mit dem Ertragswertverfahren. Nach Art der Verrechnung des Ertrags- und Substanzwertes werden drei Verfahrensarten unterschieden.

Mittelwertverfahren (Praktiker Methode)

Das Mittelwertverfahren ist das am einfachsten zu handhabende Verfahren. Es wird daher in der Praxis am häufigsten eingesetzt um aus dem Substanzwert und dem Ertragswert einen Mittelwert zu bilden. Das Ergebnis wird demnach als Unternehmenswert angesetzt. Es existieren für die Berechnung zwei Ansätze. Im ersten Ansatz wird der geringere Substanzwert zum höheren Ertragswert addiert und anschließend dieser Wert halbiert.

$$U = \frac{S + E}{2} \tag{8.3}$$

Im zweiten Ansatz wird der Ertragswert mit zwei gewichtet, zum Substanzwert addiert und dieses Ergebnis durch drei geteilt.

$$U = \frac{S + 2 * E}{2} \tag{8.4}$$

U = Unternehmenswert
E = Ertragswert
S = Substanzwert

Dieses Verfahren ist sehr einfach in der Handhabung. Die Stärken und Schwächen des Ertrags- und Substanzwertverfahren sind, da es sich um ein Mischverfahren handelt, in jedem Falle zu berücksichtigen.

Stuttgarter Verfahren

Das Stuttgarter Verfahren ermöglicht die Bewertung von nicht-notierten Anteilen an Kapitalgesellschaften. Es wird u. a. auch zur Bewertung von GmbH Anteilen in Gesellschaftsverträgen, oder bei der Betriebsaufspaltung einer GmbH & Co KG angewendet. Der sogenannte gemeine Wert der nicht-notierten Anteile wird entweder aus den Verkäufen des letzten Jahres bestimmt oder andernfalls geschätzt. Für die Berechnung wird zunächst der Vermögenswert, der sich aus der Differenz des Vermögens und der Schulden eines Unternehmens ergibt, berechnet. Hierbei ist der Vermögenswert als Anteil am Stammkapital in Prozent anzugeben. Im zweiten Schritt wird der Ertragshundertsatz als gewogenes arithmetisches Mittel der kalkulatorischen Eigenkapitalverzinsungen über die letzten drei Geschäftsjahre gebildet, angegeben als Anteil am Nennkapital in Prozent.

Hieraus lässt sich nun der Wert mittels des Stuttgarter Verfahrens berechnen.

$$X = V + 5\left(E - \frac{9X}{100}\right) \tag{8.5}$$

X = Gemeiner Wert
V = Vermögenswert
E = Ertragshundertsatz

Das Verfahren geht, wie die anderen Mischverfahren auch, einen Mittelweg zwischen dem Substanz- und dem Ertragswertverfahren, da es sowohl die Substanz, als auch den Ertrag eines Unternehmens zur Bewertung heranzieht. Das Verfahren wird jedoch meist nur von den Finanzverwaltungen herangezogen. Großer Nachteil ist, dass das Verfahren international sehr unbekannt ist. Zudem werden ertragsschwache Unternehmen durch den stark überwiegenden Substanzteil in der Berechnung benachteiligt.

Übergewinnverfahren

Der Grundgedanke des Übergewinnverfahrens basiert auf der Annahme, dass der Gewinn auf längere Sicht einer angemessenen Substanzwertverzinsung gleichzusetzen ist. Somit wird der Übergewinn als eine zusätzliche Verzinsung des Substanzwertes deklariert. Der Unternehmenswert ergibt sich daher aus dem Substanzwert, von dem das Produkt aus Übergewinndauer (in der Regel 5–8 Jahre) und dem vom Übergewinn bereinigten Gewinn abgezogen wird.

$$U = S - n[G - (p * S)] \tag{8.6}$$

U = Unternehmenswert
S = Substanzwert
G = Gewinn
p = durchschnittliche Verzinsung

Das Verfahren wird vornehmlich im angelsächsischen Raum eingesetzt. Wie auch das Mittelwertverfahren besticht das Verfahren durch seine Einfachheit. Nachteilig ist, dass das Verfahren Fehler aus der Gesamt- und Einzelbewertung enthalten kann wodurch es in den meisten Fällen kein exaktes Ergebnis liefert und in Deutschland selten bis gar nicht zum Einsatz kommt.

8.1.4.3 Anwendung der Verfahren

Welches der vorgestellten Verfahren nun gewählt wird, hängt stark vom Bewertungszeck ab. Aus unternehmerischer Sicht macht die Methode des Ertragswertverfahrens Sinn, wenn der Kauf eines Unternehmens als Share Deal erfolgen soll. Dies ist darauf zurückzuführen, dass bei einem Share Deal das Unternehmen als Einheit übereignet wird, sodass auch die Synergieeffekte weiterhin bestehen bleiben und genutzt werden können und das zukünftige Ertragspotential von großer Wichtigkeit ist. Bei einem Unternehmen mit einem hohen Markenwert, der nicht bilanziell erfasst wurde, macht das Marktwertverfahren vor allem Sinn. Andernfalls würde der größte Erfolgsfaktor des Unternehmens unberücksichtigt bleiben und den Unternehmenswert erheblich verfälschen. Beispiele hierfür wären facebook, RedBull oder Google. Wenn die Bewertung von Google ohne Berücksichtigung der Marke erfolgen würde, wäre der Unternehmenswert enorm gering im Vergleich zur Bewertung nach dem Marktwertverfahren. Das Mittelwertverfahren macht vor allem bei Unterschieden zwischen dem Ertragswert und dem Substanzwert eines Unternehmens Sinn. Das Stuttgarter Verfahren kommt in der Praxis vor allem bei der Schenkung oder zur Bemessung der Erbschaftssteuer zum Einsatz. Das Übergewinnverfahren wird in Deutschland wegen seiner Fehleranfälligkeit kaum noch eingesetzt. Die Berechnung des Unternehmenswertes mit Hilfe aller vorgestellten Verfahren kann letztendlich am ehesten Aufschluss darüber geben, welches Verfahren zum gewünschten Ergebnis führt. Es sollte in jedem Falle aber auch dem Bewertungszweck entsprechen.

8.2 Unternehmensnachfolge und Übergang

8.2.1 Unternehmensnachfolge in Deutschland

Laut einer Schätzung des ifM Bonn werden jährlich im Zeitraum von 2010 bis 2014 ca. 110.000 Familienunternehmen eine Unternehmensnachfolge vollziehen (Hauser et al. 2010). Im Jahr 2004 wurde im Vergleich hierzu von einer Zahl von gerade mal 71.000 Familienunternehmen ausgegangen. Jedoch wurden hiervon 8 % der Familienunternehmen auf Grund einer fehlenden Nachfolge stillgelegt. Die Reform der Erbschaftssteuer verunsichert den Mittelstand und wird oft als Hemmnis für die erfolgreiche Unternehmensfortführung durch ein Familienmitglied angesehen. Laut einem Report der DIHK aus dem Jahr 2008 befürchten 27 % der Senior Unternehmer, dass die Erbschaftssteuer die Fortführung der Geschäftstätigkeit gefährden würde. Darüber hinaus fällt es 39 % der potentiellen Nachfolger schwer ein passendes Unternehmen zu finden, dass ihren Vorstellungen entspricht. Generell herrscht im Mittelstand ein großer Bedarf an Lösungskonzepten um die Unternehmensnachfolge zu sichern. Ein Indiz hierfür sind die knapp 100 Kontaktaufnahmen pro Arbeitstag von Senior-Unternehmern mit den zuständigen Industrie und Handelskammern um Fragen zur Nachfolge zu klären und gemeinsam Lösungskonzepte zu entwickeln (DIHK 2008).

8.2.2 Varianten der Unternehmensnachfolge

8.2.2.1 Bedeutung der Nachfolgevariante

Es existiert eine Vielzahl von Nachfolgevarianten, die es folgend genauer zu betrachten gilt. Die Wahl der Variante ist hierbei stark von den eignen Zielen und Möglichkeiten des

Unternehmensinhabers abhängig. Wenn innerhalb der Familie ein potentieller Nachfolger existiert, dieser die Fähigkeiten für die Fortführung des Unternehmens besitzt und das Unternehmen auch weiterführen möchte, kommt die familieninterne Nachfolge in Form der Schenkung oder Erbschaft in Frage. Möchte der Inhaber sich zwar aus der Geschäftsführungstätigkeit zurückziehen aber weiterhin Inhaber des Unternehmens bleiben, eignet sich die Einstellung eines Geschäftsführers. Wenn im Unternehmen selbst potentielle Nachfolger existieren, beispielsweise aus der Management Ebene, ist ein Verkauf als Management-buy-out denkbar. Die Umwandlung des Unternehmens in eine Stiftung macht dann für den Inhaber Sinn, wenn kein familieninterner Nachfolger gefunden wurde und das Lebenswerk des Inhabers in seinem Sinne erhalten bleiben soll. Auch die Verpachtung könnte hier eine passende Nachfolgeregelung sein. Generell ist es ratsam genau zu überlegen, welche Variante die für den Inhaber und für das Unternehmen die Beste ist, schließlich geht es bei der Nachfolgeregelung auch um den Erhalt der Arbeitsplätze der Arbeitnehmer eines Unternehmens.

8.2.2.2 familieninterne Nachfolge

Eine familieninterne Unternehmensnachfolge in Form einer Erbschaft kann zu Lebzeiten des Unternehmensinhabers in Form einer Schenkung oder durch das Ableben des Unternehmensinhabers in Verbindung mit einer qualifizierten Nachfolgeklausel und Eintrittsklausel erfolgen.

Erbschaft

Die Nachfolgelösung der Erbschaft wird in einem Testament oder idealerweise in dem Gesellschaftsvertrag des Unternehmens geregelt. Hierzu werden in der Praxis bestimmte Klauseln eingesetzt. In der sogenannten qualifizierten Nachfolgeklausel wird eine bestimmte Person, die das Erbe antreten soll, festgelegt. In der davon abzugrenzenden allgemeinen Nachfolgeklausel wird lediglich festgehalten, dass die Erben im Verhältnis zu ihrem Erbanspruch bestimmte Anteile am Unternehmen erhalten. In der Eintrittsklausel wird der Eintritt des Erben in die Gesellschaft geregelt. Die Kombination aus der qualifizierten Nachfolgeklausel und der Eintrittsklausel ermöglichen einem bestimmten Erben das Unternehmen weiterzuführen. Die Nachfolge kann entweder als reine Vermögensnachfolge oder als Vermögensnachfolge mit künftiger Geschäftsfortführung und -leitung durch den Erben definiert werden. Für die zweite Variante ist die Unternehmensführungsfähigkeit des Erben unabdingbar.

Diese Form der Unternehmensnachfolgeregelung wird von vielen Inhabern favorisiert da das Unternehmen im Familienbesitzt bleibt und die Chance zur Fortführung des Unternehmens im Sinne des ehemaligen Unternehmensinhabers vergleichsweise groß ist.

Problematisch sind Regelungen zum Ausschluss bestimmter Erben aus der Erbschaftsregelung. Ein Ausschluss bestimmter Erben in der Erbfolge verstößt gegen die Testierfreiheit i. S. d. § 2303 BGB. In diesem Fall ist es sinnvoll bestimmte Bedingungen an die Unternehmensübergabe zu knüpfen. Falls der direkte Erbe dagegen verstößt oder nicht damit einverstanden ist, wird ihm die Unternehmensnachfolge verwehrt. Bezogen auf den zweiten Fall, ist es ratsam die Erbschaftsregelung mit einer Rücktritts- und Widerrufsklausel zu versehen. Wenn ein Unternehmensinhaber zunächst ein Erbe mit Vorbehalt aussprechen will um sicherzustellen, dass der Erbe die Fähigkeit zur Unternehmensführung besitzt, kann er dies über eine Rücktritts- und Widerrufsregelung bewerkstelligen. Es ist hierbei ratsam die Rücktritts- und Widerrufsregelung zeitlich zu begrenzen, da andernfalls der Erbe den Geschäftsführungspflichten nicht im vollen Maße nachkommt. Auf Grund der ungesicherten Rechtsposition ist der Erbe möglicherweise nicht dazu bereit größere geschäftsfördernde Investitionen zu tätigen, da diese im Falle eines Widerrufs umsonst geflossen wären (Groschoff und Komning 2008).

Schenkung

Die Schenkung wird in der Praxis oft angewandt, wenn der aktuelle Unternehmensinhaber ein oder mehrere Erben für sich definiert hat und den Prozess der Unternehmensnachfolge noch aktiv mitgestalten möchte. Die Schenkung ist in diesem Fall als vorgezogenes Erbe anzusehen. Häufig ist in diesem Kontext auch von der vorweggenommenen Erbfolge die Rede. Großer Vorteil der Schenkung ist nicht nur die Möglichkeit, die Nachfolge aktiv zu begleiten. Auch in puncto der Steuerbelastung können durch Schenkungen Erbschafts- und Schenkungssteuern eingespart werden. In Deutschland ist es beispielsweise möglich alle 10 Jahre eine Schenkung an einen Begünstigten durchzuführen, die einen persönlichen und einen Betriebsvermögensfreibetrag enthält. Allein durch den Betriebsvermögensfreibetrag in Höhe von 225.000 € können über Jahre hinweg Werte in Höhe von einer Million und mehr ohne steuerliche Abzüge verschenkt werden, vorausgesetzt man überschreitet diesen Freibetrag nicht. Andernfalls würden 65 % des Betriebsvermögens über dem Freibetrag besteuert werden (Abele 2004).

8.2.2.3 Stiftung

Als Stiftung wird eine Institution angesehen der die Verwaltung und der Einsatz von Kapital zu einem Stiftungszweck obliegt. Sämtliche Erträge die eine Stiftung durch ihre Geschäftstätigkeit erwirtschaftet dürfen ausschließlich für den Stiftungszweck eingesetzt werden. Grundsätzlich wird das Kapital dauerhaft angelegt und die Stiftungszwecke allein durch die daraus entstehenden Zinsen und Erträge bedient. Eine Stiftung ist eine juristische Person ohne eine mitgliedschaftliche Struktur. Der Stifter beruft lediglich einen Stiftungsrat.

Stiftungen machen in der Praxis vor allem dann Sinn, wenn aus der eigenen Familie keine Person zur Unternehmensweiterführung geeignet ist und das Lebenswerk des Unternehmensinhabers langfristig gesichert werden soll um die Familie langfristig finanziell abzusichern. Der Unternehmensinhaber wandelt das Unternehmen im Zuge dessen in eine Stiftung um und legt die künftige unternehmerische Entwicklung fest. Eine festgelegte Stiftungssatzung ist im Nachhinein nur schwer zu ändern und muss daher vorab sehr gut durchdacht werden. Zudem ist eine Stiftung nur unter einer Vielzahl von Prämissen realisierbar, die u. a. eine Stiftungssumme von mindestens 250.000 €, eine stabile und sich langsam entwickelnde Branche, in der das Unternehmen tätig ist, sowie eine langfristige und sichere Stellung des umzuwandelnden Unternehmens am Markt umfassen (Brüser 2007).

8.2.2.4 Einstellung eines Geschäftsführers

Wenn ein Unternehmensinhaber keinen passenden Kandidaten für einen Unternehmensnachfolge findet oder er sich zwar aus dem aktiven Geschäft zurück ziehen, jedoch Inhaber seines Unternehmens bleiben möchte, empfiehlt sich die Einstellung eines Geschäftsführers. Dieser Geschäftsführer erhält einen Geschäftsführeranstellungsvertrag. Der neue Geschäftsführer muss sich an die Festlegungen im Gesellschaftsvertrag sowie an die Beschlüsse der Gesellschaftsversammlung halten. In der Praxis ist es sinnvoll viel Zeit in die Ausformulierung des Geschäftsführeranstellungsvertrages zu investieren und auch Punkte wie z. B. das Wettbewerbsverbot, ergebnisabhängige Prämien und Hinterbliebenenversorgung genauer zu dokumentieren.

Vor der Einstellung des Geschäftsführers ist es in jedem Falle ratsam den zukünftigen Geschäftsführer zunächst als Vertreter mit Prokura oder beschränkter Handlungsvollmacht einzustellen um seine Eignung zu prüfen. Gerade dieser Aspekt ist von großer Bedeutung wenn in einer Personengesellschaft ein Geschäftsführer berufen werden soll. Hier ist die Einstellung eines Geschäftsführers insofern riskant, dass Fehler der Geschäftsführung sich unmittelbar auf das Unternehmen auswirken und im Falle der Verschuldung, der Unternehmensinhaber weiterhin mit seinem Privatvermögen unbeschränkt haftet. Deshalb ist die Einstellung eines Geschäftsführers bei Personengesellschaften stark Risiko behaftet und sollte sehr gut durchdacht sein.

8.2.2.5 Verpachtung

Die Verpachtung bezeichnet im Allgemeinen ein Rechtgeschäft i. S. d. § 581 ff. BGB, bei dem der Verpächter dem Pächter für einen bestimmten Zeitraum den Gebrauch eines Gegenstandes inklusive des Fruchtziehungsrechts ermöglicht. Auch ein Unternehmen kann verpachtet werden. Hierbei ist der Verpächter der Unternehmensinhaber, der einem Pächter gegen Geld, dem sogenannten Pachtzins, den Betrieb des eigenen Unternehmens einräumt. Alle Gewinne, die mit dem Betrieb des Unternehmens durch den Pächter erzielt werden, stehen ausschließlich dem Pächter, nicht dem Verpächter zu. Das Nachfolgemodell der Verpachtung macht Sinn, wenn der Unternehmensinhaber wertvolles Betriebsvermögen besitzt und dies nicht veräußern möchte. Zum Zweiten kann die Zeit der Kaufinteressentensuche durch Verpachtung überbrückt werden. Der Vorteil in dieser Form der Unternehmensnachfolge liegt in dem geringen Risiko und den gesicherten fortlaufenden Einnahmen. Der Verpächter erhält regelmäßige Zahlungen ohne selbst die zeitintensive Geschäftsführertätigkeit ausüben zu müssen. Von Nachteil könnte eine zeitweilige Verpachtung eines Unternehmens sein, dessen Markenwert sehr hoch ist und durch falsche Geschäftsführung oder bestimmte Geschäftspraktiken in Mitleidenschaft gezogen werden kann. Ebenso ist es schwierig festzulegen, wer u. a. für die Instandhaltung des Unternehmens verpflichtet ist sowie bestimmte steuerliche Aspekte. In jedem Fall ist das Hinzuziehen eines Experten bei der Wahl dieses Nachfolgemodells anzuraten.

8.2.2.6 Kleine AG

Wer das Vermögen von dem eigentlichen operativen Geschäft trennen möchte, hat mit der Gründung einer kleinen AG die Möglichkeit dazu. Die Nachfolge kann in diesem Falle durch das formlose Abtreten der Mitgliedschaftsrechte erfolgen. Ein Gang an die Börse hat darüber hinaus weitere Vorteile wie der möglichen Steigerung des Unternehmensimages und die Unabhängigkeit des Managements von den Weisungen der Unternehmensinhaber. Diese positiven Effekte können auch dazu führen, dass die Attraktivität des Unternehmens als potentieller Arbeitgeber für gut ausgebildetes Personal steigt. Von Nachteil ist der Aufwand des Börsengangs, der unter Einbezug von Experten und Beratern erfolgen sollte, zu nennen. Zum Zweiten muss zunächst ein Betrag von 50.000 € als Grundkapital aufgebracht werden um den Börsengang zu vollziehen (Brüser 2007).

8.2.2.7 Verkauf

Eine weitere Möglichkeit die Nachfolge eines Unternehmens zu sichern, ist der Unternehmensverkauf. Wie bereits im vorhergehenden Kapitel zu Formen den Unternehmenskauf- und Verkaufs genauer erläutert, kann der Verkauf an ein Unternehmensmitglied erfolgen oder an einen externen Interessenten. Innerhalb des Unternehmens kann der Verkauf an einen Mitarbeiter aus dem Management erfolgen (Management-buy-out) oder an einen Angestellten (Employee-buy-out). Auf Grund der einschlägigen Kenntnisse der Manager kommen in der Praxis die Buy-outs durch Mitarbeiter aus dem Management häufiger vor. Als Vorteile für diese Nachfolgeregelung sind unter anderem die meist hohe Verkaufssumme, die dem Unternehmensinhaber gezahlt wird, aber auch der Abtritt sämtlicher Risiken, die das Unternehmen und deren Führung impliziert, zu nennen. Als nachteilig ist die Abtretung des eigenen Lebenswerkes zu sehen, die den meisten Inhabern äußerst schwer fällt. Gerade ein Unternehmen an eine, dem Inhaber unbekannte Person, zu veräußern fällt dem Inhaber umso schwerer. Ein Unternehmensverkauf ist endgültig und ist daher nur eine echte Option für diejenigen, die den Willen und die Stärke besitzen, sich von Ihrem Unternehmen zu trennen.

8.2.3 Planung der Unternehmensnachfolge

Die Planung einer Unternehmensnachfolge sollte bereits Jahre im Voraus erfolgen und die Umsetzung, sprich die Einführung des Nachfolgers in das Unternehmen, idealerweise fließend von statten gehen. Ein Unternehmen und insbesondere dessen Mitarbeiter müssen fortlaufend auf die bevorstehenden Veränderungen vorbereitet werden. Neben den steuerlich- und rechtlichen Rahmenbedingungen müssen organisatorische, strategische und psychologische Voraussetzungen geschaffen werden um die unternehmerische Chance bei Unternehmensübernahme nicht zu vertun. Nur wenn das gesamte Unternehmen zu einer Veränderung bereit ist, kann diese erfolgreich vorgenommen werden. Ohne eine Jahre im Voraus geplante Nachfolge kann ein Nachfolger die unternehmerischen Potentiale, die mit der Nachfolge verknüpft sind, nur schwer nutzen. Auf Seiten des Unternehmens bietet sich durch frühe Integration des Nachfolgers die Chance eine größere Gruppe an Übernahmeinteressenten zu generieren und hierdurch den Verkaufswert des Unternehmens zu steigern. Auf Grund dieser Problematik erfolgt nun eine genauere Betrachtung der Nachfolgeplanung.

8.2.3.1 Situationsanalyse

Zu Beginn der eigentlichen Unternehmensnachfolgeplanung sollte aus Sicht des Unternehmensinhabers eine umfassende Situationsanalyse erfolgen. Diese ermöglicht dem Unternehmer sein Unternehmen objektiv einzuschätzen um fair und realistisch in die Verhandlungen mit den potentiellen Nachfolgern gehen zu können. Um die Situationsanalyse möglichst vollständig durchzuführen und keine grundlegenden Aspekte außen vor zu lassen, empfiehlt es sich eine eigene Checkliste aufzustellen oder diverse Checklisten von Unternehmensberatungen zu Rate zu ziehen. Beispielsweise bietet kmuNext.ch eine umfassende Checkliste für die Situationsanalyse an. Die Einschätzung des Unternehmenspotentials kann ein erster Punkt in einer möglichen Checkliste sein und Unterpunkte wie die Einschätzung der Phase, in dem sich ein Unternehmen befindet, enthalten. Auch Aspekte wie die Brancheneinschätzung, die Konkurrenzanalyse und die Einschätzung der aktuellen Kundensituation sind wichtige Aspekte für eine Situationsanalyse (Liebermann und Nägeli 2007).

Als Übernahmeinteressent sollte zu Beginn seiner Überlegungen besonderes Augenmerk auf die persönliche Fähigkeiten und Interessen gelegt werden, die später die intrinsische Motivation erheblich beeinflussen können. Die intrinsische Motivation ist, wie bei jedem Existenzgründer, zwingend notwendig um auch schwierige Zeiten mit dem Unternehmen durchstehen zu können. Des Weiteren ist eine ausführliche Finanzplanung ratsam um realistisch einschätzen zu können, ob die Unternehmensübernahme innerhalb des eigenen finanziellen Rahmens zu bewerkstelligen ist oder gegebenenfalls externe Investoren miteinbezogen werden müssen. Ein Businessplan verschafft dem Nachfolger einen Überblick über die Ist-Situation des Übernahmeobjektes und hilft der Planung der zukünftigen Gestaltung des Unternehmens. Er kann durchaus bei den darauf folgenden Verhandlungen mit dem Eigentümer als gemeinsame Kommunikationsbasis herangezogen werden. Des Weiteren sollte eine Einschätzung der eigenen Kenntnisse über die Branche und eine Einschätzung des Risikos des Nachfolgevorhabens erfolgen. Sind sich beide Verhandlungspartner über die eigene Verhandlungsposition im Klaren, ist eine gute Basis für die nachfolgenden Verhandlungen geschaffen.

8.2.3.2 Due Dilligence

Das Due Dilligence Verfahren, das mit der Beteiligungsprüfung oder der Informationsoffenlegung gleichzusetzen ist, kommt in der Praxis vornehmlich zum Einsatz wenn ein potentieller Nachfolger sich generell die Übernahme des Unternehmens vorstellen kann, jedoch detaillierte Fakten über das Unternehmen für seine Übernahmeentscheidung benötigt. Generell ist aber auch eine Initiierung des Verfahrens durch den Verkäufer des Unternehmens denkbar, da im Zuge dieses Verfahrens auch Festlegungen des Verhaltens in den nachfolgenden Kaufverhandlungen getroffen werden können. Das Unternehmen wird beim Due Dilligence systematisch und detailliert analysiert und die internen Daten den Verhandlungsparteien offengelegt. Durchgeführt wird das Verfahren meist von Wirtschaftsprüfungsgesellschaften. Die Analyse kann bis zu sechs Monaten dauern und beginnt zunächst mit einer Grobanalyse und wird auf Wunsch im Laufe der Zeit verfeinert. Alle Ergebnisse werden anschließend von den Wirtschaftsprüfern in einem ausführlichen Bericht festgehalten (Kollmann 2009).

8.2.3.3 Unternehmensbewertung

Nachdem die Analyse der Unternehmens- und der eigenen Situation durch den Inhaber und den Übernahmeinteressenten erfolgte und im Zuge des Due Dilligence alle notwendigen Daten für eine Kaufentscheidung offengelegt wurden, folgt nun die Unternehmensbewertung. Wie schon im vorhergehenden Kapitel beschrieben gibt es eine Vielzahl von Bewertungsverfahren von denen sich im jeweiligen Fall das eine oder andere Verfahren besser zur Bewertung eignet. Die Wahl des Bewertungsverfahrens ist auch stark von der Wahl der Nachfolgevariante abhängig. Soll die Nachfolge beispielsweise als externe Unternehmensnachfolge in Form eines Asset Deals erfolgen, ist das Substanzwertverfahren sicherlich geeignet. Wie bereits erwähnt wird der Unternehmenswert auf Basis der Vermögensgegenstände eines Unternehmens bestimmt. Soll das Unternehmen jedoch im Zuge einer Schenkung veräußert werden ist das Verfahren zu wählen, was das Unternehmen so gering wie möglich bewertet um die Schenkungssteuer für diese Transaktion zu reduzieren. Bei einem Verkauf im Zuge eines Share Deals macht das Marktwertverfahren zur Bewertung Sinn, da der Kaufinteressent das Unternehmen zum aktuellen Marktwert inklusive des Markenwerts übernehmen will. Sicherlich ist es aus Sicht des Verkäufers sinnvoll das Verfahren zu wählen, dass den höchsten Verkaufspreis, im Falle des Unternehmensverkaufs als Asset- oder Sharedeal, erzielt. Aus Sicht des Übernahmeinteressenten sollte deshalb genau darauf geachtet werden, welches Verfahren für die Bemessung des Unternehmenswertes verwendet wurde und ob das gewählte Verfahren für die jeweilige Übernahmevariante angebracht erscheint. In vielen Fällen führt ein Kombinationswertverfahren zu einem Ergebnis, mit dem beide Verhandlungsparteien die Verhandlungen fortführen können.

8.2.3.4 Verhandlungen

Sobald eine Situationsanalyse durch beide Parteien erfolgte, durch eine Wirtschaftsprüfungsgesellschaft die notwendigen Daten des Übernahmeobjektes im Zuge des Due Dilligence offengelegt und der Unternehmenswert bestimmt wurde, begeben sich beide Parteien in die eigentlichen Verhandlungen. Die Verhandlungen stellen den Kern der Nachfolgeregelung dar, da hier alle Details zur Übernahme geregelt, die Bestandteile des Übernahmevertrages genau spezifiziert und die nächsten Schritte für die Übernahme festgelegt werden. Dass die Verhandlungen, laut einer Erhebung vom Institut für Mittelstandsforschung in Bonn aus dem Jahr 2008, in 71 % der Fälle scheitern, ist auf Grund der Bandbreite an notwendigen Einigungspunkten nachvollziehbar. Oft treffen die verhandelnden Parteien auf unüberwindbare Differenzen wie beispielsweise stark konträre Ansichten zur künftigen Unternehmenskultur oder Unternehmensvision. Der Unternehmensinhaber wünscht sich zumeist eine traditionelle Unternehmensfortführung, die seine Visionen geknüpft ist. Der Unternehmensnachfolger hat jedoch auch Interesse daran, dem Unternehmen seinen Vorstellungen und Prinzipien entsprechend auszurichten und sich selbst zu verwirklichen. Zum Zweiten ist das Scheitern auch teilweise darauf zurückzuführen, dass der eigentliche Verkaufswille beim Inhaber noch nicht zu 100 % gefasst ist, kein Nachfolger der anzutretenden Position würdig erscheint. Dies ist vor allem darauf zurückzuführen, dass der Verkäufer das Unternehmen über Jahre hinweg aufgebaut hat und niemand die Geschäfte und die einzelnen Besonderheiten so gut wie er selbst kennt. Zum zweiten ist das Loslassen vom Lebenswerk ein zweites großes Hemmnis bei der Entschlussfindung. Sollten aber die Verhandlungen positiv ausgehen, ist es sinnvoll eine genaue Übergabeplanung zu vereinbaren.

8.2.3.5 Übergabe

Die Planung der Übergabe kann in zwei Phasen eingeteilt werden. Die erste Phase der Übergabeplanung erfolgt noch vor den eigentlichen Verhandlungen und geht ausschließlich vom Verkäufer aus. Dieser bestimmt den Zeitraum für die Übergabe, der in der Praxis mehrere Jahre umfassen sollte. Zum zweiten muss der Unternehmensinhaber sich mit der privaten Lebensplanung nach der Übergabe auseinandersetzten. Auch die Wahl des Übernahmemodells, ob nun die schrittweise Einführung eines Nachfolgers in das Unternehmen oder die sofortige Übergabe vom Verkäufer favorisiert wird, ist zu klären. In dieser Phase ist es sinnvoll einen Nachfolgeexperten hinzuzuziehen um bereits die Nachfolgeinitiierung korrekt zu planen. Die zweite Phase der Übergabeplanung folgt nach den Vertragsverhandlungen. Hier wird der genaue Übergabefahrplan unter Einbezug des gewählten Nachfolgers erstellt. Hierzu kann es auch möglich werden, einige organisatorische Veränderungen im Unternehmen vorzunehmen wie beispielsweise die Errichtung einer zweiten Führungsebene oder die Definition einer neuen Rolle um den Nachfolger in die Führungsspitze zu integrieren. Ebenso sollten die Kompetenzen des Unternehmensinhabers von denen des Nachfolgers in der Phase der Übergabe genau geklärt und abgegrenzt sein. Alle Vereinbarungen sind idealerweise schriftlich zu fixieren. Es kann ebenfalls notwendig werden, dass der Nachfolger noch zusätzliche Qualifikationen erwerben muss, damit die Nachfolge angetreten werden kann. Diese können als Übernahmebedingung mitaufgenommen werden. Alle Vereinbarungen zur Übergabe müssen hiernach konsequent und strukturiert durchgeführt werden damit die Nachfolge reibungslos erfolgen kann. Im Falle einer geglückten Nachfolge kann der aufgestellte Übergabeplan auch für die Übergabe an die Nachfolgegeneration von den Grundzügen her wiederverwendet werden.

8.2.4 Chancen und Risiken bei der Unternehmensnachfolge

Unternehmensnachfolger sind mit dem Tag des Nachfolgeantritts Existenzgründer, die die Chance haben ein neues Kapitel Unternehmensgeschichte zu schreiben. Sicherlich darf ein

Nachfolger hierbei die bestehende Unternehmenskultur und -tradition nicht außer Acht lassen. Für das Unternehmen selbst beginnt mit dem Nachfolgeantritt eine neue Phase die vor allem die Chance auf Erneuerung, Weiterentwicklung und Veränderungen beinhaltet. Da Veränderungen wesentlich mehr unbekannte Variablen in der Erfolgsgleichung der Unternehmung mit sich bringen, ist das Risiko im Vergleich zur routinierten Unternehmensweiterführung dementsprechend höher. Jedoch beherbergen gerade diese neuen Impulse interessante unternehmerische Chancen. Die Problemfelder der Unternehmensnachfolge sowie die damit verbundenen Chancen und Risiken werden im Folgenden thematisiert.

8.2.4.1 Problemfelder der Nachfolgeplanung und Durchführung

Durch die Unternehmensnachfolge ergeben sich Problematiken, die es im Folgenden genauer zu betrachten gilt. Als ersten wichtigen Punkt ist die emotionale Bindung des Unternehmensinhabers zu nennen. Nahezu jeder Inhaber, der über viele Jahre hinweg sein Unternehmen aufgebaut und entwickelt hat, besitzt eine starke emotionale Bindung zu seinem Lebenswerk. Oft besteht seitens des Inhabers der Eindruck, dass nur er im Stande sei, das Geschäft zu führen. Auf Grund dieser Problematik fällt es vielen Inhabern schwer einen geeigneten Nachfolgekandidaten zu finden. Oft scheint, aus dem Blickwinkel des Inhabers betrachtet, kein Bewerber die gewünschten Qualifikationen und Erfahrungen zu besitzen um das Unternehmen erfolgreich weiterzuführen. Erst wenn die emotionale Bindung gelockert und die Akzeptanz für den Abtritt des Unternehmens geschaffen ist, kann die Unternehmensnachfolge erfolgreich geplant und durchgeführt werden. Als zweite Problematik ist die Unternehmensbewertung zu nennen. Wie schon im Kapitel der Sonderformen des Entrepreneurships dargestellt, ist die Wahl der Bewertungsmethode oft schwierig und stark von dem verfolgten Zweck abhängig. Ist beispielsweise ein Asset Deal der Grund für die Bewertung des Unternehmens ist das Substanzwertverfahren ein geeignetes und faires Verfahren zur Bewertung des Unternehmens. Auch bei der Wahl der Nachfolgevariante ist die Wahl der Bewertungsmethode gut zu überdenken. Eine falsch gewählte Methode könnte beispielsweise dazu führen, dass Interessenten einen unangemessenen Preis für das Unternehmen zahlen müssten oder der Inhaber zu wenig für sein Unternehmen bekommt. Dies kann unter anderem der Fall sein, wenn das Unternehmen eine Marke mit hohem Markenwert besitzt, dieser aber nicht in die Unternehmensbewertung miteingeflossen ist, weil beispielsweise das Substanzwertverfahren anstatt das Marktwertverfahren zur Bewertung herangezogen wurde.

Ein drittes Problemfeld stellt die Finanzierung der Betriebsübernahme dar. Die Finanzierung entscheidet letztendlich darüber, ob die Übernahme überhaupt erfolgen kann. Die unzureichende finanzielle Ausstattung des Übernahmeinteressenten kann trotz erstklassiger Qualifikation des Nachfolgekandidaten dazu führen, dass der Deal nicht vollzogen wird. Deshalb ist es für den Nachfolgekandidaten von großer Bedeutung den Kapitalbedarf frühzeitig realistisch einzuschätzen und im Falle der Fremdfinanzierung diese mit möglichst geringer Zins- und Tilgungsbelastung zu erwirken. Gerade bei der Inanspruchnahme von Fremdkapital kann der Leverage-Effekt vom Nachfolgekandidaten für die Übernahme genutzt werden. Alternativ wäre auch die Involvierung eines Private Equity Unternehmens für die Finanzierung denkbar. Jedoch ist es seitens des Nachfolgers ratsam eine solide Eigenkapitalausstattung zu besitzen um zum einen die Ausfallwahrscheinlichkeit für aufgenommene Kredite zu senken und zweitens hierdurch den Risikozins zu senken.

Als vierten und durchaus wichtigen Punkt in der Reihe der Problematiken sind rechtliche und steuerliche Aspekte zu nennen. Als rechtlicher Aspekt ist beispielsweise die Wahl des Unternehmens auf Basis einer bestimmten Rechtsform zu nennen. Die Übernahme und Weiterführung einer Kapitalgesellschaft birgt für den Nachfolgekandidat dahingehend weniger Risiko, als das die Haftung auf das Stammkapital beschränkt ist und der Nachfolger nicht mit seinem Privatvermögen haften muss. Als steuerlichen Aspekt ist die Wahl der Nachfolgevariante zu nennen, die mit steuerlichen Zusatzbelastungen oder steuerlichen Vorteilen einhergeht. Beispielsweise kann der Nachfolger bei Übernahme eines gesamten Betriebes die Anschaffungskosten abschreiben. Bei einer Schenkung ist der Freibetrag als steuerlichen Vorteil zu nennen. Deshalb ist es sinnvoll rechtliche und steuerliche Aspekte bei der Unternehmensnachfolgeplanung zu berücksichtigen (Queneherve 2008). Auf Basis dieser Problematiken ergeben sich bestimmte Chancen und Risiken die im nachfolgenden Abschnitt erläutert werden.

8.2.4.2 Chancen

Wie in der Einführung bereits beschrieben, bietet die Nachfolge generell die Chance auf Erneuerung, Weiterentwicklung und Veränderung des bestehenden Unternehmens. Neue Impulse, die durch den Nachfolger gegeben werden, können die Unternehmenskultur und, damit verbunden, die Arbeitsweise des Unternehmens nachhaltig verändern. Das Unternehmen kann sich von den alt eingefahrenen Bahnen wegbewegen und durch mehr Flexibilität wettbewerbsfähiger werden. Bei allen Chancen die diese Veränderung bietet sollte jedoch ein effektives und effizientes Chance Management eingesetzt werden um vor allem die Belegschaft des Unternehmens wandlungsfähig zu machen und Akzeptanz gegenüber den Veränderungen in allen Unternehmensbereichen zu schaffen (Doppler et al. 2002).

Seitens des Verkäufers kann der Unternehmensverkauf bei entsprechender Bewertung des Unternehmens, die Absicherung der Rente des Verkäufers ermöglichen oder als Basis für neue Investitionen, wie beispielsweise für den Aufbau eines neuen Unternehmens, dienen. Zudem wird der Verkäufer aus der stark fordernden Tätigkeit der Geschäftsführung genommen und kann sich neuen Tätigkeiten zuwenden und ggf. seine Rente antreten. Bei der Nachfolge durch ein Familienmitglied kann das Unternehmen nach alter Familientradition weitergeführt werden und so den Kunden die Sicherheit auf weiterhin konstante oder sogar verbesserte Leistungen bieten. Der Nachfolgekandidat hat bei der Unternehmensnachfolge ein geringeres Risiko als bei einem Startup, da Kunden und Lieferantenbeziehungen bereits bestehen und das Unternehmen am Markt etabliert ist und entsprechende Marktanteile besitzt. Daher kann der Nachfolger seine zu einem Großteil in die Unternehmensführung und -weiterentwicklung stecken anstatt sich mit der Akquirierung von Kunden und Lieferanten zu beschäftigen. Auch die Kreditwürdigkeit ist bei gut laufenden Unternehmen wesentlich höher als bei Startups, sodass Fremdkapital mit geringer Verzinsung aufgenommen und für die Weiterentwicklung des Unternehmens investiert werden kann. Im Hinblick auf die Nachfolgevariante können steuerliche Vorteile genutzt werden. Bei entsprechender Finanzierungsplanung können zudem auch Hebeleffekte durch die Aufnahme von Fremdkapital genutzt werden.

8.2.4.3 Risiken

Einer der häufigsten Gründe für das Scheitern der Unternehmensnachfolge ist die starke emotionale Bindung des Inhabers an sein Unternehmen. Laut der DIHK tuen sich 43 % der Senior Unternehmer und Deutschland mit der Weitergabe ihres Unternehmens und der Findung ihrer neuen Rolle in der Gesellschaft schwer (DIHK 2008). Hierdurch scheitern Vertragsverhandlungen vorzeitig, sodass eine Nachfolgelösung nicht getroffen und das Unternehmen wohlmöglich stillgelegt werden muss. Das eine Unternehmensstilllegung im Falle eines etablierten Unternehmens generell keinen Sinn macht ist nachvollziehbar, da sämtliche Marktanteile verloren gingen, Kunden/Lieferanten Beziehungen verfallen und Arbeitsplätze wegfallen würden. Ein weiteres Risiko bringt der mögliche Veränderungsprozess mit sich. Ein ineffizientes Change Management kann zu großen Widerständen innerhalb des Unternehmens aber auch seitens der Kunden und Lieferanten führen. Die gesamte Akzeptanz der Nachfolge kann hierdurch abgeschwächt oder gänzlich zerstört werden. In Folge dessen würden die Geschäfte behindert oder verlangsamt werden. Um dieses Risiko so gering wie möglich zu halten empfiehlt es sich frühzeitig mit dem Thema der Veränderung im Unternehmen auseinanderzusetzen und bestenfalls in der Zeit der Einarbeitung des Nachfolgers die geplanten Veränderungen miteinfließen zu lassen. Veränderungen die durch den bisherigen Inhaber angestoßen werden haben meist eine höhere Akzeptanz als Veränderungsimpulse durch einen unbekannten Nachfolger auf Grund des bestehenden Vertrauens der Mitarbeiter. Weiteres Risikopotential birgt die Rechtsform des zu übernehmenden Unternehmens. Wer plant eine Personengesellschaft zu übernehmen muss sich über die unbeschränkte Haftung im Klaren sein. Nicht jede Schwachstelle im Unternehmen ist dem Nachfolger bekannt, sodass er sich nicht hundertprozentig sicher sein kann, ein einwandfrei laufendes Unternehmen zu übernehmen. Gerade wenn alle Verbindlichkeiten beim Kauf übernommen werden, können unbekannte Probleme im Unternehmen den Nachfolger in der Anfangszeit zu einem finanziellen Engpass führen. Hiermit in Verbindung ist das Finanzierungsrisiko zu sehen. Rund 49 % der befragten externen Nachfolger sehen, laut eines Reports der DIHK aus dem Jahr 2009, in der Finanzierung das größte Hindernis für die Unternehmensnachfolge (DIHK 2009). Ein weiterer Aspekt ist das Bewertungsverfahren für die Bestimmung des Unternehmenswertes. Hier ist generell das Risiko zu sehen, dass durch die Anwendung eines ungeeigneten Verfahrens ein unrealistischer Unternehmenswert ermittelt wird der für mindestens eine der Vertragsparteien zum Nachteil wird.

8.3 Corporate Entrepreneurship und Interpreneurship

8.3.1 Corporate Entrepreneurship

8.3.1.1 Definition

Das Corporate Entrepreneurship ist eine Sonderform des Entrepreneurship. Es unterscheidet sich vom Entrepreneurship dahingehend, dass alle Aktivitäten auf Basis einer bereits bestehenden Organisation, die beispielsweise in einem etablierten Großunternehmen zu finden ist, erfolgen und nicht etwa auf die Entwicklung eines Startup Unternehmens abzielen. Unter dem Begriff des Corporate Entrepreneurship werden im Allgemeinen alle Aktivitäten eines bereits etablierten Unternehmens zusammengefasst, die darauf abzielen das Unternehmen inklusive deren Organisationsstrukturen weiterzuentwickeln, Innovationsfähigkeit im Unternehmen zu gewährleisten und neue Geschäfte, auf Basis dieser Innovationen, zu ebnen. Dies wird unter anderem durch eine flexible und innovative Strategie, hoch motivierte und kreative Mitarbeiter und durch eine innovationsfördernde Unternehmenskultur erreicht. Der Begriff des Corporate Entrepreneurship wird auch häufig im Strategischen Management mitangeführt, da die Entwicklung der Unternehmensstrategie den Grundstein für ein erfolgreiches Corporate Entrepreneurship legt (Haid 2004). Der Grundgedanke des Corporate Entrepreneurships besteht darin, den sogenannten Entrepreneurial Spirit, der normalerweise bei Gründern von Startup Unternehmen existiert, in den Köpfen der Manager Einzug halten zu lassen. Manager von etablierten Unternehmen sind in Ihrer normalen Geschäftstätigkeit vorwiegend damit beschäftigt, komplexe Mechanismen im Unternehmen zu analysieren und zu optimieren. Sie wollen das Unternehmenswachstum und die Existenz des Unternehmens sichern. Entrepreneure hingegen, sind damit beschäftigt das Unternehmen weiterzuentwickeln, in neue Geschäftsbereiche vorzudringen, innovative Ansätze und Ideen zu generieren um mit diesen nach dem Unternehmensstart Gewinne zu erwirtschaften (Volkmann und Tokarski 2006). Durch Corporate Entrepreneurship soll es den etablierten Unternehmen gelingen, ebenso innovativ, flexibel und entwicklungsfähig zu sein, wie es Startup Unternehmen in der Regel sind. Wie Innovationen generiert und die Innovationsfähigkeit von Unternehmen erzielt werden kann, wird im folgenden Abschnitt ebenso thematisiert, wie die Einflussfaktoren auf das Corporate Entrepreneurship, die Klassifikation dieser Sonderform des Entrepreneurships sowie der Bedeutung des Corporate Entrepreneurship für das Unternehmen.

8.3.1.2 Bedeutung und Ziele

Die Entwicklungen der vergangenen Jahre haben gezeigt, dass sich durch die globalisierte Welt die Wettbewerbsbedingungen verändert haben. Wo früher der Tante Emma Laden die Konsumenten mit Lebensmitteln versorgte, ist nun eine Vielzahl von großen Lebensmittelketten mit unserer Versorgung beschäftigt. Dass nicht jedes dieser Unternehmen das Preiswerteste sein kann, ist hierbei verständlich. Gerade deshalb müssen sich die anderen Lebensmittelversorgungsunternehmen neue Ideen einfallen lassen, neue Strategien entwickeln, die Abnehmer trotz höherer Preise in ihre Verkaufsräume zu führen. Ideal wäre es doch für ein Unternehmen in dieser Branche, in einem gewissen Bereich der Einzige Anbieter zu sein. Hierfür ist es aber notwendig, dass das Unternehmen derartige Chancen für das Vordringen in neue Bereiche identifiziert und so Innovationen für das Unternehmen herbeiführt. Genau an dieser Stelle kommt das Corporate Entrepreneurship zum Tragen. Die Führungskräfte sollen sensibilisiert werden Innovationen zu erkennen, zu bewerten und die Chance unter Abwägung des Risikos zu nutzen. Sicherlich ist es hierfür unabdingbar, dass die Mitarbeiter entsprechend qualifiziert sind und mit einer hohen Motivation ihrer Tätigkeit nachgehen. Ziel des Corporate Entrepreneurships ist somit die Integration der Denkansätze von Entrepreneurs in die Arbeitsweise der Manager des etablierten Unternehmens. Diese sollen hierdurch befähigt werden, die Strategie des Unternehmens innovativer zu gestalten und flexiblere Organisationsstrukturen zu schaffen um das Unternehmen wettbewerbsfähiger zu machen. Es wird hierdurch angestrebt, der Konkurrenz immer einen Schritt voraus zu sein und neue Points of Sale für das Unternehmen zu schaffen um neue Kunden zu generieren oder Kunden langfristig zu binden. Auf das Beispiel mit dem Lebensmittelversorger bezogen wäre folgende Chance denkbar. Am 13.05.2003 meldete die Valio Limited in Helsinki ein Verfahren zur Herstellung eines lactosefreien Milchproduktes als Patent an. Am 31.07.2008 wurde dies im Patentblatt veröffentlicht. Eine derartige Innovation bietet für ein Unternehmen der Lebensmittelbranche eine unternehmerische Chance um einen neuen Point of Sale für den Endkunden zu generieren. Als wohlmöglich einziger Anbieter laktosefreier Produkte, kombiniert mit entsprechender Werbung für diese Produktklasse, könnte das Unternehmen neue Kunden, und zwar die mit Laktoseintoleranz, generieren und sich so von der Konkurrenz abheben. Zusätzliche Gewinne durch den Anstieg der Kundenanzahl wären die logische Konsequenz. Zwar ist dieses Alleinstellungsmerkmal zeitlich begrenzt, jedoch könnte in der Einführungsphase mehr Kundschaft als bisher bewirkt werden. Anhand dieses Beispiels zeigt sich, dass Innovationsfähigkeit essentiell für etablierte Unternehmen ist, um sich wettbewerbsfähig zu zeigen und in Zukunft zu bestehen. Stillstand in Zeiten globalisierender Märkte stellt für Unternehmen eine nicht zu unterschätzende Gefahr für die weitere Existenz dar. Daher ist es sinnvoll Corporate Entrepreneurship im Unternehmen nachhaltig zu verankern.

8.3.1.3 Einflussfaktoren

Die Erfolg oder Misserfolg der Integration des Corporate Entrepreneurships in die Organisation eines Unternehmens wird stark von bestimmten Faktoren beeinflusst. Im Folgenden werden Einflussfaktoren definiert und mögliche Kernelemente offengelegt. Die Darstellungen wurden in Anlehnung an die Ausführungen zum Thema Corporate Entrepreneurship von Grinick, Brettel, Koropp und Mauer entwickelt (Grichnik et al. 2010).

Unternehmenskultur

Ein entscheidendes Element in der Organisation, die maßgeblichen Einfluss auf die Realisierung des Corporate Entrepreneurship hat, ist die Unternehmenskultur. Die Unternehmenskultur sollte generell fördernd auf die Innovationsfähigkeit des Unternehmens und auf die Initiative von Mitarbeitern wirken. Die Unternehmenskultur ist jedoch nicht kurzfristig zu ändern, sondern kann nur über eine längere Zeit hinweg Corporate Entrepreneurship konform ausgestaltet werden. Allgemein wird die Unternehmenskultur durch Verhaltensmuster der Vergangenheit sowie der Gegenwart geprägt. Die Unternehmenskultur bildet als solche auch die Basis für die Unternehmensidentität, die beispielsweise durch das Corporate Design nach außen getragen wird (Janich 2005). Grundsätzlich ist es sinnvoll den Gedanken der Wertschöpfung mit Hilfe von Innovationen in die Unternehmenskultur miteinzubetten und so unternehmensweit zu kommunizieren. Das unternehmerische Handeln von Mitarbeitern sollte als grundlegende Annahme langfristig in die Kultur des Unternehmens integriert werden. Für die Änderung der Unternehmenskultur ist es jedoch auch ratsam Methoden des Chance Managements einzusetzen um jeden Mitarbeiter emotional und fachlich abzuholen und mit auf den Weg der Neuorientierung der Unternehmenskultur zu nehmen. So ist es auch möglich eine größere Akzeptanz gegenüber des Vorhabens der Einführung des Corporate Entrepreneurships im Unternehmen zu erzielen. Siehe hierzu unter anderem die Ausführungen von Doppler (Doppler und Lauterburg 2002) oder (Doppler et al. 2002).

Personal

An der Entwicklung einer, mit dem Corporate Entrepreneurship harmonisierenden, Organisation beteiligt sind ebenso die Mitarbeiter des Unternehmens. Ein Unternehmen, das innovativ denken und unter adäquater Risikoabwägung handeln möchte, braucht Mitarbeiter, die charakterlich und fachlich hierzu in der Lage sind. Ein Unternehmen, das beispielsweise in der Technologieentwicklung Vorreiter sein will, braucht kreative und hochqualifizierte Mitarbeiter um diese Technologien zu erforschen und zu entwickeln. Ebenso benötigt das Unternehmen Manager, die in der Lage sind unternehmerisch im Sinne des Entrepreneurships zu denken und zu handeln. Die klassische Rolle des General Managers eines Unternehmens sieht unter anderem die Leitung, die Kontrolle, die Überwachung und die Strategieentwicklung eines Unternehmens vor. Ein Entrepreneur hingegen gilt als Visionär, der unternehmerische Gelegenheiten erkennt und diese unter Abwägung von Chance und Risiko wahrnimmt. Er ist der Innovator in seinem Unternehmen und versucht Veränderungen anzustoßen und voranzutreiben. Daraus abgeleitet benötigt eine Organisation, die im Zuge der Einführung des Corporate Entrepreneurships gestaltet wird, Führungskräfte, die als Corporate Entrepreneure im Unternehmen agieren. Die Rolle und Aufgaben eines Corporate Entrepreneurs ergeben sich durch die Synthese der Eigenschaften und Verantwortlichkeiten von Managern und Entrepreneuren. Somit werden Unternehmensführer gesucht, die zugleich kompetentes Wissen aus dem Bereich der Unternehmensgründung besitzen und dieses im Tagesgeschäft anzuwenden vermögen. Das diese Rolle eine entsprechend hohe Qualifikation vom Corporate Entrepreneur abverlangt ist nachvollziehbar.

Gestaltung des Arbeitsumfeld

Ein weiterer Einflussfaktor für die Ausgestaltung einer Corporate Entrepreneurship orientierten Organisation ist die Gestaltung des Arbeitsumfelds. Hiermit ist die Schaffung eines modernen Personalmanagementsystems verbunden, das inhaltlich und funktional über die klassischen Personalfunktionen des Einstellens, Beförderns und Entlassens hinausgeht. Es geht darum Strukturen innerhalb der Organisation zu schaffen, die es den Mitarbeitern ermöglichen, unternehmerische Initiativen zu ergreifen. Hierzu zählen zum einen die Personaleinstellung und insbesondere die Personalauswahl. Das Unternehmen ist schon bei der Einstellung eines neuen Mitarbeiters bestrebt eine fähige Arbeitskraft einzustellen, die in der Lage ist unternehmerisch zu denken und zu handeln. Zum anderen ist Planung und Ausgestaltung der Arbeit eines jeden Mitarbeiters für das Unternehmen wichtig um das Arbeitsumfeld ideal auszugestalten. Im Zuge dessen wird definiert, wie viel Freiraum einem Mitarbeiter zugestanden wird und welche Erwartungen an den jeweiligen Mitarbeiter seitens des Unternehmens gestellt werden. Diese können beispielsweise in Form von Zielgesprächen zu Beginn des Jahres bekannt gegeben werden. Zum Zweiten ist die Leistungsbeurteilung ein weiterer Faktor zur Gestaltung des Arbeitsumfeldes eines jeden Mitarbeiters. Diese zielt darauf ab den Mitarbeiter zu helfen, sich mit dem Leistungsgedanken zu identifizieren und zur Leistung zu motivieren. Auch Vergütungen und Boni können hierauf einen positiven Einfluss haben, da Sie zur Schaffung eines Anreizsystems verwendet werden. Nicht nur der Anreiz zur Leistungsbereitschaft, sondern auch Anreize zur Übernahme von Verantwortung und unternehmerischem Handeln werden durch diese Instrumente gesetzt. Als dritter Faktor gilt das Training und die Mitarbeiterentwicklung. Hierbei wird das Erkennen des eigenen unternehmerischen Potentials jedes Mitarbeiters angestrebt, das die Mitarbeiter dazu veranlassen soll, ihre Fähigkeiten weiterzuentwickeln und eigene Potentiale auszuschöpfen. Je nachdem wie gut diese Kernelemente in Unternehmen realisiert sind, wird das Corporate Entrepreneurship in diese Organisation Einzug halten können.

8.3.1.4 Dimensionen

Das Corporate Entrepreneurship kann in eine Vielzahl von Dimensionen unterteilt werden. Miller, als einer der Ersten, die das Corporate Entrepreneurship im Kontext der gesamten Unternehmung betrachtete, definierte drei Dimensionen: Die Innovativität, die Proaktivität und die Risikobereitschaft (Miller 1983). Seine Aussagen wurden später von Antoncic und Hisrich um die Dimensionen der Erschließung von Neugeschäften und der Selbsterneuerung ergänzt. Schmelter fasste diese Theorien zusammen und definierte Indikatoren zur Operationalisierung dieser Dimensionen. Seine Ergebnisse dienen als Grundlage für die folgenden Ausführungen zu den Dimensionen des Corporate Entrepreneurship.

Innovativität

Die Dimension der Innovativität definiert, wie stark die Bemühungen eines Unternehmens sind, nach neuen Ideen, neuen unternehmerischen Chancen zu suchen Hierbei steht vor allem die technische Revolution eines Unternehmens im Vordergrund. Ein Indikator für den Grad der Innovativität eines Unternehmens ist beispielsweise die Anzahl der Produkte, die ein Unternehmen in den vergangenen drei Jahren auf den Markt gebracht hat. Ebenso ist der Anteil des Umsatzes durch neue Produkte am Gesamtumsatz eine denkbare

Messgröße. Da das Corporate Entrepreneurship darauf abzielt, das Unternehmen innovativer zu machen, wird die Innovativität durch das Corporate Entrepreneurship maßgeblich beeinflusst.

Proaktivität

Mit der Dimension der Proaktivität wird ein Maß definiert das angibt, wie ein Unternehmen die Möglichkeiten innerhalb des Marktes nutzt, bevor es durch andere Faktoren wie der Umwelt zu diesem Handeln gezwungen wird. Es stellt somit ein Maß für die eigene Marktaktivität dar. Operationalisiert werden kann dieses Maß durch eine Skalenbewertung, indem eine Bewertung auf einer Skala zwischen zwei Polen zu bestimmten Aussagen, die das Verhalten eines Unternehmens thematisieren, abgegeben wird. Beispielsweise könnte eine Skala die Endpole „trifft zu" und „trifft nicht zu" enthalten.

Risikobereitschaft

Das Maß der Risikobereitschaft definiert, wie viel Risiko ein Unternehmen bereit ist einzugehen, beispielsweise durch den Eintritt in neue Märkte, durch die Anwendung neuer Produktionsverfahren oder Vertriebstechniken. Das Innovationen generell mit einem höheren Risiko als der vertrieb bereits etablierter produkte ist liegt auf der Hand. Dies lässt den Schluss zu, dass die Dimensionen der Proaktivität, Innovativität und Risikobereitschaft sich gegenseitig beeinflussen. Zur Operationalisierung kann ebenfalls die Skalenbewertung verwendet werden.

Selbsterneuerung

Mit dem Konstrukt der Selbsterneuerung wird der Grad der Implementierung neuer Praktiken oder neuer Technologien innerhalb des Unternehmens definiert. Wie stark ein Unternehmen sich intern erneuern kann steht im Fokus dieser Betrachtung. Auch Veränderungen in der Organisationsstruktur, der Ressourcen und der Unternehmensstrategie fallen in dieses Konzept und beeinflussen den Grad der Selbsterneuerungen. Operationalisiert werden kann die Selbsterneuerung durch eindeutige Aussagen bezüglich der Veränderungen eines Unternehmens in den letzten drei Jahren.

Erschließung von Neugeschäften

Mit dem Erschließen von Neugeschäften ist das Startup eines neuen Geschäftes inmitten einer existierenden Organisation gemeint. Die Forschungsarbeit in diesem Bereich ist auf Antoncic und Hisrich zurückzuführen. Operationalisiert werden kann die Erschließung von Neugeschäften durch die eindeutige Bewertung von Aussagen zu einem Unternehmen. Beispielsweise stellt die Bewertung einer Aussage zur Häufigkeit der Erschließung von neuen Nischen im bestehenden Markt durch neue Produkte ein geeignetes Maß dar.

8.3.1.5 Systematisierung

Das Corporate Entrepreneurship kann formal in zwei Ausprägungsformen unterschieden werden: Dem Strategic Entrepreneurship und dem Corporate Venturing. Beide

Ausprägungsformen werden im Folgenden mit ihren Inhalten und Zielen dargestellt und so voneinander abgegrenzt.

Strategic Entrepreneurship

Das Strategic Entrepreneurship ist eine junge Forschungsdisziplin, die an der Schnittstelle von Entrepreneurship und dem Strategischen Management angesiedelt ist. Im Zuge des Strategischen Management werden die Unternehmensziele festgelegt, die strategische Analyse durchgeführt, eine Strategie formuliert und hiernach umgesetzt. Die Entwicklung der Strategie steht im Zentrum der Betrachtung. Beim Entrepreneurship hingegen beschäftigt sich mit der Vorgründung, Gründung und dem frühen Wachstum von Unternehmen. Diese Disziplinen stellen die Basis für das Strategic Entrepreneurship dar. Im Strategic Entrepreneurship sind fünf strategische Ansatzpunkte definiert. Erster Ansatzpunkt ist die strategische Neuausrichtung in der das Unternehmen sich grundlegend gegenüber seinen Wettbewerbern neu positioniert. Die strategische Neuausrichtung macht vor allem bei Unternehmen Sinn, die unter enormen Wettbewerbsdruck stehen und einen Turnaround mit dem Unternehmen vollziehen möchten, um den Wettbewerb zu verringern. Zweiter Ansatzpunkt ist die fortwährende Regenration, die, in Anlehnung an die Ansoff-Matrix, die Einführung bestehender Produkte in neue Märkte oder die Einführung neuer Produkte in bestehende Märkte impliziert. Als dritten Ansatzpunkt ist die Neubegründung eines Geschäftsfeldes zu benennen, in der das Unternehmen als erster einen völlig neues Geschäftsfeld betritt und so enorme Wettbewerbsvorteile erreicht. Der vierte Ansatzpunkt der organisatorischen Erneuerung beinhaltet die Neuorganisation und -strukturierung von internen Prozessen und Organisationsmustern. Hierdurch sollen Wettbewerbsvorteile durch interne Optimierungen erzielt werden. Die Entwicklung eines neuen Geschäftsmodells stellt den letzten Ansatzpunkt dar. Dieser umfasst unter anderem die Planung der Integrationstriefe und Outsourcing Entscheidungen (Grichnik et al. 2010).

Corporate Venturing

Mit dem Begriff des Corporate Venturing wird eine Vielzahl von inhaltlichen Zielen verbunden. Hierzu ist es notwendig, eine weitere Untergliederung dieses Begriffes vorzunehmen. Die erste Ausprägungsform des Corporate Venturing ist das Internal Corporate Venturing. Diese Form beinhaltet die Initiierung von ausschließlich internen Projekten, die für ein Unternehmen neue Aktivitäten beinhalten und generell ein hohes Risikopotential beherbergen. Davon abzugrenzen ist die Form des External Corporate Venturing, bei der es um die Investitionen von Venture Capital in externe Beteiligungen geht. Die dritte Form stellt die Synthese der internen und externen Variante des Corporate Venturing dar. Hierbei geht es um die Schaffung eines Organisationskonzeptes, dass das Unternehmen auf die Zukunft vorbereiten und Grundlagen für die Entstehung von Innovationen schaffen soll. Kennzeichen des Corporate Venturing sind daher, dass es sich generell um eine neue Aktivität für das Unternehmen handeln muss, dass das Risiko des Scheiterns tendenziell höher ist und dass das Venture für eine bestimmte Periode getrennt von der Unternehmensstruktur geführt wird (Seeliger 2004).

8.3.2 Schaffung der Innovationsfähigkeit in Unternehmen

Ein Baustein zur Innovationsfähigkeit ist die Innovationskompetenz, die durch den Unternehmergeist („Entrepreneurial Spirit") in den Köpfen der Manager eines Unternehmens geschaffen werden soll. Als Innovationskompetenz lässt sich die Kompetenz zur frühzeitigen Erkennung von Produktinnovationen bezeichnen. Zum Zweiten ist die Fachkompetenz der Mitarbeiter maßgebend für die Innovationsfähigkeit, da sie die technische Produktkompetenz unter anderem meint. Allgemein ist Wissen, Wissensaustausch und Wissenserwerb für die Generierung von Innovationen von großer Bedeutung. Um einen aktiven Austausch von Wissen im Unternehmen zu ermöglichen ist eine entsprechende Organisationsstruktur notwendig. Beispielsweise kann es sinnvoll sein die Organisation so aufzubauen, das in jeder Organisationsebene ein Ansprechpartner vorhanden ist, der die Verbesserungs- oder Innovationsvorschläge der untergeordneten Organisationsschicht entgegennimmt und filtert, sodass nur die lukrativsten Ideen bei der Geschäftsführung ankommen und diese dann aber mit hoher Priorität geprüft und gegebenenfalls umgesetzt werden können. Darüber hinaus kann dieser Mechanismus durch die Einführung eines Anreizsystems in Form von Prämien optimiert werden. Mitarbeiterweiterbildung und Routinen der Fachbereiche, in denen die neuesten Informationen ausgetauscht werden können, sind ebenso denkbar um die Innovationsfähigkeit zu steigern. Ein dritter wichtiger Aspekt ist die Methodenkompetenz, die unter anderem die Führungstechnik der Manager impliziert. Wer zum innovativen Denken die Mitarbeiter anregt, hat auch die Möglichkeit das gesamte Unternehmen zur Innovationsfähigkeit anzuregen. Zum Zweiten kann es nur durch eine sinnvolle Ressourcen- und Kapazitätsplanung zur Innovationstätigkeit, die auf die tatsächliche Entwicklung neuer Produkte abzielt, kommen. In Bezug auf das Personalmanagement kann auch die Personalauswahl von sehr unterschiedlichen Menschentypen, mit unterschiedlichen Fachkenntnissen und Einstellungen sinnvoll für die Schaffung neuer Impulse sein. Die unternehmensübergreifende Vernetzung können zusätzlich Innovationsimpulse genutzt werden. Durch beispielsweise den Informationsaustausch in sozialen Netzwerken oder durch die Einbindung von Kunden in den Innovationsprozess können neue Impulse für Innovationen entstehen und genutzt werden (Volkmann und Tokarski 2010).

8.3.3 Methoden und wissenschaftliche Ansätze zur Neuproduktentwicklung

8.3.3.1 Erfolgsfaktorenforschung

Die Erfolgsfaktorenforschung beschäftigt sich, wie der Name bereits vermuten lässt, mit der Erforschung und Identifikation der Erfolgsfaktoren für neue und innovative Produkte. Ziel der Erfolgsfaktorenforschung ist es, aus Sicht des Unternehmers betrachtet, die beeinflussbaren und gleichzeitig erfolgsbeeinflussenden Faktoren auf empirischem Wege zu identifizieren. Hierdurch soll es gelingen den Erfolg der Neuproduktentwicklung und

Neuproduktveröffentlichung maximal selbst zu beeinflussen. Zu diesen Faktoren zählen unter anderem der reelle Kundennutzen eines Produktes, die Unternehmensstrategie, die Qualität der Prozesse im Unternehmen zur Erstellung und Entwicklung des Produktes und deren Organisation. Die Theorie der Erfolgsfaktorenforschung wurde unter anderem von Montoya-Weiss und Calantone (1994) empirisch untersucht und durch die Arbeit von Ernst optimiert Jeder Unternehmer, der die Stellschrauben für den Erfolg eines Neuproduktentwicklungsprozesses kennt, kann so maßgeblich auf diesen Einfluss nehmen und in die Richtung lenken, die am ehesten profitabel für das Unternehmen erscheint.

8.3.3.2 Lead-User Workshops

Das Lead-User Konzept wird im Kontext des Open Innovation Ansatzes angewendet. Als Lead-User werden hierbei die Kunden eines Unternehmens bezeichnet, die bei der Entwicklung von Innovationen für das Unternehmen den notwendigen Input in Form von Wissen und Ideen leisten. Das Lead-User Konzept wird in der Praxis zur Entwicklung von disruptiven Innovationen verwendet. Das Problem, dass es mit dem Lead-User Konzept zu lösen gilt, ist es, völlig neuartige Bedürfnisse von Kunden zu identifizieren und aus diesen gewonnen Erkenntnissen grundlegend neue Produkte, Services und Technologien zu entwickeln. Ein Unternehmen, das externe Personen, wie die Kunden eines Unternehmens, in den Innovationsprozess miteinbezieht, öffnet somit die Unternehmensgrenze um neue Ideen zu generieren. Dieses Öffnen der Unternehmensgrenzen im Zuge des Innovationsprozesses wird als Open Innovation Ansatz bezeichnet (Bartl 2008). Der Lead-User-Workshop ist eine Form der qualitativen empirischen Erhebung und zeichnet sich durch die Unabhängigkeit der Leads-User von den bestehenden Produkten eines Unternehmens aus. Andere Forschungsmethoden wie die Focusgruppenbefragung sind für diese Aufgabe nicht zielführend, da die Befragten sich zu stark am bereits existierenden Angebot orientieren und so maximal die Erfindung von inkrementellen Innovationen bewirken können. Lead-User zeichnen sich, bezugnehmend auf ihre Eigenschaften, durch zwei Merkmale aus. Zum einen verfügen sie generell über ein gewisses Gespür für neue Trends und Entwicklungen von morgen und profitieren zweitens im hohen Maße von den Ergebnissen des Lead-User Workshops. Sie sind generell in der Lage problemorientiert zu denken und verfügen darüber hinaus über eine große fachliche Qualifikation. Der Lead-User Prozess wurde von von Hippel in den 80 Jahren erstmals systematisiert und hiernach mehrfach weiterentwickelt. Der vierstufige Prozess beginnt in Phase eins, in der der Start des Lead User Prozesses, der mit der Teambildung, der Zieldefinition und der Festlegung der Zielmärkte durch das Unternehmen einhergeht. In der zweiten Stufe werden, mit Hilfe von Experteninterviews und der Analyse vorhandener Informationsquellen, eine Vielzahl von Trends identifiziert und vorselektiert. Dies geschieht unter anderem mit Hilfe der Szenariotechnik oder der Delphi Methode. In der Stufe drei erfolgt das Screening der potentiellen Lead User und die Ausarbeitung erster Ideen inklusive deren ansatzweiser Lösung. Bei dem Screening kommt es darauf an, die Rollen des Anwenders im Innovationsprozess zu beachten. Die Lead User können in die vier Kategorien: Initiator, Berater, Partner und Vermarkter eingeteilt werden. Für jeden dieser Kategorien benötigt man Lead-User, die diese

Rolle einnehmen und deren Rollenaufgaben erfüllen. Erst in Phase vier wird der Lead-User Workshop durchgeführt, bei dem es um die Entwicklung völlig neuartiger Produkte, Services und Dienstleistungen geht. Die Ergebnisse des Workshops werden dokumentiert und anschließend bewertet. Die Dauer des Lead-User Prozesses wird auf 2–4 Monate geschätzt und das Ergebnis ist hierbei stark von den Qualifikationen und der Motivation aller Beteiligten abhängig. Kritisch ist anzumerken, dass die Einbindung von Kunden sehr zeitintensiv und teuer ist. Zudem ist es schwierig Kunden zu finden, die ihre Ideen an ein Unternehmen „verkaufen" möchten. Positiv ist anzumerken, dass die Neuproduktentwicklungen auf Basis von Lead-User Prozessen zumeist ein höheres Umsatzpotential aufweisen, als es bei inkrementellen Innovationen der Fall ist (Günther 2006).

8.3.3.3 Delphi Methode

Die Delphi Methode hat ihren Namen einem militärischen Projekt namens „Project Delphi" zu verdanken, das zur Planung strategischer Waffensysteme in den 50 Jahren durchgeführt wurde (Kühl et al. 2005) Sie stellt eine mehrstufige Befragungsmethode in Form einer quantitativen Prognosetechnik dar, bei der Experten verschiedener Fachbereiche schriftlich zu einem Thema befragt werden und ein subjektives Feedback geben. Inhalte der Befragung sind Annahmen, Schätzungen oder Meinungen über zukünftigen Entwicklungen und aktuellen Trends. Ziel und Vorteil der schriftlichen Befragung einer Gruppe ist es, negative Gruppeneffekte auszuschalten und nach mehrstufiger Befragung einen Konsens zu bestimmten Trends zu erhalten. Der Median der letzte Fragerunde wird als Prognosewert verwendet. Die Delphi Methode eignet sich um das Kommunikationspotential einer Gruppe zu erhöhen, Lösungsalternativen zu identifizieren oder zukünftige Entwicklungen zu prognostizieren. Zudem wird es in der Praxis dazu verwendet, das Erfolgspotential von größeren geplanten Investitionen zu ermitteln. Auch bei der Entwicklungen der Unternehmensphilosophie, der Unternehmensziele und der Unternehmensstrategie können die Ergebnisse einer Delphi Analyse zielführend sein. Es existiert kein einheitlicher Standard, wie mit welchen Aufbau und Inhalten die Delphi Methode durchgeführt werden muss. Die Methode ist sehr flexibel und kann variiert werden. Zu möglichen Variantionsparametern zählen unter anderem die Anzahl der teilnehmenden Experten, die Gestaltung des Feedbacks und das Auswahlverfahren für die zu befragenden Experten. Die Methode weist jedoch auch Schwachstellen auf, zu denen die Fehleinschätzungen durch die Experten und der Bildung eines Konsens, der unter anderem das Ergebnis ungenau macht oder bedeutsame Ausreißer aus der Befragung eliminiert, zählen (Schäfer 2009).

8.3.3.4 Szenariotechnik

Flexibilität, wie bereits schon mehrfach erwähnt, stellt eine sehr wichtige und notwendige Eigenschaft für ein Unternehmen dar, dass künftig wettbewerbsfähig bleiben will. Doch zur Flexibilität gehört nicht nur die Bereitschaft eine eingeschlagene Richtung kurzfristig zu ändern und vielseitig zu sein, sondern auch, die Rahmenbedingungen für die zukünftige Geschäftstätigkeit abschätzen zu können und auf diese frühzeitig zu reagieren. Diese Rahmenbedingungen werden von zukünftigen Trends und allgemeinen Entwicklungen definiert. Aus diesem Grund macht es Sinn sich im Zuge des Corporate Entrepreneurships mit einer Technik zu beschäftigen, die darauf ausgerichtet ist mögliche jedoch bewusst auch unterschiedliche zukünftige Szenarien zu entwickeln, die dem Unternehmen helfen sollen, die Geschäfte frühzeitig auf den richtigen Kurs zu bringen. Die besagte Technik wird als Szenariotechnik bzw. Szenarioanalyse bezeichnet. Die Grundzüge dieser Technik wurden vom Militär entwickelt um mögliche Kriegskonstellationen zu identifizieren und daraufhin die Kriegsstrategie zu entwickeln.

In der Szenarioanalyse werden drei Szenarien betrachtet: Das positive Extremszenario, das negative Extremszenario und das Trendszenario. Die Darstellung der Szenarien erfolgt im Szenario-Trichter, dessen engster Punkt die Gegenwart und dessen äußerster Rand das Ende der gewählten Zeitspanne darstellt. Diese Einteilung der Szenarien erinnert an den zweiten Teil der Feasibility Study in der Vorgründungsphase eines Unternehmens, in der Best- und Worstcase Szenario, in Bezug auf die Einnahmen und Ausgaben des ersten Jahres der Geschäftstätigkeit, gegenübergestellt werden. Auch hier wird angenommen, dass der zutreffende Fall in der Mitte der beiden Extreme liegen wird. So ist es auch bei der Szenarioanalyse, bei der das Trendszenario den Mittelwert aus positivem und negativem Extremszenario repräsentiert. Die Entwicklung des Szenario-Trichter erfolgt in vier Phasen. In der ersten Phase, der Phase der Aufgaben- und Problemanalyse, wird, wie es auch bei jedem anderen empirischen Forschungsprojekt der Fall ist, der Untersuchungsgegenstand festgelegt und beschrieben. Darüber hinaus werden alle Faktoren, die den Untersuchungsgegenstand beschreiben und beeinflussen ermittelt. In der zweiten Phase, der Einfluss- und Deskriptorenanalyse, wird von den Teilnehmern analysiert welche Faktoren sich gegenseitig beeinflussen und wie stark der Einfluss der einzelnen Deskriptoren ist. Hieraus wird eine Einflussmatrix entwickelt, die die Faktoren vergleichend gegenüberstellt. In der dritten Phase, der Phase der Szenarioentwicklung, werden aus den gewonnenen Informationen die möglichen Szenarien entwickelt. Hierzu wird beispielsweise die Technik des Morphologischen Kastens angewendet. In der letzten Phase werden danach die ausgewählten Szenarios weiter untersucht und hinsichtlich ihrer Eintrittswahrscheinlichkeit bewertet. Die durch die Szenarioanalyse gewonnenen Daten können letztendlich für die Entwicklung einer flexiblen und innovativen Unternehmensstrategie dienen und den zukünftigen Erfolg eines Unternehmen positiv beeinflussen (Vollmer 2006).

8.3.4 Interpreneurship

8.3.4.1 Definition

Als Interpreneurship wird die Vernetzung von unternehmerisch agierenden Personen unterschiedlicher Betriebe bezeichnet, die gemeinsam an der Lösung eines Problems oder an der Ableitung neuer Ziele im Zuge des Innovationsmanagements arbeiten. Es ergänzt die Inhalte des Entrepreneurships um die Netzwerkperspektive. Es wird daher auch von einem Unternehmertum, das in Netzwerken agiert, gesprochen (Pfriem et al. 2006). Ebenso kann das Interpreneurship als Wissens- und Erfahrungstransfer zwischen unterschiedlichen

Generationen in einem Familienunternehmen bezeichnet werden (Blum 2005). Im Folgenden wird jedoch nur der Aspekt der Vernetzung von Entrepreneuren unterschiedlicher Unternehmen genauer behandelt.

8.3.4.2 Bedeutung und Ziele

Dieses Konzept ist vornehmlich in diverser Fachliteratur zum Thema Innovationen thematisiert. Es impliziert daher auch die Zusammenarbeit unterschiedlicher Unternehmen zur Generierung von Innovationen. Interpreneure unterschiedlicher Unternehmen tauschen ihr Wissen aktiv aus und gestalten die zukünftigen Eckpfeiler ihrer Unternehmen. Dies beinhaltet darüber hinaus auch den Aufbau von Zusammenarbeitsplattformen im Kontext des Supply Chain Managements und dem Customer Relationship Managements. Diese Module werden zumeist in einem gesamtheitlichen Enterprise Resource Planning System integriert. Weitere Ausführungen zu diesen Systemen erfolgt im weiteren Verlauf dieses Kapitels.

Diese Vernetzung auf fachlicher und technischer Ebene ermöglicht die betriebsübergreifende Zusammenarbeit von Entrepreneuren unterschiedlicher Unternehmen und führt somit zum Interpreneurship. Interpreneurship versucht die Synergieeffekte durch die unternehmensübergreifende Zusammenarbeit zu Nutzen und für die Unternehmen Vorteile gegenüber ihrer gemeinschaftlichen Wettbewerber zu erzielen. Durch die Vernetzung von Unternehmen steigt ebenso die Abhängigkeit der Unternehmen voneinander. Ein gemeinsames Problemlösen bringt daher für alle Parteien positive Effekte mit sich. Eine besondere Rolle im Zuge des Interpreneurships spielt auch die Entwicklung nachhaltiger Innovationen die auf den gemeinsamen Schutz der Umwelt, der kollektiven Reduzierung von Emmision und Abfall und generell dem unternehmensübergreifenden umweltbewussten Verhalten abzielen. Siehe hierzu unter anderem die Ausführungen von Fichter (2005). Sind Innovationen gefunden obliegt es zumeist den Interpreneuren im Rahmen eines Großunternehmens ein neues Geschäftsfeld auf Basis dieser Innovation aufzubauen.

8.3.4.3 Abgrenzung des Interpreneurs vom Entrepreneur

Entrepreneure sind Unternehmer, die unter Risikoabwägung unternehmerische Chancen ergreifen. Sie sind mit dem Aufbau eines Unternehmens beschäftigt und tendenziell eher an der Geschäftsidee und der unternehmerischen Chance interessiert anstatt an dem Unternehmen selbst. Entrepreneure sind Visionäre, erkennen frühzeitig Trends und können aus Ihnen neue Geschäftsideen entwickeln und ergreifen. Für Entrepreneure stehen daher der Aufbau und die Frühentwicklung ihres Unternehmens im Fokus.

Interpreneure sind hingegen auf die Interaktion und Kommunikation mit Netzwerkpartnern des eigenen Unternehmens fokussiert. Ihnen obliegt die Leitung der Netzwerkbeziehungen, die zu einem Mehrwert des eigenen Unternehmens beiträgt. Sowohl der Entrepreneur, als auch der Interpreneur, sind Visionäre, die ihre Umwelt beobachten um unternehmerische Chancen aufzudecken. Der Entrepreneur tut dies beispielsweise durch die Sichtung aktueller Zeitschriften, diverser Marktforschungsberichte oder Beiträgen im Internet. Ebenso kollektiviert er Informationen auf Fachmessen. Der Interpreneur hingegen erhält seine Informationen vorzugsweise aus der Netzwerkbeziehung, die er leitet und ausbaut. Wie die Methode des Lead User Workshops gezeigt hat, können durch die Einbeziehung der Kunden eines Unternehmens neue innovative Ideen generiert werden. Interpreneuren obliegt zugleich in Großunternehmen der Aufbau eines neuen Geschäftsfeldes, dem Start-Up eines kleinen Subunternehmens. Daher werden Interpreneure auch in der Praxis als Inhouse Entrepreneure bezeichnet (Verloop und Wissema 2004, S. 76).

8.3.4.4 Herausforderungen und Anforderungen an den Interpreneur

Interpreneure müssen zum einen über die Fähigkeiten und Fertigkeiten eines Entrepreneurs verfügen. Dies ist notwendig um neue Geschäftsbereiche erfolgreich aufbauen zu können. Zu den Fähigkeiten und Fertigkeiten eines Entrepreneurs zählen beispielsweise klassische Kenntnisse aus dem Bereich der Unternehmensgründung, jedoch auch ein gewisses Maß an Risikobereitschaft und Objektivität. Die Risikobereitschaft ist notwendig um trotz unbekannter Größen eine unternehmerische Chance zu ergreifen. Die Objektivität ist für die realistische Einschätzung der Geschäftsidee von Nöten. Zum zweiten ist die Kenntnis über diverse Systeme zur Vernetzung von Unternehmen, zu denen unter anderem CRM-, SCM- und ERP-Systeme zählen, sinnvoll, da Sie mit diesen Systemen mit anderen Unternehmen in Kontakt stehen. Wenn es um die Findung neuer innovativer Geschäftsideen geht, ist ein sehr breit angelegtes Wissen aus vielen Geschäftsbereichen sinnvoll. Dieses ermöglicht dem Interpreneur sich fachlich mit einer Vielzahl von Mitarbeitern im eigenen aber auch in anderen Unternehmen über Trends auszutauschen und deren Kommunikationshintergrund zu verstehen. Interpreneure sollten ein gewisses Talent und Interesse für die Einarbeitung in bisher unbekannte Themenfelder besitzen, da sich aus Ihnen eventuell eine neue unternehmerisch Chance ergeben kann. Die Herausforderung für den Interpreneur besteht zum einen darin, mit unterschiedlichsten Personen verschiedener Unternehmen zielgerichtet zu kommunizieren. Hierbei kommt es vor allem darauf an, so viel Informationen wie möglich über die Netzwerkbeziehung in Erfahrung zu bringen und zeitgleich so wenig Informationen wie möglich über das eigene Unternehmen preis zu geben. Idealerweise verfügt der Interpreneur über sehr gute Kenntnisse über die Geschäftstätigkeit des eigenen Unternehmens. So ist es von Vorteil, wenn der Interpreneur eines Autoherstellers fundierte Kenntnisse über die Produktion, die Forschung und Entwicklung von Automobilen hat um Ausbaupotentiale zu erkennen und gezielt durch neue Ideen zu gestalten.

8.3.4.5 Überblick der Vernetzungsvarianten von Unternehmen

Die folgend beschrieben Konzepte werden generell zur Vernetzung eines Unternehmens mit seinen Lieferanten und Kunden verwendet. Der Hauptgrund für die Implementierung von IT basierten Lösungen wie dem SCM-System, CRM-System und ERP-System sind die hohen Kosteneinsparungen, die durch diese erzielt werden können. Beispielsweise können durch die Einführung eines Supply-Chain Management Systems Bestände zwischen 50 % und 80 % reduziert, die Liefertreue zwischen 10 % und 25 % erhöht und die Gemeinkosten zwischen 10 % und 30 % reduziert werden (Werner 2010). Dieser kurze Exkurs in den Bereich der IT Systeme soll die große Bedeutung der Vernetzung von Unternehmen verdeutlichen und beleuchtet weniger die fachliche Vernetzung der Unternehmen durch Interpreneure.

Enterprise Resource Planning Systeme

Enterprise Resource Planning Systeme, kurz ERP-Systeme genannt, werden dem Produktbereich der Standardsoftware zugeordnet. Sie ermöglichen es diverse betriebswirtschaftliche Aufgaben IT-basiert zu erledigen. Zu den betriebswirtschaftlichen Aufgabenbereichen gehören unter anderem das Finanzwesen, die Produktion, die Logistik und das Personalwesen. Im deutschen Sprachgebraucht werden ERP-Systeme auch als Unternehmensressourcenplanungs-Systeme bezeichnet. Zu den wohl bekanntesten Herstellern dieser Standardsoftware zählen SAP und Microsoft. Mit Lösungen wie SAP R/3 von SAP und Dynamics AX, Dynamics NAV von Microsoft werden den Unternehmen umfassende Systeme zur IT basierten Abwicklung unternehmensinterner Prozesse bereitgestellt. Moderne ERP-Systeme wickeln unter anderem Bestellungen in elektronischer Form an, stellen Kennzahlen für die Unternehmenssteuerung bereit, dokumentieren Transaktionen im Unternehmen indem sie Buchungen auf entsprechende Konten durchführen, generieren Listen für die Fakturierung und dokumentieren die aktuellen Wareneingänge und -ausgänge. Die meisten ERP-Systeme haben Funktionen aus dem Bereich des SCM implementiert und können durch CRM Module ergänzt werden. Eine Begriffsdefinition von SCM und CRM erfolgt in dem nachstehenden Abschnitt.

Supply Chain Management (SCM)

Unter dem Begriff der Supply Chain wird ein Verbund von Herstellern, Lieferanten und Kunden verstanden. Ziel des Supply Chain Managements ist es, die Schnittstellen zwischen den genannten Akteuren zu optimieren und die Transaktionskosten im Sinne der Transaktionskostentheorie zu reduzieren. Für die Optimierung dieser Transaktionen werden zwischen den Akteuren Regelungen zum Austausch von Waren und Dienstleistungen getroffen (Werner 2010). Um einen ganzheitlichen Informationsfluss und -austausch zwischen den Beteiligten zu gewährleisten werden in der Praxis IT basierte Systeme eingesetzt. Durch diese Systeme ist es Herstellern beispielsweise möglich, den Bedarf an Rohstoffen beim Kunden einzusehen und selbstständig zu liefern, ohne dass der Kunde vorher den Bedarf über einen Sachbearbeiter melden musste. Ebenso kann der Kunde den aktuellen Produktionsstatus beim Lieferanten einsehen oder den Vorrat in dessen Lager abrufen. Güter- und Werteflüsse können durch den Einsatz von Informationstechnologie beschleunigt und so optimiert werden. IT-Systeme, die diese Vorgänge innerhalb eines Unternehmens und unternehmensübergreifend abbilden und unterstützen, werden Enterprise Ressource Planning Systeme, kurz ERP-Systeme, genannt. Diese werden je nach Bedarf um bestimmte Module ergänzt, zu denen auch SCM-Module gehören. SCM-Module können Funktionen zur Optimierung der Bedarfsplanung oder zur Produktionsplanung enthalten. Advanced Planning & Scheduling Systeme, kurz ARP-Systeme genannt, sind in der Lage Prognosen über den zukünftigen Bedarf zu errechnen und aus diesen optimierte Produktionspläne zu generieren (Hellingrath 2008). Allgemein formuliert umfasst ein SCM System Funktionen zur Planung, Gestaltung und den Betrieb logistischer Netzwerke. Weitere Informationen hierzu sind dem Lexikon für Wirtschaftsinformatik (Hellingrath 2008) oder dem Vortrag zum Thema SCM Systeme von Hertweg (2011) zu entnehmen.

In der Praxis existieren bekannte Beispiele von Unternehmen, die durch den Einsatz von SCM Systemen ihre Geschäfte optimieren konnten. So schaffte es beispielsweise IBM in 2004 sieben Milliarden Dollar durch die Optimierung entlang der Wertschöpfungskette einzusparen.

Customer Relationship Management (CRM)

Das Konstrukt des Customer Relationship Management wird häufig mit dem IT basierten CRM-System gleichgesetzt. Jedoch versucht, das aus der betriebswirtschaftlichen Sicht betrachtete, Customer Relationship Management, eine kundenorientierte Unternehmensstrategie zu entwickeln und sich auf theoretischer Basis mit den Aspekten der Kundenzufriedenheit- und Kundenbindung, des Kundenwertes und des Kundenwissens zu beschäftigen. Idealweise sollten die Erkenntnisse aus dieser Betrachtung in die Praxis durch den Einsatz eines CRM-Systems transferiert werden. Daraus resultiert für das Customer Relationship Management eine Definition, die sowohl betriebswirtschaftliche Aspekte, als auch die technische Umsetzung dieser Aspekte in Form eines CRM-Systems beinhaltet. CRM wird demnach als kundenorientierte Unternehmensstrategie verstanden, die auf Basis modernster Informations- und Kommunikationstechnologie danach strebt, profitable Kundenbeziehungen aufzubauen und zu festigen sowie kundenindividuelle Marketing- und Vertriebsmaßnahmen zu entwickeln. Hierbei wird besonderes Augenmerk auf die Schaffung einer gemeinsamen Kommunikationsbasis gelegt, die durch die Synchronisation aller Kommunikationskanäle technisch realisiert wird. Zum zweiten wird versucht alle unternehmensinternen Prozesse auf die Bedürfnisse des Kunden auszurichten und hierdurch eine kundenorientierte Unternehmensstrategie zu ermöglichen. Ein CRM-System beinhaltet eine Vielzahl von Modulen, die unter anderem die Konzeption und Durchführung von Kundenbindungskampangnen, das Stammdatenmanagement, die Planung und Umsetzung von Vertriebsmaßnahmen und den Abruf bestimmter Statistiken in diesem Kontext ermöglicht. Im Gegensatz zum SCM, weisen moderne ERP Systeme meist ein separates CRM-System auf. Dies ist unter anderem auf die gestiegene Komplexität dieses Bereiches zurückzuführen. Zum zweiten, wie bereits erwähnt, geht die Einführung eines CRM-Systems idealerweise mit der Neuorientierung des gesamten Unternehmens in Richtung des Kunden einher. Da dies jedoch nicht von jedem Unternehmen angestrebt wird, ist die Auslagerung des CRM-Systems aus dem eigentlichen ERP-System sinnvoll. Weitere Informationen zum CRM und CRM-Systemen sind den Ausführungen von Hippner und Wilde (2006) sowie Stokburger und Pufahl (2002) und der Abhandlung zum Thema der Kostensenkungspotentiale durch CRM der Lemberg Company (Lemberg et al 2004) zu entnehmen.

8.3.5 Vergleich Corporate Entrepreneurship und Interpreneurship

Das Corporate Entrepreneurship kann als Rahmen des Interpreneurships verstanden werden. Wie bereits beschrieben, werden unter dem Corporate Entrepreneurship alle Aktivitäten eines bereits etablierten Unternehmens verstanden, die darauf abzielen das

Unternehmen inklusive deren Organisationsstrukturen weiterzuentwickeln, Innovationsfähigkeit im Unternehmen zu gewährleisten und neue Geschäfte, auf Basis dieser Innovationen, zu ebnen. Das Interpreneurship kann, bezugnehmend auf diese Definition, als eine derartige Aktivität angesehen werden. Das Interpreneurship ermöglicht es dem Großunternehmen durch den Ausbau ihrer Netzwerkbeziehung und der Nutzung möglicher Synergieeffekte durch diese Beziehung neue innovative Ideen zu generieren. Des Weiteren können diese Ideen durch Interpreneure umgesetzt werden in dem diese einen neuen Geschäftszweig auf Basis dieser innovativen Idee aufbauen. Coporate Entrepreneure, die als Entrepreneure und Manager zugleich im Unternehmen agieren, setzen Interpreneure gezielt zum Ausbau der Geschäfte und zur Findung neuer Geschäftsideen ein. Ebenso beauftragen sie Interpreneure mit dem Ausbau der Netzwerkbeziehungen. Durch das Zusammenspiel von Corporate Entrepreneurship und Interpreneurship kann ein Unternehmen seine Innovationsfähigkeit steigern und durch die Einbindung von Netzwerkpartnern in den Innovationsprozess die Akzeptanz dieser Innovationen verbessern. Das Interpreneurship stellt daher abschließend einen wichtigen Baustein für die Realisierung des Corporate Entrepreneurships in einem bereits bestehenden Unternehmen dar.

Literatur

Abele A (2004) Begünstigungen vom Betriebsvermögen bei Erbschafts- und Schenkungssteuer. http://www.kp-recht.de/aid=51.phtml. Zugegriffen: 02. Juli 2011

Bartl M (2008) Open Innovation! http://hyve.de/cms/upload/f_1599_WhitePaper_OpenInnovation.pdf. Zugegriffen: 1. Aug 2011

Blum U et al (2005) Gesellschaftspolitik in einer globalisierten Welt – 6. Desdner Kolloquium an der Fakultät Wirtschaftswissenschaften der Technischen Universität Dresden. Deutscher Universitäts-Verlag, Wiesbaden

Brüser J (2007) Unternehmensnachfolge – Wie Sie als Mittelständler den Stab weitergeben. Cornelsen Verlag Scriptor GmbH & Co KG, Berlin

Burrough B, Helyar J (1990) Barbarians at the Gate: The fall of RJR Nabisco. Harper & Row, London

DIHK (2008) DIHK Report zur Unternehmensnachfolge 2008. http://www.dihk.de/ressourcen/downloads/nachfolgereport_08.pdf. DIHK. Zugegriffen: 16. Juli 2011

DIHK (2009) Unternehmensnachfolge: Krise schraubt Hürden nach oben. http://www.dihk.de/presse/thema-der-woche/2009/24092009.pdf/at_download/file?mdate=1291826236634. DIHK. Zugegriffen: 16. Juli 2011

Doppler et al (2002) Unternehmenswandel gegen Widerstände – Change Management mit den Menschen. Campus Verlag GmbH, Frankfurt a. M.

Doppler K, Lauterburg C (2002) Change Management – den Unternehmenswandel gestalten. Campus Verlag GmbH, Frankfurt a. M.

Fichter K (2005) Interpreneurship – Nachhaltigkeitsinnovationen in interaktiven Perspektiven eines vernetzten Unternehmertums. Metropolis-Verlag für Ökonomie, Marburg

Gartzke C (2005) Methoden der Unternehmensbewertung im Vergleich. http://www.uni-hamburg.de/fachbereiche-einrichtungen/fb03/iwp/rut/Gartzke.pdf. Fachbereich Wirtschaftswissenschaften der Universität Hamburg. Zugegriffen: 15. Juni 2011

Grichnik et al (2010) Entrepreneurship – Unternehmerisches Denken, Entscheiden und Handeln in innovativen und technologieorientierten Unternehmungen. Schäffer-Poeschel Verlag, Stuttgart

Groschoff J, Komning E (2008) Unternehmensnachfolge unter Berücksichtigung der Erbschafts- und Schenkungssteuerreform. Diplomica Verlag GmbH, Hamburg

Günther H (2006) Das Lead-User Konzept im Innovationsmanagement – Problemfelder und Lösungsansätze. GRIN Verlag, Norderstedt

Haid D (2004) Corporate Entrepreneurship im strategischen Management – Ansatz zur Implementierung des Unternehmertums in Unternehmen. GWV Fachverlage GmbH, Wiesbaden

Hauser H-E, Kay R, Boerger S (2010) Unternehmensnachfolgen in Deutschland 2010–2014 – Schätzungen mit weiterentwickelten Verfahren. IfM Bonn, Bonn

Hellingrath B (2008) Supply Chain Management-System. In: Enzyklopädie der Wirtschaftsinformatik-Online Lexikon. http://www.enzyklopaedie-der-wirtschaftsinformatik.de/wi-enzyklopaedie/lexikon/informationssysteme/crm-scm-und-electronic-business/Supply-Chain-Management/Supply-Chain-Management-System. Zugegriffen: 21. Aug 2011

Hertweg E (2011) Supply Chain Management Systeme. http://logistics.de/downloads/61/87/i_file_10372/Supply%20Chain%20Management%20Systeme.pdf. Zugegriffen: 21. Aug 2011

Hippner H, Wilde KD (2006) Grundlagen des CRM – Konzepte und Gestaltung. Betriebswirtschaftlicher Verlag Dr. Th. Gabler, Wiesbaden

ifM Bonn (2010) Unternehmensübertragungen in Deutschland im Zeitraum 2005–2009. http://www.ifm-bonn.org/index.php?utid=111&id=101.ifM Bonn. Zugegriffen: 17. Juli 2011

IHK Bonn (2002) Auch eine Nachfolgelösung Management-buy-out. http://www.ihk-bonn.de/fileadmin/dokumente/News/Die_Wirtschaft/Die_Wirtschaft_2002/10/dokumente/Management-buyout.pdf. IHK Bonn. Zugegriffen: 13. Juni 2011

Janich N (2005) Unternehmenskultur und Unternehmensidentität – Wirklichkeit und Konstruktion. Deutscher Universitätsverlag, Wiesbaden

Kollmann T (2009) Gabler Kompakt Lexikon Unternehmensgründung. Gabler, Wiesbaden

Kühl S, Stodtholz P, Taffershofer A (2005) Quantitative Methoden der Organisationsforschung – Ein Handbuch. VS Verlag für Sozialwissenschaften, Wiesbaden

Lemberg V et al (2004) Kostensenkungspotentiale durch CRM. http://www.lemberg-company.de/mediapool/11/114119/data/Kostensenkungspotential%20durch%20CRM.pdf. Zugegriffen: 21. Aug 2011

Liebermann F, Nägeli M (2007) Checkliste Situationsanalyse Unternehmensnachfolge. http://www.kmunext.ch/documents/database/seiten/53170/ChecklisteSituationsanalyse.pdf. Schweizerische Vereinigung für Unternehmensnachfolge bei KMU. Zugegriffen: 10. Juli 2011

Locker T (2010) Share Deal und Asset Deal: Vor- und Nachteile im Hinblick auf den Erwerb einer Gewerbeimmobilie. GRIN Verlag, Germany

Montoya-Weiss M, Calantone R (1994) Determinants of New Product Performance: A Review and Meta-Analysis. Elsevier Science Inc., New York

Miller D (1983) The correlates of entrepreneurship in three types of firms. Manag Sci 29(7). (Institute of Management Sciences, Peshawar)

Pfriem R et al (2006) Innovationen für eine nachhaltige Entwicklung. Deutscher Universitätsverlag, Wiesbaden

Queneherve C (2008) Problematiken der Unternehmensnachfolge bei kleinen und mittelständischen Unternehmen – insbesondere bei Familienunternehmen in Deutschland. GRIN Verlag, Norderstedt

Reimers N, Kahn AM (2008) Typologien des Management-buy-out und deren Risikoprofile. http://www.bpe.de/uploads/media/Typologien_des_Management-Buy-out.pdf. BPE Unternehmensbeteiligungen. Zugegriffen: 13. Juni 2011

Schäfer C (2009) Möglichkeiten und Grenzen des Einsatzes der Delphi Prognose. GRIN Verlag, Norderstedt

Schneider N (2006) Kundenwertbasierte Effizienzmessung – Der Beitrag von Marketingmaßnahmen zur Unternehmenswerterhöhung in der Automobilindustrie. Deutscher Universitätsverlag, Wiesbaden

Seeliger CW (2004) Corporate Venturing in der Praxis. Deutscher Universitäts-Verlag, Wiesbaden

Stokburger G, Pufahl M (2002) Kosten senken mit CRM – Strategien, Methoden und Kennzahlen. Betriebswirtschaftlicher Verlag Dr. Th. Gabler, Wiesbaden

Verloop J, Wissema H (2004) Insight in innovation: Managing innovation by understanding the laws of innovation. Elsevier, Amsterdam

Volkmann CK, Tokarski KO (2006) Entrepreneurship – Gründung und Wachstum von jungen Unternehmen. Lucius & Lucius Verlagsgesellschaft GmbH, Stuttgart

Vollmer M (2006) Einsatz der Szenario-Technik zur Planung unternehmerischer Entscheidungen. GRIN Verlag, Norderstedt

Werner H (2010) Supply Chain Management Grundlagen, Strategien, Instrumente und Controlling. Gabler Verlag, Wiesbaden

Wista AG (2007) Wie mache ich einen MBO – Erfahrungen aus der Praxis. http://www.wista-ag.de/fileadmin/oeffentliche_Dateien/Bilder/Pdf/biomeva.pdf. Zugegriffen: 14. Juni 2011

Unternehmensverkauf und Exit-Strategien 9

9.1 Einleitung

Auch wenn die Thematik Unternehmensverkauf und Exit-Strategien im Zusammenhang mit Unternehmensgründungen auf den ersten Blick paradox klingen, so ist sie doch eine mögliche Option für den Unternehmensgründer, nachdem die beabsichtigte Unternehmensgründung realisiert worden ist.

Viele Gründer träumen nämlich sprichwörtlich davon, das eigene Unternehmen irgendwann einmal zu verkaufen. Für einige Unternehmensgründer ist ein Verkauf des Unternehmens die Bestätigung dafür, etwas von Wert geschaffen zu haben. In diesem Zusammenhang wird der Begriff Exit (Ausstieg aus dem Unternehmen) häufig auch mit Success (Erfolg) gleichgesetzt. Jedoch stellt die Exit-Strategie, beispielsweise in Form der Liquidation, auch eine Option dar, wenn die Geschäfte des Unternehmens sich nicht wie erhofft entwickeln.

9.2 Ablauf des Unternehmensverkaufs

Vor dem Ausstieg bzw. dem Verkauf der Unternehmensanteile erfolgt in der Regel zunächst die (Gründungs-) Finanzierung. Nach einer Phase der Suche nach Beteiligungspartnern erfolgt die Kontaktaufnahme. Der nächste Schritt ist die Grobanalyse. Im Rahmen eines Screenings werden die persönlichen, wirtschaftlichen und rechtlichen Rahmenbedingungen des betrachteten Unternehmens und der handelnden Personen betrachtet. Es folgt eine Unterzeichnung der Absichtserklärung, des sogenannten Letter of Intent. Darauf aufbauend analysieren potentielle Investoren im Rahmen des Due Diligence detailliert die wirtschaftlichen und rechtlichen Rahmenbedingungen. Es werden die Stärken und Schwächen des Unternehmens sowie die mit dem Kauf verbundenen Risiken geprüft. Danach wird der Wert des Unternehmens bestimmt und die Form der Beteiligung festgelegt, ehe das angestrebte Investment dann durchgeführt wird. Nach der Realisierung des Investments begleitet der Investor das Unternehmen in der Betreuungs- und Kontrollphase. Den

O. Pott, Andre Pott, *Entrepreneurship*, Springer-Lehrbuch,
DOI 10.1007/978-3-642-29685-7_9, © Springer-Verlag Berlin Heidelberg 2012

Abschluss des Investments stellt dann letztendlich der Ausstieg aus dem Unternehmen (Exit) dar.

9.3 Bedeutendste Ausstiegsmöglichkeiten

Für den Ausstieg aus dem Unternehmen stehen in der Praxis fünf grundsätzliche Optionen zur Verfügung:

- Buy Back (Rückkauf der Anteile durch das Unternehmen)
- Secondary Purchase (Verkauf der Unternehmensanteile an weitere finanziell oder strategisch motivierte Investoren)
- Trade Sale (Verkauf der Unternehmensanteile an ein anderes Unternehmen, zumeist aus derselben Branche)
- Börsengang (IPO)
- Liquidation bzw. Insolvenz des Unternehmens

Der Markt für Unternehmenstransaktionen wird auch als Mergers & Acquisitions bezeichnet, zu deutsch Fusionen und Übernahmen.

Finanzinvestoren sehen bei Ihren Investments immer eine zeitliche Limitierung, in der Regel zwischen drei und fünf Jahren. Vorrangiges Ziel ist es schließlich, das eingesetzte Risikokapital durch eine hohe Rendite wertmäßig zu erhöhen. Erfahrungen aus der Praxis zeigen, dass beispielsweise Venture-Capital-Gesellschaften mit Wertsteigerungen von ungefähr 30 % jährlich rechnen.

9.4 Verkauf eines Unternehmens

Im Rahmen des Unternehmensverkaufs gibt es eine Vielzahl von Faktoren, die das übernehmende Unternehmen zu einem Investment motivieren:

- Intensivierung des Marktwachstums
- Vertiefung der eigenen Wertschöpfung
- Eliminierung von Wettbewerbern
- Zugang zu (neuen) Technologien und Know-how
- Erschließen neuer Märkte
- Generieren neuer Kundengruppen
- Anstreben einer optimierten Wirtschaftlichkeit im Zuge der Rationalisierung
- Risikostreuung durch Diversifikation

Die Auswirkungen auf das übernommene Unternehmen sind von den verschiedenen Zielsetzungen abhängig. Je nach Ausrichtung des Unternehmens kann sich die Geschäftsabwicklung in der Praxis sehr unterschiedlich vollziehen. Beispielsweise ist es möglich, dass das Unternehmen wie bisher weitergeführt wird oder es zu einer Verschmelzung mit dem übernehmenden Unternehmen kommt. Hierbei kommt es auch zu verschiedenen Rollenverteilungen seitens der Unternehmensgründer. Denkbar sind hier ein kurzfristiger oder vollständiger Rückzug aus dem Unternehmen sowie auch eine längerfristige Einbindung des Gründerteams im operativen Bereich, z. B. als Berater des neu entstehenden Unternehmens. Oft wird auch aus Gründen langjähriger Kundenbindung so verfahren, dass diese weiterhin im operativen Bereich tätig sind.

Am erfolgreichsten gestaltet sich der Unternehmensverkauf, wenn sowohl die Interessen des Käufers als natürlich auch die Interessen des Verkäufers ausreichend berücksichtigt werden. Der Verkäufer strebt in der Regel einen möglichst hohen Verkaufserlös, der Käufer hingegen einen hohen Mehrwert durch das übernommene Unternehmen an.

Hinsichtlich eines Unternehmensverkaufs ist auch der Anteilsverkauf an übrige Gesellschafter oder Dritte zu berücksichtigen. Sind an einem Unternehmen mehrere Gesellschafter beteiligt und beabsichtigt ein Gesellschafter, sich aus dem Unternehmen zurückzuziehen, kann dieser Gesellschafter von den anderen Gesellschaftern ausbezahlt werden. Die übrigen Gesellschafter übernehmen in diesem Fall den Unternehmensanteil des Gesellschafters gegen Zahlung eines Anteilskaufpreises. Bei einer GmbH muss die Übertragung der Geschäftsanteile notariell beurkundet werden.

Sollen Anteile des Unternehmens an Dritte veräußert werden, gestaltet sich hingegen die Übertragung problematischer. In der Regel müssen hier alle Gesellschafter dieser Transaktion zustimmen.

9.5 Exit-Strategien

Unter Exit versteht man ein sogenanntes Deinvestment, bei der Unternehmensanteile an einem Start-up gewinnbringend verkauft werden. Das Ziel eines Investors bei einem Exit ist es, eine möglichst hohe Rendite zu erzielen. Grundlegend kann hierunter der Ausstieg aus einem Unternehmen verstanden werden.

Ferner bezeichnet die Exit-Strategie die Planung und Realisierung eines Deinvestments von erfolgreichen oder auch nicht erfolgreichen Unternehmen bzw. Unternehmensbeteiligungen.

In der Praxis existieren mehrere Formen des Ausstiegs aus einem Unternehmen. Diese Strategien werden bereits im Vorfeld einer Investition in ein Unternehmen berücksichtigt und beeinflussen die Entscheidung für und gegen eine Investition.

9.5.1 Arten und Formen der Exit-Strategie

Die verschiedenen Möglichkeiten des Ausstiegs aus einem Unternehmen ziehen unterschiedliche Vor- und Nachteile für das Unternehmen sowie die Kapitalgeber nach sich.

Tab. 9.1 Die bedeutendsten Exit-Möglichkeiten und ihre Auswirkungen

	Insolvenz	Börsengang	Unternehmensverkauf
Beeinflussung des Geschäftsbetriebs	hoch	gering	mittel bis hoch
Einfluss des Gründers	gering	unverändert	gering bis unverändert
Einfluss der Investoren	gering	gering	gering
Kosten	mittel bis hoch	hoch	gering bis mittel
Komplexität	hoch	mittel bis hoch	gering bis mittel

Darüber hinaus bringen die verschiedenen Exit-Formen auch unterschiedliche Renditen für den Investor und auch für die Zukunft des betrachteten Unternehmens spielt die Wahl der Ausstiegsstrategie eine bedeutende Rolle.

Ferner ist hinsichtlich der diversen Optionen zwischen positiven und negativen Varianten des Exits zu unterscheiden. Zu den positiven Desinvestitionsmöglichkeiten zählen beispielsweise der Trade Sale, der Secondary Purchase, der Buy Back sowie der Börsengang. Ein Negativbeispiel ist die Insolvenz des Unternehmens.

Für den Gründer ist die Art des Exits maßgeblich für seine weitere Zukunft im Unternehmen verantwortlich. Während der Gründer bei einem Trade Sale keinen Einfluss mehr auf sein Unternehmen hat, bleibt er bei einem Börsengang, einem Secondary Purchase oder einem Buy Back weiterhin im Unternehmen.

Die folgende Tabelle soll einen grundlegenden Überblick über die bedeutendsten Exit-Möglichkeiten und der daraus resultierenden Teilaspekte geben (Tab. 9.1):

9.5.1.1 Leveraged Buy Out

Ein Leveraged Buy Out (LBO) ist Unternehmensübernahme, die in der Regel durch Fremdkapital (u. a. durch Bankkredite und Anleihen) finanziert wird. Man bezeichnet den LBO auch als kreditfinanzierten Kauf eines Unternehmens, der meistens von Investoren in Zusammenarbeit mit dem Management des Unternehmens durchgeführt wird. Zur Finanzierung des Unternehmens wird Fremdkapital aufgenommen. Dieses Fremdkapital wird über den Cash-Flow des Unternehmens verzinst und auch getilgt. Die Absicherung des Fremdkapitals erfolgt durch das Aktiva-Vermögen des Unternehmens. Voraussetzung für diese Transaktion ist ein ausreichend hoher und langfristig erzielbarer Cash-Flow.

Management Buy Out

Geschieht die Übernahme des Unternehmens nur durch das Unternehmensmanagement (leitende Angestellte oder die Geschäftsführung selbst), spricht man auch von einem Management Buy Out (MBO). Finanziert wird die Transaktion in der Regel aus Eigenmitteln dieser Personen.

Der Vorteil des Management Buy Outs liegt darin, dass in der Regel eine Leistungssteigerung und eine erhöhte Einsatzbereitschaft durch eine gestiegene Motivation infolge der persönlichen Beteiligung am Unternehmen zu verzeichnen ist. Zudem gibt es durch die Übernahme meist keine Irritationen am Markt und bei Geschäftspartnern sowie bei

Lieferanten oder Kunden. Darüber hinaus ist in diesem Zusammenhang positiv hervorzuheben, dass das bestehende und gesammelte Know-how hierdurch im Unternehmen erhalten bleibt. Das Unternehmen bleibt zudem meistens in der derzeitigen Form bestehen.

Der hauptsächliche Nachteil des Management Buy Outs ist der in der Praxis tendenziell geringe zu erzielende Kaufpreis, was auf den beschränkten Finanzmitteln des Investors beruht.

Der Management Buy Out kommt grundsätzlich für alle Rechtsformen und damit für jedes Unternehme in Frage. In den meisten Fällen werden MBOs unter Inanspruchnahme eines hohen Fremdkapitaleinsatzes durchgeführt, weshalb es in diesen Fällen lohnenswert ist, nach spezifischen Finanzierungslösungen zu suchen. Investoren können beispielsweise sowohl eine Bankfinanzierung als auch öffentliche Förderprogramme oder ein Verkäuferdarlehen in Anspruch nehmen. Die Käufer sollten bei der Planung der Übernahme zudem berücksichtigen, dass die Aufwendungen hierfür realisierbar sind und noch ein angemessener Spielraum für das laufende Geschäft und zukünftige Investitionen zur Verfügung steht.

Management Buy In

Bei einem Management Buy In (MBI) wird die agierende Geschäftsführung durch ein externes Management-Team in Form von externen Führungskräften ersetzt. Das externe Management kauft sich in diesem Fall in das Unternehmen ein. In einigen Fällen wird das externe Team bei seinem Vorhaben von Investoren unterstützt. Für eine kurze Zeit ist nach der Übernahme auch eine parallele Geschäftsführung durch das alte Management zusammen mit dem neuen Management denkbar.

Der Vorteil des MBIs für das Unternehmen liegt darin, dass erfahrene Unternehmer mit Know-how und Branchenerfahrung in das Unternehmen einsteigen. Dadurch werden oft neue Ideen und Handlungsfelder miteingebracht. Zudem steigt, u. a. durch den neuen „frischen Wind“ bedingt, die Innovationsfähigkeit.

Gerade kleinere Unternehmen haben so auch die Möglichkeit, leichter einen Käufer zu finden. Zudem bleibt das Unternehmen hierdurch in der Regel in seiner bestehenden Form bestehen.

Durch ein Management Buy In können zudem, im Rahmen der Nachwuchssuche für das Management, qualifizierte externe Führungskräfte für das Unternehmen gewonnen werden.

Der hauptsächliche Nachteil des Management Buy Ins ist auch in diesem Fall der in der Regel niedrige zu erzielende Kaufpreis, was ebenfalls auf den beschränkten Finanzmitteln des Investors beruht.

Die Bedeutung von Management Buy Ins in der Praxis ist wesentlich geringer als die von Management Buy Outs – jedoch mit steigender Tendenz.

Asset Deal

Bei einer weiteren Form des Unternehmensverkaufs, dem Asset Deal, werden die einzelnen Vermögensgegenstände separat übertragen und das komplette Unternehmen inklusive seiner Forderungen, seiner Wirtschaftsgüter und seiner Verbindlichkeiten veräußert. Ein Praxisbeispiel wäre der Verkauf eines Einzelunternehmens und der Verkauf von einzelnen

Betriebsteilen dieses Unternehmens. Beliebt ist diese Option bei Wettbewerbern des zu verkaufenden Unternehmens, die gezielt bedeutende Unternehmensressourcen, beispielsweise den bestehenden Kundenstamm oder das vorhandene Know-how, aus dem Unternehmen transferieren wollen. Ziel dieser Transaktion ist die Stärkung der eigenen Marktposition.

Share Deal

Bei einem Anteilskauf, dem sogenannten Share Deal, erwirbt der Käufer die Anteile des zu verkaufenden Unternehmens und wird resultierend daraus meistens Gesellschafter des Unternehmens. Häufig ziehen Beteiligungsgesellschaften diese Art des Unternehmenserwerbs in Betracht, die jedoch bei Personengesellschaften nicht möglich ist.

Management Buy In Management Buy Out

Darüber hinaus existiert auch noch die Mischform Management Buy In Management Buy Out. In diesem Fall findet eine Übernahme durch außenstehende Investoren und das eigene Management statt.

Employee Buy Out

Des Weiteren wird in einigen Sanierungsfällen ein sogenannter Employee Buy Out durchgeführt, der zumeist der Sicherung bestehender Arbeitsplätze dient. Hierbei übernehmen die bestehenden Mitarbeiter das Unternehmen.

Kritisch zu sehen ist der Leveraged Buy Out in dem Sinne, dass die Fremdmittel häufig in hohem Maße risikobehaftet sind, weil sie hauptsächlich durch die Aktivaposten des Unternehmens besichert werden und diese gleichzeitig mit Zins- und Tilgungslasten belegen. Die Finanzierung der Zins- und Tilgungszahlungen erfolgt aus dem zukünftigen Ertrag des übernommenen Unternehmens oder auch durch den Verkauf von Unternehmensanteilen. Aufgrund der Tatsache, dass das Fremdkapital bei einem relativ geringen Eigenkapitaleinsatz aufgenommen wird, können zum Teil sogar große Unternehmen übernommen werden.

Der LBO verdankt seinen Namen dem Umstand, dass die Erwartung des Erwerbers auf dem sogenannten Leverage-Effekt basiert. Dadurch, dass nur ein geringer Einsatz von Eigenkapital notwendig ist, lässt sich eine hohe Eigenkapitalrentabilität erzielen, was für Investoren äußerst attraktiv ist. Voraussetzung ist allerdings, dass die Gesamtkapitalrentabilität höher ist als die Fremdkapitalzinsen. Die Fremdmittel wirken sozusagen als Hebel (Leverage) und resultieren in einer Erhöhung der Rentabilität des eingesetzten Eigenkapitals.

Buy Outs werden immer dann aktuell, wenn ein Unternehmen sich so bedeutend entwickelt, dass die Möglichkeiten der Venture-Capital-Finanzierung für das weitere Wachstum des Unternehmens nicht mehr ausreichend sind.

Damit ein Unternehmen reif für einen Buy Out ist, sollte es eine Reihe von Grundvoraussetzungen erfüllen:

- Das Unternehmen sollte am Markt etabliert sein und im Idealfall eine herausragende Wettbewerbsposition besitzen

- Die Wettbewerbsintensität im betrachteten Zielmarkt sollte möglichst gering sein
- Das Unternehmen sollte einen geringen Verschuldungsgrad besitzen
- Das Unternehmen sollte nur einen geringen Bedarf an zusätzlichen Investitionen haben
- Das Unternehmen sollte einen kontinuierlichen, positiven Cash-Flow besitzen
- Das Unternehmen sollte über stille Reserven mit Steigerungspotential verfügen
- Das Unternehmen sollte von einem kompetenten Management geleitet werden
- Das Unternehmen sollte ein funktionsfähiges Forderungsmanagement sowie niedrige Ausfallquoten hinsichtlich nicht beglichener Forderungen haben

In der Praxis sind Buy Outs, besonders die Management Buy Outs und die Management Buy Ins, tendenziell eher selten anzutreffen. Dies beruht u. a. auf der Tatsache, dass hierfür strenge und komplizierte steuerliche und rechtliche Auflagen gelten.

Ein Praxisbeispiel für einen Leveraged Buy Out ist der Elektronikhersteller Siemens-Nixdorf, der 1999 durch verschiedene Finanzinvestoren im Rahmen eines Leveraged Buy Outs übernommen und im Jahr 2004 unter Erzielung einer hohen Rendite an der Börse platziert wurde.

9.5.1.2 Trade Sale

Allgemein ist unter dem Begriff Trade Sale der Verkauf von Unternehmensteilen bzw. Beteiligungskapital oder der Verkauf eines kompletten Unternehmens zu verstehen. In einigen Fällen handelt es sich auch nur um den Verkauf von Vermögensgegenständen. Beim zu verkaufenden Unternehmen handelt es sich oft um ein junges Unternehmen, welches hierbei in einigen Fällen auch von einer Venture-Capital-Gesellschaft begleitet wird. Besonders in den Fällen, wo Venture-Capital-Gesellschaften beteiligt sind, die zuvor in das betrachtete Unternehmen investiert haben, ist das Primärziel, das Unternehmen so gewinnbringend wie möglich zu verkaufen und die im Unternehmen gebundenen finanziellen Mittel in Liquidität umzuwandeln.

In der Regel handelt es sich bei dem Käufer um einen strategischen Investor mit dem Ziel der Umsatz- und Gewinngenerierung oder dem Erwerb von Marktanteilen. Häufig kommt der industrielle Käufer aus derselben Branche des zu verkaufenden Unternehmens und steht auf der gleichen beziehungsweise vor- oder nachgelagerten Wertschöpfungsstufe wie das zu verkaufende Unternehmen. Als Investoren kommen fast ausschließlich Industrieunternehmen oder Großunternehmen in Frage. Um das technische und branchenspezifische Know-how weiterhin im Unternehmen zu erhalten, versuchen Investoren oft das bisherige Management weiterhin – häufig in Form von Beratern – an das Unternehmen zu binden.

Hauptziel des Investors bei einem Trade Sale ist es, die Unternehmensanteile (meistens in Form von Aktien) zu einem späteren Zeitpunkt mit Gewinn zu verkaufen. Um auf die wirtschaftlichen Transaktionen des Unternehmens Einfluss zu nehmen, versuchen Kapitalgeber häufig, einen Platz im Management des betrachteten Unternehmens zu übernehmen.

Die Abwicklung der Transaktion erfolgt in der Regel durch monetäre Bezahlung, kann aber auch durch Aktien oder Unternehmensanteile erfolgen. Hinsichtlich des Kaufpreises müssen sich die originären Investoren mit dem neuen Investor einigen. Ein Trade Sale erfolgt meistens dann, wenn für beide Parteien eine sogenannte Win-Win-Situation vorliegt: Das betrachtete Unternehmen weist für den Investor einen hohen Mehrwert auf, dem ursprünglichen Anteilseigner wird im Gegenzug dafür eine attraktive, über den Unternehmenswert hinausgehende Vergütung gezahlt.

Hauptsächliche Motivationsfaktoren bei einem Trade Sale sind natürlich die Absatz- sowie die Umsatzsteigerung. Darüber hinaus gibt es jedoch eine Reihe weiterer Gründe, die einen Kapitalgeber motivieren, in einen Trade Sale zu investieren:

- Expansion:
- Werden Zulieferer oder Abnehmer integriert, spricht man von einer vertikalen Expansion – entlang der Wertschöpfungskette. Hier sind häufig Kostensenkungen und die Generierung neuer Kunden die ausschlaggebenden Faktoren. Kommen neue Tätigkeitsbereiche hinzu, bezeichnet man dieses Investment als horizontale Expansion. Hierdurch kann einerseits das Produktangebot erweitert werden. Es werden infolgedessen komplementäre Produkte angeboten. Des Weiteren kann diese Maßnahme als Instrument der Diversifikation mit dem Ziel der Risikostreuung dienen, wenn das Unternehmen auf andersartige Produkte abzielt.
- Markterweiterung:
- Erfolgt eine (Teil-) Übernahme eines Unternehmens aus Bereichen, in denen der Investor nicht oder nur in geringem Maße aktiv ist, kann ein Trade Sale der Markterweiterung und damit der Erhöhung der Marktreichweite dienen.
- Technologie- und Know-how-Erweiterung:
- Oft dient ein Trade Sale auch dem Transfer von beim Investor nicht vorhandenen Technologien, Know-how oder Patenten, die durch ein Investment in das eigene Unternehmen übertragen werden können. Diese Erweiterung stellt eine Option zur beispielsweise eigenen Entwicklung dar. Im Kern sollte hier die Fragestellung, ob eine Eigenentwicklung oder ein Kauf günstiger ist, ausschlaggebend sein. Gerade bei technologiegetriebenen Unternehmen ist oft auch der Zeitfaktor, also die sogenannte Time-to-Market, ausschlaggebend.
- Erweiterung des Humankapitals:
- Im übernehmenden Unternehmen sind in der Regel eine Reihe hochqualifizierter Mitarbeiter oder Fachkräfte angestellt, die im Zuge eines Trade Sales ebenfalls vom investierenden Unternehmen übernommen werden.
- Erhöhung der Bekanntheit:
- Die Steigerung des eigenen Bekanntheitsgrads kann ein weiterer ausschlaggebender Grund für einen Trade Sale sein.
- Schwächung der Wettbewerber:
- Ein Trade Sale dient in vielen Fällen natürlich auch dazu, die Position der Wettbewerber durch die Stärkung der Position des eigenen Unternehmens zu schwächen.

Für einige Unternehmensgründer stellt der Trade Sale ein von vornherein beabsichtigtes Exit-Szenario dar, d. h. die Gründer bauen ein neues Unternehmen hauptsächlich mit dem primären Ziel auf, es nach einiger Zeit wieder möglichst gewinnbringend zu veräußern. Förderlich auf diese Option wirken sich eine gute Organisation, eine solide Finanzlage sowie ein positives Image des Unternehmens in der Branche aus.

Der Verkauf eines Unternehmens an einen industriellen Investor ermöglicht zudem, Synergieeffekte ausschöpfen zu können.

Hinsichtlich des Ablaufs eines Trade Sales unterscheidet man fünf hauptsächliche Phasen:

1. Screening und Selektion (Markt-, Käufer- und Finanzanalyse)
2. Kontaktaufnahme zum Unternehmen
3. Due-Diligence (Detaillierte Analyse der Finanzen, der Technik, der Mitarbeiter und der Risikofaktoren)
4. Preisverhandlungen
5. Signing und Closing
   - Besiegelung des Unternehmensverkaufs durch die Unterzeichnung des Vertrags
   - Übertragung des Eigentums
   - Zahlung des Kaufpreises

Bezüglich der zu erzielenden Rendite ist ein Trade Sale in der Regel neben der Platzierung der Unternehmensanteile an der Börse die beste Lösung. Ein Trade Sale ist jedoch gegenüber einem möglichen Börsengang, trotz teilweise langwieriger Verkaufs- und Preisverhandlungen, die schnellere und kostengünstigere Variante, u. a. aufgrund der geringeren Formalitätsvoraussetzungen und des allgemein geringeren Aufwands. In der Praxis wird ein Trade Sale meist innerhalb von drei bis vier Monaten abgewickelt.

Findet der Trade Sale im Rahmen eines Share Deals statt, erfolgt die Bezahlung nicht in Form eines Barerlöses, sondern mit eigenen Aktien des Käufers. Nicht beliebt sind Share Deals daher bei Beteiligungsgesellschaften, da diese einen sofortigen Barerlös erwarten.

Ein Nachteil des Trade Sales ist die häufige Verschmelzung des Unternehmens mit seinem Investor, wodurch das Unternehmen seine Selbständigkeit verliert. Einige Unternehmen tendieren aus diesem Grund statt zu einem Trade Sale zu einem Börsengang.

Ein Beispiel aus dem realen Wirtschaftsleben für einen Trade Sale ist die Übernahme des sozialen Netzwerks StudiVZ durch die Holtzbrinck-Verlagsgruppe, die im Jahre 2007 ungefähr 85 Mio. in die Akquisition investierte.

Ein weiteres Praxisbeispiel ist die Akquisition von CityDeal durch die Groupon Europe GmbH im Jahre 2010 für einen nicht bestätigten, ca. dreistelligen Millionenbetrag.

Insgesamt sind in der Praxis Trade Sales relativ stark verbreitet, da diese Exit-Variante beispielsweise viel geringere Kosten als ein Börsengang nach sich zieht, aber trotzdem einen attraktiven Verkaufserlös in Aussicht stellt.

9.5.1.3 Secondary Purchase

Der Secondary Purchase als weitere Exit-Variante bezeichnet den Verkauf bzw. die Veräußerung eines Unternehmens, genau genommen einer Venture-Capital-Beteiligung, an eine andere Venture-Capital-Gesellschaft oder andere finanziell ausgerichtete Partner wie beispielsweise Banken oder Finanzinvestoren.

Der Secondary Purchase ist strukturell mit dem Trade Sale vergleichbar. Während beim Trade Sale allerdings der Verkauf des Unternehmens an einen strategischen Investor geschieht, erfolgt der Verkauf im Rahmen des Secondary Purchase an einen finanziellen Investor. Unter Finanzinvestoren sind institutionelle Beteiligungskapitalgesellschaften zu verstehen, die im Rahmen eines zeitlich begrenzten Engagements eine möglichst hohe Rendite des von ihnen eingesetzten Kapitals anstreben.

Diese Finanzinvestoren verfügen in der Regel über ausreichend finanzielle Mittel und sind in einem solchen Fall weniger an dem Unternehmen selber und seinen Produkten, sondern vielmehr an den Wachstumsmöglichkeiten des betrachteten Unternehmens interessiert.

Secondary Purchase wird mit Zweitverkauf übersetzt. Dieser Zweitverkauf findet hauptsächlich bei Unternehmen statt, deren Entwicklung nicht planmäßig verlaufen ist. Um eine komplette Abschreibung des Unternehmens zu vermeiden, wird der Secondary Purchase hier oft als Mittel zur Schadensbegrenzung angewandt. Des Weiteren wird der Secondary Purchase angewandt, wenn die Anschlussfinanzierung einer Gesellschaft nicht durch den Kapitalgeber erfolgen soll.

Aus Sicht der Beteiligungsgesellschaft liegen die Vorteile dieser Art der Veräußerung darin, dass sie einfach, schnell und kostengünstig durchzuführen ist. Mögliche hohe Gewinne wie bei einem Trade Sale sind jedoch nicht realistisch.

Für das zu übernehmende Unternehmen ist der Secondary Purchase oft das notwendige Übel zur Existenzsicherung, der zudem durch Autonomieverlust und eine restriktive Finanzpolitik seitens des Käufers geprägt ist.

Die Zweitinvestoren können im Rahmen eines Secondary Purchase sprichwörtlich ein Schnäppchen erlangen. Der eigentliche Unternehmenswert des zu verkaufenden Unternehmens ist hier nämlich oftmals höher als der gezahlte Kaufpreis.

Die Übertragung der Unternehmensanteile beim Secondary Purchase erfolgt meistens im Rahmen eines Share Deals.

In der Praxis ist der Secondary Purchase eher gering verbreitet, da die zu erwartende Rendite hier nicht sehr hoch ist. Der Grund ist, dass die Investoren meistens nicht bereit sind, hohe Preise zu zahlen, da sie natürlich selbst an einer möglichst hohen Gewinnerzielung mit dem Unternehmen interessiert sind.

9.5.1.4 Buy Back

Ein sogenannter Buy Back bezeichnet den Rückkauf einer Beteiligung durch die Mitgesellschafter, die Gründer bzw. das Management, eines Unternehmens.

Man unterteilt den Buy Back in zwei verschiedene Varianten: Den Rückkauf der Anteile durch Altgesellschafter einerseits und den Erwerb eigener Anteile durch die Gesellschaft andererseits.

Denkbar ist es, dass der ehemalige Eigentümer, beispielsweise aus persönlichen Gründen, als sogenannter „Weißer Ritter“ auftritt, sein ehemaliges Unternehmen komplett oder nur Anteile davon kauft und hierdurch die Akquisition durch einen strategischen Investor verhindert.

Aus der Sichtweise des Unternehmensmanagements kann ein Buy Back sinnvoll sein, um die Autonomie des Unternehmens sicherzustellen. Der größte Vorteil des Buy Backs ist im Erhalt der Unternehmenskultur zu sehen, da keine neuen Gesellschafter in das Unternehmen eintreten, wodurch der Status quo der vorherrschenden Unternehmenskultur sichergestellt wird. Besonders aus Sicht der im Unternehmen tätigen Mitarbeiter wird diese Strategie daher positiv beurteilt, zumal sie in den meisten Fällen auch ohne bedeutende (strukturelle) Änderungen abläuft.

Negativ ist jedoch hervorzuheben, dass durch einen Buy Back mögliche Optionen zur Entwicklung des Unternehmens verwehrt werden, da der Rückkauf der Anteile durch die Gründer, durch das Fehlen eines möglicherweise förderlichen Gesellschafters, keinerlei strategischen Nutzen mit sich bringt. Zudem wird dem Unternehmen bei einem Buy Back Liquidität entzogen, was zu Finanzierungsschwierigkeiten führen kann.

Ein Buy Back wird durch die Tatsache begünstigt, dass umsichtige und vorausschauende Gründer im Rahmen eventueller Beteiligungsverhandlungen sich Vorkaufsrechte im Beteiligungsvertrag verankern lassen. Hierdurch soll auch ein möglicher Trade Sale im Voraus verhindert werden.

In der Praxis ist diese Form des Ausstiegs aus einem Unternehmen wenig beliebt und eher selten zu finden, da für den Unternehmensrückkauf in der Regel ein hoher Kapitalbedarf notwendig ist und die voraussichtliche Rendite eher niedrig ist. Ein Wiedereinstieg ist für ein Unternehmen deshalb nur dann interessant, wenn der Kaufpreis geringer ist als der ursprüngliche Verkaufspreis.

Ein Buy Back ist ferner für einen Kapitalgeber oft die einzige Option, um einen Totalverlust zu vermeiden. Dieses trifft insbesondere häufig auf Venture-Capital-Unternehmen zu. Gewöhnlich findet der Buy Back dann in Form eines Trade Sales statt. Grundsätzlich sind jedoch diverse Arten der Übernahme möglich.

9.5.1.5 Börsengang

Mit den international verwendeten Begriffen Going Public oder Initial Public Offering (IPO) bezeichnet man den Börsengang eines Unternehmens, welcher oft auch als „Königsweg" des Exits bezeichnet wird. Im Rahmen eines Börsengangs wird die erstmalige Platzierung von Anteilen des Unternehmens (Aktien) an einem Wertpapierhandelsplatz (Börse) bezeichnet. Die Platzierung der Unternehmensanteile selber wird dabei als Primärmarkttransaktion verstanden, der darauffolgende Handel mit den Unternehmensanteilen an der Börse als Transaktionen des Sekundärmarkts bezeichnet.

Häufig wird ein Börsengang nicht als Exit-Strategie des Unternehmers gesehen, sondern vielmehr als Mittel zur Generierung von zusätzlichen finanziellen Mitteln zur Finanzierung des weiteren Unternehmenswachstums. Die sogenannte Lock-up-Periode, die besagt, dass der originäre Unternehmer seine Anteile erst nach 6–18 Monaten veräußern darf, verhindert zudem, dass sich dieser im Zuge des Börsengangs aus dem Unternehmen verabschiedet.

Ist ein Kapitalgeber mit im Unternehmen involviert, so ist für ihn mit dieser Option die höchste Rendite zu erzielen. Auch hat er so die Chance, am weiteren Wertzuwachs des Unternehmens beteiligt zu sein, dadurch dass er Teile seiner Aktien auch über den Börsengang hinaus hält.

Vorteilhaft für das Unternehmen ist die Tatsache, dass es durch den Börsengang auf die Integration anderer Großinvestoren verzichten kann, denen infolgedessen auch Mitsprache, Informations- und Kontrollrechte eingeräumt werden müssten. Durch einen Börsengang erhält ein Unternehmen in der Regel eine breitere Eigentümerbasis. Zudem wird einem Unternehmen durch den Börsengang kein Kapital entzogen, sondern es ist vielmehr möglich, die Eigenkapitalquote zu erhöhen. Durch die Ausgabe von Anleihen besteht diese Möglichkeit für das Unternehmen auch noch über den Börsengang hinaus. Ein weiterer positiver Aspekt, der sich zudem nachhaltig auf die Entwicklung des Unternehmens auswirken kann, ist der durch einen möglichen Börsengang verursachte erhöhte Bekanntheitsgrad des Unternehmens, der sich oft auch in einem Imagegewinn, vor allem gegenüber Kunden und Lieferanten, bemerkbar macht.

Bei der Betrachtung dieser Variante sind jedoch auch die anfallenden Kosten zu berücksichtigen. Neben den einmaligen Kosten, die ein Börsengang nach sich zieht, sind auch die laufenden Kosten, wie die Veranstaltung einer regelmäßigen Hauptversammlung, zu bedenken. Die einmaligen Kosten der Börsennotierung liegen je nach Komplexitätsgrad zwischen vier und zehn Prozent des Emissionsvolumens. Den Großteil der Kosten nehmen die mit dem Börsengang beauftragte Investmentbank, Unternehmensberater, Anwälte und Wirtschaftsprüfer in Anspruch.

Darüber hinaus kommen auf ein börsennotiertes Unternehmen umfangreiche Publizitäts- und Rechnungslegungspflichten zu. Nicht zu vernachlässigen ist auch die potenziell drohende Übernahme durch ein anderes Unternehmen.

Ferner ist es nicht für jedes Unternehmen möglich, seine Anteile an der Börse zu platzieren. Reguliert wird ein möglicher Börsengang durch eine Reihe an Anforderungen wie beispielsweise ein Mindestnettovermögen, weswegen die Option des Börsengangs tendenziell nur erfolgreichen Unternehmen zur Verfügung steht.

Der Börsengang stellt in der Praxis zwar die Exit-Strategie dar, mit der die höchste Rendite zu erzielen ist. Allerdings ist es auch die Variante mit den meisten zusätzlichen Belastungen und eventuell negativen Beeinträchtigungen des Tagesgeschäfts. In diesem Zusammenhang sei nur exemplarisch auf die Transparenzanforderungen oder die Rechnungslegungsvorschriften hingewiesen. Zudem werden im Zuge des Börsengangs und dem Listing an der Börse bedeutende Informationen des Unternehmens sowie die jeweils aktuelle Geschäftssituation öffentlich gemacht. Darüber hinaus profitiert das Unternehmen jedoch durch den mit einem möglichen Börsengang verbundenen Image- und Marketingeffekt, der sich zudem positiv auf die zukünftigen Umsatzerlöse des Unternehmens auswirken kann. Bei negativen Unternehmensnachrichten oder schlechter Performance des Unternehmens am Kapitalmarkt kann sich dieses Szenario jedoch auch schnell zum Negativen wenden.

Phasen des Börsengangs

Hinsichtlich der Organisation des Börsengangs sind zwei Hauptphasen zu erkennen, die Planungsphase und die Umsetzungsphase. In der Planungsphase bereitet sich das Unternehmen auf den Börsengang vor und stellt das Emissionskonsortium zusammen. Zu den Hauptaufgaben des Unternehmers zählen neben der Umwandlung des Unternehmens in eine börsenfähige Gesellschaft, beispielsweise in Form einer Aktiengesellschaft (AG), die Einführung eines börsenkonformen Rechnungslegungsverfahren, IFRS oder US-GAAP, im Unternehmen. Das Emissionskonsortium befasst sich dann mit der operativen Umsetzung des Börsengangs und Teilaufgaben wie der Unternehmensanalyse, der Unternehmensbewertung, der Prospekterstellung, der Erstellung des Börsenaufnahmeantrags, der Preisfindung sowie letztendlich der Aktienzuteilung an Investoren.

Der Unternehmer begleitet die Umsetzungsphase durch die Bereitstellung der für diese Phase notwendigen Informationen. Im Zuge des Marketings für den Börsengang kommt ihm zudem im Rahmen der Roadshow eine entscheidende Bedeutung zu. Eine Roadshow ist eine Verkaufsveranstaltung für institutionelle Investoren im Rahmen eines Börsengangs, bei dem das den Börsengang begleitende Kreditinstitut zusammen mit den Unternehmensverantwortlichen versucht, mögliche Aktionäre zu gewinnen. Der Unternehmer soll institutionellen Anlegern hier persönlich sein Unternehmen vorstellen sowie den Investoren seine Vision und seine Ziele näher bringen. Der Zeitraum der Umsetzungsphase beträgt in der Praxis ungefähr vier Monate.

Die folgende Abbildung verdeutlicht diesen Zusammenhang noch einmal:

A. Planungsphase
   - Vorbereitung des Unternehmens auf den Börsengang
   - Zusammenstellung des Emissionskonsortiums

B. Umsetzimgsphase
   - Due Diligence
   - Prospekrerstellung und Marketing
   - Preisfindung
   - Zeichnung und Zuteilung der Aktien
   - Erstnotierung des Unternehmens an der Börse

Phasen bei einem Börsengang

Börsengänge gehen meistens dann vonstatten, wenn Investoren nicht mehr in das Unternehmen investieren wollen, jedoch das Unternehmen in seiner aktuellen Entwicklung spürbare Fortschritte macht, die einen erhöhten Kapitalbedarf nach sich ziehen. Somit dient ein Börsengang in der Regel der Aufnahme von weiterem Kapital für das zukünftige Wachstum des Unternehmens.

Kriterien, die sich auf den möglichen Börsengang eines Unternehmens auswirken können, sind ferner die Marktstimmung in der Branche, in der das Unternehmen aktiv ist, die allgemeine Aufnahmefähigkeit der Kapitalmärkte, die Anzahl der möglichen Investoren, die bereit sind, in das Unternehmen zu investieren sowie die Börsen-Performance von vergleichbaren Unternehmen der Branche.

Im Folgenden werden in einer Kurzübersicht die Beweggründe und Auswirkungen eines Börsengangs auf verschiedene Bereiche des Unternehmens dargestellt:

- Gesellschafter: Alten Gesellschaftern des Unternehmens wird durch einen Börsengang die Diversifikation des Vermögens ermöglicht, beispielsweise mit dem Ziel der Risikostreuung. Der Börsengang stellt für Venture-Capital-Gesellschaften, die sich an der Unternehmensgründung finanziell beteiligt haben und die damit maßgeblich die Wachstumschancen des Unternehmens erhöht haben, eine lukrative Exit-Strategie dar, die in der Regel mit hohen Renditen verbunden ist.
- Management und Mitarbeiter: Häufig werden im Rahmen des Börsengangs Aktienpakete des Unternehmens an die eigenen Mitarbeiter und das Management verteilt, wodurch die Bindung zum Unternehmen gestärkt und die Motivation der beteiligten Personen erhöht werden soll. Hinsichtlich der Akquisition von geeigneten neuen Mitarbeitern, vor allem von Fach- und Führungskräften, wirkt sich ein Börsengang positiv aus, da die Bekanntheit, die Seriosität und die Attraktivität des Unternehmens hierdurch (stark) erhöht werden.
- Finanzierung und Übernahme anderer Unternehmen: Durch den Börsengang fließt dem Unternehmen zunächst, durch den Verkauf seiner Anteile, Eigenkapital zu. Zudem stehen ihm hierdurch weitere Optionen zur Kapitalbeschaffung offen, u. a. durch die verbesserte Kreditwürdigkeit infolge des erhöhten Eigenkapitals. Weitere Unternehmen können nun beispielsweise nicht nur über liquide Mittel, sondern auch mit eigenen Aktien übernommen werden.
- Marketing: Hinsichtlich des Marketings ist hervorzuheben, dass sich ein Börsengang positiv auf den Bekanntheitsgrad des Unternehmens und vor allem auf seine Produkte oder seine Dienstleistungen auswirkt. Hierdurch werden die Chancen, neue Interessenten und Kunden zu erreichen, erhöht. Damit verbunden ist in der Regel ein Anstieg der Umsatzerlöse des Unternehmens.
- Unternehmenskultur: Ein Börsengang bedeutet neben vielen positiven Auswirkungen allerdings auch einen zumindest teilweisen Verlust der vorherrschenden Unternehmenskultur, die durch die meist zahlreichen neuen Aktionäre, die nun Teilhaber des Unternehmens sind, im Rahmen des Börsengangs spürbar beeinflusst wird. Das an der Börse notierte Unternehmen verliert durch einen Börsengang an Autonomie und Kontrolle. Zudem werden die Denkweise im Unternehmen und die Entscheidungen des Managements nun viel stärker als früher an den Interessen der Aktionäre ausgerichtet. Ferner können sich Entwicklungen am Kapitalmarkt oder Kursschwankungen der Unternehmensaktie direkt auf das laufende Geschäft des Unternehmens auswirken.
- Öffentlichkeit: Ein Börsengang bedeutet für ein Unternehmen eine Erhöhung der Publizitätspflichten und damit die Offenlegung bedeutender Zahlen und Fakten des Unternehmens. Bei wichtigen Ereignissen, die das Unternehmen betreffen, sind zudem

Tab. 9.2 Börsensegmente in Deutschland

Marktsegmente	Transparenzlevels
EU-regulierter Markt, (Regulated Market)	Prime Standard
	General Standard
Open Market (Freiverkehr) bzw. Börsenregulierter Markt	Entry Standard
	First Quotation Board
	Second Quotation Board

umgehend der Kapitalmarkt und die Investoren zu informieren (siehe beispielsweise Ad-hoc-Mitteilungen).

- Kosten: Bei einem Börsengang fallen zunächst einmal einmalige hohe Kosten an. Zudem ist der Ressourcenaufwand hoch. Nach der Platzierung der Unternehmensanteile an der Börse fallen zudem weitere laufende Kosten und Belastungen (des Managements) an.

Börsensegmente im Überblick

Beschließt ein börsenfähiges Unternehmen, seine Unternehmensanteile an der Börse zu platzieren, kann ein Unternehmen, abhängig von seiner Ausrichtung und der aktuellen Unternehmensentwicklung, an verschiedenen Börsensegmenten gelistet sein. Die folgende Abbildung stellt die typischen Börsensegmente zur Veranschaulichung einmal graphisch dar. Die Betrachtung der Börsensegmente erfolgt hierbei auf Grundlage der Bestimmungen der Frankfurter Wertpapierbörse (FWB) als bedeutendste deutsche Börse (Tab. 9.2).

Grundsätzlich stehen einem Unternehmen, das einen Börsengang plant, zwei Kapitalmarktzugänge zur Verfügung: Von der Europäischen Union (EU) regulierte Märkte (EU-Regulated Markets) und Märkte, die von den Börsen selbst reguliert werden (Regulated Unofficial Markets).

Die fünf Transparenzlevels der beiden Marktsegmente legen die Anforderungen fest, nach denen börsennotierte Unternehmen über ihre Geschäftsentwicklung und andere sich auf den Börsenkurs auswirkende Ereignisse berichten müssen. Die Transparenzlevels legen zudem die Indexzugehörigkeit fest. Das höchste Transparenzlevel erfordern der Dax (Deutscher Aktienindex), der MDax (Mid-Cap-DAX), der TecDax und der SDax (Small-Cap-DAX), die Indizes des Prime Standards.

Ein Börsengang im Regulierten Markt führt in der Regel in den General Standard oder in seinen Teilbereich, den Prime Standard. Entscheidet sich das Unternehmen für eine Notierung im Open Market, also im Freiverkehr, führt dieses in die börsenregulierten Primärmarktsegmente – den Entry Standard, das First Quotation Board und das Second Quotation Board.

EU-regulierter Markt

Der Regulierte Markt ist das klassische Marktsegment und wird durch das Börsengesetz reguliert. Die Zulassungsbedingungen und Transparenzanforderungen werden jedoch mittlerweile von der Europäischen Union vorgegeben. Im Zuge des Inkrafttretens des Finanzmarktrichtlinien-Umsetzungsgesetzes (FRUG) erfolgten einige Änderungen für das Zulassungsverfahren von börsenhandelsfähigen Wertpapieren. Die Unterteilung der organisierten Märkte in den Amtlichen Markt und den Geregelten Markt wurde aufgehoben. Seit November 2007 kann eine Zulassung nur noch zum Regulierten Markt (General Standard) und zu dessen Teilbereich, den Prime Standard, erfolgen. Die Notierung im Prime Standard ist dabei mit weiteren Zulassungsfolgepflichten verbunden. Der Regulierte Markt stellt ferner einen organisierten Markt im Sinne des Wertpapierhandelsgesetzes (WpHG) dar.

Das Unternehmen, das eine Börsennotierung plant, muss vor der Handelsaufnahme am Regulierten Markt zusammen mit einem Kreditinstitut oder einem Finanzdienstleistungsinstitut die Zulassung beantragen. Erfüllt der Emittent bestimmte Voraussetzungen hinsichtlich der Höhe des Eigenkapitals, kann er diesen Zulassungsantrag auch alleine stellen. Die rechtlichen Grundlagen, auf die die Zulassung beruht, regeln das Börsengesetz, die Börsenordnung, die Börsenzulassungsverordnung und das Wertpapierprospektgesetz.

Damit die Aktien des Unternehmens zugelassen werden können, muss das Unternehmen mindestens die folgenden Kriterien erfüllen:

- Das Unternehmen muss seit mindestens drei Jahren bestehen
- Der voraussichtliche Kurswert oder das bestehende Eigenkapital des Unternehmens beträgt mindestens 1,25 Mio. €
- Die Mindestanzahl der Aktien beträgt 10.000 Stück (bei Stückaktien)
- Der Streubesitzanteil beträgt mindestens 25 % (Ausnahmen sind jedoch möglich)
- Das Vorhandensein eines Börsenzulassungsprospekts mit Angaben über die tatsächlichen und die rechtlichen Verhältnisse (zur Beurteilung des Wertpapiers), von Bilanzen, von Gewinn- und Verlustrechnungen sowie der Kapitalflussrechnungen der letzten drei Geschäftsjahre – inklusive Anhang und Lagebericht des letzten Geschäftsjahres

Zu den Folgepflichten des Emittenten zählen ferner die Veröffentlichung eines Jahresabschlusses, die Veröffentlichung eines Halbjahresfinanzberichts (für die ersten sechs Monate des Geschäftsjahres) sowie eine Ad-hoc-Publizitätspflicht und eine allgemeine Mitteilungspflicht.

General Standard: Der General Standard ist für die Unternehmen geeignet, die vor allem inländische Investoren ansprechen und sich für eine kostengünstige Börsennotierung entscheiden.

Prime Standard: Möchte ein Unternehmen neben nationalen Investoren auch internationale Investoren ansprechen, empfiehlt sich die Notierung im Prime Standard. Im Rahmen der Notierung im Prime Standard gelten u. a. hohe internationale Transparenzanforderungen. Weitere Zulassungsfolgepflichten stellen die Quartalsfinanzberichterstattung (in deutscher und englischer Sprache), die Veröffentlichung eines Unternehmenskalenders, die Durchführung einer mindestens jährlichen Analystenkonferenz sowie Ad-hoc-Mitteilungen bei relevanten Unternehmensereignissen (in deutscher und englischer Sprache) dar.

Börsenregulierter Markt

Der Freiverkehr, der an der Frankfurter Börse seit dem Jahr 2005 als Open Market bezeichnet wird, ist neben dem Regulierten Markt das zweite gesetzliche Marktsegment und wird im Gegensatz zum Regulierten Markt nicht von der Europäischen Union, sondern von den Börsen selbst reguliert. Er stellt eine Kapitalmarktzugangsalternative zum Regulierten Markt dar. Streng genommen gelten Unternehmen im Freiverkehr nicht als börsennotierte Unternehmen. Der Open Market ist im Gegensatz zum Regulierten Markt ein nicht amtliches, privatrechtliches Segment und stellt nach dem Wertpapierhandelsgesetz (WpHG) keinen organisierten oder geregelten Markt dar.

Teilbereiche des Open Market sind der Entry Standard, das First Quotation Board und das Second Quotation Board.

Neben deutschen Aktien werden im Open Market überwiegend ausländische Aktien, Renten deutscher und ausländischer Emittenten sowie Zertifikate und Optionsscheine gehandelt.

Der Handel von Wertpapieren im Open Market stellt einen der einfachsten und schnellsten Wege dar, um ein Unternehmen an der Börse zu platzieren. Die formalen Einbeziehungsvoraussetzungen sind gering, Folgepflichten für die Emittenten gibt es keine. Besonders kleine und mittlere Unternehmen profitieren von der einfachen und schnellen Möglichkeit, in den Börsenhandel einzusteigen, die zudem mit geringen Kosten verbunden ist.

Das Gremium, welches über die Einbeziehung des Unternehmens im Open Market entscheidet, ist die Deutsche Börse AG als Freiverkehrsträger. Die Bundesanstalt für Finanzdienstleistungsaufsicht (BaFin) überwacht die Aktien im Open Market hinsichtlich den Regeln zur Insidergesetzgebung und des Marktmissbrauchs, die Handelsüberwachungsstelle (HüSt) hingegen überwacht die Preisfindung.

Entry Standard: Der Entry Standard wurde als Teilbereich des Open Market eingeführt. Der Entry Standard steht allen Unternehmen offen, die einen effizienten Handel ihrer Unternehmensanteile bei gleichzeitig geringen formalen Pflichten anstreben. Ferner existiert beim Entry Standard kein Branchenfokus und es gibt keine Mindestanforderungen hinsichtlich des Alters oder der Größe des Unternehmens. Neben den Unternehmen selbst können Private-Equity-Investoren und Venture-Capital-Investoren den Börsengang ihres Portfolio-Unternehmens im Entry Standard als Exit-Kanal nutzen.

Die wichtigsten Charakteristika des Entry Standard sind die mit anderen Börsensegmenten verglichenen geringen Kosten, der schnelle Marktzugang sowie einfache Regeln des Listings und eine geringe Regulierung. Deshalb eignet sich der Entry Standard besonders für junge sowie kleine und mittlere Unternehmen, sogenannte Small- und Midcaps, die einen Börsengang in Erwägung ziehen.

Zu Aufnahme in den Entry Standard benötigt das Unternehmen die folgenden wesentlichen Antragsdokumente:

- Von der nationalen Aufsichtsbehörde gebilligtes und notifiziertes Prospekt (bei öffentlichen Angeboten)

- Ein in der alleinigen Verantwortung des Unternehmens liegendes, nicht öffentliche Exposé (bei Privatplatzierungen)
- Eine Verpflichtungserklärung des Antragstellers, die Regeln dieses Börsensegments einzuhalten und die vom Unternehmen zu erfüllenden Transparenzanforderungen zu überwachen
- Einen Nachweis über die Mandatierung eines Listing-Partners der Deutschen Börse

Zu den Transparenzanforderungen an im Entry Standard gelistete Unternehmen zählen die folgenden Veröffentlichungen:

- Testierter Konzern-Jahresabschlusses sowie Konzern-Lagebericht (Veröffentlichung spätestens innerhalb von sechs Monaten nach Beendigung des Berichtzeitraums)
- Zwischenbericht (Veröffentlichung spätestens innerhalb von drei Monaten nach dem ersten Halbjahr)
- Aktuelles Kurzporträt des Unternehmens
- Unternehmenskalender
- Wesentliche Unternehmensnachrichten oder Unternehmensumstände, die für die Bewertung des Wertpapiers oder des Unternehmens relevant sind bzw. sein können (Eine Veröffentlichung hat unverzüglich zu erfolgen)

Diese Informationen sind primär auf der Website des Unternehmens zu veröffentlichen.

Die Aktien der Unternehmen im Entry Standard sind sogenannte Insiderpapiere und werden im Hinblick auf die Regeln zur Insidergesetzgebung und des Marktmissbrauchs von der BaFin beaufsichtigt. Die Preisfindung wird dabei von der Handelsüberwachungsstelle (HüSt) überwacht, die Überwachung der Transparenzanforderungen an das jeweilige Unternehmen wird vom Antrag stellenden FWB-Handelsteilnehmer übernommen.

First Quotation Board: Das First Quotation Board stellt ein stärker reguliertes Teilsegment des Open Market dar, in das sowohl Aktien von nationalen als auch von internationalen Unternehmen aufgenommen werden. Nach den Bestimmungen der Deutschen Börse dürfen diese Aktien an keinem anderen Handelsplatz weltweit zugelassen sein oder gehandelt werden.

Unternehmen, die einen Handel Ihrer Aktien im First Quotation Board planen, müssen über einen von einer anerkannten in- oder ausländischen Behörde gebilligten und aktuellen Prospekt verfügen. Alternativ müssen diese Unternehmen ein Eigenkapital von mindestens 500.000 € aufweisen, welches von einem Wirtschaftsprüfer zu bestätigen ist.

Second Quotation Board: Sind die Aktien eines Unternehmens, das die Aufnahme in den Open Market beantragt, schon an einem anderen Handelsplatz zugelassen oder werden diese schon an einem anderen Handelsplatz gehandelt, hat es die Möglichkeit, in das Second Quotation Board aufgenommen zu werden.

9.5.1.6 Liquidation

Im Rahmen einer Liquidation oder einer Kündigung durch einen Kapitalgeber kommt es sozusagen zu einem Abbruch der Unternehmensgründung. Gründe für die Einstellung der finanziellen Unterstützung sind in der Regel mangelnde Erfolgsaussichten, ein nicht rentables Geschäftsmodell, die Übernahme des Unternehmens durch ein anderes Unternehmen oder die Fusion eines Unternehmens mit einer anderen Gesellschaft.

Die Liquidation einer Gesellschaft kann nach dem Handelsgesetzbuch (HGB) erst nach deren Auflösung stattfinden. Im Anschluss werden alle Vermögensgegenstände des Unternehmens verkauft, um die darin gebundenen finanziellen Mittel in liquide Mittel umzuwandeln und letztendlich einen Erlös zu erzielen.

Eine Gesellschaft kann beispielsweise aufgrund eines Auflösungsbeschlusses durch die Gesellschafter, die Eröffnung des Insolvenzverfahrens über das Gesellschaftsvermögen, eine gerichtliche Entscheidung oder nach Ablauf der Zeit, für die die Gesellschaft bestimmt worden ist, aufgelöst werden.

Der Ausstieg aus einem Unternehmen kann, vorausgesetzt es liegt ein wirksamer Auflösungsgrund vor, durch die Liquidation des Unternehmens oder durch eine Kündigung des Vertrages durch den Investor erfolgen. Daraus resultierend gelangt das Unternehmen dann in die Zahlungsunfähigkeit.

Der Investor verliert durch diese Form des Ausstiegs sein zur Verfügung gestelltes Kapital. Diese Verluste können dann vom Kapitalgeber abgeschrieben werden.

Weitere in der Praxis gebräuchliche Begriffe für die Liquidation sind Abschreibung, Desinvestition der Aktiva oder Schließung des Unternehmens.

Verglichen mit einem Verkauf des Unternehmens wird durch die Liquidation in der Regel ein wesentlich geringerer Erlös erzielt. Negativ wirken sich auch die im Rahmen der Liquidation anfallenden Kosten wie Notarkosten, Handelsregisterkosten und Veröffentlichungskosten aus. Auch ist in vielen Fällen ein Imageverlust des Unternehmens zu erkennen, da eine Liquidation von vielen Personen mit einer Insolvenz gleichgesetzt wird.

Hinsichtlich des Ablaufs der Liquidation erfolgt zunächst die Auflösung der Gesellschaft. Es werden ferner alle noch laufenden Geschäftsvorfälle beendet, die offenen Forderungen werden eingezogen und die Gläubiger befriedigt. Das nach der Liquidation und den damit verbundenen Kosten übrig bleibende Gesellschaftsvermögen wird dann, nach einem Sperrjahr, als Liquidationserlös an die Gesellschafter ausgezahlt. Darüber hinaus findet auch eine Erstattung der Gesellschaftseinlagen an die Gesellschafter statt.

Eine Alternative zur Liquidation des Unternehmens ist der Verkauf der wichtigsten Gesellschaftsteile in Form der sogenannten Mantel- bzw. Vorratsgesellschaft.

9.5.2 Vor- und Nachteile der wichtigsten Exit-Strategien

Die folgende Tabelle zeigt die wichtigsten Vor- und Nachteile der relevantesten Exit-Strategien (Tab. 9.3):

Tab. 9.3 Vor- und Nachteile der wichtigsten Exit-Strategien

	Charakteristika	Vorteile	Nachteile
Buy Back	Verkauf an einen Altgesellschafter	Unternehmenskultur bleibt in der Regel erhalten	Hoher finanzieller Aufwand/Hohes finanzielles Risiko, Kein strategischer Nutzen
Trade Sale	Veräußerung des Unternehmens an einen strategischen, industriellen Investor	Schnelle und kostengünstige Transaktion, Mögliche Synergiepotenziale	Verlust der Kontrolle des Unternehmens
Secondary Purchase	Verkauf des Unternehmens an einen Finanzinvestor	Profitieren vom Know-how und der Erfahrung des Investors	Autonomieverlust und Mitspracherecht des Investors bei bedeutenden Entscheidungen
Börsengang	Platzierung der Unternehmensanteile am Kapitalmarkt	In der Regel die Exit-Strategie mit dem höchsten zu erwartenden Verkaufserlös	Höherer Bürokratieaufwand durch Publizitätsanforderungen, Auf das Management wird ein erhöhter Druck von außen ausgeübt

9.5.3 Erfolgsdeterminanten eines Exits

In der Praxis hat sich hinsichtlich des Verkaufs eines Unternehmens bzw. allgemein hinsichtlich der diversen Exit-Strategien gezeigt, dass es einige Aspekte aus Sicht des zu verkaufenden Unternehmens gibt, die die Veräußerung des Unternehmens positiv beeinflussen:

- Schlüssiger Ablaufplan: Ein äußerst bedeutsames Instrument ist ein in sich schlüssiger und strukturierter Ablaufplan. Bestandteile dieses Ablaufplans sollten zudem ein marktfähiger Kaufpreis, potentielle Kaufinteressenten sowie eine Zeitplanung, in welchem Zeitfenster der Verkauf erfolgen soll, sein.
- Detaillierte Unternehmensbeschreibung: Ein wichtiger Aspekt im Rahmen des Verkaufsprozesses ist eine ausführliche und verbindliche Beschreibung des Unternehmens. Diese Beschreibung sollte in schriftlicher Form erfolgen, idealerweise von einem fachkundigen Dritten. Negativ auswirken tut sich das vorsätzliche Zurückhalten von relevanten Unternehmensinformationen.
- Ermittlung des Werts des Unternehmens: Ein weiterer entscheidender Punkt für einen erfolgreichen Unternehmensverkauf ist die professionelle Ermittlung des Unternehmenswerts durch erfahrene und fachkundige Gutachter, beispielsweise durch Wirtschaftsprüfungsgesellschaften, Unternehmensberatungen, Steuerberatungsgesellschaften oder Banken. Bei dem Verkauf von Großunternehmen übernehmen meistens Investmentbanken diese Aufgabe.

- Rechtliche Beratung: Im Rahmen des Unternehmensverkaufs sind eine Reihe von rechtlichen und formalen Gesichtspunkten zu klären. Zentraler Bestandteil ist der Unternehmenskaufvertrag. Deshalb sollte auch in diesem Zusammenhang nicht auf eine professionelle Beratung verzichtet werden, um mögliche Gefahren und Risiken frühzeitig zu erkennen und zukünftige Probleme im Voraus zu klären.
- Parallele Verhandlungsführung: Positiv auf den Verkaufserfolg wirkt sich auch eine parallele Verhandlungsführung mit mehreren Interessenten aus – als Alternative zu Verhandlungen mit nur einem Interessenten.
- Realistische Zeitplanung: Ein oft unterschätzter Punkt ist der erhebliche Zeitaufwand, der mit dem Verkauf eines Unternehmens einhergeht. Erfahrene Experten veranschlagen hierfür mindestens 100 Manntage.

9.5.4 Rechtliche Rahmenbedingungen und sonstige Aspekte

9.5.4.1 Unternehmenskaufvertrag

Ein wichtiges Element im Rahmen des Verkaufs eines Unternehmens ist der Unternehmenskaufvertrag. Beim Verkauf einer GmbH oder einer GmbH & Co. KG ist der Kaufvertrag gemäß GmbHG zwingend notariell zu beurkunden. Bei börsennotierten Aktiengesellschaften sind die Regularien des Wertpapiererwerbs- und Übernahmegesetzes (WpÜG) einzuhalten.

Verfügt das zu verkaufende Unternehmen über eine starke Marktstellung und wird es durch einen direkten Wettbewerber übernommen, sind zudem kartell- und wettbewerbsrechtliche Fragen zu klären. Hierzu zählen die Fusionskontrolle und die Anmelde- und Anzeigepflicht beim Bundeskartellamt.

In der Praxis erstellen Rechtsanwalts- oder Steuerberaterkanzleien einen individuellen und auf die jeweilige Situation abgestimmten Kaufvertrag. Handelt es sich um den Verkauf eines Großunternehmens sind meistens Investmentbanken beteiligt.

Der Großteil der Unternehmensübernahmen wird mit Fremdkapital finanziert. Bevor die Transaktion vollzogen wird, ist deshalb der Wert des Unternehmens zu bestimmen. Hierzu hat der Käufer eine Absichtserklärung, den sogenannten Letter of Intent (LOI), zu unterzeichnen. Dieser stellt dann die Grundlage für eine Unternehmensbewertung durch einen Steuerberater oder einen Wirtschaftsprüfer dar. Bei größeren Transaktionen übernehmen Investmentbanken die Bewertung des Unternehmens.

Von der Absichtserklärung hängt ab, unter welchen Bedingungen das Unternehmen auf den Käufer zu übertragen ist, wie dieses rechtlich geschehen soll und welche wechselseitigen Sicherungen, sowohl für den Käufer als auch für den Verkäufer, vertraglich zu regeln sind.

Der Unternehmensvertrag enthält in der Regel die folgenden typischen Elemente:

- Bezeichnung des zu verkaufenden Unternehmens
- Zustand des Unternehmens (u. a. geografische Lage)
- Kaufpreis sowie Fälligkeit des Kaufpreises
- Inventar und Maschinenbestand

- Lager- und Materialbestand
- Ggf. Eigentumsbeschränkungen (Sicherungseigentum, Hypothek, Grundschuld)
- Kundendatei
- Geschäftsunterlagen
- Übersicht über die Verbindlichkeiten des Unternehmens
- Übersicht über die Forderungen des Unternehmens
- Haftungsausschluss (ab der Eintragung im Handelsregister)
- Haftungsregelungen (u. a. für alte Forderungen und Ansprüche von Beschäftigten)
- Übernahme der Versicherungsverträge des Verkäufers durch den Käufer
- Tätigkeits- und Wettbewerbsverbot des Verkäufers

9.5.4.2 Beteiligungsvertrag

Erfolgt der Exit im Rahmen eines Verkaufs der Unternehmensanteile an einen Investor, ist zur rechtlichen Absicherung der Transaktion ein Beteiligungsvertrag notwendig.

Dabei sollten die folgende Punkte Bestandteile des Beteiligungsvertrags sein:

- Wirtschaftliche und rechtliche Position des Kapitalgebers
- Position und Bindung der Unternehmensgründer
- Posten im Aufsichts- oder Verwaltungsrat
- Rechte des Investors: Mitsprache- und Stimmrechte, Kontrollrechte, Informationsrechte, Vetorechte
- Festlegung relevanter Meilensteine (Auszahlungen sind oft an das Erreichen von Meilensteinen gekoppelt)
- Art der Finanzierung
- Nachschusspflichten bei Kapital- und Liquiditätsengpässen
- Vorgehen bei einer möglichen Kapitalerhöhung
- Aufnahme weiterer Partner
- Vorerwerbs- und Mitveräußerungsregelungen
- Aktionärsbindungsverträge
- Patente und Schutzrechte
- Verwässerungsschutzklauseln
- Verwendung der Gewinne des Unternehmens
- Möglichkeiten der Auflösung der Unternehmensbeteiligung
- Regelung im Insolvenzfall

In der Praxis benötigen diese Punkte ca. drei bis sechs Monate Verhandlungszeit.

9.5.4.3 Bestimmung des Unternehmenswerts

Beabsichtigen die Unternehmensgründer, das Unternehmen teilweise oder gar komplett an Investoren zu verkaufen, ist die Bestimmung des Werts der Unternehmensanteile ein zentraler Bestandteil der Verhandlungen.

In der Praxis gibt es eine Vielzahl von Bewertungsmethoden. Jedoch lassen sich im Kern die folgenden Beeinflussungsfaktoren feststellen:

- Know-how und Erfahrung des Gründer-Teams bzw. des Managements
- Zukünftige Entwicklung des Umsatzes
- Drohende Risiken für das Unternehmen
- Entwicklungen im Unternehmensumfeld und Situation am Finanzmarkt (u. a. Angebot, Nachfrage, Preisniveau, Allgemeine Trends)

9.5.4.4 Formen der Zahlungsabwicklung

Der Verkauf eines Unternehmens an Externe kann in der Regel in zwei unterschiedlichen Wegen vonstattengehen. Entweder erfolgt der Unternehmensverkauf in Form einer Einmalzahlung oder in Form wiederkehrender Ratenzahlungen.

Die Einmalzahlung bedeutet für den Veräußerer die Gewissheit, dass die Kaufsumme direkt beglichen wird. Ferner hat dieses steuerliche Vorteile und es werden klare Eigentumsverhältnisse geschaffen.

Wiederkehrende Ratenzahlungen können in Form einer Veräußerungs- oder Versorgungsrente gestaltet werden. Zudem ist es möglich, neben einer fixen Summe auch einen Erfolgsanteil zu integrieren, um den Verkäufer auch an den zukünftigen (positiven) Entwicklungen des Unternehmens zu beteiligen. Bei dieser Form der Übertragung besteht jedoch das Risiko des Zahlungsausfalls, nämlich dann, wenn sich das Unternehmen unerwartet negativ entwickelt und die finanziellen Ressourcen des Käufers hierdurch in hohem Maße beansprucht werden.

Darüber hinaus gibt es, beabsichtigt die Unternehmerfamilie bzw. der ursprüngliche Eigentümer das Eigentum am Unternehmen zu behalten, jedoch die Unternehmensführung an Externe abzutreten, drei weitere generelle Optionen:

- Vermietung
- Verpachtung
- Betriebsaufspaltung

Die Betriebsaufspaltung, die in einer Teilung des Unternehmens in eine Besitz- und eine Betriebsgesellschaft erfolgt, dient hierbei vornehmlich der Lösung von Erbansprüchen, beispielsweise zwischen Geschwistern.

9.5.5 Unternehmensnachfolge

Neben dem Verkauf eines Unternehmens ist auch die Unternehmensnachfolge ein mögliches Szenario bei der Unternehmensübernahme. Mit der Unternehmensnachfolge wird in der Regel die familieninterne Nachfolge beschrieben, d. h. die Übernahme eines (Familien-) Unternehmens durch Familienangehörige in Form der Vermögensnachfolge und der unternehmerischen Verantwortung. Daneben ist auch noch die reine Vermögensnachfolge möglich.

Die familieninterne Nachfolge erfolgt in Form des internen Verkaufs oder in Form der Schenkung (mit Gegenleistung), damit das Vermögen und die Entscheidungsgewalt in der Unternehmerfamilie bleiben.

Werden die Führung des Unternehmens und das Unternehmensvermögen getrennt, stehen grundsätzlich drei Übernahmevarianten zur Auswahl:

- Einsatz eines externen Geschäftsführers
- Verpachtung des Unternehmens
- Gründung einer Kapitalgesellschaft

Bei allen drei Lösungen behält die Unternehmerfamilie jeweils das Eigentum am Unternehmen, die Unternehmensführung wird hierbei jedoch an Externe abgetreten. In der Praxis wird diese Lösung meistens dann favorisiert, wenn auf Seiten der Unternehmerfamilie kein Interesse besteht, der zeitliche Aufwand den möglichen Rahmen sprengen würde, die Unternehmerfamilie sich nicht auf einen Nachfolger einigen kann oder keine Person aus der Familie über die notwendige Qualifikation verfügt.

Eine zunehmende Beliebtheit verzeichnet zudem die Nachfolge in Form einer Stiftungslösung. Die Stiftung fördert als juristische Person ein vom Unternehmer selbst bestimmtes Tätigkeitsfeld, einen bestimmten (gesellschaftlich benachteiligten) Personenkreis oder dient ganz allgemein dem Gemeinwohl. Das Gemeinwohl teilt sich bei dieser Betrachtung in die Bereiche Kultur, Forschung, Wissenschaft, Soziales und Umwelt. Zur Gründung einer Stiftung ist eine privatschriftliche Erklärung des Stifters, die staatlich anerkannt werden muss, Voraussetzung. In Deutschland sind unternehmensverbundene Stiftungen sowie Stiftungen des bürgerlichen Rechts existent.

Oft kommt die Lösung in Form einer Stiftung dann in Frage, wenn kein Nachfolger mit einer geeigneten Qualifikation bereit steht, ein potentieller Nachfolger kein Interesse an einer Unternehmensübernahme hat oder zur Vorbeugung von Interessenskonflikten, wenn eine Reihe von möglichen Nachfolgern zur Auswahl stehen.

Die wesentlichen Vorteile einer Stiftung sind die Reduzierung der Steuerlast, das Verfolgen gemeinnütziger Ziele, die Bewahrung des Lebenswerks des Unternehmensgründers sowie das Ausstrahlen von Seriosität und Langfristigkeit. Nachteilig wirken sich Inflexibilität bei der Unternehmensführung sowie allgemeine Einschränkungen der Freiheiten des Nachfolgers aus.

Als dritte Variante der Unternehmensnachfolge ist das sogenannte Integrierte Nachfolgemanagement möglich. Diese Option ermöglicht ein strukturiertes Vorgehen im Zuge der Unternehmensnachfolge und erleichtert die Klärung komplexer betriebswirtschaftlicher, rechtlicher und steuerlicher Fragestellungen.

Als wesentliche Erfolgsfaktoren im Rahmen der Unternehmensnachfolge gelten die frühzeitige Planung und rechtzeitige Umsetzung der geplanten Maßnahmen. Die Nachfolgeregelung sollte bei mehreren Erbberechtigten zudem einvernehmlich getroffen werden, um potentielle Streitigkeiten im Vorfeld zu vermeiden. Wichtig ist ferner, dass die anvisierten Nachfolger über ein passendes Anforderungsprofil verfügen und nicht zur Übernahme gedrängt werden, sondern auch persönlich bereit sind, die Nachfolge anzutreten. Hierzu sollten der oder die Nachfolger bereit sein, dass unternehmerische Risiko zu tragen und Führungsverantwortung zu übernehmen. Die Nachfolger sollten in diesem Zusammenhang gezielt auf die Übernahme vorbereitet und motiviert werden. Darüber hinaus sollten sie auch dazu bereit sein, gegebenenfalls einen Teil des Vermögens zur Finanzierung und Investitionen des Unternehmens bereitzustellen.

Sachverzeichnis

O. Pott, Andre Pott, *Entrepreneurship*, Springer-Lehrbuch,
DOI 10.1007/978-3-642-29685-7, © Springer-Verlag Berlin Heidelberg 2012

Druck: KN Digital Printforce GmbH · Schockenriedstraße 37 · 70565 Stuttgart